见识城邦

更新知识地图　拓展认知边界

十字军的故事

中

[日] 盐野七生 著
万翔 译

中信出版集团 · 北京

图书在版编目（CIP）数据

十字军的故事 : 全四册 / (日) 盐野七生著 ; 万翔，杨思敏译 . -- 北京 : 中信出版社 , 2017.10（2024.9重印）
ISBN 978-7-5086-7805-4

Ⅰ . ①十… Ⅱ . ①盐… ②万… ③杨… Ⅲ . ①十字军东侵—历史 Ⅳ . ① K56

中国版本图书馆 CIP 数据核字（2017）第 151857 号

十字军的故事（全四册）

著　者：[日] 盐野七生
译　者：万 翔　杨思敏
出版发行：中信出版集团股份有限公司
（北京市朝阳区东三环北路27号嘉铭中心　邮编　100020）
承 印 者：河北鹏润印刷有限公司

开　本：880mm × 1230mm　1/32　印　张：42.25　字　数：686 千字
版　次：2017 年 10 月第 1 版　印　次：2024 年 9 月第 8 次印刷
京权图字：01-2015-4242　书　号：ISBN 978-7-5086-7805-4
审 图 号：GS（2024）2337号（本书插图系原文插附地图）
定　价：148.00 元（全四册）

目　录

中

第一章

守业的时代

在长久对立的双方中，往往是一方集中涌现一代人才，当这一代人纷纷殒落之后，与之对抗的另一方则涌现出下一代人才。

从此处开始的第二卷，是继第一卷描写基督徒一方的诸位主人公后，以穆斯林一方新登场的主人公们为中心的。至于双方的人才为什么没有同时出现，我既不是哲学家也不是历史学家，没法一两句话概括清楚。可能是知道人与人之间界限的神明的安排，使历史变得如此没有条理吧……

十字军东征，对中世纪的基督徒来说，这是上帝所期望的。在信奉上帝的人看来，自然是正当的行为。

因此，参加者相信，无论发生什么事情，上帝都会保佑自己，于是就启程向遥远的东方进发。

事实上，正如《十字军的故事》第一卷所述，第一次十字军的成功，完全是参加者的劳苦牺牲换来的。至于相信东征成功是来自上帝护佑的人，在维持其成果的阶段，也会毫不怀疑地相信，今后必然有上帝相助。

1095 年，在法国中部克勒芒所召开的公会议上，宣告十字军东征开始。

1096 年，宣誓参加十字军的诸侯，离开西欧，向中近东进发。

1097 年，通往耶路撒冷道路上最大的难关——叙利亚大都市安条克的攻城战，拉开了序幕。

1098 年，十字军成功攻占安条克。

1099 年，十字军“解放”耶路撒冷。

仅仅经过三年时间，第一次十字军就实现了“将充满苦难的耶路撒冷从穆斯林手中解放”的大目标。全欧洲知道此事，都沸腾了起来。

当然，实际参加十字军，且在苦战之后取得辉煌成果的诸侯，自然知道这一目标的达成，与相信上帝的保佑与否，并没有多少关系。而对周边一带的征服，也是能使圣城耶路撒冷保持“解放”状态的必要步骤。也就是说，将叙利亚、巴勒斯坦等地置于十字军的征服之下，是控制耶路撒冷所不可或缺的。诸侯虽然既不是皇帝也不是国王，而是在西欧的故乡拥有广大领地的封建领主。他们绝不会将自己辛苦获得的圣地放任不管，而寄希望于上帝的保护。

因而耶路撒冷王国实际的第一代统治者戈德弗鲁瓦，采取了“基督墓地守护人”的称号。

而攻陷安条克城的，则是普利亚公爵波埃蒙多。

至于征服特里波利的功劳，就要算在图卢兹伯爵圣吉尔身上了。

在这三位主要人物之后出场的，还有首先征服埃德萨，获得埃德萨伯爵地位，又继其兄戈德弗鲁瓦而成为耶路撒冷国王的鲍德温，以及作为波埃蒙多左右手而活跃的丹克雷迪两位年轻将领。

这些诸侯，是首先于 1099 年建立，而后 18 年中不断确立的十字军国家的主人公。

而到了 1118 年，这五人中的最后一位，耶路撒冷国王鲍德温一世

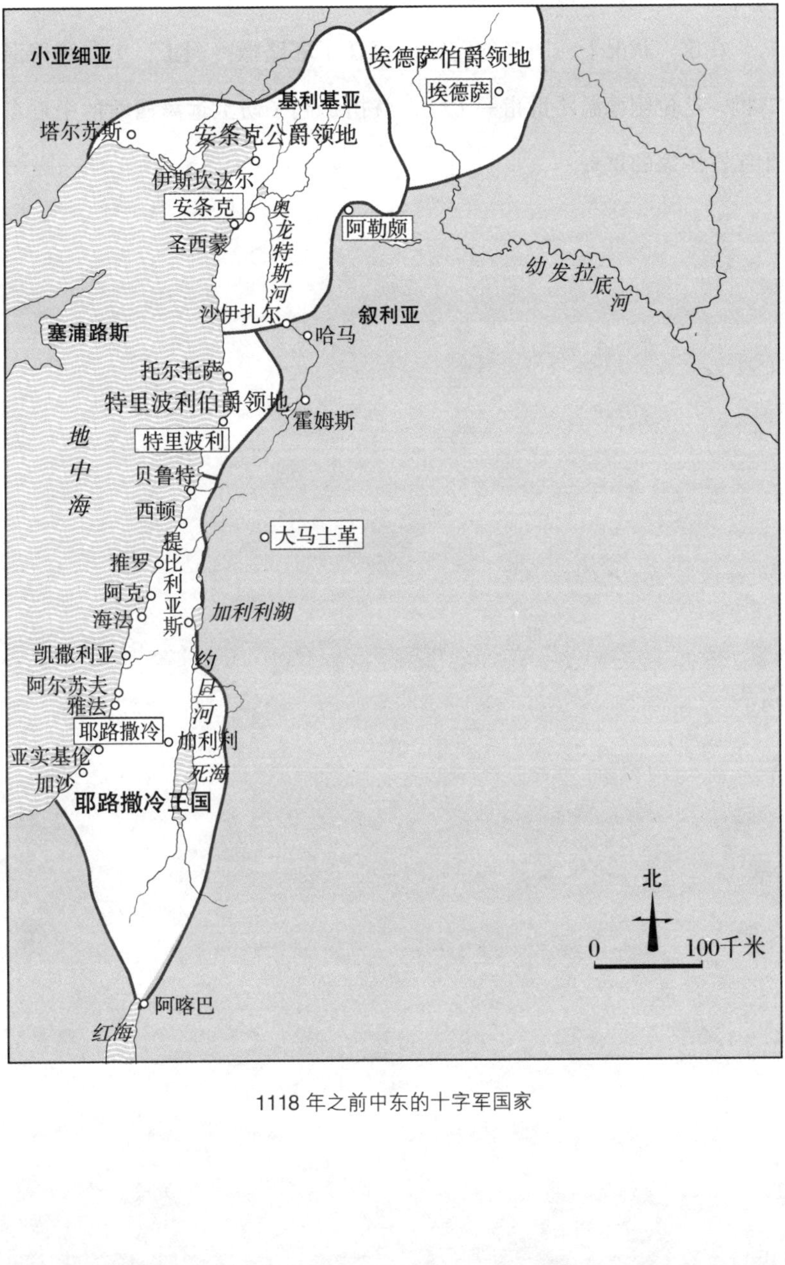

1118 年之前中东的十字军国家

去世了。而他没有留下子嗣。

在这一状况下，同名的鲍德温就任了耶路撒冷国王，史称鲍德温二世。这位鲍德温二世甫一上任，就担负起了防卫远离西欧的中近东十字军国家的重责。

十字军的第二代

由于其出生年月不详，从埃德萨伯爵升级为耶路撒冷国王的鲍德温二世的实际年龄，我们并不清楚。他大概比堂兄鲍德温一世年轻几岁，而比 6 年前去世的 36 岁的丹克雷迪年长几岁。因此，当鲍德温二世就任耶路撒冷国王时，大概已是 40 岁的后半，将近 50 了。他在担任埃德萨伯爵期间，与亚美尼亚领主之女结婚，育有四个女儿。

初代耶路撒冷国王戈德弗鲁瓦在西欧北部已经拥有了广大的公爵领地，因此由他来统治基督徒无人不知的耶路撒冷，没有人会觉得不合适。而其后继任第二代国王的鲍德温一世，本身就是戈德弗鲁瓦的亲兄弟，因此自然是西欧强势的家系洛林公爵家的本家了。

但与此二人为堂兄弟关系的鲍德温二世，就不能完全算是他们的本家。于是当他就任王位时，自然考虑到了会遭当地人反对的危机。

事实上，当鲍德温一世死后，有人主张从尚在西欧的洛林公爵家族男性骑士中选择一位来继承耶路撒冷的王位。而提出相反意见，并最终把鲍德温二世推上宝座的，是负责加利利防御的若瑟兰 · 德 · 库尔特尼。

他的理由很简单：与其选派一位来自西欧的大贵族，不如让熟悉当地局势的人来担任这一要职。另一位赞成这一主张的大人物，是耶路撒冷的牧首。时任牧首阿努尔夫，从收复耶路撒冷之时，就亲眼目睹了戈德弗鲁瓦和鲍德温一世的辛劳。

最终，既不像戈德弗鲁瓦和鲍德温一世那样出身名门，又不像波埃蒙多和丹克雷迪那样擅长作战的鲍德温二世，成为耶路撒冷王国的第三代统治者。本书此后所提及的鲍德温，将是指这位新的国王，而不再是其堂兄鲍德温一世。

当东征的十字军进攻耶路撒冷时，无法离开埃德萨的鲍德温一世，派出鲍德温前往增援，而当戈德弗鲁瓦死后，鲍德温一世继任国王，鲍德温就获得了埃德萨伯爵领地的统治权。因此，当鲍德温一世驾崩以后，身在埃德萨的鲍德温就继承了耶路撒冷的王位。

戈德弗鲁瓦、波埃蒙多和圣吉尔并立于第一次十字军的最前列，随后的鲍德温一世和丹克雷迪则代表了第一次十字军的年轻一代。而位于第三列的则是这位以鲍德温二世之名就任耶路撒冷国王的新贵族了。关于他的评价，穆斯林一方常称其为“平凡者”，而在基督教史料中，也常以“代理者”来称呼这位耶路撒冷国王。

然而这位平凡者也有不同凡响的一面。由于能够冷静地看到自己能力的局限，鲍德温二世对如何妥当地任用人才有着清醒的认识。这一点对于并无合适继承人时代的耶路撒冷王国来说，是唯一正确的治理策略。毕竟，鲍德温二世并不是没有任何治国经验的人。

跟随戈德弗鲁瓦从西欧出征以来的22年间，鲍德温作为第三序列的领导人，常常以“代理者”的身份担任职务，最终成为了具有第一次十字军东征完整过程经验的领袖。因此，以了解当地局势为理由，将鲍德温推举为新任耶路撒冷国王，是合乎情理的。况且，这位诸侯还曾与若瑟兰一起，在穆斯林的狱中度过了4年的囚徒生活。

1118年加冕耶路撒冷国王的鲍德温二世，与1099年征服耶路撒冷的戈德弗鲁瓦所面临的问题，并没有多大的差别。

简单说来，就是兵力不足的情况。从西欧出发的1万十字军，到完成收复耶路撒冷的任务时，兵力已经急剧减少了。

首先，从西欧到小亚细亚、叙利亚、巴勒斯坦，直到到达耶路撒冷时，许多兵士都在历次战役中丧生了。

其次，与此同时，因食物和饮水不足，或瘟疫等原因丧命的军士，也不在少数。

最后，达成了收复耶路撒冷的誓约之后，相当数量的十字军兵士返回了西欧。

在诸侯当中，弗兰德斯伯爵和诺曼底公爵就返回了西欧，其部下一同返回，则不在话下。

当诸侯纷纷离开之后，最初负责耶路撒冷防御的戈德弗鲁瓦手下，只剩下了丹克雷迪一位部将。两人的兵力合计，不过骑兵300、步兵2000。

史料中未见继兄长之后加冕耶路撒冷国王的鲍德温一世所拥有的

常备军数目的确切统计。直到30年后第二次十字军的时代，耶路撒冷国王所率的十字军兵力才有了记录。当时的十字军兵力为550名骑兵和6000名步兵。即使是中近东十字军国家中最大的耶路撒冷王国，其国内兵力还不如第一次十字军中一位诸侯所率的部众。比方说，第一次十字军中兵力最少的弗兰德斯伯爵，其所率的骑兵也有500名。

因此，在鲍德温一世统治耶路撒冷王国的时代，他主要依赖在与穆斯林势力接壤的加利利地区活动的丹克雷迪，安条克公国的领袖波埃蒙多，以及代替自己出任埃德萨伯爵的鲍德温（后来的鲍德温二世），来维持统治。

而当第一次十字军时代的全体战将去世以后，在无人可以统治的情况下出任中近东十字军领袖的鲍德温二世，担任加利利地区防务；受托负责埃德萨防务的，就只有若瑟兰·德·库尔特尼了。

在“无人可用”的1118年，十字军国家面临着第一次十字军主人公相继去世的局面。与诸侯同呼吸共命运的老兵，即以现代语言来说有能力的下级士官，是在这20年中为数不多的死里逃生的幸运者。

因此，兵力不足的情况需要加上“绝对的”这个限定语。如果有志愿服兵役的人，为了对其进行训练，自然要有足够有经验的下级士官。

在中近东十字军国家这样的现状之下，最高责任人所应做的，自然是专心防御这一件事了。

从十字军离开西欧的1096年，到鲍德温一世驾崩的1118年之间，基督徒一方保持了22年的攻势。而在鲍德温二世即位以后，十字军转入守势，进入了“无人可用”的状态。

而在西欧，得知圣城已收复的信徒们十分欣喜，朝圣者的数量比以前多了很多倍。

朝圣者们相信，耶路撒冷重归基督徒统治，是上帝相助的结果。那既然上帝可以令基督徒们夺回圣地，从海上到达巴勒斯坦，进而通向耶路撒冷的路程，自然也就是安全的了。然而现实却与他们所想完全不同。

戈德弗鲁瓦和鲍德温一世在位的19年间，一直处于守势的穆斯林一方，在无法依靠正面作战取胜的情况下，将战略重点转移到游击战的运用方面。

游击战的策略，通常来说就是突袭敌人最薄弱的部分。在无法击败从头到脚以甲胄武装的十字军的情况下，袭击毫无防备的朝圣者，就再容易不过了。

从西欧专程来到耶路撒冷，期待到圣墓教堂进行祈祷的朝圣者，大多是地位不高，手无寸铁，却带有盘缠的普通人。在穆斯林看来，他们不仅是可憎的异教徒侵略者，还能提供金钱或货物，甚至可以被贩卖为奴隶。

因此，从巴勒斯坦海港城市雅法到耶路撒冷朝圣的路线，就成了朝圣者最危险的一段旅程。

十字军时代的雅法，就是现代以色列的首都特拉维夫。从西欧赶来的朝圣人群，在此处下船之后，前往位于内陆的耶路撒冷，其间的直线距离不到60公里。耶路撒冷王国的国王，应对这条主要朝圣路线的安全负责。

但正如前文所述，鲍德温二世的兵力不足。此外，与第一次十字军开始时的情况不同，埃德萨伯爵领地和安条克公国新的统治者缺乏统治能力，在穆斯林前来进攻之时，还需要耶路撒冷国王派兵支援。

鲍德温二世统治耶路撒冷王国13年，其间除了待在耶路撒冷的时间外，他还在北至叙利亚，南到巴勒斯坦的广阔地区往复征战。很多地区都由于兵力不足，需要这位国王御驾亲征，来保证朝圣路线的安全。可以说，鲍德温二世出任国王期间，一直处在忙得不可开交的状态之下。

这个时候，果然有人为耶路撒冷国王伸出了援手。

圣殿骑士团的诞生

传说当鲍德温二世刚刚加冕耶路撒冷国王之后，就有两位来自法国香槟地区的骑士前来拜访。一位是年近半百的骑士于格·德·班，另一位名叫戈德弗鲁瓦·德·圣奥梅尔。他们声称愿与另外7位骑士一道，组成宗教骑士团，担负起防卫雅法与耶路撒冷之间朝圣路线的任务。

虽然包括于格在内的骑士只有9个人，中世纪的骑士都带有步兵作为辅助，这9位骑士各自带了5位步兵做辅助。此外，每人还有三四位马夫。因此，9位骑士组成的战队，达到90名兵力。当然，主要的战斗力还是这9名骑士。

鲍德温二世得到骑士团的援助，大喜过望，便在耶路撒冷城内东南角的公元前的犹太圣殿位置，为这些骑士提供了活动的据点。因此，在十字军的历史上扮演了重要角色的“圣殿骑士团”，就这样宣告成立了。所谓圣殿骑士团的名称，就来自其位于古代圣殿遗迹的驻所。

作为一支宗教骑士团，圣殿骑士团的成员首先必须是拥有武器，能征善战的骑士。

其次，宗教骑士团与世俗的骑士不同，其参加者必须舍弃世俗身份，一生侍奉上帝，保持修士式的僧侣生活。参加宗教骑士团者，其作为俗人身份所具有的一切资产，都必须捐献给骑士团。因此，加入骑士团以后，就不再是骑士于格·德·班了，而自称修士于格。

圣殿骑士团的纹章

再次，要成为修士，就要在上帝面前发誓一生献身神职，这一点与其他修会一致。

所谓清贫、服从、纯洁三大信条，具体来说，就是舍弃私有财产，对上帝绝对服从，以及一生独身。因为于格·德·班已经结婚，在圣殿骑士团创立之前，他解除了自己的婚约。

宗教骑士团的第四个特点，是不归任何世俗国王或领主管理。这一点不同于世俗的骑士，后者都以地方领主为其主君。由于他们是持有武器的修士，并不受修道院或当地主教的管辖，而是直接听命于罗马教皇。因此，宗教骑士团独立于诸侯、国王、皇帝与各地主教。

因此，圣殿骑士团完全独立于耶路撒冷国王、安条克公爵、埃德萨伯爵和特里波利伯爵，也并不受耶路撒冷牧首管辖。它是叙利亚与巴勒斯坦十字军国家内的战士集团。

创立圣殿骑士团的于格·德·班，曾在戈德弗鲁瓦指挥之下作战，具备第一次十字军的战斗经验。

于格·德·班也可以选择依然作为世俗的骑士，在耶路撒冷国王鲍德温二世的准许之下保护朝圣路线的安全。由于鲍德温二世也属于洛林家族，他自然能在其军队中谋得一官半职。

而于格之所以选择与其他骑士组成宗教骑士团，是因为他们可以作为独立的战士集团，不受世俗诸侯和封建领主的指挥，而独自开展行动。耶路撒冷的王位，不可能永远在洛林家族的鲍德温二世之手。于格·德·班成立宗教骑士团的目的，在于永久保持自身行动的自由，诚然是十分明智的选择。

而第五点特征，则是圣殿骑士团与其他宗教骑士团不同的特色。

圣殿骑士团的成员，除了要遵从清贫、服从、纯洁三大原则之外，还需坚守一项义务，即为了保护朝圣基督徒的安全，对朝圣沿线的异教徒格杀勿论。

圣殿骑士团成员甚至认为，没有必要要求穆斯林对手改宗。在他们看来，任何问答都毫无必要，只要记得骑士团的信条即可。对于基督教的宗教骑士团来说，诉诸武力是不受限制的。在所有的骑士团中，明确表示对穆斯林格杀勿论的，除圣殿骑士团外别无他者。

在这个十字军东征仅仅开始 20 多年的时代，赞同圣殿骑士团强硬路线的人却并非少数。

对前往圣城耶路撒冷的手无寸铁的朝圣者来说，胸前画着白底红十字，又在白色大披风上画着红色大十字的圣殿骑士团的骑士们，是能够保护自身的强大军事力量。这些朝圣者希望，在往返西欧的路上，都有这些骑士的护送。

圣殿骑士团从当初 9 人的水平逐渐增加，终于在成立 10 年后得到了罗马教皇的正式承认。得到罗马教皇承认，就意味着圣殿骑士团成为了基督教世界全体公认的组织。从此，期待加入的骑士不断增加，骑士团所拥有的动产与不动产也源源不断地大幅增长。

此时的圣殿骑士团，受到了强有力协助者的眷顾。这就是号召发动第二次十字军的天主教会圣人圣贝尔纳。此人以“克莱尔沃的贝尔纳”之名为西欧人所知，是西多会派的修士。

这位当时极为著名的人物，曾专门撰写了《对新诞生的圣殿骑士团的赞赏》（*De laude novae militiae ad Milites Templi*）一文。文中明确认为，对其他宗教信徒肉体消灭的行为，在基督教徒战士方面是完全正当的。这篇文章成为在王侯和高级神职人员中，以通用的拉丁语宣传圣殿骑士团的重要作品。他的宣传为圣殿骑士团组织的发展，起了至关重要的作用。

而在同一时期，另一支宗教骑士团也粉墨登场了。它就是在十字军东征历史上与圣殿骑士团齐名的圣约翰骑士团。

圣约翰骑士团的转变

不能称之为“诞生”，而要称“登场”的圣约翰骑士团，在第一次十字军之前半个多世纪就已经存在于耶路撒冷了。因此它并非在12世纪初从零起点开始创立的。但在第一次十字军的时期，这一骑士团最终发展为真正意义上的战士集团。可以说，它向战士集团的转型，来自圣殿骑士团的刺激。而谈起圣约翰骑士团的创立，则与圣殿骑士团迥然不同。圣殿骑士团由法国骑士集结而成，而圣约翰骑士团则是由意大利商人创立。

意大利的诸多滨海城邦，如阿玛尔菲、比萨、热那亚、威尼斯四国，都在中世纪的地中海上纵横航行，与穆斯林和拜占庭帝国进行大宗贸易。其中最早的一个，是阿玛尔菲。

阿玛尔菲今日已然是南欧风景秀美的旅游胜地，而在1000年前却是积极与近东开展贸易的海上强国。其中有一位以与穆斯林贸易而致富的商人毛罗，得以通过购买埃及产的高级布匹，转售罗马高级神职人员，而与埃及的哈里发结成友好关系。

毛罗告知哈里发，希望其许可在埃及治理下的耶路撒冷建立起一座诊所，以帮助前往圣地的基督徒朝圣者。

对穆斯林来说，去往麦加朝觐，是人生当中最为重要的事件。固然穆斯林和基督徒信仰不同，但对朝圣的理解是彼此相通的。而毛罗则以商人的手段在哈里发的眼中获得了信誉。

最终得到哈里发许可的毛罗，与阿玛尔菲的其他商人一起，在耶路撒冷设立了西欧人最初的一座诊所。此时的诊所还未成为宗教骑士团，而只被称为“医院”，完全不是后来的武装集团。但从此，这座医院就成为了后世著名的圣约翰骑士团的雏形。骑士团的成员身着带有十字的服装，十字的形状和阿玛尔菲纹章中的十字图案相同。

圣约翰骑士团是为朝圣者提供医疗服务而设立的。而与之相反，圣殿骑士团设立的目的则是为朝圣者提供“武装服务”。

为了提供医疗服务的目的，圣约翰骑士团的总部“医院”，就设立在朝圣者进入耶路撒冷的雅法门和城中最重要的基督教圣所圣墓教堂之间的路上。对于没有必要接受医疗服务的健康基督徒来说，也可以在进入圣墓教堂之前，到医院内洗手沐足，或休憩片刻。

而对于医疗设施来说，医生是不可缺少的。在阿玛尔菲附近的萨勒诺，开设了西欧最古老的医学院。在这所医学院内，有着中世纪欧洲罕见的不问教师与学生宗教和民族出身的风气。无论基督徒、犹太人还是穆斯林，都能平等地在其中担任教职，或接受教育。

毛罗和其他阿玛尔菲商人很可能请了萨勒诺医学院毕业的医生前往耶路撒冷，并为朝圣者提供了医疗设施。倘若这一情况属实，在从阿玛尔菲启航，前往近东的帆船上，就会有萨勒诺医学院毕业的年轻医生出现在意大利商人和水手之间。

通过给予毛罗建立医院许可的法蒂玛王朝哈里发的统治时间，我们大约可以推测出，西欧基督徒在耶路撒冷建立的最早的医院，开设于1050年前后。

过了半个世纪，十字军来到了耶路撒冷。在此期间，最初由世俗商人开办的医院，渐渐交由修士和神职人员来运营。

转手的原因有两点：其一，阿玛尔菲的国力在此期间衰落了；其二，与有其他事业的世俗商人相比，修士更适合从事带有慈善性质的工作。

最终，到了十字军进攻耶路撒冷的时候，城内基督徒的医院，已经完全由修士来运营了。

十字军攻陷耶路撒冷的1099年，虽然穆斯林总督流放了城内全体基督徒，圣约翰修会医院内的修士依然留居城内。由于医院的修士们不仅治疗基督徒，对守城的穆斯林来说，留下他们十分必要。

圣约翰医院骑士团的纹章

当十字军攻城时，圣约翰修会的成员也参与了守城一方的抵抗。总督要求他们在城墙上向十字军投掷石块。

但他们毕竟是基督徒。在十字军攻城时，这些身着僧侣服装的医生并没有投掷石块，却向城下扔下了面包。

总督看到基督徒修士们的行为，当即命令将决定投掷面包的修会领袖杰拉尔多以下的全体成员处斩。

但当修士们就要被杀的时刻，十字军冲进了城内，收复了这座圣城。未被处刑的圣约翰修会医生们，马上投入到紧张的工作当中，治疗十字军攻城战中产生的大量伤员。

由投掷面包事件而著称的杰拉尔多，在鲍德温二世即位两年之后病亡。

其后继承圣约翰医疗修会会长职位的，是一位生于法国南部的骑士，名叫雷蒙·杜·布伊。这位贵族因为和教皇代表阿德马尔主教的亲戚关系，成为了圣约翰修会的领导人。到1118年，最初以为朝圣者提供医疗服务为目的而成立的圣约翰修会，转变为一支宗教骑士团。

它不再是单纯提供医疗服务的集团，而成为对异教徒斗争的战士集团。

在18世纪人的肖像画中，1118年之前担任圣约翰医疗修会会长的意大利人杰拉尔多·萨索，和之后担任圣约翰骑士团团长的雷蒙·杜·布伊，有着完全不同的身姿。这两幅画反映了该时期修会的变迁。

以面包代替石头投掷给十字军的杰拉尔多，身着修士的僧袍，而雷蒙·杜·布伊则身穿甲胄。

圣约翰骑士团的直属上司罗马教皇，在其从修会转变为骑士团之

第二代团长雷蒙·杜·布伊

第一代团长杰拉尔多

后，正式为之授予了象征战团的军旗。这面军旗以红底白十字图案，区别于白底红十字图案的圣殿骑士团旗帜。

若将其与圣殿骑士团对比，圣约翰骑士团明智的一点是没有将杀死异教徒作为成员的行为准则。毕竟，圣约翰骑士团成立的明确目的，还是以医疗服务为核心，保护朝圣的基督徒。

随着只知道作战的骑士大量加入圣约翰骑士团，这一组织的战士集团色彩变得越来越浓。尽管如此，这些骑士必须每周履行一天为医生担任助手的义务。后来，圣约翰骑士团从耶路撒冷搬到了罗得岛，后来又到了马耳他，改名“马耳他骑士团”，但骑士的这项义务始终没有改变。

此外，在十字军历史上不可或缺的两大骑士团之间，还有一点风格上的差别。

圣殿骑士团是在耶路撒冷国王鲍德温二世的敕令下成立的，其总部在耶路撒冷的东半部分，穆斯林生活区的中心位置。

追溯到古代，此处建立的是所罗门王的圣殿，而在中世纪伊斯兰化之后，圣殿遗址上建起了著名的阿克萨清真寺。从阿克萨清真寺向北，又有一座以金色圆顶著称的圆顶清真寺纳入今人的眼帘。

中世纪的穆斯林，常以耶路撒冷的东半部作为自己的圣地。

当第一次十字军在耶路撒冷建都以后，昔日的伊斯兰化为基督教化所取代。圆顶清真寺一度变成了基督教堂，而阿克萨清真寺则成为耶路撒冷国王的宫殿。

这两座建筑一直保持着恢弘雄伟的风貌。而鲍德温二世将圆顶清真寺和阿克萨清真寺附近一半以上的广场，提供给圣殿骑士团作为其总部。古犹太国时代的王宫，变成了“所罗门的马厩”——对骑士团来说，马是必需品，而在开阔的广场上，便利地拴着许多马匹。这大概就是鲍德温二世将这片广场赠予圣殿骑士团的原因。

随着耶路撒冷成为十字军王国的首都，逐渐有少量穆斯林回到城内居住。虽然第一次十字军在“解放”圣城时将城内穆斯林屠杀殆尽，为了发挥其都市机能，穆斯林回城居住十分必要。毕竟，陆续前来的朝圣者，大都在朝圣巡礼之后返回了西欧。而逐渐地，穆斯林也不会遭到基督徒的残杀了。

人数不多的基督徒，就这样在穆斯林占多数的中近东地区建立了十字军国家。在耶路撒冷为基督徒攻陷之后 19 年，为了满足经商、役

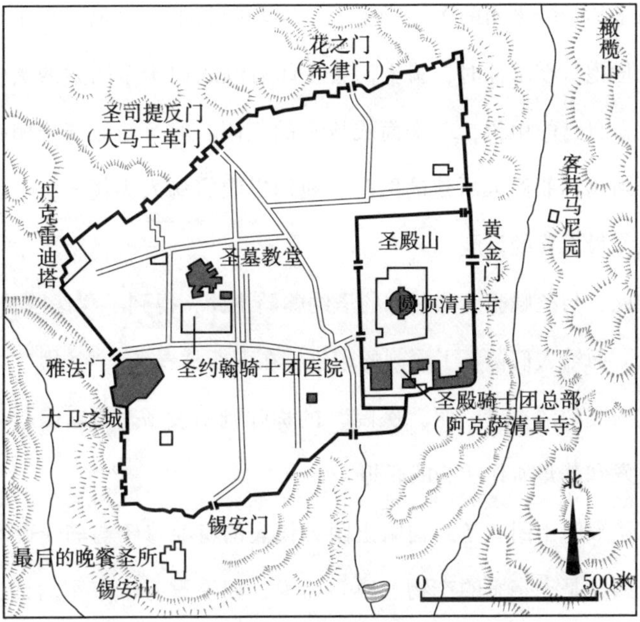

十字军统治下的耶路撒冷城市图

使佣人和翻译等需要，城内的穆斯林逐渐增多。担任 18 年耶路撒冷国王的鲍德温一世，也以怀柔的政策，促使原来居住在城内的穆斯林返回。鲍德温一世还承认了基督徒男子与穆斯林女性的通婚。

到了鲍德温二世统治的时期，这座基督教的首都内已经居住了相当数量的阿拉伯和突厥穆斯林。在他们眼里，从圣殿阿克萨清真寺里招摇而出的，是白色胸衣上画着大红十字的骑士集团。而这些骑士的行为准则里，则堂而皇之地写着对异教徒格杀勿论的要求。

以被西欧人简称为“神殿”或“圣堂”的伊斯兰教圣所为基地的圣殿骑士团，并不能认真遵循其创设之初的规定了。

而圣约翰骑士团的医院勤务们，穿着的是带有白色阿玛尔菲十字的黑色僧袍。在出征时，骑士们会在印有红底白十字图案的黑色僧衣之上覆盖自己的甲胄，一变而成战士的集团。但圣约翰骑士团一直没有离开阿玛尔菲商人所建的医院。他们以收容病人为优先，不会把拴马桩当作最重要的设施。

因此，与圣殿骑士团并称的圣约翰骑士团，得到了“医院骑士团”的别名，而给人们留下了深刻的印象。在穆斯林看来，“圣殿”之称会联想起阿克萨清真寺，而“医院”的称呼则引发了对与自身信仰相同的哈里发和苏丹所作所为的联想。

以圣殿骑士团和圣约翰骑士团为代表的身兼修士与骑士两职的宗教骑士团，是十字军的产物。换句话说，如果没有十字军的话，这样的修会或骑士团是不可能存在的。

而这一现象，以在第一次十字军时代出现而引人注目。毕竟，率领第一次十字军的诸侯，是拥有与法国国王属地一般大小的广阔领地的大领主。而他们属下的骑士，也从一开始没有领主的局面，变成了洛林公爵或图卢兹伯爵的部下。

“解放”耶路撒冷时的西欧诸侯，并未想到在东方成立骑士团。而此后以十字军精神自诩的骑士们，逐渐从西欧来到了东方。在这里，他们为圣殿骑士团和圣约翰骑士团所吸收。

以战斗集团而肇始的圣殿骑士团，全体创始成员都来自法国，而从医生集团转变而来的圣约翰骑士团，也以法国来的骑士为主。这自然与参加第一次十字军的诸侯部队大都来自法国有关。那些未紧紧跟随诸侯的骑士们，为了生计最后都被迫加入了宗教骑士团。

圣殿骑士团的骑士（左）与圣约翰骑士团的骑士

因此，在守势中承担十字军国家防务的鲍德温二世，面对长期兵力不足，需要向外借兵的状况，不会忘记大力扶植宗教骑士团的发展壮大。

而宗教骑士团的本质是以军事行动为目的的修士集团。修士们既然决心一生侍奉上帝，就要以毕生精力投入上帝所期望的军事行动之中。

于是鲍德温二世有了能够致力于防御中近东十字军国家的常备军事力量。可以说，这两支骑士团就是十字军国家的常备军。

然而，圣殿骑士团和圣约翰骑士团都采取的是志愿兵制度。从西欧前来的骑士们，要担负被穆斯林从北、东、南三个方向围困的十字军国家的防务，一直到其死亡为止。这两支骑士团从未有过兵力强大的时期，最多的时候不过 300 ~ 500 人，而时常以 100 骑的兵力投入战斗。在研究者看来，骑士团的作用，相当于现代军队中的“特种部队”。

但即便是 100 骑，对鲍德温二世也有很大的帮助。圣殿骑士团和圣约翰骑士团的活动区域，一般不出耶路撒冷周边的范围，而在鲍德温二世需要时，他会委托两大骑士团守卫耶路撒冷，自己率领部众御驾亲征。

鲍德温二世

实际担任“无人可用”时期最高防务负责人的鲍德温二世，在位的 13 年间所做的工作并不简单。我不再一件一件深入记述，而简略地扼要列在下面。

就好像在接力赛中，交接棒的时候往往会减速；当一国的领导人更迭之时，国策会推迟提出。而在权力交接时，自然会给敌人可乘之机。当鲍德温一世死后，鲍德温二世刚刚接手耶路撒冷王国时，穆斯林就发起反击了。

鲍德温刚刚加冕不到一年，1119 年，大马士革的军队攻入了加利利。原本负责这一地区防务的库尔特尼，已经前去埃德萨任职，无法赶回原防区组织军队。他请求鲍德温二世前来支援，并最终合兵击败了大马士革的穆斯林军队。此后，加利利的防务易手于鲍德温二世，而库尔特尼只能防守埃德萨伯爵领地。

最令中近东十字军国家担忧的，是同时面对巴格达和开罗两大穆斯林政权的反击。

巴格达是以突厥人和波斯人为中心的伊斯兰世界的首都，在阿拔斯朝宗教领袖哈里发的统治下，成为逊尼派穆斯林的中心。

而同处伊斯兰世界的开罗，则是以阿拉伯人为中心的法蒂玛王朝的首都。法蒂玛朝的哈里发，是什叶派穆斯林的最高领袖。

对十字军国家来说，十分幸运的是，巴格达和开罗的政权一直交恶。巴格达的逊尼派仇视什叶派，而与异教徒的十字军政权联手。而在逊尼派当中，突厥人和波斯人又时常发生冲突。

在这一情况下，埃德萨伯爵领地就成为了面向美索不达米亚的巴格达哈里发的前哨阵地，起到了十字军国家防御屏障的作用。在 12 世纪初，若瑟兰·德·库尔特尼正担负着守卫埃德萨的重任。而当他离开加利利之后，这一邻近耶路撒冷的重要领地就陷入了无将可用的状态。

当第一次十字军的领袖们完全退场之后，十字军缺少的不只是普通士兵，还有有能力的指挥官。

对于确保了加利利地区安全，回到耶路撒冷的鲍德温二世来说，还未在首都休息片刻，又不得不率军北上。这次他所面临的威胁来自阿勒颇，穆斯林军队正在进攻安条克公国。

安条克公国从 7 年前去世的丹克雷迪转入了鲁杰罗之手，以为未来波埃蒙多之子的继承做准备。摄政鲁杰罗麾下的兵力，包括 700 名骑士和 4000 步兵。他自信能够抵挡阿勒颇领主的攻势，未等库尔特尼和鲍德温的援军到来，就亲率部众接受阿勒颇大军的挑战。

鲁杰罗的 700 名骑士和 4000 步兵，比起鲍德温二世的兵力还要多些。然而，这些部队中大半是一直居住在中近东的希腊人。而鲁杰罗虽是可受丹克雷迪之托的重信义之士，却完全不具备丹克雷迪所拥有的统帅才能。

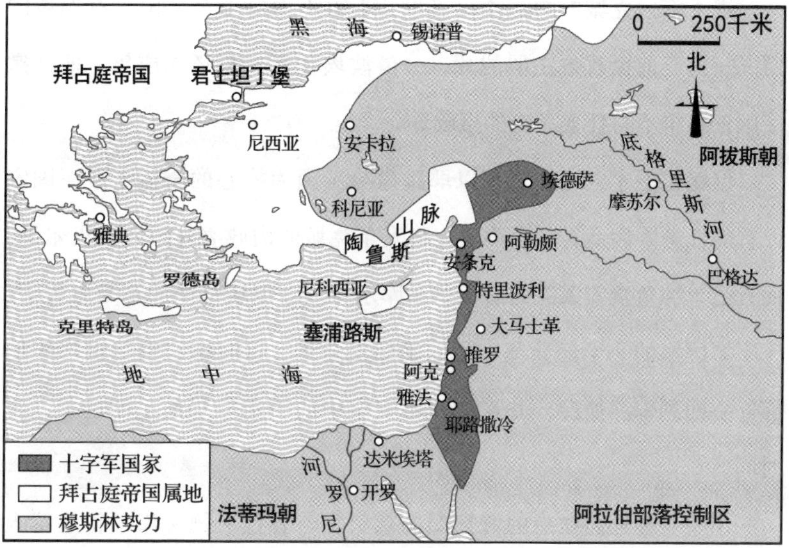

第一次十字军以后的中近东

这场战斗的结局，以十字军完败而告终。鲁杰罗本人战死沙场，其属下的骑士也大都战死。未战死的俘虏被绑缚到阿勒颇之后，在群众的咒骂声中惨遭杀戮。最终只有少数步兵溃逃回安条克。

这个时候，安条克牧首贝尔纳站出来，安定了城内居民的情绪。这位来自法国的牧首组织起守备部队，加强了城墙的守卫，等待鲍德温二世所率援军的到来。而此时阿勒颇的领主认为，攻下这座大都市的机会就在眼前。他乘胜率军西向，直扑安条克城下。

与特里波利伯爵庞斯同行的鲍德温，果断地从敌军未包围的南侧进入了安条克城。此后的安条克之战中，双方都没有取得决定性胜利。最终阿勒颇的军队只好撤退了。

进入安条克城内的鲍德温二世，不得不面对整个公国没有领主的情况。由于前摄政鲁杰罗战死，公爵波埃蒙多二世还未成年，耶路撒冷国王不得不自任安条克的摄政。

但鲍德温本人还担负着以耶路撒冷王国为核心的全体十字军国家元首的任务。因此，他最终决定将安条克城的内政委任给牧首贝尔纳，而自己单纯负责安条克的防务。在库尔特尼守卫埃德萨的掎角之势下，十字军国家的北半部分基本可以确保安全了。这时鲍德温二世终于能够安心回到耶路撒冷，并在这“不安定中的安定”局面里度过了三年时间。

出乎身在耶路撒冷的鲍德温的意料，若瑟兰·德·库尔特尼落入了穆斯林的手中。他并非在战场上为敌人所俘，却在一次乘马外出时，被阿勒颇的穆斯林游击队擒获。

鲍德温二世只得再度率军北上，以驰援没有领主的埃德萨。

进入埃德萨的鲍德温，急忙选任了一位了解周边事务的骑士，代理埃德萨伯爵的职务。

然而此时鲍德温并不知道库尔特尼被囚禁于何处。阿勒颇的军队也消失得无影无踪。这些穆斯林离开埃德萨之后，便陷入了与其他穆斯林领主的内战之中。

出人意料的是，刚刚在埃德萨安顿下来的鲍德温，又遇到了一桩极为倒霉的事。当他率领一小队士兵在城郊狩猎之时，遭遇埋伏，护卫的兵士全部被杀，而国王本人被俘。诱捕他的人，还是先前抓获库尔特尼的阿勒颇领主的外甥。

在鲍德温还是埃德萨伯爵的时候，他就跟库尔特尼一起被俘过一次。这次两人再度一起落入穆斯林之手。两人大概已经习惯了做俘虏的生活，但这次鲍德温却是作为十字军最高领袖——耶路撒冷国王而被囚禁的。

得知此事的耶路撒冷全城陷入慌乱之中，而穆斯林一方则因此次俘获而狂喜。

在叙利亚和巴勒斯坦的穆斯林看来，俘获鲍德温以后，就再不必为受到基督徒的攻击而担忧了。而且，为基督徒所占据的土地，也可以轻易夺回来。

然而穆斯林的想法，最终还是停留在纸面上而已。

被俘的耶路撒冷国王和埃德萨伯爵，居然成功越狱出逃。他们并不是自己单独行动，而是依靠一队库尔特尼的心腹亚美尼亚兵士，奇袭囚禁两人的城堡，从而得以逃脱的。

两位贵族重获自由以后，能一直保持自由之身的却只有库尔特尼一人。倒霉的鲍德温在回耶路撒冷的路上再次被俘。因此，穆斯林再次拥有了耶路撒冷国王这张“王牌”。

然而，令穆斯林的想法化为泡影的原因还有一点，那就是基督徒一方在国王被捕之后的行动。

得知国王被捕以后，耶路撒冷仅仅在短时间内陷入混乱。很快，王国就选举出一位名叫尤斯塔斯·加尔尼埃的骑士，代理总司令的职位，从而克服了没有领袖的窘况。此外，威尼斯共和国元首亲自率领的海军，成为耶路撒冷王国的强大后盾。

1123 年，没有受到国王被俘影响的耶路撒冷王国，与威尼斯一起对附近的海港城市推罗发起了猛攻。到 1124 年 2 月，十字军成功攻陷了推罗，而且出于对尚在敌牢的鲍德温的安全考虑，没有在城内大肆屠杀。

穆斯林的希望落空了。他们发现牢内的鲍德温并没有多少利用价值。虽然穆斯林手握如此重要的人质，基督徒方面的行动却完全没有受到影响。

利用这个机会，一直惦念鲍德温的库尔特尼向阿勒颇的领主提出，以赎金保释耶路撒冷国王。穆斯林一方考虑了鲍德温的利用价值之后，决定与库尔特尼谈判缴纳赎金的问题。

代表穆斯林进行谈判的，是与基督徒长期交流的沙伊扎尔的埃米尔。

双方最终达成协议，以伊斯兰世界的通货第纳尔来缴付赎金，总价为 8 万第纳尔，其中 2 万为当即缴付，其余 6 万在释放鲍德温之后分期付清。释放鲍德温以后，作为缴纳余下赎金的担保，以库尔特尼的幼子为人质，这是因为鲍德温并没有子嗣。最终，经过一年多的囚徒生涯，耶路撒冷国王重获自由。

此后鲍德温的行动，并未因为第二次被囚而变得消极起来。虽然释放条件中包括穆斯林的现有领土不可侵犯这一点，他在此后到去世的7年之间，一直履行着耶路撒冷国王的责任，为保证自己国土的安全而忙碌着。

鲍德温二世对北边的塞尔柱突厥人和南面的埃及人可能展开的反击，都进行了积极的防御。

但由于一直处于兵力短缺的状况，鲍德温越来越依赖圣殿骑士团和圣约翰骑士团的力量。宗教骑士团的势力在此期间进一步加强了。而十字军国家存续的关键，则在于埃德萨伯爵领地、安条克公国、特里波利伯爵领地和耶路撒冷王国之间的团结。

十字军中的女性

鲍德温二世任埃德萨伯爵期间，与亚美尼亚公主莫尔菲亚生育了四个女儿。他希望以女儿的婚姻，来与各个十字军领袖结成紧密的亲缘关系。

鲍德温的长女梅丽森达之夫，后来继承了耶路撒冷王国。次女爱丽丝则与还未成人的波埃蒙多二世订立了婚约。三女奥蒂埃尔娜嫁给了特里波利伯爵雷蒙二世。而幼女约维塔则预定为女修道院未来的院长。以公主的身份出任修道院院长，可见其父信仰之心的深刻。

鲍德温长女梅丽森达的丈夫，与耶路撒冷王国的正式继承人梅丽森达结婚以后，就成为了事实上的耶路撒冷国王继承人。鲍德温对选择夫婿一事颇为慎重，以至于到梅丽森达 28 岁时才最终完婚。

鲍德温为其挑选的夫婿，是法国国王路易六世的亲戚，路易六世本人力荐的安茹伯爵福尔克。1129 年，梅丽森达和福尔克在耶路撒冷举行了婚礼。此后，除了库尔特尼所在的埃德萨伯爵领地之外，其他三个十字军国家实现了由三姐妹掌管的局面。这样，鲍德温以为自己可以安度余生了。然而就在此时，一直缺少优秀人才的伊斯兰世界，突然涌现出了意志坚强、行动果敢的领军人物。

放眼广阔的人世间，人才辈出的现象就如潮起潮落一般。一个国家人才涌现如涨潮的时刻过去，必然会有落潮的时候，从而陷入人才不济的局面。

遇到人才不济的年代，国内出现的各种问题就很难解决了。前一时代所蓄积的能量，要到下次涨潮的时候才会完全吸收。

在这不幸的人世间，人才辈出与人才不济的轮回，很少在不同的国家一起转换。现实往往是，当某一阵营陷入人才不济之时，对方阵营却进入了人才辈出的时代。

从 1096 年自西欧出发，经过 1099 年收复耶路撒冷，再到 1118 年鲍德温一世去世的 22 年，是十字军一方人才辈出的时代。

在研究者看来，第一次十字军成功的主要原因，有两个方面。

第一是由于十字军出其不意的进攻，当时伊斯兰世界没有做充分的防御准备。

第二则是由于穆斯林领主之间的不和，导致了整个伊斯兰世界的不统一局面。

研究者提出这两个原因都是恰如其分的。当地的穆斯林把十字军仅仅视为普通的侵略者，在法兰克人进攻附近其他穆斯林领主时大都按兵不动，只在自己受到攻击时才着手防御，于是在静观之中贻误战机，始终无法结成统一战线。这是十字军取得成功的一个重要原因。

与此同时，在第一次十字军东征时，伊斯兰世界并没有能一直贯彻战略意图，并充分利用自身战术能力的优秀指挥官。由于缺乏有能力的人才，穆斯林不得不将圣地拱手让给了十字军。

在人才济济的第一次十字军领导人总退场之后，站在历史舞台中央的只剩下鲍德温二世一个人。他是自 1096 年跟随戈德弗鲁瓦东征的十字军骑士中的一员，也是第一代十字军中硕果仅存的人物。他还有若瑟兰·德·库尔特尼的协助。在鲍德温二世的时代，虽然人才的潮水已经从高处下落，还可以见到最后的波澜。

十字军自西欧出发时，安茹的福尔克年仅 5 岁。30 多年以后，这位法国王室的贵戚成为了耶路撒冷王国实际的国王。到这时，基督教世界的人才潮流停止了涌动，而伊斯兰世界却开始涌现出一代英武的领袖。历史的不可思议，推动了人世间的无序。

伊斯兰世界中涌现的第一位人才，名叫曾吉。他在巴格达的突厥军队服役时成就突出，后来掌握了伊拉克北部摩苏尔的主权。此人率军离开美索不达米亚，挥师西进，意在一扫割据状态之中的叙利亚领主们，将穆斯林的叙利亚统一于自己之下。

即使在这个还不知如何利用石油的时代，摩苏尔的各种产业已经十分兴盛。因此曾吉能够集结起一批大军。得知曾吉军队到来的消息，叙利亚的领主们像牧场里被驱赶的牛羊一般慌了手脚。年轻的波埃蒙多二世本想利用这一局势扩大安条克公国的领土，没想到在与叙利亚穆斯林领主的短兵相接中丧生了。鲍德温二世的女儿、嫁给安条克公爵的爱丽丝早早就成了寡妇。作为摄政的她，与自己两岁时就失去父亲的女儿一起，统治安条克公国。

此时不仅安条克的居民对动荡的局势感到不安，身在耶路撒冷的父亲鲍德温二世也十分担忧。由于曾吉的军队已经占领了阿勒颇，耶路撒冷全城都感受到来自叙利亚方向的压力。

而当鲍德温二世的军队北上之时，事态有了奇妙的发展。

得到曾吉军队占领阿勒颇消息的爱丽丝，向这位势不两立的敌手寄去了一封书信。幸运的是，在这封信送到曾吉手中之前，被鲍德温二世截获。爱丽丝在信中写到，如果曾吉能够承认自己在安条克公国的地位，安条克公国就承认曾吉的宗主权。

安条克与阿勒颇的距离不过 100 公里。受到来自阿勒颇大军的逼迫，十字军国家的女领导人只好无奈地投降。通过嫁给波埃蒙多二世而成为安条克公爵夫人的爱丽丝，并不像自己的亡夫那样受到安条克居民的爱戴。因此在守寡之时，这位公爵夫人完全不自信能维持自己的身份。于是，她就派出了一位心腹，将信件秘密地送给曾吉。

但从鲍德温二世的角度来看，作为安条克摄政的爱丽丝绝不应当投降。这位亲生女儿，显然是一时糊涂。鲍德温抵达安条克以后，就将爱丽丝流放到海港城市拉塔基。在此以后安条克的统治，就由库尔特尼为两岁外孙女摄政。鲍德温安排妥当之后，返回了耶路撒冷，而爱丽丝这件事，成为十字军历史上女性主政的一例。

爱丽丝事件，是 1131 年夏天返回耶路撒冷的鲍德温二世所处理的最后一件公事。他刚刚回到耶路撒冷，就倒在了病床上。

自从1096年离开西欧以后，鲍德温经历了第一次十字军的全部战斗，之后又在极端困难的状况下，出任13年的耶路撒冷国王。

在十字军东征35年的岁月中，鲍德温到处转战，其间三次被俘。到此时已经年近60，可谓身心俱疲。

8月21日，久卧病床的老国王终于断气。他的遗体与前两代耶路撒冷国王戈德弗鲁瓦和鲍德温一世一样，埋葬在圣墓教堂的地下。

鲍德温二世没有什么值得一提的才能。他唯一具有的优点，大概是责任感吧。

第四代耶路撒冷国王之衔，就落到了鲍德温的正式继承人梅丽森达的丈夫福尔克头上。

此时，中近东的十字军国家里，又失去了一位富有责任感的领主。

为了夺回被曾吉军队占领的城市，埃德萨伯爵库尔特尼踩到了敌军布下的地雷，身负重伤。虽然中世纪的地雷制式简单，杀伤力不如后世，但已为穆斯林军队所广泛采用。受重伤的库尔特尼坚持在担架上指挥战斗，虽然最终使敌军退却，但到死也没能取得决定性的胜利。在鲍德温二世于耶路撒冷丧命后不久，他唯一的挚友追随而去。

若瑟兰·德·库尔特尼的死，使埃德萨伯爵领地和安条克公国都失去了首脑。曾吉敏锐地利用了这个时机，剑指十字军的桥头堡埃德萨。

法国来的耶路撒冷国王

在12世纪前半段的中近东，第四代耶路撒冷国王福尔克不得不面临与曾吉对决的局面。

这位来自法国的贵族所拥有的优势，有以下两个方面：其一，由于其自身拥有大量财富，他可以自己花钱组织一支骑兵和步兵，并亲率这支直属的部队投入战斗；其二，他来到中近东以后，不会过度关注于攫取私有领地与私人财产。

而法国国王路易六世的推荐，则不能说是福尔克所具有的优势或劣势。由于推荐了福尔克，路易六世自然有责任给予耶路撒冷国王一部分兵力，而当作为法国国王亲戚的福尔克率领十字军东来，在危机中的耶路撒冷加冕为国王时，其职位的责任也是不容推卸的。因此，福尔克与法国国王的亲戚关系，并没有给他带来多少实际的好处。

相反，福尔克本身的一些劣势，却不是以私人经费组织起一支军队就能解决得了的。

首先，这位空降到耶路撒冷的国王，对中近东的形势，特别是阿拉伯人、突厥人等对手的情况没有多少认识。

其次，福尔克有着老好人的性格，却缺乏个人魅力。

之所以说福尔克没有魅力，是因为梅丽森达与之结合不久就有了婚外情。早早就在妻子面前失去吸引力的福尔克，也缺乏约束诸侯与家臣的能力。

以耶路撒冷王国为代表的中近东十字军国家，基本上移植了西欧的封建制度。

与普利亚公爵波埃蒙多自己建立的安条克公国不同，戈德弗鲁瓦建立的耶路撒冷王国，是一个将其国内分散的诸侯领地统合起来而成的国家，就如同一个缩小了的法国的情形。

因此在编年史中，拥有500名骑兵和2000名步兵的安条克公国，其兵力应当完全是波埃蒙多自己的亲兵。而在耶路撒冷王国里，并没有国王直属的常备军，其军队是国内封建诸侯兵力的总和。

在十字军国家中，只有耶路撒冷王国是以国内各领地的诸侯在国王的召集下成立的委员会进行统治的。由于耶路撒冷与其他城市不同，是“上帝的都城”，任何世俗人士都不能以其私人的名义占有这座城市。而对耶路撒冷的防御，则由国王一人负责。

虽然名义上国王独自负责耶路撒冷的防务，但在现实当中也受到各种因素的制约。这就像法国国王受到国内各大诸侯掣肘，不能随便发动战争一样，耶路撒冷国王很难完全自由地做出关于国是的决定。

在这一制度之下，处于敌人三面包围的十字军国家如何正确地施政，往往与其领导人的个人魅力息息相关。

然而耶路撒冷的国王们，缺乏的就是那种“以超人的能力与非凡的地位，令人心服口服的统御力”，那种被称为“个人魅力”（charisma）的资质。

第一代国王戈德弗鲁瓦、第二代国王鲍德温一世，以及后继的鲍德温二世，既不是拥有超强能力的统治者，也并非以令众人心服的战绩获得了耶路撒冷国王的位置。

但这三位国王都能够获得诸侯所提供的兵力。总的来说，那些为了保全自己的小块领地而一致行动的诸侯，为了耶路撒冷王国参与作战，对这个国家的存续是起了重要作用的。

因此不能说这三个人完全没有个人魅力。至少从作战号召能得到响应这一点来看，他们具备一定的魅力。如果没有小领主们的支援来牵制埃及军队的进攻，鲍德温一世的历次远征就不可能实现了，而鲍德温二世统治的13年内，他也很难在整个十字军国家领土内纵横往返，充当救火队长的角色。

在鲍德温二世南北往复期间，所带领的军队不可能只有自己的一点点亲兵。为了击退数量众多的穆斯林大部队，他需要王国内封建诸侯必不可少的支持。

在遥远的西欧人眼中，耶路撒冷国王是强大的领主，可实际上这一王位非常孱弱。因此，担当者的个人魅力，对国王来说至关重要。

当今关于十字军著作中最具代表性的著者之一斯蒂芬·兰西曼，曾经这样写道：

“耶路撒冷王国的王权，只有在国王个人有足够强大的力量，并且取得其国内强有力的人物共同支持的情况下，才能得以充分发挥。”

兰西曼所说的“力量”，指的不仅是军事力量，而是能让诸侯和兵士们紧紧跟随的强大统御力。对领导人来说，不仅要具有足够的个人魅力，还要有善于用人的现实能力。

在法国国王的亲戚，安茹家的福尔克统治耶路撒冷王国的30年间，国王御驾亲征的次数大大减少了。究其原因，无非是国内的诸侯不愿跟随国王出征。

在这一时期，安条克、埃德萨和特里波利的统治者，也常常拒绝耶路撒冷国王的支援请求。甚至于当福尔克想向安条克方向进军时，遭到行军路线上特里波利伯爵雷蒙的拒绝，不得不乘船前往。

因此，在福尔克统治期间，十字军国家的分离与瓦解不可避免地开始了。四大十字军国家侥幸没有被穆斯林占领，只是因为曾吉方面出了状况，停止进军。

如果对当时基督教世界和伊斯兰世界双方的权力构造进行大致比较，可以绘制如下页图。

如果以日本的情况做对比，伊斯兰世界中的阿拉伯人相当于日本的“谱代”（数代侍奉同一个领主的家臣），而塞尔柱突厥人和库尔德人则相当于日本的“外样”（战败后降服的家臣）。

福尔克继任耶路撒冷国王的同一年，巴格达的苏丹去世了。此后的伊斯兰世界便爆发了纷争，像每次失去领袖时一样。

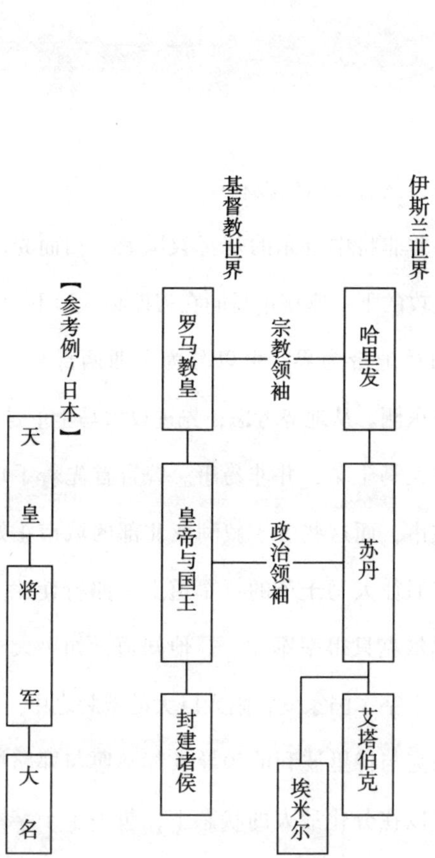

曾吉的正式地位，是底格里斯河上游摩苏尔城（今伊拉克境内）的艾塔伯克（土耳其语 Atabeg，大致相当于阿拉伯语的埃米尔）。为了阻止自己的敌人成为下一任苏丹，曾吉停止了叙利亚的军事行动，将阿勒颇委任给自己的儿子努拉丁，然后返回了美索不达米亚。

仍是艾塔伯克的曾吉，不能滞留在远离自己统治中心的叙利亚。毕竟，巴格达方面可以随时进攻摩苏尔。谁最终成为下一任苏丹，对于希望在从摩苏尔到大马士革之间的广大地域中称霸的曾吉来说，是关系到其大后方稳定的。因此，曾吉足足花了三年时间处理美索不达米亚方面的事务，然后才回到叙利亚。

曾吉的野心并非将中近东的基督教国家一扫而光。他在取得阿勒颇之后，准备进攻的下一座城市是同在穆斯林统治下的大马士革。

中近东以山岳地带为界，可以分为东西两部分。安条克在西侧，而大马士革则在东侧。从地势考虑，先进攻大马士革是非常合理的。

然而，进攻大马士革，并非易事。曾吉首先着手攻占通往大马士革道路上的小城市，而这些位于叙利亚北部的城市正好在福尔克的控制之下。曾吉在通往大马士革的行军道上一路行使武力，而为了阻止曾吉的进攻，福尔克只得率军北上。他知道，如果大马士革落入曾吉之手，其西面的十字军国家就将陷入巨大的威胁之中。

然而，安条克与特里波利的领导人都不愿与耶路撒冷国王协同作战。曾吉因此得以在分化敌人的状态下，包围了十字军名为蒙费兰的城堡。

坚固的城堡本可以使决意防御的守军坚持到援军到来。但即位以来一直无法与其他诸侯搞好关系的福尔克，无法期待任何友军。随着穆斯林大军对城堡一天天围困下去，国王只得派人与城外的曾吉交涉。他希望能支付赎金换得曾吉退兵，而不至于被对手俘虏。

曾吉的答复是，他不仅保证上至国王，下至普通士兵的全体人员的安全，还释放先前俘虏的一名特里波利伯爵领地的将军，此外完全不收取赎金。艾塔伯克所要的报偿，是请福尔克把蒙费兰城堡交给他。

在福尔克看来，如果将城堡交给曾吉，就能平安返回耶路撒冷，还不用支付巨额赎金，这自然再好不过。于是他就接受了曾吉的条件。

这座蒙费兰城堡，是十字军建设的锁钥西侧十字军诸国与东侧穆斯林世界的著名要塞。其地理位置正处在从阿勒颇南下大马士革的大道正中，对于掌握阿勒颇的曾吉来说，可以以此地为前哨基地，进攻大马士革。

耶路撒冷国王福尔克的富裕，早已为穆斯林所熟知，因此如果曾吉要求赎金，福尔克自然能够给得起。但获取赎金，与占有进攻大都市大马士革的战略基地相比，就次要得多了。

此外，这座城堡还有一点儿战略价值。如果穆斯林拥有这座城堡，当他们进攻埃德萨时，耶路撒冷援军北上的路线就被切断了。曾吉并非因为西欧人所谓的骑士精神而只要求福尔克交出蒙费兰城堡一个条件，他只是看重了这兵不血刃取得城堡的机会，节省了时间和兵力。

对福尔克来说，能避免被俘是再好不过的事情。他退出了城堡，完成交接手续之后，离开了战场。此时这位国王已经在位 6 年，时值公元 1137 年。

13 年乏善可陈的统治中，福尔克的下一次行动，是 3 年后的 1140 年，与大马士革的领主结成了抵抗曾吉的同盟。

这一穆斯林与基督教国家的同盟，在当时的伊斯兰领主看来是很正常的，但在十字军国家一方，就是令人意外的事件了。而在此之后，曾吉的军队并未向南攻取大马士革，却转向北进攻埃德萨。

当南面的埃及军队入侵耶路撒冷王国时，与之结盟的大马士革领主却没有义务帮助福尔克。于是，防御埃及进攻的任务，完全落在了圣殿骑士团和圣约翰骑士团的肩上。

作为十字军首领的福尔克，接下来所犯的错误，就毫无理由开脱了。他的错误，使安条克公国落入拜占庭帝国之手。

早在第一次十字军攻下安条克之后，拜占庭帝国就想将其据为己有。而福尔克却在十字军收复安条克 40 年以后，承认了拜占庭对安条克的吞并。福尔克错误地认为，想从对曾吉的战争中获胜，就要依靠拜占庭帝国的力量。但拜占庭皇帝却只热心于操纵安条克的局势，完全没有兴趣支援耶路撒冷王国。

在拜占庭吞并安条克一年后的 1143 年，福尔克外出狩猎时落马而死，卒年 52 岁。他的两位王子中，较大的还不到 13 岁，于是 42 岁的妻子梅丽森达就任了耶路撒冷王国的第一位女王。在这个王国，血统比能力更为重要。由于梅丽森达是鲍德温二世的长女，没有人反对其继承王位。

在历代耶路撒冷国王当中，福尔克在同时代人与后世史家中都评价甚低，只有一个方面的评价较为正面，那就是他首先开始在中近东的十字军国家内建设城堡。

城堡

西欧的掌权者们，即便是最富裕的威尼斯和佛罗伦萨，也得到十字军之后二三百年的文艺复兴时期，才能够居住在宏大舒适的宫殿中。此前的各国国君，都是居住在城中的。他们的住所与其称为“城”，不如称为“城堡”。相较于舒适性，这些城堡首先强调的是防御能力。

城堡的外侧一般都围绕着充满水的护城河，而在护城河内则耸立着城墙。城墙内除了家仆们的住所，还少不了马厩。城堡主人的家族，往往居住在城内高筑的石质塔楼中。至于通往城外的道路，少不了经过护城河上面架设的吊桥。中世纪欧洲的象征，便是这些城堡了。

一般来说，城主居住的塔楼石壁都有一米多厚，因此夏天室内会很凉快。而到了冬天，特别是在北欧的严冬季节，寒冷常令人难以忍受。此时，塔楼内的壁炉会燃起熊熊薪火，内墙壁裹上厚厚的绒毯，而床上则会铺就狩猎所获的野兽毛皮，以抵御酷寒。

因此，西方建筑以大型壁炉为显著特征，以厚实的壁毯作为石壁防寒的主要用品，特别是在十字军时代以后，随着东西方的经济交流，来自伊斯兰世界的绒毯取代了野兽的毛皮，铺在石质的床几上做防寒之用。

由于防御优先的建筑思想，为了防箭矢，城堡的窗户做得很小；台阶也造得又急又窄，使手持武器的敌人不便攀登。在常常乌云笼罩的北欧，由于窗户很小，即使在中午时分，也需要点起灯火。大型的壁炉常常燃烧着，为了屋内照明还要燃起灯火来，使屋内常处于缺氧的状态。

常居住在这样的城堡中，人不容易感到舒适。由于冬天寒冷，人们在屋子里不仅要穿厚衣服，还需要多穿几件。通过一个人着装的多少，可以看出其社会地位。天主教会的高级神职人员和世俗君主们常常穿着多层衣服保暖，而下层平民往往只有一件短衫。

肖像画中的贵妇身穿胸口大开服装的场面，往往是在迎接贵客的隆重宴会上请画师来作的。如果平时总穿着这些美丽而单薄的服饰，很容易就引起感冒，而一命呜呼了——这也是中世纪城堡中居住者常有的命运。

若以同等社会地位的西欧人与近东人的生活相比较，中世纪近东人的生活要舒适得多。本就有丰富水资源和绿地的近东人，可以很好地利用这些资源。社会上层竞相在其居住的院落内种植树木，并任流水经过后院。

中世纪西欧的城堡虽然在居住方面有些不便，却也有两点有利之处。第一，它非常利于防御；第二，只需要少数兵力，就可以将城堡防守住。

在法国一直居住到40岁的福尔克，早已习惯了将城堡作为防卫和生活的场所。他自然了解城堡的两点有利之处。而且，中近东与西欧相比，并没有难耐的严寒。相反，在这一地区建造厚重石壁围成的城堡，非常适合抵挡酷暑的袭击。

此外，大量建立城堡，还能在很大程度上解决十字军国家所面临的兵员不足的问题。而十字军的对手们却没有很好地利用城堡的传统。

穆斯林在军事行动中往往采取主动出击的策略，并不会考虑以少数兵力据点防御。而且，近东的穆斯林领主大都居住在以城墙包围的城市中，并没有在远离都市的城堡内分兵的习惯。

因此，在十字军时代的中近东，只有法兰克人建筑了成网络状的城堡体系，穆斯林一方没有相应的防御体系。

兵力不足的十字军的主要问题是缺乏常备军，使其在面对敌人攻击时难以招架。而这一问题在鲍德温二世承认两大宗教骑士团之后，有了一定的缓解。

圣殿骑士团从成立之初的9人，增长到原来的10倍，圣约翰骑士团也从医疗修会转变为医疗与战斗合一的组织。其后，以法国为中心的西欧各国志愿者急剧增加。与以社会中下层为主的圣殿骑士团相比，圣约翰骑士团的成员以贵族出身者为主。然而，这两大骑士团都没有达到能独自出战抵御穆斯林大军的兵力，它们只是以小规模战斗为主要行动方式的高级战士集团，因而被现代研究者称为“特种部队”。

继鲍德温二世为王的福尔克，要求宗教骑士团和耶路撒冷王国内的封建领主们建造城堡，作为其防御与攻击的支点。他允许有财力的领主自己建设城堡，并对财力达不到的领主给予资助，并将建成的城堡委任给当地领主管理。此时十字军的主要港口雅法附近城堡的拥有者，伊柏兰的巴利安，就是50年后与萨拉丁进行生死谈判的同名男子的父亲。

十字军的城堡并非都建于福尔克统治的时期。从鲍德温一世在位时，小规模的城堡建设就开始了。到鲍德温二世在位时期，建成了四座城堡。但在福尔克在位的时候，十字军的城堡建设进入了高潮。其中最有名的“骑士之城”的建设，就是由圣约翰骑士团在福尔克死前一年（1142年）完成的。

城堡这种建筑类型，是依靠少量兵力就可以控制并防御的。对由攻转守时代的十字军来说，当然有必要大量兴建城堡。毕竟，与常能组织起大军的穆斯林对手相比，十字军一直处于兵员短缺的局面。

此外，排除宗教方面的因素，单纯从20世纪的考古学方法来研究十字军时代城堡的，是在英国出生，以“阿拉伯的劳伦斯”而著称的人物。在他深入近东之前所著的研究论文中，几乎没有提到过这些十字军的城堡。而当劳伦斯成为率领阿拉伯军队挑战奥斯曼帝国的军事家之后，就从调查十字军时代所建设的城堡中得到了战略灵感。当年建设城堡的时候，必然选择了战略上非常合适的地点。

劳伦斯对阿拉伯人的煽动口号，是著名的“到大马士革去!”。这句话恰恰是1000年前曾吉的口号。为了征服整个叙利亚，激励兵士的不

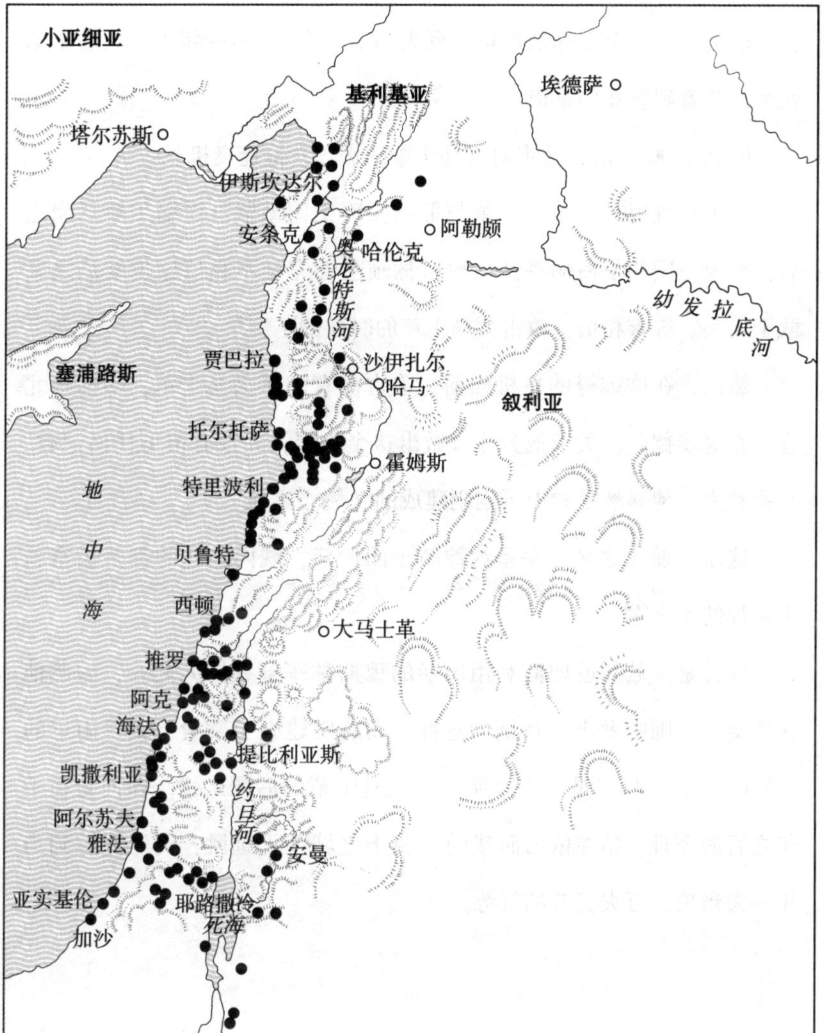
小亚细亚
基利基亚
埃德萨
塔尔苏斯
伊斯坎达尔
安条克
阿勒颇
哈伦克
奥龙特斯河
幼发拉底河
塞浦路斯
贾巴拉
沙伊扎尔
哈马
叙利亚
托尔托萨
霍姆斯
特里波利
地中海
贝鲁特
西顿
大马士革
推罗
阿克
海法
提比利亚斯
凯撒利亚
约旦河
阿尔苏夫
雅法
安曼
亚实基伦
耶路撒冷
死海
加沙
北
0
100千米
阿喀巴

十字军城堡的分布图

变的话语，从古至今都是这句“到大马士革去”。多少年来，大马士革就是象征着叙利亚的都市。

回到1000年前，曾吉对大马士革的进攻，恰逢良机。

为了对抗曾吉，大马士革与耶路撒冷王国结盟。而福尔克驾崩之后，继承王国的是梅丽森达。穆斯林领主们完全不相信这位女流之辈敢于出兵。曾吉相信，攻占大马士革的时候到了。

然而，在这难得的良机面前，曾吉没有南下大马士革，却挥师北进，直逼埃德萨。关于他为什么做出这个决定，并没有留下任何记载。在我看来，他显然是看上了刚刚建成的“骑士之城”。

这座“骑士之城”是圣约翰骑士团所建，城内驻扎的都是极富骑士精神的十字军。

曾吉是少数知道如何利用城堡的穆斯林军事领导人之一，因此他在蒙费兰之围中做出了特别的选择。而这座建立于蒙费兰城堡附近的“骑士之城”，自然是曾吉军队进攻大马士革的后顾之忧。即使是在千年之后的今日，站在依山而建的“骑士之城”上远眺，仍然能感到当年一夫当关，万夫莫开的气势。

中

第二章

穆斯林开始反击

1144 年，曾吉 57 岁，急于征服整个叙利亚。此时，他决定首先攻击埃德萨，接下来进攻大马士革。

埃德萨的陷落

此时的埃德萨伯爵领地，由13年前战死的若瑟兰·德·库尔特尼之子守卫。这位领主虽然没有其父的能力，却受到埃德萨居民的爱戴。又因为其母出身亚美尼亚王室，若瑟兰二世可以得到来自北方亚美尼亚人的支援。在其防御之下，曾吉对埃德萨的进攻必将是一场恶战。

而曾吉则采取了诱使若瑟兰二世离开埃德萨城的计策。当若瑟兰与附近的穆斯林领主发生摩擦时，曾吉的大军突然出动，对埃德萨发起总攻，并以一部分军队阻挡若瑟兰回到埃德萨城内。

于是，担负中近东穆斯林国家侧翼防御的埃德萨，就不得不在没有总司令的情况下开始守城了。此时埃德萨的城防长官，是三位宗教领袖：天主教的埃德萨大主教于格，亚美尼亚使徒教派的主教约翰，以及希腊正教的主教瓦西里。在东方基督教城市埃德萨城内，同时生活着三大教派的信徒。

攻城战开始之时，城内的居民不仅相信若瑟兰二世一定会返回，还认为附近的安条克公国和耶路撒冷王国会出兵相救。因此，对曾吉发动进攻之前的两次劝降，城内守军都断然拒绝了。

十字军主要都市和城堡城塞

然而若瑟兰由于受敌军阻挡，一直不能回到埃德萨。安条克公爵则像缩头乌龟一般地躲在自己的领地之内。统治耶路撒冷的梅丽森达，在是否派兵援助的问题上犹豫不决，等援军出发时，早已贻误了战机。

埃德萨的居民顽强抵抗了四个星期。最终，在 12 月 24 日，埃德萨城被攻陷。曾吉对任何不接受劝降条件的对手，都会采取屠杀和劫掠的手段，即使同是穆斯林也难以幸免。在以基督徒为主的埃德萨，烧杀抢掠的事件自然发生了。

埃德萨的主要贵族，包括大主教在内，都被处以极刑。在巴格达哈里发的许可之下，这些人被念着如下的诗文处死：

> 真主的使者穆罕默德，我们承你之名取得了胜利。这些崇拜偶像者的血，为证实《古兰经》教导的真实而流。

埃德萨的陷落，在穆斯林看来，是夺回了自己原来的领地。因此，即使是生还的原是基督教一方的俘虏，也被贩卖为奴隶。据史载，这次被卖的奴隶数量超过两万。

在城陷之时，曾吉还承认基督教化之前的埃德萨居民所拥有的土地和房屋。两年之后，其子努拉丁完全不承认任何居民的土地所有权，并彻底破坏了整个城市。穆斯林将埃德萨的街道破坏，使基督徒无法回到城中生活。这不啻是对半个世纪以来的基督教城市的一大惩罚。

从此以后，基督教世界失去了埃德萨伯爵领地。这座第一次十字军的东方桥头堡落入了穆斯林之手。若瑟兰二世没能回城，也未得到任何人的帮助。

而另一方面，曾吉也去世了，未能完成其进军大马士革的心愿。他的死因，是在埃德萨陷落之后，被一位憎恨自己的奴隶所杀。

得知埃德萨的陷落，安条克和耶路撒冷两国深受冲击。这个令人震惊的消息，在西欧也造成了巨大的恐慌。

西欧的基督徒都相信，十字军国家的成立是实现了上帝的期望。因此，十字军国家自然有来自上帝的护佑。作为十字军四大国之一的埃德萨的陷落，给这些相信上帝守护的人们心里，打下了巨大的问号。

修士贝尔纳

中近东的十字军国家，从北到南依次是埃德萨伯爵领地、安条克公国、特里波利伯爵领地和耶路撒冷王国。其中一国被穆斯林攻陷之后，信仰上帝的人们就担忧起来。令他们恐惧的是，上帝不再守护自己的国家了。这种恐惧感在上至国王、下至庶民的整个社会蔓延开来。

而在西欧的基督教世界里，修士贝尔纳的呼声高涨起来。第一次十字军是由克吕尼修道院的修士们倡议发起的，而第二次十字军则由更为激进的改革派基督教会，批判克吕尼修道院的西多派修道院发起。

后来被天主教会奉为圣人的“圣贝尔纳”，公元1090年出生于法国东北部的香槟地区。有不少人从香槟地区前往东方参加第一次十字军，贝尔纳6岁时就已亲眼目睹十字军的盛况。

贝尔纳的父母双方的家族均是勃艮第公爵的家臣，属于中等贵族，也是居住在城堡中的阶级。贝尔纳排行七兄弟中的第三位，属于早熟的少年，为村内的神父和教师服务，同时接受了初等和中等教育。11岁时，贝尔纳就和兄弟五人一起，在父亲的山庄生活。这充满祈祷和冥想的静修生活非常有吸引力，一年后，在山庄内生活的人增加到

30名。

这30人最终都决定到西多修道院，舍弃世俗的人生，发誓成为修士。于是，12岁时，修士贝尔纳的神职生涯开始了。

此时，整个法国乃至整个西欧最著名与最权威的修道院，是克吕尼修道院。由于发动了第一次十字军东征，而且成功收复了耶路撒冷，克吕尼修道院深受人们的尊敬。但贝尔纳并未选择门庭若市的克吕尼修道院，而加入了时人知之甚少的西多派的修道院。这一方面是因为克吕尼派的改革已经造成了很多不满情绪，另一方面则是由于贝尔纳不愿在等级森严的大修道院屈居人下。在西多修道院三年之后，贝尔纳也选择了离开。

1115年，25岁的修士贝尔纳与12名同修在亲戚所赠的土地上建造了一座新的修道院，并移住其中。新修道院沿河而建，附近的森林郁郁葱葱。贝尔纳将其命名为“克莱尔沃”，意为“清澈的山谷”。此后，他也被称为“克莱尔沃的贝尔纳”。

然而，修士贝尔纳并不甘心安居于山谷内的修道院。三年之后，他就开始了布道活动。贝尔纳的布道不只是进行单纯的说教，而是集合与其有共鸣的人士，打造信仰的基地。他开始云游法国各地，建立修道院网络。到他去世时，贝尔纳倡议修建的修道院达到343所。他不仅勤于思索，更善于行动。

中世纪的欧洲可谓是“修道院的时代”。修道院对俗人有着强大的影响力。自从圣本笃在意大利南部的蒙特卡西诺建设修道院开始，本笃派的修道院最为兴盛。克吕尼修道院也属于本笃派。因此，在这座修道院中，修士们都要遵循创始人圣本笃所制定的基本原则：清贫、服从与贞洁。

由于其成功发动第一次十字军的功劳，克吕尼修道院不仅汇集了信仰虔诚的人士，也充满了来自民众的捐款。有记载说，从意大利北部登陆前往法国南部劫掠的海盗，劫掠了前往罗马觐见教皇的克吕尼修道院院长，获得了丰厚的物资。时人多流传，克吕尼修道院内的高级僧侣，其奢侈程度甚至超过了罗马教皇。

生来就讲原则的贝尔纳，辛辣地批判了克吕尼修道院的奢靡。说起讲原则，贝尔纳是非常极端的。他不仅处处严格要求自己，也时时注意他人的言行。

本笃派修道院除了前述的三个原则之外，还有“安定”（拉丁语 stabilitas）。贝尔纳对清贫等原则十分认同，但拒绝接受这一原则。在贝尔纳看来，所谓的“安定”，就是完全不关心人世间的事务，潜心接近上帝。而他所确信的观点是，神职人员必须积极介入世俗事务，才能够按照《圣经》的原则治理整个基督教世界。

因此，比起以医疗服务为最主要任务的圣约翰骑士团，贝尔纳更加赞赏以对抗异教徒为己任的圣殿骑士团。圣殿骑士团成员的身份都是修士，这与贝尔纳心中“战斗的修道者”的观念不谋而合。

在法国生活的贝尔纳的对手，并不是异教徒，而是对基督教信仰有不同认识的“异端”人士。当时西欧的著名知识分子，很多都被定性为异端，成为像贝尔纳这样年轻僧侣组成的宗教迫害团体的牺牲品。其中著名的例子，包括陷入谴责的哲学家阿贝拉尔，最终被罗马教皇处以绝罚。

无论在任何社会中，呼声较大的主张，自然容易引起大众的注目。支持贝尔纳的人与日俱增，他所属派别的修道院所收到的捐款也随之滚滚而来。西欧的修道院逐渐从克吕尼修道院所属的派别的支配之下，转变为以贝尔纳所属的西多派为主。在埃德萨陷落后一年的 1145 年 2 月初，支持贝尔纳的新教皇尤金三世上任了。

在给新教皇的信中，位于神职人员序列最下层的贝尔纳，对最上层的教皇直接说了下面的话："您如果有任何问题，请与我面谈。"

这句不合正常礼仪秩序的话，反映了克莱尔沃的贝尔纳所拥有的权势。与第一次十字军的发动者乌尔班二世相比，贝尔纳自然没有教皇的地位，甚至不是大主教或者主教身份。然而正是这一介普通修士，成了第二次十字军发动的原动力。

这是因为，修士贝尔纳对社会各个阶层的人们，都施加了巨大的影响力。

首先，贝尔纳是一位学识渊博的人物。在中世纪欧洲，君主和诸侯重视的只是军事和武器装备。而知识与教养，则为神职人员所垄断。世俗权威只懂得如何作战，却缺乏语言的艺术。

虽然贝尔纳只接受了初等和中等教育，他对于辩论术和修辞学却十分精通。因此，贝尔纳善于在辩论之中说服拥有世俗权力的贵族。

因此，在神职人员与世俗贵族集中的场所，他以语言为武器，无往而不利。

此外，在我看来，贝尔纳的成功还有一个重要原因，那就是他的外形。

修士贝尔纳（弗拉·安杰利科画）

贝尔纳出身贵族，身材高大。然而，与其他高大魁梧的君侯相比，贝尔纳的体型极端瘦削。由于他发誓一生清贫，与其他修士相比，对自己要求极为严格。其他修士每人每周斋戒一次，而贝尔纳每周要封斋三次。有时候其他人会绝食一日，贝尔纳则能做到断食一周。在修道院的日常生活，对他来说就是苦行的生涯。

由于中世纪治安很差，修道院都建成城堡的模样。到了冬季，石壁石床上会升起难耐的寒气。在修道院中，唯一的取暖方式是烧柴的壁炉，墙上的绒毯、床上的毛皮都被作为奢侈品而禁用。修士身上穿着的依然是春秋季节的粗布僧衣，脚上仅仅穿着拖鞋，至于食物，除了面包和蔬菜以外，只有少量葡萄酒。除了每周五可以享用一次鱼之外，修士与其他的肉类完全无缘。此外，每周只有一次外出的机会。

这是相当程度的苦修生活。然而，贝尔纳却能逐渐做到连一点儿食物都不进的绝食修行。

在留诸后世的记载中，贝尔纳是以粗布僧衣包裹着的瘦骨嶙峋的身体，拄着拐杖蹒跚而行的外貌出现的。与营养充足、身形健硕的皇帝和王侯们相比，他的贫弱外形，成了有力的无声武器。

看到贝尔纳的外形，权贵们就会有一种被压倒的感觉。冲击着这些穿着华丽服装的肥硕身躯的，与其说是羞耻，不如说是负罪感。接下来，他们会听到这位善于讲述基督事迹的僧侣侃侃而谈，顿时有自愧不如之感。

但是，听从贝尔纳说教的，并不仅仅是权贵们和社会上层人士。他在平民中的影响力也极大。他展示了自己的清贫，却令穷人们信服地认为，贫穷决不是一种罪过。这使贝尔纳得到了中下层人民的拥护。

这就是贝尔纳的外形带来的影响力。

在基督徒看来，见到其他人的苦难，例如衣不蔽体的情况，都会动恻隐之心。他们看到贝尔纳的样子，就会认为他是在代自己受苦。因此，中世纪基督徒常常会极为尊敬苦行僧。他们往往会认为这些僧侣是感上帝之圣灵的圣人，而由衷地对他们产生崇拜。这自然是因为十字架上受难而死的耶稣基督，常驻在基督徒内心的缘故。基督教是常常以痛苦而非愉快使人感动的。毕竟，人们总会有设身处地思考的倾向。

以极端严格的苦行考验自己的贝尔纳，从青年时代一直到死都保持这样的外形。因此，在当时的民众眼中，贝尔纳是未背负十字架的基督式的人物。他以自己的全身心代替民众赎罪，从而赢得了尊重。

但是，与十字架上的耶稣不同，贝尔纳经常听取周围的声音。他也相应地叱责众人，为何不能匍匐倾听上帝的教诲。在中世纪后期，贝尔纳在基督教世界的影响力，超过了身着华丽服装的罗马教皇和大主教们。

第二次十字军

对埃德萨陷落感到强烈危机的女王梅丽森达，请求教皇尤金三世派遣新的十字军。教皇立即将女王的要求转告了贝尔纳。贝尔纳接受了教皇的委托，着手游说王侯们组织第二次十字军。

与克吕尼修道院出身的教皇乌尔班二世组织第一次十字军不同，第二次十字军的主导权落入了与克吕尼派相敌对的西多派修道院手中。不得不说，宗教界内部也与世俗社会一样，充满了敌对意识。

第一次十字军，没有皇帝与国王誓师参战，主要依靠诸侯的力量取得了成功。而为罗马教皇组织第二次十字军的贝尔纳，则不像乌尔班二世那样选择诸侯作为游说对象。他径直前往法国国王的宫廷，相信自己能够说服国王御驾亲征。

此时的法国国王，是年仅 25 岁的路易七世。路易七世的王后是在法国西南部拥有广大领地的阿奎丹女公爵埃莉诺尔。两人结婚时分别为 17 岁和 16 岁，妻子对丈夫施加了很大影响力。

史称“阿奎丹的埃莉诺尔”的女公爵，是拥有比丈夫法国国王直辖领地更大领地的女继承人，性格十分强势。在与路易七世结婚之前，她是包括阿奎丹公国、加斯科涅伯爵领地和普瓦提埃伯爵领地在内，占今日法国总面积四分之一的领地的女主人。而在婚后，她又拥有了法国王后的头衔。

国王夫妻自结合以来，时时刻刻与邻近的诸侯展开争夺领地的斗争。虽说这样的斗争对当时的国王来说是再平常不过的，却出现了一起不小的事故。

这起事故发生在一次王家军队对巴黎以东150公里的村落的攻击之时。当1300名村民逃入村中教堂以后，国王的士兵点火烧死了里面所有的教士和平民。虽然此后国王深表忏悔，惨剧引发的流言仍然传遍了整个西欧。

法国卡佩王朝的纹章
（蓝底百合图案）

罗马教皇对穆斯林的牺牲可以放任不管，但这次事件中惨死的民众都是天主教徒。教皇当即命令法国境内全体神职人员停止执行所在教区内的工作。当这一“神职休止令”下达之后，无论是初生婴儿的洗礼，还是婚礼葬礼都无法举行。而此时王后埃莉诺尔正怀着第一个孩子。

孕中的埃莉诺尔只好来到克莱尔沃的修道院，向贝尔纳求助。她自然是希望贝尔纳能以三寸不烂之舌，劝说教皇收回成命。

贝尔纳具体做了些什么，我们无从知晓，但结果是法国全境的

“神职休止令”撤销了。此时比穆斯林攻陷埃德萨早 8 个月的时间。

有了这一次的人情关系，1145 年寒冬季节身着粗布单衣出现在法国国王夫妻面前的贝尔纳，很轻松地达到了游说组织十字军的目的。

贝尔纳出身贵族，自然对人情的来往谙熟于心。纵然他绝口不提此前国王军队烧毁教堂的暴行，国王也知道自己必须对这位全欧洲景仰的人物言听计从。天主教的神职人员，在贵族面前都是能言善辩的。

路易七世原本就是一个信仰虔诚的基督徒，因此很容易产生一种以参加十字军东征而为自己所犯的罪行赎罪的心理。他对由于“神职休止令”解除而成功受洗的新生公主的怜爱，也影响了这位国王的决策。王后埃莉诺尔甚至向贝尔纳提出，要将女性贵族组织起来，向圣地进发。

当然，组织十字军不仅需要进行战略层面的谋划，还要有一番宣言和庄重而严肃的出征仪式。这样，出征的诸侯就可以在宗教的“大义”之下，获得应有的名分了。而神职人员最适合的，就是策划和导演这些仪式。

法国勃艮第的小城市韦泽莱，成了贝尔纳的舞台。1146 年 3 月 1 日，背对韦泽莱大教堂正门站立的贝尔纳，向广场上的群众发表了反响热烈的演讲。

他采用宗教人士常有的布道方式，以现实世界的堕落与罪恶而开始。接下来，贝尔纳指出，世人已经无法忍受俗世的苦难，而面对上帝对世人缺乏信仰的愤怒，人们唯有赎罪才能洗涤自己的罪恶。

贝尔纳话锋一转，将埃德萨被异教徒夺取的消息，告知了聚会的大众。他详细描述了埃德萨陷落的惨状，以及圣地基督徒的不安与恐惧。在演讲的最后，贝尔纳声嘶力竭地叫喊：

“驱逐异教徒、解放圣地，是你们赎罪的正途，是对上帝的报偿！”

裹在粗布里的瘦削身躯所发出的呐喊，给朴素的信众心中带来强烈的震撼。群众自发地呼喊着“这是上帝的期望”，仿佛又回到了乌尔班二世发动第一次十字军的时代。

26 岁的路易七世感动异常，径直跪倒在贝尔纳面前。贝尔纳特意赠予国王一把为东征而制作的精美的小十字架。跪谢的国王，双手捧着十字架，含泪接受，并在这把十字架下，向贝尔纳发誓参加十字军。

比国王年轻两岁的王后埃莉诺尔，也为丈夫所感动。跟随国王一起跪拜的她，也得到了贝尔纳的祝福。与第一次十字军不同，第二次十字军正式允许女性参加。在路易七世决定亲征之后，法国的诸侯踊跃加入十字军的行列。图卢兹伯爵、香槟伯爵、弗兰德斯伯爵等曾参加第一次十字军的家族纷纷再次出兵，俨然一副法国国家军队的气势。

神圣罗马帝国霍亨斯陶芬朝的纹章（黄底黑色狮子）

法国全国的参战并未使贝尔纳感到满足。他越过莱茵河，游说霍亨斯陶芬王朝的康拉德三世皇帝参加十字军。

贝尔纳劝说53岁的康拉德的方法，也是把十字军东征当作赎罪来讲解。康拉德三世是在漫长岁月中与各路对手顽强斗争之后，才得到了今天的地位。虽然他还远未掌握德意志全境，毕竟已在8年前当选为神圣罗马帝国的皇帝，但要正式坐上皇帝的宝座，还需罗马教皇亲自加冕。

这加冕仪式的许诺，就成为了贝尔纳的武器。最终，二人之间达成了十字军东征成功之后，康拉德就能够在罗马加冕的约定。这样，贝尔纳在说服法国国王以后，又促成了德意志皇帝的参战。

依照第一次十字军之例，平民参加十字军，就可以得到罗马教皇的免罪宽恕。但对皇帝和王侯来说，只准备天堂的席位，是远远不够的。毕竟，关系中近东十字军国家存续的大事，不能只依靠平民的信仰，真正起作用的还是皇帝与国王所率的军队。

第二次十字军就这样组织起来了。与诸侯率领的第一次十字军不同，这次十字军的首脑是皇帝与国王。修士贝尔纳的设想，在东征伊始圆满实现。此时没有人怀疑第二次十字军的成功。

通往圣地的道路

翌年（1147 年）5 月，皇帝康拉德三世离开了德意志，向东方进发。关于其军队的规模，现代人只知道包括 2000 多名骑兵。这支军队中，包括许多受到贝尔纳布道影响的德意志农民，他们并不完全听从康拉德三世的命令。

但康拉德手下的 2000 骑兵，都是从头到脚以钢铁盔甲武装的重装骑士，是会使接近的对手感到巨大压力的战斗集团。直接指挥这支骑兵团的，是康拉德的侄子，22 岁的腓特烈。

法国国王路易七世在德意志皇帝出发以后一个月离开了巴黎。他与王后埃莉诺尔同行。在拜占庭编年史家笔下，埃莉诺尔所率的女子军团，身穿胸甲，乘马行军，颇有古代亚马逊女战士的风采。

第一次十字军的成功，部分是因为戈德弗鲁瓦、波埃蒙多等诸侯坚持共同行军。而当第二次十字军出发以后，拜占庭皇帝曼努埃尔一世得到了教皇传来的消息，不敢对德意志皇帝和法国国王的军队补给有所怠慢。因此德法两军不必花时间去劫掠行军路线上的村庄，因此得以顺利地沿着经东欧、巴尔干半岛，直到拜占庭帝国首都君士坦丁堡的道路前进。而在此之后，第二次十字军遇到了问题。

德意志军队首先抵达了君士坦丁堡。在拜占庭皇帝亲切而隆重的迎接仪式后，德意志皇帝面前呈上了“效忠宣誓书”。与第一次十字军时代的情形一样，皇帝被要求在文书后面签名。

文书的内容也与此前毫无二致，要求署名者发誓绝对效忠拜占庭皇帝，并将未来收复的（300 年前）拜占庭帝国在中近东的全部领土交还拜占庭皇帝。

德意志皇帝和法国国王，在外交上与拜占庭皇帝是对等的。因此曼努埃尔一世的做法，实在是失礼的行为。让皇帝和国王像诸侯一样屈尊签名，令康拉德三世无法接受。他当即面露怒色，扫兴地离开了宴席。

然而令人吃惊的是，康拉德最终还是签名了宣誓书。一个月后到达君士坦丁堡的法国国王，也毫无愠色地签下了自己的名字。

曾令各路诸侯抵抗的“效忠宣誓书”，怎么换成皇帝和国王，就以简单的签名应付了事呢？

第一个原因，渡海前往小亚细亚，必须依靠拜占庭皇帝才能提供足够的船只。这是与第一次十字军最终签名相同的原因。

第二个原因，则是经过第一次十字军的实践，证明了所谓“效忠宣誓书”不过是一张废纸而已。如果这些宣誓真的奏效，十字军国家早就纳入了拜占庭皇帝之手。既然宣誓书没有实际的效力，那么皇帝和国王在上面签名与否，也就无所谓了。

经过了半个世纪，拜占庭皇帝依然毫无道理地让十字军领袖们在所谓的宣誓书上签名，实在是缺乏外交手腕。强制采取这种毫无实效的手段，只会使西欧天主教世界对拜占庭帝国更为轻蔑。法国国王一到君士坦丁堡，就表现出对拜占庭帝国明显的嫌恶。

拜占庭的外交失误不仅恶化了与其他国家的关系，也对本国的国家利益造成了损失。半个世纪以后到来的第四次十字军，转而把矛头对准了君士坦丁堡。

引发十字军对拜占庭帝国不满的原因之一，是曼努埃尔一世的“两面外交”。

对于同是来自西欧的十字军，曼努埃尔当然不希望他们失败。如果十字军东征成功，拜占庭帝国可以借机扩张自己的领土。

但皇帝也采取外交手段，避免与一直占据小亚细亚的突厥人冲突升级。在突厥军队面前，拜占庭帝国屡战屡败。

在十字军和突厥人之间保持中立，看上去是最好的策略。作为强者保持中立，对自身的利益固然有好处。但像拜占庭帝国这样的弱者，中立不仅在战争中无效，甚至会对本方有害。如果以拜占庭的军事力量和第二次十字军做简单的对比，就能看出其弱势了。

另一方面，无论是多高的头衔的十字军领袖，都需要依赖防御本国的曼努埃尔所提供的船只，前往小亚细亚。因此他们不得不签字宣誓效忠。当获得船只以后，康拉德三世得到了忠告。曼努埃尔告诉他，与其深入小亚细亚内陆跋涉行军，不如沿着海岸线，到小亚细亚南岸登陆，前往近东。

曼努埃尔没有细说为何要求十字军选择这条路线，但真实的原因是他已经与塞尔柱突厥人缔结了停战条约。此时的小亚细亚内陆，已经完全回到了第一次十字军东征以前的状态。穆斯林占领了小亚细亚大部，只有南部沿海的一些地区还处于拜占庭帝国控制之下。

拜占庭帝国与突厥人的秘密条约，并不为西欧所知。倘若罗马教廷得知了这一条约的存在，西欧人必然会敌视君士坦丁堡一方。曼努埃尔一世之所以要求十字军取道海路，也是为了不走漏风声。

第二次十字军进军路线

并不知道密约存在的康拉德三世，把曼努埃尔一世的忠告当作对德意志军队的轻视。再次感到受辱的康拉德，拒绝了拜占庭皇帝的建议，选择与第一次十字军相同的道路，前往小亚细亚。

由于尼西亚城尚在拜占庭帝国控制之下，康拉德准备在进入小亚细亚之后从尼西亚出发，向东南行军。然而，在离开尼西亚城 30 公里后的多利留姆，他们遇到了塞尔柱突厥军队的伏击。

第一次十字军就曾在多利留姆遭到突厥军队伏击。兵分三路的戈德弗鲁瓦、波埃蒙多和圣吉尔，率军击败了塞尔柱突厥人，而此时康拉德的部队则是孤军深入。

突厥人与第一次十字军的多利留姆之战，距离第二次十字军已有 40 年。当年的突厥军队，还为无法射穿西欧人的钢铁铠甲而苦恼，而今他们早已习惯了法兰克人的甲胄。他们清楚，全身披挂的重装骑士拥有极强的防御力，但缺乏足够的机动性。

与第一次多利留姆之战完全相反，40 年后遭遇伏击的第二次十字军，完败于突厥人之手。如果伊斯兰史料记载属实，成功逃脱的德意志军队仅占总兵力的 1/10。康拉德三世负伤而逃，所幸其率领的 2000 名骑士损失不大。

逃回尼西亚的康拉德和他的残兵败将，在刚刚到来的法国国王路易七世的迎接下回到城内。曼努埃尔一世出于隐藏密约的考虑，也劝告路易七世不要深入小亚细亚内陆。但路易七世并未听从劝告，直接进入了小亚细亚。

康拉德和路易最终得知了拜占庭皇帝与突厥人缔结秘密和约的消息。他们怀疑是曼努埃尔提前告知了突厥人十字军的行军路线，从而导致了多利留姆的伏击。善良的路易七世最终也相信了拜占庭皇帝与突厥人相互勾结，以使通过小亚细亚的十字军无法到达圣地。最终，康拉德和路易决定，听从曼努埃尔的建议，沿海路前往小亚细亚南部。

然而康拉德在多利留姆之战中负伤以后，已经无法离开尼西亚继续行军。得知这一情况的曼努埃尔，请康拉德考虑返回君士坦丁堡接受治疗。恼怒的康拉德不得不最终接受了这一建议，并将属下的残兵委任给自己的侄子腓特烈，跟随法国军队登船南进。

虽然拜占庭皇帝可以根据停战条约保存自己的实力，小亚细亚的突厥军队已经回到了第一次十字军之前的水平。因此，即使十字军沿海路前进，也并不安全。

路易七世所率领的法国军队，也不断遭到突厥游击队的袭扰。路易想在小亚细亚的以弗所度过圣诞节，却总在行军路上遭遇敌人。进入1148年以后，法国军队已经无法忍受突厥游击队的袭击，不得不在小亚细亚南岸调遣船只，前往安条克附近的圣西蒙港，直接进入安条克公国的领地。然而由于船只有限，跟随国王的许多朝圣者还是只能沿着海岸地区的陆路行进，由弗兰德斯伯爵和波旁伯爵为之护卫。第二次十字军东征以来的一年内，可谓是充满了艰难险阻。而这一状况，在十字军到达安条克公国以后，没有丝毫改变。

1148年的安条克公国，由于先前波埃蒙多二世的战死绝嗣，转而归一位生于法国西部普瓦提埃的雷蒙统治。普瓦提埃属于阿奎丹公国的一部分，而雷蒙则恰恰是法国王后埃莉诺尔的伯父。

迎接远道而来的法国国王夫妻之后，安条克公爵雷蒙恳请国王协助其攻击占领埃德萨的曾吉之子努拉丁。当时努拉丁的部队正驻扎在阿勒颇。埃莉诺尔立即爽快答应，但一旁的路易拒绝了雷蒙的请求。他的理由是，神圣罗马帝国皇帝康拉德三世还在君士坦丁堡养伤，而十字军的任何军事行动不能没有皇帝的参与。

路易的拒绝令王后极为不快。她为丈夫不帮助自己的亲族而感到愤怒。自此之后，夫妻俩的关系开始有了裂痕。此时的埃莉诺尔，是跟随以赎罪为目的的丈夫前往耶路撒冷朝圣的，因此还不能直接挑战国王的权威。但她深受修士贝尔纳的影响，一方面颇具利己精神，另一方面又有着很强的信仰之心。

1148 年的复活节是 4 月 3 日。当时，第二次十字军已经抵达耶路撒冷，举行了盛大的祭祀仪式，其中的首脑人物包括：

从君士坦丁堡赶来的伤愈的神圣罗马帝国皇帝康拉德三世，

从安条克南下的法国国王路易七世，

迎接以上两位西欧最高统治者的耶路撒冷国王鲍德温三世，以及事实上治理耶路撒冷王国的梅丽森达。

与法国王后继承了其父遗留的广大领地一样，梅丽森达也作为鲍德温二世的长女，继承了耶路撒冷王国。5 年之前，其丈夫福尔克驾崩，儿子鲍德温三世只有 13 岁，因此梅丽森达成为了圣地事实的统治者。她并未以摄政施行统治，而是作为女王的身份君临耶路撒冷，因此在第二次十字军到来之时，她的身份与德法两国的首脑完全平等。在这女性领导者辈出的时代，本已十分复杂的历史变得更加复杂了。

而迎接神圣罗马帝国皇帝和法国国王的男性统治者鲍德温三世，刚刚年满 18 岁。他虽然具有法国血统，却生长在中近东。这位年轻的国王，已经有了与穆斯林对手斗争的经验。

有一位要人并未出席此次耶路撒冷的峰会，这就是安条克公国的领导人，兼领普瓦提埃伯爵的雷蒙。他未能到场的理由是要在安条克防备随时可能来犯的努拉丁，但事实上是由于路易七世没有同意进攻阿勒颇，而令这位贵族不快。

除此以外，紧邻安条克公国的特里波利伯爵领地，也没有响应德法首脑率领的第二次十字军。若再加上已经落入敌手的埃德萨，参加第二次十字军的中近东基督教国家只有耶路撒冷王国一个。这无疑给以协助十字军国家为目的的神圣罗马帝国皇帝和法国国王泼了冷水。

1148 年 6 月 24 日，全体十字军在海港城市阿克集结完毕。第二次十字军的第一个进攻目标，是叙利亚的大马士革。

以得知埃德萨陷落而组织起来的第二次十字军，为何不首先以收复埃德萨为目标，或以攻占埃德萨的曾吉之子努拉丁所在的阿勒颇为目标，而选择大马士革来进攻呢？

虽然没有任何当事人的证言，我想原因有以下三点：

第一，如果大马士革被十字军占领，可以成为耶路撒冷的重要屏障。

第二，夺取大马士革，就会阻止以巴格达为首都的突厥系穆斯林，与以开罗为首都的阿拉伯系穆斯林，形成统一的力量。

中近东的阿拉伯人和突厥人有很大的分歧。其中什叶派穆斯林和逊尼派穆斯林之间的矛盾，成为十字军国家得以在此立足的重要原因。因此这第二点，实在是非常正当的理由，而且也是从基督徒的所谓“大义”出发的。

至于第三个原因，则是大马士革在西欧的知名度，要远远大于埃德萨和阿勒颇。因此，第一次十字军一直未曾试图攻占的大马士革，成为刺激第二次十字军领导人虚荣心的地方。这种想法当然是非常自私的。

既然打算进攻大马士革，十字军就应该整合兵力，向目标行进。然而事实上他们并未这样做。

四月初集会的十字军领导人们，直到三个月以后的6月底才开始行军。这与法国国王的游历有关。

路易七世不仅在耶路撒冷城内瞻仰了耶稣时代的遗迹，还到耶稣的出生地伯利恒、曾传教的拿撒勒、受洗礼的约旦河畔等圣地巡礼，以祈求作战的胜利。

于是，十字军战士们也就多了一层作为朝圣者为耶稣基督而战的意味。

领导第一次十字军的诸侯先作为战士一路杀到耶路撒冷，而后才转变为朝圣者的身份，而第二次十字军的领导人法国国王，则是先作为朝圣者来到耶路撒冷，再领导部下以战士的身份出征。两次十字军的情况截然不同，第一次是十字军以武力夺取耶路撒冷之后朝圣，第二次十字军东征时，耶稣生前游历的地方已尽在基督徒之手。

由于路易七世朝圣优先的决策，作战直到6月底才开始。在中近东夏季的酷暑中开展军事行动，简直是疯狂的行为。厚重的甲胄包裹着汗流浃背的身体，还如何能够作战？何况，十字军所要进攻的城市，是叙利亚的第一大都市大马士革。

但法国国王与王后，已经在最适宜作战的春季与初夏，耗费在圣地的巡礼与观光之中。而神圣罗马帝国皇帝则在这段时间内视察了中近东地区十字军控制的城堡。康拉德年轻时曾经来到过耶路撒冷朝圣，因此这次出征期间，他没有花太多精力观光。

而穆斯林一方则在这三个月内充分做好了迎战的准备。

进军大马士革

这时的大马士革，由一位奴隶士兵出身的领主奥努尔统治。

大马士革自古以来就是一座富饶的都市，周边分布着肥沃的土地，到处是连年丰收的农田。除了四通八达的商路之外，大马士革本身也出产各种商品。除了盛产各种农产品之外，这里还是手工业的中心。直到今天，西欧人还将当地出产的厚实的豪华丝织品称为“大马士革的织物”。

大马士革自然成为了象征叙利亚的都市。古罗马时期有六条大道汇集于此地，而在穆斯林从阿拉伯半岛向北扩张的时期，一度以大马士革为首都，之后才在美索不达米亚腹地建设巴格达城，作为新首都。可以说，大马士革一直是伊斯兰世界的中心城市之一。

谙熟大马士革辉煌历史的曾吉，怀着统一整个叙利亚的野心，一直把大马士革视为自己的征服目标。当他遇刺之后，统治大马士革的奥努尔感到松了一口气，并与曾吉之子，30岁的努拉丁缔结了和约。

奥努尔刚刚制止了虎视眈眈的努拉丁对大马士革的垂涎，紧接着又面临西欧来的皇帝与国王的进攻。无计可施的奥努尔不愿坐以待毙，但他也明白，与西欧来的基督教军队相比，身边的努拉丁更为可怕。

奥努尔最终的决定，是不得不与努拉丁结盟。他向阿勒颇派出使者，请求努拉丁派军支援，条件是将自己的女儿嫁给他。对努拉丁来说，接受这个条件，就离父亲没能征服的大马士革近了一步。

努拉丁虽然答应派遣援军，却并未明确表示何时出兵。他其实并不愿意组织大军前往大马士革。

身在阿勒颇的努拉丁，已经得到了十字军的准确情报。这些情报是从自由进出近东各城市的威尼斯、热那亚、比萨等地的商人传到与之交易的穆斯林商人耳中，再由后者带到阿勒颇的。对穆斯林来说，由于商业往来的便利，很容易得到基督徒一方的各种信息。因此，十字军在阿克集结的具体情况，很快就到了努拉丁手中。

那么，集结完毕的第二次十字军，战斗力究竟如何呢？

根据研究者的推测，在阿克集合，向大马士革出发的十字军兵力，大致是这样的：

神圣罗马帝国皇帝康拉德三世所率的骑兵 2000 人；

法国国王路易七世所率的骑兵 700 人；

弗兰德斯伯爵所率的骑兵 600 人；

耶路撒冷国王鲍德温三世以及其领地内诸侯部下的骑兵 550 人、步兵 6000 人；

圣殿骑士团骑兵 130 人与圣约翰骑士团骑兵不到 100 人，合计约 200 名骑士。

总计骑兵 4050 和步兵 6000 人，其中从西欧前来的，包括 3300 名骑兵。

当然，每名骑兵还带有至少 3 名步兵，以及随从和马夫。因此 3300 骑兵的总人数，实际达到 2 万之多，虽然主要的战斗力还是由骑士本人来体现。而自西欧远征前来的十字军中，并不包括任何步兵的力量。

这些兵力，基本上就是西欧天主教世界最强大的两支力量——神圣罗马帝国皇帝和法国国王的军队总和了。在并没有皇帝与国王参加的第一次十字军中，骑兵与步兵共计 5 万，其中骑兵只有 1000 多人，而主力则是重装步兵。相对于步兵来说，骑兵是更好的突击力量。

在后世人看来，皇帝与国王亲率的总兵力，肯定是一支大军了。同一时代的穆斯林，看到相当于伊斯兰世界两位苏丹的人物御驾亲征，也必然对其声势有足够的了解。

但事实并非如此。在中央集权还未确立的时代，皇帝与国王都难以约束属下的诸侯，其兵力也未必比诸侯多多少。证据之一，就是弗兰德斯伯爵亲率 600 名骑兵，并不比法国国王所率领的 700 名骑兵少多少。如果不是与继承了广大领地的埃莉诺尔结婚，路易七世也很难扩大自己的领地。

可以说，以骑兵步兵共计一万出头儿的兵力，想要攻陷叙利亚第一大城市大马士革，不啻是天真的想法。在这个“骑士时代”成为西欧最高世俗领袖的皇帝与国王，大概是太过于相信骑兵的战斗力了。

因此，在阿勒颇远观第二次十字军动向的努拉丁，并不急于向大马士革派出援军。

而第二次十字军有着比第一次十字军更为有利的一点天然优势，这就是不必担心军粮补给。与深入敌境包围安条克和耶路撒冷的诸侯的十字军相比，皇帝和国王可以很好地得到西顿、推罗、阿克这些基督徒控制下的城市运送而来的军粮。令第二次十字军感到苦恼的，并非食物的匮乏，而是中近东炎夏季节的酷暑。

在 7 月中旬的热浪中，第二次十字军从阿克出发，开始分为三个序列向大马士革行军。

走在最前面的是熟悉地形的耶路撒冷国王鲍德温三世的军队。其中包括王国境内诸侯的 550 名骑兵和 6000 名步兵，以及圣殿骑士团和圣约翰骑士团的 200 名骑兵。

紧随其后的第二部分，是法国国王路易七世所率的部队。这支军队包括路易亲率的 700 名骑兵和弗兰德斯伯爵带领的 600 名骑兵。

作为后卫的第三部分，是神圣罗马帝国皇帝康拉德三世所率领的 2000 名重装骑兵。

这支部队的总兵力，包括 4000 多名骑兵和 6000 名步兵，可谓是一支大军了。然而，从行军伊始，跟随在十字军后方的补给车辆就遭到了穆斯林游击队的袭击。虽然负责后卫的德意志骑兵最终将这些游击队击退，十字军的行军阵形也因此被扰乱。

7 月 23 日，大军来到了大马士革以南 12 公里的基斯瓦，并在此处

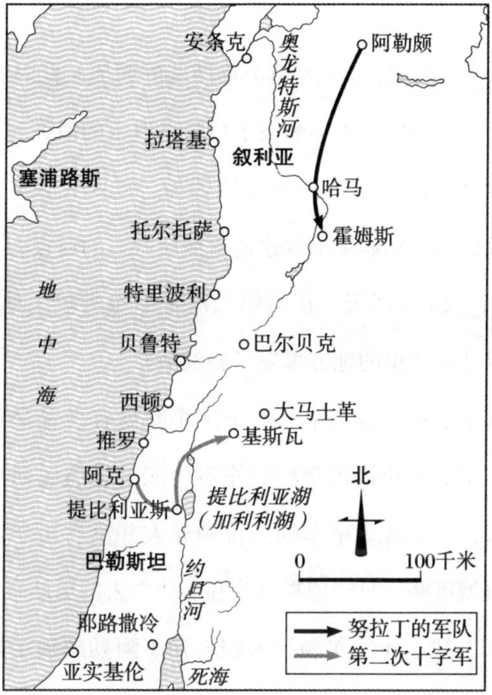

第二次十字军和努拉丁前往大马士革的进军路线

安营扎寨。选择在这里宿营的问题，是距离大马士革太远，而且供水不足，因此十字军计划第二天到大马士革以西 4 公里的米扎・雅巴尔重新宿营。

7 月 24 日，十字军到达了米扎・雅巴尔并在此处构筑营地。设置营地的工作于第二天完成。

然而在 25 日拂晓，大马士革的军队突然出城迎击。十字军全军动员，终于在日出之后将穆斯林击退。德意志骑兵纷纷下马，变为重装步兵作战。

到26日，十字军迫近了大马士革城墙的西侧，此时大马士革的守军再度出城迎战，城墙上也不断飞下弓箭手射出的箭矢。

第二次十字军没有携带任何攻城器械，就匆忙来到了大马士革。在高耸的城墙面前，他们来不及建造攻城所必需的塔楼。

7月27日、28日两天，正当第二次十字军进攻大马士革城之时，在距离城墙以外数公里的地方爆发了新的战斗。

与第一次十字军一样，第二次十字军并没有设置全军总指挥。但第一次十字军中的各位诸侯都颇具军事才能，且能做到身先士卒，与士兵共同作战，第二次十字军的三位领导人并没有司令官的气质，也没有明确的攻城策略，只能依靠骑兵和步兵个人的勇敢来与敌人斗争。

7月28日夜晚，十字军领导人们得知了阿勒颇领主努拉丁带领援军前往大马士革的消息，并且已经到达了霍姆斯。从霍姆斯到大马士革的直线距离为130公里，以当时的行军速度，5天就能到达大马士革城下。

撤退

7 月 29 日，第二次十字军的领导人们在法国国王路易七世的营帐中决定全军撤退。撤退行动于当天开始。

算起来，从阿克出发不到两周，进入大马士革的领地只有一周而已，从米扎·雅巴尔宿营之后仅仅 5 天，而与敌人不过交战了 4 天，现在十字军居然就撤退了。这段时间内，康拉德三世和路易七世一次也没有去过城下指挥士兵，可是一听到努拉丁来袭的消息，就决定撤退了。这简直是对敌人闻风丧胆的态度。

第一次十字军攻占安条克，是忍耐了 8 个月之后的成果。

而第一次十字军对耶路撒冷的攻城战也持续了 5 个星期。

相形之下，神圣罗马帝国皇帝与法国国王，这两位西欧最强有力的统治者所率领的军队，只经过 4 天就退兵了。

如果说撤退是为了减少损失，事实却并非如此。

史料中没有留下十字军全体的损失情况。大概是由于皇帝和国王不愿将这次败绩的具体情况留给后人，因此没有完全记载吧。然而，关于高级贵族的损失，则有档案留存下来。这大概是因为骑士与贵族多为高位出身，因此以下所举的例子，代表了第二次十字军中领导人物的命运，共计 113 人，其中：

战死者—— 22 人

归国者—— 42 人

去向不明者—— 49 人

关于去向不明者，其中很多生死不明，还包括负伤或被敌方俘虏的人。其中运气较好的，在支付赎金以后就可以重获自由，但这样的幸运者为数很少。被杀死，或贩卖为奴隶，或通过改宗伊斯兰教避免死亡和奴隶生涯的基督徒不在少数。

几乎完全没有取得正面战绩的第二次十字军，从经过小亚细亚时就已经有大量兵员损失。而在大马士革附近修筑营地时，十字军又受到敌人游击战的袭扰。49 位去向不明的贵族中，有不少受到穆斯林士兵的追击，最终脱离己方军队，在战斗结束后不知所终。

第二次十字军的领导人中，唯一一位在撤退之后，留在巴勒斯坦的，是弗兰德斯伯爵。而他所率的 600 名骑士究竟有多少残存，则不为我们所知。

从大马士革撤退之后，最早离开近东的是皇帝康拉德三世。他并没有直接回到西欧，而是从希腊的塞萨洛尼基登陆，作为拜占庭皇帝的贵客愉快地度过了冬季。康拉德三世上次在多利留姆负伤以后，曾在君士坦丁堡治疗，其间与曼努埃尔一世保持了良好的私人关系。

两位皇帝在基督教世界共同利益的框架下，构筑了神圣罗马帝国与拜占庭帝国的友谊。在春季返回德意志之前，康拉德三世的女儿还与拜占庭王室贵族结为了夫妻。

法国国王路易七世则在第二年春季离开了巴勒斯坦。这位未能获得丝毫名誉的国王之所以长留在中近东，恐怕是因为责任感所导致的羞耻之心。而路易七世也没有直接前往法国，而是经由海路，到达意大利南部，受到西西里国王鲁杰罗的迎接，并在此过冬。

值得一提的是，两位国王都十分厌恶拜占庭皇帝，因此他们谋划着进攻拜占庭帝国。但这初次谋划并未成为现实。直到半个世纪以后出发的第四次十字军，才将进攻的矛头转向君士坦丁堡。当路易七世于秋季率军返回法国时，距其率领十字军出征时已有 3 年之久。

没有取得任何荣誉就撤退回国的路易七世，也许还能使家臣保持对其的忠诚，但却无法赢回王后的爱了。在返回法国以后，夫妻之间的不和已经彰显无遗。

第二年，罗马教皇的公会议正式宣布，路易七世与埃莉诺尔的婚姻无效。由于天主教徒不能离婚，宣布婚姻无效就等于撤销了婚约。

两年后的 1152 年，30 岁的阿奎丹的埃莉诺尔，与比自己年轻 11 岁的诺曼底公爵亨利结婚。这位公爵于两年后成为英格兰国王亨利二世。从此，法国西南部富饶的阿奎丹地区，从法国国王手中转移到英格兰国王手中。

亨利二世与埃莉诺尔恋爱结婚之后，育有几位王子，其中之一就是率领第三次十字军的英格兰国王狮心理查。而这次婚姻使阿奎丹的易手，则成为了英法百年战争爆发的导火索之一。一直保持强势的阿奎丹的埃莉诺尔，也成为一位颇受争议的女性。

曾经大张旗鼓宣传的第二次十字军的失败，在西欧引起了巨大的反响。积极倡议组织这次十字军的修士贝尔纳，也受到了波及。

得知第二次十字军最终结局的贝尔纳，说了如下的话：

“这些不能令上帝满意的人们所做的，当然很可能会以失败而告终。”

天主教会的神职人员常常这样总结自己所鼓动事件的失败。以执行者的信仰不够坚定为理由来为自己辩护，直到今天也没有多大变化。

为第二次十字军祈福的罗马教皇尤金三世，在大马士革之战以后 5 年离世，此间对于第二次十字军一言未发。他很可能也像贝尔纳一样，把十字军的失败归结为信仰之心不足。

700 年后的 1872 年，这位罗马教皇被封为天主教会的“至福者”（拉丁语：beatus）。“至福者”在天主教会中，比“圣人”（拉丁语：sanctus）的地位略低，和圣人一样，是信众们生活中的榜样。

修士贝尔纳死于教皇死后一个月。这位组织第二次十字军东征的著名人物，在自己的著作中这样赞赏圣殿骑士团：

> 穆斯林中间充满了各种恶行。他们借恶魔之手而生，是我们眼中罪恶的标本。
>
> 面对穆斯林，我们只有一条对策，那就是连根铲除。

杀啊！杀啊！必要之时，我们要在他们的刀下杀身成仁。因为这才是为了基督而生活。

留下这样激烈说辞的修士贝尔纳，于死后21年的1174年被封为“圣人”。因此这位修士以后在天主教徒中被称为“圣贝尔纳”。8月20日，是这位“圣人”的纪念日。他在西欧天主教徒心目中，是农民的守护者。

比28岁的法国国王和18岁的耶路撒冷国王年长很多的康拉德三世，返回西欧时55岁。他在回国三年以后，即1152年离世，比罗马教皇和修士贝尔纳早一年。他到死都没有实现被罗马教皇加冕的夙愿，没能正式成为神圣罗马帝国皇帝。康拉德去世以后，曾经随他参加第二次十字军的侄子腓特烈继任为神圣罗马帝国的皇帝，以“红胡子腓特烈”之名，成为第三次十字军的三位主人公之一。

与康拉德年龄相差一代的路易七世，一直活到1180年才去世。这位国王的后半生，一直在与占据了自己前妻广大领地阿奎丹的亨利二世的斗争中度过。他一直被描绘成一位良善之士，但在大马士革城下，由于害怕被穆斯林俘虏而临阵脱逃，则为他留下了不好的名声。

继承路易七世的是其子腓力二世。此人以腓力·奥古斯都之名著称，也是第三次十字军的主人公之一。

在西欧，以失败告终的第二次十字军并没有带来多少社会问题。毕竟相关的人物都很快淡忘了这次远征。然而，第二次十字军对中近东的影响，却是非常深刻的。

深刻的影响

第二次十字军的失败，首先给中近东的基督徒带来了极度的失望。他们知道，神圣罗马帝国皇帝与法国国王代表了西欧最强大的势力。可是这两位大人物所率领的军队，草草与敌人作战四天，便全军撤退，让当地人觉得，是西欧抛弃了自己。

而对于伊斯兰世界来说，击败第二次十字军大大提高了士气。如果以当时伊斯兰世界的地位与基督教世界做对比，哈里发就相当于罗马教皇，而苏丹则相当于基督教世界的皇帝与国王。这些法兰克人的“苏丹”们所拥有的军力，超过小亚细亚突厥贵族的苏丹们，而与开罗、巴格达哈里发的军事力量相当。

哈里发和教皇的区别在于，前者世袭罔替，后者由选举产生。在普通穆斯林看来，哈里发和教皇都是最高的宗教领袖。他们自然也会将西欧人的皇帝与国王和伊斯兰世界的苏丹等量齐观。为了维护宗教权威，宗教领袖会授予世俗的权力，这一点在西欧和伊斯兰世界是一样的。

如果把伊斯兰世界眼中的第二次十字军，用日本中古史的名词来理解，可以这样做比方：

在第一次十字军时代，进攻的基督徒诸侯领导人是“大名”，那么抵挡他们的穆斯林领导人艾塔伯克和埃米尔，也相当于“大名”。而其中的胜者，是基督教一方。

相比之下，第二次十字军则是“将军”亲率大军进攻了。但西欧基督徒的“将军”有两位。他们的对手，则是两位“大名”，一位防御大马士革，另一位则从阿勒颇出兵。只经过四天的战斗，在穆斯林世界两位“将军”完全不必出马的情况下，就将基督教世界的两位“将军”赶回了西欧。

将穆斯林的看法换个角度，就是中近东基督徒对此次十字军东征的看法。

第二次十字军是历次十字军东征中最为惨淡收场的。从头到尾，这次东征都一无是处。因此，伊斯兰世界的一位“地方大名”就足以让整个十字军一败涂地。

努拉丁的登场

已经步入垂暮之年的大马士革领主奥努尔，在十字军撤退后一年去世。其子继承领主之位后，仍惧怕十字军的进攻，便与阿勒颇的领主努拉丁结成了同盟。

努拉丁依然怀着先父曾吉的野心，但他并不急于进攻大马士革。毕竟，大马士革的领主因成功击退第二次十字军而声名远扬，在此时谋取，对自身的影响不好。

在大马士革领主奥努尔去世的同年，努拉丁的兄长也因故丧生。

曾吉的四个儿子之间的关系非常好，这在血亲之间常常明争暗斗的伊斯兰世界实属罕见。他们完全遵从亡父的指示，而把自己的利益放在次要位置，可称为穆斯林世界的异类。

曾吉死后，长子在摩苏尔，次子在阿勒颇，谨守其父遗言，绝不相争。对曾吉来说，将自己发迹的摩苏尔留给长子，而将新征服的阿勒颇赐给次子，是非常成功的安排。征服埃德萨之后，曾吉为防止基督教势力再次发展起来，将这座城市完全破坏，使人无法居住。

曾吉的长子，摩苏尔领主，于第二次十字军撤退次年的 1149 年去世，而此时大马士革的领主也去世了。31 岁的努拉丁因此得以继承摩苏尔，并拥有了从今天伊拉克北部直到叙利亚北部的广大领地。

这位新的军事领袖，完全可以一鼓作气占据领主交替时代的大马士革。但 31 岁的领主并未这样做。

如果真的染指大马士革，对努拉丁来说有两点不利。

第一，大马士革城内仍然充满了一年前击退第二次十字军的喜悦。

第二，由于当时雇佣的大量兵士仍然滞留在大马士革城内，一旦努拉丁进攻，这些雇佣兵会起来反抗。他们既然能击退十字军，也就自然具备击退任何穆斯林军队的能力。因此，努拉丁能够安然等待时机，但他绝不是碌碌无为者。

努拉丁为夺取大马士革静静等待了 5 年。这 5 年之间，他并非无所作为，而是一直试图在大马士革城中增加支持自己的力量。渐渐地，居民们注意到了大马士革年轻领主的碌碌无为，开始对其冷眼相待。

5 年后的 1154 年春天，按照惯例为同盟续约的阿勒颇使者进入了大马士革，发现此时他身边的护卫比以前多了几倍。原来，这座叙利亚第一大城市，已经完成了不流血的政变，成为努拉丁的囊中之物。年轻的领主被流放到外地。

基督徒称为努拉丁的他，全名为努尔 · 阿丁（Nur ad-Din），在 36 岁时，拥有了相当于现代伊拉克北部和叙利亚全境的广大领土。

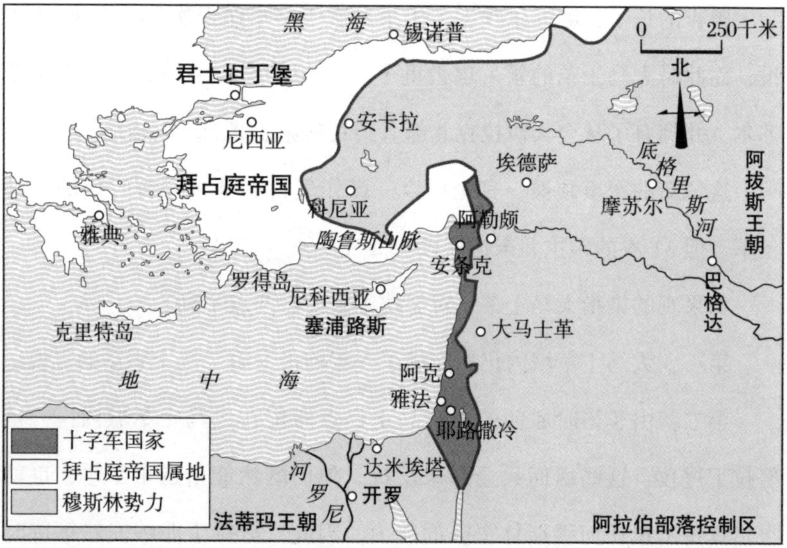

第二次十字军以后的势力图

这位并未与第二次十字军交锋的男子，成为第二次十字军时代最后的胜利者。西欧的第二次十字军，不仅没能给伊斯兰世界任何打击，反而加强了对方的力量。此时的伊斯兰世界，已经从起初不同领主之间相互争斗的不利态势，转变为一位强大领导人之下的团结局面。

中近东的十字军势力深刻感受到了伊斯兰世界的变化。在皇帝与国王率领的第二次十字军以失败而告终之后，他们一直无法盼到西欧来的新十字军。

结果，从第二次十字军失败，到穆斯林夺回耶路撒冷的“命运之年”中的40年间，中近东的十字军国家，无可奈何地坐视穆斯林势力一天天强大起来。基督徒一方并非没有人才，但一直没有能得以恰当使用人才的领导人。相反，在此后的40年间，伊斯兰世界先后出现的努拉丁和萨拉丁两位领袖，都以出色的指挥能力，成功对抗了来自西欧的入侵者。

十字军国家的实际情况

中近东的十字军国家，是移植了同时期西欧封建制度的社会。

首先，在中近东，统治各个地区的封建领主是和西欧一样头衔的“男爵”（Baron）。前面所提到的耶路撒冷王国的诸侯，就是这些“男爵”们。将英语的Baron翻译为“男爵”，仅仅适合皇帝和国王完成中央集权统治之后的时代。在十字军的时代，这些封建领主实际上就是我们所理解的“诸侯”。

这些地方豪强表面上服从于皇帝与国王之下，形成了中世纪封建社会的统治阶级。之所以说是表面上服从，首先是因为他们根据自己的利益站队，其次则是因为皇帝和国王还是在神权之下进行统治的。对诸侯来说，他们不得不考虑领地内重视神权的信众们的想法。

然而，诸侯的土地并非来自皇帝或国王的授予。他们的土地都来自祖先的遗产，并通过对近邻的攻击与兼并而扩张领地。因此，从一开始，这些诸侯的独立意识就非常强烈。皇帝和国王很难对诸侯形成有力的约束，这一方面因为关系其自身地位的加冕权掌握在罗马教皇与主教们手中，另一方面则是其自身实力有限。耶路撒冷王国可以算是一个缩小版的西欧社会。

因此，对耶路撒冷国王来说，制约国内的诸侯是最为重要的事务。他会让诸侯尽到守卫圣城耶路撒冷的义务——这也是所有十字军国家都要履行的义务。

这些十字军国家也反映了中世纪西欧的社会特点——对还不到20岁的耶路撒冷国王鲍德温三世来说，王冠所带来的权威和义务同样重要。

关于这一时期十字军国家的记载中，最值得信赖的，是由一位名叫“推罗的威廉”的神父所著的作品。这位作家生于巴勒斯坦的海港城市推罗，在天主教会供职，颇具才能与智慧，年纪轻轻就已是十字军国家的上层人物。威廉生于1130年，与鲍德温三世同龄。

推罗的威廉是这样描绘鲍德温三世的：

> 他的个子比一般男性都高。由于这位国王身材十分匀称，他的身高并不令人觉得突兀。国王的面孔生的尤为俊朗，人们一见到他的面貌，就能感受到他与生俱来的魅力。一双大眼睛放射出炯炯目光。他的金色长发并无突出的特点，而同样颜色的胡须长满了整个脸庞。虽然他的外形非常强壮，脱去甲胄和华丽服装之后，国王和其母与其弟阿莫里一样，既不胖也不瘦。

在这位同时代推罗人笔下，鲍德温三世的形象颇为丰满。这位国王喜欢阅读，特别是阅读同时代的历史与法律书籍。他还是一位无论谈话对方地位高低，都能与之平等对话的领导人。

同样，由于鲍德温三世对各个宗教的宽容态度，耶路撒冷城内住着不同人种、不同宗教的居民。

除了西欧来的天主教徒以外，圣城内还居住着同属基督徒的亚美尼亚人和希腊人。此外，第一次十字军征服耶路撒冷之后被流放的穆斯林和犹太人，也逐渐回到耶路撒冷城内。

耶路撒冷国王有治理耶路撒冷的责任。如果城内各个社区的领导人求见，鲍德温三世都会很快接见。

可以说，鲍德温三世是一位完美的绅士。

而在穆斯林看来，同属“法兰克人”的西欧人和出生在中近东的十字军后代，有着本质的不同。

在清一色基督徒的西欧，像贝尔纳那样，敌视穆斯林，恨不得将其全部根除的人不在少数。但在中近东，即便是贝尔纳赞赏的圣殿骑士团，也不再将杀戮穆斯林作为自己的目标。

“杀啊！杀啊！”这样的话，并不是能随随便便说出来的。毕竟，交付赎金就能使被穆斯林俘虏的基督徒重获自由，因此金钱交易对十字军国家来说必不可少。此外，为生产粮食而占有土地的诸侯与骑士团，还必须依赖生活在自己领地上的穆斯林所支付的地租和农产品过活。与异教徒接触，对他们来说是家常便饭。这样看来，所谓的“杀啊！杀啊！”，实在是不现实。

而以医疗为主要任务的圣约翰骑士团，对贝尔纳的呼吁就更为冷淡了。为了交流医术而加强与穆斯林的接触和交流，是圣约翰骑士团从一开始就缺乏宗教狂热的原因。

这两个宗教骑士团都是为了防御穆斯林，而在十字架下发誓成立的骑士集团。但在中近东的事务中，还有一支特殊的队伍，那就是来自意大利滨海城邦的商人们。他们从来都是以经济利益优先，因而决不会倾听贝尔纳的呼声。如果参加十字军，也只是不得不在十字架下发誓要与异教徒穆斯林作斗争罢了。

这些中世纪的“经济动物”，居住在十字军统治下的中近东海港城市内的“居留区”内。威尼斯、热那亚、比萨人的居留区与普通的社区不同，相当于十字军国家内的“经济特区”。

意大利商船将武器和各种军事用品装载到港口，然后运送到附近的居留区，在仓库内收纳起来。购买这些特殊商品的不仅包括基督徒骑士们，还有阿拉伯和突厥商人。

穆斯林的武装也逐渐受到十字军的影响而加强了其防御性。由于穆斯林认为西欧的钢铁制品质量更好，他们逐渐开始大量进口西欧生产的武器。虽然罗马教皇注意到基督教世界的敌人正变得日渐强大起来，而颁布了对穆斯林商人武器禁运的敕令，意大利商人并未听从教皇的呼吁。在努拉丁和萨拉丁的胸甲上，都镌刻着“米兰制造”的字样，一时传为笑谈。

而穆斯林商人所出售的，也大都是东方生产的高级产品。包括摩苏尔的特产薄平纹细布，大马士革的特产丝织品，以及伊斯兰世界各个地区出产的形形色色的绒毯。

在这些出口到西欧的高级织物中，纤薄的摩苏尔平纹细布包裹着贵妇的头部和胸部，而厚实的大马士革丝织品则将王侯们从繁复的着装中解放出来。穆斯林生产的绒毯，也渐渐取代了野兽的毛皮，成为最重要的室内装饰品。

教皇以下的高级神职人员，也逐渐适应了这一风潮。虽享用着东方的各种高级物产，这些西欧最有权势的人物依然相信，向东方派遣十字军是正义的行为。

推罗的威廉作为神职人员代表，经耶路撒冷国王授意，向西欧出发，请求教皇派遣新的十字军。而在此之前，威廉曾前往埃及开罗，与苏丹进行了友好的会谈，对伊斯兰世界首都之一开罗的繁荣景象有了深刻的认识。

第一次十字军东征后近百年时的十字军国家，在西欧人眼中，已经彻底堕落了。正是因为这个原因，西方并没有积极准备在第二次十字军之后派遣新的十字军。

此时耶路撒冷国王鲍德温三世无疑是肩负着全体十字军国家防御重任的。他的母亲梅丽森达是这位国王面前巨大的障碍，她并未将统治权让渡于已成年的儿子。

父亲福尔克死后，就任耶路撒冷国王的鲍德温三世年仅13岁，因此由母亲梅丽森达代行统治。当时梅丽森达并未成为摄政，却要求母子共享王位，最终得以成为共治的君主。但直到鲍德温成年以后，梅丽森达一直没有放弃其统治权，将国政操于自己之手。从统治能力上来说，她并不为政治家所看好，在民众中间的评判也非常低下。

鲍德温三世试图劝说母亲远离政坛的努力以失败而告终。最后，他只好率兵攻击梅丽森达，夺取王国的统治权。绅士的国王并未将梅丽森达流放，也没有把母亲投入监狱，而是为她建造了一座修道院，使母亲体面地退出政坛。24岁的鲍德温三世，终于将国政从母亲手中夺回。而梅丽森达可算是介入中近东十字军国家政治的女强人之一。

但就算是得以独立治国的鲍德温三世，也并非处于自由行动的状态之中。鲍德温18岁时所率的参加第二次十字军的兵力，是王国内男爵们提供的550名骑兵和6000名步兵。而占据大马士革之后的努拉丁，坐拥数以万计的兵力。

鲍德温三世的常备军的数量，比500名骑士、6000名步兵少得多。为了防御而能够出战的部队，远不能提供决定性的兵力。而且安条克公国和特里波利伯爵领地也不会与耶路撒冷王国共同出兵。虽然圣殿骑士团和圣约翰骑士团会出兵援助，它们的兵力也不过100名骑兵。而且，这些骑士团往往在平时分兵把守各地的城堡，能够出战的骑士数量非常有限。

如果努拉丁此时从大马士革派大军进攻，耶路撒冷很可能会陷落。然而，时局的两点变化，暂时挽救了耶路撒冷。

大地震

第一件大事，是1156年发生的叙利亚大地震。大马士革、阿勒颇等大城市普遍受灾。地震延缓了努拉丁扩张的脚步。他不得不将进攻十字军国家的计划搁置下来，优先重建受到大地震破坏的城市，并对受灾者提供救济。

而使耶路撒冷免于受到进攻的第二点原因，是冷酷而有能力的武将努拉丁，摇身一变成为温厚而平和的统治者。这一变化，即使在异教的基督徒中间也广为传颂。

通过努拉丁对受灾者的救济和灾区的重建工作，大马士革和阿勒颇两地建起了壮丽的清真寺。努拉丁不惜代价地修复了在历史上极为重要的清真寺，并扩大了医院，还从巴格达招募了优秀的医生。

努拉丁高薪招募的对象，不仅有医生，还包括许多学者。以此为契机，大马士革的教育水平比以前上了一个大台阶。大马士革的学校除了教授《古兰经》之外，还传授各行各业的知识，教育事业得到了蓬勃发展。在代表伊斯兰世界教育最高水平的大马士革接受教育的，包括当时年仅18岁的萨拉丁。

在38岁的努拉丁的治理下，大马士革发展为与之前完全不同的雄伟壮丽的都市。鲍德温三世依然十分担心努拉丁随时可能发动的进攻，因此他与拜占庭帝国走得更近了。在叙利亚大地震之后次年的1157年，利用与努拉丁“自然休战”的时机，鲍德温派出特使，前往拜占庭帝国寻求政治联姻。

鲍德温三世求娶一位拜占庭公主作为自己的王后，而曼努埃尔一世自然也明白他的意图。最终，皇帝决定将自己的侄女嫁给鲍德温三世，同时希望耶路撒冷国王正式承认安条克公国成为拜占庭帝国领土的一部分。

拜占庭式外交

由于一直没有参加第二次十字军的行动，大都市安条克和周边的安条克公国逐渐与耶路撒冷王国疏远起来。而且，安条克公国的统治者，普瓦提埃公爵雷蒙，也在与努拉丁的斗争中战死。继任为安条克公爵的雷诺·德·沙提永也被努拉丁的军队俘获，囚禁于叙利亚的监狱中。

因此，安条克公国的防御，也只有交由鲍德温三世负责了。但一直专注于耶路撒冷的他，对遥远的安条克鞭长莫及。在他看来，与安条克落入努拉丁之手相比，不如让同是基督徒的拜占庭皇帝来统治。

于是，第一次十字军时代波埃蒙多和丹克雷迪一直拒绝交付的安条克，在60年之后终于落入了拜占庭帝国手中。

1158年，鲍德温三世迎娶了拜占庭皇帝的侄女特奥多拉，两人在耶路撒冷的圣墓教堂成婚，新郎28岁，新娘还不到13岁。

就这样，中近东的十字军势力，于1144年失去了埃德萨，1158年失去了安条克公国。在最初建立的四大十字军国家中，只剩下特里波利伯爵领地和耶路撒冷王国两个。

1159 年，拜占庭皇帝曼努埃尔一世和耶路撒冷国王鲍德温三世于安条克首次会晤。为了巩固两国之间的同盟，两人建立了亲密的私人关系。

在会晤仪式中，有一项重要内容是骑士之间的挑战比赛。年轻的鲍德温三世亲自披挂上阵，结果在对方真刀真枪的挑战面前负伤离场。皇帝曼努埃尔一世亲自为国王疗伤。这位皇帝以行医为个人爱好，且医术高超。第二次十字军东征时在多利留姆大败负伤的皇帝康拉德三世，也是在逃到君士坦丁堡之后经曼努埃尔的治疗而痊愈的。

曼努埃尔治疗鲍德温的伤势之后，向耶路撒冷王国提出了联姻的请求。皇帝想要迎娶的对象，是以“安条克的玛丽亚”而著称的前任安条克统治者雷蒙的遗孀玛丽亚，鲍德温三世的表妹。

鲍德温推荐皇帝迎娶特里波利伯爵的亲戚，另一位同名的玛丽亚。但这一建议显然不会为企图加强拜占庭与安条克联系的曼努埃尔一世所采纳。

最终，安条克的玛丽亚和曼努埃尔的婚礼在 1160 年举行。从此，安条克开始了拜占庭化的过程。

两年后，在与穆斯林的一次小冲突之后，耶路撒冷国王鲍德温三世在贝鲁特卧病不起。传说他是被曼努埃尔一世毒害而死，但客观上看，毒杀鲍德温三世对拜占庭帝国来说并无利益可言。如果鲍德温三世的确转变了对拜占庭帝国的立场，他也的确可能成为曼努埃尔一世眼中的障碍。

推罗的威廉这样记载了不到32岁的耶路撒冷国王的死：

> 国王的遗体从贝鲁特运往耶路撒冷的8天之中，路边站满了为国王之死致哀的人群。居民们纷纷含泪相送。到了耶路撒冷周边，人们的哀号之声此起彼伏，有很多人不禁大声号哭起来。

与对此前一年梅丽森达之死毫无反应的情况相比，当地居民对鲍德温的同情，可见是相当认同国王的功劳。

由于鲍德温三世和特奥多拉未能生育子女，耶路撒冷的王位由其弟阿莫里继任。

丧夫的特奥多拉离开了耶路撒冷，回到了婚前所在的阿克城。16岁的特奥多拉，并非梅丽森达那样强势的女子，她满足于阿克城主的位置，而对耶路撒冷王国没有任何帮助或损害。

得知鲍德温三世之死的努拉丁，这样回答劝说他进攻耶路撒冷的家臣：

“法兰克人正沉浸在失去他们所敬爱的优秀君主的悲哀之中。此时进攻他们，并不是我的作派。”

利用这一机会的，是拜占庭的皇帝。26岁的阿莫里在母亲和兄长相继去世，始料未及的情况下继任王位，对当时的局势深感不安。

曼努埃尔一世借机向这位耶路撒冷国王推荐了拜占庭皇室家族的成员之一玛丽亚作为王后。玛丽亚年仅8岁，5年后才跟阿莫里完婚。这样，拜占庭皇帝在中近东的十字军国家中普遍安插了自己家族的势力。

然而在与玛丽亚成婚之前的5年中，阿莫里必须恢复独身。他与结发妻子阿格尼丝·德·库尔特尼的婚姻，被天主教会宣告无效，而这次婚姻所生的两岁的女儿和一岁的儿子，却要在教会中保证为合法的继承人，为此国王做了大量工作。对天主教国家内的一国之君来说，这类事务必须获得罗马教皇的认可。

21世纪欧洲所谓的“拜占庭式”，指的是工于细枝末节的计谋，而失于大局的情况。拜占庭帝国的皇帝中间，有不少人都是这样的典型例子。

第一次十字军东征期间，拜占庭皇帝一直垂涎于安条克及其周边的土地。曼努埃尔一世终于在60年后实现了这一领土野心。此后，帝国应当做的是负责安条克的防御。但由于安条克与帝国首都君士坦丁堡之间的小亚细亚地区大部分为突厥人所占领，两地的陆路联系非常困难。于是，拜占庭帝国只能利用小亚细亚南岸的港口城市，以及罗得岛、塞浦路斯岛等区域为基地，从海路加强安条克的防御。

与此同时，耶路撒冷国王与拜占庭帝国结盟，还在于希望拜占庭能协助加强耶路撒冷王国内的防御。

那么，拜占庭皇帝真的有心帮助耶路撒冷吗？

答案是否定的。

拜占庭皇帝毕竟是基督徒，那么，他对耶路撒冷的防御真的关心吗？

关于这个问题，答案是很复杂的。他既不是完全不关心，也不是真的关心。

耶路撒冷直到今天都是基督徒的圣地。它是中近东十字军国家的首都，也是十字军所代表的天主教徒所统治的城市。

而拜占庭帝国的国教则是与天主教有所不同的希腊正教。对希腊正教徒来说，耶路撒冷当然也是一座圣城。比如说，耶路撒冷城内最重要的圣墓教堂，就是拜占庭这座城市的建立者君士坦丁大帝下令修建的。而前往耶路撒冷朝圣的习俗，则也是从君士坦丁大帝之母赫莲娜的朝圣而发端。对继承君士坦丁大帝国家的拜占庭皇帝来说，将耶路撒冷置于自己的统治下，自然是再好不过的。

但是，耶路撒冷王国从建立之时，就一直处于天主教徒的统治下。虽然拜占庭皇帝为了介入耶路撒冷的事务，强行将自己家族的王女嫁给阿莫里，君士坦丁堡方面的行为必然遭到西欧国家的抵制。而西欧的抵制，将会带来莫大的损害。

众所周知，率领第二次十字军的法国国王路易七世，就坚定地反对拜占庭帝国。路易在回西欧途中，在意大利南部停留，与一直进攻拜占庭领土的西西里国王鲁杰罗会晤，一起谋求反对拜占庭的同盟。此后，路易七世还造访罗马，向教皇述说了拜占庭皇帝背信弃义的行为。

而拜占庭皇帝则绝不能容许西欧天主教世界内出现堂而皇之地进攻自己的局面。

此外，耶路撒冷也是穆斯林的圣城。如果拜占庭插手耶路撒冷的事务，就很难不引起穆斯林的反拜占庭情绪。

第二次十字军东征之前，曼努埃尔一世曾经秘密地与小亚细亚的塞尔柱突厥领主结盟。通过承认突厥人对小亚细亚内陆的占领，君士坦丁堡避免了受到这些来自亚洲腹地的入侵者的袭击。当第二次十字军失败返回西欧之后，拜占庭帝国又与新近取得大马士革的努拉丁结盟。这一同盟的目的在于，希望努拉丁承认拜占庭对安条克的主权，与此同时拜占庭保证对其他地区的事务保持中立。所谓的其他地区，并不包括耶路撒冷在内。

之所以这样是因为，拜占庭帝国跟耶路撒冷王国也缔结了同盟条约。关于这一同盟，拜占庭的主要目的是为了迫使耶路撒冷王国承认其对安条克公国的主权。同时，这样做也是拜占庭帝国对中近东的基督徒和远在西欧的天主教世界宣示主权的必要行动。签署同盟条约时，200 艘船只组成的拜占庭舰队前往巴勒斯坦沿岸海域，表示可以担负起海上防御的任务。

但这支舰队最终全部转回了君士坦丁堡。这一方面是因为耶路撒冷王国并不需要大量海军保护，另一方面也是为了不对地中海东岸造成祸害。

海军力量 = 制海权

被穆斯林称为“法兰克人”，主要从法国和德意志前来的欧洲人，都是备受称赞的中世纪骑士，非常善于在陆地上作战。但这些国家都不是发达的海上霸主，几乎没有海军。而强大的海军必然诞生于拥有海运传统的民族。

第一次十字军占领了许多叙利亚、巴勒斯坦的海港城市，而这些海港城市一直受到来自海上的威胁。由于伊斯兰世界只有埃及拥有强大的海军，为十字军所占领的海港城市一直恐惧的，就是埃及的海军。

但在法兰克人当中，也有一部分人具有海运传统和海军力量。

意大利的滨海城邦阿玛尔菲、比萨、热那亚和威尼斯，都曾经不断进出于东方的海港。到12世纪中叶，阿玛尔菲从第一线消失，其余三个城邦一直担负着十字军的海上支援力量。

对没有海运传统的国家来说，没有必要保持强大的海军。而海运则要求运送货物的船只平安无事地前往目的地，自然需要组织高效的军事力量来护卫。

这三个意大利的共和制城邦国家，人口不到法国的百分之一。因此，这些国家必须有效地利用自己的每一位国民。

意大利的滨海城邦对船的大小、乘员数量、如何防御海盗、航海术、驾船技能等各个方面都有严格的规定。它们的战斗力比以宣示皇帝威严为目的而建设的拜占庭海军强大得多。

意大利各城邦海军的介入，使十字军一方牢牢掌握了中近东海域的制海权。意大利海军在与埃及海军的海战中屡屡获胜，使埃及军舰再也无法靠近叙利亚和巴勒斯坦的港口，将这些港口城市的居民从对埃及舰队的恐惧中解救出来。这期间，拜占庭海军由于遵守皇帝与哈里发之间的秘密协议，并未出现在近东的海岸。

而在与耶路撒冷王国结盟的时刻，拜占庭海军却悉数南下。在比萨、热那亚和威尼斯的水手们看来，拜占庭海军的巡航带来了很大的麻烦。在巡航期间，拜占庭的海军还遭到了埃及船只的袭击，不得不依靠意大利船只的帮助而脱险。

因此拜占庭海军退回君士坦丁堡的决定，很可能是因为损失惨重不得已而为之。曼努埃尔一世虽然与鲍德温三世结成了同盟，却无法给十字军国家任何实质性的帮助，只能顾及自己对安条克的主权问题。

当此事传达到西欧时，引发了不同的看法。西欧人普遍认为，拜占庭帝国只是觊觎安条克，却毫无防御耶路撒冷的意志。

拜占庭皇帝本想既不与天主教徒为敌，又不与穆斯林为敌。可惜其中立态度为西欧各国所曲解。拜占庭的中立外交路线一贯如此，本意是保守自己的利益，只是因为它既没有能力也没有意愿帮助其他任何国家而已。但奉行这一中立路线的结局，却使西欧国家失去了对拜占庭的信任，也使其国为伊斯兰世界所轻视。

现代意大利的海军军旗（红绿两色条中间的白色部分，中部的盾牌形纹章从右上角顺时针依次是热那亚、比萨、阿玛尔菲和威尼斯的纹章）

而努拉丁在此期间做了些什么呢？他会尊重之前的同盟，而对十字军国家按兵不动吗？

努拉丁还是派出了部队。他并未亲率大军，而是命令属下小规模进攻耶路撒冷王国。阿莫里只得率军应战。努拉丁属下的行动，就像现代的工会组织为了体现自身存在价值而发动的罢工一样，向耶路撒冷国王表示自己作为伊斯兰世界盟主的军事存在。

在中近东的基督徒看来，努拉丁本人的态度有所转变。据同时代伊斯兰史料的记载，努拉丁的变化是由于其身患重病而导致的。在基督教一方，并没有人探求其不再大规模进攻十字军国家的原因。因此，关于这个问题的叙述，主要是我个人的想象。

一个人如果有野心，那么在有条件实现的情况下，一定会尽可能去实现。此外，每个人都有虚荣心，或者更为冠冕堂皇地说，“愿望使然”。任何人都有野心和虚荣心。没有这两者的人，除了远离世俗的隐士之外，恐怕并不存在。

问题在于，一个人的野心和虚荣心当中，哪一个比较大。另一个问题则是，当良机出现时，让一个人心动的究竟是野心还是虚荣心。

在穆斯林史家笔下，努拉丁是这样一个人：

> 身材高大而匀称，浅黑色的皮肤富有生气，脸上遍布浓密的胡须，额头高耸，目光时而非常锐利，时而一变为平和。与他相会的人，都对他的不凡举止尤为赞叹。
>
> 努拉丁汇集了整个伊斯兰世界的期待。为了反击信奉拿撒勒人（耶稣）的法兰克人的侵略，他是唯一能够不负真主的期望，率领突厥与阿拉伯兵士，联合一直互相争斗的穆斯林领主们，将不信者赶出伊斯兰的土地的大人物。

以上的描述，符合1154年之前努拉丁的情况。当他的军队离进攻大马士革的第二次十字军还有5天路程的时候，神圣罗马帝国皇帝和法国国王就闻风而退。努拉丁对大马士革城静候5年，然后兵不血刃地取得这座叙利亚的大都市，一时间传为佳话。36 岁的努拉丁，成为勇敢与慎重的象征。

从其父曾吉开始的叙利亚统一事业，终于为这位冷静的领主所完成。努拉丁所移居的大马士革，也成为了他所统一的叙利亚全境的首都。

但是，在努拉丁统一叙利亚两年之后，发生了毁坏城市的大地震。砖石结构的建筑物倒塌并未造成大规模的火灾，但大马士革附近的河流却发了洪水。道路和桥梁都受到了极大的破坏，需要进行大量重建工作。

努拉丁全力投入了叙利亚震灾的救济与受灾地区建筑的修复工作。在此时期，他的脑海中大概也会认为，这是真主期待自己所做的吧。

这位 30 多岁的统治者，一发不可收拾地投身到重建的工作中，取得了令人瞩目的成果。大马士革和阿勒颇都重现了往日的辉煌，并且变得更加雄伟壮丽。

当地发达的教育机构和文学社团，使努拉丁广为穆斯林知识分子所称赞，而普通平民则大大受益于他所建设的救济孤寡贫穷的设施，以及免费的医疗机构。在当时中近东的免费医疗机构中，耶路撒冷的圣约翰骑士团医院可以治疗 2000 名患者，但努拉丁建造了远超这一规模的大医院。在伊斯兰世界中，与基督教世界一样，慈善事业也是为人们所赞赏的大事业。

努拉丁也是一位积极履行前往麦加朝圣功课的穆斯林，以其虔诚而著称。

最终，巴格达的哈里发向努拉丁授予了苏丹的职位。可以说，努拉丁已经集伊斯兰世界的敬意与赞赏于一身。

意气风发的努拉丁，在每周五清真寺的礼拜中，位列于先知穆罕默德与历代哈里发之后而被广为传颂。能够取得如此殊荣的人物，在以前的苏丹当中还从未有过。

但是，仅仅对教育文化和慈善事业热心，并不能长期得到人们的敬意与赞赏。用阿拉伯编年史家的话来说，必须努力实现“真主的期望”，哈里发与苏丹才能在周五的礼拜中得到传颂。努拉丁当然也明白这一点。

最终，努拉丁回到了与十字军作战的轨道上，重新开始了军事行动。但是，他并没有彻底消灭十字军，而是在小规模的袭扰之后，被骑士团的反击所击退。

突厥和阿拉伯兵士本身并不善于进攻高耸的城堡和狭长的城墙。他们虽然十分勇猛，但欠缺长期作战的耐心。作为总指挥的努拉丁，在进入不惑之年以后也缺乏了以前的执着。对于收复圣地的热心也随着年龄的增长而日渐减少。再加上病痛的折磨，努拉丁最终没有对十字军国家大规模用兵。

人对自己有兴趣的事情总是能做得很好，但对自己不关心的事情就不大容易做好了。反之，人们对自己能做好的事情会更为关心，而对自己做不好的事情，就会缺乏足够的关注。

一直热心于规划叙利亚全境震后恢复的努拉丁，对战场渐渐失去了热情。在大马士革的街道上，常常可以见到全副武装的卫士簇拥着腰间悬挂宝剑的努拉丁闲庭信步的场景。他所到之处受到的都是热烈的感谢与欢迎。而在战场上，迎接他的将军与兵士要么十分紧张，要么陷于沉默，负伤的士兵还会时不时发出呻吟声。习惯了平安、愉快与稳定的人，会对战场的压力感到十分沉重而无心应付。

当努拉丁44岁时，比自己军事才能低下的对手鲍德温三世驾崩了。得到这一消息以后，努拉丁的部将建议乘机进攻耶路撒冷。然而努拉丁却认为，不能乘对手不幸的时候发动进攻，这表现了一定的骑士精神，但也不能不说是十分消极的。当阿莫里继任为耶路撒冷国王以后，努拉丁以前所具备的善于抓住机会的特点，却没有发挥出来。

努拉丁的变化，也许跟这时十字军的以下特点有关。在没有涌现优秀领导人，又等不来西欧新十字军的情况下，十字军国家能够在努拉丁率领的伊斯兰世界得以存在，有三个原因：

一、十字军拥有战斗力十分精锐的“特种部队”作为常备军，即圣殿骑士团和圣约翰骑士团。

二、苦于长期兵力不足的中近东十字军部队，采取了重点防守的策略，其重点是第一次十字军时期就开始建设的城堡。

三、从西欧来的十字军战士和宗教骑士团的骑士都曾在十字架下发下重誓。这些穆斯林统称的法兰克人，有着相同的天主教信仰。

未在上帝面前发誓击败异教徒的“法兰克人”，对十字军国家的存在也有着积极贡献——这就是以威尼斯、热那亚和比萨为代表的意大利滨海城邦的商人。他们在地中海纵横航行，是成功的商人和优秀的水手。可以说，他们一手担负起了十字军国家的海军与海运力量。

两次十字军之间的岁月

对1118年以后进入守势的十字军来说，以上的三个要素成为其长期守成的主要原因。下面是200年来十字军历史的简略年表：

1099年	第一次十字军，成功收复耶路撒冷。
1118年	鲍德温一世驾崩。此前20年间，十字军诸国建立。
1148年	第二次十字军在大马士革城前撤退，宣告失败。
1174年	努拉丁去世。萨拉丁崛起。
1187年	基督教一方失去耶路撒冷。
1190年	第三次十字军。未能实现最初目标而宣告失败（1192年）。
1204年	第四次十字军。不仅攻陷耶路撒冷，还占领了君士坦丁堡。
1220年	第五次十字军。目标埃及，最终失败。
1229年	第六次十字军。达到了收复耶路撒冷的目的……
1250年	第七次十字军。远征埃及，总司令法国国王被俘，完全失败。
1270年	第八次十字军。法国国王路易九世再度发动十字军东征，但国王在突尼斯登陆后驾崩，于是这次十字军宣告解散。
1291年	十字军最后的基地阿克陷落。中近东十字军国家完全灭亡。

完全由欧美人所书写的十字军历史，大都完整叙述了从西欧发动的8次十字军东征。而我在此处试图描述的，是在两次十字军东征之

间，中近东十字军国家的情况。

换句话说，我所关注的不仅是西欧人眼中的中近东十字军国家，也包括当时中近东生活的人们的观点，以及这些人是如何度过两次十字军之间的时期的。

总的来说，从第一次到第八次十字军，与是否有皇帝或国王率领无关，都有大量兵士在短时间内进入中近东。而在两次十字军之间的时期，从十字军的领导人到普通士兵，纷纷踏上前往西欧的归途。除了第一次十字军算是达成了既定目标以外，以后的十字军与十字军之间的时期，都有大量败退回西欧的部队。

在这一中间时期，中近东的十字军大都处在防御的境地中。

第二次十字军到第三次十字军之间，经历了40年的岁月。其间，穆斯林世界英雄辈出，但十字军国家仍然可以做到以少量兵力成功防御。

之所以十字军国家能够在占据压倒性优势的穆斯林大军面前屹立不倒，主要包括宗教骑士团、城堡、经济交流与海军力量等多种手段的综合运用。

宗教骑士团

如前所述，以侍奉上帝为生活准则的修士，同时又成为为上帝而战的骑士。这些男子集合而成的宗教骑士团，就是十字军时代的特殊产物。

宗教骑士团的代表，是以基督教圣地耶路撒冷所在的中近东为基地而创立的圣殿骑士团和圣约翰骑士团。

在第三次十字军的时期，条顿骑士团建立起来。这一骑士团的创立与活动范围，都仅限于德意志及其附近地区，因此对圣地的贡献远不如上述两大骑士团。

虽然宗教骑士团是十字军时代的产物，它们决不是没有任何基础突然出现的组织。

中世纪欧洲可以称得上是封建制度与修道院的时代，修士集中的各个修会的势力非常强大。究其原因，是封建诸侯、皇帝和国王常常为各自的领地而斗争，修会却是能够独立于其间的团结的组织。

拥有许多修道院的克吕尼与西多修会，并不受所在地的主教与大主教管辖。它们也不受所在地的封建领主支配，即使是作为君主的皇帝与国王，也无权对修会发号施令。唯一能管辖修会的，只有罗马教皇本人。

而在中世纪的通信条件下，罗马教皇的圣谕在西欧境内需要一个月才能传达，传达到中近东地区更是需要两个月以上。这还只是在罗马教皇接到报告就立即反应的情况下。

在这种状态下，各地的修会自然是根据自己的判断来行动了。这样，各个修会的修士能力日渐增强，修会整体也就强大起来。

在中近东十字军国家内诞生的圣殿骑士团与圣约翰骑士团，都是舍弃世俗生活的修道士组成的集团。与西欧的修会不同之处只有一点，那就是与穆斯林敌人的斗争。这两大宗教骑士团不必遵从耶路撒冷牧首的命令，也并不听从耶路撒冷国王的指挥，事实上是完全独立的组织。因此，在努拉丁所率的大马士革军队接近时，他们的行动完全是自由的。

在这一时刻，宗教骑士团就会与耶路撒冷国王一起战斗，不经过罗马教皇的许可就大开杀戒。自主判断、自主行动，这就是宗教骑士团的生存法则。

由于具备独立性，宗教骑士团成为处于守势的十字军国家的“剑”。在和平时期，不用拔剑社会就能安定，而在战时，拔剑应战是生死之间必然的选择。

十字军国家的两把利剑，圣殿骑士团和圣约翰骑士团，在 1118 年就创立为战斗集团了。1118 年也是鲍德温一世去世的年份。已经确立了20年统治的十字军国家，从这时开始进入守势。因此，圣殿骑士团被视为处于守势的十字军国家的标志性存在。

根据前面的年表，十字军的守势从1118年一直持续到第二次十字军东征的1148年，达到30年之久。而第二次十字军失败以后到第三次十字军出征，则间隔了40年。

发动新的十字军，自然需要西欧投入大量兵力。而在中近东停留一两年之后，这些兵士又大都回到了原籍。这一来一回，就分别过了30年和40年……

在此间的岁月，中近东的基督徒不得不依靠自己的力量防卫圣地，但一直陷入长期兵力不足的状态中。相比之下，出色的穆斯林领导人曾吉、努拉丁和萨拉丁相继集合了强大的军事力量。

在这绝望的时刻，立于最前线的是宗教骑士团。宗教骑士团在最强大的时候也不超过500人，绝对数量并不多。因此，在其独立作战时，并没有足够的兵力维持占领。

但作为迎击的军事力量，宗教骑士团还是发挥了其作用。由于它们是职业的战士集团，都不会考虑返回西欧，而志愿一生奉献给圣地，宗教骑士团自然成为处于守势的十字军国家最需要的常备军事力量。

在两大宗教骑士团中，更为受人注目的是圣殿骑士团。这一骑士团与圣约翰骑士团相比，以宗教狂热而著称，最终以悲剧的结局而收场，因此成为吸引大众兴趣的重要存在。

圣殿骑士团

圣殿骑士团从创立伊始就是以消灭异教徒穆斯林为目标，以战斗为唯一方针的集团。其总部设在耶路撒冷城中公元前犹太国时代的所罗门圣殿中，因此得名为圣殿骑士团。

所罗门圣殿在拜占庭帝国时期成为基督教堂，而在伊斯兰征服以后成为著名的阿克萨清真寺。当十字军“解放”耶路撒冷以后，圣殿为耶路撒冷国王与圣殿骑士团所瓜分，成为三大一神教的共同圣城耶路撒冷最重要的历史遗迹之一。公然以这座圣殿为总部，并堂而皇之地自称“圣殿骑士团”的组织，恰如其分地体现了这一骑士团的性格。

圣殿骑士团从创立时的 1118 年到解散时的 1314 年间，共有 23 名团长。而关于团长以下的人员情况，则完全缺乏资料。当骑士进入圣殿骑士团之后，和其他修会里的修士一样，立即变为没有名字和面貌的存在，按照宗教骑士团的清规，与世俗断绝了关系。在以与异教徒战斗为唯一目标的圣殿骑士团中，团员互相称为修士某某，到死都只留下名字，而没有姓氏。

圣殿骑士团的僧侣服装，都是白底色，在胸前画有红十字的样式。

他们都发誓甘于清贫，对上帝绝对服从，并一生保守独身——这与其他修会的僧侣并无二致——圣殿骑士团的骑士，还要加上一条誓言，那就是“消灭异教徒”。

若以尚在俗界时的社会地位来看，圣殿骑士团的团员大都是西欧封建社会的下层人士。

西欧封建社会中，所谓“骑士”指的是以战斗为职业的人。但圣殿骑士团的团员，在加入之前并非封建诸侯属下的骑士，而是像日本“浪人”一样的无业者。中世纪能够受到教育的，仅限于神职人员和上流社会的人士，圣殿骑士团的团员以前大都是没有知识的人物，对世俗社会也没有多大影响。

但这些人与中世纪西欧的平民一样，拥有很强的信仰之心。他们志愿前往中近东，身披白底红十字的制服，常常以死于异教徒的剑下而告终。他们的生命，就此长眠在远离故乡的东方土地上，没有墓穴，没有名字，也没有关于他们容貌的记忆。

本卷封面上以头盔覆盖面容的圣殿骑士团群像，就最大限度地表现了这些骑士们的精神风貌。

作为为全体基督徒的圣地耶路撒冷执行防御任务，坚持在前线作战而不求回归故土的骑士组织，圣殿骑士团收到了来自西欧基督徒的大量捐助和遗赠。

捐献的内容包括耕地、建筑物等不动产，也包括现金和其他类型的动产。这些产业在圣殿骑士团的管理下，从耕地上生产为中近东十字军国家提供的小麦，建筑物则大都被变卖为现金，而并没有作为房产经营。

十字军国家内设立的宗教骑士团与西欧的修道院一样，对团员入团时所捐献的私人财产加以管理。由于圣殿骑士团从团长以下都是社会中下层出身，团员所捐献的财产少得可怜。因此，圣殿骑士团的初始运营费用来自现金捐助。

创立30年以后，圣殿骑士团的功绩已广为西欧社会所知，从此开始得到了远超必要经费的捐款。此时，圣殿骑士团开始对外投资。从此开始，圣殿骑士团总部为了金融管理，设置了专人处理投资业务。他们虽然不得不生产商品，却不直接进行商品贸易。圣殿骑士团所生产的商品就是货币，而在中世纪参与此类活动的，就是当时的金融家。

圣殿骑士团从事信贷业务的客户，除了十字军国家内的国王和小领主，还包括骑士团仇视的对象——穆斯林。导致圣殿骑士团后来悲剧的一个原因，就是早期过度介入金融行业，导致其运营费用出现问题。

虽然骑士们都是不领薪酬侍奉上帝的，但宗教骑士团的运营需要大量的资金。

因为这些没有俸禄的骑士，需要相当数量的活动经费。

首先，重装骑兵的装备包括钢铁制的甲胄、剑、枪和盾牌。准备一套往往是不够的，而是需要四五套。这些装备都在西欧制造，而在中东当地只有一些冶炼作坊可以进行修理。因此，质量上乘的武器装备都要经意大利商人之手，从西欧远道贩运而来。

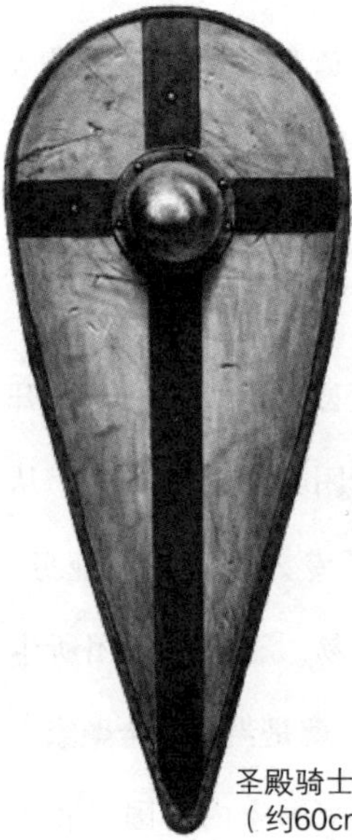

圣殿骑士团的盾牌
（约60cm×120cm）

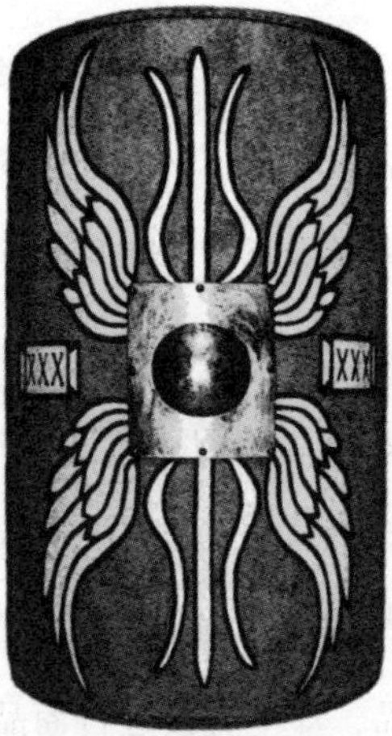

古罗马盾牌
（约60cm×90cm）

古希腊盾牌
（约60cm×60cm）

对骑士不可或缺的战马，也要从西欧进口而来。十字军也从中近东买入阿拉伯马。身穿厚重甲胄的骑士们乘马在战场上驰骋，发挥了阿拉伯马的特点。体型最大的战马产自西欧的弗里斯兰。宗教骑士团的马厩中以阿拉伯马居多，而骑士的随从则使用弗里斯兰马。这样，仅仅是战马一项，费用就相当高昂。

一般来说，每个骑士有三五个随从。随从有时是轻骑兵，但大多数时候是步兵。这些随从既有从西欧前来的，也有在当地雇佣的改宗基督教的突厥人。为他们提供武器、服装、军粮和住宿，则是十分必要的。

对骑兵非常重要的马夫们，则是不发工资就不服务的。每位骑士都配备有多匹战马，因此需要相应数量的马夫，而这些马夫除了服务马匹，也兼任骑士的随从。

此外，骑士团内部的各种事务，也有专人来管理。因此，历史记载的圣殿骑士团有300名骑士，实际数量达到这一数字的10倍。而高昂的管理费用则都要圣殿骑士团自己来承担。

在此之外，骑士团所拥有的城堡的建设费用，以及维护这些城堡的必要费用，都是高额开支。

总之，在宗教骑士团这类组织当中，运营所需要的资金相当高昂。捐献给骑士团的资金，除了运营过程中所使用的部分以外，大部分被用来投资，这大概是由社会中下层出身人士所组成的圣殿骑士团不可避免的发展方式。

圣殿骑士团所放的高利贷，往往以穆斯林为对象。因此骑士团逐渐避免与穆斯林发生摩擦，使消灭异教徒的原则无法得以实现。但如果真的投入战斗，圣殿骑士团的勇武依然是与此前相同的。他们完全不欠缺勇气，在勇于献身这一点上，比十字军国家内的其他人都强烈。

拥有这一特征的圣殿骑士团，并不考虑自身的座右铭。也许是由于骑士团中欠缺这方面的思考能力。他们完全是理论方面的门外汉，最多只能附和着第二次十字军倡议者贝尔纳的话：

“穆斯林是恶魔的化身。面对他们，我们只有一条对策，那就是连根铲除。杀啊！杀啊！必要之时，我们要奉基督之名杀身成仁。”

这位贝尔纳死后，被罗马教皇封为天主教的圣人。这位信仰坚定，勇气远高于时人的朴素修士，叫喊的是“杀啊！杀啊！”的口号。圣殿骑士团的军事行动，简单概括就是迅速出动，杀人，然后快速归队。研究者常常称其为一千年前的特种部队。而这一特种部队的成员，绝大多数出自法国。

同时代同一地点活跃着的圣约翰骑士团，则与圣殿骑士团相当不同。

医院骑士团

首先，与身着白底红十字制服的圣殿骑士团不同，圣约翰骑士团的制服是黑色的，胸前则是红底白十字图案，也有黑底白十字图案的制服。在作战时，圣殿骑士团成员的胸甲上覆盖的是白底红十字的胸衣，而圣约翰骑士团覆盖的胸衣是红底白十字。

圣殿骑士团的骑士，有身着统一制服的习惯。在城内街头通行时，圣殿骑士团的骑士们身穿胸前带有大红十字的白色制服，昂首阔步地经过。

而圣约翰骑士团的骑士们则完全身着黑色和棕色的普通修士服装，胸前绣着小型的白色十字。骑士团的成员大都来自西欧社会的上层，在他们的房间内放置着饰有家族纹章的银器。

圣约翰骑士团创立的时间比圣殿骑士团早半个世纪。在耶路撒冷还处于穆斯林统治下的时代，意大利的滨海城邦中最早从事东方贸易的阿玛尔菲，就为到耶路撒冷朝圣的西欧基督徒修建了医院。这座医院建立在朝圣者首先要瞻仰的耶稣基督圣墓教堂旁边。从此，以施洗者约翰为守护圣人的医疗集团，就作为圣约翰骑士团的先驱开始运营了。

从圣殿骑士团创立的1118年开始，中近东的十字军国家进入了守势。圣约翰骑士团也相应地从单一的医疗服务，发展为以防御异教徒为目的的骑士集团。此前以医生和志愿者为主的人员结构，转变为以医生和志愿骑士为主。

与圣殿骑士团不同，圣约翰骑士团的医生和骑士都必须是贵族出身，要求加入者是封建领主家族的男性后代，来自西欧的上层社会。在《罗得岛战记》中，大量记述了相关的情况。因为出身的限制，圣约翰骑士团的志愿者人数并不多，常少于同一时期记载中的圣殿骑士团。

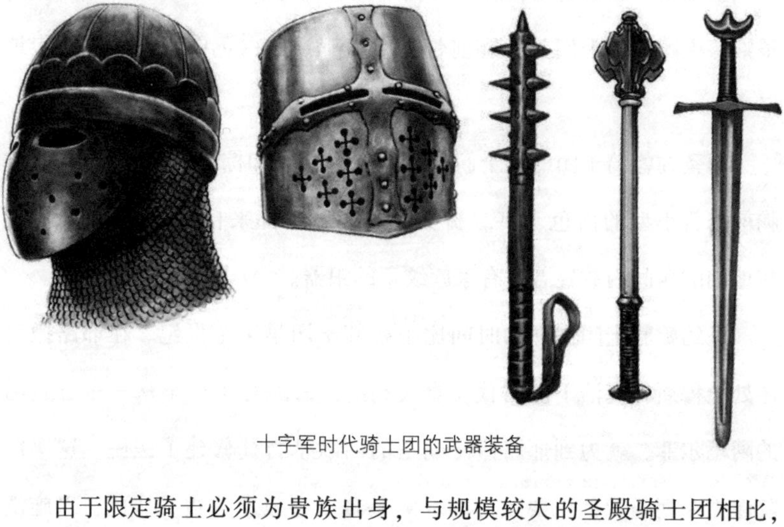

十字军时代骑士团的武器装备

由于限定骑士必须为贵族出身，与规模较大的圣殿骑士团相比，这使圣约翰骑士团获得了一些优势。

属于社会上层的贵族，在当时大都是比较有学识的人物，其教养与武力显得十分相称，也能够很好地约束自己的言行。与圣殿骑士团的狂热暴力形象相比，圣约翰骑士团的修养要好得多。

我一直将全称为“圣约翰医院骑士团”的组织，简称为“圣约翰骑士团”。在与这一骑士团相关的作品《罗得岛战记》中，作者将其称为“罗得岛骑士团”，而在《罗马帝国灭亡后的地中海世界》的下卷中，这一骑士团以“马耳他骑士团”之名，在奥斯曼帝国的围攻之下，完成了一次气势磅礴的保卫战。这些守卫不同地点、不同名称的骑士团，都是不同时期的圣约翰骑士团。

但在圣约翰骑士团最初的创立地点耶路撒冷，它明确的本质就是“医院骑士团”。无论是基督教还是伊斯兰教的史书，大多数情况下都称其为“医院骑士团”。与只和穆斯林做斗争的圣殿骑士团不同，医院骑士团一直为朝圣者提供医疗服务。

在圣约翰骑士团加入作战职能以后，医生仍然处于最高的地位。每一位骑士在可能的情况下，每周一天，或者在战事结束后连续数天作为医生的助手，为医院收容的病人进行服务。在十字军势力处于守势以后，圣约翰骑士团虽然执行防御的任务，但一直坚持其本职工作。

这一点也表现在圣约翰骑士团所选择的工作场所上。在医院骑士团的建筑物中，最大的房屋是病房。在耶路撒冷的总部中，为患者提供的房间很大。能够治疗 2000 名患者的医院，得到了穆斯林的好评，成为阿拉伯和突厥医生常常访问的机构。

对以战斗为职业的骑士来说，需要广大的空间来放置马匹。圣约翰骑士团没有搬迁到新的总部，而是选择在总部之外新开辟一片场地作为马厩。

由于耶路撒冷完全处在基督徒的控制下，圣殿骑士团选择了没收后的清真寺作为自己的总部，但医院骑士团并没有这样做。圣殿骑士团的总部位于醒目的金色圆顶清真寺，而医院骑士团则与阿克萨清真寺此起彼伏的祈祷之声并存。圣约翰骑士团的成员们尊重穆斯林的宗教习惯与圣所，体现了超越宗教差别的智慧。

十字军统治下的耶路撒冷城市图

对于所捐赠的不动产和动产，医院骑士团的使用方法也和圣殿骑士团不同。

圣约翰骑士团通常将自己的耕地和在西欧得到的土地委托给当地人耕作或管理，而不是出售以换取现金。在中东的土地往往委任给穆斯林管理，负责耕作的也是穆斯林农民。因此，与圣殿骑士团主要接受西欧运送来的农产品不同，就地获取食物的圣约翰骑士团不必向意大利商船支付运费。

对于捐献所得的房产，圣约翰骑士团也选择了出租，而非出售的方式将其处理。渐渐地，医院骑士团在西欧拥有了相当数量的不动产。

由于医院骑士团主要从事房地产投资，它并未染指金融业。其军费开支委托耶路撒冷国王进行融资，获得一些低息贷款。

圣约翰骑士团的人数虽少，运营费用却并不低于圣殿骑士团。

以所拥有的城堡数量来衡量，医院骑士团比圣殿骑士团还要多些，其中不少是在与穆斯林控制区接壤的边境地带建设的城堡。一千年后仍历历在目的“骑士之城”，就是由医院骑士团从零开始建设，并负责防御的要塞。为了维持各地兴建的城堡，骑士团需要大笔经费开支。

医院骑士团的团员从加入伊始，也需要将私人产业完全捐献。由于成员都是贵族出身，医院骑士团只要求加入者捐献自己名下的财产，而不是家族的财产。这样下来，仅靠入团时的捐献，并不足以为随从和马夫支付工资。可以说，医院骑士团缺乏长期固定的财源。最终，它也不得不开始发放贷款。

留在西欧的医院骑士团战士们，与日本的“在家僧”极为相似。圣约翰骑士团要比以“第三等级”而将在家修行制度化的圣方济各修会早100年。而在此之后，医院骑士团的骑士往往成为枢机大臣、公卿将相或王侯。这些大人物一开始时，都是“在家僧”。

长期正常运转之后，圣约翰骑士团就能够成功地利用其在西欧的地产了。毕竟，除了圣殿骑士团的各项开销之外，医院骑士团还有一大笔购买药剂的支出。

在医生与患者大部分来自西欧的十字军时代，药剂供给也大都来自西欧。医院骑士团在西欧捐献的耕地中，实践草药栽培的计划。为了将干燥后的草药运往中近东，医院骑士团买下了两艘船。药剂对他们来说至关重要，必须由自身拥有的船只运送。相反，圣殿骑士团就完全不用关心海上的事务了。也是因为如此，当十字军势力被逐出巴勒斯坦以后，圣约翰骑士团还能够从海路撤退到其他地区。

到1118年圣殿骑士团创立以后，圣约翰骑士团也开始以与穆斯林作战为目标。但圣约翰骑士团的成员与圣殿骑士团完全不同。

圣殿骑士团成员的那种“杀啊！杀啊！”叫喊的气势，非消灭异教徒不可的过激的原则，在圣约翰骑士团之内完全不存在。圣约翰骑士团并没有用他人的言论来为自己的成员洗脑，而从自身的存在意义出发，用理论武装了自己。

在圣约翰骑士团遗留下来的文章当中，并没有多少对骑士们内心想法的介绍。而在“骑士之城”内部回廊拱门上雕刻的这段话语，却多少反映了这一骑士团的宗旨。原文为拉丁文，是这样的：

“Sit tibi copia，Sit sapientia，Formaque detur，Inquinat omnia sola，superbia si comitetur。”

翻译过来，是这样的意思：

“你们可以享受富足、智慧与美貌所带来的喜悦。然而，如果因为傲慢而妄自尊大，你们所拥有的这一切，都会受到污损，而陷于卑俗。”

这段警句，是以当时西欧社会的通用语言拉丁语写成，而作者就是圣约翰骑士团的骑士。这段话，自然不是只知道“杀啊！杀啊！”的圣殿骑士团能够写出来的。

医院骑士团和圣殿骑士团的战斗方法也完全不同。医院骑士团的骑士们，并不会贸然从城堡出击，相反，会以据守的方式达到战略目的。

骑士们都是十分宝贵的战斗力。因此，骑士团缺乏历史记录，部分原因是由于要保守秘密，而在骑士团员被穆斯林俘虏之后，一般会用交换俘虏或者支付赎金的方式，来努力保证骑士得到释放。

此外，圣约翰骑士团较少出击的原因，也是由于其大量成员在战场服役不足一年，就回到医院中进行服务。

相反，圣殿骑士团的成员就很少用交换俘虏或缴纳赎金的方式恢复自由。他们当中被俘的，往往会死在穆斯林一方的牢狱之内。

此外，两大骑士团之间还有一个很大的不同。

这就是骑士的出身地。圣殿骑士团的全体成员几乎都来自法国，而圣约翰骑士团的成员则来自西欧各个国家。

在圣约翰骑士团当中，有许多来自法国的成员。然而法国人也分三类。来自巴黎为中心的法兰西岛的属于法国北部人，来自奥弗涅地区的属于法国中部人，而来自普罗旺斯的则属于法国南部人。此外，还有来自英国、德意志、意大利各地的成员。圣约翰骑士团中很少有西班牙人。这是因为伊比利亚半岛正处于针对穆斯林的“再征服运动”之中。

来自同一地区的十字军成员，常常一起行动。在防守城堡的情况下，往往是来自同一地区的成员组成一个分队。

从骑士团长的国别来看，圣殿骑士团的历届团长全部由法国人担任，而圣约翰骑士团的团长除了法国人以外，还有意大利人、英国人、德意志人，甚至还曾经有过葡萄牙人团长。

形成医院骑士团的国际化特点的原因，在我看来有两点。

第一，由于医院骑士团从事医疗活动的医生已经组成了不分民族的混合队伍，在同时进行的战斗活动中，也就继承了这一传统。

第二，在中世纪西欧，无论是皇帝还是王侯，都不与自己国内的女性结婚，而是会与其他国家或领地内统治者的家族联姻。由于政治婚姻的缘故，全欧洲都发展成为了混血的社会。

全部以贵族身份入团的医院骑士团成员们，都来自西欧上层社会。他们自然大都是混血的，很多人生在德意志，却拥有法国的血统。骑士团的正式通用语是拉丁语，日常说法语，并没有人对此感到不适应。

而普通平民则一般与附近的人结婚。因此，大多数来自法国的圣殿骑士团团员都不讲德语或意大利语，在正式场合和日常情况下都说法语。

从两大骑士团的相互关系看，它们既不经常单独作战，也很少共同战斗，而是分别与耶路撒冷国王的军队一起，与穆斯林作战。与以勇气著称的圣殿骑士团不同，医院骑士团会在有良机的时候出战，而在不适合作战的时候按兵不动。

但这两大骑士团互相也没有任何竞争的关系。虽然双方特点迥异，但在防御十字军国家这一点上，有着共同的利益和目标。

总之，圣殿骑士团和医院骑士团是处于守势的十字军国家手中的利剑。两者都是十字军时代的“特种部队”。

十字军时代的城堡

除了对伊斯兰文明的关注和对基督教、犹太教圣地的巡礼之外，令前往以色列和巴勒斯坦旅行的人非常感兴趣的景点还包括十字军时代的城堡。在中近东处于英法两国统治下的19世纪末和20世纪初，有许多来自欧洲的研究者，对十字军时代的城堡进行了细致的考察。

从这些城堡的建筑样式来看，早期的研究者一致认为它们受到了拜占庭帝国城堡的很大影响。

然而，在1914年第一次世界大战爆发前，有一位来自牛津大学的学者提出了不同意见。他对英法两国中世纪城堡开展了长期的调查，然后来到中近东，写成了以实地考察为基础的研究论文。他认为，十字军时代的城堡完全不是受到拜占庭城堡的影响，而是在当时西欧城堡建筑风格的影响下建造的。

这位年轻学者的名字叫作 T. E. 劳伦斯（T. E. Lawrence），后来以“阿拉伯的劳伦斯”著称于世。此后，劳伦斯的历史研究向其他方面转移，但他关于十字军城堡的看法却未曾改变。

此后的研究者转而研究十字军城堡与当时西欧城堡的关系。可以说，正是阿拉伯的劳伦斯的新观点，为十字军城堡研究做出了巨大的贡献。

逐渐地，各个方面的情况清晰了起来。

12 世纪以来十字军在中近东建设的城堡，从一开始就深受同时代西欧城堡建筑风格的影响。但到了这一世纪的后半段，十字军的城堡形成了自身独特的建筑风格，到 13 世纪以后，西欧的城堡反而受到了十字军的城堡建筑风格的影响。

1150 年到 1200 年的 12 世纪后半期，基本上包括了 1148 年出征的第二次十字军，到 1190 年出征的第三次十字军之间的时期。

神圣罗马帝国皇帝和法国国王率领的第二次十字军的失败，给十字军国家造成了长期的负面影响。

第二次十字军的失败，也让西欧从十字军的狂热中醒来。皇帝和王侯们都没有再次发动十字军的意愿。从中近东十字军国家的情况来看，由于没有大量兵力的支援，长期兵力不足的状况一直无法得以缓解。雪上加霜的是，由于耶路撒冷国王能力的低下，十字军国家的领导力量也日趋弱化。

与之相反，穆斯林一方的领导人曾吉、努拉丁，以及即将出场的萨拉丁，都是能力出众的强势领袖。圣殿骑士团和圣约翰骑士团的常备军虽然善战，兵力却实在有限。它们能够作为特种部队发挥有限的战斗力，却不是能够左右战争结果的军事力量。

在这一状况下，大量建造能够有效利用少量兵力的城堡，就成为最为可行的防御方案。中近东的十字军，集中于12世纪的后半段建造城堡。

结果在这半个世纪当中，十字军建立的城堡数量和完整程度，超过了同时期西欧的城堡。出于战争的必要，十字军的城堡的战略功能也非常强大。

在第三次十字军东征结束以后，英国国王狮心理查特别将十字军城堡的建筑方法带回了英国。

但从城堡来说，其形制绝非只有一种。根据建设所在地的实际情况，以及守卫城堡的军事力量的情况，城堡有各种不同的具体类型。

中近东十字军所建立的城堡，大体上可以分为内陆和海岸建造的两种类型。

在内陆所建的城堡，以医院骑士团建造的“骑士之城”为代表，其目的是作为防御与出击的据点，以城堡的威严风貌而令进攻之敌心生恐惧。通过城堡的建立，能够成功地将周围的地区置于十字军的控制之下，因此需要在内陆地区大量建设城堡。

而在海岸地带建设的城堡，则能够与海港城市互为犄角之势，既可以作为进攻的基地，也可以作为防卫的据点。在这些城堡的作用之下，以城堡为中心的港口防御就得以完全有效地实施了。

这类城堡比比皆是，却缺少典型的例子。沿着叙利亚、巴勒斯坦海岸建立的若干海港城市，大都为这些城堡所保卫。城堡往往沿着城市原来的城墙而建，因此，当城堡建成之时，海港的防御屏障就形

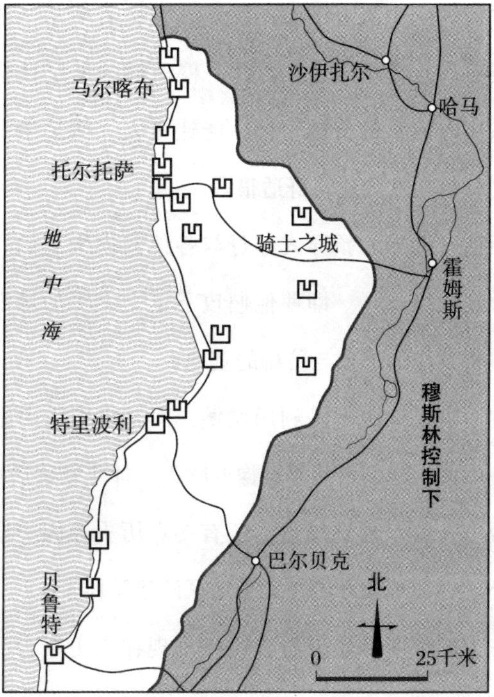

耶路撒冷周边的主要都市和城堡

成了。

在中近东相同区域互相斗争的基督徒和穆斯林中，只有前者热衷于建造城堡。这一点需要在此阐明。也就是说，为什么穆斯林眼睁睁看着十字军修建城堡，自己却从不相应地建造城堡与之对抗。

这首先自然是因为双方的文化差异所致。

如前所述，中世纪欧洲的贵族阶层，往往居住在城堡中。而伊斯兰世界的上层社会则往往住在城内的庭院之中。

在穆斯林的庭院中流着清澈的活水，种植着树木，栽培着各种各样的花朵，还有鸟儿交相飞过。因此，穆斯林的上层社会居住的，是地上的乐园。屋内流水的清凉房屋，能让主人在微笑中安然入眠，其居住环境比简朴的西欧式建筑舒适很多。

因此，伊斯兰世界的领导人苏丹与各地的埃米尔们，自然不会考虑在城市之外建设城堡了。即使他们攻下了十字军的城堡，也不会像基督徒那样，将其作为进攻与防御的基地。

穆斯林的军事行动也不是利用城堡，而是将城市内编成的军事力量一举投入。因此，他们自然不会像西欧人一样主动建造城堡。

此外，西方人喜欢建造城堡，还有一点历史原因。早在古罗马时代，来自欧洲的远征军就开始在近东地区修建城堡了。

相反，东方的穆斯林是以游牧民族出现在历史舞台上的，并没有建筑城堡的传统。

以上的诸多原因，证明了中近东的城堡，完全是十字军一方的设施。

那么，这些城堡是怎样建造起来的呢？

首先，必须考虑的第一点是，它们是在哪里建造起来的。这些城堡并非建造在高山上——高山上的城堡固然利于防御，却不利于主动出击。因此，十字军通常把城堡建筑在高度适当的地点，参考防御塔的高度建设起来。

建造于内陆地区的“骑士之城”，首先是为了从往返于内陆和海港都市之间的商队收取过路费，而在周边穆斯林领主的主持之下建立起来。到了第一次十字军的时代，十字军才夺下这座城堡。因此，将“骑士之城”重建为十字军风格城堡的最初人物，是第一次十字军时代安条克公国的摄政丹克雷迪。

此后，这一城堡划归特里波利伯爵领地，并最终转入医院骑士团之手。在这一时期，经过大力改造，“骑士之城”成为威严的山上城堡。

这座在骑士团眼中不得不闲置的城堡，只完成了一半的建设。建造“骑士之城”时，利用了伊斯兰时代、拜占庭时代乃至古罗马时代的旧石材。不能利用的旧城墙，则尽数加以拆毁。

“骑士之城”建筑在距离地中海东岸 35 公里的地方，海拔 650 米，可以俯瞰海港城市特里波利与内陆的产品中转地霍姆斯之间的道路。

当建造地点确定之后，接下来要做的就是在这一地点建设地基。由于城堡的重量相当大，地基必须十分坚固。此外，在地震多发的中近东建设城堡，还必须考虑防震的问题，而这一点与没有大地震的西欧不同。

供水的保障，也是在中近东建设城堡需要考虑的重要问题。无论城堡建于何处，都务必保证供水的畅通。如果泉水和井水不足以供应城堡使用，最普遍的解决办法是修建大的蓄水池。在中东地区，降雨非常非常稀少。因此，所有的城堡都建有巨大的地下蓄水池。

城堡建设之初，需要考虑的设施就是大型蓄水池。

除了蓄水以外，排水也非常重要。建设排水设施的主要目的，包括预防疫病，以及在被包围时保证城堡内的卫生。城堡内的每个人都是重要的战斗人员，而一旦发生疾病，对城堡来说就非常危险。

考虑排水问题，首先要在城堡的最外侧挖掘壕沟。

壕沟的作用还包括延阻敌军的进攻，因此在城堡周围非常有必要修筑壕沟。对于长期兵力不足的十字军来说，建造壕沟显得尤为重要。与同时代西欧城堡周围的单层壕沟相比，中近东十字军国家修筑的城堡周围一般要修筑两圈壕沟。

在海岸边所建城堡的壕沟内可以引入海水，但在内陆的城堡中，由于缺乏雨水补给，基本上无法注水。像“骑士之城”这一级别的大型城堡附近，有古罗马时代留下的水道桥可供利用，由此建设的蓄水设施满足了城堡的要求。但其他的城堡则不一定能保证水能引入壕沟。这大概是十字军的城堡不得不建造两层壕沟的原因。壕沟的深度常常达到 10 米以上，其建设作业并非易事。

在壕沟建设完成之后，接下来需要建造的是城堡的石墙了。建造石墙不必考虑地基的问题，只要在壕沟附近建设就可以。从壕沟内爬上来登上城堡墙壁的敌兵本来就没有多少，上来之后还有当时的“狙击手”弓兵等着他们。

在 10 米深的壕沟上耸立的墙壁，高 5 ~7 米就足够进行防御了。墙壁的前后距离大约 20 米，以半圆形的塔楼构成一百八十度的强化防御。

城堡与城外联系的路线，则由架设在壕沟之上的吊桥来保证。吊

城堡内建造的蓄水池

桥后面的城门两侧，往往有高耸的塔楼防御，特别是在面对穆斯林的东面，建造塔楼是十分必要的。

“骑士之城”全长1500米的石墙外侧还包围着一层墙面。在城的内侧，有一座高耸的城楼。因此，在外城被攻破的情况下，守军还可以退到内城进行防御。

以“骑士之城”为代表的双重壕沟，双重城墙，双重城堡的建筑样式，在十字军的城堡中多少有共通之处。为了能够合理地利用少量兵力进行防御，十字军有必要采取这样的建筑样式。

至于不同的城堡之间如何联系的问题，十字军想到了不同的方法。一般来说，采用狼烟联系，是城堡之间联络的主要方法。而十字军也学习了中近东的穆斯林对手，采取了使用信鸽联系的方法。显然，为了对临近的敌情加以传递，十字军的城堡之间常常互相联络。

医院骑士团控制的城堡，如何与圣殿骑士团控制的城堡进行联系，就是我们这个时代不得而知的了。历史上没有留下圣殿骑士团受到进攻时，医院骑士团前往救援的记载。相反的情况也没有记录。总的来说，十字军时代的两大常备军事力量，都是独自开展军事行动的。

在古罗马帝国的时代，监视塔和城堡驻扎着军团，一旦收到狼烟信号，就会派出骑兵进行联络。罗马帝国一直拥有单一的指挥系统，因此各个城堡可以形成一个集合的安全保障，就是罗马人自己说的“防线”（拉丁语：Limes）。

十字军在叙利亚、巴勒斯坦等地建设的城堡，并非真正意义上的“网络”。因此，并不能成为“防线”式的安全保障。它们只能作为据点进行防御，而无法指望附近的“军团基地”派兵援助。毕竟，在十字军的时代，西欧人并没有任何“军团基地”。

而且，在十字军国家中移植了西欧封建制度以后，军事指挥也是分散的。总的来说，十字军国家自始至终都没有形成过统一的领导权，其防御系统也是社会特征的体现。

十字军的城堡作为进攻与防御的基地，必须考虑与西欧不同的中近东的地形。当时的西欧人建筑城堡的技术已经达到炉火纯青的程度，因此十字军在中近东所建的城堡都与“骑士之城”十分相似。城堡的形制深受地形的影响。

例如在安条克公国境内同属医院骑士团的贝尔沃亚（Belvoir）城堡就是四角形的。它建筑于平地之上，被医院骑士团称为Castrum，这个词原先被用来指古罗马军团的基地。也许此地有千年之前的罗马军团基地的遗迹。

另一座因地形而建的例子，是医院骑士团建设的名为马尔喀布（Marqab）的城堡。这座城堡是三角形的，利用高地的地势而建成。

不论城堡的形制因地形如何变化，它们基本上都有壕沟和石墙，并且有内侧的城墙。

上述的三座医院骑士团所建的城堡，都是在对最初建筑的全面改造基础上建成的。

为了解决长期兵力不足的问题，许多城堡分两次建成。第一期工程在第二次十字军与第三次十字军之间的半个世纪内，而第二期工程则在第三次十字军以后。

在第一期工程时代开工的，都是医院骑士团的城堡。而到了医院骑士团建设第二期工程的时候，圣殿骑士团才开始修筑城堡。

原因很简单：修建城堡需要巨大的开支。而从资产来对比，圣殿骑士团比医院骑士团差了很多。

还需要提的是人力方面的情况。

直到四个世纪以后，西欧才开始大量出现善于修建城堡的工程师，以取得技术的革新。在十字军的时代，建造城堡主要靠的不是技术，而是人力。

在这一方面，出身贵族的医院骑士团自然有优势。他们来到中近东之前，就在城堡里长大，前半生中所学到的知识，自然能在中近东派上用场。这就是医院骑士团在建造城堡方面遥遥领先的原因。相反，出身社会下层，没有城堡生活体验的圣殿骑士团的骑士们，在修筑城堡方面只能甘拜下风。

在硬件方面发挥很大作用的城堡，也在作为软实力的文化领域造成了巨大的影响。来自牛津大学的年轻学者对十字军城堡与西欧城堡异同的比较，就体现了这一点。

十字军时代的城堡总数超过了100座。如果加上规模较小而不足以称为城堡的要塞，以及用于监视敌军动向的塔楼，防御建筑的总数达到200多座。

这些城堡集中在中近东西部狭长的地域内。这些城堡与宗教骑士团、意大利人的贸易和海军支援一起，构成了中近东十字军国家得以存续的三大要素。

尽管现代研究者一直在努力，却始终未能统计出十字军所修建城堡的总数。十字军国家位于21世纪的土耳其、叙利亚、黎巴嫩、以色列、约旦境内。由于所处国家内部复杂的政局，对十字军时代历史的调查没有完成。很多地区是军事禁区，不对学术人士和普通旅客开放。此外，这一地区目前的居民主要是穆斯林和犹太人。他们对基督徒的遗迹并不关心。

对于已经确认存在的142座十字军的城堡，其中近一半由医院骑士团负责守卫。其他的城堡除了由圣殿骑士团守卫的以外，分别归耶路撒冷国王、特里波利伯爵、安条克公爵以及其属下的封建领主所有。

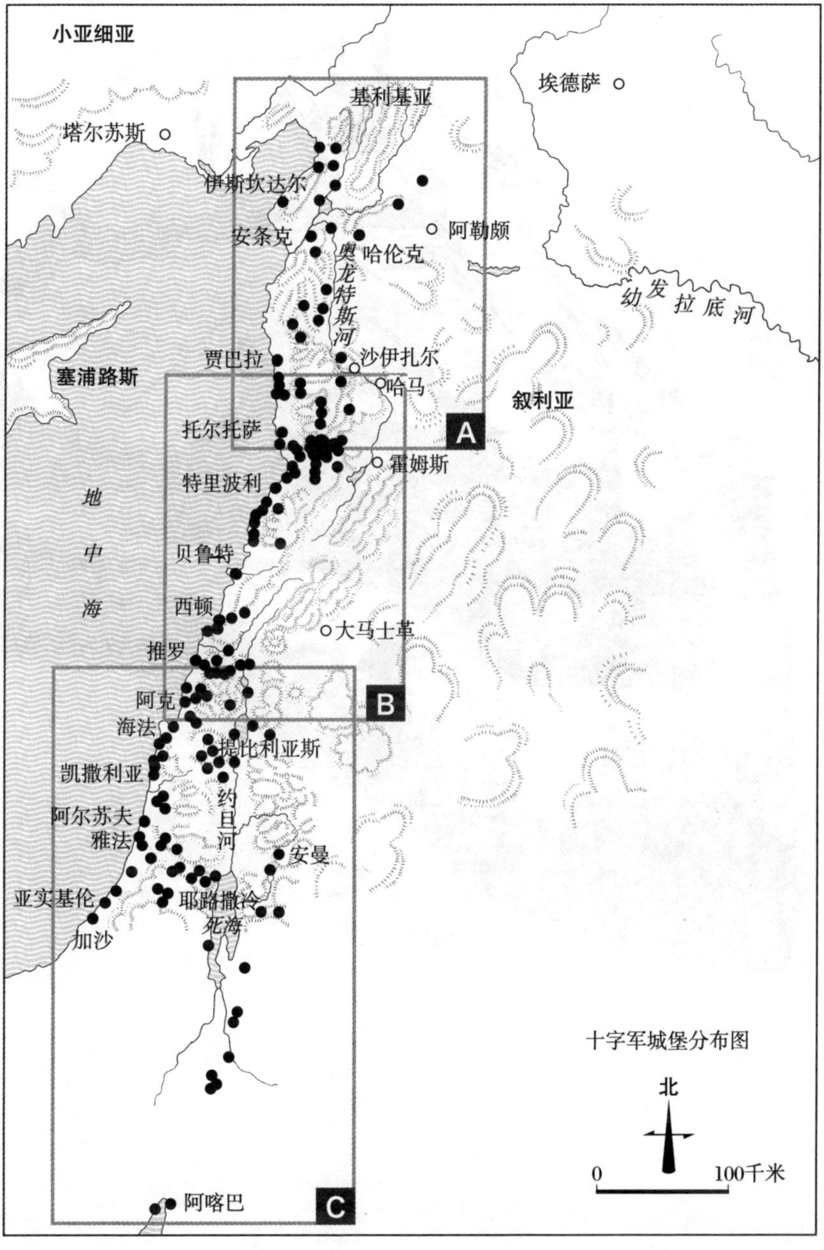
小亚细亚
基利基亚
埃德萨
塔尔苏斯
伊斯坎达尔
安条克
阿勒颇
哈伦克
奥龙特斯河
幼发拉底河
塞浦路斯
贾巴拉
沙伊扎尔
哈马
叙利亚
托尔托萨
A
霍姆斯
特里波利
地中海
贝鲁特
西顿
大马士革
推罗
阿克
B
海法
提比利亚斯
凯撒利亚
约旦河
阿尔苏夫
雅法
安曼
亚实基伦
耶路撒冷
死海
加沙
阿喀巴
C
十字军城堡分布图
北
0
100千米

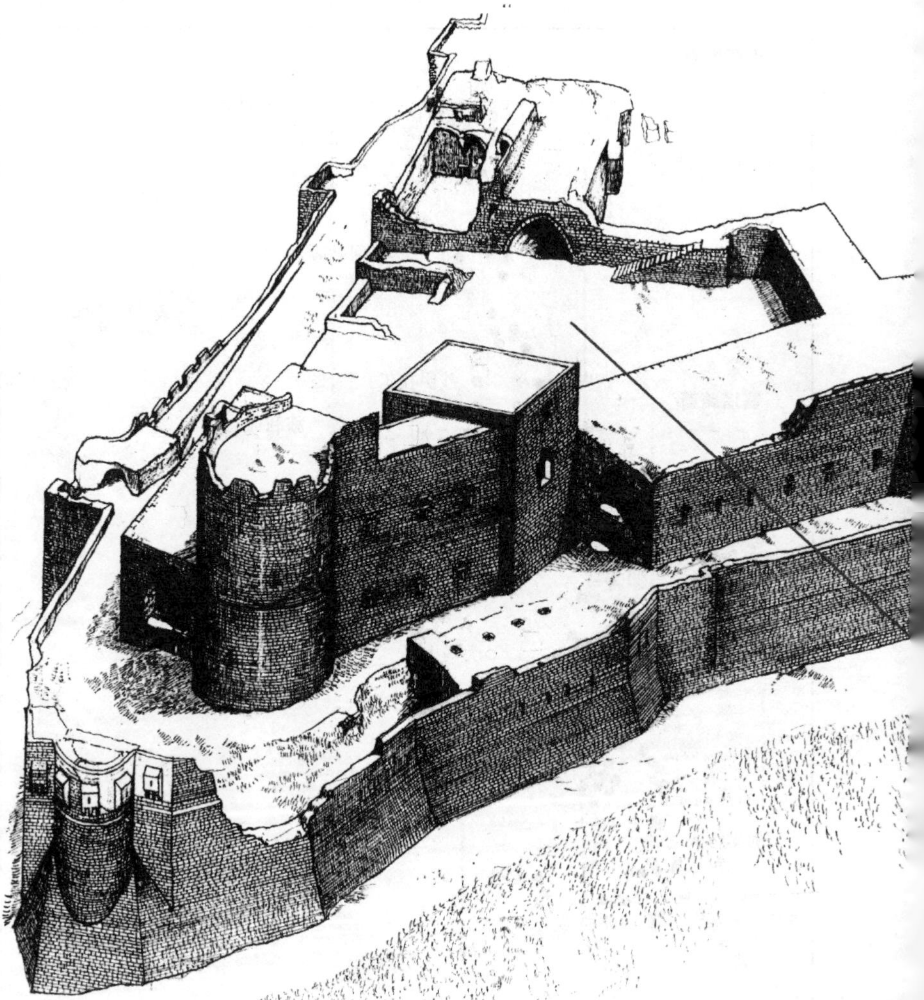

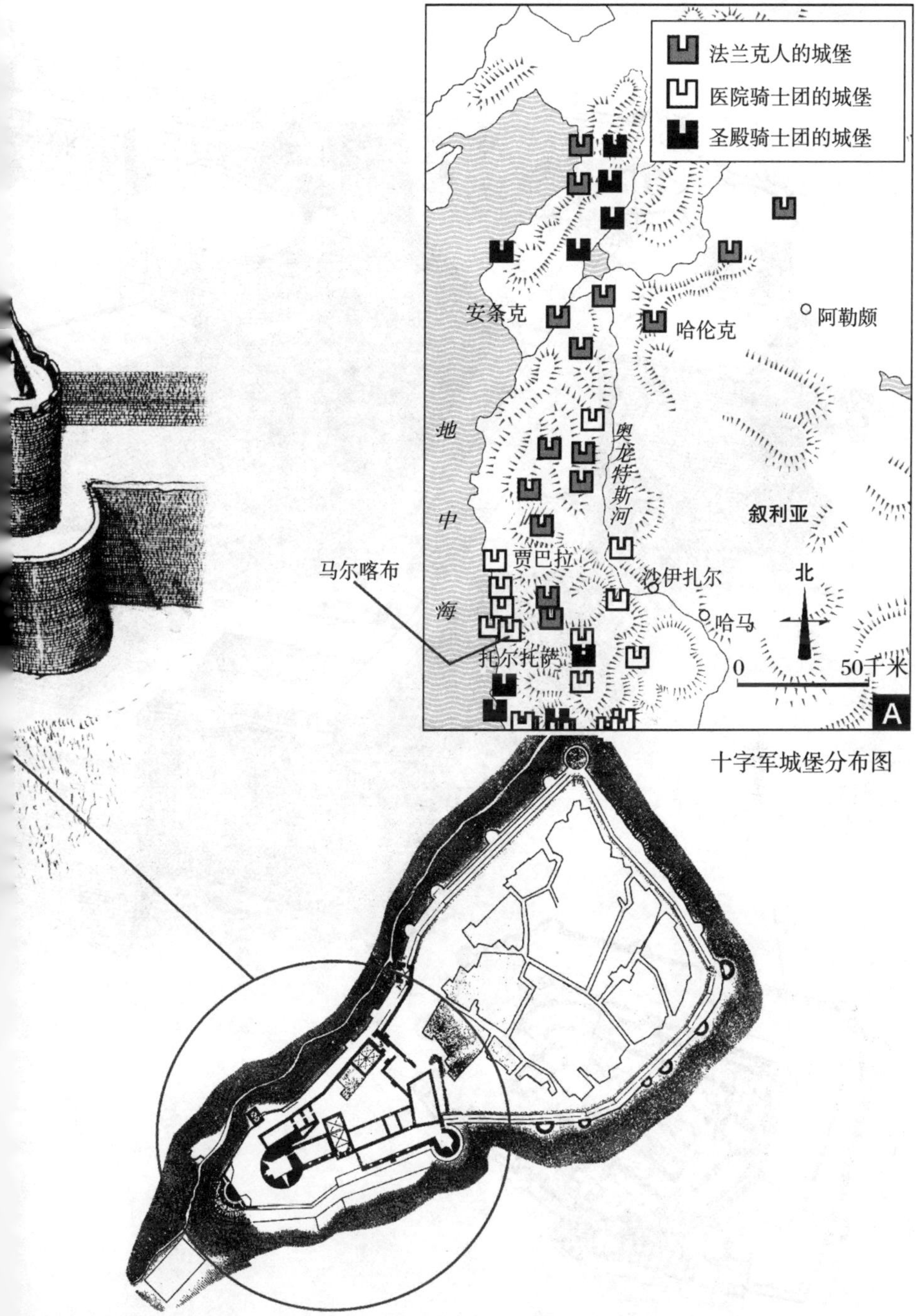

法兰克人的城堡
医院骑士团的城堡
圣殿骑士团的城堡
安条克
哈伦克
阿勒颇
地中海
奥龙特斯河
叙利亚
贾巴拉
马尔喀布
沙伊扎尔
哈马
北
托尔托萨
0
50千米
A

十字军城堡分布图

骑士之城

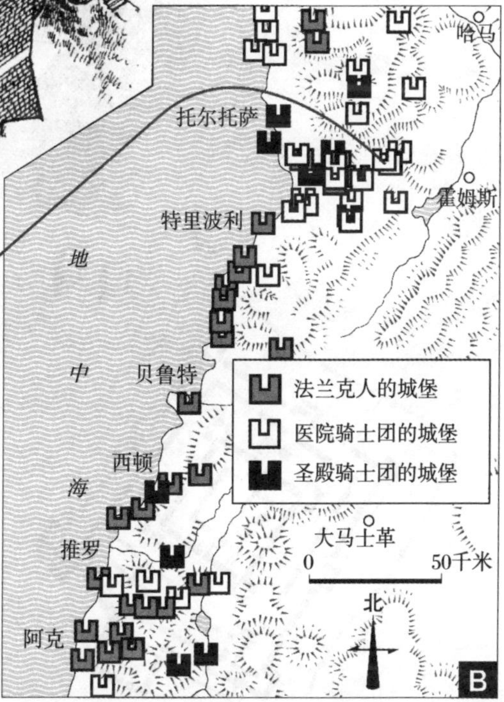
哈马
托尔托萨
霍姆斯
特里波利
地
中
海
贝鲁特
法兰克人的城堡
医院骑士团的城堡
圣殿骑士团的城堡
西顿
大马士革
推罗
0
50千米
北
阿克
B

十字军城堡分布图

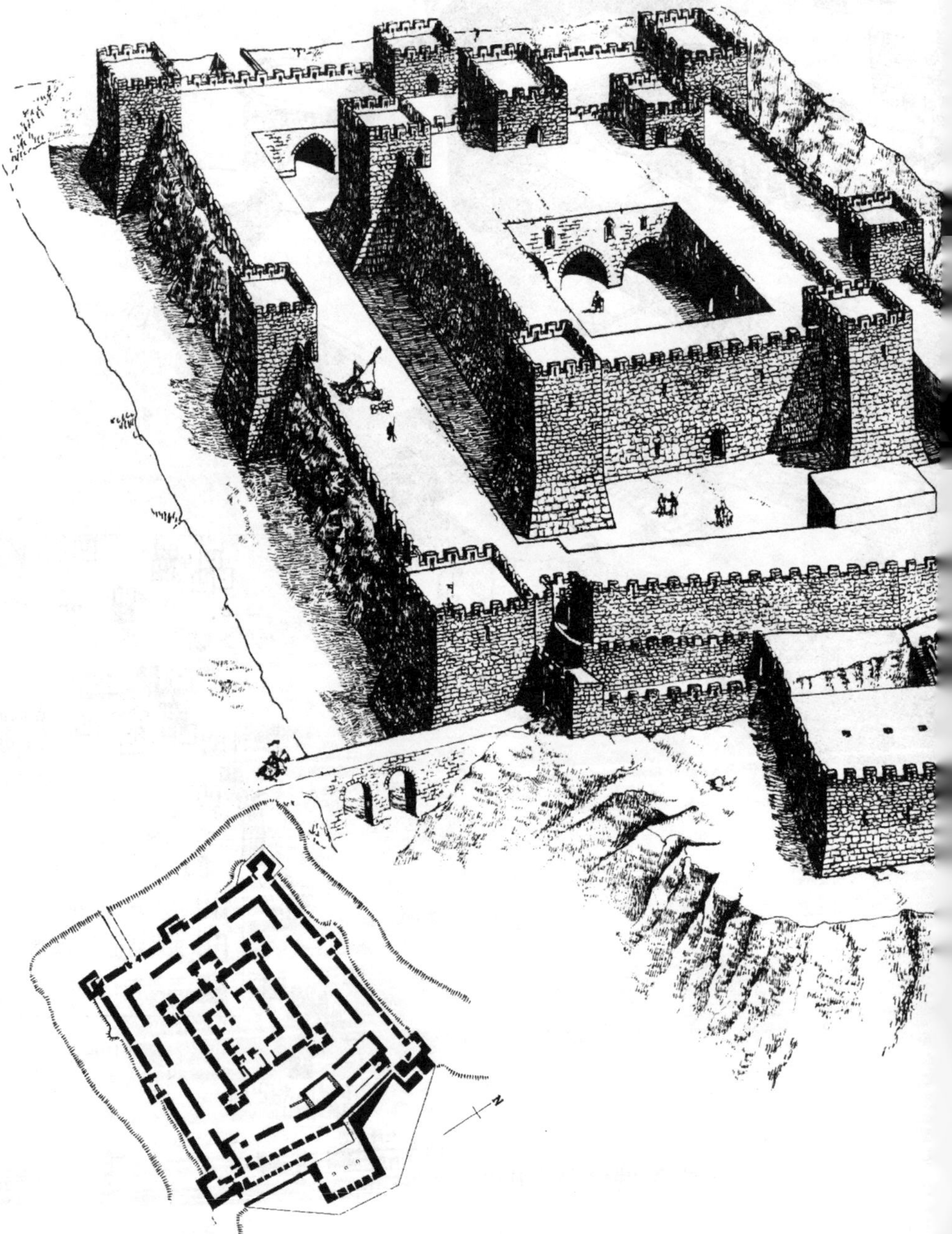
N

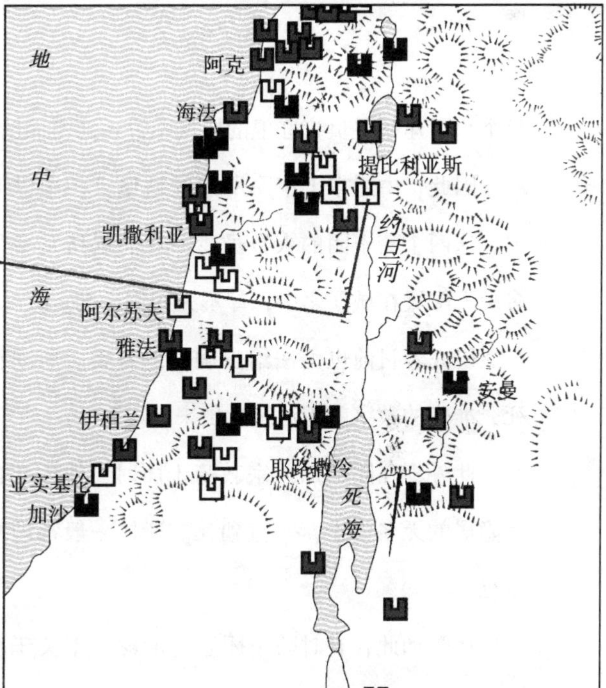

地中海
阿克
海法
提比利亚斯
凯撒利亚
贝尔福瓦
约旦河
阿尔苏夫
雅法
安曼
伊柏兰
耶路撒冷
亚实基伦
加沙
死海
法兰克人的城堡
医院骑士团的城堡
圣殿骑士团的城堡
北
0
50千米
阿喀巴
C

十字军城堡分布图

每个小封建领主负责守卫的城堡不过一两座而已。

因此，中近东十字军所建的城堡，一半以上是两大骑士团负责守卫。这两个骑士团的人数虽少，却能保持常备的军事力量。但到底有多少人配置在城堡之中，却不为我们所知。

研究者目前也无法给出确切的答案。原因在于，其中有不少人战死，准确的数字就无法统计出来。

此外，在团员加入宗教骑士团时，他们都舍弃了俗界的地位，成为隐居的无名修士，一直到死。遗体一般都埋葬在教堂内，不为外人所见。

尽管如此，有时骑士团还是能够留下关于城堡情况的记录。提比利亚湖北侧所建的圣殿骑士团的萨法德城堡（Safad），就是一个例子。

根据骑士团的记录，此城堡内驻扎着 50 名骑士、30 名随从、50 名改宗基督教的突厥步兵、300 名弓兵、820 名工人，以及 400 名穆斯林佣人，总计 1650 人。

但这一记录与实际的数字有差异。比如，在穆斯林前来袭击的时候，一部分从事修补工作的工人就会离开城堡。根据记载，1650 人当中，有 430 人离开。

以“突厥子”（Turcopole）而闻名的改宗基督教的突厥步兵，是非常值得信赖的士兵和能征善战的战友。他们的主要任务，是在城墙上用弩射击，或者在塔楼上使用固定的投石器投掷石弹。他们与狙击敌兵的弓兵有分工上的不同。

通常的弓与弩

在比萨法德城堡规模更大的“骑士之城”的内城中的高塔上，居住着作为主要战斗力的60名骑士。而骑士以外的居住者，则可以通过城堡规模按比例估计。

我把在萨法德城堡内居住的300名弓兵称为“狙击手”，因为这些来自西欧的弓箭手们，一齐向天射箭，箭矢如雨，落在攻城的敌人头上。他们的射术比同时代的穆斯林强很多。

与之对抗的萨拉丁，后来不得不命令自己的兵士戴头盔并披挂出战，完全是因为城堡石墙上十字军狙击手的巨大威胁。率领第三次十字军的英国国王狮心理查的弓兵，各个都有罗宾汉一般的准头。

外面看上去威严耸立的城堡，内部十分简朴。骑士们只有最必要的家具，以及本地产的各色的绒毯，此外仅有的装饰就是防寒用的大马士革布匹了。骑士们身上只穿着僧袍，而下身只有一条衬裤。

虽然城堡内有壁炉取暖，在中近东木材短缺的情况下，能够接触明火的只有冶炼厂和厨房了。宗教骑士团的骑士们，说到底和修道院的修士没有什么两样。

监视周边广大领土的城堡，从50名骑士开始，一直发展到400多人守卫。对于成员数目曾达到500人的医院骑士团和圣殿骑士团来说，保证每一座城堡都有足够的守备部队，是极为困难的任务。

成员数量较少的医院骑士团之所以能比骑士较多的圣殿骑士团负责更多城堡的守备工作，是因为耶路撒冷国王、特里波利伯爵等人属下小领主逐渐把城堡让渡给医院骑士团管理。此后，由英王狮心理查、神圣罗马帝国皇帝腓特烈二世和法国国王路易九世所率的第三次、第六次、第七次十字军，都将自己建设的城堡委任给医院骑士团来守卫。

这部分是因为出身贵族的医院骑士团在西欧领导人眼中比圣殿骑士团更有信用的缘故。此外，医院骑士团在中近东守卫城堡的成绩也颇具说服力。

然而，这些看上去建造完美的、难以攻破的城堡，存在着致命的缺陷。

十字军所建的城堡的缺陷，是只从正面发起进攻的人完全看不到的。我所指的缺陷，是对城堡存在意义的怀疑。对努拉丁这样的敌人来说，十字军的城堡一直发挥着威力。问题在于，当新的敌人出现以后，城堡的作用又是怎样的呢？

从地图上看去，位于地中海东岸的十字军国家，处在伊斯兰世界北、东、南三个方向的包围之中。在这一状况之下，十字军国家坚持了200年。

在第一次到第八次十字军东征期间，每次东征都是在进行了一两年军事行动之后就返回了西欧。两次十字军东征的间隔最长达到40年之久。这中间，为何还有基督徒生活在中近东，而他们又是如何在此地生活的？

要回答上述问题，需要考虑两点要素。

第一是圣殿骑士团和医院骑士团的存在。他们兵力虽少，却十分精锐，作为守卫圣地的志愿者，发誓埋骨于圣地，因此成为中近东常备的基督教军事力量。而中近东十字军国家最为苦恼的兵力不足问题，并不能为前来东征一两年的部队所解决。

十字军国家能够得以存续的第二个要素，就是对城堡的利用。这是在长期兵力不足情况下产生的战略之一，而由于穆斯林没有利用城堡防御的传统，取得了相当的效果。

总之，对于十字军来说，除了八次远征以外，值得一书的就只有宗教骑士团和城堡了。但我所认为重要的经济力量与海军力量，却不为研究者所注意。究其原因，自然是提供经济支援与海军的意大利人，并没有在十字架前发誓，立志守卫圣地而已。

中世纪的经济人

从第一次十字军开始，直到第八次十字军，参加东征的人员，在穆斯林看来都是侵略者。从皇帝、王侯乃至普通的士兵，每个人都在十字架下面发誓要收复圣地。在圣殿骑士团和医院骑士团中，不仅骑士团员需要在十字架下发誓离开故乡守卫圣地，随从和普通的弓兵也要发下相同的誓言。无论是白底红十字，还是黑底白十字的制服，胸前的十字都代表着一种神圣的责任。

而中近东十字军所需的必要物资的海运工作，运送前来朝圣的西欧善男信女的工作，以及各种人力、战马、武器装备等运输的工作，都由意大利滨海城邦的船只来负责。

研究者一直将这些意大利人排除在十字军的成员之外。这是因为，他们并未在十字架前发誓守卫圣地。他们的服装上，也没有任何十字架标志。

但晚近的研究者也逐渐承认，意大利滨海城邦国家对地中海东部制海权的长期控制，为十字军国家的长期存在做出了很大贡献。即使在萨拉丁将叙利亚与埃及统一之后，威尼斯、热那亚和比萨的海军还是控制了制海权，使叙利亚、巴勒斯坦附近的海面上没有任何埃及的船只。此外，这些意大利人对经济贸易方面的贡献，则并没有人做深入的研究。

意大利四大滨海城邦国家

当然，这些意大利人的贡献并非为了基督教信仰，而是出于赚取金钱的目的。

在我看来，欧美人所著述的十字军历史中，包含着一点矛盾。他们认为，基督徒之所以要发动十字军东征，仅仅是由于十字架下发誓时的信仰之念。在我看来，这是有矛盾的。

欧美研究者常常赞赏那些参加了十字军东征，却在“解放”耶路撒冷，兑现自己誓言之后没有领土欲望，安然回国的人。相比之下，他们却会责难那些在兑现对上帝所发下的誓言以后，留在中近东，获得并守卫自己的新领地的诸侯，认为他们拥有世俗的欲望。

然而，正是由于大量十字军成员在兑现誓言之后回国，导致收复的圣地陷入长期兵力不足中。结果，先是埃德萨伯爵领地被穆斯林攻取，接着安条克公国落入拜占庭皇帝之手，最后，耶路撒冷也被萨拉丁夺回。

对中近东的十字军国家来说，这就是现实。当得知埃德萨被穆斯林夺取之后，西欧派出了第二次十字军。在为耶路撒冷失陷而震惊之后，第三次十字军从西欧出发了。然而，这些军事行动都来得太迟了。

历史学家们之所以赞扬那些没有领地欲望和赚钱目的的人，是因为十字军东征之初“上帝的期望”号令一下，基督徒就全部出发了。但从持续性的角度来看，在上帝面前的誓言和自己的欲望相比，究竟哪个能坚持更久，在人性的现实中自然能够看得出来。

我自然不是专业的历史学家，而且我既不是基督徒，也不是穆斯林。因此在我看来，以获取金钱为动机的意大利经济人，所做的贡献并不比在上帝面前发誓的十字军战士少多少。

需要提及的一点是，这些意大利滨海城邦国家的商人，早在十字军东征前200多年，就已经开始与东方的穆斯林做生意了。

各国的纹章

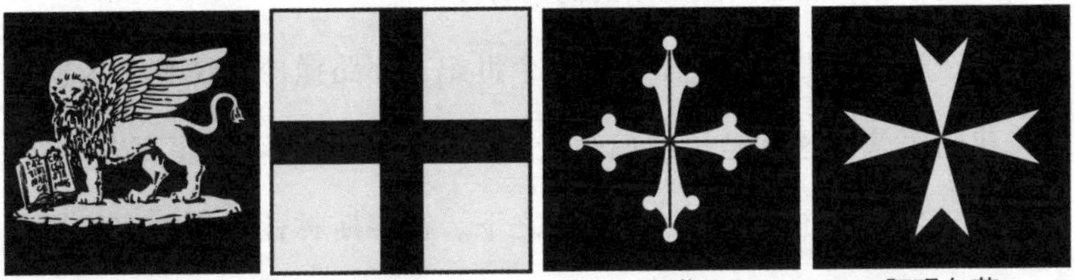

威尼斯　热那亚　比萨　阿玛尔菲

威尼斯的大教堂以圣马可为名，教堂前的大广场也叫作圣马可广场。这一名称是从9世纪开始的。两位威尼斯商人在埃及亚历山大港活动时，恰逢穆斯林反对基督徒的暴动。他们将当地修道院内安置的使徒圣马可的遗骸买回，藏在穆斯林所禁忌的猪肉中，运回了威尼斯。

圣马可是《圣经·新约》四福音书之一的作者，是基督徒信仰的圣人中，仅次于耶稣的使徒之一。他的象征是手拿《圣经》的狮子。因此，威尼斯将圣马可作为自己的守护圣人。至于威尼斯商人运回的圣马可遗骸是不是真的，倒没有人介意了。它是一种寄托了当地人情结的存在。

意大利的滨海城邦按与穆斯林开始贸易的顺序依次排列，分别是阿玛尔菲、比萨、热那亚和威尼斯。

威尼斯商人从9世纪开始才出没于地中海东岸，而阿玛尔菲、比萨、热那亚的同行们在此之前早就活跃在与穆斯林的贸易中了。

位于亚得里亚海最深处的威尼斯，和接近那不勒斯的阿玛尔菲，主要在地中海东部活动，而比萨与热那亚主要在地中海西部活动。比萨与热那亚的贸易对象主要是北非的穆斯林商人，与近东的贸易则首先由阿玛尔菲，然后由威尼斯的商人所主宰。

早在第一次十字军东征之前半个世纪，耶路撒冷已经有了为朝圣者修建的医院，这就是圣约翰骑士团的前身，由阿玛尔菲商人建立。耶路撒冷当时还处在穆斯林的控制之下。在穆斯林社会建立为其他宗教人士所设的医院，自然需要得到穆斯林的批准。而当时准许创立医院的开罗哈里发，与阿玛尔菲商人毛罗保持着友好关系。这样的友好关系，来自意大利商人“宗教归宗教、商业归商业”的一贯方针。威尼斯人也有“首先是威尼斯人，然后才是基督徒”的格言。

进入十字军时代以后，帮助十字军在近东海域作战的，是比萨和热那亚的人。

第一次和第二次十字军东征的路线，都选择了陆路。两次东征的教训，使得西欧人了解到突厥军队出没的小亚细亚的风险。因此，收复耶路撒冷之后急剧增加的朝圣者们，几乎全部选择从海路往返。十字军的主力来自西欧北部，因而从这一地区前来的朝圣者数量最多。他们需要在漫长的旅行过程中得到安全的保证，因此会选择为对抗北非穆斯林海盗一直保持强大海军力量的比萨和热那亚两国的船只。

在十字军时代，此前一直充当近东贸易先驱的阿玛尔菲，逐渐退出了历史舞台。曾经为商人所主宰的阿玛尔菲共和国，被以征税为主要经济目标的君主国所吞并，活力逐渐丧失。打破“黑暗中世纪”的排头兵阿玛尔菲，最终成为了意大利南部诺曼王国内为数众多的海港之一。其作为滨海城邦国家时代的纹章，转变为医院骑士团的纹章。

这样，比萨、热那亚、威尼斯三大滨海城邦，逐渐成为了地中海的霸主。他们运送的对象，从朝圣者开始逐渐扩大了。

此时，中近东的十字军国家尚处于能够自给自足的状态，但是还有各种各样的物品匮乏。

将西欧的封建制度移植到中近东的十字军国家，主要的经济产业是农业。在西欧，从事农业生产的主要是农奴。西欧基督教社会中的农奴生产力十分低下，而在中近东，农奴主要是穆斯林。有时小麦也需要从西欧运来。在这一状况下，如果有敌人靠近，十字军国家不得不将耕地转让给穆斯林时，为十字军做农田交易代理的也是意大利的商人。他们已经习惯了和穆斯林进行交易。

虽然粮食生产可以在当地完成，但还有其他类型的商品需要进口。兵器、防具以及各类战斗用品，在近东都没有能够制作与西欧相同品质的作坊。中世纪西欧武器的生产，主要集中在德意志南部和意大利北部。德意志南部生产的武器集中到威尼斯，意大利北部生产的武器集中到热那亚或威尼斯，再由商船运输到中近东出售。

从第三次十字军开始，十字军选择从海路出征。兵士和马匹的运输，都需要通过比萨、热那亚、威尼斯等地的商船来完成。

作为这些“十字军特需”运输的主力，意大利商人起到了巨大的作用。从近东返回的船只，不仅载着支付高额船票的归途朝圣者，也满载了各种东方的特产。

其中包括各式各样的绒毯、摩苏尔特产的高级棉布、以“大马士革丝织品”著称的高级丝织品、弥撒时不可或缺的阿拉伯半岛出产的没药、中世纪贵妇们喜爱的波斯湾产的珍珠、亚洲各地盛产的各种宝石、以胡椒为代表的香料和阿勒颇产的石碱。西方人喜爱的各种东方商品，都能在意大利商人的货船上找到。

最后提一下阿勒颇所产的石碱。从古代开始直到今天，马赛和阿勒颇是石碱的两大产地。

马赛和阿勒颇都是从古罗马时代就开始出产石碱的，而在中世纪开展石碱贸易的主要是威尼斯人。威尼斯人会在沐浴时使用石碱，此外将其运用在作战中。他们用溶解了石碱的水溶液浇洒敌船的甲板，石碱溶液的润滑作用令敌人在甲板上经常滑倒。这可以算是一种特殊的秘密武器了。

威尼斯商人如果在马赛购买石碱，并没有什么特产可以用来交换。而在穆斯林为主要居民的阿勒颇，他们可以用西欧的特产来交换石碱，以获得更高的利润。

海军力量

中世纪地中海上航行的船只大都是桨帆船。无论军舰还是商船，基本都属于这一类型。桨帆船与单靠风力航行的帆船相比，在风向多变的地中海航行更加方便，适合作为运输船。

意大利滨海城邦船只上的划桨手，并不是奴隶。滨海城邦会贩运奴隶到伊斯兰国家作为商品出售，但在自己国内不役使奴隶，因此在船上也不使用奴隶。

在伊斯兰国家中，基督徒常常被绑架为划桨手，而在本来人口就不多的意大利滨海城邦，划桨手也是非常重要的战斗力。

除了200名划桨手之外，每艘船上还有30名水手专门负责与海盗作战。海盗船主要是穆斯林船只，其中的划桨手是基督徒奴隶，他们不与基督徒的船只作战。因此，意大利船只从作战人员数量上比海盗船有很大优势。

意大利各城邦海军逐渐在与海盗的斗争中积累了强大的战斗力。这些海军活动的主要目的，是确保沿海居民的安全，以及控制地中海广大海域的制海权。

正如《罗马帝国灭亡后的地中海世界》上下两卷所叙述的，比萨、热那亚、威尼斯等滨海城邦的居民逐渐成为了“海洋民族”。这主要是由海外贸易以及与海盗斗争过程中乘员航海术与战斗力的不断增长而导致的。

相反，埃及的海军是伊斯兰世界最强的。他们并不会受到穆斯林海盗的袭击。虽然埃及建造了数量庞大的船队，却一直缺乏海战经验。他们一直忠实于传统，使用没有战斗力的奴隶担任划桨手。

十字军在陆地上主要依靠来自法国和德意志的成员，而在海上则依靠意大利各国取得制海权。此后，穆斯林虽然在陆地上做出了全面的反击，却一直没有在制海权方面压倒西欧人。

叙利亚、巴勒斯坦两地十字军国家的主要城市，除了耶路撒冷以外，都位于地中海东岸沿海地带。如果穆斯林能够在海上组织起大规模的攻势，这些城市很可能悉数陷落。然而，即使是在萨拉丁统一伊斯兰世界以后，中近东的制海权仍一直牢牢掌握在基督徒一方的手中。萨拉丁的海军最终还是败给了意大利诸国的舰队，地中海东岸仍然一直没有穆斯林军舰通行。

基督徒对地中海东岸的制海权一直维持到十字军国家的最后时刻。也是因为掌握了制海权，十字军国家不可或缺的物资补给一直能够得到保证。这都是以贸易利益为目的的意大利商人的贡献。

而且，这些意大利的“经济动物”并不满足于海上运输和贸易，也不满足于仅拥有制海权这么简单。

包括划桨手都参战的比萨、热那亚和威尼斯的船只，从海上帮助陆地上的十字军攻陷原为穆斯林控制的近东海港。全体船员都一变而为海军官兵。威尼斯曾经一次派遣 40 艘船组成的舰队出战，总兵力达到一万人。这一巨大的兵力，决不比陆上的十字军兵力弱。

意大利的滨海城邦都积极参加了叙利亚、巴勒斯坦海港城市的攻城战。直到现在，意大利海军的军旗就是古代威尼斯共和国的国旗。而意大利的滨海城邦，一直以盛产海军而闻名。

居留区

积极参加十字军战争与建设的意大利人，普遍要求在十字军所占领的海港城市内得到本国人的居住区。他们一般要求在船只停靠的港口附近选择一处方便放置货物的地方，来作为自己居留区的一部分。

由于意大利各国之间的对抗意识强烈，在一座城市中比萨人、热那亚人和威尼斯人的居留区都是相互独立的。根据参与攻城战的情况，在雅法主要是比萨人的居留区，安条克和贝鲁特则主要是热那亚人的居留区，而推罗主要是威尼斯人的居留区。

在这些居留区内，各国居民建立以本国守护圣人命名的教堂。此外，居留区内还有各自国家风格的面包房。堆满从西欧运送而来的各种产品的仓库，也成了这些居留区内的一道风景线。

此外，在居留区内还有为穆斯林商人前来访问居住而设立的“商馆”。意大利商人居住在本国政府派遣来的领事官邸周围，领事是居留区内统治的负责人。

这些十字军国家内的意大利人居留区，成为十字军国家的“经济特区”。

在进攻这些海港城市时就要求建立居留区的意大利滨海城邦，常常被现代研究者以商人的物欲而责难。然而，这些人并未考虑君主政体与共和政体的区别。

对于君主国来说，是否开战取决于国王或领主的意志。开战的费用自然是这些领导人自己负担。以十字军时代以后200年的情况来看，德意志诸侯之一符腾堡伯爵曾经对多明我会修士施密特说过这样的话：

“在人世之中，对是否该建议别人去做的事，最不容易决定的，第一是结婚，第二是战争，第三则是去圣地朝圣。”

这三者的共同之处，是都有很多不确定的危险。在君主国的国内，君主个人的意志可以决定，而在共和国之内，情况就完全不同了。

比萨、威尼斯和热那亚都是由经济人主导的共和国。在十字军时代以后，重要的国政由元老院决定，而在十字军时代的威尼斯，像是否发起军事行动这样的重要事务，依靠市民集会来议定。

虽然市民阶级拥有权力，国政实际掌握在元首和内阁手中。而关于国政方针的说明则常常是十分必要的。正如马基雅维利所言，民众对抽象的话语往往得出错误的判断，而对具体的话语总能做出正确的判断。因此，对共和国的执政者来说，为了将自己的想法施行到大政方针中，常常要做具体的说明。下面就是一个例子。

在圣马可广场聚集的民众面前，元首米歇尔讲了下述计划：

40艘桨帆船、28艘帆船和4艘大型桨帆船组成的威尼斯舰队，将在元首本人的指挥下前往近东。我们威尼斯人也是基督徒，因此为了支持解放了中近东圣地的十字军，我们将投入解放阿克、海法、推罗和亚实基伦四座城市的战斗。在军事行动成功后，威尼斯会在这些海港城市获得贸易基地。

这次军事行动的费用是×××，参加的人数为一万人。请诸位市民决定是否开展这次行动！

在元首说明之后，全民投票开始，这就是中世纪意大利的共和国的行政方法。与一人决定的君主国相比，共和国需要多数人来决定，因此常常要求元首说明责任。

热那亚和比萨也一样，早在与十字军共同作战之前，就决定要在攻占城市之后设立居留区。商人自然是以其商业利益的驱使来投入战斗的。事成之后，共和国再通过战果报告，向市民说明责任。

虽然后世的研究者会怀疑这些意大利人作为的动机，同时代的十字军诸侯却不会对此有所异议。无论是安条克的公爵波埃蒙多，还是耶路撒冷国王鲍德温一世和鲍德温二世，都认同意大利人在海上的贡献。

这些意大利滨海城邦的海军力量，实实在在地为攻占海港城市付出了努力。可以说，他们是将地中海东岸的海港城市从穆斯林手下

“解放”的重要力量。

而攻占这些城市以后的居留区，也作为经济基地极大地强化了十字军国家的经济力量。他们所付出的是实在的劳动，而不是十字架下的誓言。

商馆

当然，意大利人之所以能够获得居留区，是因为这些城市被基督徒组成的十字军占领了。同在中近东的穆斯林控制下的城市，却无法设置这些居留区。中世纪的经济人自然不会放弃在穆斯林城市中开展经济活动。

虽然不能设立居留区，但意大利人获得了开办商馆的权利。这首先需要获得当地统治者苏丹或埃米尔的许可。

在这一时代，威尼斯人在阿勒颇开办了商馆。即使在十字军最兴盛的时代，阿勒颇也一直处于穆斯林的控制之下。后来，威尼斯商人还成功地在伊斯兰世界的重要都市大马士革开设了商馆。

在穆斯林统治下的城市设立的商馆，与威尼斯城内设立的德意志商馆类似，也与后来奥斯曼土耳其人的商馆一样，都是携带商品前往所在国进行交易的商人商谈与交易的场所。

意大利人在伊斯兰世界城市内所造的商馆，和在与其友好的基督教国家内所造的商馆外观不同。在伊斯兰世界内所造的商馆建筑考虑到了可能出现的宗教排斥，为简单的四角形，外侧的窗户细长，以避免遭箭矢射入。由于是为了商业目的所建，商馆周围自然没有高墙深壕。至于采光则主要依靠宽大的中庭。

围绕着商馆中庭的是一圈地窖，作为放置商品的仓库。此外，商馆内还有理发店和用于急诊的诊所。从中庭沿着石质阶梯可以上到一楼，这里是分隔成很多间的房屋，一般用来作为集会和交谈的场所。再上到二楼，则是为了短期居住的人提供的住宿房间。需要长期居住的商人，一般会在城市内租住。

商馆毕竟是在异教徒的土地上贸易的场所。因此，为了以防万一，商馆内储备了充足的食物和水。为了防火，厨房设置在商馆的最高层。在用餐时，阿拉伯、突厥少年常常作为侍应往返于厨房和餐厅之间。在穆斯林的土地上，每周的确有一天是不同寻常的。

商馆规则的第一项，是绝对禁止在星期五外出。这一天是穆斯林的礼拜日，基督徒商人不能在街上活动。

前往伊斯兰世界的人，在从母国出发之前，都不再剃须，要一直把胡须留长。如果他们剃掉胡须，就会有被穆斯林视为男宠的危险。他们出发前都会带上意大利语和阿拉伯语的双语辞典，以备经商之用。

马可·波罗在其前辈百年之后，出于中世纪意大利商人自发的行为，把意大利商人的足迹从中近东扩展到远东，开拓美索不达米亚以东远东地区的市场。

伊斯兰世界的经济人也对新市场的开拓十分热心。在十字军进攻时，穆斯林商人依然保持与“法兰克人”商人的接触，并且敏锐地捕捉到了在西欧法兰克人居住区的商机。商人们不会出于宗教狂热，而考虑将来自西欧的侵略者逐出中近东。即使有宗教狂热的人，也是希望通过战争而获取财富，而财富则是出自伊斯兰世界的经济人之手。

意大利的商人从伊斯兰世界的同行那里购买了大量的物产，并贩运到西欧。这一行为对一直处于守势的十字军国家的存续起了相当大的贡献。

与此同时，由于意大利诸国对制海权的控制，埃及海军一直不能有效地袭击十字军国家的港口。意大利的船只也为十字军国家提供了人力、物力等方面的补给。

如果有人问意大利的滨海城邦是否是在十字军的大义面前团结一致行动的，答案自然是否定的。

最先与东方贸易的阿玛尔菲共和国，早在十字军时代之前就渐渐衰落了。它被不重视贸易立国的领土型国家诺曼王国兼并。而决定另外三个滨海城邦命运的，是它们自身的对抗意识。

比萨在与热那亚的对抗中遭到了毁灭性打击。此后，比萨的国力衰微，只能依靠商人个体的力量，而不是整体的国力来取得发展。

击败比萨的西地中海霸主热那亚，则与威尼斯之间形成了激烈的竞争关系。两大滨海城邦国家的竞争，从十字军的时代开始，一直延续到十字军国家灭亡之后，持续了120年之久，其间爆发了4次大战。

在这部十字军历史中，我无法详述威尼斯和热那亚之间的故事。在《海都物语》中第六章“对手热那亚”部分，读者可以获得详细的了解。

可以说，在十字军时代的200年间，基督徒与穆斯林之间不仅有战争冲突，也进行着密切的经济交流。经济活动促进了世界不同人群之间的交流，这一点在十字军时代也不例外。

温和的穆斯林

以透视的画风描绘十字军时代的中近东，将士列队时武器的声响，与前往圣地朝圣的人群的祈祷声构成了一组交响，贩运整车商品的商人来来往往，组成一道特别的风景。许多欧洲人兴致勃勃地穿梭在街道上。

至于不同宗教信徒之间的交流是如何实现的，从一位穆斯林留下的文章当中可以窥见一斑。

这位留下作品的穆斯林，是一度为十字军所占领的叙利亚城市沙伊扎尔的埃米尔，名叫奥萨马·伊本·蒙齐兹。他在第一次十字军东征之前生于沙伊扎尔，到1188年萨拉丁的鼎盛时期死于大马士革，可谓长寿。

奥萨马记录了从第一次十字军成功开始，一直到第二次十字军失败以后长时期的历史。他的领地沙伊扎尔位于叙利亚，虽然距离十字军国家很近，但一次也没有受到十字军的攻击。他的领地一直处于伊斯兰世界的最西端，面向十字军国家的最前线，由于如此接近的地理位置，他对前来侵略的“法兰克人”有最直观的认识。

在十字军势力确立的时期，穆斯林一方处于群雄割据的乱象之中。担任沙伊扎尔埃米尔（太守）的奥萨马，在与基督徒为敌时，并未到战场上拼杀。但从他的记载来看，他是一位具有政治、军事和外交才能的人物，并且与十字军一方的重要人物有密切接触。

这位穆斯林军人政治家非常有教养。有一次，他受到盗贼的袭击，损失了大量财物。奥萨马首先感到遗憾的是自己丢失了4000卷藏书，而不是自己的财宝。他以阿拉伯语写作的关于法兰克人的评论被保留下来，成为关于十字军的宝贵记载之一。这部著作从穆斯林习惯的"真主惩罚不信者"开始，而之后的记载则颇为有趣。

法兰克的骑士们

法兰克人的社会中最受尊敬的，是作为战士的价值。因此，骑士比其他任何人的影响力都要大。在他们的社会中，骑士担负和指挥军事任务，也拥有市民社会中各项事务的决定权。

在法兰克人与我们休战期间，在巴尼亚斯的基督徒的领地上劳动的农民，向耶路撒冷国王投诉其领主非法征发家畜的事件。

耶路撒冷国王福尔克立即召集了其周围的六七位骑士，委托他们进行调停。退到一旁的骑士们达成一致意见以后，在国王的允许下发言："我们一致认为，被告人巴尼亚斯领主必须赔偿原告农民。"

国王接受了这一裁决，命令原告与骑士协商赔偿金额。最终裁定被告赔偿原告400第纳尔。

通过这一事例，我们看到法兰克人社会中骑士拥有的绝对决定权，相反其国王没有这样的权力。此外，在法兰克人之间，骑士又拥有作战的能力，身材高大，因此特别受到尊敬。

有一次，耶路撒冷国王与我谈话。

“昨天朕感到心情不错。”

“陛下有何喜事?”

“朕高兴的是身边有像沙伊扎尔太守阁下这样伟大的骑士。与阁下这两日的交谈，使朕了解了骑士的伟大之处。”

“陛下，若鄙人也是骑士的话，那只能是鄙人所在世界（即穆斯林中间）的骑士了。”

法兰克人的医术

十字军统治下的穆那提拉的领主，依赖我伯父所派遣的医生治疗其部下的骑士。我的伯父相信为基督徒治病应选择基督徒医生，因此他派遣了一名叫作达维德的突厥基督徒医生。没想到，这位医生不到10天就回来了。他对伯父说，“没想到这么快治疗就结束了。”

医生接着说：

“我一到穆那提拉，就前往诊室，里面收容了一位骑士和一名女性。收诊的骑士足部化脓，而那位女性则只是因为营养不良而略显憔悴。我首先把骑士的患处切开，用膏药涂抹处置，症状就略见改善；对女士则施以退烧处理，并开了食疗的处方，希望她能补充营养。”

“此时进入的法兰克人医生，突然大声叫了起来。我并不了解他的医术，只听他对骑士说：‘你是想留下一只脚而活着，还是带着两只完整的脚去死？’”

“惊讶的骑士不假思索地说，哪怕剩下一只脚，只要活下来就好。因此这位医生手持板斧，将骑士化脓了的脚完整地切除了。医生接下来对不能一次完整切除的脚骨，进行了二次切除。此时脚骨中的骨髓向四面八方飞散，骑士还来不及看就昏厥过去。”

“刚刚动过手术的医生，马上转向一边的女士。她刚刚被骑士凄惨的场景所震撼。根据法兰克医生的诊断，这位女士的病因是头上藏着恶魔。治疗的方法是剪掉头发。在理发的同时，为了对抗恶魔，医生还要求女士吃下大蒜。这位女士显得更加憔悴了。”

“最后，医生在她剃光的头皮上，用手术刀刻下一个十字，深及颅骨，再在伤口上面撒盐。女士连呻吟的力气都没有，当场死去。”

“看到这样的情景，我问医生，这里是否还需要我。当得到否定的答案之后，我就离开了诊室，回到您这里。我虽然不知道法兰克人做了些什么，却已经领教了他们的医术。”

沙伊扎尔太守的这段描写到此结束。这里不仅叙述了西欧人的医术，也证明医院骑士团的医院中有穆斯林患者。中世纪外科医生开的诊所，不是肉铺的，实属罕见。在文章中所提及的极端的例子，写出的是骇人听闻的消息，与现代记者喜欢捕捉的消息并没有多大差别。这篇记载说明，当时的穆斯林医生对基督徒医生有很强的优越感。

法兰克男子的嫉妒心

法兰克男子对自己的妻子充满了嫉妒心。有一天，一位法兰克男子携妻子外出，返回时遇到了一位妻子的朋友，妻子便与那位男性亲切交谈起来。此时，丈夫会远远地站在一旁，一直等到妻子把话讲完。而如果妻子与朋友的交谈时间很长的话，丈夫就会提前回家。虽然我们难以理解，这却是法兰克人之间的礼节。

法兰克人的羞耻心

我父亲留下的遗产包括一座浴场。下面的内容是根据在那里工作的萨利姆的原话转述的。

法兰克人喜欢到东方式的浴场沐浴，因此他们的骑士会常常光顾。他们已经习惯了在各自面前裸体。当他们习惯了东方式的沐浴以后，这些骑士也逐渐像东方人一样剃除体毛。

有的时候，新来的法兰克骑士看到其他骑士无毛的下体，就会喊来萨利姆，希望他能帮助自己剃毛。由于他的体毛与胡须一样繁密，剃毛之后的骑士会十分满足地对萨利姆说：

“萨利姆，你可以对女人做同样的事吗?”

得到萨利姆肯定的回答之后，骑士会命令随从叫来自己的妻子。当骑士的妻子来到萨利姆的面前，骑士说：

“萨利姆，请把对我做的，也对妻子做一次。”

当萨利姆为骑士的妻子剃毛之后，满意的骑士会给萨利姆双份的报酬，夫妻二人开心地离去。

听完这段话，我心里有复杂的想法。这些完全没有羞耻心的法兰克骑士，却能在战场上勇敢战斗。而我们是有很强羞耻心的，虽然战斗力丝毫不逊色。

东方化的法兰克人

法兰克人之中，在侵占后的东方定居，并与穆斯林保持良好关系的人并不在少数。我就在前往安条克访问朋友的时候，认识了这样一位法兰克人。

朋友和我一起，到这位法兰克人家中赴宴。法兰克人早已从军务之中引退，在安条克郊外购买了土地，以平稳的收益愉快地生活。

他用洁净的美味招待我和我的朋友。我们围坐在饭桌前，法兰克人说：

“请安心就餐吧。我已经很多年没吃法兰克餐了。现在我雇佣的是埃及厨师，每天吃清真餐。猪肉之类的食物，绝对不会出现在我家的餐桌上。两位只管安心用餐就好了。”

于是我们开始用餐，但我一直没有吃肉食。

宴会结束后，我们三个人一起去城里的市场逛。突然，背后有一个女人戳了我一下。这个法兰克女人用我无法理解的野蛮的话语不停地对我嘟囔着什么。听到她叫嚷的法兰克人纷纷围了上来，对我面露怒色，一时状况非常险恶。

看到这一场景，宴请我们的法兰克人连忙冲了进来，对女人说：

“你要对我的穆斯林朋友做什么？”

女人高声回答说：

“我的弟弟乌索在战斗中被穆斯林士兵杀死了！”

法兰克人回答说：

“你看到了，这两位穆斯林根本没有武器。跟我一样，他们都是普通市民。我们同是商人，这里也不是战场。”

此话一出，又经过了一段时间的对峙，人们纷纷散去，我也最终回到了自己家里，躲过了法兰克人的袭击。

耶路撒冷的“圣殿骑士团”

法兰克人是无视真主存在的。这里叙述的，都完全转述自他们的话。

到耶路撒冷朝圣，参观阿克萨清真寺并在其之内祈祷，对穆斯林来说都是自然的事。圣殿骑士团的团员得知我们的用意以后，他们也准许我们实现自己的愿望，进入清真寺祈祷。

我们知道，阿克萨清真寺已经被用作圣殿骑士团的总部。在总部的一旁，还建造了基督徒祈祷用的小教堂。我的骑士朋友从这一侧带领我们穿过，就进入了清真寺。

我一个人在里面跪下，默念着“真主至大”，开始祈祷。

突然，一位圣殿骑士团的骑士进来，让我面向东方祈祷，“祈祷的方向是这边！”

当他被后面的几个圣殿骑士团同僚叫走以后，我继续自己的祈祷。从“真主至大”开始，我的祈祷进行下去。此时我的确是在朝向东边祈祷。片刻之后，我的骑士朋友进来，其中一个人对我说：

“这些骑士很多都是刚从法国来的，并不懂得礼节。在这里祈祷的时候，也像在故国时一样，朝向东方。”

对穆斯林来说，祈祷要朝向圣城麦加的方向。在耶路撒冷，祈祷的方向应是面向南方。但我被骑士恐吓之后，就改变了自己祈祷的方向。

圆顶清真寺

我们的先知穆罕默德升天的圣地圆顶清真寺，现在变成了基督徒的教堂。同行的友人说，他见过幼时的神。他跟我一起来到圆顶清真寺，墙上画着马利亚和婴儿耶稣。指着这一图案的友人对我说，这就是幼时的神。

看着这一图案，我的视线自然落在了圆顶之上。在这里，描绘着很多不信者心中的神灵（即耶稣）。

关于儿子前往法兰克人国家的对话

一位来朝圣的法兰克人与我十分亲密，简直如同兄弟一般。我们两人之间，有着超越宗教的理解。他经常来我的家，跟我14岁的儿子如父子一样亲密。

他就要回国之前，到我家里来做客，说了如下的话：

“兄弟，我要回国了，带上你儿子一起去怎么样？在我的故国，他可以像骑士一样长大。只要你同意，他可以在我们国家学习骑士精神，获得很好的教养，成为一个优秀的男子汉。”

我深深感谢了这位朋友，但绝不能同意他的请求。不过，我自然得想出一个好的理由来说服他。思考片刻之后，我这样答复他：

“兄弟啊，你的热情我心领了。只是我的老母亲，我儿子的祖母，特别特别喜爱这个孙子。如果他去了遥远的外国，恐怕我母亲要难过地去世了。”

法兰克人听了我的话，只好就此告别了。

基督徒的信仰与穆斯林的信仰

我们的宗教也尊崇先知宰凯里雅和其子叶哈雅，因此我来到位于纳布卢斯地区的塞巴斯提亚，来拜谒他们的墓园。拜谒之后，我走出墓园，看到旁边的空地上建了一座小教堂。教堂的门半掩着，我走近向内望去。教堂里面大概有10个人。白发苍苍的老人们正全心祈祷着。里面每个人都面向东方，身着胸前绣着十字的服装，看上去每个人都是来朝圣的。

看到这一情景，我的心中充满感动，同时又十分惋惜而无话可说。周围的穆斯林，有几个能像这些老人一样，怀着信仰之心，向神祈祷呢？在赞叹与惋惜的同时，我离开了教堂。

几天之后，我到大马士革去，与一位朋友一起散步。他突然开口问我，“你有没有见过苦行僧？”然后我立即决定，跟他一起到附近的基督教堂去看看。

刚一进入教堂，里面仿佛空无一人。这是因为从外面进来，眼睛还不适应屋内的昏暗。当眼睛适应以后，我看到教堂中间铺设了很多祈祷者用的垫子。每个垫子上面都坐着一位苦行僧，安静而专心地祈祷着。他们在上帝面前保持内心的平静，这是只有深信的人才能做到的。可以说，他们真是信仰深刻的人。

这一情景让我的内心充满了喜悦。我能理解，在基督徒中也有真心虔敬的人士，当然在我们穆斯林之间，也有非常虔诚的信徒。忙碌于世俗之中的我，直到这把年纪才见到苦行的僧人，和他们专注祈祷的样子。

到此，沙伊扎尔太守奥萨马的文章告一段落了。人世的现实，就是那些信仰虔诚的人们之间，抱持着信仰去灭绝不同信仰的人们，从而陷入无休止的纷争。这实在是令人遗憾。在12世纪后半期的中近东，人们最朴素的愿望——和平，最终被打破。

中

第三章

萨拉丁登场

沙伊扎尔的太守奥萨马，终生都处在十字军入侵的动乱年代。耶路撒冷国王阿莫里只有一位王子，还患上了麻风病。这对十字军国家来说，是最绝望的宣告。

10 岁的少年王子鲍德温，患上了如此的绝症，在和同龄的少年游戏时，不得不独自忍耐痛苦。他的手脚逐渐失去了知觉。无论用多尖锐的笔戳他的皮肤，都不会有疼痛的感觉。

但是，麻风病并没有在外表上显现出来。在不知道内情的人眼里，王子逐渐成长为一位翩翩少年。

在中世纪，麻风病不仅是不治之症，而且还会传染。患者往往被流放到不为人知的村落里，或者城墙外黑漆漆的洞穴中，与相同的病患一起居住，等待命运的安排。

为了避免传染给健康人，麻风病人外出时手中都拄着拐杖，拐杖上面拴着铃铛，边走边响着。听到铃声的人就会躲得远远的，看上去十分残酷。如果麻风杆菌的数量增加，就会使人面临死亡的危险，身体逐渐畸残，惹人忌讳和嫌弃。推罗的威廉是王子的家庭教师，他自然得知了王子患病的消息。当时国王阿莫里刚刚 30 多岁，不得不直视自己 10 岁儿子的残酷命运。

阿莫里没有别的儿子，只有一位女儿西比拉，比鲍德温年长一岁，对于寻找夫婿来说，过于年轻了。

还是少年的鲍德温，已经集处于守势的十字军诸国期待于一身。他十分聪慧，又富有责任感，迅速成长为一位充满政治敏感的年轻人。

耶路撒冷王国、安条克公国和特里波利伯爵领地都在第一次十字军时代的男性统治者之后，经历了女性统治，在国家治理层面出现了一些问题。她们缺乏男性统治者政策的强势，从而遭到了十字军诸国平民的嫌恶。

成长中的鲍德温王子逐渐成为平民的希望。王子明快的话语，对任何人不屈服的勇气，以及勇于担当的责任心，使中近东的基督徒感到拥有了久违的理想的领袖。但是，他们的希望难以成为现实，只因为鲍德温的疾病。

阿莫里也觉得，一直隐瞒王子的疾病，并不合适。逐渐衰老、疾病缠身的耶路撒冷国王，最终还是没有活到鲍德温成年。

阿莫里逝世以后，耶路撒冷的王位就传给了麻风病患者鲍德温。至此，以耶路撒冷王国为中心的中近东十字军国家，开始以这位鲍德温四世为统帅。

十字军国家内基督徒对鲍德温四世的继位，看作是上帝的委任。在我们看来，阿莫里国王的考虑有失偏颇。但正当此时，穆斯林一方的努拉丁正踏出决定性的一步。在叙利亚－巴勒斯坦一线南北走向的山脉两侧，发生着明暗不同的走势。

逊尼派与什叶派

在埃及，一直十分稳定的法蒂玛王朝开始瓦解了。与巴格达逊尼派的阿拔斯王朝不同，开罗的法蒂玛王朝属于什叶派。

在这两个国家，与最高宗教领袖哈里发相对应的世俗领袖，巴格达是“苏丹”，埃及是“维齐尔”。

从主要民族与教派的对应关系来看，什叶派多为塞尔柱突厥人，逊尼派则是阿拉伯人为主。

1168 年，埃及的法蒂玛王朝迎来了一位年轻无能的哈里发。由于哈里发是世袭制，血统比任何因素都来的重要。在内室中居住、除了生活一无所知的哈里发，将实际统治的大权完全交给宰相，即“维齐尔”。此时的维齐尔沙瓦尔并不满足于宰相的地位。他秘密地开始了提高自身权力的计谋。

然而沙瓦尔的计谋被与自己关系不睦的儿子卡米尔获悉。卡米尔从哈里发处得到许可，率领了一支军队企图推翻父亲，并联合与开罗什叶派对立的逊尼派领袖努拉丁，策划政变。

正如前述，努拉丁已经是叙利亚、伊拉克广大领地的霸主。他是一位能征善战的武将，但却不满足于仅仅做一位武将。努拉丁将叙利亚的都市悉数改造，建造了壮美的清真寺，为救济贫民而建造医疗设施，推行福利政策，并热心于教育和文化事业，受到了穆斯林伊玛目的高度赞扬。

这一年努拉丁已经年过半百。他需要在人生中再增添几笔重要的事功，以博取真主的喜悦。

收到埃及宰相之子要求派遣援军的邀请，努拉丁认为将埃及变为逊尼派统治的好机会来了。

在一个文明分裂成两个政权的状态下，一方总希望吞并另一方。在伊斯兰世界中，什叶派和逊尼派的对立，如同基督教世界中天主教与东正教的对立一样。

此时，巴格达的哈里发将努拉丁任命为苏丹，于是他成为了伊拉克和叙利亚的最高领导者。如果努拉丁能够吞并埃及，他将成为从底格里斯河到尼罗河之间伊斯兰世界中心区域的领导者。努拉丁所能达成的大事业，将是整个阿拉伯世界的一体化。这位刚刚年过五十的谦虚穆斯林，有了甜蜜的梦想。他很快在大马士革组织起了一支大军。

1169 年 1 月 2 日，8000 名骑兵组成的军队离开了大马士革。努拉丁希望完全靠骑兵的力量，以速战速决的方式取得胜利。

率领努拉丁的 8000 骑兵的，是名叫西尔库的部将。西尔库是努拉丁的塞尔柱突厥部队中为数不多的库尔德族将军。努拉丁用人的特点之一，就是只重视才能，不问民族出身。

西尔库接到努拉丁的命令之后，带领了自己30岁的侄儿一同出征。

这位青年的名字叫作萨拉丁。他与身高体壮的努拉丁和西尔库不同，身材不高，一副翩翩书生的样子。萨拉丁的学问与教养极其深厚，他的加入部队，使努拉丁非常满意。努拉丁听从了自己十分信赖的西尔库的建议，计划在攻取埃及之后，委任萨拉丁为当地的行政官员。

就这样，出生于底格里斯河附近，摩苏尔以北库尔德人聚居区提克里特，成长在父亲与伯父属地叙利亚的萨拉丁，离开大马士革，跟随部队向埃及进军。

法蒂玛王朝的灭亡

1169年1月8日，西尔库率领的部队早早地到达了开罗。前来迎接的是宰相的儿子卡米尔。而对大马士革骑兵闻风丧胆的宰相沙瓦尔，早已没了踪影。根据卡米尔和西尔库之间的协议，埃及全部领土的1/3，都要划给努拉丁来统治。但事实上，整个埃及已经落入了努拉丁之手。

不费一兵一卒就得到埃及的西尔库，在开罗郊外拜谒了伊玛目沙菲仪的墓地。此时萨拉丁则留在开罗城内。

当天夜晚，萨拉丁率领一队人马，袭击了宰相沙瓦尔的住所。

萨拉丁杀死沙瓦尔之后，西尔库顺理成章地做了新的宰相。在内室中居住的哈里发，当即同意了西尔库的任命。

两个月后的3月23日，西尔库突然因意外去世。他是在浴室中滑倒头部受伤而死，其死亡与侄子萨拉丁没有关系。

在西尔库死后，萨拉丁就被哈里发任命为宰相。此时离大军从大马士革出发仅仅两个月零三星期。31岁的宰相，以电光火石般的速度就任了。

大马士革的努拉丁对埃及所发生的一连串事件感到震惊。杀死沙瓦尔、西尔库出任宰相，这都是按照计划发展的。没想到两个月以后西尔库突然死亡，年轻的萨拉丁就任了宰相，这是努拉丁始料未及的。

努拉丁能够完全信任西尔库，却并不放心萨拉丁。他连这位新部下的面都未曾见过。不过，努拉丁相信，埃及已经掌握在自己手中，而这位31岁的库尔德年轻人，自然会服从自己的命令。

耶路撒冷国王阿莫里也得知了相关的情况。

新十字军的企图与挫折

拥有从巴格达到大马士革之间广大土地的努拉丁，早已是十字军国家最大的威胁。而如今埃及又落入了努拉丁之手。中近东的十字军势力，除了西面的地中海之外，已经从北、东、南三个方向陷入了努拉丁的包围。位于内陆的耶路撒冷的形势，已经像风中的蜡烛一样危在旦夕。

耶路撒冷国王阿莫里只得再次派遣特使前往罗马，请求教皇发动新的十字军。在努拉丁一方严阵以待的形势下，除了来自西欧的新十字军，没有别的什么力量能救援耶路撒冷王国了。

然而收到哀求般书信的教皇亚历山大三世，完全没有行动的意思。

罗马教皇并没有属于自己的军队。因此，十字军东征必须依赖他人的军事力量。在这一时期，西欧最强大的三支军事力量，都没有余力派遣十字军。

首先，德意志的神圣罗马帝国皇帝，绰号“红胡子”的腓特烈一世，曾经作为康拉德三世的副将参加过第二次十字军，应当说是一位合适的人选。然而，实际情况并不允许他出征。因为在这一时期，意大利北部的城市公社正与腓特烈一世发生激烈的冲突。战争深入的原因，是罗马教皇和威尼斯共和国达成和解，进而与皇帝对抗，使得皇帝不得不率领全部战斗力在意大利北部作战。

率领第二次十字军的另一位领袖，法国国王路易七世，并非不想率领新的十字军，一雪前次溃败的耻辱。但是路易七世面临的，则是自己个人和国家的大问题。

第二次十字军东征失败后归国的路易七世，不得不直面与王后离婚的状况。王后埃莉诺尔是法国西南部阿奎丹地区广大领地的继承人。在与法国国王结婚的时期，阿奎丹地区并入了法国国王的领地，而当她与路易七世离婚，与英国国王亨利二世结婚以后，问题就变得非常微妙。广大的阿奎丹地区，从法国国王手中让渡到了英国国王手中。而遭受了巨大损失的路易七世，则在法国国内卷入了与亨利二世争夺领地的大战。

与处于守势的路易七世一样，进攻一方的亨利二世也不积极参与未来的十字军东征。这位亨利二世所面临的，是非常棘手的托马斯·贝克特事件，这件事在我们的历史教科书中有所记载。

这一事件用现代的话来说，是世俗权力与宗教信仰之间的争斗。其起因是为了阻止天主教会势力渗透国家政权的亨利二世，任命自己的挚友和宰相托马斯·贝克特为代表英格兰天主教会最高权力的坎特伯雷大主教。亨利二世提起这一任命的深层原因，是由于贝克特作为自己的挚友和宰相，能够理解自己，并在王权与教皇权力的对抗中倾向于自己。

就任大主教的贝克特，却在自己的任上完全倾向于教皇。因此，他与亨利二世的关系急剧恶化，并最终不得不流亡离开英格兰。而他所亡命的地方，正是与亨利二世领土纠纷最严重的路易七世的土地——法国。

这样一来，英国的国内问题就成了国际问题，宗教问题演变成政治问题。直到贝克特决意归国时，亨利二世默许的刺客迎接了他。

西欧主要国家的势力图

刺杀贝克特的事件发生之后，亨利二世的麻烦才刚刚开始。罗马教皇以坎特伯雷大主教被杀一事，将亨利二世处以开除出教的绝罚。这位亨利二世可不是能将绝罚一笑处之的皇帝，毕竟他正处在与法国国王的领土纷争之中。杀死逃亡法国的贝克特，就让法国国王和罗马教皇结成了同盟。由于陷入了领土和宗教双重争端，亨利二世不可能参加新的十字军。

西欧的各位强权人物，都因为各自的原因无法参加十字军东征。耶路撒冷国王阿莫里的担心，逐渐成为了现实。圣城耶路撒冷的命运，如同风中的烛火，摇摇欲坠。

而在伊斯兰世界，刚刚年过30的萨拉丁，并不顺从于比自己年长20岁的最高世俗领袖努拉丁。

青年萨拉丁

外表颇具书生气的萨拉丁，在兵士之中深得人心。

1169 年大马士革军队进攻开罗、杀死沙瓦尔、伯父西尔库之死、自己就任宰相，这几桩事件，使萨拉丁不费吹灰之力就将所率领的塞尔柱突厥大军置于自己的掌控之下。

此时努拉丁做了一个错误的判断，认为自己没有必要亲自率军前往开罗，以巩固在埃及的统治。可以说，努拉丁是轻视了萨拉丁。结果，1170 年，叙利亚全境发生了大地震。努拉丁以比上次地震更大的热情投入救灾与重建之中。当时，就连坚固的“骑士之城”也有部分损坏，阿勒颇与大马士革这样的大城市自然受到了很大的创伤。因此，努拉丁也就没有机会前往埃及了。

而萨拉丁在没有努拉丁干涉的情况下，独自展开了对十字军的进攻。他自南向北，从埃及进攻巴勒斯坦。萨拉丁进攻了耶路撒冷王国南部圣殿骑士团的一处城堡，但在耶路撒冷国王和圣殿骑士团的防御之下而败退。萨拉丁接下来选择了进攻加沙。加沙之战中，耶路撒冷王国的一位将军拼死抵抗，最终迫使萨拉丁退兵。

这次作战是32岁的萨拉丁初次自己领兵。他发现，穆斯林兵士并不善于进攻十字军的城堡，而同时从海上进攻十字军国家的港口也基本没有可能。前者是因为十字军城堡建筑的坚固，后者则是因为地中海东岸活跃着意大利滨海城邦的战船。

将震后救灾重建工作告一段落之后，52岁的努拉丁开始考虑如何对待32岁的萨拉丁了。他希望尽快严肃处理萨拉丁。因此，努拉丁要求穆斯林在周五的礼拜中，都要传诵苏丹努拉丁的名字。

这对于萨拉丁来说，是颇具危险的难题。萨拉丁是在什叶派统治下的埃及居住的逊尼派领导人，而且刚刚就任宰相。如果按照努拉丁的命令做，要求什叶派民众歌颂逊尼派苏丹的长寿，可能随时会触发大规模社会动乱。

萨拉丁选择了逃避这一责任。努拉丁为了说服萨拉丁执行命令，专门请萨拉丁的父亲前往埃及出任说客。

在这千钧一发的时刻，出现了意想不到的转机。一直在内室中生活的青年哈里发，有一天突然被发现自然死亡。

萨拉丁拥立了一位新的哈里发。法蒂玛王朝从此血脉断绝，这样，由宣传阿拔斯王朝苏丹努拉丁之名所引起的危险，自然就消除了。在什叶派的大本营埃及，从此没有了什叶派的哈里发，进入了逊尼派的控制之下。

1171年，北上独自行动的萨拉丁军队，与南下的努拉丁的军队擦肩而过。萨拉丁选择了避开，其理由是开罗发生了宗教动乱，需要立即回国。这样，萨拉丁率军返回了开罗。

萨拉丁的父亲在开罗对他展开了劝说的攻势。无论是伯父西尔库还是父亲，都出身于少数民族库尔德人，深受努拉丁的知遇之恩。因此，父亲希望萨拉丁能去向努拉丁道歉。最终，萨拉丁决定，给努拉丁送去一封道歉信。令努拉丁诧异的是，信中并未感激苏丹对自己伯父与父亲的提拔。不过，从兵力水平上来说，萨拉丁肯定不是努拉丁的对手。但是，这也是努拉丁第一次对萨拉丁的行为感到警觉。最终，这位苏丹没有对萨拉丁做出任何处分，而是径直率军返回了大马士革。

到 1142 年，努拉丁的正式命令传达到了开罗。他决定将大马士革的军队与开罗的军队合并，攻击约旦河东岸的耶路撒冷王国的土地。萨拉丁只得从命，从埃及出兵，穿过西奈半岛，直取耶路撒冷王国的南端。

然而，萨拉丁突然撤军回了埃及。这次撤退的理由是由于留在开罗的父亲生了急病。

这次，努拉丁没有相信萨拉丁的话。他立即派一名部下火速赶往开罗，刺探萨拉丁的父亲是否真的有病。部下返回时告知，萨拉丁的父亲不只生了病，还在他到达前一天晚上亡故。因此，萨拉丁只能奔丧，而无法署理军务了。本来恼怒的努拉丁，只好无奈地返回了大马士革。

两人于大马士革和开罗隔空对峙，就这样到了 1173 年。萨拉丁依然感到巨大的威胁如芒刺在背。他让自己的兄弟率军进攻阿拉伯半岛南部的也门。如果取得也门，在努拉丁大军攻来时，自己能够有一条退路。这个时候，就连十字军国家也能够感到，大马士革和开罗之间的战争，有一触即发的危险。

到了1174年，努拉丁终于下定决心，把无礼的年轻人彻底剪除。他在大马士革组织了一支大军，准备进攻开罗。苏丹的前前后后都在为努拉丁的计划而忙碌着。

努拉丁日以继夜地俯瞰着桌上铺开的大地图，演练进攻埃及的战略战术。

没想到的是，有一天，应召进入营帐的部下，发现了倒在地图上已经昏迷的主公。

根据伊斯兰史料的记载，努拉丁的死因是由扁桃体发炎引起的高热。在我看来，他的死，与对年轻的库尔德人的愤怒不无关系。56岁的努拉丁，一直把36岁的萨拉丁当作自己的心头之恨。完全不知感恩的无礼年轻人，将努拉丁心中的傲慢自负转变成暴怒与疯狂，一直到他心脏停止跳动的那一刻。

话说300年后文艺复兴时代的政治家马基雅维利曾经总结了成功领袖的三个必要条件：

能力（virtù）、幸运（fortuna），以及时代所需要的资质（necessità）

在合适的时候遇到不合适的事件，从而不得不从历史舞台上黯然退场的人，实在不幸。

在伊斯兰世界主角交替的1174年，十字军国家也面临着主角的交替。38岁的耶路撒冷国王阿莫里因病去世。这位努拉丁的对手在位12年，在完全没有西欧援军的情况下，依靠宗教骑士团和城堡的协助，守住了自己的王国。

他唯一的儿子就任王位。13岁的新国王一直受到麻风病的折磨。

麻风病国王鲍德温四世

麻风病从身体内部开始破坏，因此病人初看起来与常人无异。但是他的病情已经是公开的秘密。在参加 13 岁的鲍德温四世加冕仪式的众多重臣看来，国王和自己的未来，都难以预料。

耶路撒冷王国的纹章（白底黄色十字）

与臣属相比，少年更清楚自己的状况。他知道自己不可能活得长久。尽管如此，鲍德温四世表现出了极大的英雄气概。

成为领袖的首要条件，就是对自己的领袖角色有强烈的自觉。少年鲍德温从小就在家庭教师推罗的威廉的教导下，形成了领导人不可或缺的责任感。这位教师出身于巴勒斯坦的海滨城市推罗，与其他天主教徒相比，更加熟知中近东的实际情况。

鲍德温四世加冕为国王之后，他的母亲阿格尼丝·德·库尔特尼就远离了王宫。十字军国家近半世纪以来的弊病，是未成年人就任国王，母后干预政局。这一次，鲍德温就任国王以后，明确对母后说“不”。阿格尼丝自然会感到不满，但鲍德温必定是把国家命运放在母爱之前考虑的。

少年国王接下来做的，是任命推罗的威廉为耶路撒冷王国的宰相。这一任命很大程度上是“强行”的。

罗马教皇以耶路撒冷是全体基督徒的圣城为理由，不断介入耶路撒冷王国的内部政局。除了耶路撒冷的牧首以外，罗马派遣来的高级神职人员驻跸在十字军国家的各个城市，享受着与世俗君侯同样的待遇与权威。这些人与当地出身的天主教教士们时有摩擦。

得到推罗的威廉协助之后，鲍德温四世在政治、外交和军事方面，都取得了以前诸国王未有的成就。在萨拉丁这样强劲的敌手面前，取得了令人震惊的效果。众人在麻风病国王面前所表现的同情与不安，逐渐变成了感动。

世间不乏狡猾的人物。狡猾的性格特点，在为自己所服务的社会共同体所使用，或者为自己个人利益使用时，自然有很大的分别。但行为狡猾的人可谓甚众。而人们也总会在为大义殉难的人物面前深深感动。王国内的封建领主们、家臣们和普通的兵士们，都知道鲍德温四世的病情，但他们当中没有一个人会拒绝接近这位领袖。

这段时间里伊斯兰世界所发生的事件，对鲍德温四世来说也是幸运的。36 岁经验丰富的萨拉丁，正在试图将努拉丁死后留下的伊拉克和叙利亚纳入自己的版图，而无暇顾及耶路撒冷王国。

苏丹努拉丁，可以称得上是日本史中“将军”类的人物。而萨拉丁则是出身“大名”。由于他出身少数民族库尔德人，因此还是敬陪末座的“外样大名”。在将军死后，自然由将军之子继承，努拉丁的儿子年纪尚轻。

得知努拉丁去世的萨拉丁，对正统后继者以臣下的身份宣誓效忠。然而与此同时，他又与努拉丁的一位遗孀结婚了，可谓是迈出了使自己取得正统地位的第一步。与一夫一妻制的基督教世界不同，可以重复娶妻的伊斯兰世界为萨拉丁提供了好机会。

耶路撒冷国王鲍德温四世应对穆斯林的策略，是尽可能避免与之全面对抗。这一策略也得到了努拉丁属下的穆斯林领主的支持。

努拉丁属下的领主，大都在十字军国家内拥有领地。他们能够通过与十字军国家商人的贸易，获得大量财富。因此，他们并不希望看到十字军与穆斯林之间厮杀。当努拉丁的权力向萨拉丁过渡时，这些领主们表现的不够积极。

而十字军国家的经济人，也就是那些意大利滨海城邦的商人，也不希望出现十字军和穆斯林军队的对决。鲍德温四世与他们利益一致，不希望穆斯林结成对抗十字军的统一战线。事实上，穆斯林的领主们大都像沙伊扎尔的埃米尔奥萨马那样，与法兰克人保持着很好的关系。

与对手维持友好关系，必不可少的是以下两个条件：

第一，在对方阵营中没有想发动全面进攻的实权人物；

第二，本方阵营必须做好全力迎击的准备。

所幸的是，萨拉丁还没有具备绝对的权力。而在十字军方面，数量虽少但战力精锐的圣殿骑士团和医院骑士团正处在鼎盛时期，他们所盘踞的城堡也遍布十字军国家各地。

问题是，谁能继国王之后担任十字军国家防御的总负责人。知道自己将不久于人世的鲍德温四世，希望自己姐姐西比拉的丈夫能在未来担任这一职务。

但最终这一希望化为了泡影。最初为西比拉挑选的夫婿是香槟地区的圣塞尔伯爵，但当他来到耶路撒冷王国，得知中近东的现状以后，声称自己只是前来朝圣，匆匆返回了法国。

西比拉的第二次相亲对象，是与圣塞尔伯爵有亲戚关系的巴伐利亚公爵亨利。这位来自德意志的贵族来到耶路撒冷之后也改变了心意，早早返回了故乡。在西欧的贵族看来，这一时期的耶路撒冷国王是相当难以担负的重任。

西比拉的第三次相亲终于成功了。法国国王的外甥蒙费拉特侯爵，在造访耶路撒冷之后决定留下。这是对耶路撒冷国王的积极相助。没想到，这位侯爵一年后病倒了，留下怀孕的西比拉撒手人寰。

鲍德温四世不免感到失落。还好，在前国王阿莫里死后，西比拉产下了一位男婴。16 岁的耶路撒冷国王，决定专心抚育自己姐姐的孩子，并将婴儿也取名为鲍德温。后来就任耶路撒冷王位的小王子，成为鲍德温五世。从洛林公爵戈德弗鲁瓦之后鲍德温一世就任耶路撒冷国王算起，鲍德温已经成为耶路撒冷国王的代名词了。

丧夫不久的西比拉，最终再次结婚了。她的第二位丈夫，是生于普瓦提埃的法国人，拥有雅法城的居伊・德・路西尼安。这位 27 岁的新丈夫是一位相貌出众的美男子，获得了耶路撒冷居民的一致欢迎。

鲍德温四世并不同意年长自己一岁的姐姐再婚。但是，为比自己大 10 岁的美男子而心动的西比拉，明确告知弟弟自己不愿意进入修道院。结果，两人最终于耶路撒冷的圣墓教堂成婚。不满的鲍德温四世心中充满了各种忧虑。

与此同时，比鲍德温四世年长 23 岁的萨拉丁，陷入了努拉丁死后充满艰难险阻的权力斗争。

统一伊斯兰世界的漫长历程

努拉丁去世时，他的儿子年仅 11 岁。大马士革的宫廷里，担任摄政的是年迈的太守伊万·穆喀达姆。库尔德族出身的萨拉丁，被塞尔柱突厥领主们当作异类，很快他们结成了反对萨拉丁的联盟。他们也希望耶路撒冷国王能加入反萨拉丁的联盟，但后者要求给予金钱援助，并以释放大马士革监狱内的基督徒为条件。然而，得到金钱和赎回的基督徒的阿莫里，在返回耶路撒冷途中病亡，这使得十字军和大马士革的同盟宣告瓦解。

这就是努拉丁死后大马士革的状态。萨拉丁并未选择与拥立努拉丁之子的突厥人发生正面冲突，而是自称努拉丁遗孤的保护者，要求进入大马士革。他慎重考虑了时人的议论，仅仅带领 700 名突厥骑兵离开开罗，途中也未补充任何兵力，径直向大马士革开去。

36 岁的萨拉丁，并没有立即剪除 11 岁的正统继承人。但不久之后，少年苏丹的存在就变得形同虚设。萨拉丁也没有提出对抗基督教势力的建议。当十字军提出休战时，他当即开口应允。但是，萨拉丁绝不会与十字军结成同盟。

由于萨拉丁出身少数民族库尔德人，他一直希望能够掌握一支由自己控制的大军。然而，组织这样一支大军，需要穆斯林之间的团结一致。在伊斯兰世界中，除了宗教方面的逊尼派和什叶派的对立以外，在民族层面，阿拉伯、突厥和其他民族之间也存在着纷争。为了消除这些纠纷，最后还是要回到宗教上来。因此萨拉丁说过这样的话：

“我们都了解法兰克人。他们之所以能够如此勇敢地战斗，是因为他们为了自己所信仰的上帝而战。他们人数并不多，实力却颇为强大。相形之下，我们虽然必须发起圣战，却欠缺宗教热忱。”

在成为努拉丁遗孤的摄政之后，萨拉丁逐渐以虔敬的穆斯林的面貌展现在世人眼前。他每天到清真寺例行五次礼拜，严守《古兰经》的规定，敬重并大大优待伊斯兰世界中的教职人员伊玛目，因此受到这些伊玛目的广泛欢迎。萨拉丁还亲自到麦加朝圣，从此激发了整个伊斯兰世界的宗教责任感，对推动穆斯林的虔诚信仰起了很大的作用。

在努拉丁去世的1174年，萨拉丁通过担任摄政，最终实现了对大马士革的完全掌控。在开罗哈里发死后，萨拉丁自己创立了阿尤布王朝，并拥有开罗和大马士革两座首都。在作为努拉丁遗产的叙利亚，除了大马士革城之外，阿勒颇所在的叙利亚北部也最终落入萨拉丁之手。

而伊玛目们对萨拉丁的赞颂也起到了巨大的作用。巴格达的阿拔斯朝哈里发所派遣的特使，任命身居大马士革的萨拉丁为苏丹。在与豪华的朝服一同馈赠的正式任命文书上，写着这样的话：

哈里发任命萨拉赫·阿丁·尤素福·伊本·阿尤布为统治埃及、叙利亚中部、努比亚和也门的苏丹。

哈里发承认苏丹萨拉丁，作为以上全境穆斯林之首，统率境内的太守与领主的权力，以取得辉煌胜利的司令官之身份，为伊斯兰帝国的荣耀而战，是宣扬伊斯兰圣教的贵胄，是伊斯兰之剑，以阿尤布朝创立者之身份，享有必要的权力。

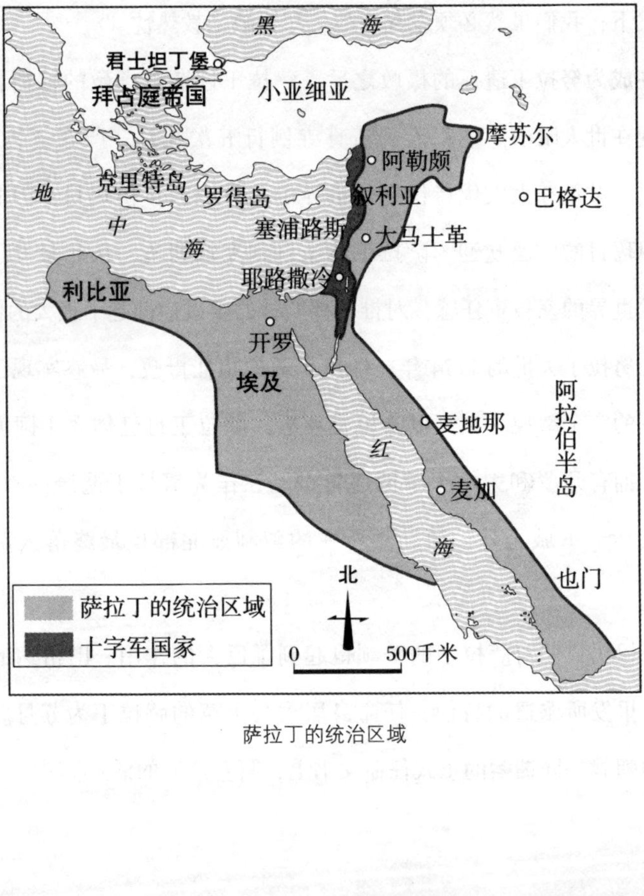

萨拉丁的统治区域

阿拔斯朝的哈里发准许了萨拉丁铸造货币的权力，也准许清真寺周五主麻拜时，在歌颂先知穆罕默德与哈里发之外，歌颂萨拉丁的名字。在萨拉丁得到哈里发正式任命为苏丹的同时，努拉丁的儿子就从埃及和叙利亚的文书中正式消失了。

最终，萨拉丁将努拉丁的遗产完全掌握在自己手中。当然，这是经过了一段时间之后才完成的。

到 1182 年，萨拉丁完全掌握了叙利亚北部的阿勒颇，而到 1186 年，他控制了仅次于巴格达的伊拉克第二大城市摩苏尔。经过 12 年时间，萨拉丁继承了努拉丁的全部所得，而此时他的年龄也从 36 岁增长到 48 岁。此时，他已从“外样大名”的身份摇身一变为“将军”了。

而在这 12 年内，萨拉丁的对手鲍德温四世，也成长为 23 岁的青年人。他不仅兵力十分有限，还一直忍受着病痛的折磨。

鲍德温四世的最终战役

鲍德温四世在从继位到逝世的11年间，从未因病而从王位上引退。他始终秉持不与穆斯林大军正面对抗的方针。但是，为了显示自身的防御力量，必要的出击是十分关键的，因为十字军国家不能受到敌军的轻视。穆斯林随时会从大马士革和埃及两个方向发起进攻，因此鲍德温几乎每年都要从耶路撒冷出击。

在战场上，为了攻击敌军，鲍德温一步也不能后退。即使是他病情恶化的时候，这位国王也从不离开马鞍，亲自指挥军队。即使一旁的谋士告知敌军迫近的危险，鲍德温四世也从来保持镇定自若。

在这位年轻国王气势的感染之下，即使是并不直属于耶路撒冷国王的圣殿骑士团和医院骑士团的骑士们，也真心倾听鲍德温四世的意见。他们并没有为国王而忧虑，尽管整个耶路撒冷王国都知道了鲍德温实际的身体状况。可以说，没有任何人对鲍德温的病情感到恐惧。

1177年，鲍德温四世16岁。

萨拉丁率领2.6万名士兵，从开罗北上进攻加沙。耶路撒冷城内陷入一片恐惧之中。显然，萨拉丁的部队是冲着耶路撒冷来的。

此时，鲍德温四世在亚实基伦。他得知萨拉丁从开罗出兵以后，就领兵前往常与埃及斗争的前线亚实基伦。鲍德温四世属下的兵士，只有1400人。

萨拉丁知道，攻击海港城市需要海军配合，因此有相当的困难。他的意图是向耶路撒冷进军，从而诱使亚实基伦和耶路撒冷的守军出兵，再通过野战将十字军一举歼灭。萨拉丁的这一策略，是在掌握耶路撒冷守军数量的基础上制定的。

16岁的鲍德温利用了萨拉丁的策略。鲍德温之所以能够利用萨拉丁的策略，是因为骑兵对战斗胜负的决定性作用。而萨拉丁当时显然是轻视了年轻的麻风病国王。

萨拉丁的2.6万名士兵，有一半都在行军路线上进行烧杀抢掠。他希望通过激怒耶路撒冷和亚实基伦周边的居民，让守军出城迎战。

萨拉丁指挥着其余1.3万名兵士，遭遇了鲍德温四世的部队。前来迎战的鲍德温四世，只率领了500名耶路撒冷王国的骑兵，并有80位圣殿骑士团的骑士助阵。

敌军刚刚进入视野，鲍德温就命令580名骑士全军突入敌阵。还没有开始作战，十字军的气势就压倒了萨拉丁的大军。冲入敌阵的十字军奋勇拼杀，结果萨拉丁的库尔德骑兵近卫队首先退却，引发了穆斯林军队的大溃败。苏丹本人也差点儿被俘，最终这次蒙吉萨尔战役以鲍德温四世以少胜多而告终。

率军狼狈逃离战场的萨拉丁，在其39岁的人生中初尝败绩。

携战场上缴获的敌军战旗凯旋而归的鲍德温四世和骑士们，受到耶路撒冷居民的热情迎接，有不少百姓都落下了眼泪。谁都没有想到，一直受到不治之症折磨的少年国王，能够取得这样一场空前鼓舞人心的胜利。

然而，两年之后，萨拉丁雪耻的机会来了。

1179 年，鲍德温四世 18 岁。这一次他与萨拉丁的战场位于叙利亚。

当年 4 月，向穆斯林控制地区内进军的耶路撒冷国王遭到了萨拉丁侄儿的袭击。两军陷入激烈的肉搏战，一时间鲍德温四世被敌军团团围住。为了救出国王，将军托伦奋不顾身地杀入敌阵，身负重伤，几天之后不治身亡。托伦对鲍德温的忠诚广为人们传颂，因此无论士兵还是普通市民，都为他的死深深哀痛。

但是鲍德温并没有陷入沉痛之中。他呼吁将士们为托伦展开追悼之战。特里波利伯爵雷蒙三世和宗教骑士团都响应了鲍德温四世的号召。这几支部队合流以后，鲍德温大胆地深入了穆斯林势力控制的区域。

身先士卒的鲍德温，率领骑兵团大破迎战的穆斯林将军，眼看着就取得了追悼之战的成功。始料未及的是，萨拉丁本人的大军，突然从败走的穆斯林军队的方向出现了。萨拉丁将鲍德温的部队团团围住，两军展开了激烈的厮杀。

鲍德温的身体状况尚可，他紧坐在马鞍上，奋力搏斗。结果，战马被敌军的长枪刺中倒下，耶路撒冷国王滚落到地面上。

这个时候，麻风病缠身的鲍德温已经虚弱不堪。他无法像正常人一样从地上爬起来，只能躺倒着一动不动。

一位士兵背负着鲍德温，陷入了敌兵的重重包围之中。而此时特里波利伯爵则从敌人中间杀出了一条血路，成功逃脱。除了特里波利伯爵以外，在当天的战斗中，十字军方面的重要人物大都被俘，其中包括圣殿骑士团的团长。与其他贵族选择支付大量赎金获得自由不同，圣殿骑士团的团长拒绝赎身或交换穆斯林俘虏，自愿病死在大马士革的监牢里。

当年的败北，给鲍德温造成了极大的打击。此后的6年之间，他未能再次与萨拉丁对决。此时萨拉丁主要忙于出征阿勒颇和摩苏尔，而鲍德温四世则由于身体状况恶化，无法重返战场。

由于麻风病造成外貌损毁，鲍德温四世不得不在公众场合戴上银质的假面具。这种银质假面具是古罗马骑士在祭祀仪式上使用的，而鲍德温四世则戴着假面具骑马出行，在战场上也保持这样的装束。

支持鲍德温四世的，除了特里波利伯爵雷蒙三世之外，还有耶路撒冷王国内的领主巴里安·伊柏兰。但是，他们两人的支持，无法解决鲍德温四世自己亲属带来的苦恼。

与鲍德温四世大姐西比拉结婚的居伊，是一位除了相貌以外再无可取之处的男子，但却因为其身居高位而目中无人。西比拉也执拗地要求自己的弟弟将死后继承权传给居伊，使其成为与自己共治的国王。

鲍德温不得已只好同意了西比拉的请求。没想到居伊完全不堪大用。他在自己的城堡中遭到穆斯林军队的围困，最终依靠鲍德温的驰援得以解围。追击敌军的鲍德温了解到，胆怯的居伊完全没有出城迎战的决心。这位男子实在可以称得上是懦弱无能。

鲍德温希望解除西比拉和居伊的婚约，但当耶路撒冷牧首为此前往西比拉处时，公主直接前往其夫在雅法的领地，不予回应。随着鲍德温病情的发展，时间越来越不利于这位国王。

1183 年，22 岁的耶路撒冷国王的病情导致了他视力的恶化。与此同时，萨拉丁成功占据了阿勒颇，成为了叙利亚和埃及全境名副其实的最高统治者。除了伊拉克北部，底格里斯河上游的摩苏尔以外，萨拉丁已经占据了自己势力可能到达的绝大部分地区。

怀着巨大危机感的鲍德温四世，使出了最后的手段。他任命西比拉与前夫蒙费拉特侯爵所生的 6 岁少年为共同统治者。说到底，鲍德温四世都不能允许无能的居伊接手自己的王国。

而特里波利伯爵雷蒙三世和领主巴里安 · 伊柏兰被任命为少年的摄政。鲍德温向他们嘱咐了自己死后王国的施政方针，并拜托二人延续耶路撒冷王国的命运。

1183 年 11 月 20 日，在耶路撒冷的圣墓教堂前，共同统治者鲍德温五世的加冕仪式，在庄严的气氛中隆重举行。

作为母亲西比拉和继父居伊 · 德 · 路西尼安都出席了这场加冕仪式。在雷蒙三世和伊柏兰引导的幼年新国王面前，这对夫妻试图尽力掩饰着自己的不快感，但这一切都被假面具之后的鲍德温四世瞧在眼里。

加冕仪式后翌日，鲍德温四世会晤了宰相、自己的家庭教师推罗的威廉。他将威廉任命为恺撒利亚的大主教，而解除了原先的宰相任命。

鲍德温四世委任这位最理解自己的忠臣前往罗马，请求教皇派遣新的十字军。对这一任务来说，以恺撒利亚大主教这样的神职人员身份来完成，自然比以王国宰相这样的世俗身份执行更加合适。

推罗的威廉完整领会了鲍德温四世的意图。为国王毕生最后的事业而奋斗的使命，落在了这位老臣的肩上。两人从此别后，再未相聚。

关于推罗的威廉的消息，在其到达罗马时还有记载，但后来他从罗马出发，到法国以后，就没有文献可考了。原因可能在于中世纪治安混乱，在个人旅行的主要道路上，都常有盗贼横行。

作为希腊天主教徒的推罗的威廉，留下了一部关于十字军的史书。由于这部著作从东方人的角度来看十字军，可算是一部具有独特立场的重要作品。

推罗的威廉作为现场的见证人，叙述了1144年至1183年之间十字军国家最困难岁月里发生的故事。1144年，是穆斯林从十字军手中夺回埃德萨之年。从这座外围城市的失陷开始，以至第二次十字军失败给十字军诸国带来的负面影响，伴随着努拉丁和萨拉丁所率领的穆斯林势力的扩大。直到后来1187年哈丁战役的完败、耶路撒冷的陷落，十字军国家正处于全面崩溃的前夜。推罗的威廉提供了这一时代的重要史料。

这位掌握了拉丁语、法语、意大利语乃至阿拉伯语和突厥语的名士，具有一般市民所没有的历史眼光。从30多岁时就受聘为王子家庭教师的他，44岁时正式出任鲍德温四世的宰相，在署理宰相职务的10年间，全力辅佐麻风病国王的统治。

他所留下的史书，是十字军时代最可信的基督教史料。由于其出色的语言素养，在外交场合并不需要翻译，因此留下了很多直观的第一手材料。在其访问萨拉丁的首都开罗时，甚至被当地人问到自己是谁的友人。

推罗的威廉与前述的沙伊扎尔太守奥萨马是一个时代的人。以两者的地位而言，很可能有见面的机会。试想如果他们见面的话，彼此之间会有什么话要说呢？由于两人并不需要翻译，直接用阿拉伯语对话就可以了。

十字军时代的200年，是争战的200年。但交战双方中，都有像威廉和奥萨马这样的人。然而人世间悲哀的是，他们心中的热情，难以使大众感染。由于不能点燃大众心中的热忱，也就无法推动历史了。

虽然50多岁的推罗的威廉，已经断绝了消息。他在法国、英国国王和神圣罗马帝国皇帝面前，可能已经递交了鲍德温四世的请求。然而，新的十字军东征并未从西欧开始。毕竟，远在西欧的天主教徒，难以理解中近东圣地民众的危机感。

又过了一年零四个月，1185 年 3 月 16 日，耶路撒冷国王鲍德温四世病逝。他的青春之火，只燃烧了 24 年。

8 岁的鲍德温五世继承了耶路撒冷王位。这位少年国王由于病弱，于一年后的 1186 年撒手人寰。

在此以后统治耶路撒冷王国的，是路西尼安和女王西比拉。居伊·德·路西尼安时年 36 岁，可谓正值壮年。不过，这位国王除了年龄以外，其他方面并不适于执政。

同在 1186 年，萨拉丁将美索不达米亚北部最重要的都市摩苏尔纳入了自己的统治之下。他的文治武功给逊尼派与什叶派的长期斗争画下了休止符，以统治包括圣地麦加和麦地那在内的广大地区，确立了自己伊斯兰世界最高领袖的地位。

萨拉丁通过占有广阔的领土，将各地征集兵士和资金的权力牢牢地掌握在手中。这样，他终于能够实现自己多年以来一直期望的，组织一支大军的梦想。

同时代的穆斯林，对伊斯兰世界领导人的种种期望，都在萨拉丁一人身上实现了。

然而这一时代，依然堪称乱世。因此在本章的最后，我需要稍费笔墨，讲两个故事：

第一个故事，是关于以“抽大麻的男人们”著称的暗杀者集团；第二个，则是被当时基督徒称为“解锁的狗”的雷诺·德·沙提永的故事。

“抽大麻的男人们”

这一暗杀者集团是何时、何地、为何而组织起来的，我们不得而知。一位被称为“山中老人”的穆斯林，是该集团最早的组织者。他们以叙利亚北部的山岳地带为最初的总部。

在这一荒凉的沙漠山区，有许多自然形成的洞穴。暗杀者集团在洞穴内部建设联络工事，将其变为三层的城堡。利用这一建筑方法，他们很轻易地在渺无人烟的沙漠地带建筑了自己的要塞。

十字军方面也有一两座这样的城塞。但是，西欧来的基督徒并不喜欢这种中近东式的城堡，而大都依照他们自己的方式建设城堡。但对当地人来说，城堡并没有既定的形状。近年来发现的死海古卷也显示，在洞穴居住的人并没有什么抵抗外敌的能力。

“山中老人”率领的暗杀集团，强调自身的独立性。他们既不愿意屈从于其他的穆斯林势力，也决不与十字军结盟。

在第一次十字军东征之前，暗杀集团就已经宣告创立。它的成立，是当时伊斯兰世界客观形势的反映。由于各地领主之间纷争的局面，埃米尔们往往不采取战争的手段，而是通过派遣职业杀手暗杀来消灭敌方的领主，以获得其领地。

这些杀手制造了各种恐怖事件，而他们都是不畏死亡的男子。他们常常在吸食大麻之后行动，在暗杀成功之后忘记逃走，最终在暗杀现场被抓获并杀死。由于他们完全不顾自己被杀的危险，执行暗杀任务时也不考虑逃走，自然成为令众人恐惧的存在。

由于这支暗杀集团仅仅为了金钱而行动，因此，任何人都没有什么消灭他们的好方法。而且，杀手们暗杀成功以后往往直接选择被围堵的众人杀死，人们也就无法得到有关雇凶者的信息。

当十字军入侵之后，暗杀集团除了继续对穆斯林展开行动以外，还把暗杀的实施对象扩大到十字军一方。但他们的行动与宗教无关，只对买凶者负责。

如果基督徒被暗杀者杀死，除了能调查出是“山中老人”手下所为以外，没有人知道是谁雇佣了凶手，整个案件由此陷入了谜团。

西欧人所说的“职业杀手”有两个词。拉丁语的 sicarius 是一个来源，在意大利语中是 sicario。但到 12 世纪以后，来自阿拉伯语 hashshashin 的 hascise 进入了拉丁语，并发展为意大利语的 assassino（英语的 assassin）。

这一暗杀集团曾经受到过毁灭性打击。圣殿骑士团袭击了他们的总部，将在场的暗杀者全部杀死。“山中老人”只得表示降伏，并每年向圣殿骑士团缴纳贡金。作为十字军中特种部队的圣殿骑士团，自然不能容忍穆斯林一方特种部队的存在。

这些“吸大麻的男人”的另一个令人畏惧的原因，是杀手的渗透力。即便是再严密的警备，也能为杀手所轻易突破。这些看上去像日本忍者的杀手，令萨拉丁颇为头痛。他曾不止一次表示过对这一集团的厌恶。

有一天，返回开罗王宫自己卧室的萨拉丁，发现自己豪华的床单上放着一袋穆斯林之间相互拜访时所用的甜点，以及暗杀集团杀手们所使用的一把短剑。从此之后，萨拉丁也没有发表过关于这些吸大麻男人的言论。

这样的暗杀集团，即使在1000年以后的今天，仍是任何人都无法消灭的存在。

“解锁的狗”

雷诺·德·沙提永出身法国北部香槟地区的小领主家庭，生于1125年前后。

他作为法国国王路易七世的附庸，参加了1147年的第二次十字军。这位年轻人没有跟随败军返回西欧，而是选择了留在中近东。由于他是小领主家庭的一位普通子嗣，回故乡很难继承到土地。

这一时期的中近东，大人物的女儿往往拥有大量财富和很高的社会地位。沙提永就抓住了这个攀龙附凤的机会，受到了安条克公国的女继承人“安条克的康斯坦丝”的青睐。

24岁的沙提永，不仅成功接近了这位女贵族，还私下里与她结婚。结果，当婚姻需要公开承认时，遭到了十字军各国的领导人的集体反对。原因在于，沙提永的出身太低。

但沙提永没有退缩。他不仅将拒绝为两人举行正式婚礼的安条克大主教投入牢中，还给出了令平民们震惊的残酷答案。沙提永将大主教赤裸的身体涂满蜂蜜，捆绑起来，任由各种虫子啃噬。最终，大主教不得不同意为沙提永在教堂举行婚礼。而后者则瞒过全体市民，挪用了安条克城的军费。

沙提永使用这些军费，从安条克公国出海，航行两天，进攻塞浦路斯。他打着安条克公爵的旗号，在塞浦路斯靠岸。

这场进攻无非是烧杀抢掠的暴行。由于塞浦路斯是拜占庭帝国的领土，君士坦丁堡发出了严正的抗议。沙提永完全不顾使者的来信，继续攻击岛上的部队和居民。此时的耶路撒冷国王并不愿意与拜占庭皇帝为敌，因此鲍德温三世命令沙提永从塞浦路斯撤军，并向拜占庭皇帝谢罪。

在这次草草收场的塞浦路斯之战无疾而终之后，沙提永的目光投向了东方。他与穆斯林之间展开了激战。

圣殿骑士团与沙提永结成了攻守同盟。由于圣殿骑士团的成员大都来自西欧社会中下层，出身小贵族的沙提永自然对这一军事组织充满好感。

沙提永和圣殿骑士团的骑士们，有两点相似之处。第一点是长剑在手的时候，就会有优于众人的飘然之感；第二点则是充满了不顾一切杀敌的勇气。

当沙提永从塞浦路斯回到安条克之后，在1160年与穆斯林的一次作战中被俘。时年34岁的沙提永在阿勒颇的监狱中度过了16年。在这16年间，十字军诸国内居然没有一人提出为他支付赎金，就连当初与之结婚的妻子，也没有任何要求穆斯林释放他的意思。这足以说明沙提永如何在当时是多么令人厌恶。

16 年后重获自由的沙提永，是被努拉丁之子释放的。后者大概是由于被萨拉丁排除在统治圈之外而感到不满，与沙提永有着相似的境遇。重新回到十字军领地的沙提永，看到的是安条克公国早已落入拜占庭帝国之手，而耶路撒冷王国的统治者，却是患有麻风病的鲍德温四世国王。

年轻的鲍德温四世知道如何对待回归的沙提永。由于他在安条克的妻子已经病逝，国王找了一位耶路撒冷王国内领主的女儿与之再婚。她除了有一定资金以外，还有名为克拉克和蒙特利尔的两座城堡，位于耶路撒冷的南边。因此，以作战英勇著称的沙提永，在耶路撒冷王国内担任了军务。

51 岁的沙提永，与翌年参与了萨拉丁唯一的一场大败，即前述的蒙吉萨尔之战。他是与鲍德温四世一起冲击萨拉丁 1.3 万大军的 580 名骑士中的一员。

鲍德温四世会忘却这场大胜，但沙提永却甚为振奋。他相信，再次与穆斯林作战，一定能取得胜利。

已成为伊斯兰世界最高领袖的萨拉丁，与鲍德温四世缔结了停战条约。双方都为了休养生息，而达成了和平的目标。当然，如果有战争的必要，停战条约也将形同废纸。但在萨拉丁和鲍德温四世互相尊重的条件下，双方达成了协议，表示绝不戕害对方宗教的朝圣者。

这一协议最终被沙提永破坏。他再婚所获的克拉克和蒙特利尔城堡，位于距离死海边上阿喀巴城 80 公里的大道上。鲍德温四世希望沙提永利用城堡防御敌人从南侧的进攻，但沙提永却从城堡出兵，袭击并劫掠了城下道路上通行的穆斯林朝圣者。

从叙利亚去麦加的朝圣者，首先在大马士革集合，然后通过约旦南下阿拉伯半岛，一般有两条路线。

第一条是到阿喀巴，从阿喀巴乘船南下红海，再到麦加附近登陆。

第二条是从阿喀巴经过塔布克，沿陆路进入阿拉伯半岛，再到达麦地那、麦加。

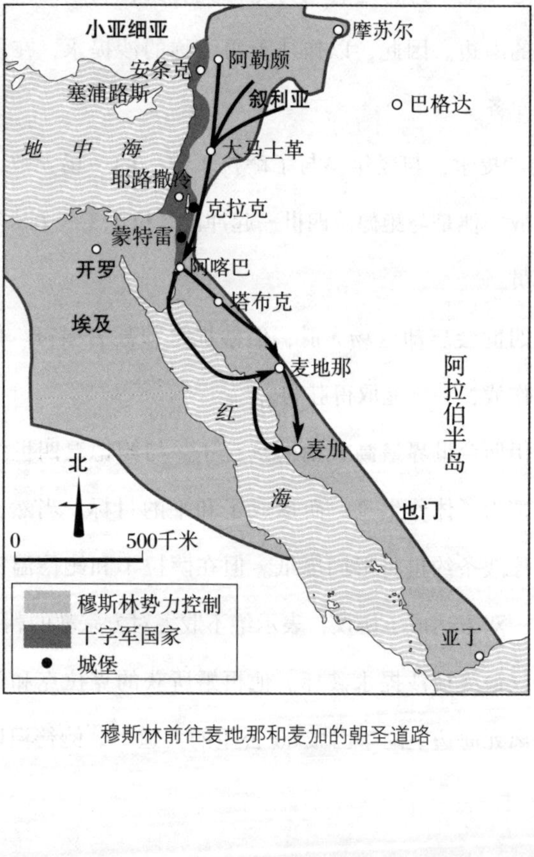

穆斯林前往麦地那和麦加的朝圣道路

选择陆路的朝圣者，会在归途中经过红海和阿喀巴北上，再沿着来时的道路回到大马士革。

对于穆斯林来说，一生至少去麦加朝觐一次，是必修的功课。因此，从大马士革到阿喀巴之间的道路，是穆斯林朝圣者的主干道。而克拉克和蒙特利尔城堡则恰恰位于距这条主干道 80 公里的位置。

沙提永一变而成盗贼头目。他毫不费力地纠集了兵士，将抢来的人和货物分给自己的部众。朝圣的穆斯林手无寸铁，而沙提永却散布说，杀死穆斯林，抢劫他们的财物，是服膺上帝的大义。

起初，沙提永的强盗行为规模不大，但很快就扩大了袭击的规模。朝圣的穆斯林一次次遇袭。但总的来说，沙提永并没有展开大规模军事行动。

伊斯兰教重视商业行为，因此朝圣者往往持有大量财物。从麦加返回的朝圣者，则往往从阿拉伯半岛南部购买了各种物产。这些都成为了沙提永的囊中之物。

沙提永的行动，自然与鲍德温四世尽可能避免与穆斯林正面交锋的原则相抵触。在鲍德温的斥责不起作用的情况下，雷蒙三世与伊柏兰一致警告了这位老领主。

1181 年，沙提永再次袭击了从大马士革南下的穆斯林朝圣者。由于这一时期的朝圣人数很多，沙提永缴获了大量人马和货物。萨拉丁为此对鲍德温四世提出了严重抗议。

在推罗的威廉积极斡旋下，萨拉丁放弃了派出讨伐沙提永军队的做法。

两年之后，沙提永再度生事。他在阿喀巴组织了一支舰队，到红海上从事海盗活动。

麦加和麦地那都位于阿拉伯半岛西部，红海的东岸。红海从北面的阿喀巴，西面的埃及，到南面的亚丁湾，都是前往麦加朝觐的穆斯林的必经之路。沙提永在红海上大肆抢劫，自然不能为萨拉丁所容忍。

萨拉丁的弟弟阿拉迪尔率领舰队出海，攻击沙提永的海盗舰队。沙提永被击败之后，沿着阿喀巴逃回了自己的城堡，而他的手下大都成为俘虏。由于他们一直危害朝圣者的安全，萨拉丁下令将这些俘虏全部斩首。

击败沙提永之后，萨拉丁派出军队占领了阿喀巴。但沙提永并未从此事中吸取教训，在停止了海盗行为以后，继续在陆上抢夺穆斯林朝圣者。以至于后来穆斯林不敢在克拉克与蒙特利尔附近的道路上通行。

深为沙提永所作所为而震怒的萨拉丁，一再责备耶路撒冷国王。鲍德温四世陷于肉体的痛苦之中，因此无法对沙提永发号施令。

无论是穆斯林还是十字军一方，都没有想到利用“山中老人”率领的暗杀集团来解决沙提永。这些暗杀者唯一不敢染指的组织是圣殿骑士团，而圣殿骑士团却恰恰是沙提永最紧密的合作伙伴。

两年之后的1185年，鲍德温四世驾崩。

翌年，9岁的鲍德温五世也夭折了。

此后就任耶路撒冷国王的，是路西尼安。

61 岁的沙提永，完全不忌惮无能的路西尼安。随着这位新王的登基，曾经协助鲍德温四世的特里波利伯爵、伊柏兰和医院骑士团，都失去了往日的影响力。谁也无法控制沙提永了。

1186 年，路西尼安的加冕仪式上，见不到沙提永的身影。这位老领主关心的，仅仅是如何袭击从阿喀巴到大马士革朝圣路线上的穆斯林。从此，沙提永成了一只“解锁的狗”。

萨拉丁照例向路西尼安送去了严正的抗议。他要求耶路撒冷王国归还沙提永掠夺的人员和财物。

路西尼安向沙提永传达了萨拉丁的照会。未曾想到的是，61 岁的“老狗”，趾高气昂地告诉新任国王：

“路西尼安只是耶路撒冷的主人，而我才是我自己领地的主人！”

他自然不会归还任何劫夺的人员与财物。通过路西尼安得知此事的萨拉丁，陷入了暴怒之中：

“我萨拉丁愿对《古兰经》发誓，擒获此‘狗’之日，我必手刃之！”

沙提永从此成为了在阿拉伯与突厥世界中经常提及的存在。

耶路撒冷王国内的著名领主巴里安·伊柏兰，是连穆斯林伊玛目们都十分尊敬、能够讲流利阿拉伯语的名士。他很早就来到中近东，因此学会了当地的语言。

从事贸易的意大利商人也不得不学习当地的语言。而十字军为了解决兵力不足的问题，还使用了很多改宗基督教的突厥兵士。由于这些突厥人不懂拉丁语、德语或法语，十字军的领导人只好学习当地的语言。

但是，在阿勒颇监狱里度过 16 年铁窗生涯的沙提永，从未学过一点儿阿拉伯语和突厥语。虽然他能听懂一些当地语言，但自己绝对不会讲。在沙提永看来，穆斯林的语言是自己所憎恶的敌人的语言，也是野蛮的语言。

就这样，1186 年过去，历史性的 1187 年到来了。

中

第四章

武力吉哈德之年

1187 年，大地刚刚感受到春的气息，从叙利亚北部到美索不达米亚，一支大军正向大马士革集结。

3 月 13 日，萨拉丁从开罗来到大马士革。十字军时代首次发布伊斯兰“武力吉哈德”的宣言，始于大马士革。

在此之前，倡导吉哈德的，是伊斯兰世界的精神导师伊玛目们。而在大军面前，由苏丹本人提出，则是首次。

萨拉丁认为，在历史上一直具有分离倾向的伊斯兰世界，只有通过宗教才能整合起来。然而，萨拉丁的“武力吉哈德”宣言，并非以夺回耶路撒冷为目标。无论从战略上还是战术上看，夺回耶路撒冷都不是唯一的目标。

在战争中，根据战场瞬息万变的情况，目标的优先顺位也常常会发生变化。在此之际，萨拉丁的目标，首先是维持将士的士气。

在与异教徒斗争中牺牲的穆斯林，会被视为殉教者。除了夺回耶路撒冷的战斗以外，在任何战斗中牺牲的战士都会得到上天堂的保证。作为最高司令官的萨拉丁，必须考虑到这一问题。

十字军一方当然认为，萨拉丁大军的攻击目标是耶路撒冷。虽然苏丹没有明言，但十字军国家还是对此深信不疑，从而再一次陷入恐惧之中。

49 岁的萨拉丁，已经有 13 年的作战经验，对穆斯林不善于攻陷城堡的原因，有着清醒的认识。萨拉丁自己对十字军城堡的进攻，也完全以失败而告终。

穆斯林兵士并非缺乏勇气，相反他们有着超越一般人的勇敢；他们所欠缺的，只是集中兵力攻打据点的耐性。

进攻中发生的各种不利状况，以及恶劣天气、水和食物的缺乏、疫病之类的不测事态，会使穆斯林在城堡攻坚战中退兵。至于对拥有城墙的都市耶路撒冷的攻坚战来说，攻守双方都需要巨大的韧性。

萨拉丁总是试图避免对坚固的城堡和都市的攻坚战，而大都诱使守军出城，在其不易逃回城内的地点进行决战。这一战略的奏效，使十字军十分担忧萨拉丁会进攻耶路撒冷。

此外，萨拉丁对中近东十字军的城堡，也采用了与以前诸位穆斯林领袖不同的攻略。

城堡的真实威力，并不是其易守难攻的特点，而是在易守难攻的同时，可以随时派出兵力，对城堡周围的地区进行控制。因此，如果想削弱城堡的力量，就要一座一座地拔除城堡，这正是穆斯林士兵难以完成的。

萨拉丁的战法是，带领大军像洪水一样通过城堡的防区行军，这样城堡自然无法发挥其作用了。在高地上矗立的城堡，仿佛被周遭的洪水淹没，城内的守军根本不敢出来挑战，因为出来就意味着送死。他们只能目送萨拉丁的大军通过。就算是萨拉丁的大军中有不少缺乏训练的新兵，他们的气势也足以压倒城堡守军。

这样，努拉丁未曾染指的耶路撒冷，成为了萨拉丁进攻的目标。

与统治伊拉克和叙利亚的努拉丁相比，萨拉丁还多了埃及作为自己的领地。

在大马士革和开罗关系紧张的时代，大马士革的军事行动会被埃及看作挑衅。而萨拉丁完全不会为此担心。伊斯兰世界从北、东、南三个方向对十字军国家的合围，这一次成为萨拉丁一个人的部署。

1187 年的这场战争，萨拉丁派出自己的弟弟阿拉迪尔，从开罗配合进攻。他充分考虑到了包围耶路撒冷王国的手段。

努拉丁和萨拉丁之间，还有一点值得注意的差异。努拉丁只从穆斯林的视角考虑问题，而萨拉丁却能够从穆斯林和基督徒两方面来考虑。

对穆斯林来说，最重要的圣城是麦加；第二重要的是先知穆罕默德逝世的麦地那城；居于第三位的，才是先知升天受启示的耶路撒冷。

而对基督徒来说，耶稣基督生长、被钉十字架而死、复活的耶路撒冷，无疑是最重要的圣城，然后才是使徒圣彼得殉教的罗马，第三则是伊比利亚半岛西北部的圣地亚哥·德·孔波斯特拉。为了保卫这第三座圣地，西班牙人展开的“再征服”运动，直到 1492 年才宣告结束。

对十字军来说，最大的打击当然是圣城耶路撒冷被穆斯林夺去。

当萨拉丁的大军在大马士革集结时，耶路撒冷国王路西尼安整个人都坐立不安。

他决定集中所有能够集结的部队，动员每一位将领，并在敌军前往耶路撒冷的途中拦截。而在耶路撒冷城内，留下牧首和少量兵士防守。这一决策正中萨拉丁下怀。作为总司令，常识是迎击时应保证后方的稳固，但此时的十字军国家领袖，是平庸的美男子路西尼安，他能够依赖的战将，只有沙提永而已。

6月26日，萨拉丁将大马士革的防御委任给自己的长子，然后率军南下。

萨拉丁动员了1.2万名骑兵和大量步兵组成了4万大军。大部队浩浩荡荡地行军，以缓慢的速度推进，使沿途的城堡不敢出兵阻挡。

在邻近地中海的海港城市阿克集结的十字军部队，包括以1200名骑士为首的1.8万名将士。安条克公国与萨拉丁提前讲和，因此没有派出部队支援。萨拉丁成功地利用计谋，分化了耶路撒冷王国、特里波利伯爵领地和安条克公国。

人数虽少但精锐的宗教骑士团，也只有一半人马来到了阿克。由于十字军的城堡都在两大骑士团控制下，负责守卫城堡的团员都没有前来集结。在萨拉丁行军过程中，医院骑士团的团长率领130名骑士出城挑战，结果被淹没在萨拉丁的人海战术中，全军覆没。

医院骑士团的独自行动，多少与不信任耶路撒冷国王路西尼安有关。在阿克集结的医院骑士团成员，只好在没有团长的情况下作战。至于此时他们的领导为何人，我们不得而知。

与医院骑士团并立的精锐之师——圣殿骑士团，也在与萨拉丁大军的对抗中失去了相当数量的骑士。但团长热拉尔率领数名骑士成功逃脱，最终回到阿克指挥骑士团。两大骑士团的总兵力为400人。由于宗教骑士团采取志愿加入的制度，一般情况下其兵力达不到这么多。

十字军的骑兵数量，只有萨拉丁大军骑兵的十分之一。因此，这一实际状况就决定了最终的胜负。

十字军的骑兵都是重装骑兵，而穆斯林的 1.2 万名骑兵全部为轻骑兵。

身着厚重铠甲的重装骑兵，是中世纪西欧的精华，也就是说，他们代表了中世纪西欧的文化。在气候和地形与西欧迥异的东方，人们没有重武装的文化。即使从西欧引入了重装骑兵，也没有成为东方穆斯林军队的流行兵种。萨拉丁对自己的部队进行了相当程度的装备更换，使用了欧式装备，但依然不出轻武装的范畴。

对骑兵来说，马是非常重要的。阿拉伯马体态优美，但如果是重装骑士骑乘的话，它们无法长时间驰骋。因此，西欧的骑士们都骑乘比阿拉伯马大一圈、弗里西亚产的中欧马。这种马必须从西欧进口，而在得不到弗里西亚马的情况下，十字军只能使用阿拉伯马。而穆斯林一方都使用阿拉伯马，对于轻武装来说，是最合适的。

当战马与骑士一起突击时，重装骑兵带来了强大的威压感，对敌人有压倒性的心理优势。1200 名重装骑兵，在善于使用的将领调遣下，可以冲散 10 倍于己的敌人。但是，第一次十字军时代强大的西欧骑兵，到 1187 年已经是 90 年后截然不同的情况了。

与萨拉丁率领的 4 万大军相比，十字军的 1.8 万兵力，并不是决定战斗结局的主要原因。追溯到古代，在亚历山大大帝那样的军事奇才率领下，以1/5的兵力战胜敌军的例子不在少数。十字军的历史上，也有亲率24骑称霸加利利的丹克雷迪，和以580骑战胜萨拉丁1.2万大军的鲍德温四世。

总之，战役当中，起决定性作用的是将领的能力和气概。与1.2万名骑兵和1200名骑兵的差距，或者4万和1.8万的差距相比，十字军领导人的无能，是历史上著名的哈丁战役胜负分明的最主要原因。

最高指挥官的能力，自然体现在战场上部署军队的能力。萨拉丁对于防御力超强的重装骑兵所采取的战术，是命令兵士袭击马匹。失去马匹的骑士，就会陡然失去一半以上的战斗力。

哈丁战役

步步为营的萨拉丁，于6月27日进入了十字军国家的领地，然后在戈兰高地与提比利亚湖之间行军，到30日渡过了约旦河，进入十字军国家内部。他的大军绕过提比利亚湖南侧，从湖的西岸深入，在提比利亚斯城下摆下阵势。但是，萨拉丁并未攻城。他派出探马得知，十字军已经在阿克集结完毕，向提比利亚斯开来。萨拉丁做好了在野外迎战的准备。

7月3日，十字军到达了阿克与提比利亚湖之间的塞佛利埃。此处有一座大型城堡，因此同行的特里波利伯爵建议暂时驻扎于此，等待援军。但是沙提永反对他的意见，提出应继续行军。路西尼安为沙提永所说服，舍弃了这一安全位置，于翌日继续向东行进。

特里波利伯爵雷蒙三世担心的是，从塞佛利埃向东到提比利亚湖之间，一直没有水源。这段距离毕竟只有30公里，因此路西尼安轻易否决了他的提议。然而，对萨拉丁来说，这30公里意味深长。

战役的结局，体现了司令官的能力。而敌军在司令官所设想的地域，以所设想的方式出现，预示了战斗的胜利。

哈丁战役中最重要的问题就是水源。在干燥的中近东，夏天作战时不可或缺的就是对饮水的保障。

萨拉丁从大马士革出发后，行军路线上不离水源。相反，离开塞佛利埃城堡的十字军，一直在没有水源的路线上行军。在诸多十字军领主中，只有特里波利伯爵和巴里安·伊柏兰的部队特意准备了备用水。耶路撒冷国王完全没有考虑这一点，而习惯了强盗行为的沙提永，则只知道抢夺有备用水的诸侯。

在这30公里的行军之中，十字军分成三个军阵，依次而行。

走在最前面的是熟悉地形的特里波利伯爵雷蒙三世的部队。

紧随其后的，是耶路撒冷国王路西尼安所率的部队。阿克的主教捧着“真十字架”，在这支队伍前面行进。从第一次十字军发现这个相传为耶稣基督受难的十字架开始，它就一直跟随出征的十字军队伍。十字军将士相信，有“真十字架”的护佑，自然能在战斗中击败穆斯林。在这一军阵中，还有沙提永的部队。

走在最后面的，是巴里安·伊柏兰的部队和以圣殿骑士团为主的宗教骑士团。

在行军过程中，特里波利伯爵感到，再持续下去就会使部队面临缺水的生命危险。他连忙催马来到路西尼安面前，要求到6公里外的地方取水。由于兵士们早就深受缺水之苦，路西尼安同意了雷蒙的要求。但是，此时取水已经太迟了。

领受萨拉丁命令的穆斯林骑兵团，袭击了行进中的十字军。他们

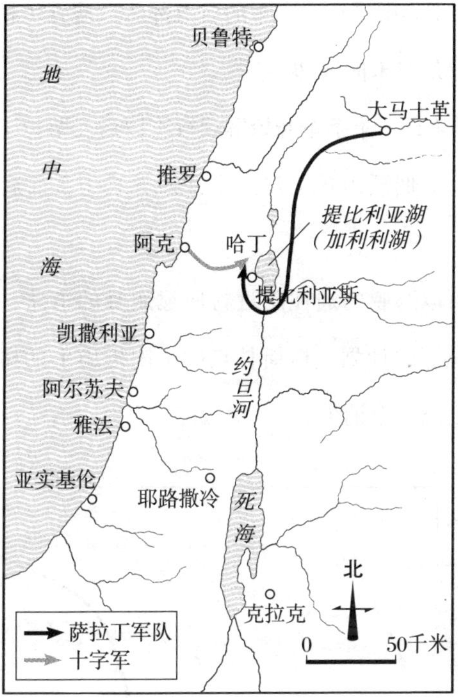

两军向哈丁进发示意图

的目的不是与之决战，而是延缓十字军的行进速度。这些轻骑兵组成不同的小队，一支突袭后就撤走，紧接着另一支又前来袭击。结果，十字军疲于应付，到 7 月 3 日凌晨都无法继续前进。

在距离提比利亚湖仅仅 12 公里的地方，十字军可以看到月光笼罩下的湖面，可是却完全无法取水。就在这时，萨拉丁开始实施了他的第二阶段计划。

萨拉丁的策略是，在十字军取得饮水之前，就将其包围歼灭。7 月

3 日夜晚，萨拉丁集中进攻十字军的后卫部队，遭到伊柏兰和宗教骑士团的顽强抵抗，最终未能成功。

然而，7 月 4 日，十字军开始继续行军以后，萨拉丁的包围宣告完成。十字军左右的低矮山丘上站满了穆斯林兵士，前后左右到处都是敌人。

此时唯一可以逃脱的通往附近村庄尼姆林的道路，也已经完全封闭了。根据萨拉丁的计划，穆斯林点燃了附近山上的树林。在浓厚的烟幕中，逃脱之路完全消失。

哈丁战役

烟幕不仅屏蔽了十字军逃跑的路线，也把分成三队行军的十字军完全隔离，使其首尾不得相顾。走在最前面的特里波利伯爵的部队成功突围，但跟在后面的大部队和后卫部队就被分割包围了。

由于被分割包围，将士们无法互相救援。穆斯林射杀了十字军的马匹，使得骑士们也只能以步兵的方式作战。

激战在各处展开。坐镇山上指挥的萨拉丁，调遣兵士与十字军进行白刃战，一直保持对局势的控制。

绝望的十字军唯一的激励，来自战场上高举的“真十字架”。在临时搭建的营帐中，耶路撒冷国王路西尼安和幕僚们紧张地谋划着。

战斗以营帐的倒塌而告终。看到国王营帐倒塌的伊柏兰，集结自己的属下，从穆斯林的重重包围中杀出一条血路，最后成功突围。

以此处战场北侧的哈丁，今天叫作希丁的地方命名的“哈丁之战”，完全在萨拉丁的计划之中结束了。

成功逃脱的基督徒军队，包括特里波利伯爵和伊柏兰的部队在内，不超过3000人。在哈丁战场上掩埋的十字军死者，达到1万人以上。

我们没有萨拉丁一方战死者的统计。伊斯兰史料中一直缺乏对死伤者数目的记载。在此战之后不久，萨拉丁就为哈丁战役的死难者建立了纪念碑。此战极为惨烈，双方的记载应当出入不大。

著名的哈丁战役是萨拉丁最高的杰作。可以说，此战的编剧、导演和主演，都是萨拉丁一个人。

一、将努拉丁在叙利亚与伊拉克的遗产合二为一，实现对十字军完全包围的萨拉丁，打出了决定性的一战。

二、由于成功地获取了安条克公国的中立，萨拉丁分化了十字军的力量，以此一战决定了以耶路撒冷王国为代表的中近东十字军国家的命运。

三、虽然萨拉丁的目标在耶路撒冷，他巧妙地避开了十字军擅长的城堡、都市攻防战，而是采取平原野战的方式，诱敌深入，大破敌军。

四、萨拉丁大军的行进，使十字军苦心经营的城堡防御体系失去了作用。

五、通过使敌军断水的基本策略，萨拉丁在自己预判的时间和地点，以自己所期望的方式，成功地分割包围了十字军。

六、战况完全处于萨拉丁的掌控之中。从6月26日自大马士革出兵，到7月4日的决战，一共不过9天时间。萨拉丁的神机妙算，值得21世纪的五角大楼学习。

如果拿这场哈丁战役与历史上其他著名战役相比，有什么不足之处呢？

亚历山大大帝最成功的战役，是伊苏斯和高加米拉之战。

汉尼拔对罗马军队的最大胜利，则是坎尼会战。

恺撒则是以阿莱西亚战役和法萨卢斯战役名垂青史。

这些战略战术的杰作，都是在相当强大的对手面前取得的。对方的司令官，都拥有足够的能力。

由于双方展开了正面的交锋，这几次战役的规模相当大。

而哈丁战役的规模显然不能与前述的几场战役相比。在十字军一方，并没有一位擅长战略战术，集责任与义务于一身的最高司令官。这恐怕是哈丁战役与前述的大战不能相提并论之处。

从战果来看，萨拉丁自然是取得了胜利，而且可以称得上是一场完胜。

胜者与败者

成功从哈丁战场逃离的十字军领导人，只有打先锋的特里波利伯爵雷蒙三世和率领后卫部队的伊柏兰。除此二人以外，并没有任何领导人战死，而是全部做了萨拉丁的俘虏。

其中包括：

耶路撒冷国王路西尼安；

路西尼安的两位弟弟，他们是耶路撒冷军队的指挥官；

蒙费拉特侯爵威廉；

雷诺·德·沙提永；

手捧“真十字架”的阿克主教；

圣殿骑士团团长热拉尔。

哈丁战役于7月4日午后宣告结束。被带到萨拉丁营帐的十字军王侯们，早已口渴难耐。

萨拉丁见状，吩咐手下递给耶路撒冷国王水喝。路西尼安自己没有喝水，而是把递过来的水杯交给了站在一旁的沙提永。

看到这一情景，萨拉丁突然怒不可遏。他大呼“你不能喝水！”随即拔出剑来，砍倒了沙提永。苏丹的近卫兵士立即上前，将沙提永斩首。萨拉丁终于实现了亲手斩杀劫掠朝圣者的强盗的誓言。

在被捕的诸位要人中，只有沙提永遭到了死亡的命运。其他人，包括国王路西尼安在内，首先被萨拉丁带回大马士革。萨拉丁并不想杀害各位王侯，将他们留下还有其他的用处。只有圣殿骑士团的团长，与其他王侯略为不同。

至于比王侯级别低的俘虏，则受到了萨拉丁的严惩。毕竟，这大批兵士如果留在穆斯林中间，可能生出各种祸端。

被称为“突厥子”的改宗基督教的突厥士兵，是十字军中最忠诚的战士，战死的比例非常高。可以说，在与穆斯林的战斗中，战死比例最高的，除了两大宗教骑士团之外，就是这些信奉基督教的突厥人了。因此在哈丁战役中，他们被俘的人数最少。

萨拉丁将俘获的“突厥子”全部斩首。作为突厥人，改宗基督教是背叛伊斯兰的行为，因此这些人不能存活。

对于“突厥子”以外的俘虏，大都被作为奴隶贩卖。由于伊斯兰教禁止贩卖穆斯林为奴，这次被卖的都是信奉天主教和其他基督教派的步兵。

萨拉丁对于俘获的圣殿骑士团和医院骑士团的骑士，给予了保命的机会。他承诺，如果这些骑士改宗伊斯兰教，可以在穆斯林军队中获得要职。由于伊斯兰教禁止对穆斯林处以死刑，通过改宗，这些骑士就能得到活命的机会。

但是，骑士们绝少答应改宗。最终，萨拉丁下令处死了230名宗教骑士团的骑士。

在哈丁战役42年之后的记载中，我们可以找到一名圣殿骑士团骑士改宗的事实。这位当时年仅20岁的西班牙骑士，加入了穆斯林军队，并在意大利商人贸易记录里，成为大马士革的守备队长。

经过此战，萨拉丁几乎彻底消灭了圣殿骑士团、医院骑士团和"突厥子"这些十字军国家常备军的有生力量。他们一直担负着两次十字军东征之间中近东最主要的防御任务。因此，消灭他们，萨拉丁所擒获的要人就失去了支持。

但是，这一处理取得的效果只是暂时的。无论是改宗的突厥人，还是宗教骑士团，都很快得到了新的志愿兵的补充。

两大宗教骑士团的成员大都来自西欧。他们的日常生活与西欧的修士有相同之处，那就是通过祈祷与冥想来接近上帝。但他们还有一条接近上帝的途径，那就是以基督战士的名义与穆斯林作战。由于中世纪人心中强烈的信仰诉求，两大骑士团的兵员补充一直没有中断。

萨拉丁知道，杀死骑士团的成员不足以根除骑士团。但他毕竟是以战胜敌人为最优先目的的武将，因此一定要尽可能做到削弱敌军的战斗力。在哈丁战役之后，他也一直秉持相同的策略。

对于武将来说，新获得的胜利一定要尽可能充分利用，这就是常说的"趁热打铁"。

7月4日哈丁战役结束后，第二天一早，萨拉丁就向附近的提比利亚斯派遣了使者，要求开城投降。萨拉丁提出，如果这座加利利的中心城市能够开城投降，他保证每一位居民的生命和财产安全。

提比利亚斯是特里波利伯爵雷蒙三世的领地。在雷蒙出征期间，由伯爵夫人，也即是伊柏兰的妹妹守卫。伯爵夫人同意了萨拉丁的要求，毕竟在哈丁战役之后，没有人敢于违抗萨拉丁的旨意。

萨拉丁完全遵守自己提出的条件。在萨拉丁所派卫队的护送下，伯爵夫人与其子女、佣人，携带着全部家当，前往伯爵所在的推罗。

从此，萨拉丁将第一次十字军时代丹克雷迪占据的十字军国家的东部屏障——加利利，收入了自己手中。这相当于在耶路撒冷王国的内部打入了一个巨大的楔子。提比利亚斯城，是哈丁战役以后两天内不战而取的收获。

第二天，7 月 7 日，萨拉丁命令其侄儿率军西征阿克。由于兵力不足，萨拉丁于次日亲率大军前往阿克城下。

萨拉丁之所以选择阿克作为第二个目标，是因为在近东地区，夺取海港城市十分重要。

埃及虽然拥有海军，但在第一次十字军东征后的百年之内，从未靠近过叙利亚和巴勒斯坦海岸。面对意大利滨海城邦对制海权的控制，处于劣势的埃及海军，只有夺取一些海港，才能扭转居民。因此，萨拉丁希望一鼓作气，攻下阿克、雅法和亚实基伦等几座重要的海港城市。

其中，阿克是西欧船只最多的一座港口。如果萨拉丁能够取得阿克，来自西欧的援军就难以登陆了。

但阿克也是一座以城墙坚固而著称的城市。因此，萨拉丁希望能以先前不战而屈人之兵的方式，占领阿克城。

哈丁战役的结果自然也传到了阿克。居民为了能在城里继续生活，同意了萨拉丁的条件。但是，居民中也有决定离开城市的。城中居留区内的比萨、热那亚、威尼斯商人们，以其经济人的特点，积极介入与穆斯林的贸易。但在萨拉丁取得城市以后，他们对自己的居留区是否还能存在，就起了怀疑。除了“首先是威尼斯人，其次才是基督徒”的威尼斯商人还愿意留下以外，成为二等公民的基督徒商人们，纷纷离开阿克的居留区，移居推罗或特里波利。

萨拉丁对巴勒斯坦其他几座海港城市采取了相同的策略。他的目的，是在进攻耶路撒冷之前，切断其补给线。

萨拉丁征服各个城市时，利用了被俘的两位要人，一位是耶路撒冷国王路西尼安，另一位是圣殿骑士团团长热拉尔。

当萨拉丁的大军来到一座城市前时，两位俘虏就被兵士带到城墙下面。萨拉丁命令他们说服城市，不要进行无谓的战斗，尽量在不抵抗的情况下开城。

耶路撒冷国王和圣殿骑士团团长都照做了。城墙上的守军往往对他们展开辛辣的嘲讽和轻蔑的叫骂。最终，萨拉丁结束了费时费力的海港攻势。

恬不知耻的路西尼安，在此之后还苟活了 7 年，而圣殿骑士团团长热拉尔则在两年后病逝。他们都得到了萨拉丁的释放，回到故国，而并非死于穆斯林的牢狱之中。

虽然萨拉丁的策略一直奏效，但到了9月，他中止了这次进攻。他下一步要做的，是“圣战”的最重要一步，收复圣城耶路撒冷。作为伊斯兰世界的最高世俗领袖，萨拉丁以哈丁战役的英雄事迹而得到广泛的传颂。然而，他的行动自由反倒不如以前了。

伊斯兰社会也是封建社会。相当于同时代西欧皇帝与国王的苏丹，对服膺于自身权威的埃米尔与领主，并没有直接约束的能力。他的亲兵数量并不很多，相反要依靠各地埃米尔与领主提供的兵力来征战。

苏丹能够长期作战，完全是来自各地埃米尔和领主的支持。由于他们并不希望折损兵力，如果一旦出现多方面的反对意见，苏丹就无法组织大军。有时，宗教方面的原因就会成为埃米尔和领主拒绝出兵的引子。

按照伊斯兰教法，如果丈夫外出四个月以上不归，妻子就有权利提出离婚。埃米尔们有可能面临妻子离婚的诉讼，除非是在参加圣战战斗的情况下。因此，如果萨拉丁想继续开展军事行动，就必须打着任何穆斯林都不能拒绝的“武力吉哈德”的旗号，以夺回耶路撒冷为终极目标。

1187年9月20日，萨拉丁的大军，来到了耶路撒冷城下。

耶路撒冷并非一座易守难攻的都市。四周的城墙不过4公里长，城外也没有任何援军。因此，只要萨拉丁坚持进攻，耶路撒冷迟早会落入穆斯林之手。由于路西尼安所率领的大军早就败绩哈丁战场，城内几乎无兵可用，更不要说有能力的指挥官了。

耶路撒冷城内的居民，差不多有6万人。

其中四分之一，也就是1.5万人，是穆斯林所说的“法兰克人”。他们从西欧来到这里，或者是西欧人的后代。

其余4.5万人，是由希腊东正教徒、亚美尼亚基督教徒等东方基督徒和犹太人、穆斯林组成的“东方人”。

因此，这6万人并不能作为一个整体来抵御萨拉丁所率的穆斯林军队。东方的基督徒和犹太人，曾经在穆斯林的吉兹亚税收制度下生活过。而从当时的力量对比来看，任何防卫的努力其实都是无济于事的。毕竟在过去的500年间，基督徒的统治只有最后100年的历史。至于1.5万名法兰克人，肯定比任何人都对萨拉丁的大军感到恐惧。此时，城内的焦点在负责防御的巴里安·伊柏兰身上。

伊柏兰的巴里安

作为耶路撒冷王国内强有力的领主，巴里安·伊柏兰也难以完全统御耶路撒冷的十字军。

伊柏兰的祖先是意大利南部人，后来成为了以雅法为中心的广大地区的领主。他们在伊柏兰定居，成为了中近东土生的法兰克人。这个来自意大利的家族拥有极强的适应能力，能说流利的阿拉伯语，对伊斯兰世界的情况也特别熟悉。

而伊柏兰之所以留在耶路撒冷，还有一段有趣的故事。

从哈丁战役成功逃脱的伊柏兰，与属下的兵士一起来到了推罗，但妻子儿女还都留在耶路撒冷。由于哈丁战役后萨拉丁的封锁，伊柏兰难以前往耶路撒冷。

因此，伊柏兰不得不以阿拉伯语致信萨拉丁，希望能够得到通行许可，返回耶路撒冷与妻子儿女团聚。

萨拉丁虽然未曾与伊柏兰会面，却深深了解这位对手。他是连伊玛目们都评价很高的少数法兰克人中的一位。在鲍德温四世大败萨拉丁的蒙吉萨尔战役中，伊柏兰奋勇拼杀，因此广为人知，而此次在哈丁之战中作为后卫，在敌军密集包围中，成功突围，也是诸多武将中最强的实力派。

萨拉丁对这位手下败将的请求，最终给予了应允的答复。但是，他提出了一个条件。他要求伊柏兰只能在耶路撒冷停留一天，然后就必须带着家眷返回推罗。而当伊柏兰进入被萨拉丁重重包围的耶路撒冷城之后，他看到的满是陷入恐惧的居民。

伊柏兰家的纹章
（黄底红色变形十字）

巴里安·伊柏兰并不舍得眼睁睁看着这些人的愁苦而离去。此时离哈丁战役的失败不到三个月。伊柏兰最终决定留在耶路撒冷，与萨拉丁奋战到底。他与妻子一同留在耶路撒冷，担负起城防工作。

于是，伊柏兰给萨拉丁又写了一封信。他希望萨拉丁能够允许自己解除两人之间的约定。

萨拉丁最终决定回复这封来自耶路撒冷城内的信，在回信中同意了伊柏兰的请求。不仅如此，萨拉丁还发了一张特别通行证，保证伊柏兰的妻子儿女事先平安无事地前往推罗，然后再进行男人之间的决战。

萨拉丁虽然做了如此绅士的安排，并不代表耶路撒冷是容易攻陷的城市。可以说，作为中世纪文化的骑士精神，是超越宗教界限的。

为了耶路撒冷的防御而留下的伊柏兰，充分具有城防首领的资格。

这里所谓的“充分”，是指在完全没有其他军事领袖的窘境下，能够担当耶路撒冷防御重责的，只有伊柏兰一个人。

巴里安·伊柏兰并不是家族中的长子。因此，他并不是作为耶路撒冷王国内的重要领主，而是以领主家庭内一员的身份为王国服务的。由于他的长兄在耶路撒冷王宫内受到排挤，退隐安条克，巴里安得以成为家族内的掌权者。1187 年，巴里安 46 岁。

从成为伊柏兰家族的族长开始，巴里安就为鲍德温四世忠心耿耿地工作。从鲍德温四世 13 岁继位到 24 岁病逝，伊柏兰度过了 34 岁到 45 岁之间的中年时期，是麻风病国王最得力的两位重臣之一。与另一位重臣，特里波利伯爵雷蒙三世不同，伊柏兰常与鲍德温四世共同出入于战场。而特里波利伯爵则由于自身领地事务繁忙，不能经常与国王同行。

鲍德温四世将其守寡的继母，拜占庭皇帝之女玛丽亚·科穆宁娜许配给伊柏兰。这自然是对后者破格的厚待。早知自己不能长命的鲍德温四世，认为耶路撒冷王国需要伊柏兰这样的才俊来力挽狂澜。由于伊柏兰的领地级别不够，鲍德温还特意在其与继母的婚礼上，馈赠了纳布卢斯作为新郎的封地。婚礼举行的那一年，伊柏兰 37 岁。

6 年之后，不得不正视自己身体日渐衰弱的鲍德温四世，将自己 6

岁的侄子加冕为共治国王。为了阻止自己死后西比拉和路西尼安继承王位，鲍德温命令伊柏兰和雷蒙三世带领年幼的新国王走上宝座。这一仪式本来要国王亲自完成，但是身体已经十分衰弱的鲍德温四世，实在无法靠自己的力量来完成。

在加冕仪式两年之后，24 岁的鲍德温四世就驾崩了。8 岁的少年鲍德温五世在成为国王翌年也宣告夭折。西比拉和丈夫路西尼安，最终还是坐上了耶路撒冷国王的宝座。

伊柏兰一直与耶路撒冷王宫中的西比拉和路西尼安保持距离。虽然伊柏兰跟随路西尼安参加了哈丁战役，但他的部队完全听命于他自己。这一时期内，出任家族族长的伊柏兰，一直与路西尼安保持距离。

而对路西尼安重用的沙提永，伊柏兰常常保持沉默。他与沙提永完全不是一路人，而沙提永对穆斯林的强硬路线，也是伊柏兰所反对的。

历史把 47 岁的伊柏兰推到了耶路撒冷城防总指挥的位置。而这位领主大概也在思索着自己的命运吧。

现实是十分严峻的。能够跟随伊柏兰参加城防作战的骑士不足 60 人。在与萨拉丁决战之际，耶路撒冷的城防空空如也，这是路西尼安的责任。他只留下牧首负责城防，而牧首却是左右为难，没有起到任何实际作用。

伊柏兰召集了耶路撒冷城内 16 岁以上的男子，将他们全部任命为骑士。这些人一共有多少，现在不得而知。但是，伊柏兰的骑士任命，显然是为了从气势上鼓舞城内居民保卫圣城的决心。

伊柏兰能将60名骑士与一群业余士兵捏合起来，足见其能力的高超了。

耶路撒冷之战

萨拉丁在到达翌日，9 月 21 日一早，就开始发动进攻。耶路撒冷西北面和西面的城墙，是从大马士革门到雅法门之间的区域。萨拉丁选择这一区域发起进攻，是与第一次十字军的攻城方向相同的。萨拉丁军队的攻势，从 21 日持续到 25 日。

我们并不知道伊柏兰是如何在城内领导骑士们进行防御的。但是，在绝对优势于己方的兵力面前，防御方还是最大限度地发挥了自己的力量。萨拉丁的军队虽然猛攻了 5 天，却连一座城门也没能攻破。

萨拉丁的军队比以前的穆斯林军队拥有更强大的技术支持。他们不仅拥有许多投石器，还有发挥着如同今日手榴弹一般作用的“希腊火”。尽管如此，城防部队并未退却一步。

5 天的战斗结束以后，萨拉丁明白，用相同的战法，肯定无济于事。于是他决定连夜拔营，把军队向耶路撒冷东北方向移动。

26 日，萨拉丁向耶路撒冷的东北方向展开了新的攻势。从城墙下面的投石器中发射出的，是装满了石油的“手榴弹”。这些“手榴弹”

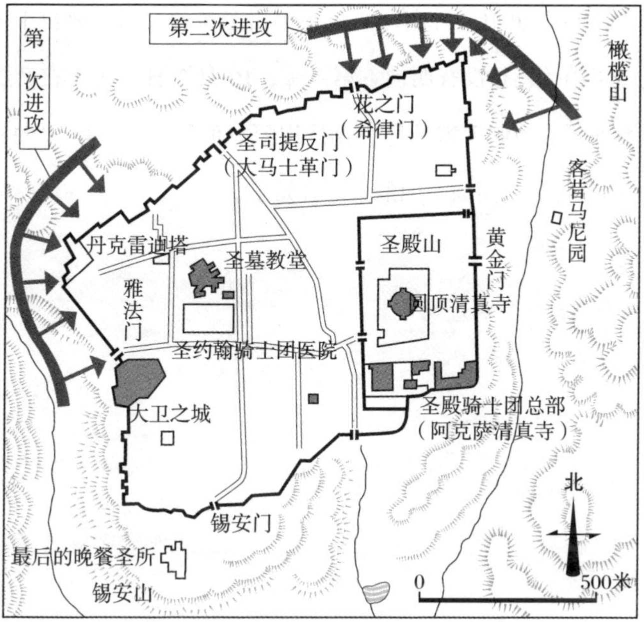

耶路撒冷攻城战

不再单个地从兵士手中投掷出去，而是一齐向城墙上发射。被“手榴弹”击中的城墙，顿时化作一片火海。

在猛攻城墙的同时，萨拉丁命令工人在城墙下面挖掘坑道。经过三天的工作，坑道挖掘了30米，然后在坑道内施以火药，将城墙炸开。萨拉丁命令骑兵部队从毁坏的城墙上越过，进入城内。

防守方自然也注意到了萨拉丁挖掘坑道的作业。

30日，巴里安·伊柏兰向萨拉丁递交了一封信，希望与之会谈。但是，萨拉丁没有答复。

10 月 1 日，伊柏兰再次向萨拉丁提出会谈的要求。萨拉丁依然没有答复。伊柏兰还是没有明白。第二天，10 月 2 日，两人在萨拉丁的营帐里会面了。他们无需翻译，直接用阿拉伯语交谈。49 岁的穆斯林和 47 岁的基督徒之间面对面的对决开始了。

男人间的对决

巴里安·伊柏兰已经泣不成声。而与此同时，他说了一番威胁萨拉丁的话。关于对萨拉丁的威胁，伊斯兰史料中有如下的记录。

伊柏兰这样说："耶路撒冷早晚是你的了。但是，今天耶路撒冷还在我们的手里。我们会战斗到最后一个人。"

"我们还会把城里的5000名穆斯林全部杀死。还有，你们伊斯兰教的圣殿，圆顶清真寺和阿克萨清真寺，我发誓一定把它们全部毁掉！"

"萨拉丁，你，终于成了耶路撒冷的征服者了。可你终究不过是在破坏之后的一片废墟上，用基督徒和穆斯林的鲜血染成的城市的征服者罢了！"

萨拉丁在沉默中听着这一番话。看到萨拉丁的样子，巴里安·伊柏兰改变了说话的口气。他谈及在耶路撒冷的一笔巨款。当时，为了平息托马斯·贝克特事件之后罗马教皇的愤怒，英国国王亨利二世给耶路撒冷捐献了相当于3万第纳尔金币的重金。伊柏兰希望用这笔款项作为城破之后法兰克人不被贩卖为奴隶的赎金。因此，萨拉丁和伊柏兰之间的交涉，转移到了赎金的方面。

伊柏兰首先希望用 3 万第纳尔作为 1.5 万名法兰克人安全与自由的赎金。但是，如果按照当时男子 10 第纳尔，女子 5 第纳尔，儿童 1 第纳尔的市场价格，这笔钱只能救出 7000 人。

这 7000 人自然只包括法兰克人。城破以后，同样被捕的犹太人、希腊正教徒和亚美尼亚人，也需要萨拉丁格外开恩，但是这部分人的赎金就难以提供了。

伊柏兰想做的，并不只是救下这 7000 人。他希望将全体市民救下来。伊柏兰捐献了自己的全部财产，并将城内的资金集中起来，只求萨拉丁尽可能多地保障居民的安全与自由。

萨拉丁看到这一场面，深为感动。在场的萨拉丁之弟阿拉迪尔尤为感动，他向兄长提出，自己出 1000 人的赎金。萨拉丁表示同意。

萨拉丁以最高司令官的名义，许可了城内老年法兰克人的自由。对于孤儿和寡妇，也执行了相同的命令，不需要支付赎金就可以安全离城。而实际上是萨拉丁自己为他们垫付了获取自由的赎金。

耶路撒冷城内的法兰克人，也为了自己的同胞不致沦为奴隶而奉献一切。牧首提供了 700 人的赎金，伊柏兰则贡献了 500 人的赎金。其他人也尽自己所能，为同胞捐献财物。为了救助那些无法支付赎金的人，法兰克人竭尽所能地捐献。

最终，没有一个法兰克人被贩卖为奴。这一点，在交战双方的史料中都有记载。

萨拉丁的处理，成为遭受伊玛目们责难的原因。在他们眼中，萨拉丁的宽容超越了宗教所能容忍的正常界限。

在 88 年前基督徒征服耶路撒冷时，他们对待穆斯林是要么杀戮，要么贩卖为奴。

但是，萨拉丁并没有听从这些宗教人士的话。他严禁兵士劫掠城内的难民。城内的居民因而得以逃到推罗和特里波利，一路上没有受到任何威胁。

耶路撒冷再次被穆斯林掌控

从萨拉丁自己的考虑来看，他对耶路撒冷的“解放”，是与第一次十字军的“解放”完全不同的，避免了血腥的杀戮。88 年之后，耶路撒冷再度成为穆斯林的都市。

1187 年 10 月 9 日，是一个值得穆斯林纪念的日子。在这一天，萨拉丁举行了收复耶路撒冷的入城式。他终于把耶路撒冷从基督徒的统治下“解放”出来。

在解放者萨拉丁入城之前，发生了好几件事。

首先，始建为圆顶清真寺的圣殿，顶上的十字架被拆除。然后，内壁上涂画的各种基督教题材的绘画被抹去，带着蔷薇香气的圣水也被完全清除。在这些工作完成以后，穆斯林得以回到清真寺内进行礼拜。

在法兰克人改建的其他圣所，穆斯林也进行了相同的复原程序。被圣殿骑士团作为总部的阿克萨清真寺，也进行了清理改造。这一清真寺比圆顶清真寺的地位更加重要。而耶路撒冷牧首的官邸则改建为穆斯林的学校，耶路撒冷市内 88 年间改建为教堂的清真寺，全部恢复了本来的面貌。

然而，萨拉丁并未听从伊玛目们的全部建议，他保留了基督徒的圣墓教堂。这座在基督墓上建立的基督徒信仰的中心，受到了温和的待遇。由君士坦丁大帝敕建的圣墓教堂，既没有遭到破坏，也没有被改为清真寺，一直保存到今天。

萨拉丁保留了圣墓教堂，也保证了基督徒朝圣的自由。在圣墓教堂旁的医院骑士团总部，也因此一直留存到现代。

萨拉丁使耶路撒冷回到了十字军占领之前的状态。他虽然使耶路撒冷恢复了穆斯林的统治，但也保障了来自西欧的基督徒朝圣者的安全。萨拉丁不允许十字军时代的耶路撒冷牧首留在城内，但同意在圣墓教堂中保留修士。同时，出于人道考虑，他允许 10 名医院骑士团团员留在城内。

1188 年 1 月 1 日，完成吉哈德使命的萨拉丁，解散了自己的大军。埃米尔们得以回到自己的领地，兵士们也回到了各自的妻子身边。

仅仅在 1187 年一年之内，萨拉丁就成功占据了十字军国家的半壁江山，即最重要的耶路撒冷王国。他将十字军近百年取得的成就尽数抹去。

留在法兰克人手中的，除了安条克和特里波利以外，只剩下推罗一座城市了。

由于安条克没有参加哈丁战役，它勉强支撑下来。但是，安条克公国实际上已经落入拜占庭帝国之手，不再是法兰克人的国家。得知耶

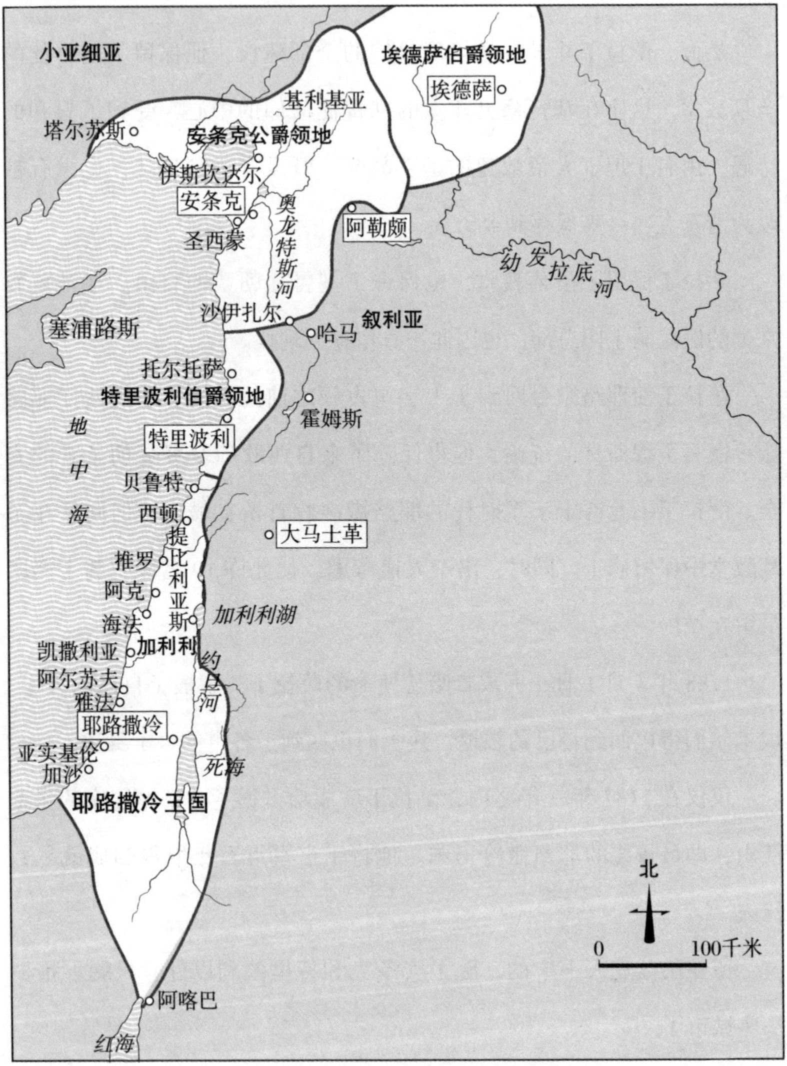

1118 年的十字军国家

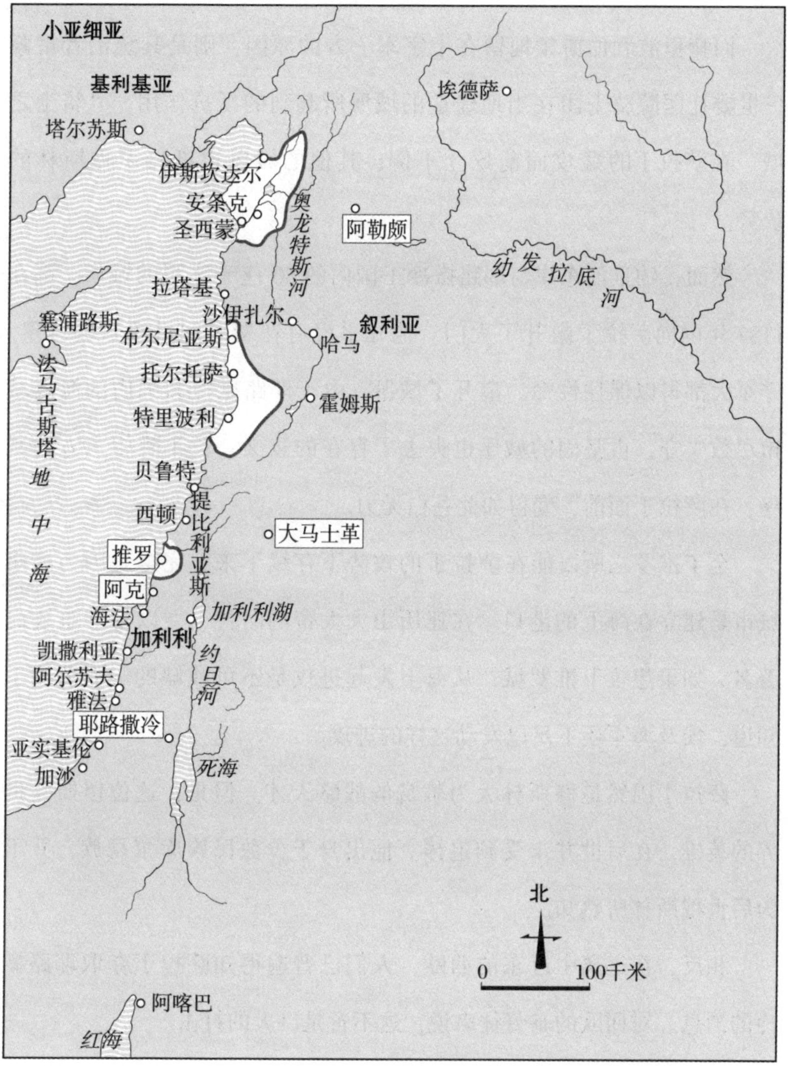

1187 年的十字军国家

路撒冷陷落的拜占庭皇帝，给萨拉丁送去了祝贺信。

而特里波利伯爵领地留在十字军一方的原因，则是其统治者雷蒙三世委托医院骑士团在当地建造的城堡所起到的抵抗作用。“骑士之城”在萨拉丁的猛攻面前屹立不倒，其他的城堡也抵挡了穆斯林的攻势。

然而，约旦河东岸与耶路撒冷王国内的 80 座十字军的城堡，都在 1187 年内向萨拉丁敞开了大门。他几乎没有花费时间进攻这些城堡。守军大都得以保住性命，离开了城堡。由于耶路撒冷和国内的海港城市尽数失守，再坚固的城堡也失去了存在的意义。长年眺望东方的城堡，在萨拉丁面前，变得如此苍白无力。

至于推罗之所以能在萨拉丁的攻势下存续下来，完全是因为这座城市是建立在海上的港口。在亚历山大大帝的时代，便以易守难攻而著名。如果想攻下推罗城，从海上发起进攻是不可或缺的。而萨拉丁知道，埃及海军还不足以发动这样的进攻。

萨拉丁固然是穆斯林大为赞赏的战略天才。但是，这位伊斯兰世界的英雄，在后世并未受到追捧。他出身于少数民族库尔德族，并不为后世穆斯林所熟知。

相反，在远离中近东的西欧，人们已普遍得知萨拉丁夺取耶路撒冷的消息。对西欧的基督徒来说，这不啻是巨大的打击。

埃德萨的陷落，与耶路撒冷不可同日而语。92 年前发动十字军时，就是以收复耶路撒冷为目标。而从得知失去埃德萨的打击以后，在修士贝尔纳的动员之下，西欧人组织了第二次十字军。这一次，新的十字军自发行动，各位领导人整装待发了。

在德意志，率领十字军的是神圣罗马帝国皇帝“红胡子”腓特烈一世。

法国国王腓力·奥古斯都领兵出战。

而在英国，率领十字军的是以“狮心王”著称的理查一世。

十字军历史上的第三次出兵，即将拉开帷幕。这一次十字军的对手，当然是萨拉丁。

——《十字军的故事》（中）完——

图版来源

第 014 页　　制图：畠山潜

第 019 页　　制图：畠山潜

第 021 页　　M. L'Abbé de Vertot, *Histoire des Chevaliers Hospitaliers des S. Jean de Jerusalem, appellezdepuis Les Chevaliers de Rhodes. Et aujourd'ui Les Chevaliers de Malta*, 1742

第 025 页　　制图：畠山潜

第 063 页　　弗拉·安杰利科画，意大利佛罗伦萨圣马可美术馆藏，AKG-images/PPS

第 069 页　　制图：畠山潜

第 114 页　　制图：峰村胜子

第 128 页　　（右、中）Bridgeman Art Library

（左）制图：Luca Tarlazzi

第 132 页　　Luca Tarlazzi

第 147 页　　制图：畠山潜

第 152～157 页　制图：Stephen C. Spiteri

第159页　　制图：畠山潜

第165页　　制图：畠山潜（威尼斯）

地图制作：综合精图研究所（第062页、023页、029页、051页、057页、074页、085页、096页、134页、143页、151页、153页、155页、157页、163页、202页、216页、232页、247页、248页、265页、272页、273页）

下

第一章

狮心王理查与第三次十字军

圣城失守

公元1187年，可以说是萨拉丁之年。

将伊斯兰世界从逊尼派和什叶派的长期诸侯分裂统一起来的萨拉丁，率领强大的军事力量，于1187年7月4日，在哈丁的原野上给十字军以毁灭性的打击。此后，他并未停歇进攻的脚步，而将十字军控制的主要城市阿克、西顿、贝鲁特、雅法等悉数攻取。

这些城市的居民得知哈丁战役失败的消息，便在一个月之内纷纷投降。他们之所以能够继续生存下去，不外乎所在海港都市的重要作用。

对萨拉丁来说，夺回耶路撒冷，是比占领这些城市优先的任务。因此，他夺取这些城市以后，就挥师直扑圣城。

由于在哈丁战役中失去绝大多数防御力量，又失去了巴勒斯坦的海港城市，耶路撒冷孤立无援，最终于1187年9月20日向萨拉丁开城投降。从第一次十字军成功以来一直落入基督徒之手的耶路撒冷，在88年后重新回到穆斯林掌中。

在21世纪的今日，对于信仰深厚的基督徒来说，首选的朝圣目的

地还是耶路撒冷，然后才是罗马和圣地亚哥·德·孔波斯特拉。在千年之前的中世纪，耶稣基督与其信众的距离更加接近。第二次十字军由于埃德萨失守而发动。虽然埃德萨与耶路撒冷先后被穆斯林夺回，二者所引起的效应则不可同日而语。耶路撒冷的失守，带给基督教世界巨大的冲击，使西欧陷入一片惊恐之中。

一线情报由热那亚和威尼斯的快速邮件传到了西欧。情报以接力的方式，在一艘船到港，另一艘船离港之时，以最快速度传达到下一个目的地，使从中东到意大利的信息得以在一个月之内送达。罗马教皇此时位于意大利北部的费拉拉。对他来说，热那亚和威尼斯的距离都不远。

根据教廷的记录，教皇乌尔班三世大惊而死。耶路撒冷成为基督教世界的一部分，是从乌尔班二世组织的第一次十字军东征成功之后而成的。而耶路撒冷却在同名的乌尔班三世的时代，再次回到了穆斯林的手中。教皇大概是无论如何也不能忍受这样的心痛吧。

选出的新任教皇格列高利八世，也在一年之后撒手人寰。罗马教皇得知了萨拉丁的威风，也清楚中近东十字军势力的羸弱。

也许是萨拉丁的威势，致使在一年之内，两位罗马教皇去世。直到第三任教皇克力门三世上台以后，才正式开始筹划第三次十字军。此时，离圣城耶路撒冷失守，已经过了一年有余。

罗马教廷的迟缓应对，与第三次十字军的性质密不可分。

第一次十字军实际上是在教皇乌尔班二世的提倡之下发动的。

第二次十字军则是在教皇的左膀右臂，修士贝尔纳的感召之下，通过说服西欧的皇帝、国王而实现的。十字军东征的司令部是罗马教廷，两次十字军都有作为“教皇代表”的高级神职人员，在教皇任命之下同行。

而第三次十字军中就没有了这样的人物。神圣罗马帝国皇帝、英法两国的国王，都没有与教皇的代表同行。因此，第三次十字军也就成为“世俗人士的十字军”。

这是因为，圣城耶路撒冷失守的事实，震骇了西欧基督教世界的每一个人。王侯们组织十字军的自觉，已经不需要教皇和高级神职人员的动员了。

英格兰

最早组织十字军的，是英格兰国王亨利二世。在此前的十字军东征中，英格兰人有个人参加的，但从未以国家的名义出征。11 世纪末到 12 世纪上半叶的英格兰，还在国家建立的过程之中。而到 12 世纪中叶亨利二世领土扩张的结果，是使英格兰变成了拥有法国一半领土的强国。与西欧传统强国神圣罗马帝国、法兰西两国相比，英格兰的实力毫不逊色。

亨利二世为了发动十字军东征，决定征收新税。税的名字叫作“萨拉丁税”。

此时，亨利二世已经 50 多岁。势力远及爱尔兰的英格兰王国，加上来自祖辈的法国诺曼底、来自王后的法国西南部阿奎丹的军队，声势浩大。因此，他并不存在资金与兵员缺乏的情况。到 1188 年，亨利二世已经做好了东征的充分准备。但令他没想到的是，出现了后宫失火的情况。王子理查起兵反抗自己的父王亨利。

在十字军东征开始之前，主权更替的事件在英国先行发生了。这次权力更替，着实反应了父子两位国王的性格，却并非充满阴谋与权

术的事件。这次事件，就像是长期居于君位的老狮子，遭到挑战自己权威的年轻狮子的挑战一般。结果是，父子二人陷入了正面决斗。1189年7月4日，双方的激战终于爆发。

两天之后，统治英国35年的金雀花王朝创始人亨利二世，离开了人世。

两个月后，即将迎来32岁生日的理查，在伦敦的威斯敏斯特大教堂举行了盛大的加冕仪式。从此，英国国王理查一世，作为历史的主人公粉墨登场。

加冕之后的理查一世，宣布将在一年后发动十字军东征。他早在得知哈丁战役失败的消息之后，就宣誓参加十字军。而在完成夺权之后，理查终于可以将自己的誓言付诸实施。远征的准备有条不紊地进行着，而其父王留下的萨拉丁税，此时起了非常重要的作用。

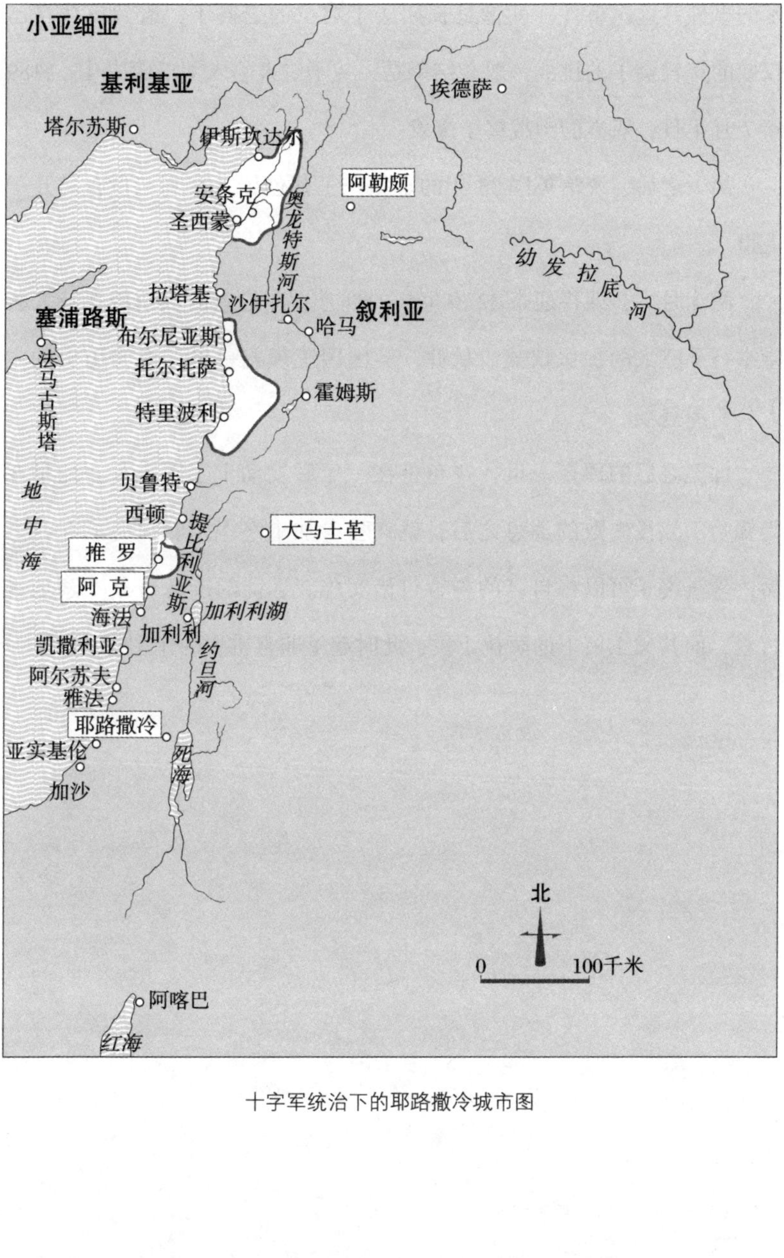

十字军统治下的耶路撒冷城市图

法国

一直以十字军主力出现的法国，为腓力二世所统治。这位国王被后世的爱国者以古罗马首位皇帝奥古斯都的名号相称。在比自己年长 8 岁的理查一世就任英格兰国王时，腓力二世只有 24 岁。然而，这位从 15 岁就继任法国国王的年轻人，已经拥有了相当的治国经验。

在即位后不久，腓力二世就通过与弗兰德斯伯爵的侄女结婚的方式，与之结为同盟，并共同击败了香槟伯爵。而在一年之后，他又与英格兰国王亨利二世结盟，击败了弗兰德斯伯爵。这样，腓力削弱了法国东北部强大封建诸侯的力量。6 年之后，他又与理查结盟，挑战其父亨利二世的权威。但在此时，腓力的成功战术到头了。

法国国王希望看到的是，亨利二世在其子的挑战之下一败涂地，放弃诺曼底地区。除了理查一世能够名正言顺继承的阿奎丹一地之外，其他英王名义下的土地，都能收归法国所有。

腓力的算计没能实现。理查一世在战场上所表现的能力，远超常人。父子之间的斗争以王子的完胜而告终。而亨利也猜到了腓力的别有用心。他死后，将自己的全部领地传给了理查一世。在理查一世加

冕仪式上，这位新国王的正式称号是：

“英格兰国王、诺曼底公爵、安茹伯爵、阿奎丹与加斯科涅公爵、普瓦提埃伯爵”。

法国国王腓力二世9年的苦心经营，就此化为泡影。英法两国国王的领地，与腓力即位之初没有任何变化，而对方的领导人，却顺利完成了代际更新。与亨利二世的时代相比，法国想在这时夺取境内的英王领地，变得更加艰难。这时，两国国王都把第三次十字军东征提上了日程。

腓力二世人生的最大目标，或者说唯一的目标，就是扩大自己的领地。为了达到这一目的，他善于利用各种不同的人与机会。

腓力本来并不想参加第三次十字军。但是，他最终决定发动十字军，其内在原因有哪些方面呢？

第一个原因是，腓力二世是率领第二次十字军的两位领袖之一路易七世的儿子。信仰虔诚、珍惜名誉的腓力一定非常希望能亲身为惨败的第二次十字军雪耻。而且，作为法国国王，如果不参加十字军，就会广为法国境内的基督徒所知。

如果腓力不参加十字军，第一个感到不快的就是罗马教皇。腓力二世在亲政的9年间，为了唯一目标的达成，使用了各种权谋之术。他对自己的军事能力并不十分自信，因此这位深谋远虑的国王，肯定不希望到处树敌。违背罗马教廷的意志，对这位国王来说显然是愚蠢的。毕竟，他的政治联姻还需要教皇的背书。

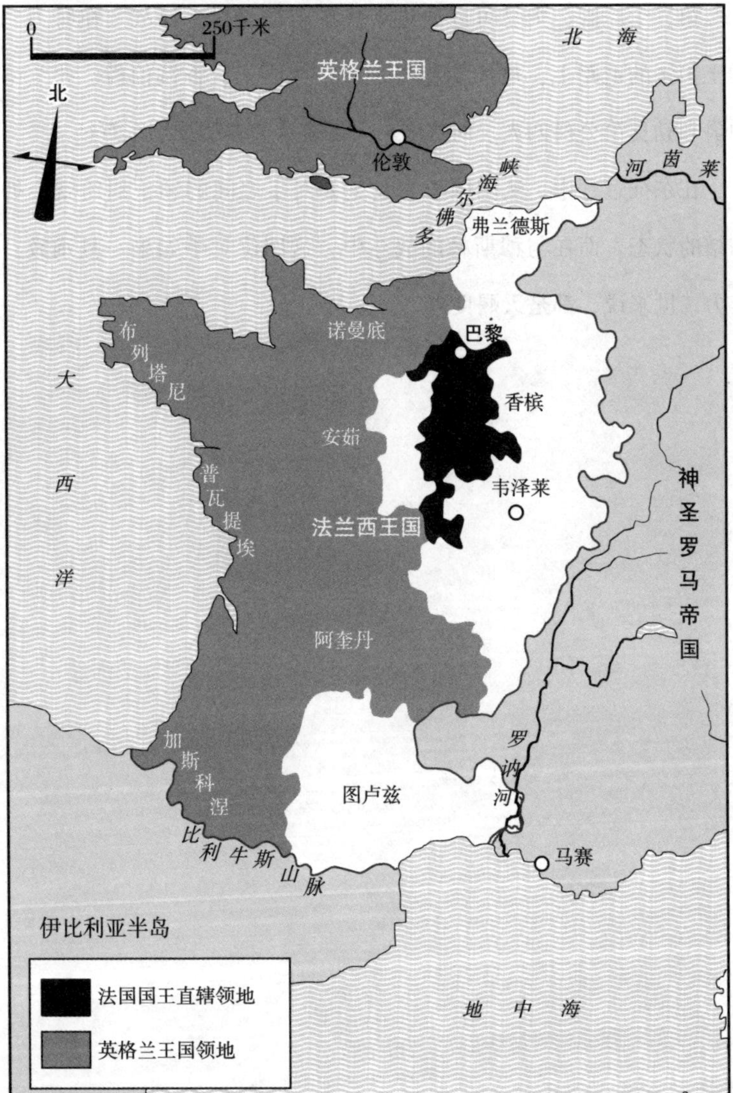

1187 年前后法国各势力示意图

第二个原因，则是可以通过十字军东征与对手停战。在腓力二世领土扩张的道路上，最大的障碍是英格兰国王、香槟伯爵、弗兰德斯伯爵和勃艮第公爵四人。而这四个人都表示会参加十字军东征。

在东征过程中，法国国王与其主要对手之间的领土纠纷就会处于冻结的状态。而在与穆斯林的战斗中，这四位对手如果一旦殉教，对腓力二世来说，都是天赐良机。

理查与腓力

在军事能力上绝不逊色于腓力的理查一世也是生活在中世纪欧洲权谋旋涡中的男子。无论他是否看透了腓力的本意，理查还是于 1190 年 7 月与腓力在法国的韦泽莱会晤，一起发动了十字军东征。

两人发誓一同出发，一同归国。双方宣誓，假如一方归国在先，决不侵占其后归国一方的领土。这一约定可以称得上是君子协定，而君子协定并非与善权谋的腓力·奥古斯都无关。

1190 年 7 月初，法国西北部的小镇韦泽莱汇集了来自各地的军士。在城墙外架设的营帐中，蓝底黄色百合的法国国王旗帜，和红底黄色狮子的英国国王旗帜，遮天蔽日地飘扬着。其间往来的兵士，不分国籍，都穿上了印有红色十字的战袍。

腓力所选择的出发地韦泽莱，正是其父路易七世发动第二次十字军时的出征地点。他向遥远的罗马教皇所发出的信息，是他将以第三次十字军为第二次十字军雪耻。

1190 年 7 月 4 日，英法两国的国王一同从韦泽莱出发。他们沿着罗讷河南下，到达地中海沿岸。理查一世从马赛出海，腓力二世则从

热那亚出海，前往中近东。两人在西西里岛的墨西拿再次相遇。

这两位分别为33岁与25岁的国王，一起从法国出发，远征东方，但实际上，两人又起着互相牵制的作用。

之所以法国国王不从马赛出港，而选择热那亚作为远航的起点，与当时法国的实际情况有关。

当时法国国王的领地并不包括法国南部，而这一地区是属于阿奎丹－加斯科涅公爵理查的管辖范围之内。因此，理查的舰队从英格兰出发，绕过伊比利亚半岛之后，就停泊在马赛等候主公上船。

腓力选择热那亚，则会获得充分的便利。乘坐地中海航线上经验十分丰富的热那亚人的船只，会得到许多关于长途航行的知识。

而理查一世从北海和多佛尔海峡召集来的舰队，大都是以维京人船只为原型的船组成的。

这些船只能够抵御北海的巨大波涛，自重很大，载重也多。但这种船只也因此速度缓慢。由于这些船只大都是帆船，并没有桨帆船常设的划桨手。因此，这类船只不适合作为海战用舰，只能作为运输船来使用。

理查一世命令这些船只装运投石机。这些投石机的部件，先拆下来，通过车船运送，最终在战场上由兵士装配完成。由于投石机底部有车轮，在战场上移动的过程中可以充分节约人力和时间。

关于这种装配式的投石机，在理查一世使用之前并没有记载。第三次十字军东征中法国国王和诸侯所使用的投石机，都是在到达战场

之后制造的。只有理查一世的投石机是在战场上组装，在战斗结束后分拆并运送到下一个战场的。

理查一世的舰队不仅运送投石机，还运送从投石机中发射的石弹。理查一世所使用的石弹，全是不易崩裂的圆球状，比法国国王和诸侯使用的石块更为先进。由于圆球弹的空气阻力小，可以飞得很远，下落时的破坏力也更大。

石块和石球的破坏力大为不同。在理查一世与萨拉丁的对决中，石球发挥了巨大的作用。

可以说，以狮心王之名著称于世的理查一世，不仅有一颗勇敢的心，也是颇具头脑的人物。

“红胡子”皇帝

在法国国王与英国国王之外，十字军东征中不可或缺的还有德意志皇帝。这一时期的神圣罗马帝国皇帝，是以“红胡子”绰号著称的腓特烈一世。在萨拉丁夺回耶路撒冷的1187年，腓特烈已是62岁高龄。

由于腓特烈曾经随其伯父康拉德三世参加过第二次十字军，他成为第三次十字军中唯一一位拥有东征经验的领导人。对他来说，长期离开本国，前往东方，是没有问题的。腓特烈希望能一雪以惨败而告终的第二次十字军的耻辱。与上次试图夺回埃德萨的目标不同，这次十字军的目标是耶路撒冷。

腓特烈既不需要经历理查一世那样的王位更替，也不必像腓力·奥古斯都那样陷入深思。因此，他是第三次十字军中最先动身的。

1188年3月，腓特烈在美因茨大教堂的十字架下，率领全体德意志诸侯庄严誓师，定于翌年5月出发东征。诸侯承诺在未来的一年中，自己负责筹措远征的费用。1189年5月，德意志全军在腓特烈一世的率领下，从雷根斯堡向东进发。此时英格兰国王父子正在激战之中，

而腓特烈一世认为没有等待英法两国的必要，径直率领大军起程出发。

地位与权力都十分稳固的红胡子腓特烈，其所率的大军规模庞大。与一年两个月后出发的英法两国以数百名骑兵和数千名步兵所组成的军队，完全不可同日而语。根据历史记载，腓特烈一世所率领的德意志军队，拥有数千名骑兵和数万名步兵，总人数达到 10 万之多。因此，迎战的萨拉丁对德意志军队的动向尤为关注。

腓特烈一世的纹章
（黄底黑狮子图案）

神圣罗马帝国的纹章
（黄底黑鹫）

但是，这支大军自然有其弱点。由于兵士数量太多，没有任何西欧国家可以为德意志军队提供足够数量的船只。因此，德意志军队只能选择由陆路行军，从而令红胡子皇帝大为苦恼。

腓特烈一世选择了一条与第一次十字军大获成功的洛林公爵戈德弗鲁瓦完全相同的行军路线。参加第二次十字军的经验，使他清楚各条道路的情况。当然，通往东方道路上的各种艰难险阻，就需要他的部队逐一克服了。

为此，腓特烈一世采取了在对手探得自己情况之前，先行探得对手情况的策略。他为了消除行军路上的障碍，给同为基督徒的匈牙利国王和拜占庭皇帝，甚至身为穆斯林的小亚细亚领主们都寄去了书信，内容大概是这样的：

朕所亲率之大军声势浩荡，汝等之抵抗皆无意义。我军之意图仅为通过而已，望务必提供我军必要之食粮，并为我军开路。

10 万大军所到之处，手持皇帝书信的使节，与其说是请求，不如说是威胁。就这样，腓特烈的大军通过了一座又一座城市。

他的策略十分奏效，在众人对大军的惊恐之下，腓特烈顺利地经过东欧和小亚细亚。

腓特烈一世也给萨拉丁送去了书信。作为神圣罗马帝国的皇帝，腓特烈的信函中自然要表现骑士精神。他以皇帝的身份，正式递交了宣战书。

我想在此同时介绍一下腓特烈一世的去信和萨拉丁的回信。

这两封信件，首先是基督教世界与穆斯林世界最高领导人之间的书信来往。以此历史价值来看，双方的往复书信是十分愉快的。

64 岁的腓特烈一世信的开头这样写道：

上帝祝福的神圣罗马帝国皇帝，战功彪炳的腓特烈，致撒拉森人的首领，必须离开耶路撒冷的萨拉丁：

东方的穆斯林把西欧的基督徒称为“法兰克人”，而中世纪西欧的基督徒也把穆斯林——无论是阿拉伯人、突厥人还是波斯人——统称为撒拉森人。因此，在腓特烈的信中，萨拉丁是“撒拉森人的首领”。

> 我已得知阁下攻占我等基督教徒之圣城耶路撒冷，并亵渎城内教堂与圣迹的行径。朕身负守卫整个基督教世界之责任，因而阁下之行为，必然引起朕对阁下之行动。
>
> 因此，倘若阁下不愿离开所夺取之圣地，并消去此圣地中亵渎之迹，我必将率军到达，以武力令阁下悔悟。特此宣示是荷。1190 年 11 月 1 日，我二人必将兵戎相见。

腓特烈一世接下来写了“条顿人的愤怒”。以所谓条顿人，也就是德意志人的愤怒名义而集结的大军，来自属于神圣罗马帝国境内的各个地方。这支完全来自日耳曼民族的军队，并不允许其他民族成分加入。至于最终威尼斯、热那亚、比萨等国的舰队与陆上的德意志军队共同作战，则是后来的事情了。

最后，腓特烈一世写道：

> 阁下想必是认为，在最近的哈丁战役中，基督教军队的右手已被斩断。但是，西欧人强大的右手依然健全。右手执剑与枪的大军，即将在 11 月 1 日与阁下正面交战。这一天将会是我们的耶稣基督所最喜悦的日子。

51岁的萨拉丁如此回复：

致伟大而高贵的、充满善意而亲切的条顿皇帝腓特烈：

陛下的来信已由名为海因里希的使者送来。据此使者所言，信函确由陛下亲笔书写。在此，鄙人不免失礼，而致此回复于陛下。

接下来，萨拉丁也效仿腓特烈列举其所率大军来自多个地方的笔法，列举了自己所率领军队的声势。他的部队除了阿拉伯人和波斯人之外，还有突厥人和贝都因人。他也像腓特烈一世一样称，自己的部队将受到真主的护佑，而必然获胜。

然后，萨拉丁的信中写下了不同的内容。

萨拉丁指出，是基督徒侵略了穆斯林的土地。因此，穆斯林得以在真主的护佑之下，成功收复耶路撒冷，只是收回了原本就属于自己的土地。由于耶路撒冷重回穆斯林之手，目前中近东十字军控制的城市只剩下推罗、特里波利和安条克三座。如果穆斯林一鼓作气进攻，会从基督徒手中夺回这三座城市连同周边的地区。

之后，萨拉丁说："此信读罢，若陛下仍坚持与我方交战，则我军必泰然而迎击之"，"与陛下会面之日，即陛下所言之交战日"。

萨拉丁对腓特烈一世提出的"归还所占领之地、将圣地中亵渎圣物之迹完全消除"以避免军事冲突的提议，给予了完全拒绝的答复。

但萨拉丁也对腓特烈一世提出了避免军事冲突的建议：

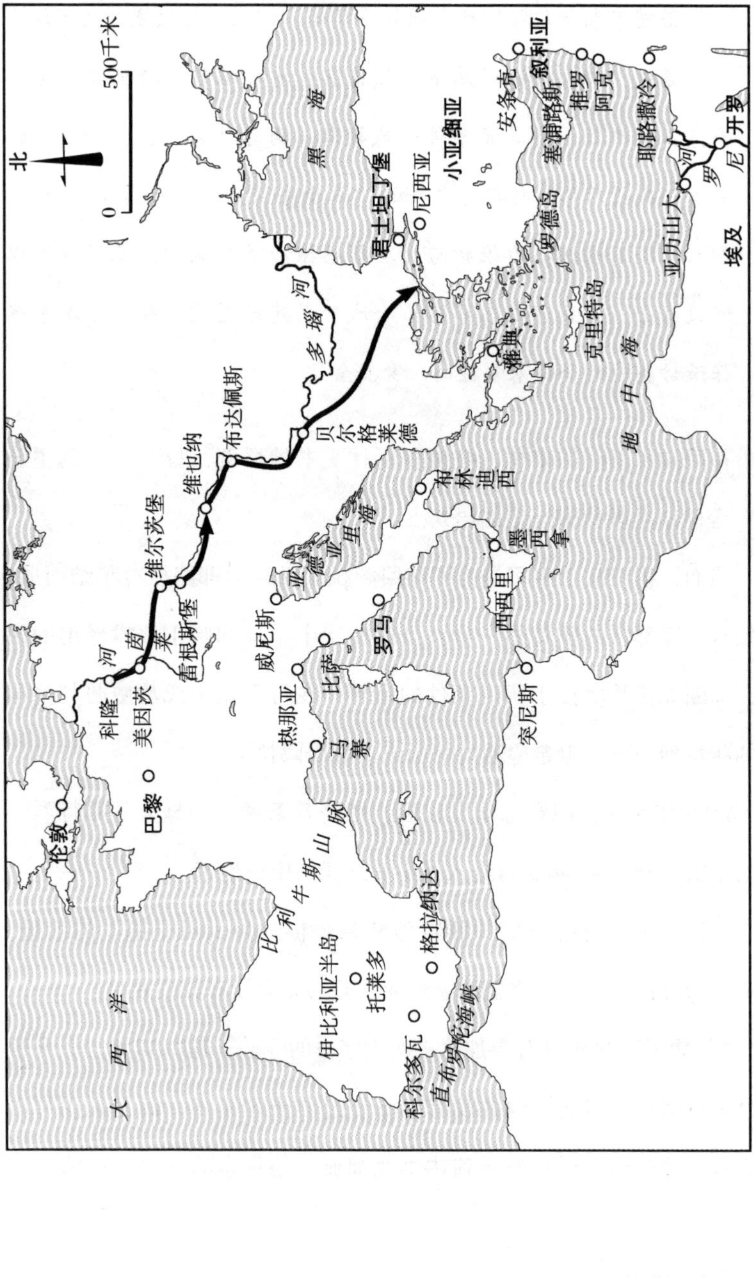
北
0
500千米
大西洋
伦敦
巴黎
科隆
美因茨
莱茵河
雷根斯堡
维尔茨堡
维也纳
布达佩斯
贝尔格莱德
多瑙河
黑海
君士坦丁堡
尼西亚
小亚细亚
安条克
叙利亚
塞浦路斯
推罗
阿克
耶路撒冷
亚历山大
开罗
尼罗河
埃及
罗德岛
雅典
克里特岛
地中海
科林斯
墨西拿
西西里
亚德里亚海
威尼斯
罗马
比萨
热那亚
马赛
突尼斯
比利牛斯山脉
伊比利亚半岛
托莱多
格拉纳达
科尔多瓦
直布罗陀海峡

腓特烈一世的进军路线

若陛下期待与穆斯林之间和平共处，鄙人亦提供充分的可能。

首先，鄙人将派遣属下三位将官，前往推罗、特里波利与安条克三座都市，使其无条件开城投降。同时作为交换，鄙人将归还哈丁战役后落入穆斯林之手的“真十字架”与全体俘虏。同时，鄙人向陛下承诺：为维护与管理耶路撒冷圣墓教堂，基督徒可以常设修士，并且可以在耶路撒冷城外新建修道院；鄙人亦发誓确保造访圣地的全体基督徒的人身安全。”

在萨拉丁书信的末尾，按照穆斯林文书的惯例，写下了“真主至大”等伊斯兰教信仰至上的语句。

然而，第三次十字军是为了夺回萨拉丁占领的耶路撒冷集结而成。率领其先锋部队的腓特烈一世，虽然期待十字架和哈丁战役俘虏的回归，却断无接受萨拉丁所说条件的道理。在行军途中成功威胁其他国家的腓特烈一世，也希望通过信函成功说服萨拉丁。

1189 年 5 月从德意志出发以后，燃烧着条顿人的怒火的腓特烈一世的军队，到 1190 年 5 月进入了小亚细亚的中央地带。

萨拉丁对给自己致信的腓特烈感到恐惧。为了阻止德军的前进，他暗中与拜占庭皇帝订立盟约。然而，盟约完全没有收到效果。

“红胡子”皇帝具有参加第二次十字军的经验，他深知拜占庭皇帝完全不可信任。因此，他并没有率军经过君士坦丁堡，而是利用拜占庭船只，渡过达达尼尔海峡到达小亚细亚。德意志的农民们一路上互

相传说着五彩斑斓的君士坦丁堡生活，但在腓特烈的命令下，他们无福一睹拜占庭首都的风采。

在“条顿人的愤怒”面前，腓特烈的军队没有遇到任何抵抗。他们因此得以径直东进，随后朝南折向叙利亚。在这一形势下，腓特烈所说的“11 月 1 日战场见”，有了现实的意味。萨拉丁将一半兵力派往叙利亚北部，在腓特烈一世刚刚进入叙利亚之时，就遇上了萨拉丁的军队。

除了近在咫尺的德意志军队，此时的萨拉丁还面临相当棘手的问题。

希望在 1187 年结束攻势的萨拉丁，到 1188 年时遇到了难缠的对手。基督教势力控制的三座城市之一——推罗，在收到萨拉丁的劝降书之后，开始了顽强的抵抗。

推罗之战

位于黎巴嫩境内的海港城市推罗，是一座立于海中的岛屿，因此成为天然的要害之地。在伊苏斯战役中大胜波斯的亚历山大大帝，经过了数月才攻下这座城市。这场战役对亚历山大来说，也是一次逆转之战。他通过筑造一公里长的堤岸，最终赢得了攻城战的胜利。

亚历山大不是一位满足于攻陷城市的领袖。他为了给自己创立的帝国增添一座重要的都市，加固了岛上的堤岸，并将陆地上连接推罗的部分变成了一座海港城市。推罗就这样经历希腊化时代和罗马时代，进入了中世纪。

就这样，在海面上建立起来一座固若金汤的城池。城下的部分在陆地上，而岛上的推罗就此成为一座无法攻陷的城市。

即使是在第一次十字军东征的时代，推罗也是最后一座落入基督徒之手的城市。在十字军从海陆两方向都无法攻陷推罗的情况下，依靠 1124 年威尼斯海军全军的投入，才使这座城池落入十字军之手。

而萨拉丁并没有海军。在东地中海上，满是威尼斯、热那亚和比萨的海军舰船。因此，萨拉丁只能从陆路发起进攻，但这样是绝对无

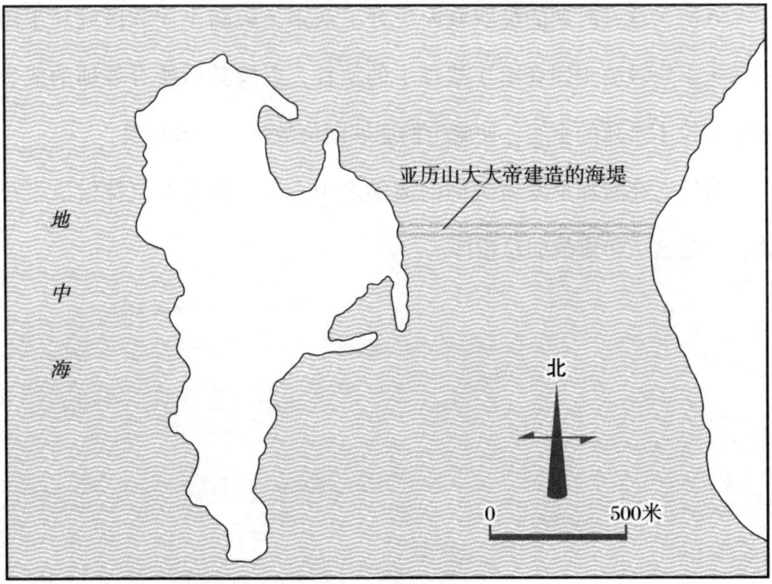

古典时代的推罗

法攻下推罗的。

此外，推罗得以顽强抵抗的主要原因，不仅仅是其天然的要害地位，也并非因为基督教国家还控制着东地中海的海权，而是由于在推罗城内，拥有愿意并能够坚守的领导者。

首先，从哈丁战役中逃出的军士，都汇集到了推罗。虽然特里波利伯爵雷蒙在战后回到了特里波利，并死在自己的封地，但在耶路撒冷之战中与萨拉丁谈判并开城的巴里安·伊柏兰参与组织了推罗的防御。由于这位在中近东最具影响力的诸侯参战，他属下的将士们自然顽强效命。

其次，这一时期的推罗城内集合了众多圣殿骑士团和医院骑士团的骑士。宗教骑士团在哈丁战役中的牺牲，以及其后所有被捕的成员都被萨拉丁杀死的事实，使骑士们能够同仇敌忾，一致对敌。

最后，在参加推罗城防御的诸侯之中，有一位蒙费拉特侯爵康拉德，他是这次防御战的总指挥。

蒙费拉特侯爵康拉德

1187 年底现身推罗的康拉德，已年过四旬。他的前半生可谓是波澜壮阔，也可以说是几番辗转一事无成。

意大利北部热那亚以西的蒙费拉特，是这位侯爵的领地。他是家中的次子，家族与法国国王和神圣罗马帝国皇帝都有亲戚关系。可是拥有这样显赫家世的康拉德，却曾经两次成为阶下囚。之后，他举家移居拜占庭帝国，并在君士坦丁堡得知了哈丁战役的惨败。

这位充满十字军精神的贵族，从君士坦丁堡毅然前往已经形如空城的耶路撒冷。结果由于所乘船只遭遇逆风，康拉德还未登陆时，耶路撒冷已经开城投降。因此，他不得不改变航向，前往推罗组织针对萨拉丁的防御。由于阿克与雅法都已落入穆斯林之手，康拉德只能选择在推罗靠岸。

在推罗，康拉德得以发挥自己的全部才能。虽说他并不是一位具有人格魅力的领导人，这位侯爵在战场上还是勇气可嘉的。

康拉德与其他十字军将领不同，他没有在战场上败北的经历。在萨拉丁面前，康拉德也没有任何处于劣势的感觉。在彻底的败绩之后，

任何人都难以恢复往日的元气。而由于康拉德并未经历对萨拉丁的失败，他能够专心组织推罗的防御。因此，从圣地撤退到推罗的全体基督徒，都集合在康拉德的麾下——巴里安·伊柏兰也罢，圣殿骑士团和医院骑士团也罢。

蒙费拉特侯爵康拉德的纹章（灰底红带）

萨拉丁之所以要攻取推罗，是希望不给西欧来的新十字军留下登陆的港口。因此，他希望推罗能够像阿克和雅法那样，从基督徒居民控制下和平转入自己的手中。

但是推罗的居民坚决拒绝了萨拉丁的劝降。居民回答说，一旦萨拉丁发起进攻，他们必将抵抗到底。而此时的萨拉丁无法专注于对推罗的进攻，因为他还要注意腓特烈一世皇帝的动向。

早已着手进攻推罗的萨拉丁，想到了一条计策。他利用了在哈丁战役中俘获的康拉德之父，作为计策中的诱饵。

在推罗城墙下，老迈的前任蒙费拉特侯爵吉列尔莫被萨拉丁的兵

士带到阵前。虽然他在大马士革经历了两年的囚徒生活，城墙上的守军依然能认出老侯爵的模样。

押送这位老骑士出阵的阿拉伯人，用基督徒能够听懂的法语，宣读了萨拉丁的告示。他要求基督徒开城投降，否则就杀死老侯爵。

此时此刻，康拉德也站在城头，而且正是他担任了防御方的总指挥。如何答复萨拉丁，自然是康拉德的责任。在距离城墙不到 10 米的地方，萨拉丁的军士们可以清楚地听到康拉德的声音。

康拉德用法语回答，身边的翻译以阿拉伯语大声答道：

“我们绝不会答应你们的条件，绝不会把推罗交给你们！如果你们要杀死我的父亲，就请杀吧！这样，我家里也有殉教者了！”

话音刚落，康拉德就手持弩机，向父亲的方向射去。当然，此时康拉德射击的目标并不是自己的父亲，而是父亲身边萨拉丁的卫士们。

萨拉丁对此大为诧异。他最终带着老侯爵撤退回大营，并将其带到自己的营帐之内共进晚餐。

晚餐时，萨拉丁与老侯爵进行了会谈，其内容当然是保密的。也许萨拉丁对老侯爵所表达的，是其子对父亲的不敬吧。不过，在萨拉丁年轻的时候，自己也没有听从父亲的建议，而是起兵反叛了努拉丁。而此时的萨拉丁，已经到了做父亲的年龄。他所信任的人，并非自己的两个儿子，而是弟弟阿拉迪尔与侄子塔基·阿尔迪尔。

第二天，萨拉丁将老侯爵无条件释放。他命令属下的兵士护送吉列尔莫进入推罗城。不知道这位孑然一身回到推罗的老人，对自己的

儿子康拉德说了些怎样的话。

最终，萨拉丁决定放弃进攻推罗，宣布班师退兵。同时，他释放了哈丁战役时俘获的耶路撒冷国王居伊·德·路西尼安。这位毫无战斗力的美男子之重获自由，深乎基督徒一方的期待，反映了十字军抵抗的实际成果。

出兵一年而最终撤军的推罗之战，成为萨拉丁光辉业绩上的第一个污点。对于此时敌军动向分外关注的萨拉丁，选择了放弃进攻而退兵。

同时萨拉丁也放弃了对医院骑士团守卫的城堡“骑士之城”的进攻。可以说，城堡和海港城市的战略地位截然不同。推罗并非依靠任何西欧来的十字军援军，而得以防御成功的。蒙费拉特侯爵康拉德的善战，以及官兵的同仇敌忾，是成功的关键。

法国国王腓力二世和英国国王理查一世所率领的第三次十字军，直到1191年还没有到达中近东。在1187年哈丁战役失败、耶路撒冷陷落之后不到半年，推罗之战就开始了。而推罗之战，可算是第三次十字军的第一次战役。

推罗之战的胜利，给基督教一方注入了一针强心剂。无敌的萨拉丁不再所向披靡。可以说，哈丁战役后的失败士气，在此后一扫而光。推罗之战不仅维持了推罗在基督教一方手中的地位，也给十字军带来了心理上的优势。

但正如萨拉丁所预见到的，耶路撒冷国王居伊·德·路西尼安的

到来，给十字军带来了棘手的问题。

首先，已经成功逼退萨拉丁的康拉德和推罗的市民，该如何迎接路西尼安的回归。推罗选择了紧闭城门，拒绝路西尼安入城。其理由是，这位国王是哈丁惨败的直接责任人，目前只是名义上的国王而已。而推罗城的守卫成功，完全是推罗城居民自己做到的。

然而，就算路西尼安只是名义上的国王，他毕竟还是耶路撒冷王国的君主。此时的中近东基督徒已经开始考虑收复耶路撒冷的可能性了。一旦耶路撒冷收复，王位还应当是路西尼安的。况且，用后世的话来说，他是一位亡命之君。因此，在推罗城中，除了康拉德和城内居民以外，其他的十字军成员都不愿看到路西尼安被拒之门外的情景。

走投无路的路西尼安，给巴里安・伊柏兰提出了一条妙计。他提出与伊柏兰一起出兵，为夺回推罗以南 50 公里的阿克而战。

路西尼安当然没有领兵夺取阿克的能力，他也没有任何兵力可以调遣。只是，既然推罗城的防御战大获成功，下面自然应该考虑夺回阿克了。这是为基督而战的十字军明确的任务。

做出这一决定之后，以战场上无能的耶路撒冷国王路西尼安为首，以下的人员参与了这次战役。

首先是以巴里安・伊柏兰为首的耶路撒冷王国内的封建诸侯。同时，圣殿骑士团和医院骑士团的团长们也亲自要求参战。此外，偶然来到中近东并参加了推罗保卫战的兵士、在巡游过程中由于战斗状态而停留在推罗的朝圣者们，都做好了前往阿克作战的准备。

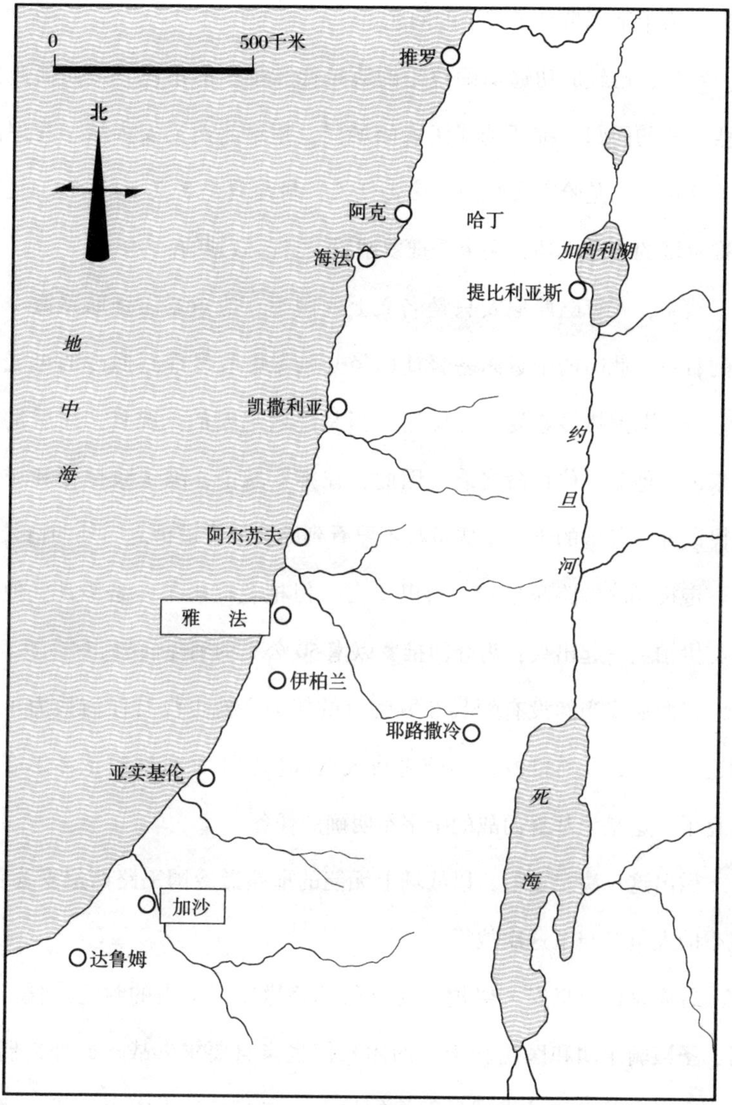
0
500千米
北
推罗
阿克
哈丁
加利利湖
海法
提比利亚斯
地
中
海
凯撒利亚
约
旦
河
阿尔苏夫
雅　法
伊柏兰
耶路撒冷
亚实基伦
死
海
加沙
达鲁姆

雅法及其周边

为了夺取阿克这样的海港城市，从海上提供补给并依靠海军来攻击，都是必不可少的。因此，从比萨和热那亚出发的船只上，满载着身兼划桨手的水兵。

十字军的兵力共计700名骑士和9000名步兵。出兵的名义则来自失去了耶路撒冷和实权的国王。

阿克之战

1189 年 8 月 28 日，路西尼安率领全军抵达阿克城下。三天之后，总攻开始，为期两年的阿克之战拉开了序幕。

如果说在推罗的那场交锋只是一次战役的话，夺回阿克的较量堪称一次战争。推罗之战是第三次十字军的第一次战役，而阿克包围战则是其第二次大规模作战。十字军全体身着印有大十字的战袍，在阿克的陆地一侧围成半圆形的包围圈。十字军战士们展现了为基督而战的意志。

萨拉丁自然没有想到，重获自由的路西尼安，会引兵进攻阿克。一开始，萨拉丁相信，阿克的穆斯林守军能够依靠自身的力量守住城市。在他看来，路西尼安所统率的部队，必然会因为其统率能力的低下而在不久之后宣告解体。因此，他没有派出军队支援阿克的守军。

然而，萨拉丁对于阿克之战的判断，显然有所失误。

首先，在十字军自身层面，参加的基督徒心中的想法，随着行动发生了很大的变化。

在他们看来，就算杀死一个穆斯林，也是对耶稣基督的贡献。而

如果在战斗中被杀，则成为了光荣的殉教者。对于他们来说，这无异于获得了天堂中的一席之地。

其次，耶路撒冷国王路西尼安缺少作为统帅的能力，这一点在十字军一方看来未必是弱点。

路西尼安的无能，是为参加阿克之战的十字军将领们所周知的。就连路西尼安的亲弟弟，也承认其兄在此方面能力的欠缺。

由于以上两方面的因素，参加阿克之战的各支部队的领导人，并不仰仗总指挥路西尼安的领导，而是率领自己的兵士，拼死决战。

从统一指挥的角度来看，此次进攻阿克的十字军并不令人满意。但正因为在无能统帅的率领下，统一指挥的十字军遭受了哈丁的惨败。因此，当这次的总司令与哈丁战役为同一人时，将领们自然不会考虑将指挥权交予此人之手。

圣殿骑士团和医院骑士团都在适当的地点布下了自己的阵势。而路西尼安则听从其弟的建议，在阿克城墙附近布阵。参加此战的耶路撒冷王国内的各路诸侯，依次于国王阵营旁边安营扎寨。

十字军所发起的总攻，此时已是全体的共同行动。但是，此次攻城并非在总司令的指挥下全军一齐发动的攻势。

这种实际上并不协调的攻势，给穆斯林一方带来了好笑的困惑。由于没有统一的总指挥，在守敌眼中，看不出十字军是在哪里、由谁集结部队发起进攻。

由于婚姻而取得耶路撒冷王位的路西尼安，只是由其美貌而非能

力而获得了君主的地位。但此人作为名义总指挥领导进攻阿克的十字军，则令西欧人的目光一时集中于阿克城。从西欧赶来准备收复耶路撒冷的十字军部队，都以阿克作为其进军的目标。

对西欧的基督徒来说，耶路撒冷被穆斯林夺取的事件，给他们带来了无与伦比的巨大冲击。发誓夺回圣地的人数量很多，从而自发发动了包括神圣罗马帝国皇帝、法国国王和英格兰国王在内的大军。这些人由各地的领主与主教所组织，在皇帝与国王的率领下，朝向东方进军。当他们各自得知阿克城的战事时，都不约而同地向阿克袭来。

首先到达的十字军部队，是由今天丹麦、荷兰、苏格兰和比利时的军士组成。他们从北海出发，经过大西洋和伊比利亚半岛南下，通过直布罗陀海峡进入地中海，然后自西向东航行到达近东的海岸。这些北欧十字军出发时达到一万之众，但由于在伊比利亚半岛参加了与穆斯林摩尔人的战斗，他们到达东方时的人数已经减少到出发时的一半以下。他们登陆以后，都编入了路西尼安的部队。

援军的第二阵，则是由阿韦讷伯爵所率领的位于比利时境内和法国东北部的兵士们所组成的军队，其数量不详。阿韦讷伯爵雅克时年37岁，早就得知耶路撒冷国王不成器的消息，因此他并未听从路西尼安的劝诱，而是直接开拔到阿克城墙下一处险要之地——“诅咒之门”下独自布阵。

中世纪基督徒有一种奇特的癖好，比如将医院命名为“不治之地”。因此，阿韦讷在“诅咒之门”前布阵，也是毫不避讳的表现。在

此后一年间的阿克攻城战中，阿韦讷担任了实际的指挥官。

在阿克登陆的第三阵，则是率领了来自法国、英格兰、弗兰德斯、德意志等地骑士的博韦主教。此人虽说不是误入神职界，却可以称得上为战场而生。这支部队还加入了主教之弟罗贝尔所率领的来自西欧东北部的骑士们，成为十字军骑兵的主力。他们与同以骑兵为主的圣殿骑士团比邻列阵，而其阵营所在地成为阿克战役中最激烈的战场。

从以上的一波波登陆阿克的西欧援军来看，第三次十字军并非仅仅由当时西欧最主要国家的皇帝与国王所发动。这次东征涉及了全体西欧基督徒。毕竟，萨拉丁夺取圣城耶路撒冷，是基督教世界无与伦比的晴天霹雳。

然而，当这些援军纷纷加入围攻阿克的十字军阵营时，还待在推罗的康拉德并未参战。最终，在阿克之战开始一个月之后的9月底，康拉德才带领推罗居民组成的军队，来到了阿克城下的阵地。我们不知道他是否曾与一个月前拒绝为之开门的路西尼安相会，只知道他的部队驻扎在国王的军阵之前。

蒙费拉特侯爵康拉德的参战，为十字军一方增加了一员善战的将领。而由于康拉德已经成为推罗城事实上的领主，他的参战就确保了来自推罗的补给线的畅通。

对于战争来说，后勤补给是十分重要的课题。而对于很可能长期持续的攻城战来说，补给是关系生死的大事。因此，优秀的将领一定会十分关注后勤补给。

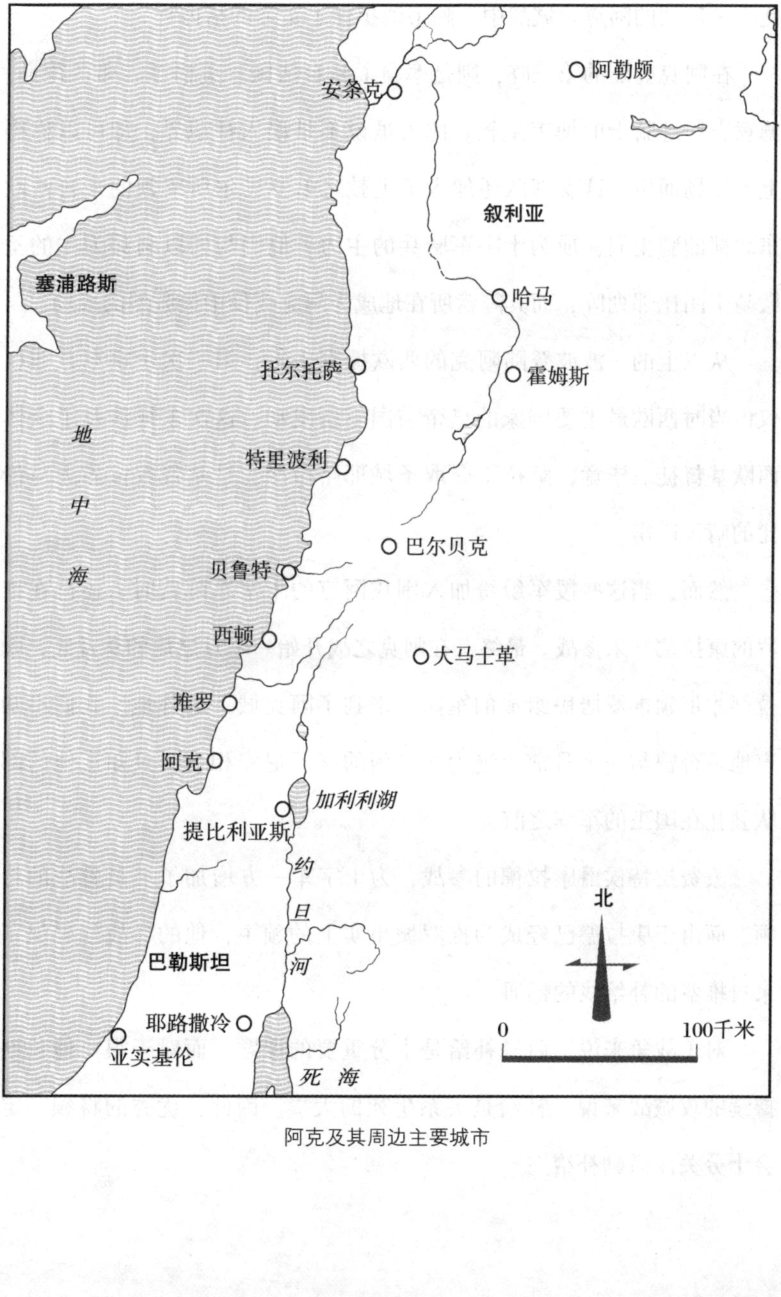
阿勒颇
安条克
叙利亚
塞浦路斯
哈马
托尔托萨
霍姆斯
地
中
海
特里波利
巴尔贝克
贝鲁特
西顿
大马士革
推罗
阿克
加利利湖
提比利亚斯
约
旦
河
北
巴勒斯坦
耶路撒冷
0
100千米
亚实基伦
死 海

阿克及其周边主要城市

阿克之战开始时，路西尼安还被挡在推罗城门外，因此他一直没有考虑开战以后补给的问题。而开战后一个月内的补给，则主要依赖尚在基督徒手中的特里波利和安条克两座城市。

但特里波利和安条克距阿克路途十分遥远。同时，比萨、威尼斯和热那亚的船只所面临的敌手，并不仅是穆斯林的船只。地中海上的急风骤雨也是海员们的大敌。航行距离越长，遇到这种风险的可能性就越大。何况萨拉丁已经夺取了贝鲁特和雅法这两座城市，附近的塞浦路斯岛上的希腊人又不帮忙。冒着狂风暴雨的风险，从特里波利和安条克经海路来补给，是不得已的事情。

因此，康拉德的参战，使得来自推罗的补给成为现实——这条补给线的长度不过是从特里波利来的海路的1/5。当萨拉丁得知康拉德参战的消息之后，深知补给重要性的他开始关注阿克的战事了。

萨拉丁参战

得知蒙费拉特侯爵康拉德参战的消息，萨拉丁决定亲自率军前往阿克支援。此时正值1189年的秋季。

离开德意志向东行进的红胡子皇帝的大军，经过漫长的路途，于1190年春天穿越整个小亚细亚，在夏季到来时出现在叙利亚北部。

而取得英格兰王位的理查一世，于1190年春天正式宣布发动十字军东征。他与法国国王腓力二世·奥古斯都一同前进，于1190年秋季到达阿克。

51岁的萨拉丁，不得不迎击参加第三次十字军的全体部队。此前一直处于攻势地位的萨拉丁，在面对这样大数量的敌军时，不得不转入守势。

萨拉丁终于明白了，不能将阿克城的防御置之不顾，而必须亲率大军出征，才能尽早解决阿克之战。此战无疑对穆斯林世界至关重要。

萨拉丁认为，在与神圣罗马帝国皇帝对决之前，必须首先把阿克之围解除。退一步说，在英法两国国王的大军到来之前，阿克之战不得不结束。可以想象，这时的萨拉丁，面临着前所未有的巨大压力。

阿克这座位于今天以色列北部，濒临地中海的港口城市，在从1189年起的两年间，成为了第三次十字军与迎战的萨拉丁之间正面交锋的战场。

在叙利亚、巴勒斯坦地区的地中海海岸边，阿克是一座特别的良港。这座建立在突出于海中的海角上的港口城市，与附近其他海港相同，冬天常常刮北风和西北风。因此，其海港是向南侧开放的。

由于阿克的西北和北方都是高耸的悬崖，经常有船只在这一侧操作失误而撞上悬崖。在夏天常盛行于地中海的西风，给阿克港带来了一丝丝凉爽的空气。

然而，熟知地中海沿岸各地的比萨、热那亚和威尼斯的水手们，即使是在这清凉的夏季，也无法安心进入阿克港。这座城市向南开放的海港本是十分安宁的，但是，1189年开始的攻城战，使防守阿克的穆斯林军队封锁了港口。

海上封锁是通过给港湾入口降锚的方式，使敌方的船只无法靠近。哈丁战役失败后的中近东十字军，无法在阿克的南北两侧入港。而最近的港口是阿克以北50公里的推罗。这完全是由于哈丁战后萨拉丁优先夺取海港城市的战略所致。

比萨和热那亚的舰队还是一次次试图入侵阿克的港口。不出所料，他们遭遇了港湾入口处的封锁和港内停泊的埃及舰队的拼死抵抗。穆斯林非常清楚，如果港口失守，这场防御战就将以失败而告终。

从交战之年前两年上溯，基督徒控制阿克长达70年之久。参加哈

丁之战的十字军也是从阿克出征。在过去的70年间，阿克港被打造为西欧基督徒访问中近东的主要登陆港，以完备的设施和充足的防御力量，成为地中海东岸的重要海港城市。而此时此刻，基督徒军队却要进攻这座自己建设的城市。

阿克的海上封锁，并不能说是无懈可击的。意大利诸邦的舰队，有效阻止了萨拉丁派出的补给舰入港。

如第一册所述，由于比萨、热那亚、威尼斯的水兵常年与穆斯林海盗作战，其战斗力十分强大。相反，由于穆斯林埃及的海军没有海盗作为对手，他们的操船能力和战斗力都远不如意大利的海军。

虽然意大利海军不能完全封锁整个地中海，但他们还是充分地追击并俘获了穆斯林的船只。虽然没有邻近的港口可以作为基地，意大利的滨海城邦还是有效掌控了巴勒斯坦地区沿岸地中海海域的制海权。

这一状况，在萨拉丁看来是不能放任不管的。

由于十字军对阿克城的半圆形包围，使得守军无法通过陆路获得任何补给。而虽然港口控制在穆斯林手中，海上的补给线也几近完全切断。无论是从北方的贝鲁特，还是从埃及经由亚实基伦所输送的物资，都被阿克附近海面上出没的意大利船只缴获。满载的粮食、武器和军服，以及成袋的第纳尔金币，都成为在海上封锁的意大利船只海盗行为的战利品。

于是，陷入包围的阿克城，无法获得任何来自海陆双方的补给物资。就连通信的传达，都是非常困难的。

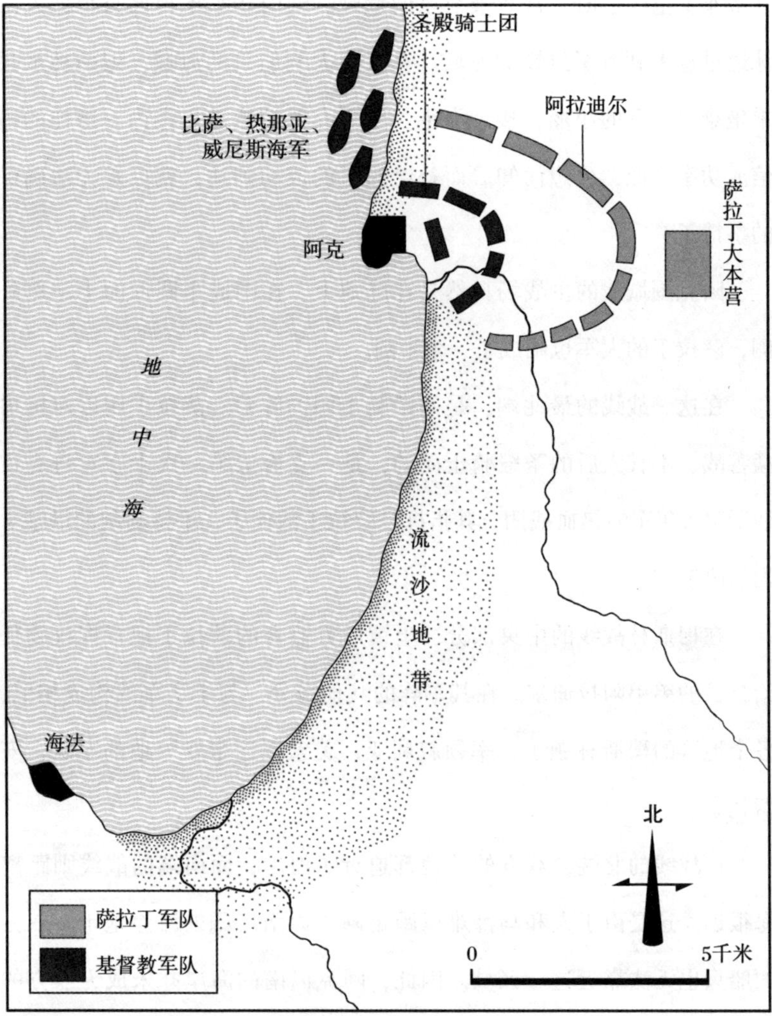
圣殿骑士团
阿拉迪尔
比萨、热那亚、
威尼斯海军
萨拉丁大本营
阿克
地中海
流沙地带
海法
北
0
5千米
萨拉丁军队
基督教军队

阿克攻城战中两军布阵

穆斯林常常使用的信鸽，可以飞越山野，经过很长的距离。但是，在敌军上空飞过时，常有被射杀的危险。港内守军不得已只得派人游泳通过意大利海军封锁的海域。在有意大利船只的海域，穆斯林水兵乘坐难以发现的小船，接近海港，然后弃船游泳进入港内。这样的通信成功率之低，可想而知。而补给船只的成功到达，就更是无法确保的事情了。

阿克围城战的主战场自然是在陆地上。在围成半圆形的十字军外侧，萨拉丁的大军也围成了一个半圆。

在这一战线的最北端，是圣殿骑士团的阵营。萨拉丁用以对抗勇猛善战、不甘人后的圣殿骑士团的，是一支恰似第一次十字军丹克雷迪所率青年军的热血战团，其指挥是萨拉丁的侄子，手持利剑的塔基·阿尔迪尔。

在穆斯林战线的中央部分，坐镇后方监督的萨拉丁把指挥权委任给自己的弟弟阿拉迪尔。在其军阵的其他部分，与十字军的构成相似，各个地区的穆斯林领主，率领叙利亚、美索不达米亚等地的军队，安营扎寨。

在战线的北端，双方的营地都迫近了海岸，而南端的战线则距离海很远。这是由于人和马都难以踏足阿克以南广阔的滩涂地带。双方的船只也无法靠近这一区域。因此，阿克以南的海岸并未成为双方的战场。两军在此处僵持下来，一直到1190年年初。

前方与后方的敌人

包围阿克的十字军兵力不可谓不足。但当萨拉丁率军抵达之后，穆斯林一方的兵力处于优势地位。如果加上阿克城内的守军，穆斯林军队的兵力有明显的优势。

然而，此时的基督教军队，包括来自整个西欧的兵力。从 1190 年开始，西欧的援军陆续赶来。新来的十字军不仅来自英、法、德三国，还包括北欧、匈牙利和意大利的军队。

尽管如此，包围阿克的十字军现在所面对的，是前后两个方向的敌人。而这支十字军却还一直没有确定总指挥人选。路西尼安并未期待任何人的到来。虽然阿韦讷伯爵能够作为代理总指挥，这位勇敢而沉着的贵族并不能使参战的全体将士们服从命令。

阿韦讷伯爵雅克正值 37 岁的壮年。他只是法国的一位地方领主，与英、法、德三国君主并无任何亲缘。相比之下，蒙费拉特侯爵康拉德却与神圣罗马帝国皇帝有着亲戚关系。在中世纪西欧社会中，有这样的上层关系，是十分重要的。最终，在一年后攻克阿克城时，阿韦讷伯爵将总指挥的位置让给了跟随理查一世前来的香槟伯爵亨利。虽

然香槟伯爵比阿韦讷伯爵年轻，却有着与英法两国国王的叔侄关系。

在阿克之战中，阿韦讷伯爵全力以赴，与前后两个方向的敌人奋战到底。但他并不是一位能够从全局进行战略考虑，并大胆执行战术的领袖。他也缺乏能够提早做出判断，预先制定对策所必要的想象力。可以说，阿韦讷伯爵是一位“中世纪之花”式的典型骑士。

这种遇到敌人前后夹攻的局面，在古罗马恺撒所指挥的阿莱西亚战役中出现过。当时，恺撒命令士兵在前后两个方向挖掘深深的壕沟，并以障碍物组成的栅栏围困敌军，从一开始就让对手感到恐惧。而这次，攻城战开始一年后，十字军才开始在后方的萨拉丁军队方向挖掘壕沟。

另一方面，穆斯林一方的最高统帅萨拉丁是既具备战略能力又充满想象力的领袖。而之所以这场战役拖延了长达两年之久，是因为萨拉丁尚需处理伊斯兰世界内部的事务。

萨拉丁在这段时期内的光辉战果，使他心中燃起了统一整个伊斯兰世界的愿望。只有弥合什叶派与逊尼派穆斯林之间长期的对立，才算是取得了长期的成功。通过收复十字军所侵占的穆斯林领土，萨拉丁将各地的领主与埃米尔们整合起来，使这些并非神职人员的贵族们拥有了共同的奋斗目标。

通称为武力吉哈德的战斗，汇集于萨拉丁的大旗之下。在他旗帜下的穆斯林，呼喊着“真主至大”的口号，与基督徒展开了殊死搏斗。与此同时，基督教世界也以“上帝的期望”为口号，集合于收复耶路

撒冷的大旗之下，向伊斯兰世界发起挑战。

然而，无论是穆斯林还是基督徒，其圣战思想都没有长期保持下去。毕竟，任何的狂热都有冷静下来的一天。

伊斯兰世界的吉哈德，团结于“真主至大”的一致声音中，不到半年里就取得了哈丁战役的决定性胜利和收复耶路撒冷的功绩。由于哈丁的胜利和耶路撒冷的收复，穆斯林的宗教狂热一时间达到了顶点。但人在狂热顶点之时，清醒的速度会比任何时候都快，即便是所向披靡的萨拉丁也如此。

在给神圣罗马帝国的红胡子皇帝腓特烈的回信中，萨拉丁写下了这样的话：“在真主的护佑之下，我们击败了前来侵略的基督徒，使这片土地回到了穆斯林的手中。”

在真主的护佑和萨拉丁的指挥之下，重新夺回自己土地的埃米尔们，感到内心的满足。在夺回耶路撒冷的作战中，他们实实在在地感受到了吉哈德的力量。

从1188年往后，萨拉丁面临着新的问题。虽然他成为了伊斯兰世界的英雄，但其集结军队的能力比其成为英雄之前更加困难了。穆斯林兵士们首先要由居住地的埃米尔整编，然后集合到萨拉丁的旗下。萨拉丁的身份是各埃米尔之上的苏丹，他与各地埃米尔的关系，实际上是完全专制下的表面上的团结。这一点，跟西欧的皇帝和国王们与其属下的诸侯之间的紧张关系颇为相似。

拥有伊斯兰世界除巴格达哈里发外最高地位的萨拉丁，其所能够

自由调遣的兵力，只有自己所控制的叙利亚和埃及的部队。如果要调动其他地区的部队，必须动员当地的埃米尔们。只有在萨拉丁自己最为信赖的亲兄弟阿拉迪尔所控制的埃及，他能够任意地组织军队。

跟随萨拉丁的埃米尔们，并不愿出兵协助海港城市阿克的防御战。对他们来说，将自己的兵士投入战斗，造成无谓的牺牲，是非常不利的。

无论是阿拉伯人还是突厥人，都需要首先考虑现实问题。因此，他们向萨拉丁提出，在不适宜作战的冬季回到自己的家乡，来年春天再回到战场。但当春天到来时，这些兵士们还逗留在自己的家中，迟迟没有回归营地。萨拉丁只好借助巴格达哈里发的力量，以吉哈德的名义召唤更多穆斯林的参与。此时，神圣罗马帝国皇帝的军队已经深入小亚细亚，而最终将在叙利亚与萨拉丁对决。此时就算是伊斯兰世界的英雄，也需要众人的鼎力相助。

至于十字军一方，他们一直缺少一位具有领袖才能的指挥。而穆斯林一方，则为了同道兄弟的安危拼死作战。在阿克的战斗中，十字军和穆斯林军队进行个别的厮杀，战斗激烈地继续着。无论是穆斯林一方，还是十字军的记载当中，大大小小的激战层出不穷。这场阿克战役中，双方的拉锯战持续了两年时间。

只是因为互相不认同对方的宗教，两种一神教的信仰者之间发生了激烈的冲突。在双方看来，杀死异教徒都是神明所喜悦的事情，而他们也确信，就算是被杀，也能作为殉教者升入天堂。特别是对十字

军来说，耶路撒冷的失陷使他们尤其有这样强烈的想法。下面的两个战例，生动地表现了战斗的进程。

在圣殿骑士团所在的北线，双方的骑兵展开了厮杀。在战况最惨烈的一天，骑士团长热拉尔以下的全体团员都被萨拉丁的侄子塔基所率的骑兵屠戮殆尽。这支精骑兵可谓是整个穆斯林军中最精锐的力量。而勇猛程度无人可及的圣殿骑士团，也无人愿意遭受被俘的命运。最终，数名团员请求团长允许他们借故逃脱。热拉尔听罢他们的要求，立即拒绝了：

“这绝对不可以！看到同袍被杀，自己却想着溜走，是圣殿骑士团骑士的耻辱！”

这位团长大喊着杀入敌阵，在砍杀数名敌军之后，被塔基的兵士们俘获。他被带到萨拉丁面前，而后者要求他当即改宗伊斯兰教。萨拉丁当然知道，以圣殿骑士团团长的身份，接受这样的改宗要求是完全不可能的。因此，在热拉尔断然拒绝之后，萨拉丁立即命人一刀杀死了骑士团团长，没有对他进行任何折磨。

在哈丁之战后，萨拉丁对俘虏中所有的圣殿骑士团成员都判处了死刑。当时，失去大多数主力的圣殿骑士团，几乎处于完全覆灭的状态。

而在哈丁战后不到两年的阿克之战中，圣殿骑士团又重新成为了一支独立的军旅。他们以勇猛异常的战斗表现，在普通基督徒中间充满声望，因此得以在短时间内获得大量的志愿者加入和资金支持。

我所要讲述的另一个战例，是围攻阿克港的比萨海军与守军之间的对决。

在海上进出阿克的关键港湾，守军将防波堤把守得严严实实。因为一旦这里被敌军侵入，阿克城即告陷落。因此，穆斯林士兵日以继夜地据守在港湾入口处的要塞中。

比萨海军选择在风平浪静的日子发起进攻。熟练的水手经过三天航行，到达了阿克的港湾。这支从推罗出发的舰队，在黎明前接近阿克港时，全部降下船帆。他们所使用的桨帆船既可以只使用船帆作为动力，也可以用桨划行，而作为战船使用时，主要依靠划桨手来驱动船只。在接近敌军的过程中，船帆降下，划桨手们开始行动。这些水手们以最出色的驾船技术，从阿克西侧的悬崖南下，接近了港口。

往往是出其不意的突袭，能够取得最高的成功率。划桨手们静默操船，已经几近突破漫长的铁索，奈何划桨的力量还是稍显不足。在这种情况下，水手们把船帆再度打开，三艘船同时以桨和帆的力量驱动，一举突破了港口封锁的铁链，直接逼近了港内的要塞。

整个港口连同要塞都进入了紧急状态。港内全体穆斯林水兵立即上阵迎击。停泊在港内的埃及船只组织起来，与进港的三艘比萨船相对峙。正在这时，要塞上投下的希腊火“手榴弹”，正中比萨的船只。船上装满的火药和油料一齐爆燃，火焰顺着船帆炎炎而上。比萨毕竟是以贸易立国的小城邦，操船手和划桨手都不是特别狂热的战士，因此，这些船只连忙在遭到围捕之前撤退了。

热那亚海军也进行了同样的尝试。但他们最终也无法攻克港口。阿克港依然处于穆斯林军队的控制之下。

虽然我们可能会认为，如果比萨和热那亚的舰队联合进攻，会收到不同的效果。但事实上这两国，加上威尼斯和阿玛尔菲，在制海权与通商权的控制方面，都是互不相让的。

虽然现代意大利的海军军旗上绘制着四个滨海城邦的纹章，四国在中世纪的时候为了地中海的霸权进行的却是毫不相让的较量，从来未曾有一国与他国结盟，这使海军军旗上的图案成了确确实实的笑话。因此，他们从不共同与穆斯林作战，而都是各自为战。至于参加十字军，只是因为他们同为基督徒而已。

阿克之战渐渐日久以后，十字军食物不足的问题就凸显出来。

萨拉丁所率的穆斯林军队能够轮换在冬季回到自己的故乡，而且背后的广大地区都在伊斯兰势力控制下，因此就不会陷入军粮不足的境地。

只有腹背受敌的十字军面临粮食不足的问题。当冬季来临时，他们没有可以轮换休息的场所。后方的敌人阻断了退路，前面又是冰冷的阿克城墙。再加上负责补给的意大利诸邦舰队难以找到登陆点。在受到敌军袭击的过程中，舰队只能在双方阵营中间狭窄的海滩登陆，自然无法提供足够的补给。

十字军渐渐成为被粮食不足所深刻影响的一方。与在冲突中战死的人数相比，在空腹状态下被冷箭所射杀，或因为饥饿而导致动作迟

缓，被敌军斩杀的人数要多得多。

在整个阿克之战中，十字军的伤亡比例达到1/5。这一比例在将官和士兵中都是一样的。有许多高级将领都战死沙场。

而阿克城内的穆斯林守军也面临食物极度匮乏的局面。虽然港口一直未被攻克，可是能够进港的补给船寥寥无几。在战事打响一年之后的1190年春天，阿克守军司令给萨拉丁秘密致信，希望他允许城内部队向十字军投降。但萨拉丁否决了他的提议，理由是埃及的补给舰队正在前往阿克的海面上。当这支舰队接近阿克时，发现自己很可能会成为在此等候的意大利海军的俘虏，于是就掉头返回了。

在长期的胶着状态之下，1190年夏天到来了。这时，一条谁都意想不到的消息突然传开了。

“红胡子”之死

最为萨拉丁所忌惮的，是由3000名骑兵和8万名步兵组成的神圣罗马帝国军队——如果基督教史家的记载可靠的话。为了了解红胡子皇帝腓特烈一世大军的动向，萨拉丁组织了十几名密探，不断地递送第一线的情报。其中的一位密探，刺探到了一条无人相信的重要情报。

萨拉丁听到消息也为之一惊，无法确信情报的真实性。他立即加派密探，以确认这个消息是否属实。为了证实密探的消息来源，他不仅派遣了普通的探子，还加派了一名能力出众的将领。萨拉丁所要获得的是准确而详细的情报。

1189年5月11日，红胡子皇帝腓特烈率领大军从雷根斯堡出发，经过维也纳、布达佩斯、贝尔格莱德，沿着多瑙河进入保加利亚和马其顿，一路行军顺利。他们在古罗马时代建立的哈德良城（今天土耳其的埃迪尔内）度过圣诞节，然后在1190年春季开始继续行军，未受任何阻碍就通过了拜占庭帝国的领土，进入小亚细亚。

腓特烈一世给所经过各国的首脑都送去了说明借道的信函，因此得以顺利行军。

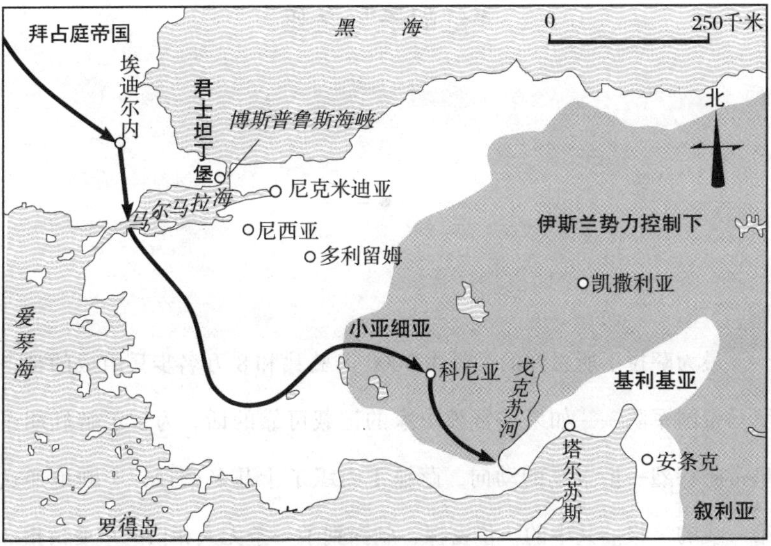

腓特烈一世前往小亚细亚的进军路线

拜占庭皇帝怀着对天主教和伊斯兰教双方中立的态度，让腓特烈的大军径直进入了自己的天然敌手——小亚细亚突厥领主们的地盘。皇帝与诸侯属下的3000骑兵，毫发未伤地通过了小亚细亚。唯一的一场遭遇战是1190年5月科尼亚的突厥军队的袭扰，而德意志大军取得了一场完胜。

从科尼亚出发以后，皇帝的军队只需要经过小亚细亚东南部的基利基亚就可以到达叙利亚。

从科尼亚经过基利基亚到达叙利亚，必须经由地中海上的海路。出地中海向东航行进入叙利亚是古代以来的交通干线。

从科尼亚出发的德意志军队，在到达地中海沿岸之前，需要渡过

戈克苏河。这条河上没有桥梁。骑兵、步兵和满载军需物资的牛车都需要淌水渡河。令人意外的是，腓特烈一世在渡河时溺水身亡。

历史记载的死亡原因是皇帝在渡河过程中摔落马下，由于身穿厚重的钢制铠甲，沉入水底而溺死。这种说法是最为史家确信的。

我在30年前也到过这条河边。当时我只是去小亚细亚旅行，还没有想过要写十字军时代的故事。但是，这条位于小亚细亚东南部的小河，已经作为红胡子皇帝的葬身之地而广为人们所知。我站在河岸上眺望流水，还脱下鞋子进入河中淌水，感觉到河水的冰冷刺骨。

此时我脑海中突然浮现了一个成语："老人的冷水浴"（日本成语，比喻老年人逞强做不自量力的事——译者注）。

科尼亚大胜之后，腓特烈自然不必担心会在行军过程中受到突厥军队的偷袭。而当时已经是仲夏6月，将士们应当已经收起了沉重的铠甲，轻装行军。

一条水深不过腰间的河流出现在官兵们眼前，流向远方的地中海。在渡河之前，他们脱下衬衫和鞋，这样就不至于出太多汗。

腓特烈看到部下们纷纷下水，自己也对游泳跃跃欲试。可是这位皇帝毕竟已经65岁了，他直到这时还对自己身体的问题满不在乎。由于身强力壮，他从来没有生过病。正是由于对体力的自信，腓特烈忘记了自己的年龄。他以为，跟部下一起半裸游过河去，是不会有任何危险的。结果，在过河途中，他意外溺水，当被捞起来时已经没了呼吸。

当今的学者大多认为他溺死时已经心脏麻痹。溺死的当天是 1190 年 6 月 10 日，距离从德意志出发已有一年又一个月之久。

萨拉丁最终得到确实的腓特烈皇帝死亡情报之后，长松了一口气。他接下来命令密探保持观察腓特烈死后德意志军队的动向。根据基督教和伊斯兰教双方史料的记载，在腓特烈死后发生了以下的事件。

以 3000 骑兵和 8 万步兵组成的神圣罗马帝国军队在到达基利基亚之后宣告解体。

这支军队之所以在失去领袖之后即宣告解体，且容我以一段关于神圣罗马帝国皇帝与其封建诸侯关系的论述来解释其原因。

西欧基督教世界最高的世俗领袖——神圣罗马帝国皇帝，并不是前任皇帝之子就可以继承皇位。即使是前任皇帝的长子，也不能自动成为新的皇帝。他首先必须得到各位诸侯的承认，然后前往罗马，接受罗马教皇亲自主持的加冕仪式，方能获得神圣罗马帝国皇帝的公认地位。

罗马教皇向皇帝授予帝冠，和大主教为西欧各位国王加冕一样，是向信徒宣示帝王的统治权来自神授的仪式。

但是，神授仪式仅限于对皇帝和国王的加冕，诸侯的身份确认并不需要这样的仪式。依靠祖先与自身的实力和才能来治理所获得领地的封建诸侯，自然已经从上帝那里得到了统治的权力。因此，在诸侯死后，土地自然由自己的后代继承。

腓特烈带着自己的次子，同名的腓特烈一起参加了第三次十字军。

而他的长子亨利则留在本土，并未一起前往东方。

在当时的西欧社会，如果皇帝驾崩，他的儿子必须争取成为皇帝。但此时，跟随腓特烈一世前往东方的封建诸侯并没有可以宣誓效忠的对象。而由于参加十字军是由于皇帝的命令使然，关于皇帝死后是否继续行军的问题，还要依据诸侯与皇帝一同在美因茨大教堂的誓言来决定。对他们来说，对皇帝的效忠誓言已随着腓特烈之死而宣告解除，而是否继续带领将士参加十字军，成为诸侯之间争论的问题。

在红胡子皇帝宣誓发动十字军东征之际，跟随他的诸侯都承诺负担东征第一年内的全部军费。而这一年期限已于一个月前结束。由于皇帝突然驾崩，谁来承担以后十字军的军费，成为一个重大的疑问。

以上的问题，使参加第三次十字军的德意志军队，随着红胡子之死而宣告瓦解。

在皇帝麾下参加十字军的多数诸侯，都是因为帝国皇帝的动员才前往东方征战。其中不乏怀着发誓夺回圣城耶路撒冷的怒火，向阿克城进军之人。在阿克之战初期到达的十字军当中，就包括有神圣罗马帝国的边疆伯爵。所谓边疆伯爵，是神圣罗马帝国内特有的封建领主名称。

但是，跟随红胡子皇帝到东方的大多数诸侯，还是选择了返回本土。只有腓特烈的次子和其他几位诸侯决定继续行军。试图完成远征的总兵力包括700名骑兵和6000名步兵。而原来令萨拉丁极为忌惮的皇帝亲自率领的大军，总兵力包括3000名骑兵和8万名步兵。

不知萨拉丁是否得到了继续行进的德意志军队的准确信息。但这位阿尤布王朝的苏丹比以前任何一位穆斯林统治者都热衷于搜集情报。腓特烈在小亚细亚东南部驾崩的情报，几天之后就传到了萨拉丁手中。他再次派人打探详细情报，并在 6 月 20 日得到了确切的消息。这时，萨拉丁终于可以长舒一口气了。

与为这一消息而高兴的穆斯林阵营相反，阿克城前围攻的十字军受到了悲哀与失望的打击。在萨拉丁得到确切情报以后数日，十字军得知了失去皇帝的德意志军解体的消息。继续行军的少数部队到达了安条克，而围攻阿克的十字军通过威尼斯快船（桨帆并用）的紧急传送讯息，得知了这支人马的实际情况。

德意志军的瓦解不啻是对整个基督教军队的巨大打击。围攻阿克的军队得知德意志军已抵达基利基亚，本以为他们会很快前来增援，却不想其终究未能成行，使整个基督教军队阵营军心动摇。部队的士气尤为低落，在他们的一举一动中都体现出来。

发生在6 月 10 日的皇帝溺亡事件，一个月后才传到法国。而英法两国国王已于7 月 4 日率军出发，并不知道这一变故。因此，围攻阿克的十字军的最后期待，落在了英法两国国王所率领的部队上。

无论是法国国王腓力二世还是英国国王理查一世，都是在一年前公开宣布发起十字军东征。他们虽然拖延，但终究还是出发了。但从西欧到中近东的距离相当遥远。在两位国王到达之前，围城的十字军只能以现有兵力继续作战。

十字军在这段阿克攻城战中最困难的时期，涌现出了一位为同胞竭尽全力的领袖，那就是38岁的阿韦讷伯爵雅克。

由于预见到了长期的胶着形势，雅克把战斗的重点从以发起攻击造成敌军的损失，转变为尽可能减少己方的损失。于是，基督徒军队开始在朝向外围萨拉丁援军的战线上修筑壕沟，以保持防御力。

十字军所修筑的壕沟又深又宽，虽然不能完全阻止敌军的进攻，却能够有效减缓敌军的进攻速度。想要越过这道壕沟，必须先跳进沟底，再从底下爬上来，但跳入沟内的军士就会成为十字军弓兵箭矢之下的牺牲品。因此，穆斯林不得不先填埋壕沟，然后才能发起进攻。由于所用的土石方要从后方长途运输，填埋作业需要相当长时间来完成，作业中的穆斯林兵士由于没有防备，常常被十字军的弓兵狙杀。

就像在城堡周围挖掘壕沟一样，十字军在围攻阿克时，也花费了数月时间来修筑壕沟。但是，这支十字军始终没有真正意义上的最高指挥官。以至于各位诸侯只能命令部下沿着自己阵营的战线挖掘，从而形成了多条不同的壕沟。医院骑士团的阵营和耶路撒冷国王路西尼安的弟弟所指挥的阵营都分别挖掘了壕沟。而从来都坚持与敌军正面对抗的圣殿骑士团，则认为完全没有挖掘壕沟的必要。

然而，无论是壕沟还是护城河，都需要联结起来才能发挥应有的作用。阿韦讷伯爵希望整个十字军阵营能联合起来挖掘一条完整的壕沟。由于他在此前作战中表现出的英勇和智谋，这一主张得到了十字军各阵营全体领导人的同意。

虽说在敌军大举进攻之前完成壕沟的建设可以避免战斗造成的损失，十字军在这段时期还是付出了较大的牺牲。得知腓特烈皇帝死讯的穆斯林军队，集中力量阻止围城十字军挖掘壕沟，因此十字军必须在挖掘壕沟的兵士身旁布置好防御敌军袭击的士兵。而由于一直疲于应付后方萨拉丁的援军，十字军并没有力量攻击前方的阿克城。

但与此同时，当又深又宽的壕沟联结完成之后，十字军就有能力对萨拉丁的进攻进行有效的防御了。壕沟充分延迟了敌军的进攻速度，因此可以说挖掘壕沟多少还是起了一些作用的。在无法期待大规模援军的一年当中，围城的十字军得以抵挡住来自前后两个方向的敌人。

在“老人的冷水浴”之后解体的德意志军队残部，由腓特烈的次子率领，于8月抵达了阿克的战线。这支共计700名骑兵和8000名步兵的部队，虽然与英法两国国王所率军的数量相当，也不及在此围困一年的战斗同志们那般疲劳，却始终未能担当起战斗的主力。这一方面是由于红胡子腓特烈之子没有足够的军事才能，另一方面则是他抵达推罗之后于翌年早早病死。十字军方面只好委任奥地利公爵利奥波德为这支大军的代理统帅，而新统帅直到1191年春天才从西欧风尘仆仆地赶来。

结果，阿克城前的十字军部队只好从围城之初的1189年一直孤军奋战到1191年。此间由于敌军不绝的袭击和补给方面的困难，导致了1/5的死亡率。与萨拉丁的士兵拥有可以轮流归乡的便利相反，围城的十字军只能驻扎在阿克城下，寸步不离。

第三次十字军的一个特色，是大主教与主教一类的神职人员，经常立于阵前，亲自指挥战斗。他们自然要在阿克的战场上脱下华丽的神职服装与冠冕，与骑士们一样身着钢铁制成的盔甲，腰挂长剑，手持标枪，骑着战马出征。而当一天的鏖战结束后，他们还要继续进行本职工作——脱下甲胄，穿上主教的服装，为战死者凭吊祈福。无论是坎特伯雷大主教还是鲁昂大主教，都在日以继夜的辛苦劳作之后撒手人寰。

这些神职人员所率领的英法两国的兵士，大都不是皇帝与国王所率的封建诸侯带来的。他们一般是没有领主的骑士和普通平民。腓特烈将“条顿人的愤怒”写进了给萨拉丁的信中。但胸中燃烧着收复耶路撒冷怒火的十字军士兵，大多数并非来自德意志。

第三次十字军时代基督教与伊斯兰双方史料的记载所共有的另一个特点，是不再有任何关于奇迹或上苍恩宠的内容。第一次十字军时代记载中常常出现的奇迹、上帝或圣人的保佑等现象，在这时全然消失了。虽然双方首脑之间来往的信件中依然充满了感谢上帝、真主护佑一类的语句，这些话语只不过是作为表现当事人信仰之深刻的惯用语而留存。在那个时代，即使是地位低微的人，提笔时也必须以这样的话作为开始。

一言以蔽之，第三次十字军是世俗人之间的战争。上帝或真主并不愿对这场持久战给予任何偏袒，使大战演变为人与人之间的争斗。只是其中一方还穿着印有十字架的战袍，而另一方则高举着印有白色

古兰经文的绿色军旗。

这一点特色，在第三次十字军时代的主角萨拉丁和狮心王理查一世的气质上体现出来。在神的角色淡出之后，此二人的对决，成了这场大战的特点。十字军的历史，也从这第三次开始，发生了质的变化。

两位年轻的国王

1190年7月4日从法国北部出发的英格兰国王理查一世和法国国王腓力二世直到行军到达位于西西里岛墨西拿的集结地时，才得知神圣罗马帝国皇帝腓特烈一世逝世的噩耗。此时，两人决定分别率军赶往阿克，直到战场上再见。尽管如此，他们的军队直到一年以后才到达阿克。这并非因为两位国王都是拖延症患者，只是因为偶然事件的发生阻止了他们的急行军，而处理之后，就必须等待下一个适于航行的季节才能起航。两人之中理查一世的行军更慢一些，而这与他们处理问题的方式不同有关。

25岁的腓力二世，是一名坚定不移的自我中心主义者。他对与自己利益无关的事情并不在意，因此处理问题时往往采取适可而止的态度。

而33岁的理查一世却是一位喜欢彻底处理问题的君主，也以其战略眼光而著称。因此，他往往出于长期利益的考虑，改变对友军的策略。

同一天从同一地点出发的两位国王，分别率领自己的部队，以不

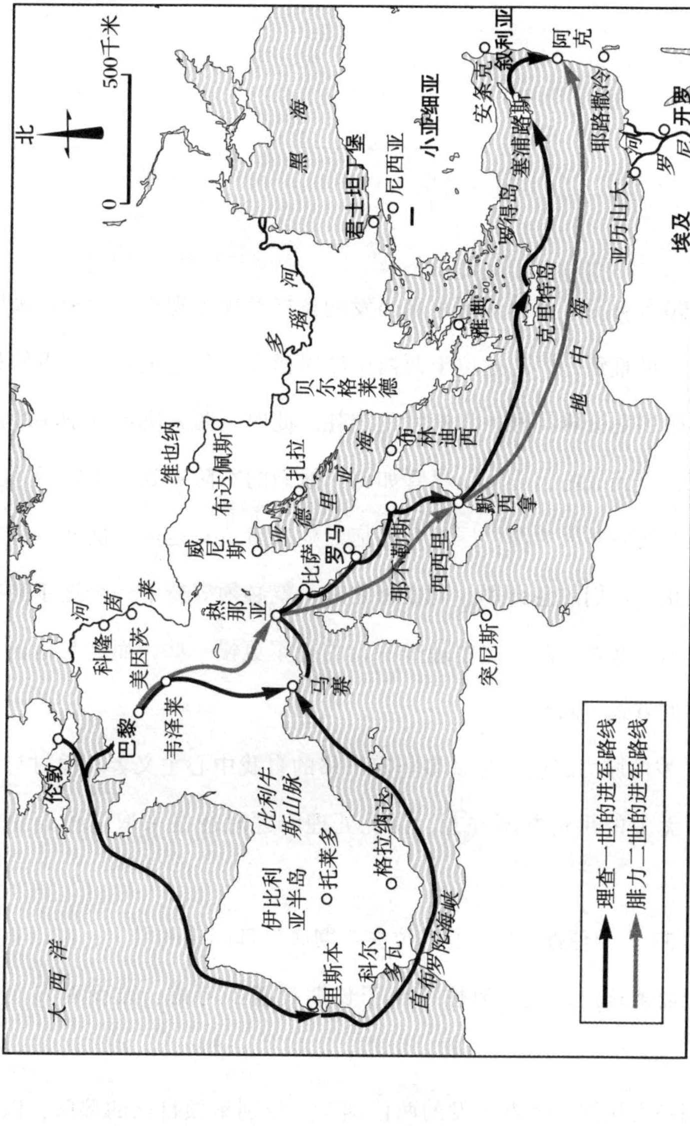

理查一世和腓力二世的进军路线

同的路线抵达墨西拿。腓力二世从热那亚登船，直接沿海路到达墨西拿。而理查一世则从马赛登船，会同从英格兰经直布罗陀海峡赶来的运输船队，依次经热那亚、比萨、罗马的外港奥斯提亚、那不勒斯，最后才到达墨西拿。

理查一世这样做有几点原因。首先，与运送腓力二世军队的海上老手热那亚舰队不同，理查一世必须与自己麾下的坚固的北海舰队同行。这些运输船上都载有组合式投石机，以及大量的供投石机使用的石弹，行驶非常缓慢。

此外，理查一世舰队中与运输船队一起行进的运兵船，采用的是可以用船帆和桨来驱动的桨帆船。为了不拉开两支船队的距离，他采取了多次停留的策略。至于为什么这样做，可能的答案有两个。

其一是理查一世有晕船的问题。

如果这一说法属实，这一点足以成为后世海洋帝国英格兰国民最为崇拜的历史人物狮心王理查的一大耻辱了。因此，有人提出了第二种说法。那就是理查一世一直觉得在行动受限制的船只上停留十分无聊。因此，他需要频繁踏上陆地，以感到舒适。

于是腓力二世首先到达了西西里岛东北部，自古以来就是海港城市的墨西拿。1190 年 9 月，他的部队全部进入了墨西拿。而一个月以后，理查一世的舰队才进港。如果他能够尽快行动，就不至于在墨西拿滞留了。可惜，随着 11 月到来，地中海进入了冬季，以前平稳的海面变得波涛汹涌。两位国王只得一起在这座小城过冬。

这一时期统治西西里岛的，是一位名叫丹克雷迪的领主。与第一次十字军时代那位名将除了名字相同以外，没有任何关系。在前任西西里国王威廉无子的情况下，丹克雷迪夺取了王位。他在夺取政权之后，将威廉的遗孀，英国国王狮心理查的妹妹乔安娜下狱，并夺取了她连同嫁妆在内的全部财富。

理查当然不能容忍丹克雷迪的做法。不无巧合的是，理查的母亲，阿奎丹的埃莉诺尔，就曾长期被其父亨利二世监禁。

阿奎丹的埃莉诺尔作为以普瓦提埃为中心的法国西南部阿奎丹地区的女继承人，在不满 20 岁时与同龄的法国国王路易七世结婚。在其夫率领第二次十字军东征时，她也一同前往东方。然而，随着第二次十字军的不战而退，路易七世表现出缺乏勇气的一面。在对丈夫感到失望之余，法国王后转而爱上了比自己年轻 11 岁的诺曼底公爵亨利。由于天主教会不准许离婚，大贵族们常常以转而宣布原来的婚姻无效的方法来开始新的婚姻。最终，罗马教皇同意承认埃莉诺尔和路易七世的婚姻无效。30 岁的埃莉诺尔得以与亨利结婚。

两年以后，亨利的父亲驾崩，他得以登上英格兰王位，埃莉诺尔就成了英格兰的王后。埃莉诺尔在历史上出名，不仅因为她先成为法国的王后，又做了英国的王后，还在于她拥有的广大领地阿奎丹。比法国王室直辖的领地还要大的阿奎丹，从法国国王手中拱手让给了英格兰国王。

由恋爱而非政治婚姻而开始的亨利与埃莉诺尔的婚姻，在风风雨

雨中度过了20年。他们共育有五男三女。理查是他们的第三位王子，而乔安娜则是第三位公主。

由于亨利二世的几位王子先后起兵反叛其父，正值壮年的国王不得不动用武力，使各位王子被迫宣誓效忠父王。亨利并不满足于这一结果，还用禁闭的手段惩罚埃莉诺尔。由于丈夫早已倾心于年轻的女子，妒火中烧的埃莉诺尔一直站在儿子们一边。

埃莉诺尔被囚禁了15年。在这15年里，她的子女们只有每逢圣诞节的时候才能来探望养育自己的母亲。

亨利二世自然不想重蹈路易七世的覆辙。他希望通过游说罗马教皇，使原先与埃莉诺尔的婚姻失效，以便自己和当时心爱的人结婚。然而这样做就会使自己失去对阿奎丹的所有权。因为两人不再同居，妻子的领地自然要回到她自己手中。为了保住对阿奎丹的所有权，亨利二世维持了与埃莉诺尔的婚姻，但把她监禁起来。

20年以后，亨利二世的儿子们再度起兵反叛。这一次，他的长子已经去世，次子在战乱开始后丧生。因此，挑战父亲王权的，主要是理查。这两位能征善战者之间的斗争，仿佛幼狮挑战老狮子的权威。在二人的正面对决中败北的亨利二世，受到莫大的打击，一病不起，战役之后几天即告驾崩。

登上英格兰王位之后，理查一世立即打算将母亲从囚禁中释放出来。67岁的埃莉诺尔，依然精神矍铄，身体强健。得知亨利的死讯，她立即设法从囚禁的城堡中逃脱，并乘马前往英格兰。理查一世派出

的人马在途中遇到了埃莉诺尔和她的侍女，并一路护送她前往伦敦。

在她的儿女当中，埃莉诺尔最喜欢的就是理查。当理查还未成年时，他就被授予阿奎丹领地中核心区域的普瓦提埃伯爵的身份。狮心理查的事业就从普瓦提埃伯爵领地开始。在威斯敏斯特大教堂举行的英格兰国王加冕仪式，是扬眉吐气的阿奎丹的埃莉诺尔骄傲的时刻，与会者的目光都集中在她的身上。

理查起兵反叛自己的父王，并非为了夺取英格兰的王位。在他少年时期的叛乱中，长兄和次兄都还健在，即使叛乱成功，排行第三的他，取得王位的可能性微乎其微。而在第二次叛乱中，他的次兄依然活着，因此理查也不是王位的继承人。只是因为次兄在叛乱中死去，理查才最终得以继承王位。

总之，理查不是为了取代其父成为英国国王而起兵的。他只是出于对父亲囚禁母亲的卑鄙手段的厌恶而起来反叛。倘若父母离婚，理查就不至于如此厌恶其父了。为了夺取妻子的领地，狠心囚禁埃莉诺尔 15 年，这样的亨利，令理查感到耻辱。

而在来到西西里的理查眼中，夺取王位的丹克雷迪只不过是一个小号的亨利二世罢了。这位君主之所以囚禁乔安娜，不过是为了金钱而已。这种卑鄙的行为，自然不为理查所容忍。乔安娜这位西西里的王后，并没有自己名下的领地，因此在嫁妆完全被没收的情况下，没有任何收入来源。

到达墨西拿的理查，立即要求丹克雷迪释放乔安娜王后，并全数

退还她的嫁妆。此时，狡猾的丹克雷迪顾左右而言他，反而暗中部署军队。理查率领的前往中东的十字军，被丹克雷迪限制住，不得出港。

此时，理查的震怒爆发了。他命令部队交战，宣示了自己的实力。在墨西拿附近，英军击败了西西里军队，最终在 11 月解决了问题。丹克雷迪宣布投降，释放了乔安娜，并把她的嫁妆全数退还。

此外，理查还迫使丹克雷迪在墨西拿准备必要的设施，以使其成为西欧前往近东朝圣者的中转港口。对于前往圣地的基督徒来说，有一些合适的中转港口是十分必要的。

为了解决上述问题，腓力和理查错过了当年的出港时间。因此两人只得在墨西拿度过 1190 年的圣诞。两人计划到 1191 年天气渐暖之后一起出港。

而在乍暖还寒的时候，理查的母亲来到西西里岛访问。

这位母亲已经不再是法国或英国的王后，而是英格兰的王太后了。理查此时还未离开墨西拿，于是率部前来迎接。他命令属下将士做好准备，亲自乘船出海迎接母亲的来访。

埃莉诺尔并没有为自己初次东征的儿子感到担忧。68 岁的她希望与儿子一同前往东方，这在理查看来是不合适的。埃莉诺尔此行的另一个目的，是将随行的西班牙阿拉贡王国的公主贝伦格拉介绍给儿子。未婚的理查已经 34 岁，作为英格兰的国王，母亲为他挑选了一位合适的结婚对象。

理查在此之前有婚约在身，是法国国王腓力的姐姐。她与理查订

立婚约之后，来到了英国亨利二世的宫廷。出人意料的是，这位公主与迈入老年的亨利之间发生了恋情，消息不久即传遍了整个王宫。

得知这一消息的理查，请求取消婚约。在监禁中的埃莉诺尔也赞同理查的要求。最终，埃莉诺尔挑选了自己入眼的儿媳妇，带到了西西里。

一直听取母亲意见的理查一世，这一次也听从了母亲的劝告。他自然不愿意迎娶一位与自己父亲有染的妻子。他的选择使他跟同在墨西拿的腓力之间发生了不大不小的尴尬。在腓力看来，结婚只不过是政治联姻而已。因此，被悔婚的腓力家一方多少心中有些不快。只不过腓力并非那种喜怒形于色的君主，此时的理查也没有考虑到这一点。

理查一世终究没有让母亲随同远征。但是他带上了自己的未婚妻，阿拉贡的公主。从监禁中释放的王妹乔安娜也跟理查一起前往东方。

在理查一世东征途中，他与母亲埃莉诺尔之间频繁进行书信往来。两人之间信件的内容，并不是通常母子之间的嘘寒问暖，而是两位公务繁忙的政治家之间的报告。理查将自己英国和法国境内的领地委任给三个人，其中之一就是埃莉诺尔。而这位母后将任务完成得相当漂亮。在 12 世纪后半叶历史中著名的阿奎丹女公爵，应当是颇具统治才能的人物。

由于理查一世延迟出港，腓力二世最终决定先期于 3 月 30 日从墨西拿出发。两周之后的 4 月 14 日，理查也踏上了向东的征程。他在西西里岛停留了半年之久。

塞浦路斯岛

法国国王的军队，于1191年4月20日到达了阿克。从墨西拿到阿克的航程只要20天。而英国国王理查一世的军队，却直到6月8日才到达阿克。除了由于在墨西拿出发时迟了两周以外，英国军队在塞浦路斯耽搁了一段时间。

此时的塞浦路斯名义上是拜占庭帝国的领土，然而岛上发生了政变，归新的统治者所有。这位统治者杜卡斯自称皇帝，其部下都是希腊人。

理查一世的舰队是由速度缓慢的运输帆船与同时使用船桨和帆的桨帆船组成的混合舰队。因此，为了保持舰队的队形协调，必须一再于中途的港口停留。在离开墨西拿之后，舰队先后在克里特岛和罗得岛靠岸，而抵达塞浦路斯附近海域时，速度不一的两种船只被拉开了距离。当时理查乘坐在桨帆船上，而他的妹妹和未婚妻则乘坐在运输帆船上。

运输船队由于操作失误，搁浅在塞浦路斯岛上。由于有两位高级女贵族在船上，运输船队内有多名女官。她们华丽的服装引起了岛民

的注意，而自称皇帝的杜卡斯随即命令岛民抓捕全体船员。他希望从理查那里得到赎金——这自然是理查最为憎恶的。

因此，理查决定登陆塞浦路斯，征服这座岛屿。此时距离阿克只有两天的航程，因此理查将自己的一部分兵力分给索尔兹伯里主教指挥，前往阿克。

与一般的神职人员相比，比理查年轻三岁的主教更接近一位武将，是深得理查信赖的心腹。理查告知主教，自己将在处理完塞浦路斯事件之后，赶到阿克，加入攻城的十字军。此时已经进入5月。法国军队在此前的4月20日到达了阿克战场。当理查征服塞浦路斯之后，他就会按照承诺前往阿克参战。

当送走索尔兹伯里主教所率领的部队之后，理查命令全军登陆。这一天是1191年5月20日，理查的全体部下都整装待发。

理查军队向塞浦路斯发起的进攻，是速战速决的战斗。自称皇帝的领主狼狈而逃，岛民并不支持他。理查则贴出布告，宣称岛民只要放弃抵抗，英军不会威胁他们的生命和财产安全。

塞浦路斯是地中海上仅次于西西里岛、撒丁岛和克里特岛的第四大岛。而从战略价值和经济价值来说，塞浦路斯的重要性仅次于西西里岛。理查只用了五天就征服了全岛。在岛上医院骑士团团长的主持下，自称皇帝的杜卡斯向理查求和，此时全岛形势已经稳定下来。杜卡斯请求理查允许他离开岛中央的尼科西亚城，并将岛的所有权和统治权都交给英国国王。此外，塞浦路斯提供50艘船和3500枚拜占庭金

币，作为对十字军的援助和对理查的赔偿。

但对于理查来说，他和十字军在塞浦路斯所获得的，绝不仅仅是50 艘船和3500 枚金币那么简单。

塞浦路斯在此前一直是拜占庭帝国的领土，对中近东的十字军国家并无帮助。这里距离叙利亚、巴勒斯坦非常近，非常适合作为十字军一方海上的补给基地。

而理查征服塞浦路斯，就在这里建立了与以前希腊东正教徒统治完全不同的天主教统治。此事件的重要性，对于西欧天主教世界来说是不言而喻的。随后，耶路撒冷国王路西尼安的家族和威尼斯共和国统治了塞浦路斯 380 年，直到 1570 年，这座岛屿都在天主教势力的手中。

由于该岛的重要性，无论是法国的路西尼安家族还是威尼斯人，都非常重视在塞浦路斯坚持下来。由于面向中近东的地中海东部的制海权，一直在基督教一方，控制对于制海权来说非常重要的岛屿，就掌握了能与在陆地上处于优势地位的穆斯林相对抗的基地。对于基督徒来说，塞浦路斯的作用，就像伊斯兰世界的埃及一样。

这样，塞浦路斯成为了对于战略、贸易和朝圣者等诸方面都十分重要的中转港口。关于朝圣这一点，穆斯林把耶路撒冷视为麦加、麦地那之后的第三圣城。对于穆斯林来说，一生当中必须前往麦加朝觐一次，但去耶路撒冷朝圣并不是义务。

而对基督徒来说，虽然前往耶路撒冷朝圣不是义务，这座城市却

理查控制塞浦路斯后的基督教势力

是比罗马和西班牙的圣地亚哥·德·孔波斯特拉更重要的圣城。对于前往耶路撒冷朝圣的基督徒来说，他们自然希望这座城市处于基督徒而不是穆斯林的控制下。而在他们看来，朝圣中途能够在西西里岛和塞浦路斯休整，自然是再好不过了。

理查一世在塞浦路斯的行动，看上去只是偶然。但实际上，这一偶然开始的行动，为十字军带来了长期的利益。从理查的行动中可以看出他不仅是一位勇猛善战的人物，也知道在适当的时候进行妥协。

虽然理查对索尔兹伯里主教说过，在处理完塞浦路斯的事件之后就向阿克进发，他实际上并未立即行动。得知理查抵达塞浦路斯消息的中近东十字军首脑们，陆续前往塞浦路斯拜访这位国王。

名义上的耶路撒冷国王路西尼安、特里波利伯爵和安条克公爵都来到塞浦路斯。只有路西尼安一人是抱着希望理查尽早参战的目的来访的，其他两人暗中与萨拉丁签署了互不侵犯协议，拜访理查只是为了表示尊敬。

见到这些贵宾来访，理查当即决定，在塞浦路斯岛上与贝伦格拉举行结婚典礼。

我想也许是因为塞浦路斯是古代传说中爱神维纳斯的诞生之地，才促使理查做出这一决定的。理查虽然才智过人，却并非拥有教养的人士。这位以第三次十字军总指挥自居的国王，自然希望在十字军首脑列席的情况下举行婚礼。1191 年 5 月 12 日，理查的婚礼在塞浦路斯南岸的海港利马索尔举行。在此之后，理查进行了两周的新婚旅行，

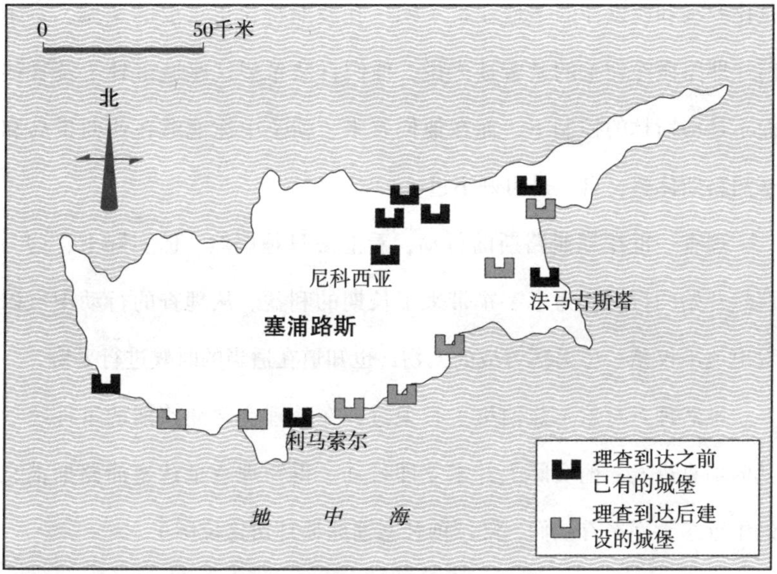

塞浦路斯的防御体系

然后才向阿克进军。

据说，理查的新婚旅行是环绕塞浦路斯全岛的游览。如果确属事实的话，那么理查不仅是在旅行，也是借新婚旅行视察全岛的防务。从这一时期开始，塞浦路斯岛上也像其他十字军控制的地区一样，开始修建城堡。

理查于6月5日离开塞浦路斯。在此之前数日，他把妻子贝伦格拉和妹妹乔安娜，连同她们随行的女官送到安全的特里波利。理查不愿将女子送上战场。

理查本应在两日内到达阿克，但最后抵达的时间是6月8日，途中

耽搁了一天。这一天的耽搁自有其原因。

理查从塞浦路斯东岸的港口法马古斯塔起锚，向南方的阿克航行。他命令舰队先向东南方航行，这样可以在抵达阿克之前，从海上观察阿克以北的海港城市。当他的舰队看到海港城市时，理查也进入了面向地中海的海港观察哨的视野。贝鲁特、西顿、推罗这几座城市，都能看到浩浩荡荡驶过的舰队。其中贝鲁特和西顿在过去近百年间一直为基督徒所占据，但在哈丁战役之后成为穆斯林控制的城市。

在向阿克航行的途中，理查的舰队在右前方海面上发现了一只大型帆船，正在向南航行。

当理查的舰队捕获这只大型帆船之后，水手们得知，它是根据萨拉丁的命令，将贝鲁特的大量物资运送到阿克附近的海法港的。这艘三桅帆船十分巨大，里面容纳了百余头骆驼，以及大量武器和粮食，船上有 7 位埃米尔和 800 名兵士。

这艘船之所以选择深入地中海，而非沿海岸航行，是因为热那亚和比萨的船只一直在海岸活动。结果它意外遇上了理查的舰队。这艘船上悬挂着萨拉丁创立的阿尤布王朝的黄色旗帜，分外醒目。

观察到这艘船之后，理查便命令一艘小型桨帆船前往侦察。当理查的部下接近大型帆船时，便大声问道：“这是哪里的船？”大船回答：“法国的船。”然而这位部下是法国普瓦提埃人，当他转而用法语提问时，大船却回应道，“这是热那亚的船。”这一来一往，令部下感到诧异。

理查听取部下的汇报时，一位近臣不禁发问，“它恐怕是撒拉森人的船吧?”撒拉森人是当时西欧人对穆斯林的统称。

理查当即决定，全体对大船发起进攻。他的命令声响彻海面。

在理查所乘旗舰前面的运输船队，首先投入了进攻。然而，撒拉森人的船并非轻易就能擒获。由于英国船只比穆斯林的大船低，穆斯林水手可以从高处射箭，从而处于有利的形势。此时理查改变了作战方针。他命令英军的小型船只围攻穆斯林的大船，直到从四面八方而来的小船把大船团团围住，令其动弹不得。

就像群狮围攻巨大的水牛一般，理查的战术奏效了。为萨拉丁所率部队提供的补给，与大船一起落入了理查之手。

与穆斯林初次交锋的胜利，给理查和他的部下以极大的信心。而萨拉丁则同时得知了船只和大量补给物资被夺取的汇报，以及理查一世到达的消息。

1191 年 6 月 8 日，理查在所缴获的大型帆船的领航之下，到达了阿克城外的阵地。此时距他从法国出发已有一年之久。

进入战场

法国国王腓力已经于 4 月 20 日到达阿克的战场。26 岁的法国国王，并不喜好排场，到达之时颇为平静。由于他的身材并不高大，包围阿克的十字军直到看见蓝底黄色百合的法国国王旗帜，才知晓了国王的驾临。

而 50 天后进入阿克城的理查就完全不同了。34 岁的英国国王不仅不忌惮排场，还深知排场所带来的效果。

阿克城下的十字军将士们，远远望着理查舰队的到来。他的旗舰首先出现在岸边。当运输船队的兵士们上岸装卸货物之时，理查的船向南航行着。

高耸的桅杆上，悬挂着白底红十字的十字军旗帜。站在船头的理查，身旁飘扬着红底上绘有三头黄色狮子的英格兰国王旗。

关于理查的相貌身材，留下了这样的记载：

理查身材高大，神态优雅。他的头发和胡须都是泛红的金色，双眼则是深蓝色的。他双腿修长，行动敏捷。生着一双长臂的他，

既善使腰间的宝剑，也擅长挥舞长枪。理查匀称的身材十分完美，以至于人们只要一看到他，就相信眼前这位男子一定拥有高人一等的地位。

记载中并未述说理查是一位“美男子”，而是用“神态优雅”来形容他，这也足以说明他是一位身姿优美的男子。在同时代人的记述当中，我们看到，中世纪西欧人热衷于追求自己领袖的完美身材。

这一天，理查乘船穿过阿克城西侧的海面，海岸上是笔直的峭壁，一直向南航行到阿克港湾的开口。在海上封锁的意大利船只的欢呼声中，理查在旗舰上视察了阿克的情况。随后，他掉头返回了阿克城下的战场。

参加阿克之战的十字军将领们，全体出城迎接抵达的理查。

在场的本地十字军代表包括路西尼安及其弟，以及以巴里安·伊柏兰为首的中近东十字军国家内强有力的封建领主们。圣殿骑士团和医院骑士团的团长由于军务不能前来，因此由两位骑士团内的队长代为列席。

而从西欧前来的十字军代表，则包括阿韦讷伯爵雅克、腓力和理查共同的侄子香槟伯爵亨利、先于理查到达的索尔兹伯里主教休伯特·沃尔特以及在红胡子腓特烈的次子死后出任东征德意志军总司令的奥地利公爵利奥波德。此外当然还有先期抵达的法国国王腓力二世。当时唯一未在场的第三次十字军领导人是蒙费拉特侯爵康拉德。他从阿克的前

线返回了推罗。

英格兰国王的纹章（红底黄色狮子）

在各位领导人欢迎理查一世到来的同时，普通骑士和步兵也喝彩相迎。他们都听说了理查征服塞浦路斯、俘获敌军大帆船的喜讯。战场上的兵士们，感觉是十分敏锐的。他们本能地认为，这次十字军真正的领导人驾临了。

首次踏上西欧人所谓圣地的理查，也不忘回应各位将士的期待。他身披钢铁制成的甲胄，胸前的白底红十字分外显眼。理查骑着高头大马，在兵士的簇拥下行进。看到理查身旁的骑士手执的红底黄狮子英国王旗，在场的兵士们欢声雷动，兴高采烈地迎接着这位英武的国王。

法国国王的纹章（蓝底黄色百合）

整个十字军阵营中巨大的骚动之声，传到了城墙另一侧的阿克城内，也传到了战壕对面的萨拉丁的营地中。

在将士们的欢呼声中，理查一世悠然乘马行进着。他缓缓而行，视察着陆上的十字军战线。这位国王在抵达阿克的第一天，就将海陆两线的战

事情况做了充分的了解。

从后方前往前线阿拉迪尔阵营视察的萨拉丁，也听到了敌方巨大的骚动之声。

包括萨拉丁在内，穆斯林当时还并不知道英格兰这个国家。这是因为以前的十字军很少有从英格兰来参战的。而在此次理查抵达以后，穆斯林在对“西欧来的基督徒”的统称“法兰克人”中，开始有了不同地区的分别。

基督教史料中有着“理查的到来使我军大为鼓舞，敌人十分绝望”的言过其实的描述。对于不明实力的对手的到来，萨拉丁并不会感到绝望。此时，穆斯林军队还完全不知道理查一世实力如何。

在大摆排场之后，理查为迎接的骑士们派发了见面礼。当听说法国国王腓力抵达时派送了礼物后，理查也做了相同的安排。腓力给每个骑士三枚金币，而理查则馈赠了四枚。与仅仅馈赠了金币的腓力不同，理查还向各位骑士赠言一句：

> 不管各位来自何方，属于哪个民族，有着怎样的经历，大家只要听从我的命令战斗就好！

这句话对于习惯了封建制度的听众们来说，有着怎样的影响，我们不得而知。在理查的身边，有曾经效忠于其父亨利二世的老部下，他们对参加十字军是有所犹豫的。在理查的身边，的确有为数不少的敌对者。

腓力和理查馈赠给骑士金币，是因为每个骑士属下有 5 名步兵参战。他们馈赠的金币为全体作战人员提供了必要的经费。

然而，到达次日，理查就倒在了营帐内的病床上。全无征兆的情况下，理查在即将投入战斗前病倒，难道是有什么阴谋吗？

此事一传开，前一天欢声雷动的将士们集体失声了。这时，理查被担架抬着，运送到阿克城下的城壕边。

病倒的英国国王在战场前线出现，并非为了让将士有一阵悲怆感。只见理查手执心爱的弩机，从担架上缓缓坐起来，瞄准城墙上的敌兵，用力射出一箭。将士们只听得箭矢飞出的响声，被射中的敌兵应声中箭，从城头栽落下来。十字军全体兵士瞬间迸发出巨大的欢呼声。众人都为理查而倾倒，“我军的主将并无大碍啊。”

根据研究者的推测，理查的急病很可能是中暑。因此，没过几天，他就痊愈并回到了战场。从此以后，十字军在内外两线的战况都起了质的变化。第一次参加东征的理查一世，成为了十字军实际上的最高统帅。

十字军终于实现了一元化的指挥系统。各位首脑人物都听从理查的总调遣。法国国王腓力对此保持沉默。如果他有异议的话，恐怕就会招人嘲笑了。腓力在 50 天之前已经来到了战场。但在这 50 天中，他并没有对打破双方的胶着状态起多大作用。这一点，兵士们都看得清清楚楚。

但理查的到来也没有从根本上改变战役的形势。他只是在几个重

要的位置进行了改进。以下是两个例子：

对于中世纪的大炮——投石机的使用，十字军主要将其部署在阿克城墙周围的城壕边上。在尚未使用火药的时代，投石机的弹丸是石质的。理查使用了圆形的弹丸，从而减小了空气阻力，增加了飞行距离，杀伤力也有所增加。而在此前的两年间，十字军一方一直难以达到攻城的效果。在法国国王腓力抵达以后，发现攻击效果不佳，也提出了改变攻击位置的建议。

在两年之间，阿克城各处都是残垣断壁。然而，投石机打开的缺口还未达到能让十字军攻进城内的程度。

理查的到来改变了这一切。他命令投石机不再攻击城墙，转而集中力量砸向城门。城墙是石砌的，然而城门即使再坚固，也是木制的。

阿克这座曾长年为十字军所控制的港口城市，并非处于敌军之中的孤城。因此城门主要是为了方便人通行，防御是第二位的。城门尽管坚固，却远不及石质的城墙。因此，理查为了在阿克城外打开缺口，集中力量进攻 7 座城门。

理查将从英国运来的投石机组装完成，设置在城门对面，发起了攻击。由于圆形的石弹阻力小、飞行距离长，直接越过城墙，飞进了城内。破坏力巨大的石弹，令阿克城内的守军和市民都感到极为恐惧。

理查将圆形石弹送到了萨拉丁的军营，以向对手表明自己的驾临。作为一代战略家的萨拉丁，却无法理解理查的圆形石弹的威力。其实萨拉丁并非没有原材料、人力和时间来仿制。总之，无论是十字军还

是穆斯林一方，直到200年以后，才普遍使用圆形的石弹。

抵达阿克以后，理查对战术的另一贡献，是给将士们下达了明确的作战任务。

在理查到达之前，十字军的领导人各自分别列阵，将阿克城包围起来。这样一来，每个人的阵营都要面临同时与正面的阿克城守军和背后的萨拉丁援军同时交战的境地，迟迟打不开局面，十分狼狈。

理查将围城的兵力明确地分为外侧防御萨拉丁援军的“盾”和内侧进攻阿克的“剑”两部分。

与“剑”相比，“盾”的任务格外艰巨。这部分兵士不仅要十分勇敢，还需要冷静与耐力。理查将这一艰难的任务授予了路西尼安的弟弟——他拥有兄长所不具备的能力——以及绝少贸然行动的医院骑士团，和在前面两年内十字军的实际领导人阿韦讷伯爵。

而在“剑”一侧，理查配置了善于突击猛攻的圣殿骑士团为首的十字军主力。这样，无论是“盾”还是“剑”一侧，都可以专注于完成所命令的任务。当一位士兵有了明确的目标，不必担心背后的时候，他就能发挥出全部的战斗力。

在阿克战场上的理查，与后来一样，并没有身先士卒，在敌军人丛中拼杀。他所做的，只是指挥系统的一元化。理查的安排，表面上看并没有什么特别之处，因此在与现代的记者一样追求新闻亮点的编年史家笔下只有寥寥几笔。然而其效果，在两周激战之后变得明显了——战斗如此激烈，弗兰德斯伯爵战死沙场。

由于得不到海上的补给，陆地上又受到十字军联军统一命令下的进攻，阿克的穆斯林守军招架不住了。他们派代表向十字军乞降，并告知萨拉丁，希望他能允许城市投降。

法国国王和耶路撒冷国王路西尼安都愿意接受阿克的投降，但理查对此表示反对。他认为，此时停战并非良策。

在阿克与萨拉丁联络成功之时，萨拉丁不得不承认阿克城的陷落。根据伊斯兰史料，萨拉丁留下了这样的话：

“在属下无法继续抵抗之时，苏丹有义务承认其投降。”

在受降谈判开始时，阿克城方面只答应了十字军一个条件，即将此前两年交战中所俘虏的250名基督徒交还。

理查和其他十字军领导断然拒绝了阿克城方面的要求。两年的围城不能只得到这样不值一提的战果。战斗再次打响，理查骑马指挥在攻城的最前线。

成功夺回阿克

7 月刚刚开始还没过一周，阿克城就再次请求投降。理查对此提出了如下的条件：

一、交还此前交战中俘虏的所有基督徒，并不要求任何赎金。

二、包围十字军的萨拉丁援军也俘虏了 2000 名骑士和 500 名步兵。这些人也必须交还，并且不能索取任何赎金。

三、将萨拉丁麾下所有埃米尔俘虏的基督徒全部释放。

四、阿克城内的穆斯林守军放下武器，带着必需品离城。

五、萨拉丁为阿克城内全体穆斯林支付 2 万枚金币的赎金。

六、赎金支付完成之后，阿克城内的 2500 名穆斯林居民作为人质留居城内。

七、以上诸项在谈判后一个月内完成，这一个月内双方停战。

十字军的全体领导人都赞成理查的提议。当提议呈给萨拉丁时，他也同意了。

对于萨拉丁来说，阿克战役的失利是推罗之战以来自己遭遇的第二次失败。推罗之战是进攻的失利，而这一次则是被对手夺回了城市。

萨拉丁在哈丁战役后，首先夺取的就是阿克城。这座海港城市的重要性为基督徒和穆斯林两方面所周知。阿克被十字军夺取，萨拉丁的心情一定不会太好。

1191 年 7 月 12 日，在萨拉丁夺取阿克 5 年之后，阿克战役开始 2 年之后，阿克城又回到了十字军的控制之下。

从城内打开城门的穆斯林，站立在门的两侧目送十字军进城。理查和腓力下达了绝对禁止敌对行为的命令。然而事实上，这样的禁令完全没有必要。

城内穆斯林看到的十字军，在两年围城战中陷入了食物极端匮乏的境地。而城内的守军也由于无法与援军会合，处于同样的凄惨状况之中。十字军将士们心中充满了赞叹，毕竟，经过双方莫大的牺牲，阿克围城战终于结束了。此时离理查抵达战场不过一个月零五天的时间。

当阿克城内的穆斯林守军离城之后，十字军焦急地进入了城内。不仅守军离开了阿克，萨拉丁也将自己的阵营后撤了不少。

萨拉丁和理查之间就阿克城投降达成了协议，双方已经缔结了和约。而十字军一进入阿克城内，便开始着手建立城防体系。

包括理查、腓力和十字军全体领导人在内的大军，进入了阿克城。进城之后，十字军首先把面向远方萨拉丁阵营的城墙武装起来。

对于加固城墙来说，最有效的办法是建筑塔楼。这一点在阿克城也不例外。在建好的塔楼之上，飘扬着英法两国国王的旗帜，明示阿克城作为十字军城市的主权。

在红胡子腓特烈死后，率领其残部抵达阿克的皇帝次子也病死在途中。代理执行统帅任务的奥地利公爵利奥波德，指挥了参加阿克之战的德军。他看到别的塔楼上飘扬着英法两国的旗帜，便命令自己的士兵在所建造的塔楼上悬挂起奥地利的旗帜。

看到这一情景，理查命令奥地利公爵降下旗帜。其理由是，国王和公爵有本质上的差别。

在西欧封建社会，国王的权力是“神授”的。拥有神授权力的国王，与作为普通封建领主的公爵，有本质上的差别。利奥波德作为皇帝的代表，领导参加第三次十字军的神圣罗马帝国帝国军队，内心不免十分自负。这次被强迫降旗的事件，使他久久不能忘怀。

理查并不是那种在谁面前都保持好脸色的人。而由于他并非心怀怨恨的那种人，也就难于体会他人的不满。毕竟，在成功夺取阿克城之后，比这件事更重要的事务堆积如山。

理查首先面临的，是修复两年攻城战期间损毁的城墙，以使其能够应对萨拉丁随时可能发动的攻势。参加这一工作的，除了进城的十字军兵士，还包括从穆斯林阵营释放回来的基督徒。萨拉丁遵守了停战诺言，将全体俘虏送还阿克。

除了加固城墙之外，十字军夺回阿克以后，并不需要再做太多工作。此前5年统治这座城市的穆斯林，只是把教堂改为清真寺，此外就没有做太多改动。

从第一次十字军占领阿克以来，这座城市就被逐渐改造为西欧的

建筑风格。它的外观看上去与西欧的海港热那亚、马赛、墨西拿如出一辙。这一局面一直持续到5年前穆斯林占领阿克时为止。而在最近的两年，则由于攻城战的破坏，使得阿克仅仅残留了一些西欧风格的街区。

而建筑物内部并不需要过多的改造。此时离第一次十字军已有一个世纪，其间随着穆斯林和基督徒的广泛交流，没有人对西欧风格的家居设置感到突兀。穆斯林居住期间，只是更多地使用绒毯和坐垫，并建造拱门和柱廊。

而5年后回到城内的基督徒也已经习惯了绒毯和坐垫。在战争打响之前，他们常常到穆斯林的家中做客。在这5年之中，阿克城内的穆斯林渐渐多了起来。到十字军进城以后，城里还是能够看到穆斯林的身影。他们大多数是前来与意大利人进行贸易的商人。

阿克再度成为西欧与东方进行贸易的重要港口。由于其主要建筑物都没有变化，腓力进城之后就住在5年前的圣殿骑士团总部，而理查则住在专门为西欧王公贵族建造的迎宾馆。

理查将远在特里波利的新婚妻子和妹妹乔安娜邀请到这座通称为“王宫”的建筑居住。这一方面是由于对妻子的想念，另一方面也是向萨拉丁和十字军将士们表示自己固守阿克城的决心——两位女贵族和大量女官的移驾，表明这座城市已经在十字军的掌握之下固若金汤了。

萨拉丁向城内派遣了许多密探。他们掌握了理查的动向，而理查也将自己的意志通过密探传达给萨拉丁。密探往往有为双方所共同利用的特点。

法国国王回国

然而，在夺回阿克之后，日理万机的理查得到了一条情报——法国国王正准备回国。当这个消息在参战十字军中传开的时候，各位首脑不禁哑然。

第三次十字军主将之一的腓力，在中近东待了不到三个月而已。对他来说，幸运的是，此时阿克已经成功收复了。但在此战中，法国国王并没有做出太大的贡献。作为朝圣者和战士的腓力国王，也没有实现参加十字军兵士的愿望——前往耶路撒冷朝圣。因此，无论是作为军事指挥官，还是作为朝圣者，他都没有完成任务。

至于法国国王为什么中途回国，他并没有告诉他人，因此只有编年史家的推测了。

根据法国的记载，腓力到达巴勒斯坦以后，便一直染病在身。

而德意志人则记载说，腓力难以忍受理查的傲慢。

英国的记载却是由于弗兰德斯伯爵战死，腓力感到侵略这一地区的好机会来到了，因此急于回国。

每条记载都是基于一定程度的史实的，而记载史实之外，历史也

需要依赖想象力的发挥。

如前所述，腓力最为关心的，是扩大法国国王的直辖领地。而实现这一目标的最大障碍，是法国国内的封建领主，例如拥有比王室领地更大封地的弗兰德斯伯爵、香槟伯爵和勃艮第公爵。当然，比以上三位领主更为强大的对手，是拥有包括诺曼底、阿奎丹等地在内的大半个法国的英格兰国王。

弗兰德斯伯爵在阿克之战中战死。

香槟伯爵亨利与理查站在一边，唯理查马首是瞻。

理查一直有将萨拉丁夺取的圣城耶路撒冷夺回的念头。他执着于实现这一第三次十字军的最大目标。理查自然也记得，腓力曾与自己达成共同进退的协议。

至于勃艮第公爵于格，则受到腓力的委托，指挥国王归国之后留在巴勒斯坦的法国军队。因此，他也无法回国。

理查要求腓力留下来。他提醒腓力，不要忘记出发之前在法国的韦泽莱定下的两人缔结的一同出发、一同归国的协议。

不知腓力是如何应答的。他自然以中近东的风土气候并不适合自己，已经染病在身作为托辞。此外，他已经委托了勃艮第公爵指挥法军。总之，腓力归国的意志丝毫没有动摇。

理查要求腓力履行誓约——在理查回国之前，腓力绝对不能侵略英国国王名下的领地。腓力在誓约书上签字，并在下面盖上了自己头像形状的印章：法国国王腓力二世绝不反悔。

腓力这样做，理查能够完全信任他吗？理查也是中世纪那个弱肉强食的时代中的一位领导人，他大概不会从内心里相信这誓约书的作用吧。但是在这时，理查只有相信腓力一种选择——疑神疑鬼的又有什么用呢？

1191 年 8 月 1 日，法国国王腓力二世从阿克出发回国了。此时距离萨拉丁交付城内穆斯林的赎金，双方休战一个月的期限还有 10 天。

腓力首先前往蒙费拉特侯爵康拉德控制的推罗，然后从那里登上热那亚的船只，返回了西欧。

这位 26 岁的国王腓力的行动，可谓非常巧妙。

腓力离开第三次十字军回国，只带了少数近侍，他所率的大军都留在了阿克。由于他的大部分兵力，包括几百名骑兵和数千名步兵还在战场上，谁也不能说腓力放弃了战斗。

而腓力的归途，也并非从热那亚下船之后直接返回巴黎。他首先抵达罗马，向教皇说明自己为何只参加了不到三个月东征。

通过这次内容保密的谈话，腓力避免了使教皇与自己敌对。从第一次十字军时代开始，教皇就规定擅自提前回国者将会受到开除出教的绝罚。如果因为这个被绝罚，那腓力的如意算盘就打错了。还好，成功说服教皇之后，腓力于这一年的深秋返回了巴黎。

条顿骑士团的诞生

在腓力之后，又有一名领导人决定离开十字军回国，这就是奥地利公爵利奥波德。他对理查的指挥感到不满，因此决定离开自己率领的德意志军队回国。而这支德意志军队则留在巴勒斯坦，并以其中的骑士为核心，组成了著名的“条顿骑士团”，是圣殿骑士团、医院骑士团之外的中近东第三大宗教骑士团。

德意志骑士们之所以从一支军队转变为与“德意志”同义的“条顿”骑士团，是因为离开他们归国的利奥波德没有为他们留下经费。因此，骑士们只得自筹经费，来维持参加十字军的开销。

德意志骑士效仿圣殿骑士团和医院骑士团的例子，以保护朝圣者为名义，自然不会为任何人所反对，从而能够从西欧人手中获取资金援助。

得到罗马教皇的承认之后，条顿骑士团正式成立。他们的纹章是白底黑色十字，与白底红十字的圣殿骑士团和红底白十字的医院骑士团相仿。

与圣殿骑士团主要由法国人组成类似，条顿骑士团的成员主要来

自德意志。由于其成员的性质，条顿骑士团更像一个世俗组织。

留在中近东的法国军队，也处于经费匮乏的状态。虽然腓力留下了维持军队的基本费用，但这笔钱从长期来看还是不够。这样，领导军队的勃艮第公爵只得请求理查提供金钱援助。这样，理查就不得不操心法国军队的经费问题了。

蒙费拉特侯爵康拉德也在夺取阿克后离开了战线。由此导致的形势，是理查在战术和战略两方面的绝对领导权。现在，理查可以自己决策、自己施行各种方略，再没有来自任何人的阻碍。而敌方的统帅萨拉丁则认识到，自己已经遭遇了强劲的对手。从此以后的第三次十字军东征，成为53岁的萨拉丁和34岁的理查之间的对决。

狮心理查与萨拉丁的对决

萨拉丁在推罗之战失败后悻悻退兵，但在阿克之战后，他却没有退却，静观理查的变化。

在夺取阿克之后，理查的下一个目标自然是夺回耶路撒冷。这一点，不消人提醒，萨拉丁自然明白。然而，萨拉丁想知道的是，理查的军队会经过哪条路线前往耶路撒冷。他虽然派遣了密探进入城内，却未能打探到这个关键信息。由于决策层人数很少，十字军不大可能泄露情报。选择哪条道路进军耶路撒冷，完全在理查一人的脑中决定，因此，谁也不知道理查将如何下达命令。他虽然听取了熟悉当地地形的人士的意见，但还在考虑之中。

萨拉丁随之改变了对策。他提出延期支付阿克城投降时十字军所要求的两万枚金币的赎金。

8 月 12 日是理查提出的一个月期限。在萨拉丁提出延期之后，中近东就将慢慢步入冬季。这里的冬天非常寒冷，而且常常降雨，因而只有春季到秋季之间适合作战。萨拉丁的军队在进入冬季前，已经有大批士兵回乡。因此，他相信在冬天到来之际，理查也不会行动的。

萨拉丁一点儿也不吝啬。那么，他为什么不向自己的法兰克人对手支付赎金呢？

理查一开始没有认识到萨拉丁的计谋，但当其使者返回，告知萨拉丁需要时间来募集资金时，他不免感到疑虑。他认为，萨拉丁这样做是在有意拖延。

就这样，8 月 12 日的期限到了。他同意再等一个星期。然而，还不到一个星期，理查觉得等不及了。

他现在需要考虑的是，怎样处置那 2500 名留在城内的穆斯林——原本以两万枚金币为他们的人身安全做担保的。

倘若他率领十字军倾巢而出，这 2500 人留在阿克城内，必然成为祸患。

然而此时又没有别的城市能提供给他们容身。身处推罗的蒙费拉特侯爵，以危险为由，拒绝这些穆斯林前往避难。

至于带领他们同去耶路撒冷，更是不现实的。理查只能带上十字军正规部队前往。

8 月 20 日，这 2500 名穆斯林被带到了阿克城外。在离萨拉丁的阵地不远处的一座小山上，理查的军队将这些平民全部乱刀砍死。2500 人就这样被残酷地结束了生命。

当天夜晚，理查召集了全体参与进军的将领，并下达了命令——次日开始进军。第三次十字军从此时开始，进入了为期一年的后半段战事。

从双方的记载中，可以得知离开阿克的十字军的兵力情况。

理查自己统率的部队，包括来自英国、诺曼底和阿奎丹的兵力，骑兵与步兵总计8000人。

法国国王留下的部队，共计1000多人。

集合于耶路撒冷国王路西尼安麾下的当地诸侯军队，共计5000人。

圣殿骑士团和医院骑士团以骑兵为主，辅以步兵支持的兵力，总计1500—2000人。

此外还有利奥波德离开之后残余的德意志军队。

以上的部队，总共不到两万人。而当时围堵十字军的穆斯林军队，数量在十字军的两倍以上。

更不用说，萨拉丁是主场作战，而理查则是在客场。理查需要为粮食、武器、士兵和战马的补给操心，而萨拉丁则完全不必对这些感到忧虑。非常重要的一点是，理查的军队再没有新鲜血液的补充了。

至于双方的指挥系统，都已经实现了单一化。

萨拉丁身边有深可信赖的弟弟阿拉迪尔，能果断执行命令的埃米尔也不在少数。

而理查这边，所有的将领都听从他一个人的安排。

例如比理查年长10岁的勃艮第公爵，完全遵从英国国王的命令。

耶路撒冷国王路西尼安也认真执行理查的命令，亲自率领自己的部队充任先锋。虽然他不是司令的材料，却能够作为一军之将，投入战斗。

理查的军中还有两位身经百战的勇将——巴里安·伊柏兰和阿韦讷伯爵雅克。

此外，圣殿骑士团和医院骑士团里都是与穆斯林斗争经验丰富的骑士。他们完全服从理查的调遣。这些专业的战士，对理查的专业精神敬佩不已。

因此，理查所率的第三次十字军，虽然处于数量上的劣势，却是非常紧密的整体，可以称得上是完美的一体化军事力量。

在数量上处于优势的萨拉丁，有一处弱点。

萨拉丁一直在关注理查的动向。在哈丁战役中，从一开始，主导权就掌握在萨拉丁手中。但从阿克之战以后，战争的主导权转移到了理查手中。萨拉丁一直等待着夺回主导权，但是这必须等待理查有所动向之后才能实现。

十字军行军伊始，理查就要求全军严守以下几条命令：

一、行军部队仅限男性，而且仅限战斗部队。除了负责洗衣的中年女性以外，严禁女性同行。在战斗人员之外，神职人员例如主教和教士、修士必须配备武器参加行军。

在这一时期的行军中，无论基督徒还是穆斯林都常常有随军娼妓活动，兵士对其早已司空见惯。此外，还常常有大量僧侣随十字军行军。理查对此下达了禁令。

二、无论天气多么炎热，骑兵和步兵都必须全副武装行军。

这是因为穆斯林常常突然大量放箭偷袭的缘故。

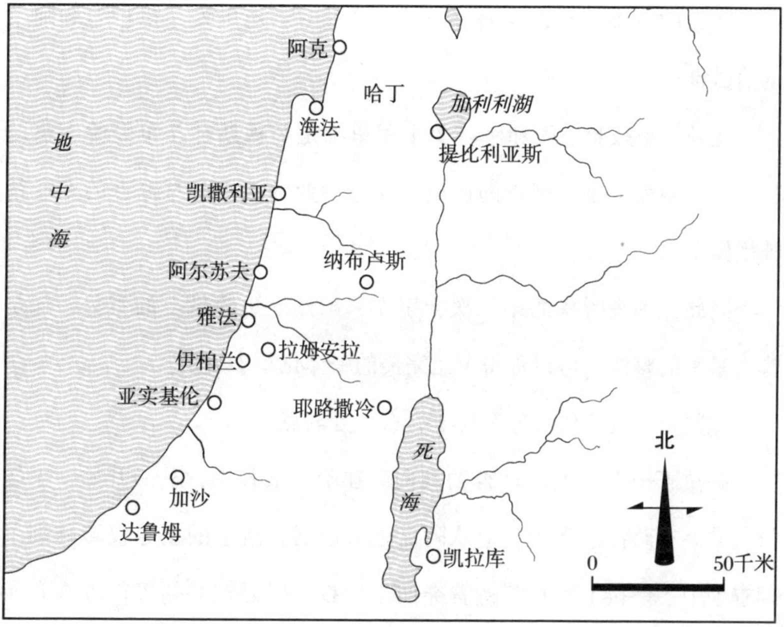

阿克及其周边

三、行军速度不能过快。匀速行军，使骑兵和步兵保持良好的阵型。

全副武装行军，非常容易造成疲劳，特别是在炎热的8月下旬。由于敌人经常出其不意地袭击，保持阵型，减少疲劳是必须的。

四、行军当中，各军队排成三列，每天变换队形。各军兵士要习惯这一变更。

理查沿着地中海东岸南下，向耶路撒冷挺进。按照这一路线，萨拉丁的军队很可能会在十字军的左后方追赶并发起攻击。因此，以上的第四项命令，是让兵士轮流把守敌军前来的方位。

五、绝对不能因敌军的挑衅而自乱阵脚。各军务必保持队列。此外，保持前锋、中央和后卫部队之间的空隙，形成稳定的队形。

哈丁战役的败因之一，就是十字军的前锋、中央和后卫被萨拉丁截成三段。理查到达中近东之后，也许特别关注了哈丁战役的败因。在南进的第三次十字军中，哈丁战役中率领中央部队的路西尼安，与担当后卫的巴里安·伊柏兰同行。

六、部队的行军尽可能选择离海较近的路线。与陆上作战部队一同南行的舰队，负责为十字军提供补给，并将伤病员运回阿克。

这一点充分说明，理查是一位重视后勤的司令。而运送伤兵这一点，则需要单独提出来解释一下。

十字军战士来到中近东之后的噩梦，就是负伤之后被敌军擒获，逃脱死亡的命运之后，往往沦为奴隶。在伊斯兰世界成为奴隶之后的命运，就将是被锁住手脚，带到矿山里或者桨帆船上，劳碌终生。

如果被穆斯林杀死，十字军的兵士就成为了殉教者。但倘若成为奴隶，就不能做殉教者了，也就失去了进入天堂的机会。对信仰之心十分深刻的中世纪基督徒来说，作为异教徒穆斯林的奴隶而死，是十分不幸的。理查命令将伤兵运回阿克。提供补给和消除对成为奴隶命运的恐惧，是即使平凡的人也应当努力做到的。

与陆地上军队一同南进的舰队，需要特别注意岸边突出的悬崖，还要保持与军队相仿的速度南行。除了意大利的滨海城邦国家以外，理查的英国船只也具备这样的高超驾船技能。至于只有运输帆船上才

能装得下的巨型投石机，就没有携带的必要了。行军途中的城市居民，得知十字军到来的消息，纷纷弃城而逃。

由于舰队主要负责运送军粮和伤兵，它们不必接近港口以外的近海海域。这样就不必非要使用意大利的舰队。

然而理查还是征用了热那亚和比萨的船只和水手。这两个对立的城邦的水手，能够在理查的指挥之下同心合力，实在不可思议。

下方的示意图，是对前述行军情况的简单描绘。

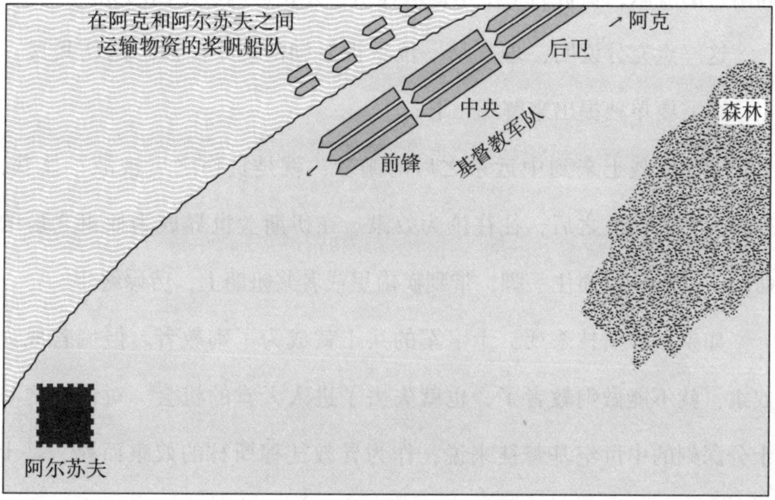

向阿尔苏夫行军

1191 年 8 月底，得知理查的动向之后，萨拉丁的部队也开始行动了。萨拉丁的 5 万大军，在理查的 2 万军队之后追击。

萨拉丁首先以通常的战术袭扰十字军。他派出贝都因人组成的轻

骑兵，不时地对十字军的后卫部队发起袭击，试图使其队列陷入混乱。

理查的后卫是勃艮第公爵率领的法国军队。这些刚刚来到西欧的部队，只参加过阿克之战，并不知道如何有效防御敌方的袭击。

这些法国军队，却有着从第一次十字军时代以来的自负之心。这种自负的心理，使他们能够耐受城墙上射下的箭矢，却不能耐受贝都因骑兵的猛攻。在敌人挑战之下，法军的队列变得凌乱，除了抵挡之外别无他法。当敌军冲到近前时，则只好进行殊死的肉搏战。于是，法军停止了前进，像一群刺猬一样四处乱撞。

当天夜晚，理查来到法军的营地，首先褒奖了他们不要求支援、独立作战的勇气。法国军队的兵士们非常清楚本国国王与英王之间的不睦。他们原本私下里觉得，英国国王把自己部署到最危险的后卫位置，还不派援军协助，是对法国人的冷遇。因此，理查亲自前来慰问和赞赏，一定程度上消除了法国军队的一些顾虑。

理查所率领的十字军，经过一夜行军就到达了阿克以南海湾另一侧的海法城。第二天一早，又沿着地中海岸继续南下。之后的路线是在高耸的山崖上行军，这一地形使敌军骑兵很难追上。在这两天的行军当中，队伍的顺序没有变化。

理查的先锋是来自英国和诺曼底的部队。而中央部分则是路西尼安和宗教骑士团的部队，以及普瓦提埃的理查军队共同组成的。后卫部分就是前述的法国军队。

虽然部队的前后顺序没有变化，但是理查命令骑兵在步兵的左方

和右方交替行军。到第三天，他命令圣殿骑士团随同后卫部队行军。

就这样，以穆斯林逃走之后的城镇作为宿营地，理查的军队行进了4天。

在这4天之内，穆斯林军队从未停止对十字军的袭击。不断有数千规模的敌兵，在十字军的后卫乃至中央部队附近出现。十字军则在保持行进队列的同时，成功击退了敌军。他们仅仅迎击来犯的穆斯林军队，但并不追击逃走的敌人。十字军依靠对敌军箭矢和标枪的防御，确保行军的步伐。

这一地区有很多称为“瓦迪”的干涸河谷，对十字军来说特别危险。由于降雨变化导致河流走向的变化，在中近东地区常有干河床形成的谷地。在河谷中行军的最大危险，就是从河谷两侧山上风驰电掣般杀出的贝都因骑兵。

但是，干河床往往是通向河流出海口的。对没有合适的港口为十字军提供补给的意大利桨帆船来说，在离岸不远的地方抛锚，并依靠小船将物资运送到河口内的十字军处，是唯一的补给方法。因此这些瓦迪很适合补给工作的进行。

如此一来，十字军就势必难以快速通过瓦迪。敌人充分利用了这一点，在十字军进入瓦迪的时候，对他们发起突袭。

夜幕降临以后，令十字军兵士最为苦恼的，是地中海世界特有的毒蜘蛛。这种毒蜘蛛在南欧数量不少，而在北欧几乎没有。如果被毒蜘蛛螫伤，即使不死也会承受莫大的痛苦。比萨和威尼斯船只所运送

的伤病员中，除了被敌军所伤的，还有不少是毒蜘蛛螫伤的。毕竟，十字军东征是在自己完全不熟悉的土地上作战。

理查所计划的海上支援发挥了很大的作用。这支十字军没有受到粮食和水匮乏的烦扰。

而萨拉丁则通过一次次的突袭，等待机会的降临。拥有理查两倍以上兵力的萨拉丁，希望在平原上发挥自己的数量优势。

第一次对决：阿尔苏夫

萨拉丁所等待的机会，在 9 月初终于到来。此前的 12 天内，理查并没有露出任何破绽。萨拉丁希望诱使理查离开海岸的补给线，然后再对十字军发起总攻，但一直没能实现。

当十字军离开凯撒利亚，前往阿尔苏夫时，理查的战略发生了巨大的转变。萨拉丁发现，理查的部队不再沿海岸行军，而是进入了他希望与之决战的平原地带。

萨拉丁使用侦察队获得理查的动向报告，理查也派出了侦察队。经过侦察，理查不仅得知了萨拉丁的动向，也获取了关于行军路线的信息。根据侦察队的情报，理查明确了以下事项：

一、阿尔苏夫与海法、凯撒利亚等已经通过的城市不同，其穆斯林居民并未逃走，相反，他们与萨拉丁派遣的援军一起，进行城防工作；

二、从理查军队现在的位置到阿尔苏夫之间的海岸以悬崖为主，并不适合十字军一方舰队靠岸，特别是在阿尔苏夫附近，舰队无法靠岸；

三、十字军在此前的行军过程中，路线的右侧是地中海，而左侧则是通向广阔平原的森林。

如果说北欧的森林才算是真正的森林，中近东的只能算是“小树林”。但即使是在这样的地方，人马行进的速度也会大受影响。

53 岁的萨拉丁，打算在次日（9 月 7 日）与理查决战。理查此时也得知了敌军的动向。他判断，萨拉丁一定会在次日挑起决战。

34 岁的理查，以此为契机制定战略。当天晚上，他集合全体将士，传达命令：

一、敌军发起攻击时，一方面要将其击退，同时还要保持行军；

二、明天开始，以战斗序列行军。

这支将近两万人的队伍，全长达到两公里。理查分开了行军队伍，组织了战斗序列：

香槟伯爵亨利所率的步兵，首先行进。这支部队担负着护卫军需物资车队的任务，并要为整个部队建造阿尔苏夫城外的宿营地。对于这些士兵来说，首先要保障的是在一旦出现紧急事态时，整支军队能够有序地撤离阵地。

这支部队完成建造宿营地之后的任务，是在此次战役中担任阵形右翼的第一军。

理查将四个中队的圣殿骑士团部队也分配到战线的右翼第一军当中。加上一部分来自法国安茹的人马，整个第一军的总指挥是圣殿骑士团的团长。

这之后的第二军，是耶路撒冷国王路西尼安及其兄弟所率领的当地十字军。理查自己亲率来自普瓦提埃的骑兵队伍跟随在这支军队之后，并指挥整个第二军。

其后行军，负责战役左翼的，是来自法国、弗兰德斯和德意志的骑兵和步兵。

在整支军队的最后，是四个中队组成的医院骑士团的骑士们，由团长加尔尼埃负责殿后。

当天十字军行军阵形的特点，是将部队分成几个大队行军，并没有统一的指挥。理查进一步将部队分成100骑左右的中队。这样的布置特别注重各个队伍的行动自由，使得各部在击退敌军的同时，能够保持继续行军的队形，而且从投入战斗伊始，就是相对偏进攻的阵列。

理查自己做示范，命令将领们分别率领各个中队。常常指挥整个大队的将领，被理查分派指挥中队。实施这一战略，旨在面对数倍于己方的敌军时，以多个相当于原来1/10兵力的中队进行机动，灵活地与敌军展开斗争。

相反，萨拉丁以成千上万人的规模编队投入战斗。这支大军通过了森林，接近了理查的军队。

当天，萨拉丁的行动，是罕见地放弃了进入森林之前的阵地，而是在走出森林以后重新布阵。阿克之战中一直将阵地置于敌军后方的萨拉丁，效仿哈丁战役中的战法，将战线移动到己方军队附近。

萨拉丁所设想的战法，是从陆上三个方向缩小包围圈，从而将十

字军围歼。至于西侧的海上方向，由于陆上三面包围，十字军可以沿海路逃跑。

当天萨拉丁所投入的兵力超过 4 万，而理查的兵力不到 2 万。但双方实际作战的兵力大约只有各自总兵力的一半。

这是因为，萨拉丁并未下令让全体穆斯林军队出击。在战斗开始阶段，有相当一部分兵力没有行动。理查也没有按照萨拉丁设想的方式迎战。

1191 年 9 月 7 日，阿尔苏夫之战伴着上午 9 点的阳光和穆斯林军队的战鼓声开始了。

萨拉丁一方的弓兵首先按照通常的战法，一齐向十字军阵营发射，顿时箭如雨下。

这一招对于身着厚重甲胄、手持坚固盾牌的十字军将士来说，并非多大的挑战。然而穆斯林弓兵保持着边前进边发射大量箭矢的步调。在弓兵和步兵之后，萨拉丁的骑兵从林中策马扬鞭而出，越过前面的步兵，重新编成两队，分别扑向理查军队的前锋和后卫部分。

至于萨拉丁为何选择这样的进攻策略，我以为，他是考虑到用骑兵袭击十字军的后卫部队，拥有速度方面的优势。

结果，首先受到攻击的十字军部队就是在最后行军的医院骑士团。尽管这支骑士团保持全速前进，还是受到了最猛烈的进攻。

医院骑士团的骑士们按照理查的命令专心进行防御。但随着他们与敌军骑兵交锋的相持，后面的穆斯林弓兵也赶了上来。

当这些弓兵接近之后，他们射箭的方式有所改变。箭不再对准骑士团的骑士，而是直接射杀他们乘坐的马匹。在与失去战马的对手作战时，穆斯林弓兵收起弓箭，拿出铸铁制成的棍棒，攻击身着甲胄的骑士。

这些棍棒的威力巨大，只要抽打到骑士身上，钢质的甲胄就会变形。变形的甲胄压迫下面的身体，致使骑士们身受重伤。

眼睁睁看着牺牲者人数的增加，医院骑士团的团长赶紧派一名部下前往理查的部队，请求准许对穆斯林实施反击。然而理查拒绝了这一请求。

在这只许防御的行军路上，医院骑士团面对萨拉丁军队的攻击，就像逃跑的羊群背后跟着追赶的狼群一般。

团长不得不亲自驱马前往理查身边，请求获准发动反击。然而理查还是没有同意。回到自己部队中的骑士团长，满眼都是被敌人无情杀戮，血洒沙场的同袍们痛苦的情状。对这些骑士们来说，理查的再度拒绝，真可谓是十分残酷的。

最终，骑士团长加尔尼埃不得不决定违抗理查的命令，全军发动反击。团长命令一下，一直忍耐着的骑士们的怒火瞬间爆发了出来。医院骑士团全体将士们一齐发起了反击。

理查见状立即改变了战术。

优秀的将领，不仅会预先制定战术，更能够按照局势的发展随机应变。

理查迅速率领自己的中队赶往后卫部队，身先士卒地砍杀敌兵。得知理查参战消息的其他将领，也纷纷率领自己的部下驰援而来。很快，整个行军的后卫部分，成为了最激烈的战场。

此时的十字军战士，已经不分来自何方，属于谁的队伍了。他们全体投入了战斗，心中只有击败敌人的念头。上至理查，下至任何一名普通的士兵，都持此念而毫无区别。由此，战斗的大势于午后倒向了十字军一方。

萨拉丁的部队开始溃散。伴随着战场上凄惨的叫喊声，穆斯林军队的伤亡不断增加，一直擂响的战鼓声，听上去更像是对死者的凭吊了。

一度勇敢作战的穆斯林军队，从率军的埃米尔们开始撤退了。其中的贝都因骑兵，来得早，逃跑得也早。穆斯林骑兵和步兵都逃回了了林中。这片不大的森林里，很快涌入了投入战斗的一万名穆斯林官兵。

看到自家兵士跟着追杀进入森林的敌军，理查立即下令严禁十字军进入森林。他深知，林中的战斗绝对不利于十字军的重骑兵，因此必须避免无谓的牺牲。

理查与萨拉丁一样，并不会在战场上投入全部的兵力。他掌握有一部分预备队，并不向森林的方向发起进攻。

英国国王十分清楚，此时最重要的是继续行军。尽早地安全进入宿营地，比乘胜追击更有意义。

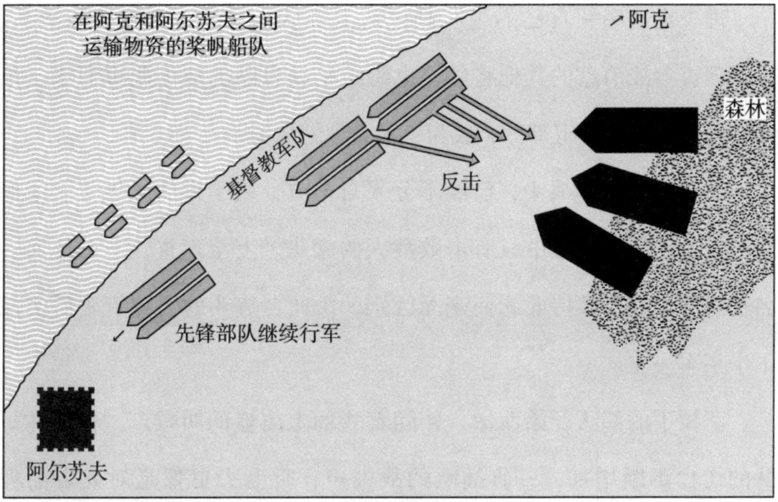

阿尔苏夫攻城战

萨拉丁想在森林中聚歼十字军的计划，就这样落空了。

哈丁战役自始至终都是按照萨拉丁的设想进行的。当时率领十字军的耶路撒冷国王路西尼安，被萨拉丁引诱上了圈套。

萨拉丁以此为成功经验，想诱使理查上钩。然而这次他面临的，是与自己一样的军事天才。最终，萨拉丁的胜利梦想化为泡影。

虽然他成功地杀伤了理查的后卫部队，却无法给整个十字军造成损失。

在林中等待的萨拉丁，终究还是没能等到理查应战。

经过此次交手，萨拉丁认识到了理查的实力。

战斗结束

先期到达并建设好宿营地的步兵团全体将士，十指紧扣祈求当天的胜利。运送到营地的伤病员，得到了医院骑士团骑士医师们的紧急处理。其中的重伤者被运上靠岸的小船，转乘海上待命的桨帆船前往阿克。在阿克，他们得以在医院骑士团的总部接受治疗。

此时，传来了一个好消息。得知平原上战斗结果的阿尔苏夫城内的守备部队，连忙逃出城了。这样，十字军得以在当晚进入阿尔苏夫城休整。

然而，在日落时分，将领当中有一位没能赶到营地。这就是阿韦讷伯爵雅克。得知他已经负伤，不能行动，圣殿骑士团的骑士们连忙赶去救援。这些骑士也是刚刚离开战场。

根据萨拉丁的指示，穆斯林士兵也为了运送伤者而回到战场。看到对方人多势众，圣殿骑士团的骑士们只得先行退却。

第二天早上，圣殿骑士团的骑士们和来自阿韦讷地区的普通兵士们一起，再次来到战场搜寻。在阳光的照耀下，战场的凄惨情形历历在目，在其中搜索尤为困难。所有的遗体全身是血，很难辨识死者的

身份。

最终经过仔细辨识，骑士们找到了阿韦讷伯爵的遗体。由于战马被杀，伯爵只能徒步应战，最终与爱马死在一起，身边是一圈敌兵的尸体，敌兵数量多达 16 人。从这 16 人手中的武器可以看出他们都是骑兵。步战的阿韦讷伯爵雅克，在相继杀死这些敌兵之后，自己也倒在了血泊中，时年 39 岁。

阿韦讷伯爵雅克的纹章

伯爵的遗体被运往阿尔苏夫，然后殓尸人将他全身的血迹洗濯干净。侍从们个个以泪洗面，他们忍痛给伯爵穿上正装。6 位将领抬着盛有伯爵遗体的棺木，在阿尔苏夫的教堂内下葬。

葬礼弥撒由脱下战袍的索尔兹伯里主教主持，理查、路西尼安和全体高级将领悉数到场。伯爵的葬礼绝不仅仅是法国东北部一位普通领主的丧葬仪式。责任感高于常人一倍的伯爵，在兵士面前颇具声望，是每位将领都十分尊重的战场上的领袖。

不过，在葬礼上凭吊过逝者以后，活着的人还是要好好活下去。当天夜晚，在理查的命令之下，阿尔苏夫的全体十字军举行了一场盛

大的烧烤宴会。

在阿尔苏夫之战中，胜利的十字军一方有许多马匹被杀。由于萨拉丁命令弓兵狙杀马匹，许多十字军的骑士失去了自己的爱马。

十字军士兵肢解了被杀的马匹，用来制作烧烤。由于马匹是骑士的私有财产，只有骑士的随从步兵能免费食用。那些作为普通步兵参加十字军的军士们，就必须花钱购买马肉了。

此时，理查公示全军：马匹被杀的骑士，将免费获得新的战马。因此，最终马肉被平等分配给各人。

阿尔苏夫城的中心广场上，升起了烤肉的浓烟。由于得到了城市和海上的补给，理查的军队拥有充足的水和食物。但由于依然是夏末时节，与面包、奶酪等食物相比，容易腐败的新鲜肉食只有指挥官阶层能够充分享用。此外，与喜欢吃鱼的南欧人不同，以西欧北部人为主的十字军只喜欢吃肉。就像食用罕见的鹿肉和野猪肉一样，他们只能适应马肉的味道。

当天夜晚，萨拉丁在营帐中集合将领，对他们加以训斥。他直接批评道，诸位埃米尔在战场上逃跑的行为，是对苏丹名誉的污辱。各地的埃米尔低着头一言不发，只有阿勒颇的埃米尔提出了异议。

“苏丹的说法恐怕并不妥当吧。十字军的甲胄非常坚固，我们的箭矢和刀枪都不那么容易伤到他们。

“对我军来说，敌人最强的作战单元就是善战的骑士了。骑士们常常身先士卒，不仅能在马上杀死我们的骑兵，左右拼杀，在战斗自始

至终激励着他们的士兵。

“骑士们无论在任何场合都能以一敌众，杀伤我军的多名战士。他们在最前线的表现，实际决定了战斗的结果。他们的领袖，更是以狮子的化身而著名的骑士，兵士们称为‘理查国王’的那位。”

从此，理查有了“狮心王”的称号。

萨拉丁并未对阿勒颇埃米尔的意见做出应答。他只是下达了一道命令，即将从阿克以南直到耶路撒冷之间十字军建设的全部城堡悉数拆毁。

然而十字军建立的城堡异常坚固，与西欧的城堡无异。由于不能将其地基全部破坏，萨拉丁的部下只能尽量拆除城堡的设施。

萨拉丁渐渐感到无法阻止理查的前进。因此，他的策略转变为将理查行军道路上的据点全部清除。除了拆毁城堡之外，萨拉丁还命令烧毁其周边的村落，实施“焦土政策”。此时受到破坏的不仅包括独立的城堡，还有内部包含城堡的海港城市。其中之一的雅法，就是理查接下来要攻取的城市。

长年生活在紧张斗争中的萨拉丁，以53岁的年龄而渐渐老去。他的心中有着怎样的想法呢？

在推罗之战失败以后，萨拉丁总结，攻击海上的推罗，必不可少的是海军的力量，这正是穆斯林一方的短板。

而阿克之战的失利，则使萨拉丁认识到，穆斯林军队的弱点不仅在海军力量较弱，还有在持久战方面的欠缺。

然而阿尔苏夫的失败，则既不是因为有海军力量的参与，也不是长期战斗的结果。战斗只持续了5个小时。

以步兵为中军，左右两翼骑兵包抄的战法，没有发挥效果。首先，萨拉丁左翼的骑兵受到以圣殿骑士团为核心的敌军先锋部队的猛攻，使其无法包围十字军，最终不得不退却，而让遵照理查命令前往阿尔苏夫安营扎寨的第一军顺利通过了。

此外，对十字军后卫部队医院骑士团的猛攻，也由于理查的战术变化而遭受了十字军中央和后卫部队的反击。因此，从这一方向包抄的计划也流产了。

最终，理查命令部队不要乘胜追击进入林地，这样萨拉丁唯一的可以反败为胜的机会也溜走了。

可以说，阿尔苏夫近郊的这次战斗，是最擅长陆上遭遇战的萨拉丁所遇到的第一次全面败北。

而理查则实现了南下行军的战略目的。萨拉丁在阿尔苏夫附近攻击十字军，就是为了阻止理查南下，但终究没有成功。

为了在陆战中决一胜负，萨拉丁投入了自己5万兵力中的4万。而理查迎击的部队只有一万多人。先锋部队的第一军和大多数圣殿骑士团的部队保持继续行军，在不到两万的十字军中，最多只有1.3万人投入了战斗。

战场上残留的穆斯林军士遗体达到7000之众。光是因为没有得到应急治疗而丧生的伤员，就达到3000人。两者合计，死者上万。此战

中萨拉丁军队的 1/4 战死沙场，其中死亡的埃米尔共计 32 人。

而十字军一方的死者不到 700 人。至于高级将领，则只有阿韦讷伯爵雅克一人而已。

从第一次东征以来十字军历史过半的岁月中，首次出现了以一个人为最高司令官，全体将士服从其命令，遵守其军规，以一个有机整体的形式作战的情状。萨拉丁所面临的对手，再也不是缺兵少将，陷入食品和饮水匮乏的哈丁战役时的那支十字军了。可以想象，萨拉丁在阿尔苏夫之战以后，受到了怎样大的冲击。

伊斯兰世界的埃米尔，与同时期天主教世界的封建领主相当。而在伊斯兰世界中，领主的意义与西欧又稍有差别。他们不仅是一个地区的领主，也是对立的逊尼派穆斯林和什叶派穆斯林的代表。

少数民族库尔德人出身的萨拉丁，一定程度上通过对十字军的“武力吉哈德”，将逊尼派和什叶派穆斯林统一到自己的旗下。但这种统一的前提，是他作为胜利者的身份。然而在阿尔苏夫一战中，萨拉丁麾下的 32 名埃米尔战死沙场。

因此阿尔苏夫之战，成了以不败著称的萨拉丁的不败金身告破的标志。这一战役给十字军很大的信心与勇气，而对伊斯兰世界来说，影响也超过了战役本身。

阿尔苏夫战后，萨拉丁的部下思索的，是他们所跟随的领主并非无敌于天下。那么，自己怎样才能避免那 32 位埃米尔的命运，就成了他们首先考虑的问题。这样下去，萨拉丁所依靠的基本盘面就面临崩

溃的危险。对本土作战的萨拉丁来说，兵员的补充并非难事。但与一万名死难士兵所带来的问题相比，32 位埃米尔战死的事实，才是他需要正视的麻烦。

对萨拉丁来说，采取焦土作战，消极抵抗的策略，并不足以遏制理查咄咄逼人的势头。他必须有其他的作战部署。他首先做的，是将部队撤出，在理查接下来从阿尔苏夫到雅法的必经之路上制造障碍。而他本人则回到了耶路撒冷。

对于伊斯兰世界来说，耶路撒冷是仅次于麦加和麦地那的第三圣城。属下的埃米尔们即使有离开战场的打算，当萨拉丁提出死守耶路撒冷的计划时，他们还是不得不留在大军之中。

理查所率的十字军，于阿尔苏夫之战后三天离开了这座城市。他们在城里不过居住了一夜而已。理查急于尽早出发，于是在 9 月 10 日开始行军。

在前往下个目的地雅法的行军路线上，理查以圣殿骑士团作为后卫部队的主力。由于其团员大都未参加阿尔苏夫之战，在战斗意志和体力方面有充分的保证。显然，萨拉丁不会放过在十字军行军路线上袭扰的任何机会。

正当此时，阿尔苏夫遭到了先前逃离的守城埃米尔所率的 1.5 万大军的袭击。这位埃米尔显然是想为自己临阵脱逃的行为雪耻而来的，但他面临的是圣殿骑士团的顽强阻击。

迎战的除了圣殿骑士团，还有此前没有参加阿尔苏夫之战的香槟

伯爵所率的步兵。在十字军的反抗下，1.5 万人的军队并未得势，最终不得不撤离战场。这样，在理查不必亲自出马的情况下，大队十字军保持着队形继续前进了。

理查依然禁止圣殿骑士团追击撤退的敌军，而是命令他们迅速赶上前面的队伍。他的指挥使行进中的十字军保持着紧密的队形。虽然圣殿骑士团的骑士们嗜好进攻，却也不得不听从理查的命令，坚守在队伍最后的位置。

收复雅法

到9月15日，十字军进入了雅法。先锋部队在两天前就已经到达了这里，但由于萨拉丁对城市实施焦土政策的破坏，他们只能在城外的橄榄田里宿营两天。

与阿克一样，雅法也是十字军经营了上百年的海港城市，城内都是西欧式的石砌建筑。萨拉丁控制这座城市不过四年，不可能对其进行实质性的改造。虽然其间有地震的破坏，重建也并非难事。

雅法港依然可以使用。对穆斯林军队来说，使港口不能为理查所用，最简单的方法就是将港口内的船只全部凿沉。然而他们虽然在理查的军队进城之前焚毁了街道，却没有破坏港口。

能够使用雅法港，就为十字军的补给提供了很大便利。理查这一路一直依靠小船把补给和伤病员往复运送于桨帆船队和大部队之间，可谓充满艰辛劳苦。

收复雅法之后，第三次十字军的补给路线是塞浦路斯—推罗—阿克—雅法一线。大量的人员和物资得以从这条补给线上安全地运送。由于比萨和热那亚的舰队依然活跃，十字军一方控制了地中海的制

海权。

离开阿克以后，理查的第一目标就是进占雅法。当取得雅法之后，他就面临一个抉择：究竟是首先强化雅法的城防，还是夺取雅法以南的港口城市亚实基伦。

雅法的现代名称是特拉维夫，是以色列的行政首都，而耶路撒冷则是以色列人心理上的首都。

至于亚实基伦，则是距离现代巴勒斯坦人自治区加沙地带以北不到30公里的一座以色列港口城市。它没有雅法那样重要，也没有改名，只是按照现代的发音，被翻译为阿什克隆。

从地图上看去，特拉维夫、阿什克隆和耶路撒冷，正好构成一个等边三角形。

从古典时代末期到出现飞机的漫长岁月中，雅法一直是从欧洲前往耶路撒冷的朝圣者们首选的登陆港。在耶路撒冷为穆斯林所控制的时代，耶路撒冷的西侧城门被称为“雅法门”，意思就是通往雅法的城门。从雅法登陆的基督徒朝圣者，经过雅法门时，要向门口的穆斯林守卫缴纳入门费。

因此，对于十字军来说，加强雅法的城防，不仅强化了十字军的补给线，也保证了从西欧前来的朝圣者顺利登陆。

至于攻取亚实基伦，就没有这两个方面的意义了。但是，亚实基伦是从埃及到巴勒斯坦的补给线的终点站。如果十字军占领了这里，就明确了攻取耶路撒冷的目标，并且切断了萨拉丁从埃及方面获取补

基雷尼亚
尼科西亚
法马古斯塔
塞浦路斯
利马索尔
托尔托萨
特里波利
贝鲁特
西顿
大马士革
地　中　海
推　罗
阿　克
海法
加利利湖
提比利亚斯
凯撒利亚
约旦河
阿尔苏夫
雅　法
伊柏兰
亚实基伦
耶路撒冷
死海
加沙
达鲁姆
北
0
100千米

收复后的雅法及其周边

给的路线。毕竟，从埃及到巴勒斯坦，使用这条路线，可以节约不少时间和劳力。

理查本人相对倾向于把下一步的重点放在攻打亚实基伦上。为此，他派遣了两名属下骑士，从海路前往侦察亚实基伦的情况。两人回到雅法之后报告说，亚实基伦的城市和港口都已经被穆斯林完全破坏。

这很可能是因为萨拉丁不希望城市和海港落入理查之手而做出的决定。得到这一情报之后，理查便决定不再攻打亚实基伦，转而全力以赴建设雅法的城防工事了。

秋天渐渐来临，正值巴勒斯坦最舒适的季节。雅法城内的工事正在重建之中。其间获得闲暇的理查，驾马出城。除了狩猎之外，他还带着几位侍从，在雅法郊外游览。

理查在城外并不多见的常绿乔木之下下马，席地而坐，小憩之时，浑然不觉地进入了梦乡。

酣睡疏解了理查此前三周的紧张。随行的侍从们看到主人已经入眠，也纷纷在一旁休憩。

就这样不知道经过了多久，当理查被一名侍从奇怪的噪声中唤醒的时候，他们已经被一队穆斯林骑兵团团围住。

理查此行只是郊游，侍从和他却也都携带了武器。虽然骑士们都做好了迎击的姿态，但敌人骑兵的数目还是太多。如果真的交起手来，结果实在难以预料。

正在这千钧一发的时刻，一名叫威廉·德·普莱奥的侍从，突然

纵马上前一步，用阿拉伯语对敌兵大吼：

“来人还不让开，理查王在此！”

在那个没有电视和各种媒体的时代，以“狮心王”之名著称的理查，是萨拉丁手下全体官兵熟知的角色。但是，他们并不知道理查的长相。听到理查这样头等重要的猎物就在面前，穆斯林骑兵一齐向威廉涌来。

刹那间，理查和其他侍从连忙快马加鞭，逃之夭夭了。他们刚一进雅法城，理查就立即命令一支队伍前去搜索威廉的行踪。但是，穆斯林骑兵急于获得萨拉丁的奖赏，早已将威廉俘虏而去，搜索队伍连个人影也没见到。

此时在雅法城内的人群，得知理查的平安归来，心中长舒了一口气。外出狩猎迟迟未归的理查，引发的是全体十字军的担忧。

当天晚上，理查的近臣来到他的营帐，大声劝谏道：

“陛下是何等轻率！作为十字军的最高统帅，您是无人能够替代的。因此，您的一举一动，全体十字军都牵挂着。

“我等恳请陛下发誓从今往后，若要离开城市外出，一定带领大量兵士随行！”

理查手下的心腹骑士有好几位。其中包括与34岁的理查年龄相仿的索尔兹伯里主教休伯特、莱斯特伯爵罗伯特、绍维尼伯爵安德烈、德比伯爵沃克林，以及代替理查成为俘虏的威廉及其兄长彼得等。除了德比伯爵沃克林在阿克之战中战死以外，其他人都跟随理查来到了

雅法。需要指出的是，在这些心腹骑士当中，一半以上是在理查与亨利二世的父子之战中支持老国王亨利的。

因此，理查面临的是曾与自己为敌的部下的责难，他们自然不会忘记三年前与这位新国王为敌的历史。其中还有一些臣下，则从理查还是普瓦提埃伯爵之时，就已经与之共事，而以忠臣自居。这些人一齐向国王发难，指出此次郊游狩猎所表现的轻率。

在他们的劝谏之下，理查保证，以后定会慎重行动。在这一事件之后，理查果然会在每次出行时都带上这些劝谏之臣。

理查毕竟是一位值得崇拜的领袖。为了防止他常有的冒进倾向，莱斯特伯爵总在战场上担任他的左翼，而理查的右翼也根据战事需要安排不同的近臣负责。这些忠臣在作战中对理查起到很大的辅助作用，扩大了理查的视野。

他们并非为了参加十字军而来，而仅仅是为辅佐理查才前往东方的。

代替理查被俘的威廉，在被带到萨拉丁面前时，公开了自己身份。他说明了事情经过。萨拉丁命令阿克城投降时与理查交涉的一位官员前来查验，证明了威廉所言属实。

萨拉丁虽然震怒，却并未杀死威廉。这位俘虏与其他十字军高级俘虏一起，被软禁在舒适的地方。这一情况，很快被与穆斯林商人密切往来的威尼斯人转告了理查。

通往圣城之路

不再进行郊游的理查，转而在雅法周围频繁开展军事行动。其原因有三个方面：

第一，征服周边的村镇，有利于保证雅法城的安全。

第二，从雅法到耶路撒冷的内陆行军，将是决战的关键。

关于这一点，萨拉丁也已经深刻地认识到了。在阿尔苏夫之战以后，他采取了焦土政策，命令将雅法到耶路撒冷之间的城堡和要塞破坏殆尽。但理查在雅法周围出兵，就使穆斯林士兵无法进行破坏工作。这样，理查重建防御工事体系就很容易了。

理查委任圣殿骑士团和医院骑士团负责重建城堡和要塞的工作。理查之所以将此重任委以两大宗教骑士团，一是因为他们对当地情况的熟知；二是因为他们的组织纪律性和执行能力；三则是看中了宗教骑士团的资金能力。两大骑士团自然也是积极执行理查的命令。

理查在雅法周边展开军事行动的第三个原因，是为了消解这段时期兵士中的不满情绪。

在雅法城的重建过程中，兵士中间，特别是骑士中间，弥漫着一

种不愿从事土木工程的情绪。他们认为，自己到圣地不是来做工的。

与兵士们讲理自然无法奏效。因此，最好的办法是让他们轮班出城与穆斯林作战。随着对前面两个原因的解决，不满情绪也就逐渐消散了。

然而，当军队从雅法出城与穆斯林作战以后，回来的士兵人数渐渐减少。这引起了理查的注意。他开始逐一清点雅法十字军的人数，结果发现与到达雅法城时相比，十字军的总人数大幅度减少。

十字军夺回雅法之后，比萨和威尼斯的船队常常往返于雅法与阿克之间，运送各种给养。这段时间内，十字军并没有因作战而负伤的战斗人员。船只并没有空载返回，而是装满了假冒伤病员前往阿克的临阵脱逃的士兵。

对此感到极为愤怒的理查，命令耶路撒冷国王路西尼安前往阿克，将这些逃兵抓回来。可是，在将领和士兵中间都没有声望的路西尼安，只带回来少量兵丁。理查见状只得亲自前往阿克。他抵达之后，在阿克的中心广场上集合了装病的逃兵，对他们发表演说。

“你们要知道自己的耻辱！各位最好扪心自问，是否对得起那曾在十字架下庄重发出的誓言？”

理查说明了这次亲自前来的要旨，在斥责之后并未惩罚逃兵们。他的演说感动了在场的士兵，他们都为自己的装病脱逃感到耻辱。

在与兵士们一起返回雅法之时，理查带上了仍在阿克的妹妹乔安娜和妻子贝伦格拉。

两位贵妇与其女侍从一行，首先从推罗来到阿克，此次又前往雅法。这两次行动都体现了理查向众人证明，阿克和雅法已经成为了向耶路撒冷进军的安全的前线基地。

理查也明白装病逃往阿克的士兵们的心思。他命令留在塞浦路斯的属下，将岛上的300名妇女护送到雅法。

300名希腊妇女的到来，伴随的是兵士们的欢呼声。常认为此类事件并不恰当，并加以抨击的神职人员，在理查面前也没有做声。这并非因为当地没有高级神职人员，而是因为从索尔兹伯里大主教以下的神职人员，关心的不是士兵们的私生活，而是与穆斯林之间的战斗。因此，兵士们虽然把耶稣基督放在心中，却终日与希腊娼妓们厮混在一起。

很难评价理查这样做究竟导致了怎样的效果。但是，在一天的战斗结束后，雅法城内总是充满了女性的气息，兵士们在温柔乡里消化着白天的战果。理查所率的部众在与穆斯林的作战中连战连胜，所向披靡的状态，使雅法周边变成了十字军的属地，而通往耶路撒冷的大道似乎就要敞开。

正在这时，理查与萨拉丁之间的和平谈判开始了。

充当使节的不是理查部下的将领，而是中近东十字军国家内托隆地区的领主。在第一次十字军之后，托隆就成为了十字军控制的地盘，而这位领主就出生在当地。与巴里安·伊柏兰一样，托隆领主也擅长阿拉伯语。

理查对萨拉丁提出了如下的议和条件：

> 萨拉丁将以耶路撒冷为中心的整个耶路撒冷王国返还给十字军，此外将叙利亚等地的十字军领地一并返还，使十字军的领土恢复到鲍德温四世时代的大小。

这意味着将伊斯兰世界和十字军国家的边界恢复到哈丁战役之前的情形。萨拉丁对理查的条件的回答，自然是拒绝了事。

萨拉丁在拒绝理查开出的条件之后，派出了弟弟阿拉迪尔，进一步交涉。

萨拉丁对比自己年轻5岁的弟弟——以勇敢沉着著称的阿拉迪尔的信赖，超过任何人，甚至超出自己的儿子。成为苏丹以后，萨拉丁一直驻跸在叙利亚的大马士革，但他的根基实际上在埃及。而他恰恰把埃及委任给阿拉迪尔。可以说，在与理查的交涉中，萨拉丁投入了自己最大的一张王牌。

即便如此，这一阶段的议和，还是并没有多大希望的。因为他绝对不可能接受理查提出的条件。

因此，萨拉丁将自己极为信任的亲兄弟派去和议的真正原因，是让阿拉迪尔观察理查的动向。直接了解在此前的战役中保持不败的对手，会对以后的交锋有重要的意义。

于是，1191年11月8日，理查和阿拉迪尔在雅法城外会面了。

阿拉迪尔按照穆斯林的惯例，带来了丰厚的礼品。其中包括7头雄

壮的骆驼，以及苏丹专用的豪华帐幕。

令理查感到震惊的，不仅是对方送来的奢侈的赠礼，还有萨拉丁之弟的品格、态度与谈吐。

高级首脑会谈时，双方不仅要通过翻译了解对方的意思，还要相互注视以保持眼神的接触。因此，首脑本人可以观察到对方的一举一动。通过对对方言语、神态和动作的观察，就可以不需要翻译而获得关于对方的认识。

令 34 岁的理查满意的是，48 岁的阿拉迪尔所表现的善意。他们两人之间的默契，用现代人的话来说，就是相互感觉合拍。

在会谈中，理查只讲真话，不讲假话。而阿拉迪尔也是如此，真话知无不言，假话一句没有。

萨拉丁通过其弟向理查传达的讲和条件，是返还约旦河西岸的耶路撒冷王国的土地，但是不包括亚实基伦在内。此外，耶路撒冷城亦必须维持在穆斯林的管理之下。

这自然不是以夺回圣城为目标的第三次十字军的统帅理查所能接受的条件。因此，尽管会谈双方个人间保持了良好的气氛，这次和议却只能以破裂收场。不过，会谈终究是在双方友好的气氛之下结束的，并没有任何过激的场面出现。

此次会谈之后，双方都没有决定是否要进行下一轮谈判。理查为向其兄汇报谈判结果的阿拉迪尔安排了警卫队，一路护送其前往耶路撒冷。这是出于安全考虑的。毕竟，在雅法周围活动着各支敌视穆斯

林的基督徒军队。

在此次会谈之后不到两个星期，理查再度于通往耶路撒冷的道路上开展了军事行动。在西欧，冬季严寒，是无法作战的；中近东虽然很少下雪，士兵们却常常为凄风冷雨所恼。但理查的将士们非常能吃苦，他们绝不因此拒绝行军。即使在寒冷的冬日，十字军依然一边行军，一边与穆斯林军队交战。

11 月 22 日，理查占领了拉姆安拉。此地位于从雅法到耶路撒冷的路线上 1/3 的位置。

12 月 25 日，十字军完成了对拉姆安拉周边村镇的全面征服。理查和兵士们从当天开始庆祝圣诞。

之后，到 1192 年 1 月 3 日，理查所率的十字军到达了拜特努巴。这座城市位于雅法到耶路撒冷的路线上 2/3 的位置。

此时，十字军主力距离耶路撒冷只有不到 30 公里的路程。在 30 公里外的圣城内，萨拉丁正严阵以待与理查的决战。

然而，理查却没有继续行军。他在拜特努巴逗留 5 天之后，于 1192 年 1 月 8 日后退到拉姆安拉。之后，他本人又回到了雅法。

此时，理查也没有联系阿拉迪尔进一步议和。他召集了十字军的首脑们，开始商议 1192 年的战线应当如何推进。

严酷的现实

理查认为，接下来的行军要极为谨慎。从欧洲来的第三次十字军首脑们和当地十字军国家的诸侯，以及圣殿骑士团和医院骑士团的团长们，都出席了在雅法召开的军事会议。自从来到中近东以后，理查时常倾听当地军事领导人的意见。

以现有的兵力和装备情况，十字军是无法完成对耶路撒冷的包围的。虽说此时的士兵数量相当可观，与第一次十字军时代相比，毫不逊色。

但理查所面对的现实，与第一次十字军时代完全不同。

第一点不同，是此时的伊斯兰世界已经完全统一于最高司令官萨拉丁的旗下。

此外，根据潜入耶路撒冷城内，充当间谍的意大利商人传来的情报，阿拉迪尔已经从耶路撒冷城内消失了。理查判断，阿拉迪尔已经按照其兄的命令，回到埃及，组织了大规模援军，随时可以从埃及前往萨拉丁据守的耶路撒冷。

这样，如果十字军包围耶路撒冷，很可能会遇到与阿克之战相同

的情况——遭到敌军的前后夹击。

在阿克，十字军用了两年时间才取得攻城战的胜利。能够取胜的关键原因还是在于来自海上的补给线。而在深入内陆的耶路撒冷，并没有海上补给的条件。如果要保证从雅法到耶路撒冷的陆上补给线，就需要分兵把守沿途各地，防止穆斯林军队的进攻，这显然是十分困难的。

如果让十字军回到两年前阿克之战的那种状态，无异于噩梦般的情景再现。

于是，第三次十字军的下一个目标，转变为亚实基伦。如果能够夺得这座城市，整个基督教世界就将完全掌控中近东地中海沿岸的制海权，从而使萨拉丁的海上补给线完全切断。而萨拉丁目前所依靠的陆上补给线，是从埃及经过西奈半岛的地中海一侧。十字军占领亚实基伦以后，也能够出兵切断这条补给路线。

正在此时，意想不到的事变发生了。进攻亚实基伦时不可或缺的比萨海军和威尼斯海军之间出现了内讧。意大利水手们在阿克城内发生了武装冲突。此时只有理查本人出面能解决问题。于是，冒着严冬，英国国王从雅法返回了阿克。

同是意大利的滨海城邦，威尼斯共和国的国家力量十分强大。

相反，比萨和热那亚虽然同是共和国，它们的内政就不是那么稳定。由于政府不够强大，这两个国家的发展往往依靠公民个人的实力。

换句话说，如果以母国对从事海外贸易者的影响力强弱来排名，

威尼斯属于比较强的，而比萨和热那亚则是比较弱的。

能够尽情发挥个人实力这一点，有好处也有坏处。秉持个人主义的一方，往往以短期利益优先，先看到眼下的事项，从而容易与其他各方爆发冲突。

威尼斯、比萨和热那亚都为理查领导的第三次十字军提供了海上力量支持。从一开始就彼此敌对的三国之间，会随着牺牲人数的增加而计较自己的得失。在十字军于陆上行军的过程中，三国尚能团结一致，暂时忘却对立关系，以实现共同的目标。但当十字军的战略目的逐渐达成的时候，三国之间原本就存在的敌对意识，就不可避免地表现出来了。

这次在阿克发生的冲突，并不仅限于比萨人和威尼斯人的矛盾，双方的背后都有第三次十字军中的首脑级人物在背后操纵，从而使问题变得极为复杂。

比萨人的后台是耶路撒冷国王路西尼安，而威尼斯人则得到了推罗的统治者，蒙费拉特侯爵康拉德的支持。而康拉德的背后，则是法国国王归国时留在中近东的代理人，勃艮第公爵于格。

这支法国军队在夺取雅法之后，并未跟随理查前往拉姆安拉一线行军。

由于腓力二世只留下了士兵，却没有留下任何军饷，留守巴勒斯坦的勃艮第公爵不得已向理查借款充当军费。但由于这笔费用数量过大，理查明确表示无法满足法国军队的资金需求，勃艮第公爵只好率

兵回到阿克。

因此，1192 年初在阿克发生的骚动，是第三次十字军内部裂痕的真实反映。理查必须亲自回到阿克解决这些问题。

理查十分清楚，此次来到阿克，必须将军中的全部问题悉数解决。

他在 2 月 18 日进入阿克港。这一天恰逢基督教的“圣灰星期三”，即复活节前 40 天的“四旬节”。当天基督徒们都以灰涂额，斋戒终日，以忏悔过去所犯的罪。

理查在入港当天，前往阿克的中心广场，集合了城内全体比萨和威尼斯人，并向他们发表了演讲：

> 对相互协作以完成任何伟大事业的人来说，在友情面前，自尊心算不了什么；在团结面前，名誉算不了什么；在和谐与融洽面前，任何好事都算不了什么。
>
> 相反，敌对意识带来的破坏行为，会让原本的团结不复存在，友军之间失去对彼此应有的尊重，给整支军队带来危险。
>
> 因此，我们之间必须有同志之爱，各个组织之间要互相尊重，而羡慕、嫉妒之类的冲动感情，则是应当完全消解的。

理查的演讲最终感动了一直以个人利益优先的利己的比萨和威尼斯的商人们。在演讲结束后，比萨人和威尼斯人互相拥抱，重现了昔日的友谊。

接下来，理查前去质询勃艮第公爵于格。虽然两人的会谈内容并

未留下记录，但从结果看，理查成功地说服了法国军队于复活节之后重新加入战场。经过不到一个半月，这支军队回到了十字军的战线上。

耶路撒冷国王路西尼安和蒙费拉特侯爵康拉德之间的裂痕，是长期以来双方分别作为中近东十字军名义上和实质上的领袖所导致的，任何人都很难从中进行调解。路西尼安42岁，而康拉德52岁，都已经到了无路可退的年龄。35岁的理查的调解，只能成功，不能失败。

路西尼安是通过与继承耶路撒冷国王血缘的西比拉结婚而得到耶路撒冷王国的宝座的。一年之前，西比拉刚刚去世，这导致路西尼安的名义统治地位看上去摇摇欲坠。而以女儿身拥有王国继承权的，还有一位伊莎贝尔，她与在理查和萨拉丁之间充当使节的托隆领主结了婚。可以说，在当时的尴尬局面下，托隆领主比路西尼安更具有成为耶路撒冷国王的资格。

蒙费拉特侯爵康拉德看到这一点，就使用手腕，要求伊莎贝尔与托隆领主离婚，嫁给自己。然后，他以此要挟路西尼安让出耶路撒冷王位。

在这个重视血统的中世纪，想要收复耶路撒冷的理查，必须首先解决夺回圣城之后，由谁来继任耶路撒冷国王的问题。

理查集合了当地全体封建诸侯，以及圣殿骑士团和医院骑士团的成员，要求他们从路西尼安和康拉德之间选举一位本地的最高领导人。

令理查大为意外的是，这些封建领主们全体一致选举康拉德作为耶路撒冷王国新的领导人。

居伊·德·路西尼安虽然是一位绅士，却完全没有担任最高司令官的能力。

而蒙费拉特侯爵康拉德则根本没有什么绅士风度，但在推罗与阿克的战役中，他体现了出众的战斗力。

在异教徒环伺的中近东，一位有能力的将领显然比风度翩翩的绅士重要。

尊重当地领主意志的理查，十分同情落选的路西尼安。这位将领虽然缺乏独立思考的能力，却能坚决执行理查的命令。因此，理查将路西尼安委任为自己征服的塞浦路斯的国王。从此，以路西尼安为名的王朝统治了塞浦路斯岛 300 年，直至后来威尼斯人占据这座岛屿为止。

此时，来到阿克的理查手上只剩下最后一个问题需要解决了，那就是说服蒙费拉特侯爵康拉德参战。康拉德自从阿克之战以后，就不再加入十字军。理查开门见山地向他提出了参战的要求。

既然成为了新的耶路撒冷国王，康拉德自然有权利和义务参加十字军。耶路撒冷国王并不仅仅是耶路撒冷一个国家的最高统治者，也是从第一次十字军以来中近东建立的所有十字军政权的最高负责人。因此，参加夺回耶路撒冷的战役，是他义不容辞的责任。

然而，康拉德却闪烁其辞，顾左右而言他。他辩称，如果自己不在推罗城，这座港口就将岌岌可危，由于担心居民的安全，不能随便离开推罗。

其实，康拉德正在秘密联络萨拉丁。他正在试图与萨拉丁缔结和约，一方面使萨拉丁承认自己作为耶路撒冷国王对推罗和贝鲁特一带的所有权，另一方面可以不必参加理查率领的十字军。

理查此时并不知道康拉德和萨拉丁的秘密谈判，而且很可能他对此一直一无所知。在此后与阿拉迪尔的接触中，理查也没能得到相关的信息。

对一个人，特别是身居高位的人来说，高尚的品格是十分难求的。但若其他方面做的再好，却在品格方面越过了底线，最终会失去所有人的支持。

蒙费拉特侯爵拥有中世纪乱世中理查所具有的全部资质，唯独缺少的就是人品而已。

萨拉丁在与理查谈判时，派出的是阿拉迪尔。而在与康拉德谈判时，萨拉丁并未派自己的弟弟前往。可以说，萨拉丁是真的把理查当作对手，而并未将康拉德放在眼里的。毕竟，就算是完全按照康拉德提出的条件实现了和议，对萨拉丁来说也是极为有利的。

最终，一心想着与萨拉丁议和的康拉德，在成为耶路撒冷国王之后，也没有派一兵一卒参加理查率领的十字军。理查不得不满足于将比萨和威尼斯的舰队，以及承诺参战的法国军队带回雅法的结局。这是他在阿克逗留三个月间所得到的全部收获。

勇往直前

回到雅法的理查，准备再次向穆斯林军队发起进攻。

理查认为，在进攻耶路撒冷之前，首先应该从萨拉丁手中夺取补给港亚实基伦。为此，他着手进行全面的准备。对理查来说，全力投入是必然的。

亚实基伦的守军已经得到萨拉丁的命令，对城市和港口进行全面的破坏。守卫这座城市的穆斯林军士和城内的穆斯林居民都相继撤离。因此，理查不费吹灰之力就攻取了这座城市，但是需要安排人着手重建，并确保重建工作的安全进行。

于是，理查派遣兵士从雅法出发，前往亚实基伦。同时，他委派比萨和热那亚的舰队，运去建材、施工机械和粮食。意大利诸邦的水手们在此阶段的任务不仅限于海上运送。亚实基伦港所受到的破坏，还需要这些熟悉港口情况的航海者们来全面修复。

在亚实基伦重建过程中，理查的主要工作是确保兵士们能够安心建设。因此，他率部在亚实基伦以南开展了军事行动。而萨拉丁为了延缓十字军在亚实基伦的建设，也派出军队集中进攻这一地区。

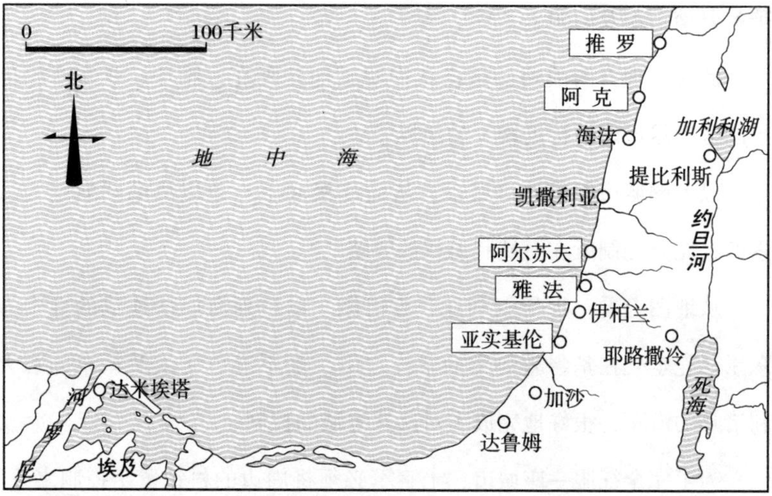

理查控制的主要海港城市

理查必须确保从雅法到亚实基伦一线的安全。因此他从亚实基伦向南出兵，进入加沙地带，向东和南两个方向扩大行动范围。

十字军除了和穆斯林军队交战，还袭击了从陆路交通线向耶路撒冷的萨拉丁部队输送物资的补给队。理查押送着缴获的马匹和军需品凯旋而归，得到了士兵们一致的喝彩。这次作战中，圣殿骑士团和医院骑士团的骑士们发挥了很重要的作用。他们既熟悉当地的地形，又了解穆斯林军队的作战特点。

理查为此时的军事行动拟定了明确的作战方案。在攻取加沙之后，他马不停蹄地继续南下，以取得对此地南侧达鲁姆的控制权。

达鲁姆在今日名为戴尔·阿尔巴拉，属于整个加沙地带中的一座城市，位于巴勒斯坦和埃及的边界上。攻取这里之后，理查的铁蹄几

乎就要踏上埃及的领土了。

此时，理查的战略，是将从推罗延伸到阿克、雅法、亚实基伦的控制区，尽可能地接近埃及的边界。

以上的城市都是港口城市，从而连接起了一条以海港间航路为线索的，充分控制所在海域制海权的线路。

从地图上看，现代叙利亚、黎巴嫩、以色列海岸所连成的地中海东岸，完全处在基督教势力的掌控之下。毫不逊色于埃及海军的意大利诸邦的海军，很好地完成了对这片海域的控制。

为了完全征服一座城市，十字军必须将周边的村镇置于控制之下。将达鲁姆收入囊中的十字军，不仅切断了埃及与巴勒斯坦之间的海上补给路线。从开罗经尼罗河口，沿着地中海海岸到西奈半岛北部，再进入巴勒斯坦的陆上补给路线，也在十字军的袭击之下难以使用。这样，埃及与萨拉丁军队之间，只能通过西奈半岛和以色列南部的沙漠之路进行联络了。

到1192年春天，理查已经切断了耶路撒冷的萨拉丁军队一半的补给线。剩下一半的补给由来自叙利亚和美索不达米亚的埃米尔们负责。当他们看到萨拉丁在推罗、阿克和阿尔苏夫的失利之后，无不开始怀疑这位苏丹的力量，从而对迫在眉睫的守卫圣城的大战，抱着悲观和消极的态度。相反，萨拉丁对埃及的依赖进一步加深了。

在萨拉丁命令下被押送往埃及的1500名基督徒俘虏，被攻取达鲁姆的十字军释放回到了自己的家中。这则实例，充分体现了占领达鲁

姆以后十字军在埃及边界的强势。

理查在埃及和耶路撒冷之间的各条道路中间设置了路障，以充分完成进攻耶路撒冷的最后准备。

基督教的复活节，每年会落在不同的日期。1192 年的复活节是 4 月 5 日。对理查来说，这一天可不是休息的日子。他召集在亚实基伦市内重建工事的全体士兵，和所有在城外与穆斯林军队作战的十字军战士，在城墙外支起帐篷，办起了一场盛大的宴会。除了庆祝复活节之外，理查和士兵们也欢庆亚实基伦重建工作的完成。整支军队从上到下士气大受鼓舞。

然而，第二天一早，勃艮第公爵所率的法国军队就离开了亚实基伦。他们并未在雅法和阿克做任何停留，而是直接开赴北面的推罗——在那里驻扎的是跟法国国王腓力保持良好关系的康拉德。理查不得不尴尬地送走了他们。

勃艮第公爵之所以率部队离开，并不仅仅是因为军费的问题。根据后世的记载，先期归国的腓力二世希望延缓理查回到西欧的时间，因此命令自己的部队撤离，以使理查陷入圣地之战的泥潭中。无论如何，法国军队的撤离，减少了理查所率十字军的总兵力。

正当此时，推罗发生了令人意想不到的变故。

4 月 21 日正式加冕为耶路撒冷国王的蒙费拉特侯爵康拉德，在一周后的 28 日，遭遇两名刺客袭击，被杀身亡。

推罗全城居民都仰仗康拉德来抵御萨拉丁可能发起的进攻。因此，

康拉德在城内的时候并不在自己身边配置警卫。当天他在主教家中用过午餐以后，只带了几个护卫，启程回家。

照耀着明媚春光的推罗城内，发生了大庭广众之下的惨案。在康拉德回家的路上，身着中近东城市内常见的用人服装的两名阿拉伯人，突然出现在康拉德面前，对他行刺。康拉德当场被刺身亡。生于意大利西北部的耶路撒冷新国王，波澜壮阔的人生于52岁之年戛然而止。

两名刺客之一被赶来的卫士当场杀死，另一人在受重伤之后，说明了自己是受谁指使而来，然后也倒毙于现场。

刺杀康拉德的，是一位叫作“山中老人”的领袖所率领的吸食致幻草（Hashish，此处盐野七生根据的是一般流传的说法，但事实上，根据近年来史学家的研究，无论是在刺杀者自己的文献当中，还是同时代伊斯兰世界的可靠记载中，都没有关于他们吸食致幻剂的证据。这个称呼，源于阿拉伯语hashish即“野草”的词汇，更应当被理解为一种蔑称，类似我们所说的“草根阶层”——译者注）的暗杀集团，在历史上被称为“哈查只派”（Ḥashshāshīn）。

然而，这支暗杀集团从来都是收取钱财为雇主杀人的。当人们开始调查雇凶者时，首先想到的就是刚刚到达推罗的法国军队。

与让康拉德获得耶路撒冷王位相比，更希望路西尼安继续统治的理查，认为是法国人出钱雇凶杀害了康拉德。

但是，理查并不完全坚持这一看法。此时，还有一个人非常关心“山中老人”背后究竟何人主使，他就是巴里安·伊柏兰。

十字军征服中近东之后，在这些殖民地上定居并生儿育女。同时代的穆斯林把这些生在中近东的十字军后代，都统称为“法兰克人”。

在第一次以至第三次十字军间的百年之中，有不少法兰克人在中近东成长起来。他们的祖先有南意大利的诺曼人，例如巴里安·伊柏兰就是其中一位。现代改名为巴特亚姆的特拉维夫以南的地区，在特拉维夫还叫雅法的时候，就叫作伊柏兰。

在十字军国家内一直保持强势的巴里安·伊柏兰，参加了5年前路西尼安所率领的哈丁战役。他在那场惨败中担任后卫，成功逃出了战场。在接下来的耶路撒冷保卫战中，他负责城防总指挥，在毫无悬念的情况下，以赌博的方式与萨拉丁面对面会谈。正如本书第二册结尾所述，萨拉丁同意了不流血的开城，而伊柏兰换取了全城内法兰克人生命与财产安全的保障。

此后，伊柏兰再次与萨拉丁敌对。在推罗之战中，他与康拉德共同抵抗，并参加了其后的阿克之战。由于深感路西尼安的无能，伊柏兰一直是康拉德一派的得力干将。

在耶路撒冷王位的正统继承者西比拉逝世的1190年，伊柏兰开始行动了。看到路西尼安的地位由于西比拉之死而动摇，伊柏兰秘密为康拉德夺取王位做准备。在西比拉之后拥有王位继承权的，是先王阿莫里的女儿伊莎贝尔。伊柏兰促成了伊莎贝尔和康拉德的婚姻，这样，耶路撒冷王位的男性第一顺位继承权就从路西尼安转到了康拉德的头上。

伊柏兰站在康拉德一方的原因，并不仅仅是因为赞赏康拉德的战斗力。在哈丁之战中，伊柏兰充分了解路西尼安的无能，因此他深感有必要以能征善战的康拉德，代替原来翩翩君子的国王。

这一策略成功了。蒙费拉特侯爵康拉德最终正式成为了耶路撒冷王国的新国王。可是，一周以后，他却被刺杀了。

此时，伊柏兰迅速行动起来。他立即将守寡的伊莎贝尔嫁给了香槟伯爵亨利。这时，42 岁的路西尼安，在与康拉德的王位争夺战败北之后，成为了塞浦路斯国王，已经在前往塞浦路斯岛的路上。为了阻止他的回归，伊柏兰以伊莎贝尔的再嫁造成了既成事实。

伊柏兰之所以能够任意支配伊莎贝尔的婚姻，是因为她从 5 岁起就被这位领主收为养女。

在耶路撒冷还为基督徒所控制的时代，由于麻风病而即将不久于人世的鲍德温四世，就将自己死后的国土安全托付给时年 37 岁的伊柏兰。此时，伊柏兰还只是一家中的次子，地位低微，没有领地。因此，鲍德温四世令其与亡父阿莫里守寡的妻子结婚，并赐予他纳布卢斯附近的领地。得到如此破格的高待遇，伊柏兰便自然将妻子所带的继女伊莎贝尔视为自己的亲生女儿。由于这段婚姻一直很幸福，伊莎贝尔对继父伊柏兰也就言听计从。

伊柏兰之所以为伊莎贝尔选择下一任丈夫，即继任耶路撒冷国王的 26 岁的香槟伯爵亨利，是出于以下的原因：

首先，亨利虽然年轻，却已经有过数次作战经验。就连理查也对

香槟伯爵的能力刮目相看。

其次，香槟伯爵是理查的侄子，也与法国国王腓力二世有亲戚关系。在受到萨拉丁压制而处于困难时期的中近东十字军领导人看来，推举一位与英法两大强国国王有血缘关系的领袖，是对耶路撒冷王国颇为有利的。

受到伊柏兰邀请的香槟伯爵，此时正在阿克。他告知伊柏兰，自己将首先征询身在亚实基伦的叔父理查的意见。对亨利来说，比自己年长 10 岁的理查不仅是叔父，也是自己极为佩服的领导者。

理查从亚实基伦寄来一封信，信中这样写道：

> 这真是极好的消息！我也感到满足了！你做了耶路撒冷国王以后，不单推罗和阿克，就连雅法和亚实基伦——我在巴勒斯坦征服的全部土地都送给你。

对义父言听计从的伊莎贝尔，同意了再婚的请求。与同 52 岁的康拉德结婚相比，嫁给 26 岁的帅气新夫，20 岁的伊莎贝尔大概会感到十分满意吧。在康拉德遇刺后一周，新婚仪式就举行了。

就这样，跟随理查前来参加十字军东征的香槟伯爵亨利，在没有多少实力的情况下，即位为新的耶路撒冷国王。他十分忠实于自己的义务，集合了所有能够效忠耶路撒冷王国的兵力，加入理查对抗萨拉丁的斗争。而理查也拥有了在康拉德控制耶路撒冷王国时期所无法具备的兵力支持。可以说，此时十字军对萨拉丁的战斗力得到了增强。

理查十分认可巴里安·伊柏兰在这件事中的功绩。两人之间的急速接近，促使理查以伊柏兰作为与萨拉丁之弟阿拉迪尔谈判的使节。

伊柏兰并不仅仅是作为翻译工作的。在理查看来，伊柏兰熟悉当地的各项事务，是与萨拉丁进行交涉的最理想人选。

伊柏兰不仅得到了理查的信赖，在敌对的萨拉丁和阿拉迪尔看来，他也是令人尊敬的人物。5 年之前伊柏兰在耶路撒冷开城时所做的贡献，至今依然历历在目。

得知母国的糟糕情势

在以上诸多事务尽数好转之后，理查决定于东征两年后的1192年春天，向耶路撒冷发动决定性的一击。

令他始料未及的是，此时的英格兰，发生了一场变乱。

当理查起兵东征时，他任命赫尔福德修道院院长威廉·朗香为枢密大臣，于自己不在国内时管理英格兰。正在此时，理查收到了来自威廉的一封亲笔信。

威廉恳求理查尽早返回国内。信中告知，理查的幼弟约翰联合法国国王的军队，入侵诺曼底和英格兰。理查在西欧的军队已经尽力苦战，但难以支持，因此希望理查能尽快率军回国。

第一次十字军东征时，西欧的皇帝、国王和诸侯，在罗马教皇的提倡之下，严守“上帝的和平”，规定在十字军东征期间，任何人都不能侵略其他人的领地。

为了出征的十字军能够安心行军而结成的“上帝的和平”，至今为止还没有人破坏过。

法国国王腓力二世，是第一次破坏西欧和平局面的人。他所破坏

的不仅仅是“神的和平”，还有夺取阿克之后与理查之间的盟誓：直到理查回国时止，绝不侵犯英国国王的领地。

腓力是在1191年秋天回到巴黎的。甫一回国，腓力就开始着手入侵在阿克之战中死难的弗兰德斯伯爵的领地。然后，腓力把手伸向诺曼底。他虽然善于谋略，却并不擅长作战，因此想出了利用约翰的计策。在1191年到1192年的那个冬天，腓力接近了约翰，许诺在将理查击败以后，确保约翰登基为英格兰国王，以此换得他与法国国王的合作。

24岁的约翰，是一位软弱的王子。腓力不费吹灰之力就说服了他。有这位约翰在前面出头，对于并不善战的腓力来说，就有了堂而皇之撕毁和平协议的理由。

无论如何，中世纪是重视血缘超过实力的时代。因此，到了实力超过血缘的文艺复兴时期，人们常有从黑暗中得到解放的感觉。

十字军时代则恰好在中世纪。因此，与实力必须经过明示才能让人心服相比，血缘的优势在于只要提出就能让众人信服。

如果法国国王直接侵略英国的领土，那么迎击者面对的就是外国的军队，而加入外国国王一方的，就是本国国王面前的叛徒。

然而，当外国支持本国的一位王子时，情况就大为不同了。英格兰人曾经目睹理查与腓力联合反叛老国王亨利二世的情况。当时，整个国家分裂为二，有的人站到亨利一边，也有的站到理查一边。

这一情景而今再次出现了——金雀花王朝创始人亨利二世的儿子

理查一世前往东方之后，另一位儿子约翰在法国国王的帮助下进攻英格兰。

从力量对比来说，理查明显占上风。但是，从先王亨利的血缘来看，约翰和理查是完全相同的。从英格兰的大臣到普通居民，都难以在这两位兄弟之间做出抉择。面对此时的情况，法国国王腓力的目的达到了。

理查虽然心潮澎湃，却对此一言不发。他读罢威廉的来信，陷入了深深的沉默。理查周围自负的心腹大臣，以及最为信任的索尔兹伯里主教休伯特，都希望国王能够说出自己所想。他们也深知，国王心中正乱作一团，在向耶路撒冷进军与归国之间举棋不定——如果此时他依然滞留在东方，会不会就此变为没有国家的国王呢？

理查的心腹也好，普通士兵也好，都是为了将萨拉丁夺取的圣城再次夺回这一目的而参加第三次十字军。为了总攻耶路撒冷所作的准备，已经全部完成。大军所要做的，就是向耶路撒冷进攻而已。没想到就在此时，最适合担任耶路撒冷之战总指挥的十字军领袖，却面临着丧失国家的境地，甚至说不定会有生命危险。

理查的近臣，都是他亲自选拔的。唯独从理查年少时就跟随他的索尔兹伯里主教，拥有与理查同等的资历。在死一般默然的理查面前，众人都不知如何是好。只有主教在理查留宿的修道院的廊柱之下，静静地哭泣。

当理查走过主教面前，看到他哭泣的场景时，就将其带到了自己

的房间。国王想知道主教为何像一个女人般痛哭。长年跟随国王的教士于是说开了：

“陛下，您是否还记得，当年您还是普瓦提埃伯爵的时候。那时您还未成年，与其说是一位青年，不如说是在少年时代。您为了防守母后所赐予的普瓦提埃而在战场上出生入死。您是那么年轻，却能够百战百胜。

“陛下，在您成长的过程中，也就是陆续将领地扩大到加斯科涅、安茹和诺曼底的过程当中，本是可以不费吹灰之力就得到那些领地的。然而您为了确保对领地的实际控制，都会身先士卒，通过一次次的战斗取得它们。您父王将与太子意味相同的诺曼底公爵之位赐予您，正是由于对您战绩的认可。

“在此之后，您更是连战连捷。在墨西拿，西西里的国王屈服了，而您仅仅用了 5 天，就征服了广大的塞浦路斯岛。从塞浦路斯出发到阿克的海路上，您又以 800 名兵士，俘获了撒拉森人的大帆船。

“再然后是那场阿克之战。两年攻不下的阿克，在您到达之后一个月内就夺下来了。

“接下来的是阿尔苏夫之战的胜利，以及占领雅法和亚实基伦。达鲁姆之战，也只花了 4 天时间。

“这一次次的胜利，可不是因为敌人都在做梦。这是因为您的英勇善战，而上帝也总赐福于您。

“上帝希望借陛下之手实现自己的愿望，因此他一直眷顾陛下。

“正是凭着上帝的愿望，陛下达到了今天的状态。然而此时，从一开始就受到上帝眷顾，从而所向披靡的您，却陷入了迷惘之中。当上帝最喜悦的结局近在咫尺时，陛下为何如此苦恼呢？

“苏丹也罢，穆斯林士兵也罢，后方的埃及人也罢，他们无不闻陛下之名而胆寒。而倘若现在陛下舍弃这里的一切而归国，那么您全部的战果，都会回到异教徒手中——这无异于是对他们莫大的馈赠啊！”

少年时代的理查，是对祷告的钟声充耳不闻的浪荡少年。眼睁睁看着理查长大的主教，对此只能摊手叹息。然而今天，理查默然聆听着主教的肺腑之言，并在他言毕退去之后，独自留在屋内，连当天的晚餐和第二天的早餐都没有吃。

第二天午后，焦急等待的十字军首脑们，得到了理查的命令：

“明天一早，向耶路撒冷进发。”

得知理查决心的全体兵士欢声雷动。参加十字军东征的不仅有战士，还包括一部分朝圣者。当他们听到“耶路撒冷”这个词时，心中的激动都难以言表。

十字军首先要做的，是回到雅法。从雅法到耶路撒冷的路程中的2/3，已经在前一年秋季开始的攻势当中为十字军所占领。此外，如果十字军从雅法出发，征集军需物资就较为容易，补给线也相对安全。

在从雅法向耶路撒冷浩浩荡荡出发的路上，理查在采取军事行动的同时，开始了外交谈判的工作。

右手持剑，左手……

理查希望能够尽早返回英国。他一方面利用从埃及的补给线被切断之机，在军事上压制萨拉丁；另一方面也在这一有利局势下，考虑与萨拉丁和谈。这样毕竟能使理查早日回国。

负责和谈工作的，是巴里安·伊柏兰。他不仅能讲流利的阿拉伯语，还在耶路撒冷开城时与萨拉丁和阿拉迪尔会过面。这次会面使他成为唯一得到两位穆斯林领袖好感的十字军领导人。

得到身在耶路撒冷的萨拉丁许可而来访的伊柏兰，告知苏丹，理查希望重开谈判。萨拉丁当即同意继续谈判。萨拉丁的第一个条件，就是要求十字军归还亚实基伦。

理查断然拒绝了萨拉丁的要求。此时，他已经率领十字军到达了拉姆安拉。

前往拉姆安拉并不单单意味着理查的军队控制了前往耶路撒冷路程的1/3。十字军是在将视野内所有萨拉丁部队与补给队各个击破的同时，完成行军的。这期间所获得的大量战利品中，包括许多基督徒不善役使的骆驼。于是，十字军兵士们杀死骆驼食用，竟发现它们是格

外的美味。

由于此时正值适宜作战的初夏，理查命令军队继续加紧向耶路撒冷前进。6 月 11 日，大军抵达了拜特努巴。此后，十字军继续进发，到达离耶路撒冷只有 15 公里的地方。在这一位置，虽然还有一段距离，天气放晴的时候已经可以看到耶路撒冷城。

在此期间，理查和萨拉丁之间的谈判一直没有中断。耶路撒冷由于理查的迫近而处于临战态势。伊柏兰并不能入城。受萨拉丁之命从叙利亚的战线上回归的阿拉迪尔，在回耶路撒冷的途中与伊柏兰会面。

在与阿拉迪尔谈判后，伊柏兰带着萨拉丁提出的条件面见理查。萨拉丁此次的条件要容易接受一些，他只希望双方维持现状。虽然他还希望能够得到亚实基伦，但萨拉丁清楚，他所能得到的只是一座被破坏的城市。

在决定接受谈判条件之后，理查于 7 月 5 日率军撤退。十字军从离耶路撒冷 15 公里的地方，退到了离圣城 50 公里开外的拉姆安拉。

新一轮谈判并非是伊柏兰进入耶路撒冷面见萨拉丁，而是萨拉丁以阿拉迪尔作为全权大使，造访理查的营地。在最初的面谈中，阿拉迪尔和理查保持了十分友好的气氛。再次开始的和谈以这种方式进行，大概是最为节省时间的。

54 岁的萨拉丁，毫无疑问是整个伊斯兰世界拥有最高世俗权力的苏丹。让这位领袖亲自前往理查的大营求和，显然是不可能的。如果萨拉丁真的这样做了，为他提供军队的各位埃米尔，恐怕就会一哄

而散。

在十字军时代的伊斯兰世界里，也有今天存在的“原教旨主义者”。有一部分教职人员，被呼为导师（伊玛目），常与世俗统治者苏丹同行，拥有以《古兰经》和《圣训》等内容训导信众的权力。

以哈里发为最高者的穆斯林伊冯目，在以导师身份受到普通信众尊敬的同时，也拥有对《古兰经》的解释权。这一点，与以罗马教皇为最高者的基督教神职人员是一样的。

伊玛目们的影响力十分强大。他们一生信主唯一的伊斯兰教，绝不轻言妥协。在耶路撒冷开城之时，容忍城内基督徒全体撤离的萨拉丁，受到了这一派人的强烈反对。第一次十字军占领耶路撒冷时，城内全体穆斯林惨遭屠杀，因此他们坚持认为，本方也应当对基督徒以牙还牙。

对萨拉丁来说，面临来自宗教导师们的巨大压力，成功完成和平谈判绝非易事。而在理查身边，也环伺着怀有对异教徒强烈敌对意识的主教和修士们，情况同样不容乐观。

让萨拉丁同意理查交还耶路撒冷的要求，是不可能的。对伊斯兰世界来说，耶路撒冷是仅次于麦加和麦地那的第三圣城。倘若交还这座圣城，那么为了夺回它而发起的整个武力吉哈德，就没有意义了。

然而阿拉迪尔和理查毕竟建立了个人之间的友好关系。两人的会谈尽管来来往往了多个回合，却毫无紧张的气氛。在35岁和49岁的两位男性之间，谈话友善地进行着。作为翻译的伊柏兰，自然也为这种

友善的气氛出力不小。

会谈之中，理查向阿拉迪尔说道：

“阁下所信奉的宗教，是否认为男子可以娶任意数目的妻子呢？”

不等阿拉迪尔回答，理查接着说：

“我有一个亲妹妹，曾嫁给西西里国王，而今守寡住在雅法。阁下是否愿意迎娶我家这位乔安娜？若事成，阁下便成为耶路撒冷王国的国王了。

“不过，基督教世界要求耶路撒冷国王必须是基督徒。阁下认为，改宗基督教这样的事，可以接受吗？若真这样解决，我们之间的一切问题，就全都解决啦！”

阿拉迪尔爽朗地笑了起来。从兄弟处得知情况的萨拉丁听罢，更是呵呵大笑。

然而，也有笑不出的人。乔安娜向兄长致以强烈的抗议：“你若敢将我嫁给穆斯林，我便向罗马教皇申诉！”于是，在下次与阿拉迪尔会面时，萨拉丁马上改变了说辞：

“舍妹毕竟是西西里王后，若要再婚，得罗马教皇批准。不过，我还有一个侄女，至今未婚，因此不必多虑。把她嫁给阁下，您认为如何？”

阿拉迪尔看着理查，惊愕地说不出话来。当他回禀兄长之后，萨拉丁再次愉快地笑了起来。

这次谈判的核心问题，自然是耶路撒冷。谈判围绕着这个话题一

再展开，却一直未能找到突破口。

理查感到不能继续下去，便中止了谈判。他的下一步行动是前往阿克。在那里，刚刚成为耶路撒冷国王的香槟伯爵亨利，正在招募部队。理查打算和亨利一起带兵从阿克返回雅法，而他离开时并未带走自己的妹妹和妻子。

得知理查行踪的萨拉丁，马上起了新的念头。他知道这是一个必须紧紧抓住的好机会。此时不出兵，可能就没有战胜理查的机会了。

于是，萨拉丁决定亲自出兵进攻雅法。苏丹率领的，当然是一支大军。

这支军队里，作为将领的埃米尔人数超过100，贝都因和突厥骑兵也达到2000以上。7月27日，大军离开耶路撒冷，直扑雅法。

理查在阿克得知了萨拉丁出兵的消息。他当即命令亨利率兵从陆路驰援，自己乘船迅速前往雅法。

在雅法城内，理查安排了守备部队。但是，敌军数量众多，援军无法从海路赶到。但对理查来说，让萨拉丁染指雅法，就意味着全军崩盘。因此，他必须尽全力保住雅法城。

第二次对决：雅法

萨拉丁率领总兵力超过2万的大军，直扑雅法。此时理查还未赶回，城内无人可以担当防御。逗留雅法的伯利恒主教，只得通过与阿拉迪尔熟悉的机会，致信萨拉丁，希望能在7月31日之前的4天内休战。

萨拉丁接受了城内提出的请求。他也需要先在城下布阵。萨拉丁预测理查应该不会在4天之内赶回雅法。

但理查还是及时回来了。沿陆路南下的亨利的军队，也抵达了凯撒利亚。萨拉丁见状，做好了与亨利在雅法城下决战的准备。

而沿海路南下的理查和他的将士们，遭遇了来自海法的猛烈逆风。

地中海上航行所使用的帆船，大都是三角帆船。与在逆风下只能被吹得后退的四角帆船相比，三角帆船可以之字形前进。

理查所乘的前往雅法的帆船，来自比萨和热那亚。这些船都是桨帆船，在强烈的逆风面前，不能发挥三角帆的优点。船只随着水流后退，丝毫不能前进。起决定作用的划桨手们，就算竭尽全力，也无法让船前进。

船队就这样连续三天不能前进，理查最终也几近要放弃。立于船头的狮心王，张开双臂，朝向天空叫喊：

“上帝啊，为何将我钉在此处？请为我想想吧！现在，是分秒必争的危急时刻。我可是在为您的意志而战斗的啊！您为何用如此的罡风，直吹打我的船头？”

对一名基督徒来说，当上帝的试炼临到自己面前时，是可以向他倾诉自己的想法的。如果所祈祷的事无法实现，基督徒不能试探上帝，相反是上帝在试炼自己。

但是，倘若无论理查和手下们怎样努力，上帝都不赐予顺风的话，基督徒们也不能说出非难上帝的话来——这样做就是亵渎上帝，用意大利语叫作 bestemmia，英语则叫作 blasphemy。

总之，在基督徒中间，有些话是不能说出口的。

不知为何，强烈的逆风最终变成了强烈的顺风。于是，理查的船队得以顺利南行，一路平安地在休战期即将结束时进入了雅法港。而如果选择陆路的话，理查的时间远远不够。

理查回到雅法港的时间，是 7 月 31 日的黄昏时分。萨拉丁所率的穆斯林大军，从陆路三面围困了雅法，正准备发起次日清晨的总攻。亨利的援军则还远在凯撒利亚停留休整。留给理查的时间不多了。萨拉丁又进一步缩小了包围圈。

面对萨拉丁，理查手下包括 54 名骑士、400 名弓兵，以及来自比萨和热那亚的 1000 名水手，合计 1454 人。由于船队并未运来马匹，在

54 名骑士当中，能够乘马作战的仅有 17 人——其中还包括理查本人。他们要面对的，是 10 倍于己的敌军。理查的处境，可以用命悬一线来形容——与他的 17 名骑兵相对照的，是敌军的 2000 骑兵。

在这场后世称为“雅法城下之战”的战役中，理查如此配置自己的军队：

全军背对雅法城墙，迎击萨拉丁的大军。没有马的 37 名骑士，作为步兵参战。这些善战之士部署在最前线的两侧。包括 400 名弓兵在内的 1400 人，全部身着骑士的钢铁制成的盔甲，组成战线。基本的作战队列，是在两名步兵中间，配置一名弓兵。

弓兵以外的全体步兵，每人配备两杆长枪，两手各拿一杆。理查的这一战术，与罗马时代尤利乌斯·恺撒在法尔萨卢斯战役中的阵型一样——是对抗占压倒优势的敌军骑兵的战法。

此外，弓兵的攻击方式也并非如穆斯林弓兵那样对空中射箭，而是俟敌军接近时，以水平方式直接射击敌军骑兵的马匹。英格兰弓兵的特点，是担任整个军队的狙击手。理查的部下都习惯这一战术。

在这一整齐的军阵后方，包括理查在内的 17 名骑士，并着马头排成一排。

在 8 月 1 日清晨的阳光照耀下，两军之间的战斗开始了。当天的战斗中，萨拉丁也亲自在本军阵地的后方指挥。在萨拉丁面前，战斗以穆斯林军队常用的战术开始——箭矢如雨点般射向敌阵。

密集的箭矢，都被理查全体军队身着的盔甲挡了下去。钢铁制成

的盔甲，简直就是两手执枪的十字军步兵身上的盾牌。

在箭矢如雨点般放射完毕之后，萨拉丁命令骑兵全军突击。

正如法尔萨卢斯之战中的情况一样，马有着在障碍物之前停止前进的习性。冲到十字军长枪阵前的战马，任凭主人的皮鞭抽击，也不会再前进一步。于是，接踵而至的一群群穆斯林骑兵就成了理查军队狙击手的活靶子。

而理查这边没有配备马匹的骑士，则发挥了老辣的战斗力。他们用手中的长枪，击杀冲上前来的敌军骑兵。承担这一任务的兵士们，最重要的职责就是无论任何情况下，都不能离开阵线一步。不能作为骑兵作战的骑士，在当天坚决执行了作战部署。

而包括理查在内的 17 名骑兵，其中的 1/3 即 5 名骑士、索尔兹伯里主教和莱斯特伯爵，守卫着理查，寸步不离。理查驾马往返于阵地之中，为抵挡敌军猛烈攻势的的步兵们激励喝彩。在理查激励步兵之余，莱斯特伯爵忍不住冲到阵前，砍杀敌军骑兵，索尔兹伯里主教连忙赶去制止，却已经来不及。

此时穆斯林军队并未在十字军的阵前溃散。穆斯林军士们踏着本方士兵的尸体继续前进，然后在长枪阵前一个个倒下。

萨拉丁眼睁睁看着自己的部队行进速度放慢下来，这自然是士兵们的战斗欲望下降所导致的。穆斯林士兵在进攻时声势浩大，但能坚持的时间有限。

于是，萨拉丁命令全军撤退。太阳正在天空的正当中。在退兵同

时，萨拉丁给理查留下了礼物——身着华丽战衣的两匹高头大马。在钢铁制成的甲胄之下，这两匹阿拉伯产的大型骏马依然可以为壮硕的西欧骑士所骑乘。

理查当然不会不要这馈赠的礼物。如果哪天自己的战马倒下，他还需要换乘良马。

萨拉丁所赠送的马匹，也代表着他的敬意。在伊斯兰史料中，萨拉丁之所以命令大军撤退，是深为理查所布下的阵型所折服的缘故。

讲和的决定

最终，在理查一方的顽强抵抗之下，萨拉丁不得不撤军。两天以后，耶路撒冷国王亨利的部队，抵达了雅法。

理查在战斗结束后第二天写了一封信，由伊柏兰转交给萨拉丁。

根据萨拉丁一方的书记官伊马德·阿丁的记载，以阿拉伯语翻译的这封印有理查王玺的信，是这样写的：

船只能够西航的季节，正在一天天过去。过了这个季节，就会风高浪急，地中海上的航行，将会十分困难。

我们两人之间若能缔结和议，我就能如愿归国了。如果不能的话，我们之间又将陷入战争状态，那样的话，我只有在此安营扎寨，永远居住于这里。

现在，双方的兵士都已经疲惫不堪，而你我二人，已经饱受战事之苦。

于是我决定，将耶路撒冷放弃了。亚实基伦，也将放弃。

但倘若阁下因此而大喜，恐怕为时过早。在我方阵营中，内

部争端从未停息，而我确知，贵军之内亦并非与此种烦恼无缘的。因此，若阁下同意我的提议，对我们双方都有利。阁下若能接受我的条件，我也会对阁下心生敬爱之意。

你我若早缔结和议一天，我便可离开此地，并将与阁下真心道别。

读罢这封可以用率直二字来形容的信，萨拉丁当即召集了全体埃米尔。根据伊马德的记载，萨拉丁告知集合的埃米尔们，他将与理查缔结和约。

有许多埃米尔强烈反对苏丹的计划。他们坚持说，目前着急的人，是那位法兰克国王，时间是属于穆斯林一方的。其中一人提出，理查终归是要离开的，那么就没有必要缔结和约，只要停战就足够了。

萨拉丁用一句话制止了诸位埃米尔的议论：

“倘若我死了，谁能集结伊斯兰的军队呢？”

萨拉丁时年54岁，而理查35岁。换句话说，时间并非属于萨拉丁一方。接下来，萨拉丁陈述说，与容易撕毁的停战协议相比，缔结对双方具有更高约束力的和约，才是对伊斯兰世界更为有利的结果。兴奋的埃米尔们，也都反思了至今以来对理查的实际战况。最终，他们同意缔结和约，而不是仅仅宣布停战。萨拉丁决定，依然由阿拉迪尔出任和谈的使者。

怀着对理查的同情，萨拉丁和阿拉迪尔尽快开启了新一轮谈判。8

月 4 日一早，阿拉迪尔就来到了雅法。像以前历次和谈前一样，理查严禁十字军中有任何挑衅行为。在这次访问理查的雅法之行中，阿拉迪尔带上了自己 12 岁的长子。

这位少年引起了理查的注意。知书达礼、健康活泼而充满好奇心的穆斯林少年，正是理查所欣赏的类型。

会谈当天，理查命令少年到他跟前行单膝跪地之礼。少年立即顺从地行礼。站立在他身前的理查，拔出了腰间的佩剑。少年瞬间眨了一下眼，立即睁大眼睛，毫不畏惧地与理查四目相对。理查把剑锋放到少年肩上，徐徐地说：

“你被授予骑士之衔了。”

当伊柏兰将这句话翻译成阿拉伯语之后，少年不禁喜笑颜开。

令少年更为欣喜的是，授予他骑士头衔的理查，把自己的佩剑也赠给了他。少年十分喜爱这把西洋风格的长剑，一整天手不离剑。他的父亲阿拉迪尔，只好以苦笑般的微笑表情，看着自己快乐的儿子。

在穆斯林对手中间以“狮心王”而称的理查，在中世纪那个两大一神教截然对立的时代，依然能拿宗教问题开玩笑，完全不顾这方面的禁忌。他一度要把亲妹妹嫁给穆斯林，一度又将只有基督徒才能接受的骑士头衔授予穆斯林少年。

这位 12 岁的少年，便是在 37 年后的第六次十字军时代，与神圣罗马帝国皇帝腓特烈二世达成和议的苏丹阿尔·卡米尔。

第六次十字军，是以外交方式而开始，又以外交方式结束的，并

无任何军事冲突。它的别称是“无血的十字军”。

回到37年前，在理查和萨拉丁两人心意已决之后，谈判向缔结和约的方向急速发展。

首先，双方同意，耶路撒冷城归穆斯林控制。

同时，穆斯林统治者必须保证前往耶路撒冷朝圣的所有基督徒的安全与自由。

此外，当地穆斯林统治者有义务保证前往耶稣诞生地伯利恒、成长之地拿撒勒，以及接受施洗约翰洗礼的约旦河等圣地、圣迹朝圣的所有基督徒的安全与自由。

在我看来，萨拉丁接受这一条件，不仅体现了他的宗教宽容立场，也有经济方面的考虑。从工商业角度看并不重要的耶路撒冷，却是三大宗教的圣迹所在地，朝圣者的开销是城市主要的收入来源。毕竟，朝圣之旅也是旅游业的一种。

第二个和谈条件，则是萨拉丁承认从推罗到雅法一线，以及周边的地区，归十字军控制。

这个区域的中心，是从北到南，包括推罗、阿克、海法、凯撒利亚、阿尔苏夫、雅法在内，面向地中海的海港城市群。在这一区域以北，是蒙费拉特侯爵康拉德曾攻取的贝鲁特和西顿，连同安条克公国和特里波利伯爵领地、叙利亚和巴勒斯坦的沿海，都在十字军的控制之下。

曾被理查征服，后来送给路西尼安的塞浦路斯，也在十字军属地

之列。此时的塞浦路斯统治者，已经不再是希腊正教徒，而是罗马天主教徒了。

此外，萨拉丁还同意十字军，特别是圣殿骑士团和医院骑士团保留在巴勒斯坦地区建造的全部城堡。这两大宗教骑士团因而得以在基督徒的“圣地”继续存在下去。

第三个条件，则是从事经济和民事活动的穆斯林，在上述萨拉丁承认的十字军国家领土内，拥有自由来往的权利。与此同时，在穆斯林控制的领土上，基督徒也拥有从事经济活动和民事往来的完全自由。

这一项和议不仅在陆上有效，在海上也具有充分的效力。对于在巴勒斯坦的海港城市通行无阻的意大利商人来说，和议无疑是有效地扩大了他们的市场。

接下来，是对理查和萨拉丁间争议的亚实基伦的归属问题的决议。这个海港城市在双方的混战中完全破坏，最少需要三年时间才能完成重建。最终，萨拉丁放弃了这座上佳的补给港。

双方还决定，在此次 1192 年的和议实现后，交换手中全部俘虏。为了解救酣睡的理查而冒名顶替的骑士威廉，终于得到了释放。

双方都没有要求对方支付任何赔偿金或赎金。除了几人例外，双方扣押的全部俘虏都得到了无偿释放。

在以上各项之外，还有一个特殊的对象并未纳入谈判条款。那就是基督徒所谓的“真十字架”。在哈丁战役之后，十字架被萨拉丁夺走，现在终于返还十字军。这个十字架是在第一次十字军攻陷耶路撒

冷之后所发现的，被认为是耶稣受刑的那个十字架。在发现之后，它一直被当作十字军国家的国宝。基督徒中间，很少有人怀疑它的真伪，都认为它就是耶稣受刑之物。

在严禁偶像崇拜的穆斯林看来，这个十字架不过是一次战役中获得的战利品而已。以至于他们并不知道这战利品被丢到哪里去了。理查也对此漠不关心，忘记提出返还的要求。在1192年的这次和议中，竟没有一句话提及这个“真十字架”。

9月2日，谈判结束，理查在和约书上签字，并按上了自己的玺印。此后，阿拉迪尔携带和约书前往耶路撒冷，以取得萨拉丁的签名和印记。此间理查一直在雅法等候。

这段时间内，发生了三件事。

第一，理查的妹妹乔安娜和妻子贝伦格拉，以及全体女官，从雅法启程，经过阿克返回西欧；

第二，理查派遣一队人马前往亚实基伦，查看萨拉丁军队对这座港口城市的破坏情况；

第三，十字军中希望前往耶路撒冷朝圣的兵士，从雅法出发前往圣城。

萨拉丁评价理查

作为十字军参加东征的将士们，既是战士也是朝圣者。这是从第一次十字军以来，罗马教皇做出的决定。同时，罗马教皇也宣布，他们与其他朝圣者一样，可以获得完全的赦罪。

在和议达成之后，将要回国的将士，自然希望前往耶路撒冷朝圣。但他们必须按照和议，即在完全解除武装的情况下入城。

然而实际的问题是，在一直为敌的穆斯林云集的耶路撒冷，十字军将士能不带武器安全进城吗？

理查只好将将士分为四队，分别由自己的一位心腹率领，前往耶路撒冷。由于这群朝圣者中还包括许多比萨和热那亚的水手，队长的责任就是控制住他们中间随时可能爆发的针对异教徒的不友好行为。

虽然十字军入城导致了穆斯林士兵一触即发的敌意，双方最终还是克制住了自己的情绪。萨拉丁命令部下严禁任何侮辱朝圣者的行为，并委派阿拉迪尔在城内巡视，严格执行。

理查不仅同意自己属下到耶路撒冷朝圣，还给了中途退场的法国国王腓力留下的士兵前往朝圣的机会。代理指挥法国军队的勃艮第公

爵于格，8 月在推罗病死。法国军队变得群龙无首，但还是在理查的帮助下，完成了前往耶路撒冷的朝圣。

理查自己却并未前往耶路撒冷。根据基督教史料的记载，他由于担心不带武器深入敌境的安全所以放弃前往。然而我不得不说，如果理查能不带任何武器到达此次东征的最终目的地，他的声誉一定会达到顶峰。最终，索尔兹伯里主教休伯特作为理查的代理人前往圣城，而国王自己乘船离开了雅法，前往阿克。

率领最后一支朝圣队伍的休伯特，作为理查的代理人得到了萨拉丁的接见。萨拉丁以隆重的礼节会晤休伯特，并向他赠送许多奢侈的礼品。但休伯特以此次入城仅为朝圣一事而婉拒收礼。萨拉丁并未强求，转而摆设盛大的宴席招待休伯特，并邀请阿拉迪尔和伊柏兰列席。

根据伊斯兰史料的记载，席间谈及了武力吉哈德的话题。但这一记载中并未提及谈话的内容。不过，双方在席间自然谈及了理查。

萨拉丁首先问索尔兹伯里主教，理查到底是怎样一个人。比理查年轻三岁的主教，做了如下的回答：

“我确信我国国王理查，集合了将帅的谋略、战士的勇气，以及伟人的胸襟，在任何优秀的人中间，也很难找到如他一般出众的领袖。我所见过的人当中，没有别人具备像我国国王那样的器量、能力与美德的。不知道阁下一方，是否有这样的人物。”

主教休伯特·沃尔特说完这段话，顿了一下，接着说道：

“可以说，像理查国王和阁下这样优秀的君主，在人类历史上都是

极为罕见的。”

54 岁的萨拉丁，微笑着对答休伯特的话。他对从未谋面的敌手，35 岁的理查，做了如下的评价：

“我对贵国国王的能力与勇气毫无异议。

“然而，作为年长者的我抱持着一种观点，那就是理查国王一直把自己置于危险之中。我当然不是认为这样鲁莽。但是，长此以往，会形成一种率性而为的作风。

“当然，这造就了一位与任何人都不同的非常人物。不过，我自己的话，无论信奉任何宗教，都会选择做一位奉行中庸之道而慎思笃行的君主，而不会做一位不假思索，欠缺自我控制的君主。”

酒店内的气氛顿时变得凝重起来。就这样直到宴席结束前，萨拉丁对索尔兹伯里主教说：

“阁下有何愿望吗？作为理查国王代理人的您有任何愿望，我都会尽力满足的。”

年轻的主教思考片刻，答道：

“我的愿望就是率领朝圣的兵士们，参加圣墓教堂内的一次弥撒。”

萨拉丁当即应允。他还允许休伯特参加在伯利恒和拿撒勒两地的弥撒。这自然令主教感到愉快。由于这三地都在穆斯林控制之下，萨拉丁还特意派遣了一支警卫队，保障主教一行的安全。年轻的主教造访拿撒勒之后，就向着阿克的方向出发，并在那里与理查会合。萨拉丁派出的警卫队，将手无寸铁的主教和朝圣队伍护送到阿克城下。

理查在10月初抵达阿克，一直逗留到9日。他先把妹妹和妻子送回西欧，之后拨出自己属下的300名骑兵和2000名步兵，送给留在中近东的耶路撒冷国王亨利。虽然和平已经得以实现，但如果用以自卫的军事力量不足，和平的局面就难以维持下去。

理查将所率军队的大半部分，经直布罗陀海峡由海道送回国内。理查自己则带着少量兵力，于10月9日离开阿克。

当理查从阿克出发以后，萨拉丁还留在耶路撒冷。当他确认理查已经离开巴勒斯坦之后，便将自己的军队解散了。

在武力吉哈德的大旗之下成功集结了什叶派和逊尼派穆斯林的萨拉丁，终于让自己属下的埃米尔和普通士兵全部归乡。

在耶路撒冷等待理查离去的这段日子里，萨拉丁完成了对为和议立下汗马功劳的伊柏兰领地的确认工作。

巴里安·伊柏兰从祖父和父亲处继承了雅法近郊的一块领地。理查通过联系耶路撒冷国王亨利，重申了伊柏兰家对此处的领主权。

伊柏兰还接受过鲍德温四世所赐予的纳布卢斯近郊的一处土地。根据理查和萨拉丁的和约，这片土地处于穆斯林控制的范围内。

萨拉丁所做的，是重新承认伊柏兰拥有这片土地。

从耶路撒冷回到大马士革的萨拉丁，身体日渐衰老下去，以至于逐渐连马都骑不动了。

1193年2月21日，他终于病倒。随着病情的逐渐发展，到3月1日，萨拉丁陷入了昏迷状态。3月4日清晨，他离开了人世。

第三次十字军以后的基督教势力

萨拉丁终年 55 岁。他死的时候，理查刚刚离开巴勒斯坦不到 5 个月的时间。

以和议而终结的第三次十字军，常被现代研究者评论为并未给现状带来改变的一次东征。

的确，这次十字军未能收复耶路撒冷。因此，单纯从军事角度看，第三次十字军是失败的。

但是，理查和萨拉丁之间达成的和平状态，远远超过了和约所记载的三年八个月的期限，一直维持到 1218 年。

如果说 26 年在历史长河中只是短短一瞬的话，今天的以色列和巴勒斯坦若能达成 26 年的和平，恐怕是谁都希望看到的破天荒大事吧？因此，这 26 年的和平，在十字军东征的时代，断不能称为是短暂的。

1218 年，即阿拉迪尔逝世的年份。基督教世界利用此次机会，破坏了和议，发动了第五次十字军。

狮心王理查没有能够收复圣城耶路撒冷。但是，他给基督徒的“圣地”带去了 26 年的和平与安全。

理查最后的命运

准备回到西欧的理查，必须选择一处西欧的港口登陆。

当他还在阿克时，就已经得知，兄弟约翰和法国国王腓力的军队正等候在马赛和热那亚港。

因此，理查告知率先出发的妹妹、妻子和军队主力，经过直布罗陀海峡沿大西洋航行，返回英格兰。

而由于诸多原因推迟出发的理查则带着少数兵士从希腊进入亚得里亚海，北上威尼斯，计划横穿欧洲大陆回到伦敦。

为了蒙蔽敌人，理查改变了装扮。他身着圣殿骑士团的制服——白色服装，白斗篷，上面印着很大的红色十字。由于圣殿骑士团在西欧拥有很高的声望，他这样穿着就基本上不会遇到什么阻碍。

然而，理查回程所乘的并非熟悉地中海情况的意大利船，而是自己从英国带来的常在北海航行的船只。这些船都没有配备划桨手，而且悬挂着不利于秋冬季航行的四角帆。而此时已经进入秋季，理查的船队勉强从亚得里亚海入口位置的科孚岛驶入内海。

经过科孚岛之后，天气骤然大变。强风过后，理查的船只触礁沉

没了。

虽然跟随理查的兵士大半溺死或失踪，他本人和几名部下幸免于难，漂流到岸边。他们在岸边雇了一艘小船，继续航行。

没想到这艘小船在亚得里亚海深处搁浅了。狼狈逃生的理查一行人，最终在的里雅斯特附近上岸。

令理查十分意外的是，他们登陆的地点并不在威尼斯共和国境内，而是在奥地利公爵利奥波德的领地上。

理查和剩下的几名随从，不得不以这里为起点，开始横穿西欧大陆的旅程。他们身着的圣殿骑士团制服，向路人显示，自己是经历了圣地之战的勇者。他们进入一家酒店，便得到了免费招待，而在下一家酒店中，理查遇到了一队兵士。

这队兵士当中领头的，是神圣罗马帝国皇帝腓特烈一世溺死之后，率领其军队的奥地利公爵利奥波德的部下。他曾经参加过阿克之战。夺回阿克的当天，理查命令降下利奥波德旗帜的时刻，这位队长也在场。这位亲眼目睹主公受辱的队长，无论如何也不会忘记理查的相貌。

这队士兵当即逮捕了理查，并将其送往利奥波德的宫殿。这位公爵绝不是理查那种不记仇的人。为得到日思夜想的猎物而欣喜的利奥波德，当即将理查监禁在无人可以接近的城堡里。

由于捕获的对象贵为国王之尊，公爵不能给理查加上手铐、脚镣或者将其投入地牢。因此，理查被关在城堡内高塔顶部的小屋中。

这一天是 1192 年 12 月 11 日，距理查离开阿克两个月。当先行出

发的其他人都顺利抵达伦敦以后，得到了理查去向不明的消息。

被幽闭在塔顶的理查，终日无所事事，只好在房间内唱歌排遣。就这样，日子一天天过去，他也不知道过了多久。

有一天，偶然路过此地的吟游诗人布隆德尔听到了理查的歌声。他所听到的这首歌，正巧是在阿克时理查为之作词作曲，他亲自在理查面前演唱的那首。

因此，这位吟游诗人向塔顶投掷石子。这引起了理查的注意。他打开窗户，看到了布隆德尔。理查告诉了诗人几个自己属下的名字，希望诗人告知属下自己关押的地点。布隆德尔忠实地完成了理查的布置。很快，理查的属下得知了国王关押的地点。

这样一来，轮到奥地利公爵利奥波德恐慌了。他获悉，理查的部下已经得知自己主公被囚禁的地点。利奥波德十分担心理查的部下袭击自己，使自己变成阶下囚。于是，公爵只好将理查押送到自己的领主——神圣罗马帝国皇帝亨利六世那里。

亨利六世是征途中溺死的腓特烈一世的儿子。在他看来，曾经将率领亡父残军的利奥波德的旗帜无礼降下的理查，绝非应当善待的对手。

因此，皇帝早就与法国国王腓力暗中联手。腓力比任何人都希望理查不能回国。因此，他希望皇帝能继续囚禁理查，为此还给皇帝提供了大量资金作为囚禁所需的经费。

但是，即便是神圣罗马帝国的皇帝，要囚禁英国国王，也需要提

出一个缘由。皇帝的裁决是，理查是雇佣阿拉伯暗杀集团刺杀蒙费拉特侯爵康拉德的幕后主使。

蒙费拉特侯爵康拉德仅仅做了一周耶路撒冷国王。在西欧人看来，耶路撒冷国王是圣地中地位最高的人。唆使异教徒刺杀耶路撒冷国王，无疑是莫大的重罪。

然而，理查毕竟享誉整个西欧。在审判理查的过程中，集合不到足够的法官，而公诉人也借故先行离开。

正在这时，皇帝收到了一封信，信件来自率领暗杀集团的“山中老人”。他在信中说明，康拉德之死并非理查在幕后主使，而是自己所下的命令。

“山中老人”说，他之所以要康拉德的命，是因为侯爵曾经袭击过哈查只派的车队，夺取了物资，并杀害了全体人员。因此，刺杀康拉德，是他们的复仇行为。

虽然哈查只派与黑手党的所作所为类似，作为秘密结社的他们却有着很强的名誉观念。因此，他们会将雇凶杀人和自己的行为严格区分，以避免影响他人的名誉。

“山中老人”所率的暗杀集团，最终成了理查的辩护证人，虽然这封信的真实性无从证明。他们显然知晓理查的威名，送来信件的目的，大概是为了维护他们自己的声誉。

于是，理查就不能被宣判有罪了。然而法国国王腓力还是希望能够继续囚禁理查。为此，腓力和亨利六世达成协议，要求理查支付赎

金赎身，否则就继续囚禁他。

这时，理查的心腹和部下们出动了。

理查的母亲埃莉诺尔，将自己的珠宝首饰全部变卖，筹集了赎金的一半。剩下的部分，由索尔兹伯里主教以下全体出资，在短时间内凑齐了另一半赎金。主教休伯特携带全数赎金，从英国出发，来到德意志。

不得不释放理查的亨利六世皇帝，并不希望得到一个收取赎金释放钦犯的名声。于是，他提出理查若要换取自由，必须承认自己是皇帝的封臣。理查出于实际情况考虑，立即签署了宣誓效忠的文书。

1194 年 3 月，理查终于告别了一年零三个月的囚徒岁月，在无法掩饰欣喜的索尔兹伯里主教休伯特的陪同下，回到英格兰。这次逃出奥地利公爵、神圣罗马帝国皇帝和法国国王设下的三重魔障，理查再也没有必要装扮成圣殿骑士团骑士的样子了。

在这段旅途中，理查得知了一年前萨拉丁逝世的消息。他不禁对索尔兹伯里主教慨叹道，倘若自己一直留在圣地，很可能现在已经光复耶路撒冷。不过，如果理查继续在圣地作战，萨拉丁还会不会在这个时候去世，就很难说了。由此看来，理查实在是性格太过简单的一个人。

1194 年 3 月 20 日，理查在多佛尔以北的桑维奇登陆英格兰。

在通往伦敦的路上，理查受到了民众的夹道欢迎。狮心王的声名远播，使英格兰人民的狂热达到极点。此前站在约翰一边的诸侯，也

纷纷重归理查麾下。理查得到的敬意，使他看起来仿佛一位凯旋而归的勇将。英国境内形形色色的势力，都重新统一到他的旗下。

经过四天行程，理查到达了伦敦。在欢庆凯旋的人潮中，理查首先前往圣保罗教堂，向上帝报告归国的消息。

理查仅仅在威斯敏斯特王宫居住了三天，接下来就向诺丁汉起程出发。位于英格兰中部的诺丁汉，是约翰势力的核心地带。理查在当地停留三日，便使全体约翰派的诸侯归顺到自己一方。

诺丁汉地区还是罗宾汉的传说最集中的地方。罗宾汉故事里的贪官污吏，都来自诺丁汉地区，他们大都属于约翰一派。因此，理查不在国内时，诺丁汉的臣民深受暴政之苦。

从民间传说反映的情况看，诺丁汉是约翰一派的势力中心。理查出现在诺丁汉的时候，约翰早已逃到了法国的领土上。

完成英格兰统一的工作之后，理查回到了伦敦。

回到伦敦之后，理查任命索尔兹伯里主教休伯特·沃尔特为空缺的坎特伯雷大主教。这位理查的亲密战友，从此成为英格兰的宰相。接下来，理查宣布，不日将渡过多佛尔海峡，与法国国王腓力会面。

法国国王腓力得知理查将要前来的消息，便主动切断了与约翰的联系。完全依靠腓力的力量谋反的约翰，就这样被自己的靠山抛弃了。此时的约翰，成为既没有国内诸侯支持，也没有国外势力相助的孤家寡人。

1194 年 5 月 12 日，理查渡过多佛尔海峡，登陆诺曼底。只求饶命

的约翰，早已在此恭候自己兄长的发落。

理查当即饶恕了约翰。兄弟之间的和好，也使希望看到他们反目的腓力大失所望。

在与腓力见面之前，理查用计孤立了自己的老对手。他把妹妹乔安娜嫁给法国南部的强势诸侯图卢兹伯爵，大大离间了法国南部和北部的关系。这样一来，乔安娜再也不会担心自己被嫁给穆斯林阿拉迪尔。

腓力还面临着其他问题。法国境内强有力的诸侯，如弗兰德斯伯爵和勃艮第公爵，都在第三次十字军东征中战死。香槟伯爵则成为了耶路撒冷国王，一直留在圣地，无法回国。因此，腓力妥善利用了这一时期的良机，扩大了法国国王直属领地，兼并了其他诸侯的土地。但正因为如此，在他与理查的较量中，得不到任何诸侯的支持。

腓力在理查尚未回国时，成功占领了诺曼底和阿奎丹的大片土地。现在理查回到法国，目的就是重新夺回被腓力强占的领地。

登陆诺曼底之后，理查立即展开了军事行动。在战场上，腓力绝不是理查的对手。

不到两年的时间内，理查收复了整个诺曼底。诺曼底是英国诺曼王朝和金雀花王朝的发源地。即使在腓力强占的时代，这一地区的人民也还是倾向于英格兰人一方。当法军撤退以后，人民对理查表示了公开的支持。

夺回诺曼底的过程中，理查偶然进入一座教堂，看到祭坛上弥撒

使用的银烛台和圣杯都不见了踪影。理查问是否被腓力没收。神父回答说，这些圣物早已变卖，换成了为理查赎身的赎金。当年得知要为理查赎身时，诺曼底所有的教堂都是这样做的。

心中有愧的理查，当即许诺和平到来之后，便将大量制作银器，归还教堂。并非虔诚信徒的理查，在自己的领地内，也要表现出宗教的热忱。

两年之后的1196年，理查和腓力达成了停战协议。对处于守势的腓力来说，停战提供了喘息之机，而进攻的理查一方则由于停战协议，获得了将兵力转移到其他战线上的必要时间。

在停战协议中，法国国王腓力承认，巴黎以北的法国北部大部分地区归理查所有。

在两年之后的1198年，英法两国之间再次开战，战场主要在法国西部。

理查依然是接连取胜，最终夺回了腓力趁自己东征时所占据的九成以上的领地。

然而，人生的落幕也开始悄然接近理查。在进攻腓力所控制的利摩日地区的沙吕城时，一直站在最前线指挥的理查，被城上射出的一支利箭刺中了右肩。

由于箭是从一部弩机上射出的，其速度与杀伤力都超过了一般的弓弩。

由于敌军的弩机手正好射中了位于阵线最前列的理查，他所穿的

钢制盔甲也无法抵挡这支利箭。

这次所受的箭伤，在几天之后夺走了理查的生命。1199 年 4 月 6 日，是狮心王理查四十一岁又七个月的人生尽头。

理查的遗体并未运回英格兰。他死后，头部埋葬在普瓦提埃的修道院，心脏则保存在诺曼底的鲁昂大教堂，其他部分的遗体，则埋葬在安茹的一所修道院内。

拥有多处领地的理查，在其死后，遗体分开埋葬。这首先是为了显示他对各个领地的所有权，同时也为领地内的居民瞻仰国王的墓地提供了方便。

然而直到 19 世纪，英国国内才制作了理查一世的骑马铜像。到威斯敏斯特宫开会的每一位英国国会议员，在门口都要瞻仰狮心王理查一世的飒爽英姿——英国人对理查的喜爱，可见一斑。

由于理查没有留下子嗣，他遗嘱由亡兄的遗子继承王位。然而约翰并未遵从兄长的遗愿，强夺了英国王位。

理查驾崩以后 5 年，其母亲埃莉诺尔王后撒手人寰。一年之后的 1205 年，坎特伯雷大主教，理查的亲密战友，曾经的索尔兹伯里主教休伯特也离开了人世。在这段时间内，曾前往中东与理查并肩作战的心腹属下们，相继去世。

狮心王理查之后继任英格兰国王的，是史称“无地王”的约翰。在他就任英国国王的 17 年间，将兄长理查从法国国王腓力手中夺来的领地悉数丧失。

而腓力则比理查多活了 24 年之久。

腓力二世被法国人赠以罗马帝国开国皇帝的称号“奥古斯都”。与奥古斯都相似的是，腓力二世十分长寿，并且不是善战之君，此外，在法国人看来，法国领土的扩张，以及最早推动中央集权发展的，就是这位奥古斯都国王。

法国领土的扩张，自然不是在腓力与狮心王理查的战争中，而是在与无地王约翰的战争中实现的。因此，英格兰人常常对腓力表示轻蔑，评价甚低。这是历史研究很难做到中立的一个例证。

而说起法国人对理查的评价，也是十分微妙的。在对英国人无不加以恶评的法国人看来，如何评价这位生于英国牛津、成长在法国普瓦提埃的国王，倒是一件十分困难的事。

至于威斯敏斯特宫门前的理查一世铜像，则是意大利人卡洛·马罗切蒂的作品。他是 19 世纪下半叶欧洲最著名的雕塑家之一。这座雕像的工艺，堪称十分精湛。

最后，差一点儿忘了提及，理查自制的金底色上绣三只黑狮子的纹章，直到今天都是英国国王的纹章。

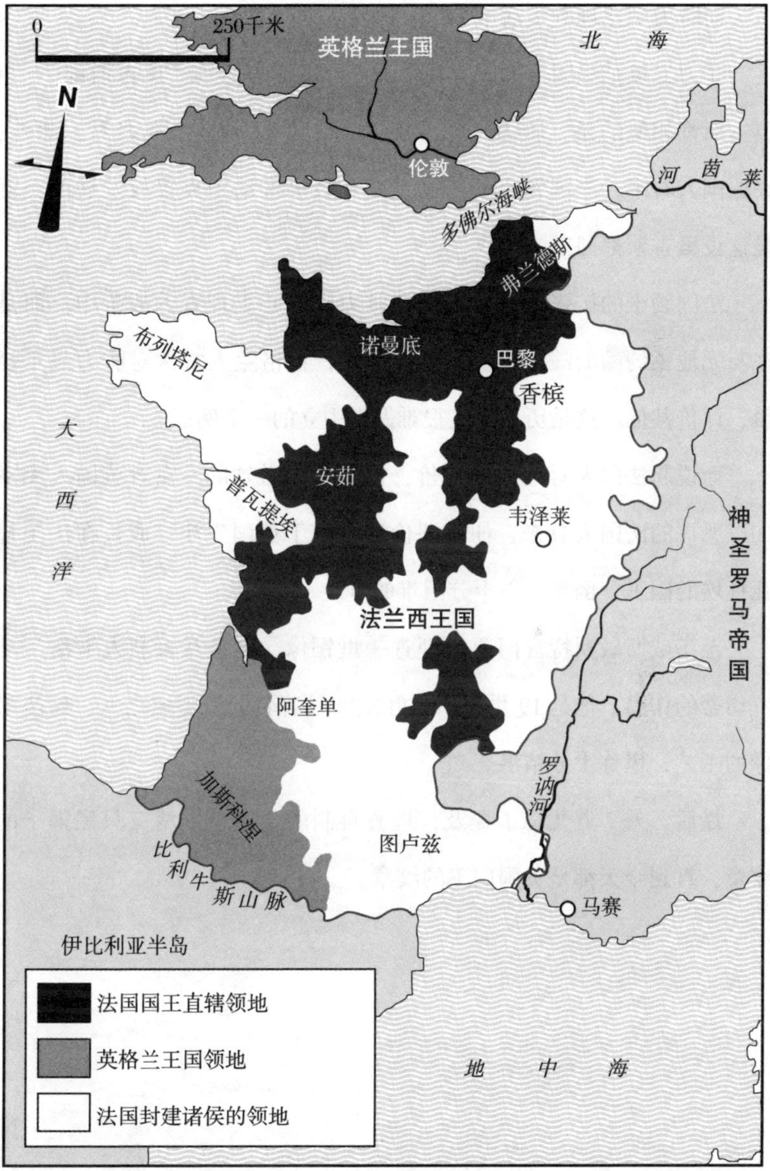

1223 年前后法国的各个势力图

狮心王理查一世塑像

下

第二章

威尼斯共和国与第四次十字军

（1202—1204 年）

秀才教皇的登场

在狮心王理查于法国西部的战斗中去世的前一年，1198 年，罗马圣彼得所留下的教皇宝座上，坐上了一位 38 岁的新教皇。在日本高校的历史教科书中，这位教皇被描述为将教皇权力发挥到最大的一位人物。他就是英诺森三世。

这一时代的罗马教廷所在的意大利，像德意志、法国、英格兰这样的封建国家一样，处于领主割据的状态。在意大利中部罗马一带的教皇国南面，就是这位新教皇的家族所在地。这一家族的名称，叫作孔蒂·迪·塞尼。在英诺森三世成为教皇之前，他的全名是洛塔里奥·德·孔蒂·迪·塞尼——出身显赫的贵族家庭。

在中世纪欧洲，出身于贵族家庭的男性，只有长子具有继承权，次子以下则根据资质，选择成为神职人员或军人的人生道路。头脑发达，却不善武力的洛塔里奥，走上了圣职之路。他从小便专心于学问，具备了成为高级神职人员的必要条件。

洛塔里奥首先来到离家不远的罗马，然后又前往巴黎留学。

虽说是留学，当时法国的国境线并不明确，还处在中央集权以前

的时代。巴黎大学与私塾并没有多大差别，因此外来的学子并没有太多出国留学的感觉。洛塔里奥在那里也实现了接受著名教授指导的目的。之后，这位青年回到意大利，在中部的博洛尼亚继续深造。博洛尼亚大学是西欧最古老的大学，也是意大利国内的最高学府。

洛塔里奥20岁时返回了罗马，并开始在罗马教廷内任职。他在这一时期内发表了多篇文章，其中的代表作品，就是名为“论人世间惨状”（*Demiseria humanae conditionis*）的成名论文。如何将人世间从目下的惨状当中拯救出来，自然只有坚定对上帝的信仰一途——除此中世纪教会人士的共同信条，别无他法。因此，他的文章，完全符合罗马教廷的“正道”（意大利语：Strada Maestra）。

前任教皇去世后召开的枢机主教会议，正常情况下要经过数轮投票才能选出新的教皇。然而1198年的这次选举，第一轮投票结束后即宣告洛塔里奥当选。作为罗马教廷精英中的精英，38岁的他毫无悬念地执掌了天主教世界最高的权力。

以英诺森三世之名继任为教皇之后，他更加确信教会的“正道”。对于中世纪天主教世界最关键的问题，即罗马教皇与神圣罗马帝国皇帝的关系问题，他发表了如下的言论：

> 神圣罗马帝国（即德意志帝国）的诸侯，拥有对本国皇帝的选举权。同时，罗马教皇则拥有对皇帝是否拥有加冕资格的决定权。

这就是说，由于皇帝是上帝所委任的世俗统治者，负责将上帝意旨传达人间的主教（以罗马教皇为首），自然能决定皇帝是否有资格胜任。

一言以蔽之，就是：

“教皇是太阳，而皇帝则是月亮”。

直到今天，尽管大多数基督徒已经不这样认为了，罗马天主教会依然坚持中世纪以来的这条“正道”。

罗马教皇英诺森三世

看似保守的权威主义者的英诺森三世，却出人意料地对中世纪西欧的新潮流——青年运动，给予了大力支持。

阿西西的圣方济各所组织的修会，宣扬上帝以爱而非惩罚拯救信徒的理论，在天主教世界掀起了新的波澜。英诺森三世从一开始就对方济各会加以承认。在当时的神职人员看来，这一青年团体是以极端分子的身份出现的，他们一步走错就会引火上身。但正由于教皇的支持，方济各会的未来得到了保证。

此外，在还未成为神圣罗马帝国皇帝的腓特烈二世前往德意志帝国之时，英诺森三世就为这位未来不定的 21 岁青年提供了大量资金与

兵力支持，使他获得了最急需的资源。

腓特烈和圣方济各，分别是西欧中世纪文艺复兴运动中，政治与宗教领域的旗手。他们从一开始就得到了中世纪思想的化身英诺森三世的鼎力相助。

两人之外，还有一位年轻人得到了教皇的援助。他就是《罗马灭亡后的地中海世界》上卷详细介绍过的法国修士若望所组建的圣三一修会。

这一修会以提供赎金的方式，将被北非穆斯林海盗所掳去的基督徒奴隶赎回本国。英诺森三世在修会成立两年后即给予承认，并为其在此后的日常活动筹措资金。

这类宗教组织必须依附于其他机构而运营。在拥有日常经费之后，它们就可以持续运行下去。英诺森三世下令将罗马的七座山丘中的西莲山赐予圣三一修会，并宣布，罗马 11 座城门中 4 座所收缴的关税，都作为该修会日常资金所用。

这个全名为“为救济沦为奴隶的基督徒而设立的神圣的三位一体修道会”的活动，直到 19 世纪初地中海海盗活动完全消失之后也还一直继续着。由于财源的保障，在 600 年间一直能够开展赎回奴隶的工作。

以上述及的英诺森三世的支持与援助，体现了四个特色。

第一，他为所援助者提供的都是最必要的支持，这一点，无论是对个人还是团体都一样。

第二，即使提供支持并不带来任何好处，英诺森三世也不会停止支持。腓特烈二世后来与教廷发生了冲突，但英诺森三世还是会援助世俗君主，应该说他是颇具勇气的。

第三，初期会提供必要的支持，以后则要靠被资助者自力更生，这样就不会带来异议。

第四，教皇一定是在与被援助者面谈之后，才决定施以援助的。无论是圣方济各、腓特烈二世还是修士若望，接受援助之前都是前途未卜的年轻人。保险起见，英诺森三世都要直接与他们会面。

依我之见，英诺森三世树立了一个当权者为尚未当权者提供支持的典型。

然而，这位教皇却是对“唯信仰才能救人世于凄惨之中”深信不疑的。凡不是这样认为的人，在他看来，都是反对体制的异端。

英诺森三世镇压法国南部的阿尔比派，已经远超普通镇压的程度，而是号召了一场十字军。就任教皇 10 年后开始的这次“针对阿尔比派的十字军”，使法国南北双方力量的天平发生了逆转——此前一直强势的法国南部大伤元气，而法国北部则处于明显的优势地位。教廷发动的针对异端的十字军，最终让巴黎的腓力二世坐收渔翁之利。

然而最令就任教皇之后的英诺森三世关切的，是针对异教徒的十字军。实现第四次十字军东征，是 38 岁的教皇的最大课题。

在理查和萨拉丁达成和议之后，基督徒朝圣者可以自由而安全地通行于耶路撒冷、伯利恒和拿撒勒这些圣地。然而，这三大圣地特别

是圣城耶路撒冷，依然掌握在异教徒穆斯林的手中。

这样的现状，绝非信奉罗马天主教会“正道”的英诺森三世所能接受的。

英诺森三世对第三次十字军的成果，当然不会满足了。

在第一次和第二次十字军东征期间，军中都有教皇的代理人同行。这些教皇代理人都有很重要的发言权，他们代表罗马教皇行使权威。

但是，在第三次十字军中，从一开始就没有教皇的代理人。当时由于教皇的动员，皇帝和国王都自发组织了东征。但这支没有教皇代理人的大军，自始至终都是以“世俗”的十字军而行动的。

第三次十字军当中并非没有神职人员。但理查身边的这些主教们，与代理罗马教廷的神职人员相比，更像是浴血奋战的将领。

此外，英诺森三世并不认同理查与萨拉丁之间达成的和议。基督徒和穆斯林相互否认对方的信仰，因此基督教国家的国王单独与穆斯林媾和，本是不合法的。

在教廷看来，此时圣地基督徒的自由与安全，是由“不信者”保证的。教廷当然不能容忍这一现状继续下去。

而倘若第三次十字军有教皇代理同行，他必然会阻止理查与萨拉丁讲和。因此在英诺森三世眼中，必须发动一次新的十字军，来重申罗马教皇在东方的影响力。

而新十字军最重要的任务，就是将耶路撒冷夺回。这自然需要强大的军事力量。那么，谁才是可以依靠的军事力量呢？在圣彼得大位

上端坐的第 176 任罗马教皇英诺森三世的内心，就被这个问题占据着。

如果发动皇帝和国王前往东征，他们迟早会变得归心似箭。这一点弊端，早已为第二次和第三次十字军东征的教训所证明。而此年的神圣罗马帝国皇帝腓特烈二世年仅 6 岁，国内局势尚未稳定。而法国国王腓力二世虽然不足 40 岁，却垂涎于理查死后留下的领地，对十字军并无兴趣。在这两位最重要的世俗君主都不合适的情况下，英诺森三世只得考虑其他人。

虽说罗马教皇是太阳，皇帝和国王们是月亮，这独一无二的太阳却没有任何军事力量可以支配。

而英诺森三世这当红的太阳本人，不过是一介书生出身的秀才教皇，从来没有在军事组织中锻炼过。

正如其他没有经历过挫折的人一样，对自己的抱负深信不疑的教皇，无法了解与自己想法迥异者的真实内心。这一缺点，最终变成了事后未能兑现的承诺。

元首丹多洛

在英诺森三世成为教皇以前6年（1192年），威尼斯共和国选举恩里科·丹多洛为元首（Doge）。这一年，理查和萨拉丁达成了历史性的和平协议。

由于没有史料记载，我们不知道丹多洛当选元首时的年龄。一般的估计是他已年届七十有余。由于丹多洛家族是威尼斯的名门，他的人生一直官运亨通，作为威尼斯共和国的高级官员直到暮年。

丹多洛二三十岁的时候，一直在海外经商。那时，他的事业并不仅仅在威尼斯国境之内。

乘坐着满载商品的船只，与商人一起了解如何与其他民族和异教徒从事贸易，在学习经商的同时，丹多洛对航海术也了然于胸。而一旦海战在即，威尼斯船只就会得到征召，而习得海战之术，就得以在危难之时，挽狂澜于既倒。此外，与经商有关的政治、宗教和风俗习惯，乃至语言和文化的知识，也是青年时期的丹多洛学习的重要内容。

到40岁上下，丹多洛回到了陆地上，由于家族背景，很快成为共

和国的外交官。威尼斯共和国的政府官员，常常是今天还在国内处理事务，后天就动身前往德意志、法国或者君士坦丁堡。

以外交家自居的英国人，通常也认为，近代外交是从 13 世纪的威尼斯开始的。威尼斯的外交官作为领事常驻于他国，为了国家利益收集军事、外交方面的情报，结交可信的人士。履历复杂的丹多洛，就曾在埃及的亚历山大和拜占庭帝国的首都君士坦丁堡担任领事。

丹多洛进入暮年时，已从事了多年外交活动。他圆满地获选为威尼斯共和国的元首时，拥有的经验是无与伦比的。过去的种种经验，使丹多洛成为其他国家统治者无法比拟的全能型领袖。

然而，威尼斯毕竟是共和国，并非君主国。尽管元首为终身制，没有任期的限制，但是在是否发动战争这样的重大问题上，必须由全体威尼斯人参加的公民大会来决定。此外，在相当于上议院的元老院针对具体问题投票时，元首也只是作为 120 名元老院成员中的一员，掌握一票而已。在政府机关中，元首也只是作为 17 名要员之一拥有一票。

不过，元首毕竟是在具有担任多个重要职务的经验之后选举产生的。仅仅从元首的高龄这一点，就增加了其发言的分量。这并非因为年龄使他得到额外的尊重，而是由于其丰富的经验和过人的洞察力，使其发言颇具分量。恩里科·丹多洛这位元首，就是威尼斯共和国领导人中的典型。

威尼斯共和国不仅在外交方面十分先进，在政教分离这一点上，

也走在前列。

同时代的其他国家，君主的宫殿和城市的大教堂往往并立在首都的市中心地带，主教的住所就在教堂旁边。

而在威尼斯共和国，在政府即元首官邸旁的圣马可教堂，仅仅是元首的正式礼拜堂。虽然威尼斯的全体市民名义上属于罗马教皇管辖下的威尼斯教区，却并没有一座供全体市民使用的公共礼拜堂。

此外，虽然教皇向威尼斯派遣了总主教，主教官邸却位于远离市中心的地方。佛罗伦萨的花之圣母大教堂是尽人皆知的，至于威尼斯，就连曾经多次游览这座水城的我，也说不出它的主教堂的位置。

但威尼斯共和国毕竟是罗马天主教世界的一员。从罗马派遣而来的总主教，与其他天主教国家的最高神职人员名称不同。其他国家是“大主教”（archbishop），而威尼斯却是与东正教国家相同的“总主教”（patriarch，或称“牧首”）。国家自然要给总主教以施展的舞台。

每到宗教节日时，威尼斯的总主教就会加入节日的游行队伍，从自己的官邸一直前往市中心的圣马可广场。

在具有浓厚威尼斯色彩的节日庆祝活动中，身穿豪华宗教服饰的总主教，总会走在游行队伍的前列。而庆祝活动的主人公，自然是在行进队伍中央的共和国元首。元首在瑰丽的华盖之下阔步前行，接受周围人群的欢呼。在元首之后，政府高官和元老院的议员们依次而行，这一顺序与宗教祭祀的顺序相仿。

在宗教祭祀活动中，也是由威尼斯总主教担任第一司祭。可以说，

在整个中世纪一神教世界当中，威尼斯共和国的政教分离最为彻底。

在威尼斯共和国，所谓“教皇是太阳，世俗领袖是月亮”的天主教会观念，并非人们的思想。

与穆斯林贸易，在其他天主教国家会被处以剥夺圣职或开除出教的惩罚，在威尼斯却完全没有这回事儿。罗马教皇对威尼斯与东方的贸易网开一面，毕竟，这个国家负责木材等战略资源的进出口贸易，因此无法按照宗教法律对威尼斯商人做出处罚。

威尼斯共和国令罗马教皇特殊对待的原因，除了在于其商人群体之外，还由于这个国家拥有强大的海军。每当基督徒与穆斯林发生海上冲突时，威尼斯海军的参战与否，都会起到决定性作用。

总而言之，“首先是威尼斯的公民，然后才是基督徒”这样的言语，是威尼斯人真实观念的写照。即使是权威如日中天的罗马教皇，也常常慨叹自己“在任何国家面前都是教皇，唯独在威尼斯人面前……”

当然，在基督教世界团结一致对抗伊斯兰世界时，威尼斯共和国也一直站在整个西欧一方。保持中立无疑是极为有害的。而虽然站在基督教一方，威尼斯人还是会尽可能为实现自己国家的利益而行动。

就任元首之后的恩里科·丹多洛，面临着一个无法回避的问题。那就是，威尼斯如何在同为意大利人的竞争对手比萨和热那亚面前，保持在中近东海上的优势地位。

比萨和热那亚的商人，是十字军在海上的同盟。他们在地中海东岸的贸易，主要就是为十字军提供军需物品。

在已经结束的第三次十字军行动中，比萨和热那亚舰队的协助起了决定性作用。狮心王理查之所以选择与这两国的舰队合作，正是因为他们比以国家为单位行动的威尼斯，更易于贯彻十字军的战略。

第三次十字军东征结束后，比萨和热那亚商人在中近东的活动大大增加。而同为以海洋贸易立国的威尼斯，就亟待挽回此时所处的劣势。

丹多洛就任元首的第二年，萨拉丁去世了。在那个时代，在和议主持人死后破坏原来的协议，并不罕见。但威尼斯的丹多洛希望能够继续保持来之不易的和平。因为如果和平遭到破坏，比萨和热那亚就可能通过与十字军的合作，获得更大的优势。

因此，在萨拉丁死后，丹多洛继续推行与穆斯林保持和平的策略。当三年八个月的和议到期时，伊斯兰世界希望将和平继续下去，而基督教一方也对此表示了合作。

根据丹多洛的意见，在萨拉丁死后 5 年的 1198 年，双方延长了和议的期限。此次的谈判是由阿拉迪尔主持完成的。威尼斯在谈判中起到了主导作用。

早在第三次十字军以前的时代，威尼斯和埃及就保持着友好关系。这自然是经济利益所决定的。威尼斯共和国与其他基督教国家并没有任何性质的经济同盟，更不要说军事合作了。这大概是威尼斯不希望别国的政治或军事体制对本国有所干预的缘故。而与此同时，威尼斯一再延长与埃及之间缔结的通商条约，并在接受理查与萨拉丁和议的

局面下，对中近东进行无形的渗透。

在 1201 年威尼斯与阿拉迪尔之间缔结的协议中，有一项秘密条款——一旦西欧再次发动十字军东征，威尼斯共和国保证不参与针对埃及的军事行动。

苏丹阿拉迪尔

兄长萨拉丁去世时的1193年3月，阿拉迪尔50岁。此时，他并没有任何侵犯兄长子嗣的继承权利的念头。

墓园安置在大马士革壮丽的清真寺内的萨拉丁，留下了17个儿子和一个女儿，大都担任闲职，只有几人被委以重任。根据萨拉丁去世前的遗书，他所创立的阿尤布王朝领土，将这样分割：

萨拉丁22岁的长子阿夫达尔，继承大马士革，阿尤布王朝的首都。他自然成为整个叙利亚的统治者。

比长子年轻一岁的阿齐兹，成为埃及的统治者。

第三子扎希尔继承了叙利亚的第二大城市阿勒颇。

作为城主，扎希尔拥有对城市及周边地区村镇的所有权和管辖权。

最后，萨拉丁给自己最信赖的兄弟阿拉迪尔留下的是史称“内约旦”的约旦河西岸地区。

萨拉丁把这一地区分给阿拉迪尔，有着非同一般的意味。

约旦河西岸地区，正好与理查和萨拉丁之间和议中所承认的十字军国家——推罗到雅法之间的地带相毗邻。这一地区的东边是约旦河，

与以大马士革为首都的叙利亚接壤。

萨拉丁将中近东十字军国家与伊斯兰世界核心区域间的狭长地带托付给阿拉迪尔，自然是希望这一地区成为十字军国家和他的后代所控制地区之间的缓冲地带。

通过和议使耶路撒冷保持在伊斯兰世界之内，萨拉丁结束了“武力吉哈德”。当他确知理查已经从阿克启航前往西欧，便解散了为“武力吉哈德”而组织的大军。

阿拉迪尔基本延续了兄长的战略方针。在理查与萨拉丁的和议到期之际，他主动联系了十字军国家的领导人耶路撒冷国王，延长了双方和议的期限。

无论是萨拉丁还是阿拉迪尔，都容忍巴勒斯坦的基督徒——穆斯林所称的“法兰克人”的存在。当然，他们的容忍是以西方不再派来新的十字军为前提的。

而理查和第三次十字军所夺得的，实际上是中近东的法兰克人的“满足状态”。在这一状态下，十字军的精神逐渐镇静下来，他们慢慢淡忘了与穆斯林之间的敌对意识。

然而，这种状态反过来动摇了中近东的伊斯兰世界。强权人物努拉丁和萨拉丁出场之前的伊斯兰社会的特点——兄弟之间的明争暗斗，再次浮现出来。

1194 年，萨拉丁死后不到一年，他的儿子们之间就爆发了武力冲突，只好请叔父阿拉迪尔来做仲裁和调停人。1196 年，冲突再次爆发。

这次，阿拉迪尔和其他继承人一致认为，阿夫达尔不适合做萨拉丁的继承人。于是，这位长子被从大马士革流放。

两年之后的1198年，取代阿夫达尔掌握阿尤布王朝大权的阿齐兹，在一次狩猎之中落马而死。得知这一消息的阿夫达尔，便摩拳擦掌，准备重掌大权。

但是，各地的埃米尔相信，年轻的阿夫达尔没有能力掌管整个王朝。埃米尔们请求阿拉迪尔出来主持局势，并一致希望他继承阿尤布王朝。

此时的阿拉迪尔，并不想僭越亡兄的遗子们才有权继承的王位。直到1201年阿夫达尔宣布最终隐退之后，阿拉迪尔才继承了苏丹的宝座，当时他已经58岁。

阿拉迪尔对阿尤布王朝的领土进行了重新分配。

落马而死的萨拉丁次子留下了一位继承人，17岁的曼苏尔，成为埃德萨的统治者。

阿拉迪尔的长子，21岁的卡米尔，得到了埃及的统治权；次子穆阿扎姆则统治大马士革；他的三子与四子分别统治各个地区。

意味深长的是，阿拉迪尔只给予自己的儿子以父亲名义统治的权力。虽然这一点是后继的卡米尔所不能忽视的障碍，毕竟深受兄长信任的阿拉迪尔，是在僭越其兄直系子孙的基础上建立自己的统治的。

不过，阿尤布王朝的统治，终究再次巩固了。

在完成内部权力交接之后，伊斯兰世界实力最强的阿拉迪尔，就

与威尼斯共和国缔结了一项互不侵犯的通商条约。

拥有着与萨拉丁一起身经百战的经验的阿拉迪尔，与兄长一样深知意大利诸邦海军的强大实力。这一时期的塞浦路斯岛，已经在路西尼安的统治下，成为从西欧前往中近东的重要中转站。但由于其防御设施还没有设置完备，以当时穆斯林的军力，是有可能征服塞浦路斯岛的。然而，由于塞浦路斯四面环海，而基督教一方控制着制海权，就算是再多穆斯林军队，也无法抵达这个岛屿。

不仅塞浦路斯的情况使阿拉迪尔只能对其保持现状，他还要尽力避免使伊斯兰世界受到新的十字军东征的威胁。如果新的十字军要来到中近东，他们必然依靠来自比萨、热那亚和威尼斯的海上力量。因此，伊斯兰世界首先应该做的，就是设法瓦解十字军的海上同盟。

在选择和平谈判的对手时，比萨、热那亚和威尼斯的情况并不相同，主要是各国能够控制其投入的武装力量的情况不同。比萨，特别是热那亚人的个人主义倾向很强，因此国家对其军事力量的实际控制比较弱。因此在发展双边关系方面，威尼斯相对更为合适。

通过缔结和约，威尼斯所得到的利益，就是能够在包括埃及在内的阿拉迪尔控制的全部领土内，从事特许经济活动的权利。威尼斯的商人们，因此得以在比商业对手更为有利的环境中营生。

然而威尼斯商人是非常讨厌集中的。在政治上，威尼斯人并不喜欢中央集权，而在经济活动中，他们也希望能够分散风险。即便埃及为他们提供了市场中的最高地位，威尼斯商人还是感到不能满足。

如前所述，教皇英诺森三世、威尼斯元首恩里科·丹多洛和继任苏丹的阿拉迪尔，是第四次十字军时代的主人公。

始终处于明处的丹多洛的侧面，站立着英诺森三世，而阿拉迪尔则是与英诺森三世对立位置的幕后人物。但这三人在第四次十字军时代的主人公位置，一直没有变化过。倘若这三位角色中少了任何一人，第四次十字军的历史都必将改写。

因此，在此三人之外的任何人，都不过是“马驹”罢了。

年轻的法国诸侯

在 12 世纪最后一年的秋天，法国西北部香槟地区城市的舞台上，开始了一场马上决斗锦标赛。

主方是 22 岁的香槟伯爵蒂博。挑战的客方则是 27 岁的布洛瓦伯爵路易。

两人都是位居法国国王之下的封建诸侯。在中世纪封建社会中，拥有比国王直辖领地更广阔土地的封建诸侯，并不少见。而作为香槟伯爵来说，其身份特殊的是，无论与法国国王腓力，还是与英国国王理查，都具有来自母方的亲戚关系。

在香槟伯爵主推的锦标赛中，不仅有来自法国各地的亲戚关系盘根错节的诸侯，也有从各地赶来争夺冠军的骑士们，因此是云集了各路好手的盛会。现场甚至有教皇英诺森三世派来的教士。

身着华丽服饰的贵妇，在比赛结束时参加进来，为城内举行的大宴会锦上添花。在中世纪的宴会上，干杯之前必然对神充满感谢，此时正是高级神职人员出场之际。

教皇英诺森三世发动新十字军的决定，传达到了会场。他没有通

知皇帝与国王，而是对诸侯寄予厚望。

毕竟，神圣罗马帝国皇帝和法国国王所率的第二次十字军以失败告终。

英、法、德三国君主率领的第三次十字军，最终未能夺回圣城。在英诺森三世眼里，这也是一次失败的远征。

只有第一次十字军成功解放了耶路撒冷。诸侯的头上虽然没有皇帝和国王的冠冕，所率的兵力却并不比各位君主们差。因此，英诺森三世认为，以强大的封建诸侯来率领新的十字军，是最稳妥的策略。

在宣示骑士精神的马上锦标赛结束之后，教士们热情洋溢地描绘着新的十字军远征。年轻骑士的心中，立刻燃起了对战斗的渴望。

于是，蒂博当着全体骑士的面，宣誓出征。蒂博的兄长，就是在第三次十字军中跟随理查一世参战，并娶到耶路撒冷王位继承者西比拉的新任耶路撒冷国王亨利。就在两年之前，亨利于阿克病死。蒂博自然想趁机继承亨利在法国和中近东的全部产业。

在蒂博之后宣誓远征的，是这场锦标赛的主客，布洛瓦伯爵路易。两人之后，又有30名参会者接着宣誓。

第二天，香槟伯爵蒂博致信身在布鲁日的表兄弗兰德斯伯爵鲍德温，后者在回信中同意与其表弟一同出征。

弗兰德斯伯爵家族的全体骑士们，参加了先前的全部三次十字军。第三次十字军东征期间，弗兰德斯伯爵在阿克之战中战死。尽管如此，家族中还是有两人参加了第四次十字军。

得知弗兰德斯伯爵加入了十字军，其他诸侯纷纷效仿。在听说这一消息之后，立即有 40 名骑士宣誓加入。诸侯和骑士的宣誓加入，意味着他们的全体家臣和仆从都加入了十字军的行列。

与第四次十字军有关的最可信的史料，是香槟伯爵的家臣维拉哈都因所著的行文平实却以情节出彩的记载。此人亲眼目睹了第四次十字军从开始到结束的整个过程。在最先宣誓的 70 位骑士的名单中，也能找到他的名字。在这份名单上，书写着中世纪法国骑士精神最灿烂的篇章。教皇英诺森三世组织的这支没有冠冕的十字军，出自完全现实的考虑。

弗兰德斯伯爵纹章（黄底黑狮子）

布洛瓦伯爵纹章（蓝底黄白绶带）

香槟伯爵纹章（蓝底黄白色绶带）

但是，在这份书写着法国最出色骑士的名单上，并没有几位重要人物的名字。

其中第一个，就是勃艮第公爵。勃艮第公爵参加了第三次十字军，并在法国国王腓力回国后负责掌管留在圣地的法军，与理查一起参与了其后的战斗。理查和萨拉丁达成和议之前不久，公爵病死于推罗。

结果，整个公爵家族和家臣都滞留在东方的勃艮第公国，成为法国国王腓力领土扩张的直接目标。在香槟伯爵带领诸侯发誓的时候，腓力依然健在，还在对勃艮第公爵的领地保持强大的压力。因此，勃艮第公爵家必须首先防御好自己的封地，而不能参加十字军东征。

在今天法国境内，还有一个地区的领主没有响应香槟伯爵的倡议。

这就是在理查死后仍为英格兰所拥有的法国西南部地区。这一地区的诸侯不参加第四次十字军的原因非常简单——那就是当理查死后，他们必须团结起来防御法国国王腓力的威胁。

说起来，法国国王腓力真是位既不为教皇所喜爱，也被其他诸侯厌恶的君主。这位狡猾的政治家，年仅35岁。

香槟伯爵蒂博很快将骑士们宣誓的情况汇报给了罗马教皇。英诺森三世读罢蒂博的来信，感到喜出望外。他所朝思暮想的十字军，今天终于迈出了成立的第一步。就任教皇两年以来，这是最大的喜讯，令他兴奋不已。

英诺森三世向整个西欧发布了特别的公告，宣布只要在这次十字军中从军一年，就可以免除世间的罪。中世纪的基督教常将死后的惩罚描绘得异常恐怖，因此对中世纪人来说，得到免罪，无异于心灵的救赎。

来自最高宗教权威罗马教皇的免罪布告，为参加十字军的西欧天主教徒提供了精神救赎的正式保证。更多人因此纷纷踊跃参加，并最终齐聚法国南部的苏瓦松。在这次集中期间，各路诸侯开始讨论如何组织兵力，何时出发，以及取道哪条路线。

这些现实问题，在青年人为主的各路诸侯热烈的讨论之下，变得毫无结论可言。最终，诸侯选出 6 位代表，以他们来决定全体的意志。6 位代表分别产生于香槟伯爵、布洛瓦伯爵、弗兰德斯伯爵家的家臣之中，每家 2 名。为这次十字军留下记载的维拉哈都因，也是代表之一。40 岁的维拉哈都因，是香槟伯爵的侍从大将。

在 6 人的努力之下，现实问题均得以解决，结论如下所述：

一、第一次十字军东征的目的地，是埃及的首都开罗。

这是从第三次十字军时代理查断绝萨拉丁的补给路线所推论的下一个需要征服的地区。埃及是穆斯林重要的大本营。

二、远征部队从海路行军。

根据以往的经验，陆路行军会遇到各种危险。因此，取道海路，没有任何人提出异议。

三、由威尼斯共和国运输全体十字军部队。

在第三次十字军时代，威尼斯共和国的舰队就主动担负了海上运输的职责。但上次他们所运送的十字军部队，只有此次规模的 1/10。此次十字军出征的大军，完全委托威尼斯舰队运送，是因为只有该国拥有能够运输全部十字军及其装备的海上力量。关于这一点，6 位代表一致同意。

这一提议得到了香槟伯爵、布洛瓦伯爵、弗兰德斯伯爵和新加入首脑阵营的圣保罗伯爵的一致同意。得到主公信任的 6 位家臣，立即动身前往威尼斯联络，其时正当 1201 年 5 月。

“海都”

元首丹多洛专程迎接了6位使节：

“我已认真拜读派遣诸位阁下的位极人臣的诸侯所递交的国书。诸位阁下所决定的，自然与派遣各位前来的诸侯一致。那么请问，诸位希望我国做些什么？”

“我等希望阁下召集内阁会议，最好是在明日。在会上，我等将尽述主君的意向。”

丹多洛回答说，想次日就召开内阁会议，恐怕是来不及的。他与来使约定，4天后召开会议。

事实上，第二天就开会并没有什么来不及的。在威尼斯共和国，针对大事件所召开的特别内阁会议，常常在当天晚上就能够召集起来。而这段特殊时期内，内阁会议所秘密讨论的，是与阿拉迪尔订立的通商条约。

然而对威尼斯的秘密一无所知的6位使节，只好先在这4天之内静静休息等待了。直到约定的当天，6人来到了壮丽豪华的元首官邸内。在内阁会议室中，自元首以下的全体威尼斯内政外交官员们，迎接了

到来的使节。6 人中最为年长的维拉哈都因，首先开口了：

“各位阁下，我等是法国最具权威的诸侯所派遣而来的。我等的主君，以上帝的期望为志，已奉耶稣基督之名在十字架下宣誓，夺回为异教徒所强占的圣城耶路撒冷。

“我等悉知，贵国拥有无比强大的海军力量。因此，还望诸位阁下提供海军支持，与我等主君之军队同心协力，以耶稣基督之名一雪前耻。”

元首丹多洛问道：

“使用怎样的方法呢？”

使节们答道：

“任何方法都可以。”

从法国来访的6 位使节，希望威尼斯能够提供运输十字军全军的足量船只。这自然还包括必要的操船手和划桨手，以及海路行军所需要的军粮。听罢使节的诉求，丹多洛这样回答：

“诸位与我国商议的，是最为崇高的事业。我国自然也要依赖诸位，才能对这一事业有所成就。请诸位于8 日后再次聚于此地，我国届时将做出答复。”

于是，使节们继续在威尼斯等待8 日。他们完全理解，对于这样重要的大事业，威尼斯共和国自然有花费时间慎重讨论的必要。

但这段时间内，威尼斯共和国实际上在做的，是与伊斯兰世界掌握实权的第一人，苏丹阿拉迪尔，进行一项秘密的通商条约谈判。

在威尼斯共和国必须做出紧急决议的情况下，国家的政策就交由包括元首在内的10人内阁会议来定夺。此时，元老院只会对内阁会议的决定进行事后承认。

而这一决议手段，在强调多数决定的共和制国家中，是独具威尼斯特色的避免贻误时机的策略。元老院的事后承认是其中关键的步骤。元老院议员的人数是内阁会议的10倍，而威尼斯政府官员的任期则是一年。当年的元老院议员，在一年后很可能就会成为政府官员。这样的机制使威尼斯共和国很难发生内部的斗争和变乱。

在这1201年初夏，威尼斯共和国政府面临着一个一招不慎满盘皆输的大问题。因此，8天的准备时间并不长。

就在这几天之内，出使埃及的阿拉迪尔的船只从威尼斯启航了。船上带着元首亲笔签名的条约文书。

威尼斯是发明复式簿记的国家。这些面面俱到的准确记录，体现了出色的威尼斯商人的细致之处，这种细致流淌在威尼斯人的血液里。

然而在威尼斯共和国，也有完全没有留下记载的事件。一般来说，损害国家利益的事件，都得不到记载。因此，虽然与法国诸侯使节的谈判记录得以详尽保留，威尼斯与阿拉迪尔的秘密谈判则没有任何记录。在以埃及为目标的十字军代表面前，威尼斯不能露出任何马脚。

因此，威尼斯和埃及的谈判的细节，我们只有去想象了。我想，这也是中世纪的奇妙之处吧。

回到使节与元首会谈这一头，8天之后，6名使节来到了元首的官

邸。丹多洛告知他们：

“诸位使节，威尼斯共和国决定接受各位主上的请求。然而这最终还需要得到公民大会的承认。”

元首接着说，

“根据各位所提供的数字，我国提供运输 4500 名骑士和 2 万名步兵所需的船只，以及运输 4500 匹战马和 9000 名马夫的平底船。而为这些兵士和马匹提供必要军粮的工作，我们也将完成。

“我们尽量降低以上各项的费用。一匹马的价格是 4 马克，一个人的价格是 2 马克。

“因此我们提供的合约，是保证十字军在一年之内从威尼斯港出发，费用共计 8.5 万马克。”

马克是神圣罗马帝国的银币，也是当时的国际通用货币。当时的威尼斯共和国还未开始铸造 100 年以后整个地中海世界和西欧的流通货币杜卡特金币，本国的货币还是一种叫作格罗索的银币。此时威尼斯使用马克，就像今天外汇交易中使用美元或欧元一样。

例如，使禁闭中的理查一世恢复自由的赎金，大约是 10 万马克。付出这样一大笔钱，需要索尔兹伯里主教来回奔走。对于理查一世这样萨拉丁眼中的枭雄，付出的赎金自然要十分可观。

理查死后两年，威尼斯向十字军诸侯索要 8.5 万马克的费用，在现代研究者看来并不算过分——这自然是从威尼斯商人的角度来看的。

10 年之前，法国国王腓力二世和热那亚之间的协定，是在 8 个月

之内完成运输，每2匹马和3个人收取9马克费用。

这次威尼斯的情况，期限为一年，运输的数量也不同。腓力的部队包括650名骑士、1300名马夫和1200匹马，而法国诸侯的兵士和马匹数目要多得多。

上次热那亚运输法国军队时，并不需要新造船只。但这次威尼斯不仅要动员全部的商船，还要为运输马匹特别建造大量新的平底船。

平底船的基本构造，与当今运输汽车的运输船相似。在800年前，没有哪个国家拥有很多这种平底船。

因此，威尼斯共和国所提供的8.5万马克的数目，并不是很高的价格。当今的学者普遍认为，这个价格也就是当时的市价而已。

此外，根据双方的契约，每匹马需要的粮草是8蒲式耳①的燕麦，而兵士则可以得到包括面包、奶酪、香肠、蔬菜和半壶葡萄酒在内的食粮补给。

骑士和马夫虽然都支付2马克，但现代学者普遍认为骑士还会通过自带财物购买更多的食物。

这8.5万马克，需要分四次付清。

根据计划，8月中旬，十字军支付1.5万马克；11月1日支付1万马克；到1202年2月中旬，再支付1万马克；最后5万马克统一于4月中旬支付。

---

① 蒲式耳：1蒲式耳（英）=4配克（英）=36.3688升。

威尼斯一方的义务，则包括在一年后的 1202 年 6 月 24 日之前，提供全部船只和水手。

来自法国的使节们对契约的明细极为满意。

然而正在此时，威尼斯共和国提出了比萨和热那亚未曾做过的提议。

威尼斯参战

威尼斯元首亲自率领50艘武装桨帆船以及6000名水手和战斗人员参加十字军。作为交换，威尼斯要求获取此次东征所占领土地的一半。也就是说，威尼斯并不仅仅扮演运输大队长的角色，而是要与法国诸侯共同作战。

6位使节一开始对此犹豫不决。但经过当晚的讨论，他们达成了一致的意见。得到这样一个前所未有的强力同盟，使6位骑士兴奋得一夜未睡。第二天一大早，他们就同意了元首的要求。

数日后，在维拉哈都因眼中世间最堂皇的圣马可教堂前的广场上，举行了威尼斯全体公民参加的盛大弥撒。

弥撒结束后，元首通知在住所中等待的使节们，公民大会通过了与法国诸侯的十字军契约。于是，在全体公民的注视下，使节们进入了圣马可教堂。维拉哈都因代表香槟伯爵，在教堂内发表了演说：

各位公民阁下，拥有最高贵血统和最强大权力的法国诸侯，派遣我们6人来到贵国。为了夺回被异教徒奴役的圣城耶路撒冷，

我们将与诸君共同作战，以上帝与圣子耶稣基督之名，一雪前耻！

我们之所以选择与诸位合作，因为威尼斯人乃是强大的海洋民族，是任何其他海洋国家都无法匹敌的。诸侯命令我们在各位面前屈膝，表达我们真心诚意的希望。各位威尼斯公民，请为地中海彼岸的圣地而祈祷吧！

6 位法国使节齐刷刷的跪倒下来。教堂内的人们见到法国骑士们的样子，霎时间静默下来。瞬间之后，元首的呼声起来：

“诸位，是否同意啊？”

元首的呼唤如同点燃了众人心中的火焰。宏大的圣马可教堂中，“同意！我们同意！”的喊声此起彼伏。在维拉哈都因眼中善良而深谋远虑的元首恩里科·丹多洛，向教堂内的公民说道：

诸位公民，上帝已将无上的荣誉给了你们！世界上最优秀的骑士们，并未选择其他国家，而是与我们结成了同盟。我们将一雪前耻，为主耶稣的至上高贵事业共同奋斗！

这样，代表威尼斯最高主权的全体公民大会通过了与法国诸侯共同出征的建议。在威尼斯共和国之内，解决国家大事的最终裁决，要通过公民大会的鼓掌多数票。在此之后，双方剩下的只是具体的签字仪式了。在契约文书上面，有出发日期的明确记录。

双方决定，1202 年 6 月 24 日，也就是施洗约翰的纪念日那天，第

四次十字军从威尼斯出发。

到该日，十字军的参加者和朝圣者全体在威尼斯集合完毕。威尼斯一方则准备好全部的船只和水手。

在签字画押完成的契约文书之前，使节和元首们手按《圣经》，以上帝的名义宣誓逐条执行契约的各个条目。文书的副本被立即送往罗马教廷，很快得到教皇“十分满意”的批示。

然而，这份对军粮的详细条目清楚记载的契约书，并未写明远征的目的地。根据维拉哈都因的记载，双方秘密约定，远征目的地是埃及的开罗，但他并未指出为何秘密约定没有明确说明这一点。这一事项，在后来起了很重要的作用。

在文书签署之后，使节们从威尼斯的银行预先借出 2000 马克，作为第一部分付款的定金，然后就返回法国回报各自的主君。

当使节离开之后，威尼斯便开始举全国之力准备十字军东征。

威尼斯需要为法国诸侯准备 3.5 万人和 4500 匹马所需的粮草，以及大量运输船。这不啻是一桩大事。共和国命令其在地中海上航行的全部商船，于当年底之前返回威尼斯，还从亚得里亚海东岸的城镇和乡村大量募集水手。

威尼斯的造船厂一时间也忙碌了起来。为运输马匹所定制的大量平底船，在紧锣密鼓地制造着。

到第二年的春天，需要建造 400 艘这样的平底船。对于当时地中海海运力量居于第一位的威尼斯来说，也要动员全国的国力才能完成。

在圣马可教堂向市民呼吁的元首丹多洛

第四次十字军对于威尼斯来说，是举国的投资。因此，他们自然是按照契约的各个细节，认真完成的。

在法国

为了尽快传达喜报而昼夜兼程骑马回到法国的维拉哈都因，却见到了自己正卧病在床的主君。

香槟伯爵蒂博听罢维拉哈都因的汇报，立即打起精神，感到十分喜悦，甚至命令马夫牵来自己的战马，想练习骑术。但他上马之后不久便再次感到不适，重新回到了床上。

伯爵的病情一天天恶化下去，这使他不得不留下遗嘱。他授意将自己用来出征的资金分配给属下的骑士，以使他们能够在誓约日期前抵达威尼斯。

蒂博也将自己遗产的一部分留给了维拉哈都因。

之后，这位年仅 23 岁的伯爵就撒手人寰了。

得到伯爵遗赠的骑士虽然很多，却有不少人留了下来，没有前往威尼斯。

失去了总司令的十字军，必须选出另一个人来领导。会谈之后，众人推举勃艮第公爵承担这一任务。但勃艮第公爵不仅拒绝担任总司令，甚至连参加十字军都拒绝了。最终，使节们没能说服拥有像亡故

的香槟伯爵一般影响力的诸侯担任总司令。毕竟，各大诸侯都在为了抵抗法国国王腓力二世扩张领土的图谋而做准备。

最终集合在苏瓦松地区，为十字军东征而商议的弗兰德斯伯爵、布洛瓦伯爵和圣保罗伯爵商议的结果，是任命蒙费拉特侯爵博尼法乔为十字军的总司令。

蒙费拉特侯爵是意大利人，也是法国国王腓力的亲戚，以战场上的勇猛而著称。博尼法乔比三位伯爵年长，已年过半百，爽快地答应了诸侯的请求。

在前往苏瓦松的路上经过巴黎的博尼法乔，得到了腓力的热烈欢迎。

这是自然的。对腓力来说，第四次十字军当中有很多人是自己领土扩张的障碍。此时由自己的亲戚、老练的蒙费拉特侯爵担任十字军的统帅，自然有着帮助国王消除障碍的作用。

腓力把这次东征当作一次良机。此时理查已经驾崩，继承英国王位的约翰在政治和军事两方面都十分无能。而其他诸侯则由于参加第四次十字军而不在封地，给法国国王以可乘之机。

离开巴黎，抵达苏瓦松的蒙费拉特侯爵，与在当地等候的弗兰德斯伯爵、布洛瓦伯爵和圣保罗伯爵一起，在苏瓦松主教堂的十字架下宣誓出征。仪式结束后，十字军正式发兵。在大主教出席的庄严仪式上，全体十字军宣誓于约定之日前抵达威尼斯。

苏瓦松宣誓的消息传遍了整个法国。自此之后，决意参加十字军

东征的骑士大量增加。但相对于普通的骑士，诸侯级别的封建领主数量并不多。

从1202年4月14日复活节前后，到6月2日的五旬节，法国的骑士们大都完成了旅程，到达了威尼斯。他们的路线是在法国境内从北到南，然后再自西向东横穿意大利。

与此同时，一些拥有舰队的弗兰德斯骑士们，顺着大西洋南下，经直布罗陀海峡进入地中海，最终抵达威尼斯。

这一行人从布鲁日出发，计划与弗兰德斯伯爵在威尼斯会合，一同手持《圣经》宣誓出征。伯爵及其兄弟委托经海路南下的骑士，运送了远征的必要物资，自己则与属下骑士沿陆路前往威尼斯。

然而，这支沿海路出征的队伍，始终没有抵达威尼斯。当十字军大队在伯罗奔尼撒半岛南端的莫德内港登陆时，也没有见到这些来自弗兰德斯的骑士。出于某些未知的原因，他们实际上直接前往了巴勒斯坦。

他们抵达圣地之后，很快就与当地的穆斯林兵戎相见，结果大都被杀，只有极少数人返回了故土。

从法国出发的骑士中，也有并未抵达威尼斯，而取道马赛乘船前往莫德内。这些人当中，也有并未抵达莫德内的。他们的命运，也大都像那些失散的弗兰德斯人一样。

在维拉哈都因的笔下，记录的满是这些同袍们的悲怆故事，与之伴随着的自然还有抵达威尼斯的十字军战士的情况。维拉哈都因评价

威尼斯元首丹多洛时，用了“善良”的字眼。而这位真诚而善良的香槟绅士自己，则是通过婚姻取得领地。他毕生谨守去世的主君遗赠的地产，绝不在同志面前做任何利己的单边行动。可以说，维拉哈都因的人生，笔直地走在上帝所规定的“正道”上。

在威尼斯集结

在约定日期前不久，又有一位善良的绅士抵达了威尼斯。他就是弗兰德斯伯爵鲍德温。随着日期的临近，到达威尼斯朝圣者和普通士兵不断增加。

尽管如此，十字军的总数并不多。在期限的日子到来时，还在前往威尼斯的道路上缓缓前行的人不在少数。

威尼斯得到通知，蒙费拉特侯爵由于后方的事务而姗姗来迟。至于布洛瓦伯爵，也没有按时抵达。威尼斯的使者抵达帕维亚，并在那里拜见了在此逗留的伯爵，诉说了在威尼斯的始末。布洛瓦伯爵随即派遣了使节前往威尼斯，会见先期抵达那里的维拉哈都因和圣保罗伯爵。

此时，在意大利北部的帕维亚和皮亚琴察，有许多法国人并未向东前往威尼斯，而是折向南方。有的人是怀疑威尼斯人的信用，而另一些人则是受到在意大利南部获得领土的同胞的邀请，到当地去与穆斯林海盗作战的。这些人后来并未与十字军主力合流。

由于中途离去者众多，在威尼斯集结的十字军兵士数量很少，甚

至连与威尼斯共和国政府所签署协议的1/3都不到。最终统计的官兵总数约为一万人。

当十字军兵士们来到威尼斯外港的圣尼古拉岛时，他们为所见的情景而震动。

用维拉哈都因的话来说，任何一位基督徒都没有见过如此浩大的舰队——不计其数的桨帆船、大帆船和平底船将港口围得密密实实。善良的维拉哈都因不仅惊叹道：

> 哎呀，那些骑士们为什么要离开前往威尼斯的正途啊？基督徒拥有这样的一支大舰队，彻底消灭异教徒就是指日可待的事情了。可是，到达这里的十字军，却只有约定数目的1/3！

威尼斯一方已经完全履行了双方契约所规定的义务。威尼斯在亚得里亚海东岸从伊利里亚到达尔马提亚之间的地区招募了大批水手，而本国国内的成年男子则有1/5计划参加十字军，可谓是以举国之力来完成与法国诸侯的约定。

相反，法国的诸侯却没有如约行事。大概是由于信心不够的缘故，为3.35万名行军人员支付8.5万马克的钱财，是无法完成的任务。

法国国王腓力在国内的作战中征发了大约一万名兵士，而他此前参加第三次十字军时，仅仅率领了2000人。以当时法国的军事实力，地位低于国王的封建诸侯根本无法召集如第一次十字军时代一般的大军。因此，诸侯最开始估计的超过3万的人数在实际成行时就打了

折扣。

当约定的日期到来时，抵达威尼斯的法国十字军总人数大约是一万人。在四次分期支付中，前两次的2.5万马克已经支付完毕，而剩下的6万马克则不了了之了。威尼斯得到的经费平均下来是每人两马克，剩下的部分只能依靠诸侯和骑士们自筹。

但十字军还是陷入了经费短缺的局面。最终威尼斯共和国政府声称，如果得不到约定金额的经费，就将拒绝派出舰队。

关于这一点，后世的研究者指出，之所以在参战人数减少到原来1/3时，威尼斯还强行要求诸侯支付经费，是因为威尼斯已经为履行约定进行了大笔投资。

对此感到困惑的显然不止是诸侯，作为诸侯代表的维拉哈都因也在其列。但是在他留下的记载中，这位使节不得不承认，威尼斯人完全遵守了约定，不遵守约定的是法国人自己。

最终，各路诸侯协商决定完全支付这些费用。但是他们并没有足够的金钱。最终，弗兰德斯伯爵将自己携带的全部金银财宝都变卖了，其他的诸侯和骑士们也竞相效仿，将堆积如山的金银器纳入了威尼斯的国库。

将这些财物全部抵充账款，十字军最后凑了将近3.4万马克。此时，上至各位诸侯，下至普通骑士，都没有任何财产可以用来支付出征的费用了。

在这些法国骑士精神的代表看来，如果只是因为无法支付费用就

导致此次十字军东征流产，那他们是没有任何颜面回国面见家乡父老的。此时，虽然威尼斯的银行有可以外借的资金，他们却没有一个人向银行伸手乞援。

威尼斯政府只得静待法国人最终支付。到了 6 月 24 日那天，威尼斯的舰队依然停泊在港口之内。

焦虑的情绪在圣尼古拉岛上滞留的十字军将士们中间蔓延开来。虽然诸侯和骑士们能够进入威尼斯城，普通士兵则没有这个权限。当时不允许大量外国人进入城内，主要是出于治安和预防传染病的考虑。该政策在其他地区也普遍实行。眼看着面前的大舰队已经整装待发，十字军士兵们却要在进退不得的局面下度过 6、7 两个月。

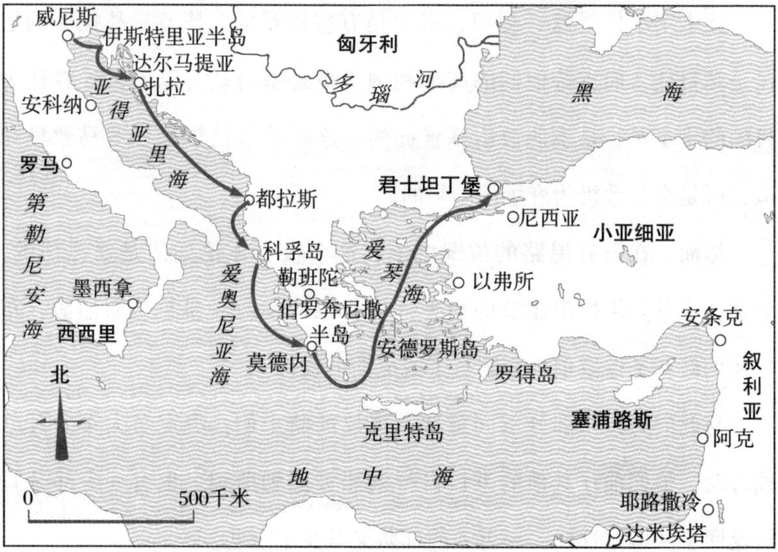

第四次十字军与威尼斯海军的进军路线

就在8月也只剩下几天的时候，元首丹多洛召集了十字军诸侯，向他们提出了一个意想不到的建议。

丹多洛的提议是，如果十字军愿意在前往近东的过程中帮助威尼斯攻占扎拉城，威尼斯银行就可以为十字军提供期限尽可能长的贷款，以使这次东征成行。

扎拉位于亚得里亚海东岸，是从威尼斯出海的航线上的重要港口城市。

由于匈牙利国王的煽动，扎拉城举起了反抗威尼斯的旗帜。由于不能以扎拉为航线中继港，威尼斯的船只回母港的通道就面临被切断的危险。因此，共和国无论如何要重新夺回这座港口。

让十字军接受这一提议，多少是有些困难的。毕竟，扎拉城的居民是基督徒，而支持他们的匈牙利国王也是基督徒。以消灭异教徒为目的的十字军，是不能攻击基督徒的。这样的事情如果让罗马教皇知道，可是会导致极为麻烦的结果的。

然而，在没有退路的情况之下，这个机会无论如何是要抓住的。于是，在丹多洛提出建议的当天，蒙费拉特侯爵、弗兰德斯伯爵、布洛瓦伯爵和圣保罗伯爵都同意了威尼斯的提议。

与此同时，一部分不同意这一提议的骑士们，决定与大军分开单独行动。他们前往其他的港口自行乘船去巴勒斯坦，也有一少部分直接返回了法国。这样，一万人的部队又减少了一些。

得知十字军一方决定的元首丹多洛，率领威尼斯的全体参战人员

在十字架下发誓，从此也加入了十字军的战斗序列。威尼斯的公民们群情振奋的情景，与法国人的士气低落形成了鲜明的对照。连同水手在内的威尼斯参战人员的总数，已经与法国来的十字军人数基本持平。第四次十字军，由此成了法国诸侯与威尼斯共和国的一次联合远征。

万事俱备之后，诸侯和骑士们各自乘上分配好的船只。法国诸侯的总司令蒙费拉特侯爵和威尼斯元首丹多洛一起，乘坐这支大舰队的旗舰。

一时间只见人头攒动，潮水一般涌上船去。将士们一边运送着攻城器械和个人用品，一边赶着马匹上船，就这样整个9月的威尼斯都在忙碌中度过了。

出阵

1202 年 10 月 8 日，最终等到了出港的日期。庞大的舰队将港口围得水泄不通，而激动的法国骑士们早已忘记了在威尼斯已耽搁 3 个月的事实。

这支舰队所载的攻城器械，数量达到 300 之众。船桅上秋风吹拂着诸侯和骑士们的各色旗帜；甲板上整齐排列着阳光照耀下熠熠生辉的盾牌；盾牌之后站立着手执钢枪的英姿飒爽的骑士们。

元首和蒙费拉特侯爵所乘的旗舰桨帆船，周身连同划桨都涂成绯红色，桅杆顶端飘拂着绣有金色圣马可狮子图案的威尼斯共和国国旗。

旗舰的舰桥上站立着四位号手，手持银色的号角高声吹奏着。从桨帆船船腹两侧伸出的长柄划桨，整齐划一地舞动着，推动船只缓缓前行。桨帆船牵引着威尼斯大帆船倾巢而出。在港口外的海面上，桨帆船和帆船次第航行，船帆迎着徐徐秋风舒展开来。霎时间，水手们切断了桨帆船牵引帆船的缆绳，桨帆船的划桨像水鸟的翅膀一样舒展开来，使船保持水平，逆风前行。大舰队就此离开港口送别的人群的视线，向着地平线的方向远去。

关于这支舰队的舰船数量，由于存在各种说法，并没有准确的数字。亲身经历的维拉哈都因，只是说此次出征的舰船为数众多，前所未闻，并没有任何数字记载。在爱德华·吉本所引用的威尼斯方面的记载当中，有如下的说法：

战舰用桨帆船——50艘；

运输用帆船——240艘；

平底船——120艘；

传令用小型桨帆船——70艘；

合计480艘。

但是，这一统计来自各船乘员记载的综合，其中多有重复。如果以双方约定的人数——3.5万法国十字军和6000威尼斯兵士来计算，威尼斯需要准备的船只数量并没有吉本统计的那么多。因此，根据当时及一些后世编年史家的记载，这支舰队的船只总数大致如下：

桨帆船——50艘；

帆船——大约与桨帆船相同；

平底船——80艘；

快速小型桨帆船——20艘；

合计200艘。

实际的情况，是威尼斯一方的参战人员并未减少，而法国来的十字军人数为约定数量的1/3。

即便如此，在这13世纪初的时代，200艘舰船齐集的情况也是前

桨帆船

所未有的。参考370年后勒班陀大海战时基督教世界与伊斯兰世界投入的兵力，双方也不过各自调遣了200余艘舰船。

舰队离开威尼斯之后，首先向东航行，前往亚得里亚海东岸。这一地区的沿海城市拥有充足的新鲜食物和饮用水。威尼斯船只向其他国家航行时，都不在本国内购买食物和饮用水，而是在离家乡不远的地方来大量购入。因此，舰队在这一地区停泊了一天。

从当天开始，到11月10日的一个多月内舰队的行动，并没有留下任何记载。维拉哈都因的编年史里，只叙述了舰队离开威尼斯和抵达扎拉两件事。那么，在这一个月期间，到底发生了什么呢？

对威尼斯并无好感的一些历史学家，是这样推论的：

“谙熟亚得里亚海航线的威尼斯人，在对此处陌生的法国人眼皮底下，驾驶着船只兜圈子。”

而对威尼斯没有恶意的历史学家，则对此提出了反论：

“伊利里亚和达尔马提亚地区的港口，有充足的粮食储备可以利用，与此同时，威尼斯的舰队还依照惯例，在这一地区逗留以招募中下级水手。”

后者的说法，是有一定道理的。因为原定 6 月招募的水手，由于出航晚了 3 个月，其中必然有一大部分已经回家。将他们再次召集出来工作，还要花费很多的时间，而且这次舰队出海的时间也与平时不同，除了更长的勤务时间，还有未知的海战使人感到前途叵测。因此，在威尼斯公民当中，选择出战的人选，必然是十分缜密而慎重的。

攻占扎拉

11 月 10 日，舰队在扎拉城外的海面上现身了。来自法国东北部的十字军骑士们，从未在海上看到过陆上的都市，面对眼前高耸的坚固的城墙，并不知道如何攻打，心中充满了不安。

虽然威尼斯也是面向大海的城市，由于威尼斯附近只有它一座大城市，亚得里亚海就充当了城墙的作用。因此，威尼斯并没有其他中世纪城市所普遍具有的城墙。因此，从陆路前往威尼斯的法国人见到的第一座耸立于海岸的城墙，便是扎拉城。

正当法国人发出慨叹的时候，元首丹多洛立即命令大型平底船强行突破封锁港口的铁锁，接着就要求扎拉的居民投降。

城内的居民立即将十字架和耶稣像抬到城头，要求同是基督徒的十字军停止攻击扎拉城，并声称绝不会屈服。

法国人虽然眼看着十字架和圣像，但还是从平底船上牵出马匹，完成了登陆和安营扎寨的准备。在海上，早已占领了港口内部的桨帆船队，已经将海路封锁完毕。

从 11 日开始的攻城战，在 3 日内决出了胜负；到第 5 天，扎拉城就宣告投降了。面向大海一侧的城墙被十字军攻破，于是扎拉的居民

向威尼斯元首递交了降书。

得知扎拉之战的发生，教皇英诺森三世震怒不已。他立即发出手谕，将此次全体十字军处以开除出教的绝罚。

法国诸侯连忙向罗马派遣使节，将此前的情况详细禀明，希望教皇可以解除绝罚。教皇得知了法国人是不得已而为之的情况之后，解除了对他们的绝罚。

然而，教皇依然维持对威尼斯人的绝罚处理。威尼斯人对此心态十分平和，并没有派遣使者请求教皇解除绝罚。

绝罚的威力，就在于使其他基督徒与被开除出教者之间划清界线。然而尽管如此，被绝罚了的威尼斯人和解除了绝罚的法国人还是一起组成了这次奇妙的十字军。

正当此时，一心想着征讨异教徒的法国人，被元首丹多洛的一段话泼了冷水。由于冬季航海颇为危险，元首建议整支大军在扎拉逗留到来年复活节前后。就算是忙于从事贸易活动、以地中海为舞台的商船，也会在每年11月到次年3月之间回到母国，修理船只，以避免在冬季航海。法国人只好听从了航海专家们的建议，决定延期到次年春季再向东进军。

在这段时间，教皇的使者来到了扎拉，传令解除对威尼斯人的绝罚。毕竟，继续这次十字军东征，还有赖威尼斯的船只提供运输。英诺森三世也就不得不承认威尼斯人对扎拉的占领了。

除了教皇的使者之外，另一位到访者，却做出了令法国诸侯和骑士们惊异的事情。

拜占庭皇子

12 月中旬的一天，在扎拉的十字军首脑们，见到了一位来自远方的不速之客。这就是拜占庭帝国的皇子阿莱克西斯。他手持德意志王国国王的介绍信，与德意志王国的随从一起到来。

阿莱克西斯虽然贵为皇子，却被自己的亲叔叔夺取了皇位，还被打入了大牢。这位 20 岁的皇子最终成功越狱，并乘一艘商船前往意大利的港口安科纳。

阿莱克西斯翻越阿尔卑斯山抵达德意志王国，向德意志王国国王求援。由于皇子的姐姐嫁给了德意志王国国王，他得到了热烈的欢迎，并与德意志王国国王约定帮助他夺取帝位。

拜占庭皇子在十字军的首脑面前声泪俱下地诉说着。他请求十字军改变行军目标，前往君士坦丁堡，将无道的叔父推翻，使拥有正统皇位继承权的自己回到宝座上。

而阿莱克西斯列出了如下的条件作为事成之后的报偿：

1. 向诸侯支付 20 万马克。

2. 提供一万名兵士进攻埃及的全部军费。

3. 在自己夺取皇位之后到整个在位期间，拜占庭帝国为巴勒斯坦的基督徒提供 500 名骑兵，以协助防御穆斯林。

4. 将希腊正教会统一在罗马天主教会之下。

十字军的首脑们鸦雀无声。对法国的诸侯来说，这一消息十分令人意外。维拉哈都因的记载中，完全没有关于此事的任何记载。因而我们就不能通过他的记载来悉知他和诸侯的立场和想法了。

不过，有一个人并未觉得此事意外，他就是十字军的总司令蒙费拉特侯爵。

当侯爵从苏瓦松宣誓出征之后，曾专程前往德意志王国会见其国王。此时阿莱克西斯正在德意志王国宫廷之内。因此，三人很可能在德意志王国举行了秘密谈判。而此时蒙费拉特伯爵所率十字军的目的地也渐趋模糊，以皇子提出的逐项条件来看，完全可以转向进攻君士坦丁堡。

事实上，正是蒙费拉特侯爵同意了皇子的提议。他还进而以接受提议的种种好处，来游说游移不定的法国诸侯。

如果能得到 20 万马克的资助，诸侯不仅能够还回威尼斯的借款，还能为十字军的后续开支提供足够的经费。

而在攻陷君士坦丁堡之后，十字军进攻埃及的部队就会增加来自拜占庭的一万名军队，这将大大强化十字军的兵力。

而阿莱克西斯许诺提供的负责巴勒斯坦地区防御的 500 名骑兵，加上随从共计达到 1500 人，对当地的基督徒来说是莫大的支援。

最后，历代教皇都希望却从未实现的天主教会和东正教会的合并，将成为此次十字军给教皇英诺森三世最好的赠礼。

法国的诸侯和骑士们深为蒙费拉特侯爵的话所吸引。他们还沉浸在攻陷扎拉的喜悦中，而君士坦丁堡作为拜占庭帝国的首都，不仅是希腊正教徒所拥有的最大的都市，也是整个基督教世界最大的都市。

而最为吸引他们的，就是皇子阿莱克西斯开出的最后一项条件了。

当然，第一到第三项条件已经足够吸引人了。与这些条件相比，一代代教皇孜孜不倦追求却从未实现的东西方教会之统一，若单单在威尼斯人的手上实现，对自负的法国诸侯和骑士们来说是分外眼红的。因此，他们不能在一边眼睁睁看着威尼斯人自己夺取了头功。

威尼斯共和国的元首就没有这样的苦恼，丹多洛明确赞成了皇子的提议。

彻底的现实主义者丹多洛，并不相信皇子所提的条件可能真的实现。就算是一切顺利，皇子也兑现了诺言，威尼斯也不会参与其后对埃及的远征。

丹多洛在担任元首之前的大半生中，曾经分别出任驻君士坦丁堡和埃及的领事。因此，他对同是基督教国家的拜占庭帝国和异教徒穆斯林的埃及都十分熟悉。由此所积累的经验，使丹多洛具有一种不同于他人的信念：信奉相同宗教的国家之间未必会有良好的关系，而信奉不同宗教的国家之间也未必不能建立良好的关系。

在扎拉被威尼斯攻陷之后，匈牙利国王将自己的女儿嫁给了拜占

庭皇帝。匈牙利和拜占庭接近，导致拜占庭与威尼斯的关系恶化，在君士坦丁堡的威尼斯商人的活动变得困难起来。

相反，穆斯林埃及与威尼斯的关系，却由于同采取现实主义态度的阿尤布王朝的态度而顺利发展着。具有讽刺意味的是，威尼斯与同是基督教国家的匈牙利和拜占庭的关系，远远不如其与穆斯林埃及的关系那么稳固。

但威尼斯人毕竟信奉“首先是威尼斯的公民，其次才是基督徒”这一并不符合中世纪一般伦理的座右铭。由于保持了密切的经济往来，即便他们交往的对象是异教徒，也能秉持着“良心”而往来。

在扎拉重归威尼斯控制之后，成为了威尼斯海上航线的重要一站。而如果拜占庭的皇位归于与威尼斯友好的主人，威尼斯自然会对君士坦丁堡做更多的投资。

如果只是忠实执行双方议定的计划，并不需要特别的才能。但是，如果要对议定事件之外的特别事态做考虑，并做出十二分的灵活利用，就需要特别优秀的人才了。

元首丹多洛，恰恰就是拥有统治者绝对必需才能的一位伟大人物。这一点，从当时和之后的事态发展中都得以充分证明。

行军目标变更

在为拜占庭皇子的提议而困扰的法国人之间，对于是否将行军目标变为君士坦丁堡的问题，产生了越来越严重的分歧。这种分歧不仅存在于诸侯和强有力的骑士之间，就连一般的士兵也分裂成唇枪舌战的两派。

随着十字军的首脑中蒙费拉特侯爵、弗兰德斯伯爵、布洛瓦伯爵和圣保罗伯爵陆续赞成了阿莱克西斯的提议，最终的决议也就达成了。十字军中的大部分，都将下一个行军目标定为君士坦丁堡。

然而十字军中毕竟还是有人不愿意进攻基督教国家的。一支500人的十字军队伍，从扎拉港夺取了停泊着的威尼斯船只，向埃及进发。但是，由于没有威尼斯水手肯为他们操船，这些人离开扎拉不久就无法继续航行下去，孤零零地在冬季的海上漂泊了几天之后，船只宣告沉没，没有人前来救援。

也有人取道陆路前往巴勒斯坦。这些人离开扎拉之后，就进入了匈牙利国王的控制区。这些法国骑士们受到匈牙利士兵的追击，幸好及时逃回了扎拉城内。自然，没有一个威尼斯人离开扎拉城。

最终，十字军与阿莱克西斯签订了明确记录以上四项条件的契约。法国诸侯的署名仅有 10 人。蒙费拉特侯爵、弗兰德斯伯爵、布洛瓦伯爵、圣保罗伯爵和元首丹多洛之后，还有 6 人署名。各位诸侯都是在同意进攻君士坦丁堡之后，签下了自己的大名。

教皇得知了十字军行军目标的变更，再次震怒。但历代教皇中拥有最高权力的英诺森三世，对第四次十字军的既成事实，也只好事后承认了。

毕竟，如果能在自己在位期间，实现东西方教会的统一，对这位野心勃勃、学识过人的教皇来说，将是喜出望外的收获。

因此教皇并未像扎拉之战时那样给出明确的意见。至于绝罚之类的情况更是完全没有发生。他默许了十字军进攻拜占庭帝国的首都，但希望他们不要进犯行军途中的其他基督教国家和地区。只要十字军不进攻其他基督教国家和地区，在进攻君士坦丁堡得手之后，教皇自然会予以承认。

一言以蔽之，英诺森三世希望能够重新将这支十字军控制在自己之手。

所谓教皇代理人，就是不能亲自参加十字军的罗马教皇在十字军中的正式代表。教皇代理人在肩负着上帝期望的十字军中，拥有与总司令同等的至高地位。但对教皇代理人来说，他还是教皇在十字军中的使节。在第四次十字军中的教皇特使，能够对十字军的首脑起到监督的作用，换句话说，就是所谓的“钦差大臣”。

但教皇特使对元首丹多洛并不起这样的作用。丹多洛以特使并不重要为由，敦促特使早早返回了罗马。他派遣船只，将特使送回了教皇国的港口安科纳。

而当特使手持教皇的回信，再次来到扎拉港时，他发现威尼斯的船只已经无影无踪了。由于十字军离开扎拉以后不需要再回港口，原来雇佣的船只也都纷纷解散了。当特使再次到来以后，十字军的舰队早已离开了港口。

结果，十字军里就没有了教皇的“钦差大臣”。这支没有罗马教廷监视的第四次十字军，与理查一世所率领的第三次十字军的情况类似。

1203 年 4 月 6 日，复活节期间，十字军离开了扎拉。当天出港的是帆船和平底船组成的舰队。第二天，较少受风向变化影响的桨帆船队扬帆起航。

多种舰船混编的舰队，根据航速的差别，决定了一处集合目的地，然后从此地开始再次按顺序编队航行，前往下一处目的地。从扎拉出发后，下一处目的地是科孚岛。

元首、蒙费拉特侯爵和阿莱克西斯所乘的旗舰所在的桨帆船队，顺利地乘风驶出了亚得里亚海，南下来到了距离科孚岛只有两天航程的都拉斯。都拉斯虽然与威尼斯保持友好关系，却是拜占庭帝国的领土。威尼斯舰队停泊于此处，是为了要求港口的居民对阿莱克西斯宣誓效忠。效忠仪式结束后，舰队便离港前往科孚岛。

帆船和平底船队已经先期到达了科孚岛。平底船内的马匹被悉数

牵出，由骑士引领着，在帐篷外休息。科孚岛的气候温暖，土地肥沃，浪涛声对面浓密的绿色杉树林，给从西欧北部前来的法国人以一种十分安逸的感觉。

十字军在这座拜占庭帝国的岛屿上逗留了三个星期。这里的居民虽然表面上向皇子宣誓效忠，实际上却因为与意大利南部隔海相望，而时时刻刻都留存着反叛的心思。

然而，虽然南意大利人有想夺取科孚岛的心思，却未能跟对岸的同志们取得联系。直到法国诸侯从科孚岛出发，也没有任何反叛的事情发生。

5 月 24 日，整支舰队按照平底船、帆船和桨帆船的顺序，从科孚岛出发了。当天晴空万里，清风徐徐，船帆借着风力张开，推动船只沿着水面前进。在目光所及的海面上，整齐排列着舰队的船只。法国人是第一次见到这样的场面，不禁心潮澎湃，已经全然忘记了中途离开的那些人。

舰队沿着伯罗奔尼撒半岛的海岸南下，在半岛南端的莫德内港稍作停留之后，转向东航行。从此经过一条狭窄的海峡绕到伯罗奔尼撒半岛另一侧的爱琴海。就在此处，舰队遭遇了从马赛出发，前往巴勒斯坦的两艘船。原来，这两艘船在巴勒斯坦找不到可以停泊的港口，只好返航。船上乘坐的都是来自法国的骑士。

当双方的船只接近时，弗兰德斯伯爵向对方船只发出了询问所乘何人的旗语，但对方没有回答。只有一位骑士对伯爵船的方向看来，

随即发出了大声欢呼。然而就这样，两艘船与大舰队相向而行，很快就消失在西方的天际。

在这小麦收获的季节，十字军的舰队于途经的岛屿登陆补充军粮。而在以水源清澈而著称的安德罗斯岛，舰队的饮水得到了充分补充。

舰队就这样通过了爱琴海，又经过达达尼尔海峡进入了马尔马拉海，在6月中旬到达了君士坦丁堡城下。

映入十字军将士眼帘的君士坦丁堡的壮观景象，令初来乍到的法国人为之倾倒。围绕着街道的城墙高耸，在城墙的险要处则建有坚固的塔楼。向城内眺望，可以看到数不清的豪华的宫殿和教堂。法国的诸侯、骑士和普通士兵，都为自己要进攻的这座世界最大的都市而感到胆寒。

在附近岛屿上登陆的十字军首脑们召开了作战会议。元首丹多洛在会上发言：

“在座的各位诸侯，我比各位更了解这座都市。各位今天所面临的，是任何民族都未能完成的大事业的挑战。因此，我们需要以妥善而合理的方式取得这座都市。

“如果我们仅仅从陆上攻城的话，敌方国土广大，居民众多，人数劣势又缺少军粮的我军，必然会为了获取军粮而分散，从而被敌人各个击破。我方的兵力已经很少了，不能因为任何缘故再损失兵力。

“而在君士坦丁堡周边有许多岛屿。在岛上驻扎就可以确保获得足够的军粮。因此，首先在岛屿上贮存军粮，然后再听从上帝的命令而

行动吧。只有不为粮食发愁的兵士，才能勇敢地战斗。”

作战会议在当日结束，各位诸侯乘坐自己的船只分开行动。

然而，诸侯完全没有听从元首的建议。第二天（6 月 24 日）一早，法国诸侯的军队纷纷手持武器，向君士坦丁堡进军。

君士坦丁堡攻城战

从这一天开始，历时10个月的君士坦丁堡攻城战拉开了帷幕。

在这10个月间，由于与拜占庭谈判和获取军粮，双方一度休战，军事行动在此之后再次展开。此时，为了提高围困君士坦丁堡的法国军队的士气，元首丹多洛领导威尼斯军队采取了全新战术，为限于停滞的战线注入了活力。

以地中海世界最强城防而著称的君士坦丁堡，在10个月之内就被军力并不强的第四次十字军攻破，实在是令人吃惊的事件。

不过，在此处我打算略去对这场攻城大战的叙述。其原因如下所述。

我在30年前所著的《海都物语》① 中，已经从威尼斯共和国历史的角度，用一章的篇幅叙述了第四次十字军的经过。

毕竟，第四次十字军对威尼斯共和国来说，是其“高速成长时代”开始的标志性事件，因此，在编著该国通史时，有必要用整整一章内

① 《海都物语》中文简体译本已由中信出版集团出版。——编者注

容来充分论述。

然而，在本书中详细叙述君士坦丁堡之战，也是有理由的。在本书中一直以从事海运和贸易立国的威尼斯人，参与到正式的攻城战，特别是攻击陆地上大都市的战争之中，说明威尼斯人对如何立国、如何治国的理解发生了巨大的变化。这与古罗马时代详细考察罗马共和国与汉尼拔作战的三次布匿战争的理由是相同的。

同样，对战争的胜败来说，胜者是如何取胜的，而败者是如何失败的，都值得认真检视。

《海都物语》的主人公，是威尼斯共和国的公民们。因此，在写作该书时，我有必要详述君士坦丁堡之战的经过。而在《十字军的故事》中，主人公是东征的十字军战士，而此时的敌人是穆斯林。相反，在《海都物语》中敌对的，是天主教徒和希腊正教徒。因此，在这本《十字军的故事》中，我有有意省略君士坦丁堡之战的理由。关注这场战役的读者，请参见《海都物语》的上册。

此处关于第四次十字军东征的基本线索，与我在 30 年前著作中的叙述相同。当时我对善良的维拉哈都因的叙述与不能称之为善良的威尼斯记载的比较，在今天看来完全不必修改。

但在《十字军的故事》中，我并不想完全追述当时的记载，其原因在于，30 年后的今天，我已经接触到了穆斯林撰写的原始材料。

30 年前，我阅读了十字军东征历史权威史蒂文·朗西曼的《十字军的历史》一书。通过对他翻译的伊斯兰史料的掌握，我了解了当时

伊斯兰世界的记录。

然而，虽然朗西曼是博学的史学家，他却会从自己的史观出发，在对原始材料介绍的过程中，筛选一部分进行论述。因此他所翻译的伊斯兰史料并非完整的记载，而是从自己关心的问题出发的引述。这样，我所引述朗西曼作品中的伊斯兰史料，就是“二次引用”的了。

在这本书中，我已经从整体上参考了伊斯兰史料。这次不再是通过“二次引用”，而是虚心地从头到尾读过了一遍原始材料。如果说在部分引用时我只是对问题有了粗线条的了解，在虚心拜读原始材料之后，大致上就有了整体的把握。尽管如此，有一点还是必须提及——史料毕竟是人写的，完全依赖史料是非常危险的。因此必须对史料进行处理——如果只是片面依赖某一方面的史料，必然会导致引用者实际写作中出现偏差。

30 年后我读到的这些伊斯兰史料，为我提供了在《十字军的故事》中介绍鲜为人知的阿拉迪尔一方情况的机会。这就为第四次十字军在英诺森三世和元首丹多洛之外又增添了一位主角。如果不是因为阿拉迪尔的缘故，这次十字军东征将如何进行下去，恐怕就会完全不同了。

而我从此著作开篇起就十分尊重的著名历史学家朗西曼，在其代表作《十字军的历史》与《君士坦丁堡的陷落》（指的是 1453 年的那次）中，跟我对同一事件的评价是完全不同的。

譬如，朗西曼是这样概括狮心王理查一世的：

“他是最坏的儿子，最坏的丈夫，也是最坏的国王。但如果从一员

战将的角度来看，他无疑是最勇敢而完美的。”

以性格严谨而著称的朗西曼笔下的理查和我笔下的理查，几乎是判若两人。

在我看来，理查绝不是一个坏儿子，也不是坏国王，而由于其妻子贝伦齐亚的生活没有留下任何史料可以参考，两人虽然没有留下子嗣，也不能因此说理查是最坏的丈夫吧。也许朗西曼认为，理查把妻子撇在一边，自己在战场上出征，是一件坏事。

我还是回到正题，不再说无关紧要的话了。

拉丁帝国

在10个月内陷落的君士坦丁堡城内，发生了拜占庭皇室内部的仇杀。双眼失明的老皇帝连同前来复仇的皇子阿莱克西斯都一命呜呼，杀死他们夺取帝位的穆尔祖弗洛斯则逃亡小亚细亚。拜占庭的帝位成了空位，威尼斯人则抓住机会，计划扶持一位亲威尼斯者登基。

最终，一个名叫“拉丁帝国”的新国家建立了起来。而为了建立这个国家，一位新皇帝必然要上台。

最终的人选，由法国方面的6名选举人和威尼斯方面的6名选举人决定。

一开始，当选皇帝呼声最高的，是集沉着与胆识于一身，受到全体官兵尊敬的元首丹多洛。然而元首以自己高龄为由，推辞了出任皇帝的建议。

丹多洛拒绝出任拜占庭皇帝，自然是由于别的原因。作为威尼斯共和国普通公民的丹多洛出任别国的皇帝，就会有触犯威尼斯的共和制的嫌疑了。此次第四次十字军东征中，丹多洛一直是把祖国的利益放在第一位的。祖国威尼斯才是丹多洛个人成就的根基，因此让他做

出任何违背威尼斯共和国制度的举动，都是不可能的。

在丹多洛之外，出任拉丁帝国第一任皇帝的候补，就是十字军的总指挥蒙费拉特侯爵。侯爵自己则为了对选举人的心理施加影响，在城陷之后就当即与前任皇帝的皇妃、匈牙利公主举行了婚礼。

然而威尼斯方面并不希望由侯爵本人出任皇帝。出身意大利北部蒙费拉特地区的侯爵，与邻近的热那亚保持着良好的关系，现在又与威尼斯的敌国匈牙利出身的拜占庭皇妃结婚，这绝不是威尼斯人心目中的皇帝人选。威尼斯人心目中希望的，是由弗兰德斯伯爵来出任皇帝。

选举的结果，果然是弗兰德斯伯爵鲍德温成为新皇帝。他取得了威尼斯一方 6 人一致投票支持，也得到了部分法国选举人的选票，从而成为了简单多数票的获得者。

至于新任君士坦丁堡牧首，则由威尼斯共和国的托马索·莫罗西尼出任。

拉丁帝国的第一位皇帝，在君士坦丁堡最大的圣索菲亚大教堂加冕。加冕仪式上，新任牧首莫罗西尼为皇帝授予皇冠。而从蒙费拉特侯爵以下的法国全体诸侯和骑士们，都以臣下的身份宣誓效忠皇帝。

新皇帝将帝国 5/8 的土地授予了蒙费拉特侯爵以下的诸侯。只有将国土分配给诸侯和强有力的骑士阶层，才能使这些习惯了封建制度的臣下保持对皇帝的忠诚，而不至于出现内乱。

而威尼斯方面则出于自身利益考虑，并未对皇帝宣誓效忠。最终，

法国诸侯没有抗议威尼斯的做法，而威尼斯实质上取得了此次东征所获得拜占庭领土的3/8。

威尼斯共和国的元首，是拉丁帝国存在期间的“东罗马帝国3/8领土的拥有者”。

此外，在皇帝的官僚机构中，也始终有威尼斯人加入。

而这还不够，威尼斯成功地在拉丁帝国的政策中，加入与威尼斯敌对国家不能在帝国内经商的条款。这样，威尼斯人在拉丁帝国当中就没有了对手。

地中海的女王

这次十字军名义上的领袖是蒙费拉特侯爵，实际上则是元首恩里科·丹多洛。这位威尼斯元首的最大成就，就是完成了本国在地中海东部商业航线网络的建设。

威尼斯人在其海上商业帝国中的成功经营，使其在整个地中海的最大对手热那亚，直到半个世纪以后才开始逐渐收复在地中海贸易中的失地。

威尼斯共和国在帝国领土中所获得的3/8 部分，并非集中于一个地区。帝国的内陆部分大都处在法国封建诸侯的占有下，而威尼斯人则保持了对军事和贸易要地的控制。这是人口相对较少的威尼斯十分明智的做法。他们只对能增加本国利益的区域感兴趣，而对内陆地区并不关心。

在帝国首都君士坦丁堡，沿着金角湾，布满码头和仓库的狭长地带，以及圣索菲亚大教堂周围，是威尼斯人的居住区。

威尼斯人的活动区域，既不是“面”也不是“线”，只是“点”而已。在人员不足，无法维持对这些“点”的控制的情况下，就只能

将其让给其他国家了。威尼斯有许多友好城市，这确保了它能够控制在地中海世界的商业利益。下面我就将这些“点”一一列出：

亚得里亚海东岸中间位置的扎拉，在此次东征期间完全回到威尼斯手中。

亚得里亚海出口处的都拉斯。

进入爱奥尼亚海之后的第一个岛屿科孚岛，暂时是威尼斯控制下的岛屿，后来几经转手，最终在1386年完全落入威尼斯之手。

科孚岛以南的凯法罗尼亚岛，从第四次十字军东征之后，就一直控制在威尼斯人手中了。

伯罗奔尼撒半岛南端的莫德内和科洛内两个海角，也成为了威尼斯的海军基地，史称“威尼斯共和国的双眼”。

还包括伯罗奔尼撒半岛以南，接近克里特岛的克里贡德群岛。

绕过伯罗奔尼撒半岛，进入爱琴海的入口处的特尔米西奥内。在1386年之后，由于战略需要，威尼斯转而着手经营附近的那福利翁和阿尔戈斯。

还有爱琴海中的米罗斯、帕罗斯、纳克索斯、米克诺斯、斯坦帕利亚、提诺斯、安德罗斯等岛屿。

以上这些威尼斯共和国的直辖领地，都分别由威尼斯国内的大家族管理。这些家族，并非都忠实于本国的政策。

萨梅多家族控制了纳克索斯、米罗斯和帕罗斯岛，基奇家族则控制了米克诺斯和提诺斯，朱斯丁尼安家族领有西佛斯和泽亚岛，奎里

尼家族和丹多洛家族则分别是斯坦帕利亚岛和安德罗斯岛的主人。

这些家族中的部分成员带着自己的家庭移居希腊岛屿，在所领有的岛上开展经营活动。这些岛屿上居住着的主要是信仰东正教的希腊人，因此他们很难接受身为天主教徒的威尼斯人的统治。作为变通，威尼斯的移居者并非以封建领主的形式控制这些岛屿，而是以类似公司领导和职员的方式，在岛上从事经营活动。这正是那个时代最著名的经济动物——威尼斯人所向往的。

而对于控制爱琴海不可或缺的内格罗蓬特岛（希腊语称优卑亚岛）来说，威尼斯共和国就必须将整个岛屿完全掌握在自己手中了。将这里掌握在自己手中，就等于掌握了通往君士坦丁堡的海上路线。

最后就是克里特岛了。这座地中海东部最大的岛屿，可称是地中海东部的航空母舰，其作为战略基地的重要性不言而喻。而对于威尼斯来说，克里特岛不仅是战略要地，还是与包括埃及在内的北非和中近东城市进行贸易的中继站，因此威尼斯人要保证对此处的控制。

然而，在分割拜占庭帝国领土期间，克里特岛被划为蒙费拉特侯爵的领地。最终，威尼斯向侯爵缴纳了一万马克，连同希腊半岛上帖撒利亚领地作为交换，使克里特变成了共和国的直辖领地。

从此以后的400年间，不管是付出多大的牺牲，威尼斯都要竭尽全力守住这座克里特岛。

就这样，威尼斯的海上航线网络，从亚得里亚海一直延伸到地中海。这个人口不到10万的国家，通过合理而现实的基础设施建设，

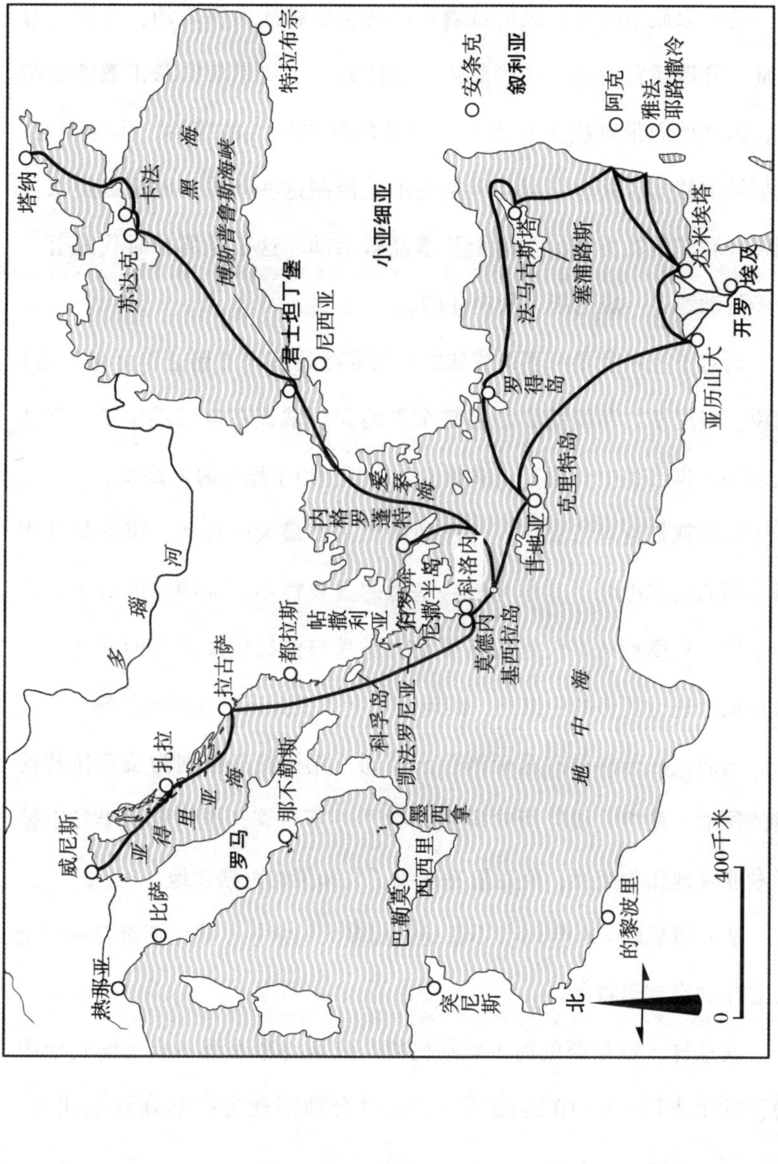

威尼斯在地中海东部的网络

成为控制整个地中海东部的贸易帝国。正是对第四次十字军东征的十二分巧妙的利用，使得威尼斯完成了海上霸业，加冕为“地中海的女王”。

然而，史学界对第四次十字军的评价极低。例如朗西曼就认为，此次十字军毫无可取之处。恶评如潮的原因，首当其冲的是此次十字军是基督徒攻击基督徒的运动。

这类恶评虽然是 20 世纪以来出现的。在此之前的 700 年间关于十字军的叙述当中，对第四次十字军的评价也不高。其证据是，在 19 世纪米绍的《十字军史》中，有古斯塔夫·多雷为他提供插图。在多雷的 100 张插图中，只有 5 张是描绘第四次十字军的。

但是，在此次十字军东征之后的编年史记载中，并没有出现多少负面评价。罗马教皇英诺森三世也并没有对任何人处以绝罚。尽管如此，当时的世界还是都知道了这件基督徒进攻其他基督徒的大事。

那么，在当时的西欧基督徒那里，此事到底是怎样评价的呢？

生活在耶稣基督话语中的中世纪西欧人的理想，是到耶稣出生和死难的圣城耶路撒冷去朝圣。

由于理查和萨拉丁之间的和平协议，西欧基督徒前往圣城巡礼已经是自由而安全的了。虽然耶路撒冷还处于穆斯林的控制之下，基督徒的朝圣往来却是十分活跃的。朝圣者登陆的港口阿克和海法，也在和议条件下归基督徒所有。

在这一状况之下，前往巴勒斯坦朝圣的船只，可以在沿途威尼斯

控制的岛屿靠岸补给，大大增加了旅行的安全性。此外，理查所征服的塞浦路斯岛，此时也成为西欧天主教徒控制的岛屿。朝圣者们以这些岛屿为跳板，安全地前往叙利亚和巴勒斯坦。威尼斯人也把朝圣当作商业来经营，从而使第四次十字军以后的基督徒朝圣旅行变得日益安全、便利起来。

以上的事实，是跟后世原教旨主义者的想法并不相同的。而原教旨主义在19世纪下半叶杜雷生活的时代是否已经存在，是一个值得思考的问题。

此外，在800年过后的21世纪中，人们还将第四次十字军东征之后4年发起的针对法国南部阿尔比派基督教异端的十字军，称为“阿尔比十字军”。

最后，我想以法国南部香槟地方的维拉哈都因笔下对威尼斯元首丹多洛的描写，来结束对第四次十字军的介绍。

在战斗中，元首时常全身披挂，英姿飒爽地伫立在旗舰船头的大圣马可国旗下。

当舰队抵达城下时，元首向水手们大声命令，立即下船上岸。此时，威尼斯人看着年事已高的元首，多少表现出对执行命令的踌躇。元首见状，当即大声喊道，凡不遵命者，必受重罚。

在城墙上如雨点般落下的敌军箭矢中傲然挺立的元首丹多洛，以及他身边的大圣马可国旗，成为全体威尼斯将士遵从的号令。

平底船中的马夫牵着马一起上岸，大型帆船上的船员们也乘着小舟赶来，加入了陆地上的战斗。

维拉哈都因接下来写道：

高大的老元首立刻纵马疾驱，以一贯所示的毅然之姿，克服进军中的一切困难，以必死的决心，迎战最后的敌人。

在第四次十字军攻陷拜占庭帝国之后一年零两个月，1205 年 6 月，恩里科·丹多洛未及回国，就病死在君士坦丁堡。他被葬于圣索菲亚大教堂之内。盛放遗体的石棺十分简朴，没有任何的装饰，只是在一侧雕刻着逝者的意大利语名字（Enrico Dandolo）的拉丁语形式：Henricus Dandolo。这座石棺今天仍然保存在原处。

在丹多洛的母国威尼斯，并没有任何的勋章或铜像来纪念他。在威尼斯人的观念当中，他只不过是为共和国做出贡献的一个普通人而已。

下

第三章

罗马教廷与第五次十字军

(1218—1221 年)

圣地的情况

14 年过去了。在 1204—1218 年的 14 年间，继承萨拉丁苏丹之位而成为中近东主人的阿拉迪尔也离开了人世。

理查和萨拉丁之间达成的和平协议，是在 1192 年实现的。和议的期限只有三年零八个月，也就是说，到 1196 年，穆斯林与基督徒之间的和平就结束了。

然而，和平并未在这之后结束。萨拉丁死于 1193 年，理查也在 1199 年去世。两人之间的和议，在到期之后得到了续约。这都是继承了其兄的地位与思想的阿拉迪尔实现的。

而这位阿拉迪尔也是基督徒的友好邻居。在十字军一方，也有从第一次十字军东征以来就以巴勒斯坦为家的巴里安·伊柏兰与阿拉迪尔一起，冷静地认识、对待现状。

这一冷静的处事方式，为伊柏兰之后的历任耶路撒冷国王所继承。这种冷静并不仅是当时领导人的处事方式，也是基督徒与穆斯林之间相处方式的写照。

1211 年 7 月，阿拉迪尔与一年前加冕为耶路撒冷国王的布里安努

更新了和平条约。新和约的有效期长达6年，到1217年为止。这一次，是阿拉迪尔生前与基督徒一方的最后一次和平协议。

这样，狮心理查与萨拉丁之间的和平协议有效期长达1/4个世纪。在此期间，安条克公国、特里波利伯爵领地，以及耶路撒冷国王实际统治的推罗到雅法之间的叙利亚、巴勒斯坦地中海沿岸狭长地带上的基督徒，都享受着和平。

这个时期，在基督徒所控制的狭长地带周围，一直没有出现穆斯林围困的状况。

耶路撒冷国王实际统治的地区，包括推罗、阿克、海法、凯撒利亚、雅法（今特拉维夫）等等面向地中海的海港城市。而从欧洲前往近东的海路，也有理查征服之后的塞浦路斯岛和威尼斯控制的诸岛作为中继站。

在这条安全的海路上，从威尼斯、比萨、热那亚始发的西欧商船往来忙碌着。船上不仅满载着各种商品，还有很多朝圣者。

这些商品和朝圣者，都从前述的海港城市上岸。在此地等候的穆斯林商人，将各种当地的特产卖给从事贸易的商人和朝圣者。

在穆斯林控制下的内陆城市中，也建有许多供基督徒与穆斯林进行贸易的商站。在这1/4个世纪中，当地的经济交流十分繁荣。

而登陆的朝圣者也由于理查和萨拉丁的和平协议得到了长久的安全保障。

从离耶路撒冷最近的雅法到圣城的距离也有60公里。因此，朝圣

者们必须经过穆斯林控制的地区。朝圣者在这段路上的安全，是十字军国家所要重点考虑的问题。

条顿骑士团在 1199 年的正式建立，很快成为与圣殿骑士团和医院骑士团并列的三大骑士团之一。当年，英诺森三世正式承认了以德意志贵族骑士为团员的条顿骑士团，其制服与盾牌都是白底黑色十字图案的。

以法国骑士为主的圣殿骑士团的标志是白底红十字图案。

以整个欧洲贵族子弟为主的医院骑士团的标志是红底白十字图案。

再加上德意志骑士为主的白底黑十字图案的条顿骑士团。

圣地的三大骑士团，以其特殊的装扮而一目了然。

建立这些骑士团的最初目的，都是保卫前往圣地巡礼的基督徒。第三次十字军结束后的 1/4 世纪内，并没有与穆斯林之间的战争。因此，这些骑士团主要就是担负对朝圣团体的警卫工作。为了完成这一任务，十字军对各地的城堡加以维护，但城堡的总数比以前有所减少。这部分也是由于对和平协议的执行所致。

当然，在这半个世纪中，基督徒与穆斯林之间也并非没有任何冲突。但是，冲突的级别还远未达到要阿拉迪尔本人出面解决问题的程度。在这 25 年中，可以称得上有一定规模的冲突只有两次。总的来说，双方是处于共生状态之中的。

双方并无冲突的例证是，在 1203 年第四次十字军开始围攻君士坦丁堡之后，中近东的基督徒并没有任何抗议之声。

在中近东的基督徒看来，从欧洲出发远征的新十字军，是为了帮助十字军国家的援军。这些援军是有希望使十字军国家重新夺回耶路撒冷的。

然而这支新的十字军并未与巴勒斯坦和埃及的异教徒开战，却转而进攻同是基督徒的希腊正教国家拜占庭首都君士坦丁堡了。

在中近东基督徒看来，第四次十字军的行为自然是可恶的。但是，他们并没有发出任何抗议之声。这些居住在巴勒斯坦的基督徒们，大概并没有想着依靠西欧来的援军。新的十字军所带来的，只会是新的战争而已。

少年十字军

但是，同为天主教徒的西欧人，却并非这样考虑的。

凡是情报，都有距离越远越难以准确传达的特点。西欧人对中近东十字军国家的唯一理解，就是圣城耶路撒冷目前还在穆斯林的控制之下。左右着普通民众情感，并以民众领导者自居的罗马教皇，非常希望将十字军的主导权收归教廷。出于这一想法，教皇组织了“少年十字军”。

1212 年 5 月，一名叫斯蒂芬的 12 岁牧羊少年造访了法国国王腓力二世的宫廷，拿出一封自称是耶稣基督写给自己的信，信中号召新的十字军东征。47 岁的国王并未阅读这封信，而是直接要求斯蒂芬离开宫廷。

但这位少年牧羊人并未气馁。他周游法国，到处发表狂热的演讲，声称新的十字军不必依靠成年人来完成。有许许多多少年起来追随他，当队伍行进到马赛时，人数已达 3 万。

在马赛港岸边伫立的斯蒂芬，张开双臂向上帝呼唤。然而，这位少年并非先知摩西，他面前的大海也没有分成两半。

跟随牧羊人斯蒂芬前来的许多少年见状，纷纷感到失望而返回故乡。不难想象，他们在回乡路上会遭遇何等的苦难。

仍然有一些少年跟随在斯蒂芬身边。两位马赛的船长决定，免费送他们前往圣地。然而，他们最终的命运并非安全抵达巴勒斯坦，而是被贩卖到北非，成为奴隶。

与此同时，在德意志境内莱茵河畔，有一位名叫尼克尔的少年，以相同的狂热号召向圣地的远征。他的队伍经过巴塞尔，翻越阿尔卑斯山到达热那亚，此时已经有相当数量的少年跟随。

尼克尔也在热那亚的港口岸边像摩西一样大声祈祷。此处自然也不会出现海水向两边分开，铺开一条直通圣地大道的异象。失望的少年们结伴归家，途中由于衣食短缺而倒毙者不在少数。

尼克尔并没有放弃，他身边也团结着许多少年。他们离开热那亚前往比萨。尼克尔在比萨模仿摩西的行动还是没有成功。于是这支队伍继续沿亚平宁半岛南下，到达了罗马。

在罗马，52 岁的教皇英诺森三世接见了少年们，直接告诉他们，十字军东征是大人的事情，孩子们最好尽快返回家里。

教皇的话对基督徒来说，如同上帝的声音。聆听圣音的尼克尔和少年们，不得不同意返回故土。然而归途上的种种苦难不会与他们无缘。也有部分少年前往安科纳和布林迪西，试图搭船前往圣地的。据史料的记载，这支德意志少年十字军里，极少有孩子能安然无恙地返回家中。而在失去儿子的家长们的逼迫下，走投无路的尼克尔的父亲只好自缢在家了。

当时整个西欧弥漫的狂热气氛，在此可见一斑了。

国王们并未行动

法国国王腓力没有任何兴趣参加十字军。对罗马教皇的呼吁，他始终无动于衷。腓力集中致力于削弱继理查之后即位英格兰国王的约翰的权力，因此无暇顾及其他方面的活动。

而绰号“无地王”的约翰，在理查死后不断失去英国王室在法国境内的领地。他自然也没有参加十字军的动力了。

常成为十字军主力的法国诸侯，此时也充分认识到在东征期间很可能有被腓力占据领地的危险。对他们来说，唯一值得羡慕的，就是上次出征时诸侯在拜占庭帝国获得的领地。然而，法国的诸侯也清楚，在阿拉迪尔严密控制下的巴勒斯坦和埃及获得新领地，几乎是不可能的事情。

在神圣罗马帝国，也没有愿意领导十字军的头面人物。只有 16 岁的腓特烈二世还没有取得神圣罗马帝国皇帝的头衔。

总之，在整个西欧，没有领导人愿意参加十字军。由于十字军的领导人还将成为未来的耶路撒冷国王，这一要职的人选也难产。

如前所述，鲍德温四世去世后，耶路撒冷国王的继承权就世代由

女性继承人的婚嫁所决定。此时，王位继承权落到了17岁的玛利亚公主头上。谁能娶到她，就能够加冕耶路撒冷国王。然而连一个候选人也没有。

唯一一个还够得上有资格的，是法国骑士让·德·布里安努。不过，他已经60岁了，出身不高，也没有任何资产和领地。

为了让这位毫无光彩可言的老单身汉体面地就任耶路撒冷国王，教皇英诺森三世和法国国王腓力二世专程为他提供了结婚所需的资金。

在这一背景下，布里安努加冕次年早早地向阿拉迪尔提出更新理查与萨拉丁之间的和平协议，就是理所应当的了。在巴勒斯坦，他的实力完全不能与苏丹相比。

到1216年，教皇英诺森三世驾崩，继位的是霍诺留三世。

已经步入老年的霍诺留三世，完全遵循前任的方针。其中最重要的，是致力于在教皇的领导下实现新的十字军东征。在教皇看来，十字军对西欧社会的发展起着重要的引导作用。

霍诺留三世收到了一封来自阿克主教的信。信中说，圣地的基督徒并不希望西欧派遣新的十字军，相反，经过与当地穆斯林的交流，基督徒中间流行着一种东方式的奢华之风。

这封信向教皇传达了危险的信号，令他寝食难安。现在，不仅西欧的基督徒失去了斗志，圣地的基督徒也给他平添了许多烦恼。

这自然是由于欧洲的大权在握者们全然不顾“上帝的和平”，纷纷卷入了争夺领地的过程。至于连结婚资金都要依靠教皇的耶路撒冷国

王，就连说话的份儿也没有了。

最终，挪威国王、匈牙利国王和奥地利大公参加了第五次十字军。他们从圣地带回了各种圣物，而给中近东的基督徒带来了负面的结果。这支十字军最初决定的目的地，是埃及北部的港口城市达米埃塔。

热那亚的海军也参加了这次东征。由于威尼斯没有意愿进攻阿拉迪尔统治的埃及，热那亚希望借参加第五次十字军，挽回在与其对手竞争中的失利局面。

虽然耶路撒冷国王布里安努并不希望新的十字军进入中近东，第五次十字军的计划还是在 1217 年 11 月达成了。这支军队计划在 1218 年 5 月出发。

就这样，没有充分准备、缺乏强有力领导人的第五次十字军东征拉开了序幕。

然而罗马教廷却并不认为如此。这次十字军的主导权，牢牢掌握在教廷手里。教皇为此还特意任命了特别代表。

教皇的代表佩拉约

50多岁的红衣主教佩拉约，出生于西班牙，直到成年后在巴黎学习神学前，一直在西班牙的修道院中生活。

伊比利亚半岛在此前的500年间，一直是基督徒与穆斯林大战的前线。在这里，十字军是500年来历历在目的现实。佩拉约的青少年时期一直在对异教徒的憎恨中度过。在他从巴黎学成之后移驻罗马教廷期间，这种强烈的情感从来没有改变过。

佩拉约曾经受托于英诺森三世，在拉丁帝国建立9年之后，担任教廷驻君士坦丁堡的大使，实际上是担当促进东西教会统一的角色。结果，佩拉约未能促成两大教会的统一，这段经历反而加深了他对希腊正教徒的憎恶。

这位从头到脚身着红装，甚至连坐骑都披着红色马衣的焦点人物，将希腊正教僧侣纷纷下狱，关闭所有正教会，禁止其信徒做弥撒。最终，希腊人评价其为“性格暴虐、顽固不化而又喜欢招摇”的狠角色。

东西教会统一的难点中的难点，是如何使将自身的信仰称为“正教”的希腊人遵从罗马。而佩拉约的所作所为加剧了这一难题。教皇

不得已只能将其召回教廷，但佩拉约没有丝毫认错的意思。

第五次十字军东征时，佩拉约受到教皇的委任，成为教皇在十字军中的全权代表。

这样，第五次十字军就以缺乏有能力的领导人、准备不足和教廷影响力强三个特点而著称。

迎战的伊斯兰教一方，也处在微妙的境地中。

首先，声威遍布整个中近东的苏丹阿拉迪尔年事已高，73岁的他首先考虑的是继承人问题。虽然阿拉迪尔38岁的长子阿尔·卡米尔能力不凡，但在新旧统治者交替的时代，难免会发生意想不到的风波。

此外，逊尼派和什叶派的埃米尔之间发生摩擦，在这一时期已经颇为普遍了。

在伊斯兰世界中，在从其发源地阿拉伯半岛向北、西、东三个方向扩张的7世纪，半岛以外最初的首都是叙利亚的大马士革。在130年后首都迁移到新建的巴格达之前，大马士革是整个伊斯兰世界的首都。在此之后的多年中，最高宗教领袖哈里发以巴格达为首都，而政治、军事领导人苏丹则是驻扎在大马士革的。

萨拉丁成为苏丹之后，也住在大马士革，其墓地也在大马士革。在其遗嘱中，也把以大马士革为中心的叙利亚分给了长子，而令次子继承以开罗为中心的埃及。

在萨拉丁子嗣的争斗中获利，最终成为新任苏丹的阿拉迪尔，几乎完全继承了萨拉丁的遗志。两人唯一的不同，就是阿拉迪尔改变了

以大马士革为首都的传统，而是把统治中心转移到了埃及。

之所以这么说，是因为阿拉迪尔在任命继承人时，将长子阿尔·卡米尔委任为埃及的统治者，而令次子阿尔·穆阿扎姆统治以大马士革为中心的叙利亚。这一任命，是基于埃及是伊斯兰世界中心的考虑而出发的。从农业、手工业和商业的角度来看，大马士革的繁荣已不如开罗。如果说萨拉丁的考虑还是军事大于经济的话，阿拉迪尔做出这一决定，完全是出于经济上的考虑。

在叙利亚，还存在各个地方掌权的埃米尔这一既得利益阶层。他们显然不乐意看到埃及的重要性提升。叙利亚的埃米尔逐渐对步入暮年的阿拉迪尔不满，并形成了对未来阿尔·卡米尔统治的威胁。

事实上，如果布里安努率领第五次十字军从达米埃塔登陆，当地的穆斯林军队将其击退也并非难事。但是，十字军却一直坚持了三年之久，这完全是由于穆斯林统治者之间的内耗所致。由于他们完全没有准备与十字军作战，第五次十字军出其不意地站住了脚跟。

达米埃塔

尼罗河三角洲从开罗以下呈扇形铺开。扇形的西端是亚历山大，而东侧的大城市就是达米埃塔。从西欧抵达埃及的船只在亚历山大入港，而巴勒斯坦来的船则选择邻近的达米埃塔。

第五次十字军将进攻对象选在达米埃塔，是因为这里离阿克和雅法很近。而且，若以达米埃塔为据点，可以沿尼罗河上溯进攻开罗。

耶路撒冷国王布里安努所率的十字军，于 1218 年 5 月 24 日在达米埃塔附近登陆。这支军队很快就攻占了达米埃塔以西的一处城堡。

得知十字军进犯的阿拉迪尔，立即召集叙利亚全境的埃米尔，亲率大军前往埃及。由于巴勒斯坦近海的制海权为意大利各邦国所控制，加上热那亚也参加了此次十字军，阿拉迪尔便选择由陆路驰援埃及。这样一来，他的军队行军速度就比较慢了。

担当埃及守备的阿尔・卡米尔率领埃及军队北上，先期到达了达米埃塔以南数公里的地方。然而，他的部队并未与阿拉迪尔会合。

由于受到攻击的达米埃塔是海港城市，埃及一方本来可以从亚历山大派出海军支援。然而，由于当时埃及只有商船队，并没有可以称

为海军的舰队，热那亚的海军在地中海上没有遇到任何抵抗，而是直接加入了第五次十字军攻击达米埃塔的战斗，从而使这场攻城战变为海陆两方面的作战。

在攻城开始三个月之后的 8 月 24 日，达米埃塔城边的城堡陷落。

一个星期后，阿拉迪尔去世。

这位与狮心王理查谈笑风生，被理查的近臣索尔兹伯里主教称为“法兰克人般的穆斯林”的阿拉迪尔，在法兰克人的进攻中，结束了 73 岁的一生。

阿拉迪尔 35 岁的长子阿尔·卡米尔成为阿拉迪尔的继承人。这位 25 年前受到理查“法兰克式”骑士任命，并赠送“法兰克式”佩剑的少年，获得了苏丹的称号。

阿尔·卡米尔与其弟，大马士革的领主阿尔·穆阿扎姆的关系并

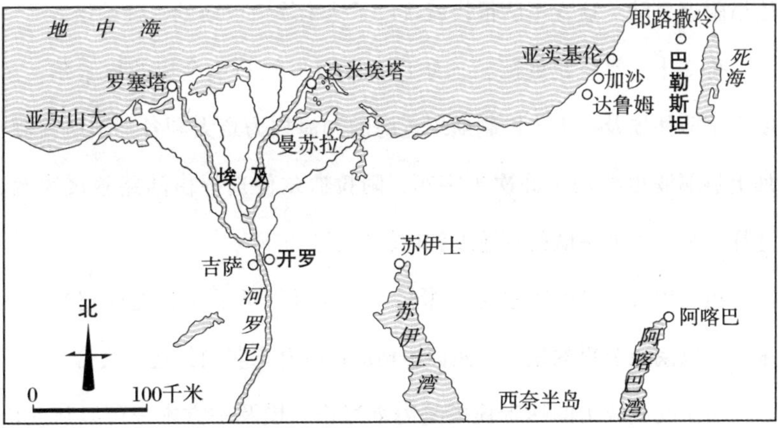

埃及及其周边

不坏。但是，阿尔·穆阿扎姆的主要任务，并非与长兄合兵一处，而是要防御十字军在巴勒斯坦可能发起的攻击。如此一来，阿尔·卡米尔只能独自防备第五次十字军的进攻。

9 月初，阿拉迪尔去世一周后，红衣主教佩拉约到达了激战中的达米埃塔前线。当这位教皇的代表进入军营之后，耶路撒冷国王布里安努的大臣们都感到诧异。佩拉约宣称，十字军是以完成上帝的愿望为目标的战斗集团，因此十字军的实际领导人是罗马教皇，而自己就是教皇的代表。布里安努听罢也十分吃惊。

试图施展自己的领导才能的佩拉约，最终成为众人厌恶的对象。因此，统一指挥第五次十字军的愿望，最终化为了泡影。

到 10 月份，从父亲去世的悲痛中重返战场的阿尔·卡米尔与十字军之间再度开战。此时双方的状态如设置了铜墙铁壁一般互不相让，陷入你来我往的拉锯战。

11 月下旬，尼罗河的状态发生了很大的变化。由于海上刮来了强风，整个三角洲地区洪水泛滥。交战双方都深受其害。而当洪水退去之后，发生了一场瘟疫，使得双方的兵士一个接一个倒下。

1219 年 2 月 5 日，十字军惊奇地发现，埃及军队的大营空空如也。由于十字军没有发现任何动静，他们认为很可能是对方设了埋伏，因此格外加强了警戒。

阿尔·卡米尔退兵的真实原因，是自己的胞弟在后方发动了叛乱。

排行第七的胞弟阿尔·菲斯，对父亲生前委任的库尔德斯坦地区

的统治权并不满意。而在父亲去世，其权威不再的情况下，阿尔·菲斯联络了若干埃米尔，起来反叛阿尔·卡米尔的统治。

这时候，排行第二的阿尔·穆阿扎姆站到了兄长一边。因此，在平叛成功之后，他就赢得了阿尔·卡米尔的信任。

刚刚继承苏丹之位的阿尔·卡米尔，首先要做的就是稳固自己的大后方。因此，他根本无法专心于达米埃塔的防御。

雪上加霜的是，当年尼罗河的泛滥并未达到正常水平，这就导致了整个埃及的大灾荒。得知埃及天灾发生，阿尔·穆阿扎姆率军返回了大马士革。阿尔·卡米尔从就任苏丹伊始，就面临着种种的试炼。

而十字军则未能利用这一机会——他们完全将时间消耗在布里安努和佩拉约之间的指挥权斗争中了。一言以蔽之，胶着状态的双方都没有利用好机会。

阿西西的方济各

在此时的世界历史上，有一位列于天主教圣人的人物登场了。他就是圣方济各。这位出身意大利中部阿西西的修士，也参加了第五次十字军——然而我们并不知道他是以何种资格或方式参战的。当时，方济各只不过是一名最低级的从军神职人员。

而与众不同的是，时年 37 岁的方济各，立志要成为一位和平使者。

虽然方济各有追求和平的志向，却难以将其实现。由于修士是直属于罗马教皇的神职人员，在这次十字军中就必须听命于教皇的正式代表佩拉约。

佩拉约一开始激烈地反对方济各的求和提议。然而，形势的发展使他不得不渐渐同意修士的主张。也许这位强硬派人物也希望能打开胶着的局面吧。

于是，37 岁的修士独自一人前往敌营。他所穿着的茶色粗布僧袍和皮制拖鞋，成为后来方济各会修士的制服。方济各的这身打扮显然是与战士不同的。

圣方济各（奇马布埃画）

他就这样一直走到了敌军的营地，进入了营地中央最豪华的帐篷中间。

身着东方式奢华服装的苏丹阿尔·卡米尔，时年39岁。对面身穿粗布僧袍的意大利修士则是37岁。虽然不知道两人之间谈话的内容，但由于方济各成为修士之前的青年时代一直在法国学习，其母亲也生于法国，他很可能是以法语和苏丹交谈的。而阿尔·卡米尔从少年时期就得到了与理查进行西欧式的骑士谈话的机会，大概也可以讲流利的法语，因此两人之间不必使用翻译了。

无论如何，两位衣着与信仰迥异的人士年龄相仿。意大利修士告诉苏丹，双方应当追求和平，此外，如果苏丹能够皈依基督教，就是最好不过的了。

伊斯兰世界中严禁穆斯林皈依其他宗教。方济各犯了这样的忌讳，是可以当即斩首示众的。而事实上，周围的人听了方济各的话，立即显露出一股杀气。

阿尔·卡米尔听到这位与自己同龄的西欧人的话，只是一笑置之。在他看来，方济各不过是一个简单无害的人罢了。因此，苏丹既没有

扣押他，也没有杀他，而是命手下将其送回了十字军的营地。

看到方济各平安归来，佩拉约和十字军的全体领导人都大吃一惊。但毕竟方济各没能完成和平使命。他并未试图再次充当这一角色，而是离开了十字军阵营，回意大利去了。

与阿西西的圣方济各的会面，并未改变苏丹作战的决心。不到一个月之后的 9 月，他对十字军发起了总攻。

但这一攻势并未奏效。以桨帆船队为后盾的十字军发起了反击，使战线继续呈现胶着状态。因此，阿尔·卡米尔未能将自己占据的地盘稳定下来。

议和提案（一）

1219 年 10 月，苏丹的特使来到了围攻达米埃塔的十字军营地中。特使带来的议和提案的内容，是十字军中无人预想到的。

提案声称，如果十字军从埃及撤军，苏丹就将耶路撒冷返还。返还的区域除了耶路撒冷，还包括理查与萨拉丁议和时划归伊斯兰教一方的加利利地区。此外，十字军还可以每年向这些地区的穆斯林征收城堡的维持费用。

超乎想象的条件令耶路撒冷国王布里安努和中近东的十字军骑士们倾向于与苏丹议和。特别是归还耶路撒冷这一项条件令全体十字军都感到兴奋。毕竟，十字军东征的最高目标，就是从异教徒手中夺回圣城。

然而，教皇代表佩拉约反对这一提案。

他提出反对的第一个理由，是该提案由敌方送来，不能直接接受。

所谓异教徒，就是所信仰的神与基督徒不同的人。因此，在基督徒看来，他们就是“不信者”，是持有错误信仰的人，是蔑视的对象。

教皇以下的天主教神职人员，多以“不信者”称呼穆斯林。而伊

斯兰世界哈里发以下的神职人员（伊玛目）们，也以“不信者”称呼基督徒。由于双方都是一神教，这一现象是自然的。因此教皇代表佩拉约在指称穆斯林时，常以“不信者”称之。

佩拉约反对的第二个理由，是作为基督教“圣城”的耶路撒冷，不能通过与“不信者”的谈判而取得，必须经基督徒的流血斗争而“解放”。

一开始，提出反对意见的只有佩拉约一个人。他的断然否决声，显得势单力孤。然而很快就有人出来附和佩拉约的提议。

其中首当其冲就是耶路撒冷的牧首。

与耶路撒冷国王一样，耶路撒冷牧首也是由于不能在穆斯林控制的耶路撒冷居住，而流亡到阿克的。而如果十字军与阿尔·卡米尔的和议成立，耶路撒冷国王和牧首就都能够回到圣城之内了。然而，布里安努的赞成之声，却受到牧首的反对。一神教神职人员的看法，常与现实主义的思考相反。他们生活的目的是神，而并非世人，因此专职的神职人员常常有不同一般的倾向。

而反对与“不信者”议和的人当中，还有与前述的原教旨主义者不同的一类。

这就是既参加了第三次十字军，又参加第五次十字军，活跃在运输和补给线上，并参与最前线战斗的热那亚海军。

热那亚积极参加第五次十字军的本意，是为了驱逐在埃及拥有利益的威尼斯商人。而如果十字军与苏丹议和，离开埃及，他们参加十

字军的目标就落空了。

而且，从热那亚商人的角度看，阿尔·卡米尔提议归还十字军一方的内陆领地上的城堡，对从事贸易是毫无利用价值的。与之相比，攻陷达米埃塔，利用此地作为与埃及进行贸易的中转站，则是十分重要的。

由于热那亚舰队在此次十字军中十分活跃，他们的立场变得举足轻重。

最终，十字军拒绝了阿尔·卡米尔条件优厚的议和提案。达米埃塔城也在缺乏补给的状态下为攻城战所消耗，一直维持到陷落。

1220 年 11 月 5 日，经过两年的围攻，埃及东北部的达米埃塔陷落了。攻入城内的十字军，将无处可逃的居民大量屠杀。只有被强迫改宗基督教的居民幸免于难。

此时，就这座新征服城市归属的问题，教皇代表佩拉约和耶路撒冷国王布里安努起了冲突。

布里安努认为，达米埃塔是耶路撒冷王国在埃及的前线基地，因此应归自己统治。

而佩拉约则声称，十字军所征服的土地的统治权都归罗马教皇。但是佩拉约身边并没有人能够防守这座为敌方领土所包围的城市。

两人最终达成了妥协。双方约定，在更合适的人选从西欧抵达之前，达米埃塔的统治权归布里安努。

虽然佩拉约和布里安努在协议中都使用了“更合适的人选”这一

用语，实际上并没有人会从西欧来到前线。

法国国王腓力二世已经 55 岁。他从一开始就对十字军东征不感兴趣。而现今他的年龄也偏大了。

而在英国，“无地王”约翰已于 4 年前去世。由于其理政无方导致国内混乱，没有派出新十字军的可能。

而“更合适的人选”德意志国王和西西里国王腓特烈二世，尚未成为神圣罗马帝国的皇帝。

当年 11 月，腓特烈从教皇手中得到了皇冠，正式加冕成为神圣罗马帝国皇帝。皇帝加冕后所做的第一件事，是稳定本国国内的局势，然后才是在教皇的要求下，参加十字军东征。神圣罗马帝国皇帝是由其选帝侯选出，然后要通过代表教皇对其承认的加冕仪式才能正式成为皇帝。因此，尚未加冕就让这位“更合适的人选”立即动身前往东方，是无法实现的事。

26 岁的腓特烈二世在其加冕仪式上，正式应允教皇霍诺留，处理好国内事务之后，就动身参加十字军东征。

当来自遥远地域的消息还未传达之时，达米埃塔的十字军只能静候腓特烈的到来了。

议和提案（二）

阿尔·卡米尔虽然远在埃及，却已经了解到十字军方面的动向。在基督教阵营中给他透露信息的，应当是与其保持友好商贸关系的威尼斯人。至于具体是谁将消息传到苏丹耳中，就是历史留下的谜团了。

英明且能征善战的青年皇帝腓特烈二世，获得了全欧洲的瞩目。他正是以“红胡子”绰号著称于世的皇帝腓特烈一世的直系孙辈。

而英诺森三世教皇更是如同对待养子一般，不惜代价地支持这位年轻的皇子取得帝位。

苏丹阿尔·卡米尔不由得紧张起来。他一定听自己的父亲阿拉迪尔讲过，在第三次十字军的时代，率军远征的红胡子腓特烈曾让萨拉丁寝食难安。此次腓特烈二世所率领的，想必也是一支强大的军队。年轻有为的领袖所率的这支大军，是此时的埃及所无法抵挡的。阿尔·卡米尔的苏丹地位，也因此而岌岌可危。

1221 年春天，阿尔·卡米尔第二次向达米埃塔的十字军派去了议和的特使。

这次议和提案的内容中，有一半和前一次相同。只要十字军同意

撤出埃及，阿尔·卡米尔就将耶路撒冷和加利利返还，并负责修复各地的十字军城堡。

在此次的议和提案中，苏丹还加入了如下的内容：

一、议和的有效期为30年。

二、穆斯林承担对耶路撒冷的城墙进行重建的费用。

在第五次十字军东征开始时，阿尔·卡米尔之弟阿尔·穆阿扎姆曾下令将耶路撒冷的城墙尽数破坏。当时之所以这样做，是阿尤布王朝考虑集中防守埃及大本营，而由于十字军会集中力量夺取耶路撒冷，先行破坏其城墙有利于穆斯林一方反击。

然而，如果议和方案得到接受，耶路撒冷就将回到基督徒手中。重建耶路撒冷的城墙，与其说是阿尔·卡米尔绅士的做法，不如说是在十字军众望所归的新领袖到来之前，做出的一种外交姿态。

面对比上次更加优厚的议和方案，十字军的领导人物纷纷开始动摇。中近东的基督徒都认为，没有比这个议和方案更好的解决办法了。

这次提出反对意见的，仍然是教皇的代表佩拉约。他认为，由于众望所归的新领袖腓特烈二世已经在前往中东的路上，这位新皇帝将率领大军，开辟通往开罗的道路。因此，十字军理应追求胜果，而不是在此讲和。

于是，十字军并未在达米埃塔久留，而是继续沿尼罗河上溯，向开罗方向进军。

第二次议和的提案再次遭到拒绝之后，阿尔·卡米尔的处境愈加

艰难。

之所以卡米尔之父阿拉迪尔能够在狮心王理查和他的近臣面前得到信赖，是由于以下两个原因：

第一，在真实情况尚不完全明朗时，绝不说大话；

第二，无论发生什么状况，都一如既往地冷静沉着。

而阿尔·卡米尔正继承了其父的这一性格特征。

此时，这位苏丹得知了一条情报——当年尼罗河水量大增，上游的河水正向下游奔腾而来。

于是，阿尔·卡米尔做出了决定胜负的一着。

人们为了调整尼罗河在三角洲地带的水量，在其三角洲的各个支流分支处建立了大坝。因而在尼罗河涨水之后，洪流并不会直接流向三角洲，而是被各处的大坝阻挡一部分。

1221 年夏天的洪水，也受到了大坝的阻挡。在朝向三角洲西部的亚历山大方向，洪水向往常一样，受到大坝阻挡后，通过水闸流向下游，然而在靠近达米埃塔的东侧，埃及人关闭了水闸，使河水在大坝上方大量蓄积。

接下来，当东侧大坝上方河水水位上涨到一定程度之后，埃及人并未打开水闸，而是直接将大坝破坏。

于是化为洪水的河水奔流北下，冲向溯河而上的十字军。满载武器的士兵和军马霎时间被洪水一起冲走，狼狈不堪的残余部队逃回了达米埃塔。

然而达米埃塔也不再安全无忧。为了引走夺路而来的洪水，十字军不得不把城墙附近的港湾填平，结果威尼斯的船队就无法靠近。失去了来自威尼斯船队的给养，这座城市孤立无援。此时又恰逢疫病流行的盛夏。

第五次十字军宣告结束

得知敌方窘境的阿尔·卡米尔第三次向十字军派出了使者。这次的和议条件与前两次完全不同：

一、十字军必须放弃达米埃塔，完全撤出埃及；

二、和议的有效期为8年。

身在达米埃塔的十字军领导人为是否接受和议展开了激烈的争论。争论耗费了一个月时间，而领导人对士兵逃跑的行为视而不见。教皇代理人佩拉约的反对也无济于事。

最终，在1221年8月，十字军领导人决定接受和议条件。9月8日，十字军启程撤出达米埃塔，前往巴勒斯坦。历时三年的第五次十字军东征宣告结束。

阿尔·卡米尔一直遵守8年间互不侵犯的协议。1221—1229年之间，居住在中近东的基督徒享受了8年和平与安宁的生活。

与此前理查和萨拉丁之间的默契一样，阿尔·卡米尔也严格遵守对和议条文并未提及的巴勒斯坦海岸的基督教城市阿克、雅法等安全的保障。这样，通过这些港口抵达耶路撒冷的朝圣者，一直享有与此

前相同的安全与自由。

理查与萨拉丁之间的和议，虽然被第五次十字军东征打破了三年，却在阿尔·卡米尔治下继续保持下去。

在现代历史学家看来，第五次十字军东征失败的主要原因，应当归咎于教皇的代理人佩拉约。

然而，在第五次十字军东征之后回到罗马的佩拉约，并未受到任何人的责难。第二次十字军失败后回到西欧的贝尔纳，也是无人问责。

作为将上帝的旨意传达到信众之间的神职人员，其第一任务是坚信。既然上帝是永远不会犯错误的，传达上帝旨意的神职人员自然也不会犯错了。而如果事件的结局不如人意，就只能是信仰不足的世人所犯的错误导致的。

红衣主教佩拉约在那不勒斯附近的卡西诺山修道院度过了余生。在他此后的 19 年生涯中，始终不变的是与任何人都不免冲突的性格。

第五次十字军东征引起了我如下的思考。

战争是人类最大的恶行。然而人类始终无法从这种恶行中挣脱出来。

不以战争的胜负来评价其影响，而以战争之后，人类社会能获得多久的和平来评价战争，恐怕才是正确的吧？

而正因为人类无法从战争的罪恶中脱身，并将永远陷入未来往复的战争劫难之中，争取达成一次又一次的短期和平局面，才是我们面对的现实吧。

第三次十字军东征，是基督教世界和伊斯兰世界的一次正面冲突，被称为“华丽的第三次东征”。而此次东征之后萨拉丁和理查签订的和平协议，持续了25年。经过第五次十字军而中断之后，和平又持续了8年，合计33年。

伊斯兰世界一方正值贤明的阿尤布王朝苏丹萨拉丁、阿拉迪尔和阿尔·卡米尔三人统治的时期，他们对促成和平起了巨大的作用。阿尔·卡米尔也由于和平而稳固了苏丹之位。

然而随着33年和平的过去，基督教世界中“不与异教徒议和”“不惜流血夺回耶路撒冷”的声音甚嚣尘上。领导人面临如此舆论的压力，不得不重开战局。

下

第四章

腓特烈二世皇帝与第六次十字军

（1228—1229 年）

南方的岛屿西西里

统治意大利南部和西西里岛的诺曼王朝首都，位于西西里岛上的巴勒莫。巴勒莫城外一公里的地方，耸立着以“齐萨”（Zisa）著称的离宫。Zisa 是阿拉伯语“壮丽的”（aziz）的意大利语转音。在阿拉伯人短暂征服这座岛屿之后 200 年，来自法国北部的诺曼人完成了对西西里的征服。新的征服者并未杀死或流放阿拉伯人，因此仍有穆斯林长期居住在西西里岛上。

“齐萨”是岛上穆斯林臣民为西西里国王吉埃尔默建立的夏宫。逐渐意大利化的诺曼人，却居住在阿拉伯式的避暑宫殿中。

穆斯林的人生梦想，是在这地上建设生活的乐园。他们在生活中收集各种物品，来建设这座乐园。涓涓流淌的清澈溪水、靠水流滋养的枝繁叶茂果实众多的树木、聚集在树林中的各类鸟儿、花朵招引的蜜蜂与蝴蝶，构成了乐园里的种种要素。

这就是穆斯林心目中地上乐园的样子。伊斯兰世界的大人物们，都居住在与之类似的地上乐园中。

然而“齐萨”的主人，却是诺曼王朝的基督徒国王。在这座宫殿

中，从天井到墙壁的壁画都与伊斯兰世界色彩斑斓的庭院相仿，而宫殿一隅则筑有基督教的小礼拜堂。

使这座“齐萨”成为夏宫的布置，自然是各个屋外的水流。这些水流起到了空调的作用。建筑师使水流从各个屋子汇集到厅堂的一层，再由此流向后花园。然而水流并非一齐径直流淌，却由着花园内各处纤细的水道导引，为树木和花草提供灌溉。阿拉伯人建筑此类水道的能力，远超同时代的欧洲人。

今日所见的“齐萨”，已不复800年前的模样。宫殿的建筑都来自后世的修复，而花园则已荡然无存。因此，来此考察的学者并不多。当我旅行到这里时，除两位来自德国的年轻人外，再没有别人进入。

造访这座遗迹时，我必须依靠想象来再现当时的情景。望着标有“喷水间”的厅堂一层中央的遗迹，我从这里出发的无水的水道，想象着当年水向花园流淌的样子。

诸如柠檬、橙子之类的水果，也被阿拉伯人移植到了西西里岛。花园里还种植着各式各样的花草。常在阴影里开放的茉莉花，也由阿拉伯人的引种而在此繁盛生长，静静地散出诱人的馨香。花园中流水潺潺，水边伫立着一位四五岁的男孩。他一边在花园中游玩，一边将树叶做成的小舟轻轻放在水面上，任由其漂流。他一路追着水上的叶舟，丝毫不顾旁边家庭教师的呼唤。

腓特烈三岁时，父亲就去世了，而四岁时他又失去了自己的母亲。作为独生子的他，也没有兄弟姐妹。这个小男孩，已是占据西西里和

包括德意志和意大利在内的腓特烈二世领地

意大利南部的诺曼王国的国王。而在两年前的 1196 年，德意志的诸侯把他选为了神圣罗马帝国皇帝的预备者——德意志的国王。

这是因为，他是以“红胡子”著称的神圣罗马帝国皇帝腓特烈一

世的直系孙子，而他的母亲则是西西里诺曼王朝的继承人。

然而，这位生来就戴着王冠的少年，却未能在周围人的注视中得到应有的教育。这部分是因为他四岁就成为孤儿的命运所致。他并没有拜在著名教师的门下，而成长道路上的伙伴则多是平民出身。据说只有一名修士曾经充当过腓特烈的家庭教师。

腓特烈在自学的环境中长大。他不仅受到了基督教神职人员的教育，还学习了阿拉伯语。

当腓特烈成年之后，他熟练掌握，能够听说读写的语言不仅包括西西里人日常通用的阿拉伯语，还有古希腊语和拉丁语。拉丁语是中世纪的外交语言。此外，腓特烈还通晓德语、法语和意大利语。虽然腓特烈的成长之路上没有严格的高水平教师指导，他却在自身的好奇心和求知欲驱使之下，完成了对自身的充实。

拥有着父亲的德意志血统和母亲的意大利化的诺曼人血统的腓特烈，在残余着浓厚伊斯兰文明气息的西西里成长起来。在这位曾追逐着树叶小舟而游玩的年轻人面前，伫立着以率领基督徒与异教徒作战为第一任务的神圣罗马帝国皇帝宝座。

在尚未确立中央集权的中世纪，皇帝和国王只有将继承权置于手中，才能够确保自己的地位。而要获得王位继承权，则必须凭借自身的实力。即使是在王位世袭的时代，王子也必须通过自己的实力来争夺王位。

皇帝登基

1220 年 11 月 22 日，年仅 26 岁的腓特烈正式加冕成为神圣罗马帝国的皇帝。加冕仪式在罗马教皇霍诺留三世的主持下，于罗马的圣彼得大教堂举行。

霍诺留三世是前任教皇英诺森三世思想的忠实继承者。对于前任"罗马教皇是太阳、皇帝是月亮"以及"选举皇帝是德意志诸侯的权力，而判断选上的人物是否具有成为皇帝的资格则是罗马教皇的权力"的说法，霍诺留都是视为金科玉律的。他也自然希望将十字军东征置于教皇的主导之下。

教皇将帝冠授予腓特烈的同时，也当然有战略方面的相应考虑。这要从加冕仪式前三年说起。

这一年，23 岁的腓特烈向英诺森三世去世后继承教皇位置的霍诺留三世致以贺信。教皇随即回信，告知前任教皇要求自己积极协助年轻的腓特烈领导十字军东征。这是在第五次十字军出发之前的往事。

此后两人的通信一度中断，关于十字军的讨论也就因此搁置起来。

加冕之前两年的 1218 年底，腓特烈再次收到了霍诺留三世的来信。

此时正值第五次十字军陷入埃及达米埃塔的苦战之中。此次的信中，教皇明确要求腓特烈成为神圣罗马帝国皇帝之后发动十字军东征。如果说上一次的来信还是暗示的话，这次就是明说了。

25 岁的腓特烈在回信中提出了若干要求。

虽然次年三月腓特烈就能准备完毕，并于6 月发兵，但由于他本人还未加冕为帝，就没有率领德意志各邦诸侯出征的资格。而十字军东征这样的大规模军事行动，没有来自诸多王侯的配合，是不可想象的。一言以蔽之，在两人的通信中，狡猾的腓特烈自己逃出了陷阱，却把40 岁的教皇推向了陷阱的边缘。

腓特烈在回信中，将允诺教皇的出兵时间从6 月推迟到9 月。由于涉及到说服其他诸侯出兵的问题，教皇对腓特烈的言辞信以为真。

然而此时腓特烈派遣前往谒见德意志诸侯的使节，并没有做出任何说服他们出兵的努力。他努力说服的，只是要求诸侯承认自己长子亨利对于德意志国王王位的继承权而已。

得知实情的教皇向腓特烈致信诘问。腓特烈在回信中指出，此去东征路途遥远，尚且未知能否全身而还。因此，他有权利确保出发后自己的领土由亨利统治。这样说来，把亨利的继承权事务放在十字军出征之前，是自然不过的了。

1220 年5 月于法兰克福召开的选举德意志国王的会议上出席即位典礼的腓特烈，在典礼甫一结束就越过阿尔卑斯山，前往意大利接受霍诺留三世的加冕。腓特烈亲自率领德意志的大军，浩浩荡荡地前往

罗马出席加冕仪式。

经过维罗纳、曼图瓦和摩德纳南下之后，大军沿着古罗马的埃米利亚大道，通过博洛尼亚、法恩扎、弗利三座城市，向东南行进。腓特烈一行还不忘到全欧洲最高学府博洛尼亚大学视察。

到达亚得里亚海滨之后，腓特烈的军队沿着古罗马的弗拉米尼亚大道向罗马行进。这次行程对腓特烈来说并非简单的旅行。率领强大的军队夸耀自己的实力，是即将成为神圣罗马帝国皇帝的他，此次行军的真实目的。同时，一直不愿受到十字军东征约束的他，带领声势浩大的军队前往教廷，也是向教皇施加压力的表现。

腓特烈到达罗马之后，并未立即前往教皇的宫殿，而是率领全军，在城外的蒙特马里奥山上安营扎寨。在此处向下望，整个罗马城尽收眼底。罗马城的居民望见密密麻麻的部队，感到十分恐惧。然而在接近蒙特马里奥山的梵蒂冈，教廷却对大军毫无惧色。毕竟，无论是多大的军事压力，都改变不了皇帝发誓参加十字军才能获得帝冠的事实。

加冕仪式于 1220 年 11 月 22 日平安举行。仪式之后三日之内，腓特烈遍访了整个罗马——帝国的永恒之都。在众多的兵士簇拥之下，腓特烈应该是感到颇为满足了。离开罗马以后，腓特烈带兵前往自己的母国西西里。

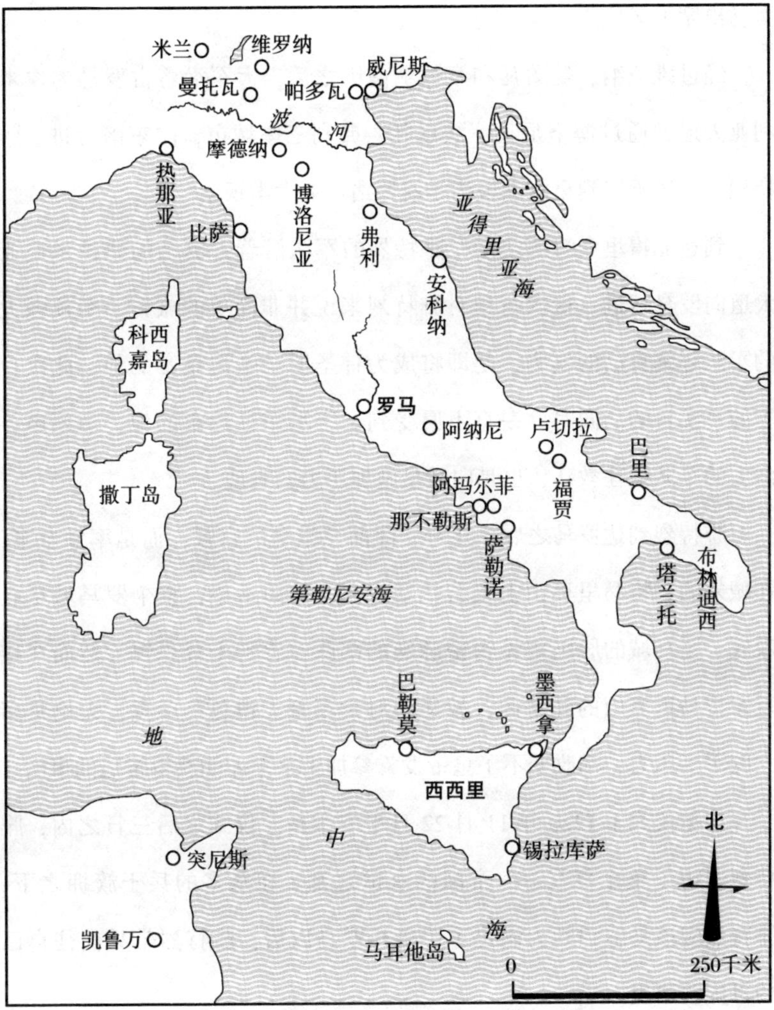
米兰
维罗纳
曼托瓦
帕多瓦
威尼斯
波
河
摩德纳
博洛尼亚
热那亚
比萨
弗利
亚
得
里
亚
海
安科纳
科西嘉岛
罗马
阿纳尼
卢切拉
巴里
撒丁岛
阿玛尔菲
那不勒斯
福贾
萨勒诺
布林迪西
塔兰托
第勒尼安海
巴勒莫
墨西拿
地
西西里
中
突尼斯
锡拉库萨
北
凯鲁万
海
马耳他岛
0
250千米

意大利及其周边

何时远征？

得知腓特烈就任新皇帝的十字军官兵，一致决定在达米埃塔等待新统帅的到来。此时，十字军对与阿尔·卡米尔所率领的埃及军队作战的前景并不乐观。

而腓特烈二世虽然已经誓师东征，却也向霍诺留三世声明，行前必须确保国内安定。而至于究竟什么时候出发，皇帝并没有明言。

就这样 8 个月过去了。最终，1221 年 8 月，基督教军队放弃了达米埃塔，从埃及撤退。第五次十字军就这样宣告失败。

第五次十字军并非以悲惨的结局收尾。十字军按照阿尔·卡米尔要求的条件，从达米埃塔完全撤军，在没有支付进攻埃及赔偿金的情况下，全员平安撤回了巴勒斯坦。巴勒斯坦的基督徒两手空空回到了自己的家园。

此外，在 1221 年 8 月双方缔结的和约中，经过慎重考虑的阿尔·卡米尔和十字军领导人，签字同意以交换人质的方式实现和平。

十字军一方的人质包括耶路撒冷国王布里安努和教皇代表佩拉约，而卡米尔一方的人质则是苏丹自己的长子和次子。

第五次十字军自然是无疾而终。但顷刻间和议的达成，也是双方期待的结果。尽管在战争状态下谁也没有想到最后的结局是这样。

以上的简短回述，便是霍诺留三世同意腓特烈在十字军东征之前安定国内要求的大背景。这时的新皇帝年仅26岁。

然而就是在这“顷刻间”，教皇对腓特烈二世的不满，也增长了起来。

撒拉森人的居留地

在中世纪这个两大一神教敌对的时代，西西里岛上基督徒和穆斯林的共处状态，与世界其他地方相比是截然不同的。

而这一地区最特殊的一点，就是两大宗教信徒在行政、学术和技术等领域的融合。缠着头巾，身着长装的穆斯林行政官员自由出入于西西里的王宫，在国王的近臣中，也不乏穆斯林名士。巴勒莫城内为数众多的清真寺内祈祷时的颂歌声，与大教堂的钟声一同响起。

腓特烈二世统治下的西西里城市中，长于学术和技能的穆斯林，在身为基督徒的皇帝统治之下，并没有感到丝毫的不适。

但在农村，情况就有些不同了。农村当中并不需要有学术和技能的人物。此时宗教的分别就变得显著起来。而社会下层对民族差异的反应也更加明显。

时值1221年冬，腓特烈二世将王子选为未来的德意志国王，自己也得到加冕。此时在西西里的农村爆发了穆斯林农民的起义。

新皇帝面临的首要问题，就是这次起义。所幸的是起义仅限于岛上的一部分地域，起义的领导者也只是很少的几个人。

1222年3月，起义首领伊万·阿巴德及其子被抓获并处死，起义被平息了。然而没过几个月，起义就再度发生。腓特烈认识到，必须从根本上解决这个“撒拉森人问题”。

正如穆斯林把全体西欧基督徒统称为“法兰克人”一样，欧洲的基督徒把包括阿拉伯人、北非的柏柏尔人和小亚细亚的突厥人在内的穆斯林统称为“撒拉森人”。在西西里居住的阿拉伯人自然也是“撒拉森人”。

1223年5月，腓特烈二世强制西西里岛上的全体撒拉森人全家迁出。

腓特烈要求撒拉森人移居到意大利半岛南部山峦中狭小的与世隔绝的地带。撒拉森人主要的移居地，位于当时腓特烈修建行宫的福贾，即今天意大利普利亚州居于首府巴里之后的第二大城市福贾以外18公里的卢切拉。

与福贾一样，卢切拉是古罗马人修筑的城市。在罗马时代，这座城市名叫卢切里亚。在撒拉森人移居之后，腓特烈将其命名为“Lucer-ia Saracenorum”，意思就是“撒拉森人的卢切里亚”。而当地的撒拉森人则以阿拉伯语名卢格拉（Lugerah）称呼这座城市。

如果腓特烈二世不仅强制撒拉森人移居，还能够强迫他们改宗天主教，他就会大大减少霍诺留三世的不满。教皇对这位天主教世界最高的世俗君主恐怕将会不由得赞赏起来吧。

令人始料未及的是，腓特烈二世不仅没有要求他们改宗，反而宣

布绝对尊重卢切拉居民的信仰自由。卢切拉城内的清真寺纷纷矗立起来，寺内尖塔上传颂的经文，每日 5 次响彻整个城市。而这里离天主教世界最高世俗领袖的皇宫不过 18 公里之遥。

更过分的是，腓特烈竟从卢切拉城内的穆斯林男子当中征兵，让他们在自己的卫队中担任步兵。这些穆斯林在为他作战的同时，也可以保持自己的信仰。

然而罗马教皇毕竟是整个大地的领主。就在罗马教皇国的南端，那不勒斯附近的山上，耸立着著名的蒙特卡西诺大修道院。第五次十字军中的教皇代表，枢机主教佩拉约，就是在这座修道院内度过余生的。而这座修道院与天主教徒的不共戴天之敌穆斯林所居住的卢切拉之间的距离，还不到罗马与那不勒斯之间距离的一半。

卢切拉城中响彻的再也不是教堂的钟声，却是清真寺祈祷的召唤声。听到这声音，罗马教皇的怨恨简直沸腾了起来。

不得不说，来自卢切拉的这支穆斯林军队，不仅在腓特烈生前保持对他的绝对忠诚，在他去世以后也保持着对皇帝继承人不变的忠诚。而直到 80 年后，卢切拉才被法国的安茹伯爵攻破。忠于腓特烈之子曼弗雷德的穆斯林被悉数贩卖为奴，清真寺被毁弃，城市重新回到天主教世界。这 80 年间，城内的清真寺一直传唱着穆斯林的祈祷。

那不勒斯大学

另一件令罗马教皇霍诺留三世极为不满的事，是腓特烈二世在他30岁那年——1224年，于那不勒斯建立了一所新的大学。

当时欧洲的最高学府，是博洛尼亚大学和巴黎大学。当时有不少人像英诺森三世那样，曾在这两所大学接受教育。

在那个天主教的影响遍及信徒生活方方面面的时代，巴黎大学和博洛尼亚大学的神学、法律等学科都是完全沿袭宗教精神的。而博洛尼亚大学几乎完全是在教廷支配之下的。

而腓特烈之所以创立一所新的大学，很大程度上是因为他希望有一个教授罗马法的学科。

腓特烈声称，建立那不勒斯大学的原因，是作为领主的他，不忍心看到自己领地上意大利南部和西西里岛的青年才俊们远赴意大利中部的博洛尼亚求学的辛苦。

表面的理由之下，皇帝的真实想法，是想从在那不勒斯大学培养学习罗马法的青年人才中选拔未来的帝国行政官僚。毕竟，在罗马法通行的时代，法律事务并未置于宗教权威之下。

在基督教成为罗马国教之前的时代，罗马帝国是全体基督徒的敌人。这一点，在中世纪的神职人员中间普遍认同。但学习罗马法这一行为本身，并非身为基督徒的学者不允许的行为。

就这样，一所延续至今的国立大学——那不勒斯大学，就以腓特烈二世的名字传承下来，在今天的意大利，以他的意大利语名而称为“费德里科二世大学”。

萨勒诺医学院

第三件引起罗马教皇不快的事，则是腓特烈二世积极资助与鼓励位于萨勒诺的医学院的复兴。

欧洲最古老的萨勒诺医学院始建于公元9世纪。随着最早的资助者阿玛尔菲城市国家的衰落，这一医学院的活动也渐渐消停下去。腓特烈二世最终使它复兴。

萨勒诺医学院的特色，就是专注于医学研究，而不问教师与学生的宗教和民族出身。学院的教科书以希腊语、拉丁语、阿拉伯语和希伯来语写成，教授和学生更是从地中海各地汇集而来。

只可惜在腓特烈二世的时代以后，萨勒诺医学院重新沉寂下来。但它的薪火相传，却没有因此而中断。

不久，威尼斯共和国就为了对抗博洛尼亚大学，在境内的帕多瓦建立了大学。21世纪帕多瓦大学最著名的就是其医学部。在南意大利萨勒诺开出的花朵，最终移植到了北部的帕多瓦。

耐人寻味的是，意大利最著名的医学院的资助者，从最早的阿玛尔菲到后来的威尼斯共和国，都是以与异教徒贸易著称的滨海城邦国

家。只有腓特烈二世，并不是商人出身。但他与同时代的商人一样，并不拒绝跟异教徒交流。

但腓特烈二世毕竟是神圣罗马帝国的皇帝。他和罗马教皇之间的紧张关系，最终还是要缓和下来。此外，腓特烈也宣誓了带领十字军东征。因此教皇对他的期望是最终把注意力转移到实现东征上去。

那不勒斯大学和萨勒诺医学院建立后，1224 年底，腓特烈接待了从圣地前往求助的医院骑士团团长，在二人的直接会晤中听取了巴勒斯坦前线的情况。翌年春天，条顿骑士团团长也前来拜见，并与腓特烈会晤。

得知骑士团来访的教皇，即刻寄来了询问何时出征和兵力配置情况的书信。然而腓特烈的答复却令教皇极为失望。这封复信的内容如下：

> 预计大约在两年后即 1227 年 8 月出征。
>
> 其时兵力大约为骑兵 1000 人，乘坐由桨帆船和帆船共 150 艘组成的舰队出港。
>
> 计划于圣地停留两年。
>
> 计划用于东征和保证圣地安全的军费大约为 10 万枚金币。

在霍诺留三世眼里，说服腓特烈二世出征，几乎是跟魔鬼做交易一般。正当此时，一位献上妙计的人物出现了。

耶路撒冷国王

腓特烈二世的第一个妻子，阿拉贡公主卡特琳娜，三年之前撒手人寰。这位皇帝除了正妻以外，共有5位女性配偶为他留下子嗣。但正值30岁时，腓特烈还是处于单身状态。

以一名普通骑士成为耶路撒冷国王的布里安努，当他的妻子、耶路撒冷王国正统继承人去世之后，王位继承权落到了他唯一的女儿身上。这位名唤约兰达的王国继承人年仅14岁。此时年近70的布里安努，急于为女儿寻找一位如意郎君来继承耶路撒冷的王位。

31岁的腓特烈二世皇帝，与14岁的约兰达联姻的计划，就这样被提上了日程。

对腓特烈一方来说，并没有什么反对的理由。他与前妻是政治婚姻，此外还有好几个情人。而且，这样一来，罗马教皇就不会再继续为难自己。

1225年11月，约兰达一行带着丰盛的嫁妆，从巴勒斯坦出发，在意大利南部的布林迪西港登陆。腓特烈身着皇帝盛装，在岸上迎接。11月9日，双方在布林迪西港的大教堂举行了华丽的结婚典礼。

约兰达和腓特烈二世结婚（据当时的编年史）

腓特烈相继成为意大利南部和西西里国王、神圣罗马帝国皇帝、耶路撒冷国王。至此教皇终于为十字军东征的事情安心下来。尽管如此，商定的出征时间毕竟是“大约 1227 年 8 月”。倘若腓特烈遵守这一协定，此时距离出征尚有一年零九个月。

14 岁的新娘，并没能得到特殊的待遇。在写给父亲的书信中，约兰达叹息道，新婚后翌日清晨，新郎就带着一位随行的女官，单独寻欢去了。

但这样的婚姻，目的毕竟是生下后代。腓特烈与新婚妻子蜜月一段时光，当约兰达出现妊娠征候时，便以孕期必须在宫中休养为理由，将她送到了巴勒莫。

腓特烈二世对约兰达父亲布里安努的态度十分明确。这位从罗马教皇和法国国王那里得到结婚聘礼资助的法国乡村骑士，跟腓特烈二世的威势根本不可同日而语。在把继承权从妻子传给女儿，并为女儿

找到夫君之后，这位老人将耶路撒冷的王位让渡给了腓特烈。但是教皇并没有准许他的让渡行为，还让他返回巴勒斯坦。

到这时，腓特烈二世感到，十字军东征的日期不能再继续推迟了。

环顾欧洲，在位 43 年，征战中从未落入下风，为法国开疆拓土的腓力二世，已于 1223 年驾崩。继承他的路易八世三年之后死去，而 1226 年新即位的路易九世年仅 12 岁。而英国也在“无地王”约翰的统治之下陷入内乱。

整个天主教世界中，只剩下腓特烈二世一位可以领导十字军东征的君主。他跟罗马教皇更是知根知底的老相识。更戏剧化的是，教皇对腓特烈东征的要求，已经从邀请发展到胁迫的地步。

与敌人接触

也是在这一时期，神圣罗马帝国皇帝与自己的对手，苏丹阿尔·卡米尔，开始了直接的接触。

关于历史记载的双方的接触，是从 1227 年开始的。至于在这之前的接触，就没有材料提及了。但当代人可以推断出双方在此之前已经有过几次秘密的接触。

接触的双方是基督教世界的最高世俗统治者神圣罗马帝国皇帝和伊斯兰世界的最高世俗统治者苏丹。双方的接触必须在绝密的情况下进行。此时两人之间显然还没有建立互相信任的关系。

在这种情况下，双方的接触必然是遵循着即使有怀疑也对对方深信不疑的铁律的。

在此之前，腓特烈的宫廷与西班牙的穆斯林统治者，以及阿尔及利亚和摩洛哥的苏丹之间，常常有学者和诗人进行来往。巴勒莫的宫廷一直十分欢迎穆斯林学者的往来。有了这些交往的先例，派遣手下前往埃及苏丹的宫廷，从一开始就少了很多危险。在外交领域的建设，如果一开始不重视建立深厚的基础，往往会有中途崩盘的危险。

阿尔·卡米尔是腓特烈所率十字军的直接敌人。这一点，苏丹自己十分明白。通过无关政治的文化交流，苏丹和皇帝建立了联系，为未来针对具体问题的外交交涉铺平了道路。

当年47岁的阿尔·卡米尔，远未处在安心的状态之下。

阿拉迪尔死后，长子阿尔·卡米尔和次子穆阿扎姆的关系出奇得好，这与通常的伊斯兰领主死后你争我夺的情况大为不同。年龄仅相差两岁的兄弟俩，在父亲去世以后明显处于对手的关系。但两人忠实地继承父亲的遗志，满足于分别统治埃及和叙利亚这两个区域。他们之间的关系也维持得很好。

然而正如前所述，伊斯兰世界分裂为埃及派和叙利亚派，两派中都存在大量的既得利益阶层。开罗和大马士革为伊斯兰世界的主导权进行的竞争，一直在水面下暗流汹涌。尽管两兄弟之间并没有撕破脸，对埃及的领导地位颇有微辞的叙利亚派，希望挑起兄弟相争的局面。就这样，大马士革的统治者穆阿扎姆，逐渐被推到了与兄长的开罗决裂的风口浪尖。

这成为开罗的阿尔·卡米尔无法回避的问题。假如埃及和叙利亚之间爆发冲突，就会进一步引发整个伊斯兰世界的内战。将避免内战视为第一要务的阿尔·卡米尔，自然不希望西欧人发动新的十字军东征。

经过几次无关主题的通信往复，阿尔·卡米尔直奔主题。他任命年轻而才华横溢的埃米尔——法拉丁，作为呈送自己亲笔信的特使。

1227 年 1 月，法拉丁越过冬季寒冷的地中海，在意大利南部登陆，觐见在福贾的王宫中休养的腓特烈二世。

从此以后法拉丁就成为了苏丹与皇帝之间的密使。史书上没有对他年龄的记载。但根据他漫长外交生涯的推理，与时年 33 岁的腓特烈相比，他可能还要略微年轻一些。

令法拉丁诧异的是，腓特烈二世见到自己，并不需要翻译就能够对话。

叙利亚、巴勒斯坦出生的基督徒中，有不少能听懂阿拉伯语的。但像巴里安·伊柏兰那样能够讲流利上乘阿拉伯语而不需要翻译的，并不常见。

此时法拉丁眼前端坐的，是从未去过中近东的神圣罗马帝国皇帝。这位与罗马教皇平起平坐、率领整个基督教世界的领导人，居然能够不需翻译、毫无障碍地阅读和理解阿尔·卡米尔的信函，并能用阿拉伯语做出口头的答复。

这自然使法拉丁对皇帝油然而生出奇的好感。而腓特烈对年轻的埃米尔也抱持着正面的态度。腓特烈不会给自己并不喜欢的人致以热情的回信。然而苏丹的信却带来了积极的回应。

阿尔·卡米尔在信中允诺，将耶路撒冷和包括拿撒勒在内的整个耶路撒冷王国领土都返还给基督徒。这样的话，十字军东征的目的——征服耶路撒冷，就可以不费吹灰之力地完成，完全没有必要兴师动众再进行一次远征。这自然合乎腓特烈的心意。

腓特烈立即以护送法拉丁回国为理由，派遣自己的心腹巴勒莫主教贝拉尔多前往开罗。贝拉尔多此行，就是为了进一步商议和解决双方的外交问题。

虽然双方信仰不同的宗教，但一方并不想出征，另一方也不想让对方染指。出于这样的心理状态，双方看上去能够一拍即合。然而事实的发展却未尽如此。

教皇格列高利

两个月后的 1227 年 3 月，霍诺留三世离开了人间。新教皇于第二天获选。57 岁的格列高利九世，与前任相比，有着截然不同的火爆性格。教皇上任后首先面临的就是与年轻自己 20 多岁的腓特烈二世性格的冲突。格列高利意志坚决，要全力鞭策皇帝出兵东征。

甫一即位，教皇就写信给了腓特烈。

信一开始就是一段典型的措辞：作为世上羔羊牧者的教皇，祝愿羔羊的心中平安，而皇帝只有实现上帝的期望，平安才会真的降临。信中强调，如果腓特烈不发兵东征的话，教皇就将对其处以开除出教会的绝罚。

在一年前，腓特烈就已经派遣了 250 名兵士。之后他还约定，将 4000 名英国兵士、100 名西西里的骑士和 400 名德意志士兵统一集结于布林迪西。这些出征兵士的军费，自然都要皇帝来负责。

腓特烈并未告知教皇，他已经开始组织建造适于溯尼罗河而上的浅底帆船组成的船队。

腓特烈在集结军队同时进行秘密和谈的工作，令人想到了同时代

的圣人阿西西的方济各。圣人以和平为目的进行交涉时，是手无寸铁的。而以军事力量为依靠的和谈，无疑是更为有效的。

蒙在鼓里的格列高利九世，已经决意以绝罚为武器来鞭策皇帝。腓特烈只好决定率军出发了。由于皇帝和苏丹还在为正式协议进行紧密的磋商，东征的宣言自然也就成了一次走过场的仪式。

1227 年 8 月 21 日，十字军从布林迪西出发了。这支十字军当中，并没有前往耶路撒冷的朝圣者一同前往——因为在出发之前，瘟疫突然爆发了。

从 9 月 8 日开始，腓特烈的舰队中相继有人倒下。舰队只好转头返回母港。回港以后，染病者的数目不断增加，腓特烈的大将中有一位因染病而死，而皇帝自己的身体也每况愈下。

无奈的腓特烈只得让条顿骑士团团长赫尔曼率领 800 名骑兵，乘坐 20 艘桨帆船，先行前往东方。皇帝自己则给教皇写信说明延期出行的原因，乘船前往那不勒斯附近的伯乔利港，在这一温泉疗养地休整。

第一次绝罚

皇帝的请求导致了教皇愤怒的暴发。怒上心头的教皇，以腓特烈违反约定为理由，对其公开处以开除出教的绝罚。

绝罚的理由并不仅仅是这些。绝罚敕令中简单回顾了孤儿出身的皇帝是如何在教廷的支持下，一步步成为西西里国王、德意志国王和神圣罗马帝国皇帝的，指出假如没有教廷的支持，就没有腓特烈二世的今天。

格列高利立即将这一敕令传达给整个西欧的大主教、主教、国王和诸侯。敕令的全文更是于 1227 年 11 月 18 日张贴在罗马圣彼得大教堂正面的大门上。这样一来，对腓特烈二世的绝罚，就得以完全公之于世。

此时的腓特烈，采取了与自己地位相称的一套强硬说辞，把想法写成书信，呈送给教皇。

> 寡人在幼年时代固然受到了罗马教廷的襄助，但在那之后西西里的岁月中，寡人就是在教廷完全漠不关心的情境中成长的。

而当寡人成年以后取得的神圣罗马帝国皇位，则是由伯父奥托让位而来，并非教皇所赐予。

因此，寡人达到今日地位的原因，一方面是由上帝所护佑，另一方面则是意大利与德意志诸侯的支持。

这封信令格列高利九世怒不可遏。他根本无视腓特烈信件末尾的1228年春季率领十字军出征的承诺。

第二次绝罚

1228年3月23日，罗马的圣彼得大教堂门前，再度张贴了绝罚的告示。在第一次绝罚还未解除的情况下，腓特烈面临第二次绝罚的惩处。

第二次绝罚的理由，是皇帝缺少一颗对罗马教皇恭顺的心。

在格列高利九世看来，受到绝罚的皇帝理应身着罪人的粗麻布服装，前往教皇的驻跸地，跪在大雪中三日三夜，祈求自己为他解除绝罚。而腓特烈现在却在温泉疗养地独自享受着悠闲的时光！

然而腓特烈二世却并非忍受“卡诺萨之辱”的皇帝亨利二世。

因此，格列高利只得变本加厉地发出第二份绝罚告示。这封文书很快传遍了整个天主教世界，其中加入了如下的指示：

第一，对受绝罚者所在地的所有居民，作禁止圣务的处罚。

禁止圣务是开除出教的前一步。教皇以此惩罚俗人，禁止他们从事

宗教活动。从弥撒开始，新生儿的洗礼、婚礼、葬礼等一概不能举行。

如果说开除出教的绝罚是针对个人，禁止圣务就是对整个地区居民共同的惩罚。

第二，受绝罚者所拥有领地内的全体居民，从对此领主服从的义务中解放。因此，居民不再有纳税的义务，也不必响应征兵的要求。

第三，受绝罚者所率的军队不再是十字军。因此，其军队所到之处，当地居民有权利阻止其行军，也可以任意掠夺其军备物资。

以上三项中，第二项的作用最厉害。

但在腓特烈二世已经明确宣布进行十字军东征以后，教皇提出的第三项指示带来了与之预期相反的效果。

那个时代的西欧大多数人，还是信任十字军的。此时在普通人看来，地位并不如皇帝高的教皇对皇帝的军队进行处罚，就成了教皇自己阻碍十字军东征的实施。这一举动让普通平民感到极大的疑惑。

而从腓特烈二世一边来看，他虽然受到了两次绝罚，实际的损害却并不大。领地上的居民没有起来反抗，神职人员也没有造反。西西里岛的大主教和主教们本来有绝对服从教皇的义务，但他们都选择站在皇帝一边。没有人真的服从教皇的命令。

1228 年春天，除了两次受到绝罚以外，腓特烈二世还不得不处理另外两件大事。

第一件事是皇后约兰达的去世，这发生在 4 月。不到 17 岁的约兰达，在诞下皇子康拉德 10 天之后撒手人寰。在那个产妇死亡率很高的

年代，失去妻子的腓特烈立场有了微妙的变化。

通过婚姻得到耶路撒冷王国国王身份的他，从此失去了作为继承者的合法性。但由于康拉德的出生，腓特烈又戏剧性地成为了耶路撒冷王国正统继承者的父亲。这对于已遭绝罚的腓特烈来说不啻是一个好消息。虽然受到绝罚者无法得到教皇的承认，但父亲为确立儿子的王国继承权而领兵出征，在全世界都是无可厚非的。

第二个问题，则是前一年冬天，大马士革传来了穆阿扎姆的死讯。穆阿扎姆无疑是自然死亡，但随后叙利亚派对阿尔·卡米尔的反抗被埃及的苏丹完全平息下来。

随着对整个叙利亚的兼并，47 岁的阿尔·卡米尔，成为了父亲阿拉迪尔之后整个中近东伊斯兰世界的最高世俗统治者。

对阿尔·卡米尔来说，将同为伊斯兰教圣城的耶路撒冷返还，并阻止腓特烈领导的十字军，就成了迫在眉睫的任务。对于和平取得耶路撒冷的安排，腓特烈二世在出兵之前也没有明确拒绝。而教皇则完全没有解除皇帝绝罚的意思——他对东征的干扰丝毫没有改变。

于是，腓特烈所率领的十字军，成了未受到教皇祝福的十字军。参加这第六次十字军的成员，也就因此没有任何免罪的报偿。

如果是平凡的人，经受如此的打击，大概就不会出兵了。他一定会为了满足教皇，身着粗布衣衫，赤脚前往罗马，以悔改的姿态伫立在圣彼得广场中央，祈求解除绝罚。毕竟以受绝罚之身率领十字军东征师出无名。然而倔强的腓特烈却完全没有改变出征的决定。

出发

最终，受绝罚者所率的第六次十字军，从意大利南部最大的海港布林迪西出发了。这一天是 1228 年 6 月 28 日，33 岁的腓特烈为出征做了周密的准备。

腓特烈所率的舰队包括 40 艘桨帆船和上百艘运输帆船，上面装有大量军粮、武器和马匹，还乘坐着来自西西里和意大利南部的 100 名骑兵和 3000 名步兵。以上只是皇帝亲自指挥出征的部队，还有一部分人马已经提前出发。

先行出发的是在瘟疫爆发前一年，由条顿骑士团团长赫尔曼率领的 800 名德意志骑士。这支部队除了骑士，还包括一部分步兵和后勤人员，总人数大约是骑士人数的三倍。

先行部队在 1227 年秋天到达了巴勒斯坦。他们遵照腓特烈的命令，在西顿港进行整备，并完成了对港口防御工事的改造。

条顿骑士团的骑士接下来对阿克和蒙福特的城堡进行了加固，到 1228 年，他们又前往凯撒利亚，改造当地的防御工事。这一系列工作都是为了确保腓特烈二世登陆时军队的安全和拥有足够数量的前线防御基地。

将参加第六次十字军的全部人马合计起来，包括 900—1000 名骑兵，以及三四千名步兵。兵力并不众多。

但这支军队的指挥完全处在腓特烈二世一个人支配下。直接听命于他的两位总指挥，分别是陆上的条顿骑士团团长赫尔曼，和海上的马耳他的恩里科。两人都是能征善战的武将。当腓特烈到达巴勒斯坦以后，他还与圣殿骑士团和医院骑士团并肩作战，加上条顿骑士团的支持，协调一致。

年届 50 的条顿骑士团团长赫尔曼，对比自己年轻 15 岁的神圣罗马帝国皇帝始终保持着绝对的忠诚。他不仅作为一名战将，也作为腓特烈二世的外交人员活跃在皇帝身边，时刻代表皇帝的立场。

如果说赫尔曼是腓特烈的右臂，皇帝的左臂就是活跃的海军统帅恩里科了。马耳他一直是基督教世界抵抗穆斯林的最前线。这位出身马耳他的将领，就是最忠实执行皇帝命令的人物了。与赫尔曼一样，恩里科也善于外交活动，是腓特烈身边不可多得的人才。

恩里科虽然不如赫尔曼年龄大，但与 34 岁的腓特烈相比，还是要年长不少。

他们两人就成为了腓特烈事实上的副将。因此，有两人辅佐的第六次十字军，规模不大，却都是精兵强将。

除此以外，第六次十字军还有一大特色。

这就是本次十字军的海军力量完全是由自己控制的。回顾第三次十字军，法国国王腓力需要完全依赖热那亚的海军力量，而英国狮心

王理查虽然动用本国舰队运输兵士，在海战时也不得不依赖比萨和热那亚的力量。英格兰的帆船适于运输，但在海战时，可靠的战舰还是依赖桨橹灵活机动的桨帆船。适于地中海航行的桨帆船并非欧洲北部各民族常用的船只，只有习惯于在地中海活动的当地船员善于驾驶。

腓特烈二世的领地南意大利和西西里，都面对着地中海。这些地区的海员不仅长于海运，还是真正意义上的桨帆船驾驭者。无论是赫尔曼先期率领的骑士团所乘坐的 20 艘桨帆船，还是腓特烈自己率领的 40 艘桨帆船，都是在意大利南部和西西里岛建造的。

这些舰船的总指挥，正是生长于马耳他，熟悉整个地中海的恩里科。因此，拥有自身的海军力量而无须他国提供，对于指挥作战来说是殊为有利的。腓特烈的海军也因此独具特色。

腓特烈的舰队中还包括为本次东征特制的运输船。这种船的底部很浅，可以溯尼罗河而上，进攻开罗。

腓特烈二世以周密的准备前往东方。虽然他还没有与阿尔·卡米尔交战的经历，但他已经具备了充分的战斗力。作为最高司令官的腓特烈，还从没有在此前的作战中失利过。而此时皇帝的打算，是在并不动用自己军事力量的情况下，和平达到东征的战略目标。

6 月 28 日离开布林迪西的舰队，沿着希腊半岛的西侧南下，然后转舵向东，经过克里特岛和罗得岛，于 7 月 21 日在塞浦路斯岛南部的利马索尔港登陆。经过 3 周的旅行后，腓特烈一行于塞浦路斯岛上休整 6 周。与狮心王理查一样，腓特烈二世也十分重视塞浦路斯岛的战略地位。

从理查时代转入天主教徒控制的塞浦路斯岛，正由一位8岁的幼年国王统治着。而以贝鲁特为中心发展自己势力的伊柏兰家的继承人约翰，正对塞浦路斯虎视眈眈。准备君临巴勒斯坦的腓特烈，自然不希望塞浦路斯在自己的眼皮底下发生内乱。况且塞浦路斯还是能为自己提供大量军粮的基地。

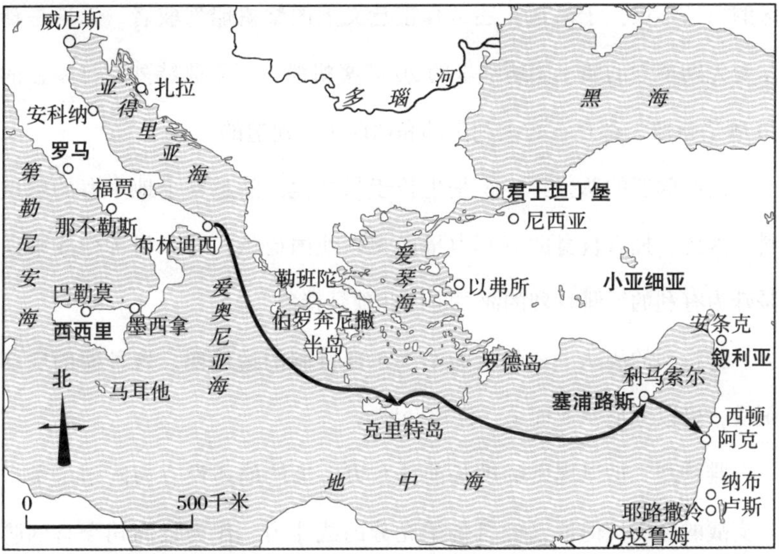

腓特烈二世的进军路线

腓特烈非常希望不动用军事力量就能解决塞浦路斯的问题。但是，腓特烈和约翰的谈判并没有进展下去，皇帝也没有派兵追击从法马古斯塔逃出的约翰，而是最终与伊柏兰家签订了协议。

双方的协议包括如下内容：

一、直到问题完全解决，皇帝承认伊柏兰家的约翰对贝鲁特的领

主权；

二、皇帝到达巴勒斯坦之后，若开展军事行动，约翰负有保卫叙利亚基督徒的责任；

三、这期间塞浦路斯王国的防务，由腓特烈的部众代替幼年国王完成。

从此塞浦路斯的问题得以解决，腓特烈也于9月3日出发。9月7日，大军在巴勒斯坦基督教势力的中心阿克登陆了。

到达阿克

十字军史上神圣罗马帝国皇帝首次驾临圣地，引爆了中近东基督徒的宗教狂热。除了阿克的居民，邻近各个城市的基督徒都蜂拥而至，将阿克城的港口围了个水泄不通，期待着皇帝御驾的光临。

沐浴着秋季阳光的腓特烈二世，在以阿克大主教为首的一众要人引导下，从港口向王宫缓缓行进。英姿勃发的皇帝跨坐在马上，俨然一副中近东全体基督徒保护者的威严形象。

自上而下的全方位热烈欢迎，使腓特烈感到风光无限。同行的巴里大主教将到达的盛况记录下来，写成书信，委托恩里科派人呈送教皇格列高利九世。大主教十分期待教皇能够收回成命，解除对皇帝的绝罚。

就在这时，两位手持教皇敕令的修士，乘船来到了阿克。他们一登陆，便径直前往中近东基督徒的最高精神领袖——耶路撒冷牧首的官邸，将教皇的敕令递交给牧首。

在敕令中，教皇重申了第二次绝罚的告示：基督徒没有服从已受绝罚的皇帝的义务。教皇特别明令禁止宗教骑士团服从皇帝的调遣，严禁骑士团团员与皇帝并肩作战。

得知教皇的敕令，阿克的居民动摇了。但他们毕竟亲眼目睹了皇帝的飒爽英姿，一时间难以接受绝罚的事实。最终，阿克城内居民分裂为敌视皇帝的一方和支持皇帝的一方。

而在各个宗教骑士团的内部，人们为是否接受皇帝、听从教皇展开了激烈的争论。圣殿骑士团和医院骑士团与其他修会一样，都处于罗马教皇直接管辖下。理应服从教皇命令的两大骑士团，由于在中东的长期驻扎，对叙利亚、巴勒斯坦一带基督徒的现状十分清楚。

一番争论之后，两大骑士团达成了一致，都决定支持腓特烈的十字军。他们也分别致信教皇，禀报了自己不得已的苦衷。

“在现在的条件之下，我们只得与皇帝并肩作战。但我辈的协助，绝非在皇帝名义下，而是为了上帝和全体基督徒尽全力。”

同样是宗教骑士团的条顿骑士团就没有以上的困扰了。条顿骑士团的成员仅限于德意志贵族出身者，并不直接受罗马教皇管辖，因此天然服从皇帝的命令。

出于政治上避免自己处于风口浪尖的考虑，腓特烈将第六次十字军名义上的总统帅职务交给了条顿骑士团的团长赫尔曼。

这样一来，第六次十字军就不再是受绝罚的皇帝领导了，而是名正言顺地由条顿骑士团团长来率领。

再次接触

抵达阿克之后，腓特烈二世再次派出了密使，与阿尔·卡米尔交涉。两位密使都是长期居住在中近东的封建领主，能够自由运用阿拉伯语交谈。两人前往苏丹当时的驻跸地纳布卢斯。腓特烈的外交努力，在刚刚来到阿克接受人群欢迎的那一刻就开始了。

阿尔·卡米尔之所以来到纳布卢斯，是因为一年前穆阿扎姆之死引发的叙利亚的群龙无首，使埃及苏丹有了将整个叙利亚据为己有的机会。腓特烈来到之前，阿尔·卡米尔已经成功兼并了叙利亚。

阿尔·卡米尔还有一名兄弟，与穆阿扎姆同龄的阿尔·阿斯拉夫，从亡父阿拉迪尔那里继承了美索不达米亚地区的统治权。这位兄弟对长兄占领叙利亚的行为无法容忍，正准备与阿尔·卡米尔对抗。

腓特烈进入巴勒斯坦时，阿尔·卡米尔正在与阿尔·阿斯拉夫协商，希望能够化解矛盾。此时的埃及苏丹，正处在两难的境地。

阿尤布王朝的苏丹一直墨守创始人萨拉丁的策略，与哈里发保持较远的距离。当时穆斯林眼中的哈里发形象，可以从他们流传的一句“罗马教皇就是基督徒中的哈里发”中窥见一斑。做为最高的宗教领

袖，在萨拉丁以前，巴格达和开罗各有一位哈里发。巴格达的阿拔斯王朝哈里发属于逊尼派，而开罗的法蒂玛王朝哈里发则是什叶派。

萨拉丁在开罗哈里发死后，终止了法蒂玛王朝，并未指定新的哈里发。这一状态在阿尤布王朝的后两位苏丹阿拉迪尔和阿尔·卡米尔在位期间一直持续。

阿拉迪尔临终时将美索不达米亚的统治权委托给自己的儿子阿尔·阿斯拉夫。他的驻跸地摩苏尔，处在距离巴格达不远的底格里斯河上游地带。这就使他比远在开罗的长兄离哈里发更近，也因此更容易和哈里发及其周围的伊玛目们相互影响。

阿尔·卡米尔深知，在与阿尔·阿斯拉夫争夺的时刻，自己在与腓特烈二世的谈判中并不处于有利的位置。因此，早在一年前腓特烈未曾出发时，苏丹就提出了“返还耶路撒冷”的和谈条件。然而耶路撒冷毕竟也是穆斯林的圣城。将圣城拱手让给基督徒，自然会遭到拥有哈里发支持的阿尔·阿斯拉夫强烈的反对。

但以埃及为基地的阿尔·卡米尔又不能无视腓特烈二世的军事力量。

一直所向披靡的青年皇帝所率的精锐集团，经过精心准备之后，带着可以在尼罗河上通行无阻的舰队造访中近东。如果这支舰队满载骑兵和步兵沿尼罗河上溯，出现在开罗的市中心，对阿尔·卡米尔来说不啻是一场噩梦。苏丹刚刚取得叙利亚，又在努力改善与美索不达米亚的关系，此时如果大本营出了闪失，就相当于前功尽弃。

于是，阿尔·卡米尔接受了腓特烈二世再次和谈的请求。他再次任命曾经面见皇帝的埃米尔法拉丁全权负责。法拉丁的上次出使，已经在腓特烈面前完整表达了苏丹的意思。

但此时阿尔·卡米尔同意和谈，只不过是在拖延时间而已。

苏丹完全知悉皇帝在西欧的现状。教皇对皇帝的绝罚尽人皆知，而腓特烈所在的阿克也已经分裂为教皇派和皇帝派。

苏丹还知道，皇帝在意大利南部的领地跟教廷直辖领地接壤。如果深深憎恶皇帝的格列高利九世出兵进攻意大利南部，腓特烈二世一定会归国抵抗的。

作为书写历史的我们，总能深深地感到一点，那就是无论什么信息，信息只对认识到它重要性的人重要。关于这一点，无论是对基督徒还是穆斯林来说，都是一样的。同是基督徒，有善于利用信息的教皇和王侯，也有不善于利用信息的。而对于同在基督教世界从事贸易的威尼斯人和热那亚人来说，前者就比后者更为善于利用信息。

正如古罗马伟人恺撒所说的：“没有人可以认识到事实的全部。大多数人只看得到自己想看到的事实。”

而能够充分利用信息的人，则是能直视自己不愿看到的事实的。

巴格达的哈里发和周围的伊玛目们也好，美索不达米亚的领主阿尔·阿斯拉夫也好，他们都知道神圣罗马帝国的皇帝已经率领大军来到了巴勒斯坦。他们也知道皇帝受到了教皇的绝罚，迟早会有一天不得不返回欧洲去。

但他们并不知道这位皇帝拥有能直捣开罗的强大军事力量。只有阿尔·卡米尔注意到，次年春天，马耳他出生的海军将领恩里科又率领20艘船来到了巴勒斯坦。

1228年秋天再次开始的谈判，在阿克城外皇帝的营帐内进行。全权代表苏丹的年轻埃米尔法拉丁，以务实的态度与腓特烈二世积极沟通着。二人一边下棋，一边亲切地交换着意见，谈判桌旁洋溢着轻松的气氛。

手拿着棋子的腓特烈抛出一个个重要问题，法拉丁无法完全确知苏丹的决意，因此只能闪烁其词，见招拆招，小心翼翼地回答。双方这样的反诘，往来了好几次。

由于这次谈判完全以阿拉伯语进行，在十字军一方并没有关于谈话内容的记载。完全不理解对话内容的书记官，只留下了一句“双方一直在亲切的气氛中进行会谈”。

从特拉维夫到加沙

9月开始的会谈，到11月初时转移了地点。

妥善完成与阿尔·阿斯拉夫的谈判之后，阿尔·卡米尔不必继续留驻纳布卢斯。在返回开罗的途中，他前往加沙的行宫居住。

得知此事的腓特烈二世，从圣地基督教国家的临时首都阿克动身南行，来到了雅法。到达雅法之后，他与阿尔·卡米尔的距离只有以前的一半。

雅法就是今天以色列的行政首都和第一大城市特拉维夫。而加沙今天还保留着中世纪的名称，是巴勒斯坦自治地区内激进派哈马斯控制下的“加沙地带”的行政中心。

从雅法到加沙的距离大约有70公里。在21世纪的今天，从两座城市之一发射导弹，导弹瞬间就会在另外一方爆炸。

而在约800年前的1228年至1229年间，同样距离的两位君主，却决定不依靠自己强大的军事力量，而是通过谈判的方式实现和平共存。要知道，他们分别是整个基督教世界最强有力的世俗统治者和整个伊斯兰世界世俗统治者中的第一人，精英中的精英。

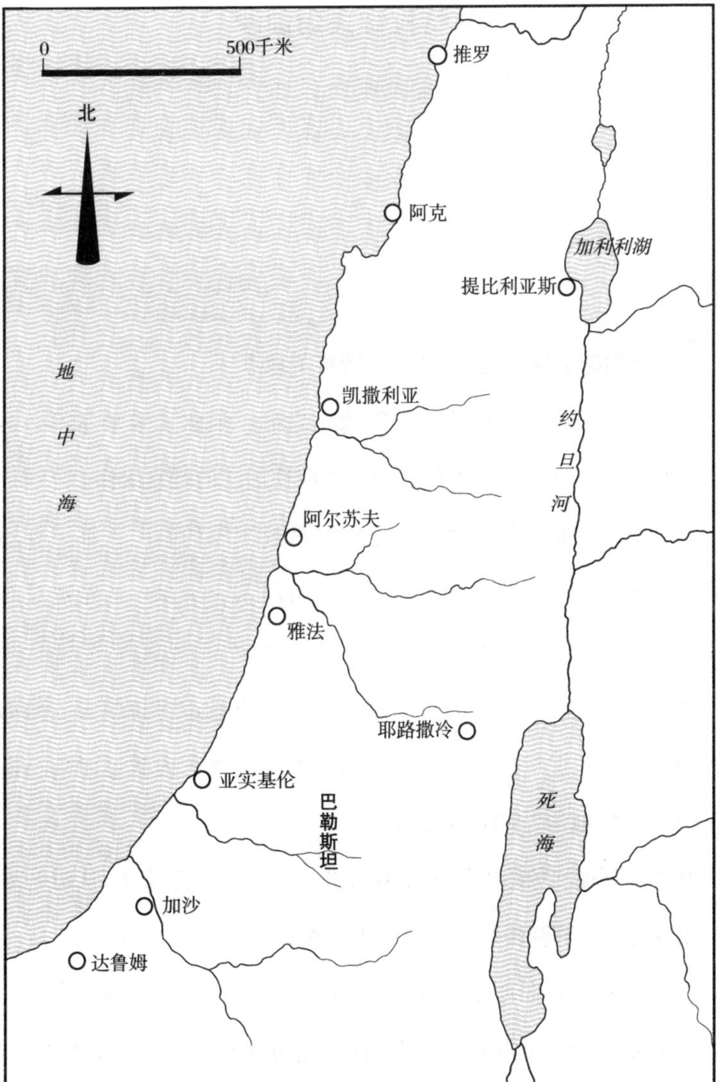
0
500千米
北
推罗
阿克
加利利湖
提比利亚斯
地中海
凯撒利亚
约旦河
阿尔苏夫
雅法
耶路撒冷
亚实基伦
巴勒斯坦
死海
加沙
达鲁姆

雅法和加沙

由于受到33岁的皇帝大幅度缩短距离所带来的压力，48岁的阿尔·卡米尔决定留驻加沙。法拉丁带着与腓特烈谈判的结果面见苏丹，然后再把加沙的指示带到雅法的谈判桌前。多次往返颇为辛苦，所幸的是加沙和雅法之间是平坦的低地，适合马匹纵横驰骋。

在时断时续的来来往往之间，不变的是双方会谈时的友好气氛。苏丹向皇帝馈赠了自己所使用的豪华营帐，皇帝则将自己绘有黑色鹰鹫的黄色骑士装和欧洲产的骏马赠给了苏丹。双方还不时作诗交换。对穆斯林来说，作诗是上流人士的时髦。精通阿拉伯语的腓特烈也擅长此道。

有意思的是，与腓特烈相谈甚欢的法拉丁，干脆地接受了西欧的仪式，成为了一名骑士。消息传到阿尔·卡米尔那里，苏丹忍俊不禁，“你小子也成了骑士了！”他想必是忆起36年前，自己在狮心王理查面前被授予骑士称号的故事。

中世纪欧洲的骑士，必须在其封君面前宣誓效忠。但如果穆斯林成为骑士，自然是无法对基督徒宣誓效忠。因此无论是狮心王理查还是腓特烈二世，在授予对方骑士的时候，都是凭着一时的心情愉快而做的决定，这自然也是基督教所不允许的。而阿尔·卡米尔和法拉丁，则都是泰然接受，活脱脱成为“骑士”。

这样一来，阿尔·卡米尔为拖延时间而进行的和谈，逐渐认真地向着两大异教共存的方向发展了。与此同时，腓特烈二世也不忘继续强化中近东基督教国家的防御工作。

边下棋边谈判的腓特烈二世和法拉丁

从这一时期起，巴勒斯坦开始出现了条顿骑士团建造的城堡。此前当地的城堡主要由圣殿骑士团和医院骑士团兴建，而条顿骑士团也逐渐加入了他们的行列。当然，假如没有腓特烈二世的积极援助，创立仅10年的条顿骑士团也不可能取得建造城堡的机会。

腓特烈不单单资助条顿骑士团，而且对各个骑士团的所有重要城堡都进行了战略上的关注和物资援助，以增强其战斗力。他还特别任命医院骑士团的团长负责对各个海港城市的城堡进行加固和兵力部署。

在进行和平谈判的同时，腓特烈派遣兵士加强防御工事的做法，为他赢得了当地主张对穆斯林强硬的鹰派人士的支持。无论如何，既然率领了大军来巴勒斯坦，只是谈判而不做抵抗，是无法让人接受的。

缔结和约

雅法和加沙之间的和平谈判，从 1228 年 11 月起就一直进行着。

三个月后的 1229 年 2 月，双方基本达成一致。谈判一度陷入胶着，但最终还是向着皇帝满意的方向发展。

2 月 18 日清晨，双方在雅法的和平议定书上签字。腓特烈二世首先签字用玺。当天夜晚，阿尔·卡米尔在加沙也签字用玺。未曾谋面的两位统帅间实现了和议。

这一议定书的文本原样已经荡然无存。它之所以没有能够保存下来，与基督教和伊斯兰世界双方对这一和议的恶评不无关系。然而，所有的评判大都是反对压过赞成声音。历史上记载过这次和议的人，重视的也是那些更尖利的反对声音。

因而研究者不得不满足于通过基督教世界和伊斯兰世界所存留的史料片段，来构筑这部分历史的真相。很多研究者只不过是以罗列原始史料作为结论。至于对史料的翻译来说，西方史家总以“我们”来指十字军一方，而以“他们”来指伊斯兰世界，翻译的言辞也不免陷于繁杂。

腓特烈二世和阿尔·卡米尔握手
（根据当时的编年史，但两人实际上并未会面）

而我在本书中所做的，是将基督教史料和伊斯兰教史料中的记载，分别按照当时和议的项目来整理。这些史料中共通的、明确的部分，都可以在腓特烈和阿尔·卡米尔一方的记载中找到。这样做大概是一种较为合适的处理方法吧。

第一，苏丹同意，穆斯林一方将耶路撒冷让渡给基督教一方。

但是，耶路撒冷城内东侧的1/3，仍然作为非武装的“伊斯兰区”由穆斯林自治。

在这一地区至今还伫立着苏丹奥马尔兴建的金碧辉煌的圆顶清真寺，以及中世纪以来耶路撒冷穆斯林信仰的中心——阿克萨清真寺。

依据和议，尽管耶路撒冷由基督徒管辖，但基督徒在进入这一“伊斯兰区”时，则必须经穆斯林管理者的允许，才能通行。

而之所以基督徒需要常常进入伊斯兰区，是因为古犹太国时代的所罗门圣殿座落在这一区域内。相传耶稣年轻时曾与犹太祭司在这一

区域争论。对于来耶路撒冷朝圣的基督徒来说，凡是与耶稣生前活动有关的地方，他们都会去参观。

出于相同的原因，腓特烈二世要求将耶稣诞生地伯利恒和成长之地拿撒勒都收入基督徒控制的范围。阿尔·卡米尔满足了皇帝的要求。

第二，虽然除“伊斯兰区”以外的区域都归基督徒领有，耶路撒冷周边的地区仍然归穆斯林控制。

这就使耶路撒冷成为了一个深入敌境、孤立无援的飞地。就算市内有常备武装，也很难防止城市周边成群的强盗和土匪。因此，腓特烈二世提出，加强耶路撒冷的城防工事。这一要求也得到了阿尔·卡米尔的认可。

第三，伊斯兰世界承认十字军国家从贝鲁特到雅法之间的巴勒斯坦沿海地区的海港城市及其周边地区的领有权。

虽说早在理查与萨拉丁之间就实现了伊斯兰世界对十字军国家的承认，但当时是从推罗到雅法一线。经过腓特烈和阿尔·卡米尔的和议，从推罗以北的西顿直到贝鲁特一线，都作为十字军国家的领地得到承认。

新的和议增加了十字军国家的领土，但结果绝不仅是增加领土这么简单。增加这一段海岸线之后，从安条克经特里波利直到雅法的整个近东海岸线上，十字军形成了一条从北到南的连续控制线，其间没有穆斯林控制的区域。

这样一来，无论是朝圣者也好，通商者也好，在那个欧洲与近东

以海路相连的时代，基督教世界取得了极为有利的战略形势。

第四，无论是在基督徒还是穆斯林的领地上，双方都负责保证朝圣者和商业活动的安全与自由。

这一点是对理查和萨拉丁之间和议的再次确认，确保了基督教世界和伊斯兰世界之间的利益共享。

第五，交战双方交换在押的全部战俘。

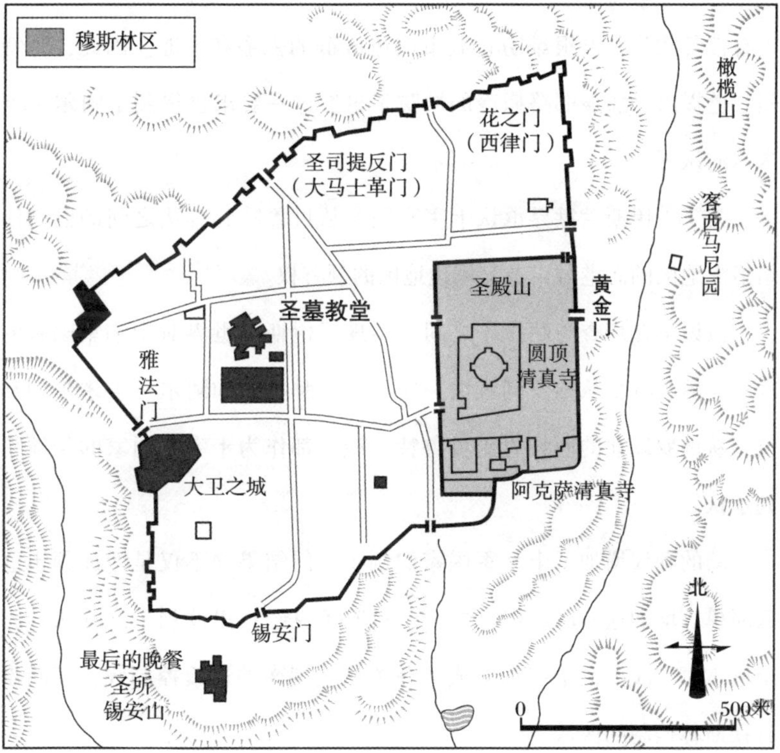

耶路撒冷城市图

该条目所指的战俘，是在第五次十字军东征期间，在达米埃塔之战中双方被俘的兵士。

第六，和议有效期为双方署名用玺之日起 10 年。

因此，双方的和议到 1239 年 2 月为止，而且双方都没有关上续约的大门。

得知和议结果之后，基督教世界和伊斯兰世界都骚动起来。

在伊斯兰世界，首先发难的是美索不达米亚的统治者阿尔·阿斯拉夫。他首先起来反对将圣城耶路撒冷让渡给异教徒。但阿尔·卡米尔的威信毕竟早已树立，反对的声音没能起到实际作用。

阿尔·卡米尔始终未能说服自己的兄弟。从此后直到 21 世纪的今天，伊斯兰世界中所有涉及十字军的记载，都把这次议和看作“屈辱”的事件。

然而在基督教世界中，对这次和议的争论，可就不像“屈辱”那么简单了。

在反对的旋涡中

驻跸阿克的耶路撒冷牧首，以激烈的言辞第一个跳出来反对。条顿骑士团团长赫尔曼辩解说，和议的达成，收回了原来一直在异教徒手中的耶路撒冷，朝圣者也就因此可以方便地前往圣城了。牧首对此充耳不闻。

在即刻写成的书信中，耶路撒冷牧首向教皇做了如下的汇报：

> 这位皇帝完全不配做基督徒的皇帝，以无能二字概括绝不为过。在撒拉森人面前，他完全不敢强硬起来，只是不停地感谢对方。对这种毫无信仰之徒，我只想表达自己的轻蔑。

对牧首杰拉德来说，无论是议和，还是腓特烈二世对异教徒的尊重，以及与穆斯林共存的观念，都是无法接受的。

教皇读罢牧首的来信，对腓特烈的评价更加负面。至于解除对皇帝的绝罚，此时看来是不大可能了。

对教皇和耶路撒冷牧首来说，皇帝与异教徒的谈判，对于皇帝的基督徒身份来说，是极大的错误。他们坚持认为，圣城耶路撒冷的

“解放”，决不能通过与异教徒的协商解决，而必须以基督徒的流血牺牲为代价实现。

除了神职人员以外，在中近东的基督徒中间，反对此次和议的主要是圣殿骑士团的团员。自创立以来，圣殿骑士团就以没收的阿克萨清真寺作为总部。自从萨拉丁夺回耶路撒冷以后，圣殿骑士团就一直处在没有总部的状况下。腓特烈二世此次将包括阿克萨清真寺所在的区域交给穆斯林，使圣殿骑士团在其创建 42 年之后回归总部的愿望化为泡影。

当然，也有许多基督徒为和议的达成感到高兴。专程从欧洲远道而来的朝圣者，首先为和议达成而欢呼。当腓特烈的军队放行之后，他们从各个城市一齐涌向耶路撒冷。

此外，除皇帝直属的条顿骑士团之外，中近东本地的医院骑士团也与腓特烈通力合作。当和议达成之后，皇帝从雅法出发去周边的城堡视察时，医院骑士团的团长常常陪伴在他左右。

还有长期居住在巴勒斯坦海港城市的商人，由于和议的达成极大便利了他们的经营活动，也对来之不易的和平极为赞同。

但总的来说，比起声势浩大的反对者来说，赞成的声音还是要弱得多。腓特烈在反对声浪的面前，只得低调行事。从 2 月到 3 月之间，他都一直专注于视察各地城堡和防御工事的加固事宜。

回顾历史，从基督徒手中夺回耶路撒冷的萨拉丁，曾经对狮心王理查庄严承诺，保证前往圣城朝圣的基督徒的自由和安全。继承其兄

王朝的阿拉迪尔，也奉行相同的路线。但这两位领导人都没有将耶路撒冷拱手相让。

在萨拉丁和阿拉迪尔统治的岁月里，同为基督徒和穆斯林圣城的耶路撒冷，作为穆斯林控制下的城市向基督徒开放。从理查与萨拉丁之间和议到腓特烈与阿尔·卡米尔之间和议的37年间，即便是在第五次十字军东征期间，也保持着这一状态。

之所以阿尔·卡米尔要冒险选择完全让渡耶路撒冷，只是因为这一冒险对苏丹有利。

毕竟，时间是对苏丹最为有利的因素。因为无人不知，腓特烈二世并不会长久滞留在东方。

我的思绪直飘到十字军东征1000年前罗马皇帝哈德良统治的时期。当时尚没有基督教与伊斯兰教，哈德良面对的是生活在当地的犹太人。

镇压罗马帝国时期最后一次大规模犹太人起义的哈德良皇帝，流放了耶路撒冷城内的犹太教徒。犹太人可以在帝国境内各处居住，但唯一被禁止进入的城市就是耶路撒冷。哈德良之所以这样做，只是因为他认为犹太人在其他地方能够与各民族共生，而在耶路撒冷城内却会愤而起义。

哈德良皇帝不仅流放了耶路撒冷的犹太人，还将这座城市改名为埃利亚·卡比托利那（Aelia Capitolina）。他还下令重建城内半个世纪前罗马皇帝提图斯破坏的大神殿，并将其变为祭祀罗马诸神的万神殿。

埃利亚这一名称，得自哈德良的家族名（nomen）埃利乌斯（Aeli-

us）。而“卡比托利那”则得自罗马城的七座山丘之一卡比托利诺山（Capitolinus），相传是神居住的区域。因此，埃利亚·卡比托利那的名字，带有“哈德良所建神殿”的意味。

至于古罗马五贤帝之一的哈德良为什么对耶路撒冷改名，并未得到史家的记载。作为一神教圣地象征的耶路撒冷，在其他民族看来，总有别的名字可以替代。罗马人自己的信仰是多神教，因此希望以多神的信仰，来取代当地的一神教。

然而，埃利亚·卡比托利那不过是个短命的名字。随着 4 世纪初基督教势力抬头，基督徒将圣城的名字改回了耶路撒冷，东罗马帝国的希腊人基督徒成为城市的主人。

又过了 300 多年，当东罗马帝国的领土被新生的伊斯兰征服运动席卷之时，耶路撒冷成为伊斯兰世界的一部分。从此以后直到十字军东征的时代，耶路撒冷再次易手。

对比哈德良皇帝这位多神教时代的罗马公民，苏丹阿尔·卡米尔则是伊斯兰世界的领袖。

如果不考虑宗教和时代的差别，作为一国之君的阿尔·卡米尔做出的决定，是否有如下的考虑呢——

如果耶路撒冷一直处于伊斯兰世界的控制之下，欧洲的基督徒会一直不停地保持对圣地的亢奋和觊觎，新的十字军会源源不断地从欧洲涌来，并导致一次次的战争……

恐怕腓特烈二世在和谈期间也会明示这一点吧。比十字军更亢奋

的罗马教皇和整个天主教会，给皇帝带来巨大的麻烦。他直白的建议，也会促使阿尔·卡米尔做出让渡圣城的决定。

不过，与腓特烈谈判的苏丹，并非除了让步以外别无选择。在和约签署之前，阿尔·卡米尔自然会预料到，自己的决定将会带来整个伊斯兰世界暴风骤雨般的反对。毕竟自己的伯父和父亲都不曾冒这样的政治风险。

然而不能忘记的是，当初迎击第五次十字军时，阿尔·卡米尔刚刚取得自己的基地埃及的领导权，实力还不够强大。对他来说，十字军如潮水一般一次次涌来，跟中近东当地的基督教徒不断合流，并非难以预见的事情。为了防止十字军再次入侵，把耶路撒冷交给基督徒，问题似乎就迎刃而解了。

以上的种种，不过是我个人的想象罢了。我只是觉得，无论双方的宗教信仰有多么不同，理解与协调的余地总是存在的。

想象归想象，我们还是应该探究一下阿尔·卡米尔做出决定的真实原因。

有些研究者从50岁的阿尔·卡米尔对比自己年少15岁的腓特烈二世的好感入手。由于同情腓特烈两次遭绝罚的命运，苏丹对他网开一面。但如此的理由显然并不充分。

将除了圆顶清真寺和阿克萨清真寺所在的“伊斯兰区”之外的整个耶路撒冷拱手让给基督徒的决定，使阿尔·卡米尔这位整个伊斯兰世界的领袖冒着巨大的风险。他不仅遭到同时代人的反对，直到800年

后的今天，这一事件还在整个伊斯兰世界被当作“屈辱”对待。

“腓特烈－阿尔·卡米尔和约”在苏丹冒着巨大风险的前提下完成。而且，腓特烈二世自己也面临着相当的风险。与苏丹不同，年轻15 岁的皇帝，将带着这一风险所导致的结果终其一生。

回想狮心王理查也曾经与异教徒签署和约。但理查一世是在与萨拉丁进行了一番殊死搏斗之后，握手言和的。腓特烈二世却一次也没有跟异教徒作战，就签订了和约。

因此，对未能夺回圣城的理查，教皇选择了正面的评价和宽容的态度，倒是成功得到耶路撒冷的腓特烈，却遭到了教皇的抨击。

追根究底，在教廷看来，无论是圣地巴勒斯坦还是圣城耶路撒冷，都是必须依靠基督徒流血牺牲才能得到“解放”的。正因为如此，全体参加十字军的基督徒，才能一次性地得到免罪。

访问圣城

1229 年 2 月 18 日，腓特烈二世签署了和约。此后他一路视察城堡和防御工事，直到 3 月 17 日抵达耶路撒冷。出城迎接的耶路撒冷总督阿尔·高吉，在城门外的交接仪式上向皇帝呈送了耶路撒冷城门的钥匙，宣告城市交接的正式完成。

34 岁的皇帝首先前往医院骑士团的医院附近的骑士宿舍。皇帝决定在此处驻跸，因为这些宿舍是当时城内唯一的可以留宿基督教世界君主的场所。萨拉丁接管耶路撒冷之后，只有医院骑士团的医院和这些宿舍被保留下来，成为接待前来朝圣的基督徒的场所。除此以外，无论是耶路撒冷国王的宫殿，牧首的官邸，还是作为防御设施的大卫之城，都驻扎着穆斯林士兵。

在医院骑士团建筑物内安顿好的腓特烈，于晚餐之前携少数随从一起前往圣墓教堂祭拜。

掌管圣墓教堂的执事们，是与医院骑士团的医生们一样，经过萨拉丁允许，留驻耶路撒冷城内招待前来朝圣的西欧基督徒。在萨拉丁占领耶路撒冷之后的 62 年间，他们一直在教堂内工作。作为神职人员，

他们也知道腓特烈二世已经受到了绝罚。

但腓特烈并没有受到绝罚的影响。在满腹狐疑的执事们面前，皇帝让随从等候一旁，自己一个人走向祭坛。走到祭坛下，双膝跪地的皇帝，一个人祈祷着。祈祷完毕之后，腓特烈又在踌躇犹豫的执事们的注视下，率领随从返回了宿舍。

第二天（3 月 18 日）一早，耶路撒冷国王加冕仪式在圣墓教堂内举行。

腓特烈二世本来打算参加加冕仪式前举行的弥撒，然而条顿骑士团团长赫尔曼劝告说，已遭绝罚的皇帝参加弥撒，无异于为罗马教皇的怒气火上浇油。腓特烈听从了赫尔曼的劝说，并未出席弥撒。

弥撒结束之后，圣墓教堂内的人群并未散去。此时，身着皇帝正装的腓特烈二世缓缓走入教堂内，人群中爆发出一阵欢呼声。在已经回到基督教世界怀抱的圣城，在耶稣基督圣墓上建立的教堂中间，亲眼目睹基督教世界最高世俗统治者的风采——就算这位皇帝遭受了绝罚，也无法掩盖亲历者的喜出望外。

群众们为皇帝让开了通往祭坛的道路。然而，按照天主教的仪式，能够为国王加冕的必须是主教以上的神职人员。但当天的耶路撒冷城内，并没有牧首和任何主教在场。

于是，34 岁的皇帝自己手拿祭坛上的王冠，戴在了自己头上。

眼见圣墓教堂内这一令人惊异的场景，在场的群众却无人提出异议。对条顿骑士团的团长赫尔曼来说，今天皇帝的行为完全是向上帝

哈丁之战后的基督教势力（1187年）

第一次十字军建立的十字军国家（1119年）

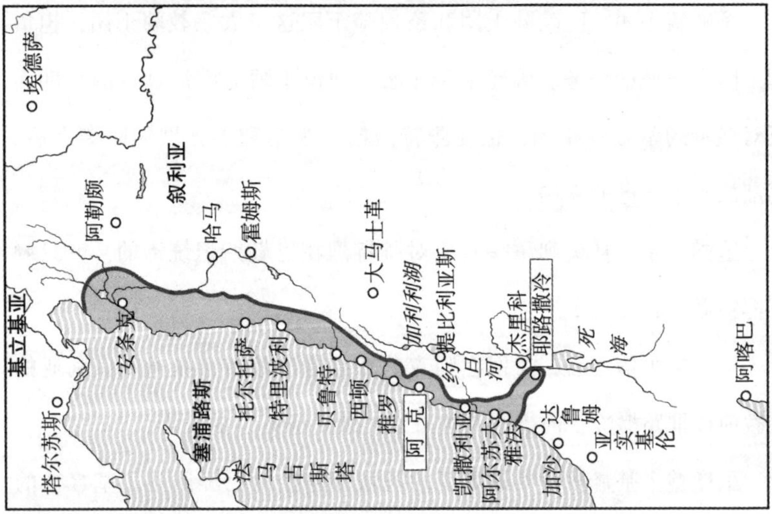

腓特烈二世议和后的基督教势力（1229年）

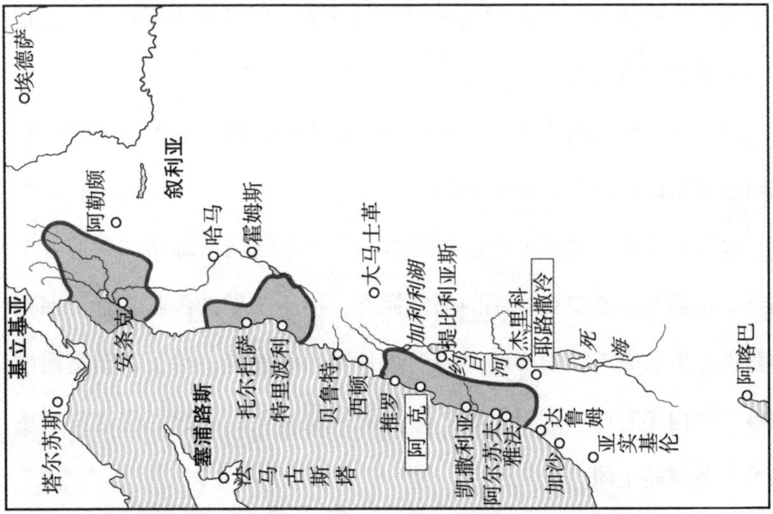

第三次十字军结束后的基督教势力（1192年）

表达自己的感谢，并不需要在事后做出说明。仪式上在场的大都是长期居住于中东的领主和宗教骑士团的领导人。所谓的事后说明，在他们看来实在没有意义。

出席加冕仪式的中近东基督徒实力派人物，都应邀参加了仪式后腓特烈召集的讨论此后统治的会议。

腓特烈于会上说明了自己与阿尔·卡米尔之间所缔结和约的各个条款。重新回到基督徒之手的耶路撒冷，由于长期的维护工作，保持着防御工事的完整。需要解决的问题是城内的安全。除了一圈坚固的城墙，城内还有以“大卫之城”命名的一座城堡。腓特烈将这座城堡交给了条顿骑士团。

圣殿骑士团、医院骑士团和条顿骑士团这三大宗教骑士团，担负起了防御圣城的任务。曾经由于无法收回位于阿克萨清真寺的总部而反对皇帝的圣殿骑士团，也在腓特烈精心视察和加强城堡防御之后，逐渐放弃了自己的立场。

这样一来，从头到尾一直反对腓特烈在巴勒斯坦统治的，就只剩下耶路撒冷牧首一个人。

给教皇去信之后，滞留在阿克的耶路撒冷牧首，派遣凯撒利亚的主教前往耶路撒冷，向当地人送去了“禁止圣务”的公告。

虽然整个基督教世界最重要的圣城耶路撒冷已经回到了基督徒的手中，它却由于腓特烈二世受绝罚的重罪，而被处以“禁止圣务”的责罚。在牧首眼中，由受绝罚者带来的“解放”并非真正的解放。

由于“禁止圣务”的实行，耶路撒冷成为正统基督徒不得进入的城市。牧首颁发的禁令，让前来朝圣的基督徒疑惑不解。

最终，大家并未按照牧首的禁令行事。没有人逃出耶路撒冷，入城的朝圣者依然络绎不绝。他们排列成行，感激地缓缓向圣墓教堂前进——此次旅程当中最重要的，就是到耶稣受难的场所进行一次祈祷。

腓特烈二世则忙于各种机要，以确保耶路撒冷的秩序和安全。他一边工作，一边不忘向随从嘲笑神职人员的顽固不化。

耶路撒冷交由基督徒控制之后，城内的穆斯林并没有立即全数离去。从伊斯兰区的管理者往下，耶路撒冷全城内都居住着穆斯林。在和约缔结之后，腓特烈承认穆斯林在城内的居住权。随着圣城逐渐基督教化，城内的穆斯林开始迁走，但伊斯兰区内的穆斯林守备卫队还一直留在城内。

耶路撒冷不仅是基督徒，也是穆斯林和犹太人的圣城，三种宗教的信徒混合居住着。这样一座特殊的都市，要求特别的艺术来施行统治。

我们不妨以此时期访问耶路撒冷的一位基督徒商人的话，来管窥腓特烈二世的统治艺术。这位长期来往于中近东的威尼斯商人，对腓特烈统治前与统治开始后的变化是这样描述的：

> 几乎看不到什么变化。如果要深究变化的话，一是街头的卫队从穆斯林换成了基督徒；二是基督教堂的钟声比以前更清脆宏亮了。

教堂与清真寺

腓特烈二世在耶路撒冷停留了一个星期。

加冕仪式第二天，腓特烈向由于各种交接事务而频频会面的总督阿尔·高吉提了一个问题：

“我来耶路撒冷这些天，一次也没有听到清真寺的召唤声。这是为何？”

总督回答说，根据苏丹的指示，皇帝驾临这段时间，清真寺不发出召唤。

腓特烈笑着回答说：

“这么说来，如果贵国有要人前往寡人的领土，教堂就因此不鸣钟了么？”

次日清晨起，清真寺的尖塔上响彻召唤祈祷的声音，一天5次。当腓特烈率领部下视察城内时，他的穆斯林部下们听到召唤声，立即从队列出来，匍匐在地面上祈祷。

这样的情景令周围的穆斯林大吃一惊。他们无人料想到，整个基督教世界的皇帝所率的部下当中，有那么多穆斯林；令他们更加吃惊

的是，腓特烈二世默默注视着自己部下进行完整个祈祷过程，回归队列之中，没有丝毫的异样，然后继续率领着全队完成视察。

伊斯兰世界中，留下了不少关于腓特烈在耶路撒冷时印象的评论。

其中有一个人认为，皇帝根本就是一位无神论者。

皇帝在工作之余，参拜了城内的圣迹。但他每到一处，绝不会双膝跪地，哭泣着祈祷。

耶路撒冷的穆斯林见惯了基督徒的朝圣。在他们看来，腓特烈到圣迹前的游览，根本就是观光，而并非参拜。当皇帝进入伊斯兰区之后，也会对圆顶清真寺和阿克萨清真寺的雄美赞叹不已。

穆斯林中还有一个评价：这位皇帝即使是拿到奴隶市场卖，也卖不出去。

在穆斯林，特别是阿拉伯人看来，男子要么肌肉发达，要么身体肥硕，才能卖出好价钱。

腓特烈的身体虽然不能称为羸弱，却既不是肌肉男，也不是胖子。他是那种阿拉伯人不喜欢的皮肤惨白、发色绯红的样子，继承了同名的祖父“红胡子腓特烈”的体貌特征。

腓特烈在耶路撒冷停留一周之后，于 3 月 25 日启程回到阿克。腓特烈计划在阿克对整个中近东十字军国家的防御进行重新整备。然而这座城市迎接他的气氛，却与耶路撒冷迥然不同。

事实控制阿克的耶路撒冷牧首，对腓特烈的态度毫无变化。尽管条顿骑士团团长赫尔曼一直努力希望改善双方的关系，同在阿克的牧

首始终拒绝与皇帝会谈。腓特烈也拒绝任何让步。

回到阿克的腓特烈，不仅面临着牧首和全体神职人员的反对，还受到了皇帝的敌视。但居民的反对，并非因为牧首的煽动，而完全是由于现实的原因。

腓特烈二世和十字军从西欧到来之前，阿克一直是西欧朝圣者来到中近东登陆的第一站，位于朝圣之路的关键位置。然而随着腓特烈为了进行和谈，将驻跸地转移到雅法，并在雅法滞留三个月间加强当地的基础设施和防御工事，最终使和议达成之后的雅法，发展成为比阿克更安全、设施更完备的城市。

更有甚者，与阿克相比，雅法到耶路撒冷的路途更近。因此，朝圣者转而从雅法登陆，前往耶路撒冷。这使得阿克居民通过朝圣经济获得的收入锐减——牧首和神职人员反对腓特烈的呼声，进一步得到了现实利益的支持。

腓特烈自己并未把阿克人的敌视放在心上。在他看来，由于和约达成，叙利亚和巴勒斯坦的诸多海港城市都将繁荣起来，作为其中之一的阿克自然也会注入经济活力。对皇帝来说，当地人暂时的敌视，不会使他放弃自己未完成的大事业，自然也不会让他灰心。

然而事件的发展并不以皇帝的计划为转移。他刚刚进入阿克城，就得知了一桩完全不曾料想的突发事件。

基督之敌

皇帝收到消息，罗马教皇派遣的军队，从教廷直属领地出发，侵入了腓特烈在意大利南部的领地。高举教皇旗帜侵入意大利南部的军队，是由前任耶路撒冷国王布里安努所率领的。而教廷入侵的理由，则包括腓特烈以受绝罚之身率领十字军出征，以及不战而与异教徒达成和议两点。这样一来，腓特烈就不仅是教皇的敌人，更是成为基督的敌人。

东征之前，腓特烈就完整安排了防御计划，将自己的领地委任给亲信。如果只从军事方面来说，与年迈的布里安努对垒，对腓特烈的部下并不成问题。但成为基督之敌的名号，使得整个领地人心动摇，各个城市在教皇军队的面前，尽数城门洞开。

如此危急的形势使留守的亲信不得不期待腓特烈立即归国。抵达阿克的信使递上急件，请求腓特烈尽早回国领导作战。

腓特烈阅信之后只说了句“很遗憾”。他深知，如果要维护和约签署以后来之不易的和平，必须继续完善十字军国家的防御体系。如果有新的十字军前往巴勒斯坦，这个问题就可以迎刃而解，然而此时并

不可能发动新的十字军东征。

因此，在兵力有限的情况下，想完善防御体系的最好办法就是利用城堡。而新建城堡耗费巨大，颇为不可行，只有利用现有的城堡来加强防御了。而且如果大规模新建城堡的话，必然会刺激伊斯兰一方。

从达成和议到进入耶路撒冷的一个月间，腓特烈二世一直采取这一策略。在耶路撒冷驻跸的一周内，他完善了当地的城防措施，而回到阿克之后，腓特烈又对城北和城东的城堡网络进行了充分的建设。

十字军国家城堡的防御功能，并没有得到完全的发挥，到这一时期为止还没有形成统一的体系。

其原因在于，这些数量众多的城堡，分别控制在医院骑士团、圣殿骑士团和各地的封建领主手中。每个城堡都是各自为战，相互之间没有形成配合。唯一的例外是特里波利伯爵领地的城堡群，完全在医院骑士团的控制下，以“骑士之城”为中心，成为一个防御体系。

腓特烈所做的，是依照医院骑士团的范例，在巴勒斯坦和叙利亚的十字军控制区内建立城堡防御体系。随着条顿骑士团的加入，腓特烈力图将三大骑士团整合起来，统一在十字军的战略目的下，发挥体系化的防御作用。

通过体系化的防御策略，就能够在没有新十字军前来，也没有伊斯兰势力入侵的情况下，保障叙利亚和巴勒斯坦一带的安全。城堡群组成的防御体系，由此成为海港城市群外的一道铜墙铁壁。

腓特烈二世东征出发之前，对自己在西欧的领地也进行了明确的

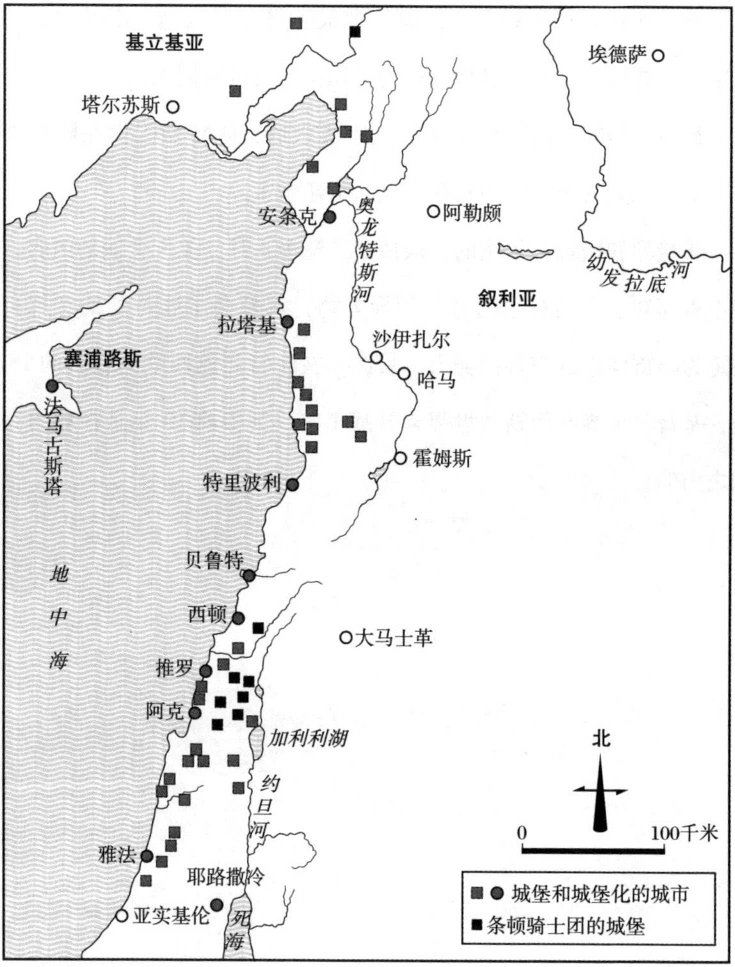

基督教势力网络化的城堡群

防御安排。古罗马的道路系统，就是通过对道路体系的建设，形成交通网络的效果。而用于防御的城堡体系，也是通过建设成为有机网络，实现防御能力的整体提升。

发生在意大利的状况，使腓特烈恨不得分身两地。斟酌之后，他决定争分夺秒地完成在巴勒斯坦的工作，然后班师回国。

最终，当阿克的城堡体系建设完成之后，腓特烈二世在阿克王宫内召集了三大骑士团的团长和各地的封建领主。

腓特烈和团长、领主的会谈持续了整个 4 月。关于会谈的内容，我们不得而知。受到召集的各位领导人物，都领会了腓特烈的意思，并决定为防御体系的完善而努力。最终，在腓特烈返回欧洲之后的 15 年间，基督教世界与伊斯兰世界未开战事——其中前 10 年是在和约有效期之内的。

归国

当防御安排工作结束之后，腓特烈于1229年5月1日启程，离开了阿克。

腓特烈是于前一年9月7日率领第六次十字军抵达的。他在圣地停留的时间，加起来不到8个月。就在这短短的8个月内，耶路撒冷重新回到了基督徒手中。

未曾料想，35岁的皇帝，是在阿克城居民的辱骂和投掷污秽中离开的。城内的神职人员，没有一个前往港口为腓特烈送行。

腓特烈返程的第一站是塞浦路斯。在此地停留几天之后，直接乘船前往意大利南部的布林迪西，并于6月10日登陆。

算起来，腓特烈前一年从布林迪西出发的时间是6月28日。第六次十字军往复的海路航行，加起来不到一年。

不仅整个意大利南部得知了皇帝回国的消息，罗马教廷和为教皇提供军队的意大利北部，也得知了腓特烈的归来。

离开布林迪西，在其北方邻近的城堡巴莱塔度过夏季的腓特烈，看到意大利南部的居民因自己归国恢复了士气。腓特烈在这座面海的

城堡居住，并非只是单纯的休养，同时也准备好了对教皇的反击。

然而，腓特烈毕竟是没有杀死一个穆斯林就取得了第六次十字军的成功。如果他返回欧洲以后，就前来残杀基督徒，这位皇帝必将威信扫地。因此，面对教皇的一再非难，腓特烈必须以不流血的方式，来恢复自己在意大利南部的统治。

9月，当得知腓特烈出兵之后，率领教皇军队的布里安努就仓皇逃亡君士坦丁堡。意大利北部的各个自治城市，随之宣布从教皇集结的军队中撤出。

腓特烈见状，率兵北上进入那不勒斯。其后从那不勒斯向卡普亚的行军路上，有那不勒斯的居民自愿作为腓特烈的先导。

从此直到10月，为教皇所侵占的土地全部回到了腓特烈手中。此时距离皇帝在布林迪西登陆已过去6个月，而他的军队还没有与教皇军交手。

陷入孤立的教皇格列高利九世，不得不低下高贵的头。整个罗马教廷从教皇以下，除了与皇帝达成和解之外，别无他法。

得到教皇求和的允诺后，腓特烈派出了自己特命的外交大臣——条顿骑士团团长赫尔曼。访问罗马的赫尔曼，是第二次与教皇会面。回到那不勒斯之后，赫尔曼转达腓特烈，教皇的态度已经软化。

在那个“教皇是太阳，皇帝是月亮”的时代，想要不伤体面地改善与教皇的关系，并非易事。这一工作花费了将近一年时间。

经过漫长的磋商，教廷和腓特烈就双方领地的边界问题达成了协

议。皇帝决定，利用教皇回到自己家乡阿那尼省亲之际，与教皇进行私人会晤。

阿那尼是罗马以南的一座小镇。从英诺森三世以后，这座小镇走出了许多位教皇。

格列高利九世在接见皇帝之后，发表了如下的声明：

> 全体信徒之母，大公教会，心生慈爱之情地欢迎不羁孩子的归来。从今以后，皇帝回归了正道，整个基督教世界，也从此不再为恐惧所笼罩，走上平稳光明的前途！

和平之吻

1230 年 9 月 1 日，在双方和解的仪式上，60 岁的教皇格列高利九世和 36 岁的皇帝腓特烈二世拥抱在一起，互相接吻。这样的吻，在西欧被称作“和平之吻”。以前的绝罚随之解除。当天，教皇在自己小镇上的家里招待皇帝午餐。条顿骑士团的团长赫尔曼随皇帝一起就餐。

阿那尼小镇“和平之吻”三天后，腓特烈回到了意大利南部自己的领地。

离开巴勒斯坦的腓特烈，无法忘记中近东的基督徒。在与阿尔·卡米尔和约生效的 10 年间，双方谨守互不侵犯的协议，保证和平持续至和约到期的 1239 年。

这段时光，也是腓特烈二世最思念中近东的日子。

皇帝通过书信，保持与伊斯兰领导人的交流。这些以阿拉伯语写成的信件，都是腓特烈写给和约的直接谈判人法拉丁的。信件通过法拉丁转交给阿尔·卡米尔。

腓特烈在信中谈及自己如何带兵对抗教皇军队的内容，信的口吻与其是跟外交谈判的对手交谈，不如说是跟亲密的朋友讲述新鲜的经

历。除了表达对和平的祈愿之外，腓特烈一边讲述自己的近况，一边与法拉丁交换对于数学和哲学问题的看法——这就是腓特烈式的思念吧。

1238 年，阿尔·卡米尔去世。无论是继承他的长子，还是 1248 年长子死后继承苏丹大位的次子，都继续与腓特烈保持书信来往。

神圣罗马帝国皇帝腓特烈二世

双方的书信究竟起了怎样的效果，我们不得而知。但即便是在和约期限结束之后，中近东的基督徒和穆斯林之间的和平共处，还是一直保持了下去。

这一状态的决定性改变，发生在 1248 年。

1248 年 8 月，法国国王路易九世所率的第七次十字军从法国南部港口艾格莫尔特出发，沿海路奔袭埃及。然而两年之后的夏天，路易九世被埃及人俘虏。

当时还在意大利南部的腓特烈，自然知道路易九世被俘这件事。至于得知此事之后，他是如何想的，并没有留下片言只语。然而此后仅仅 4 个月，1250 年 12 月 13 日，腓特烈二世驾崩。两周之前，他刚

刚度过自己的56岁生日。

十字军历史的权威学者朗西曼，是这样评价腓特烈二世的：

“他集残忍、自私与狡猾于一身。在友人面前，他毫无诚信可言；面对敌人，他尽一切可能相周旋。”

站在罗马教皇的角度，恐怕只能得出这样的评价吧。

下

第五章

法国国王路易与第七次十字军

(1248—1254 年)

理想的君主

史称“圣路易”的法国国王路易九世，早在年仅 12 岁时，就在历代法国国王加冕的兰斯大教堂举行了加冕礼。他之所以能荣登大宝，是因为父亲路易八世即位三年后便驾崩，而三位兄长也都先于他离世。

少年皇帝 12 岁即位，还需要母亲摄政。路易九世的母亲布兰卡来自西班牙卡斯蒂利亚王国的皇家，能力出众，信仰虔诚。

母亲对路易百般呵护，除了为国王请各科的家庭教师，在宗教上则身体力行，亲自教育，带领着儿子一遍一遍诵读《圣经》。国王幼年经历着一再失去血亲的痛苦，与此同时，母亲一直伴随在身边，日复一日读着《圣经》。路易的成长自然伴随着深刻的信仰之心。

至于内政方面，路易九世受到母亲的协助，以稳健善治而著称。在他 9 岁那年，祖父腓力二世撒手人寰。腓力二世以善用各种阴谋手段取得王室领地而著称。而路易的幸运之处，则在于他并不需要采取任何阴谋与手段，就保住了法国国王的地位与领地。

1229 年，持续 20 年之久的针对法国南部阿尔比派异端的十字军宣告胜利。5 年之后的 1234 年，20 岁的路易与南部的普罗旺斯伯爵之女

玛格丽特结婚，结束了法国北部与南部之间漫长的斗争。

虽然路易和玛格丽特之间是政治联姻，两人却一直相敬如宾，萌生了令后人歌颂的爱情。

路易九世活了56岁，共生育了10位子女。比路易年长20岁的腓特烈二世也活了56岁，他生育有20位子女。作为君主，尽量多生育后嗣，是无可厚非的。腓特烈的20位子女来自13位女性。而路易九世与他最大的不同，就是10位子女都由王后玛格丽特所生。

腓特烈二世像伊斯兰世界的苏丹那样，后宫佳丽不断，招致了罗马教廷的谴责。相形之下，路易九世就被树立为基督教世界理想的君主，得到教廷的赞赏。腓特烈发兵东征时没有带女性前往，而路易则在东征的始终，有王后陪伴左右。

法国国王路易九世（埃尔·格列柯画）

罗马教廷的优等生路易九世，在1244年经历了一件使他进一步成为优等生的事件。

当年底，路易生了重病，躺在床上。国王的病因是食物中毒引起的脱水。由于一病不起，路易渐渐衰弱下去，母亲和侍从眼睁睁看着他像40岁离世的父王一样的症状，都感到十分绝望：“难道病床上的

路易，也要重蹈其父亲英年早逝的命运吗？”这时，虚弱的路易低声向上帝起誓，如果还能恢复健康，自己务必率领十字军，与异教徒作战到底。

路易的身体不久就有了转机，很快，他的疾病痊愈了。相比起 40 岁重病去世的父王，路易很可能是因为年仅 30 岁，体力更好，所以终获痊愈的。但在中世纪那个笃信基督教的年代，教会的优等生路易则完全把自己的痊愈归因于上帝的救恩。于是他决意要履行自己对上帝的诺言，并从此成为了一个为使命而自觉的统治者。

1245 年春天，贝鲁特主教手持耶路撒冷牧首的书信，前往罗马造访教皇英诺森四世。牧首在信中恳请教皇派遣新的十字军前往中近东。

信中还说，从前一年 11 月起，就有了穆斯林准备武力收回耶路撒冷的传闻。由于穆斯林已经磨刀霍霍，基督徒一方必须派遣新的十字军才能保卫圣城。

作为整个中近东基督教会的最高领袖，耶路撒冷牧首从一开始就反对腓特烈二世与异教徒的阿尔・卡米尔之间的和平条约。因此，他并没有前往耶路撒冷，而是始终驻跸于阿克，以宣示自己的态度。和议的有效期为 10 年，到 1239 年已经结束。此后，继任苏丹的阿尔・卡米尔之子并未改变自己的版图，和议时的领土状况就这样继承下来。

然而到了 1244 年，来自叙利亚的一个穆斯林部族出其不意地攻击了埃及的苏丹，并在名利心的驱使下，占领了耶路撒冷。

这一偶发事件给一直反对腓特烈二世和阿尔・卡米尔之间和议的

耶路撒冷牧首提供了再好不过的口实。他立即致信教皇，要求派出新的十字军，以全体基督徒的名义夺回圣城。

英诺森四世也觉得这是一个绝好的机会。于是，教皇开始着手遴选新的十字军统帅。50岁的腓特烈二世与教皇的关系十分紧张，双方处在正面冲突中。因此，他自然不在考虑之列。而英国则处于内乱之中，没有合适的人选可以提供。因此，最终可以担当的统帅就只有路易九世一个人。

而路易又正是罗马教廷眼中理想的君主。理想的君主所率领的，自然是理想的十字军了。由于教廷足够信赖路易，教皇甚至宣布，在他的十字军中，不必有教皇代表出席。

收到教皇谕令的路易，仿佛在疾病新愈之后再次感受到了奇迹来临。他当即回信，承诺出兵。这位31岁的青年，比任何时候都向往响应上帝的召唤。他火速宣布在法国全境内征税，以作为出战的资金。而自己亲征之后的法国内政，则交给母亲布兰卡全权处理。

此外，路易决定，以埃及作为新十字军的目的地。他相信，只要攻陷了中近东的中心埃及，整个伊斯兰世界就会崩溃。此外，他也希望能够一雪第五次十字军未能在达米埃塔保持胜果的耻辱。

出人意料的是，在顺利的前期准备之后，东征的计划延迟了三年。

东征延迟的第一个原因，是叙利亚、巴勒斯坦的基督徒，对十字军的态度不温不火。除了神职人员热情高涨以外，普通基督徒对新的十字军并没有多大兴趣。

在埃及苏丹出兵赶走占据耶路撒冷的部族之后，回到苏丹治理下的耶路撒冷，同以前相比并没有什么变化。

此时的耶路撒冷同以前一样，依旧是教堂的钟声与清真寺的召唤声共鸣，来自世界各地的基督徒像往常一样巡礼。只有原来以“大卫之塔”为总部的条顿骑士团受到了影响，不得不迁出城外。穆斯林军队也并没有袭击基督徒控制下的海港城市。

东征延迟的第二个原因，则是十字军一直未能就运输兵力的海军力量达成一致。法国拥有强大的陆军，但其海军实力并不强，主要的海港也只有马赛一座。虽然马赛自古以来就是重要的港口，此时该港却不在法国王室的控制之下。

虽然路易九世对马赛以西 150 公里的艾格莫尔特渔港进行了升级改造，使用哪个国家的海军来协助运输十字军，依然是悬而未决的问题。

威尼斯共和国首先不考虑协助路易九世。威尼斯商人在叙利亚、巴勒斯坦和埃及都拥有很多相关利益，运输十字军对他们来说无异于是在砸自己的生意。威尼斯商人的市场，囊括了第四次十字军占领的君士坦丁堡和埃及的亚历山大，这两大港口的丰厚利润，使他们对十字军没有任何好感。

最终为路易九世的十字军提供运输服务的任务，自然落到了威尼斯共和国最大的对手热那亚头上。

依赖热那亚的海军力量，对于路易来说，有双重的不利因素。一方面，由于海军力量都“外包”给热那亚，对于舰船的具体建造方法，

法国人无法自己掌握。而与路易结盟的热那亚人只好使用其在港的舰船。相比之下，腓特烈二世就能够在第六次十字军东征过程中使用自己监督建造的适合在尼罗河上航行的专用船只。

而更关键的不利因素，则是路易无法自己掌控海军的战略。

腓特烈二世的海军来自自己的领地意大利南部，虽然并不比热那亚和威尼斯的海军更强大，却是牢牢控制在自己指挥之下的。

率领第三次十字军东征的理查一世，也是以本国的海军为主力出征近东，经北海、大西洋南下直布罗陀海峡，并穿越整个地中海。夺回阿克以后，理查也调遣了热那亚和比萨的船只一起对抗萨拉丁，但从整个战略来看，他的整个海军力量是在自己一人指挥下的。

战争指挥的一元化，是胜利的重要因素。只有这样，各个作战单元之间的消耗才会减少到最小。

路易九世也注意到了这一问题。他派遣了法国将军出任热那亚海军的提督。但由于这位将军是内河航运出身，自然受到了热那亚海员的轻蔑。要知道，250 年后涌现出哥伦布这样航海奇才的热那亚，比起当时最强大的海上帝国威尼斯来，拥有着更为训练有素的海员。

带着以上的不利因素，34 岁的路易九世率领的十字军于 1248 年 6 月 12 日从巴黎出发，向艾格莫尔特港南行。

华丽的阵容

在编年史家笔下的第七次十字军中，可谓明星荟萃，集合了当时的诸多头面人物。

首先是常伴夫君左右的法国王后玛格丽特。

接下来是路易九世之弟，阿尔图瓦伯爵罗贝尔。

此外是路易的另一位从弟，安茹伯爵夏尔。

还有路易的末弟，普瓦提埃伯爵阿尔丰斯。

路易的三位兄弟都在二三十岁之间，可谓是整个加佩王朝全体出征。

路易的堂兄，勃艮第公爵于格。于格参加了第六次十字军，但在与腓特烈二世交往之后，殊为嫌弃皇帝的作风，于是提前回到了国内。

同为路易堂兄的布列塔尼伯爵皮埃尔。他也参加了第六次十字军，也和于格一样，讨厌皇帝的作风，中途回到国内。

弗兰德斯伯爵丹皮尔。历代弗兰德斯伯爵从第一次十字军开始就常亲自出征，这次也不例外。

圣保罗伯爵基伊。

萨尔布吕肯伯爵若望。他和他的堂兄弟，身为香槟伯爵部下的同名的若望·德·茹安维尔一起出征。正是茹安维尔留下了关于第七次十字军仅有的记载。

除了以上的法国贵族之外，来自英格兰的索尔兹伯里伯爵威廉和来自苏格兰的丹佛伯爵帕特里克也参加了第七次十字军。

茹安维尔所谓的明星荟萃，只列出了参战的贵族名单，却并未提及各位贵族所率的兵力多少。但依据此人的记载，出征的骑士有2500人，加上同等数量的马夫，和骑士数量两倍的随从，以及1万名步兵和5000名弓兵，总兵力大约是2.5万人。前往东征的战马则共有七八千匹之多。

与祖父腓力参加第三次十字军时所率的2500人相比，路易的兵力达到10倍之多。第七次十字军比理查一世的兵力要多，更是达到了腓特烈二世所率第六次十字军的5倍以上。西欧基督教国家王牌中的王牌法国国王路易九世，将其全部兵力投入了十字军东征。

这支大军所乘坐的，是以38艘大型舰船和上百艘小船组成的舰队。与以桨帆船为主的威尼斯舰队不同，热那亚的舰队以帆船为主。茹安维尔只提到了大型帆船，而他未提及的小船也应当是以帆船为主。然而这一类型的帆船并不适合在尼罗河上航行。

法国国王和同行的贵族们到达艾格莫尔特之后，便在该地驻扎了两个月。在这两个月时间内，负责输送十字军士兵的热那亚，将航行于地中海东部各地的船只召集回母港，在完成对船只的修理和补充水

手之后，向艾格莫尔特集结。

十字军士兵和乘上战马到达的舰队，最终于8月28日离港。舰队的第一个目的地是塞浦路斯。在水手熟练的操纵之下，舰队完全不必于克里特岛和罗得岛进行补给。而且，克里特岛当时处在威尼斯控制下，死对头热那亚的舰队自然不会在那里靠港。

到了塞浦路斯，舰队就没有任何顾虑了。从理查一世开始，到腓特烈二世，经过不断的建设，塞浦路斯已经成为十字军的重要基地。舰队于9月17日到达塞浦路斯，在地中海上航行的时间还不到一个月。

中近东基督教世界的主要领导人纷纷来到塞浦路斯，迎接路易九世的到来。然而这些头面人物觐见法国国王的用意，是希望他放弃与穆斯林决一死战的念头。

他们一同告知路易，伊斯兰世界正处于混乱之中，希望路易能够妥善利用这一状态。所谓利用，指的是与其中一部分势力结盟，消灭另一部分势力。

此时此刻，以埃及为大本营的阿尤布王朝苏丹，正苦于内部的纷争。虽然阿尔·卡米尔在位时建立了十分稳固的权力基础，但他去世10年之后，其子侄之间斗争不断激化的形势下，阿尤布王朝面临内部的权力危机。他的长子，即现任埃及苏丹，为了镇压各地的叛乱，不得不出兵叙利亚。

路易九世所率的第七次十字军最幸运的一点，便是恰逢敌方陷入分裂的时期。时常处在与伊斯兰势力斗争第一线的圣殿骑士团，也强

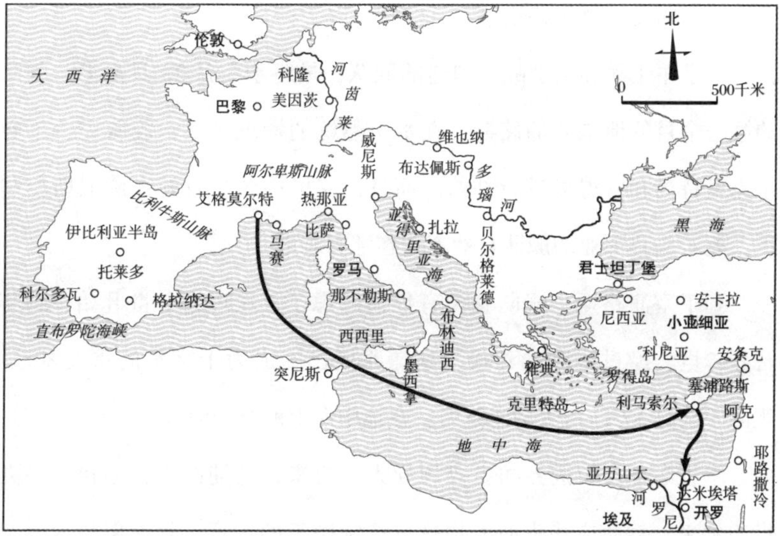

路易九世所率第七次十字军的进军路线

烈建议路易利用好敌方的状态，抓住时机取得战果。由此可见这时伊斯兰世界分裂状况之深。

意想不到的是，路易拒绝了圣殿骑士团的建言。在他看来，利用敌方的困境而突袭，并不是什么光彩的事。纵然突袭能够消灭一部分敌人，路易也拒绝这样做。

历史学家对路易九世的想法感到疑惑。他本可以利用这一机会，率领大军从塞浦路斯航行到阿克，经雅法一线机动，趁敌方内乱之际一举夺取耶路撒冷。在整个军队士气高昂的当时，实现这一目标是完全可能的——但他也没有这样做。他之所以没有突袭耶路撒冷，大概也是因为他的道德感所致。

结果，直到 1249 年 5 月 30 日，十字军才从塞浦路斯起航。

这支十字军之所以在塞浦路斯越冬，直到温暖安全的 5 月才出发，完全是因为热那亚海军对他们失去了兴趣。

经过一个月的航行，热那亚水手们完全厌烦了指挥他们的法国提督——他只是旱鸭子般的业余水平。对热那亚舰队来说，运输十字军带来的最大便利，是能够在巴勒斯坦地区的海港城市争夺自己竞争对手比萨人的市场。为了确保自身的既得利益，热那亚海军频繁来往于塞浦路斯和巴勒斯坦之间。

最终解决热那亚人带来的骚动的，不是路易九世，而是阿尔苏夫的领主伊柏兰家。虽然伊柏兰家促使热那亚人休战，这支海军力量在第七次十字军的东征过程中没有得到很好的发挥，并成为路易九世的切肤之痛。从战略层面上看，他做梦都想拥有一支自己控制下的海军力量。

在埃及登陆

以上诸多烦心事之外，路易九世所率领的第七次十字军，终于 1249 年 6 月 4 日在埃及达米埃塔附近登陆。

得知法国国王登陆的苏丹，当即解除了自己对霍姆斯的包围，急忙率领军队返回埃及。对他来说，为自己大本营的安全而放弃叙利亚的城市，自然是丢车保帅的选择。

为了迎击路易，苏丹一路急行军，结果旧病复发，再加上在叙利

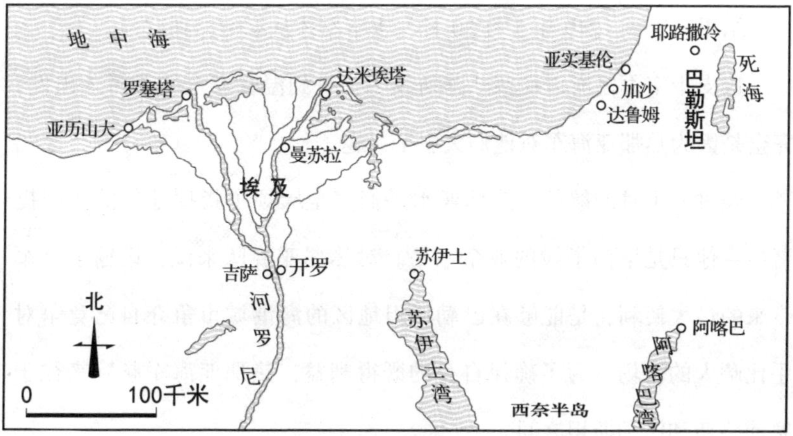

埃及及其周边

亚战斗中的体力消耗，一行到达尼罗河三角洲东端之时，便卧床不起了。整个军务只好委托苏丹之父阿尔·卡米尔最为信赖的大臣法拉丁。而法拉丁正是20年前与皇帝腓特烈二世之间来往的信使，最终也促成了和议——他作为外交官的才能毋庸置疑，但不能说是一位优秀的将领。就这点来看，路易又是十分幸运的。

十字军登陆后翌日早晨，便向达米埃塔发起总攻。热那亚的海军也参加了攻城——这座海港城市可以从海陆两方面攻取，位于地中海沿岸的地理位置，使第五次十字军从海陆两方面将其攻占。

对第七次十字军来说，攻占这座海港要比第五次十字军来的容易些。指挥守军的法拉丁率领部众仓皇逃跑，以至忘记破坏附近河流上的桥梁。

苏丹并未对逃回身边的法拉丁深加追究。这位与腓特烈二世皇帝

气味相投的埃米尔不仅教养极好，也以重信义而著称，因此人望甚高。

另一方面，十字军在登陆翌日即攻占达米埃塔，但此后却一直没有新的动作。在这个初夏季节里，路易九世优先考虑的是达米埃塔的基督教化。

他首先命令部下将城内的清真寺全部改建为教堂。接下来，路易任命了达米埃塔城的主教，这位主教一直为城内原有的基督徒服务。

与路易实行的清真寺改为教堂一样，穆斯林一方也会将攻占的城市的教堂改建为清真寺。这样的工作需要耗费人力物力，而作为同是一神教的基督教和伊斯兰教来说，此类工作是不可或缺的。

完成城市的基督教化工作之后，路易召来了自己的王后玛格丽特。此前一直逗留于阿克的王后，率领一班女官，浩浩荡荡地来到埃及。

路易在达米埃塔完成的另一项工作，是给协助十字军的意大利城市共和国一片城内的居留区。

他首先把最好的一块地区给了热那亚人，然后给了比萨人一块地区——后者曾经帮助路易从塞浦路斯运输军队。

尽管热那亚人强烈反对给并未参加战斗或运输工作的威尼斯人一个居留地，仁慈的路易还是为威尼斯人划定了他们的贸易和居住区。

路易之所以给威尼斯人方便，表面上是他口头说的基督徒不分各国一律平等，然而事实并非如此简单。威尼斯共和国的情报搜集能力，在地中海各个势力中为最强。因此，当威尼斯商人以本国政府命令其不参加十字军为由，向路易致歉时，同时给路易呈上了圣物作为赠礼。

从此以后，尽管威尼斯商人一直没有参加第七次十字军，他们通过给路易及其部下赠送喜好的东方物品，讨取了十字军领导人们的欢心。

至于首次会面时，威尼斯商人给路易赠送的商品具体是什么，我们已经无从知晓了。留下的记载只有三年后，威尼斯人帮助路易成功买到了耶稣在十字架上受难时所戴的荆冠——当然，是以不可思议的高价获得的。

如此以后，善于收集情报，也热心于开发新市场的威尼斯人，投入到日渐兴隆的“圣物买卖”活动中。

反观埃及一方，却渐渐陷入了窘迫的境地。放弃达米埃塔之后，大军急忙沿尼罗河溯流而上，在曼苏拉组织阵地进行防御，而苏丹的病依然没有好转。曼苏拉位于达米埃塔和开罗之间的位置。曼苏拉的命运，直接决定了开罗的命运。

走入穷途末路的埃及一方，向路易九世提议和谈。和平条件是将耶路撒冷返还给十字军。

路易当即拒绝了使者的和平提议。他的理由很简单：与“不信者”谈任何条件都是不可能的。

强行进军

秋意渐深，尼罗河的水位也大为降低。对进攻一方来说，这是绝好的时机。然而在十字军的首脑中间，对于战略起了分歧。

以布列塔尼伯爵为首，得到中近东当地诸侯和宗教骑士团支持的一方，主张进攻海港城市亚历山大。他们看来，如果攻占达米埃塔之外的另一座贸易集散地，将对埃及的经济造成毁灭性打击。攻占亚历山大之后，埃及苏丹便只能无条件投降了。

但这一提议受到了以路易九世兄弟为首的大多数西欧诸侯的反对。他们认为，苏丹的阵营就在曼苏拉附近；如果直取曼苏拉，开罗也就唾手可得了。路易最终采纳了后者的意见。

路易也认为进攻曼苏拉是个不错的主意。然而现在看来，这样的想法未免有些幼稚。

1249年11月20日，路易率领全军从达米埃塔出发了。这支2.5万人的大军，全体开拔，沿尼罗河逆流而上。

此处最为不可思议的，便是路易九世为何不曾参考狮心王理查和腓特烈二世皇帝的先例。

腓特烈皇帝之所以在上次十字军东征中给苏丹阿尔·卡米尔造成巨大的心理压力，最后不战而获得圣城，很大程度上是因为他在控制强大的海军之余，还建造了一支由能够沿尼罗河而上的平底船组成的舰队。而对没有海运传统的法国人来说，自身海军力量十分薄弱，不得不依靠热那亚人的力量。

即便是拥有本国舰队的理查一世，也只是在运输中使用。在与萨拉丁海军的激战中，他依靠的是比萨和热那亚人的桨帆船。

读者大概还记得，当狮心王夺取阿克，率军继续南下时，他命令桨帆船组成的舰队沿海岸而行，与沿海南下的陆军互相成犄角之势。

由于舰队承担了大部分辎重的运输，理查军队南进时负担轻了很多。尽管在行军期间屡遭萨拉丁军队的袭扰，理查指挥的部队可以从容不迫，轻装迎战。

与此同时，理查部队中的伤病员也不会造成行军的负担。比萨和热那亚船只不仅承担了军粮和武器的补给，还能将伤病员运送到阿克及时治疗。这一往复输送的战略，是致使萨拉丁的阻击袭扰战失败的重要原因。当兵士看到伤病员受到妥善照顾时，自身士气便会得到提振，其战斗力便强大起来。

路易九世除了率领十字军陆军之外，也征用了100多艘小型舰船。这些船只虽然不是平底船，但由于吃水浅，也可以在欧洲的河流中航行。

然而尼罗河下游三角洲的地貌则与欧洲截然不同。从开罗往下游去都是三角洲，整个扇形的西端是亚历山大，东端则是达米埃塔。两

地之间广阔的三角洲地带，由无数条水路连通。其中有文字记载的水路有两条。

第一条是后来拿破仑远征时留下的，由现藏于大英博物馆的罗塞塔石碑发现地罗塞塔（今埃及拉希德）通往地中海的水路。另一条则是经达米埃塔通往地中海的水路。

19 世纪殖民埃及的英国人，将前一条水路称为“罗塞塔水道”，而后一条自然也就成了“达米埃塔水道”。

路易九世所率的十字军，正是从“达米埃塔水道”溯流而上，向曼苏拉行军，最终的进军目标是开罗。虽然大型帆船无法在这条水道中航行，小型桨帆船完全可以与陆军齐头并进。

然而路易并没有安排水军同行。他放弃了这一理查曾高度依赖的军粮补给方法。

达米埃塔的陷落，使埃及一方士气低落，但在敌军逼近曼苏拉时，他们还是开始行动了。

善于以风驰电掣一般的方式袭击的贝都因骑兵，不会放过阻止十字军前进的任何机会。

另一边，路易率领着大军庄严地前进，士兵夜以继日地抵挡贝都因骑兵的突袭。

由于敌军袭击而战死者并不多，而且没有重要人物，因此路易下令将他们就地掩埋。然而因袭击而负伤者则继续跟随大部队行军——无论是步行还是骑在马上。如此一来，行军速度就渐渐慢了。特别糟糕的是，

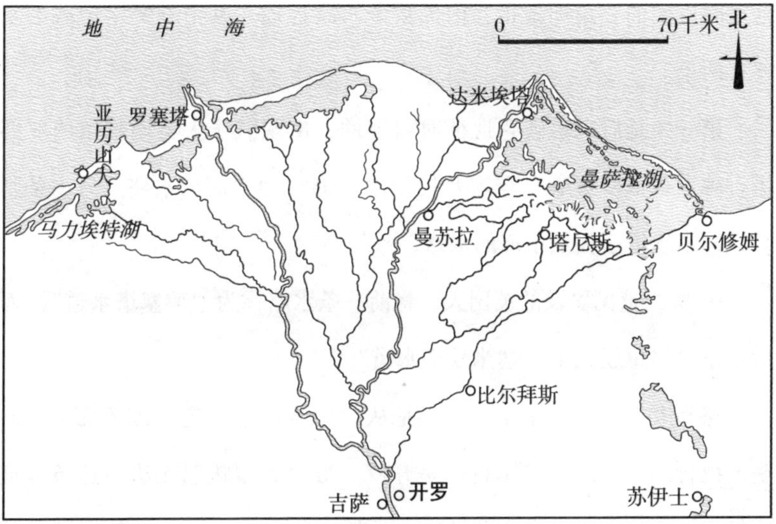

开罗及其周边

以骑兵为主的队伍和以步兵为主的队伍在行军中渐渐拉开了差距。

尽管如此，从战略总体上看，路易的十字军不至于陷入毁灭性的打击，是因为埃及一方自己陷入了动乱。

路易率军离开达米埃塔三日之后，驻跸在曼苏拉的苏丹因病一命呜呼了。其长子即直系继承人远在叙利亚，无法立即赶回主持政务。在此危急时分，苏丹的一位妻子果断下令秘不发丧，直到长子回到埃及为止。这段时间内曼苏拉的军事指挥，则完全交由曾与腓特烈皇帝交涉的法拉丁负责。

但苏丹的死讯还是很快传开了。就连行军中的路易也得知了这一消息，可谓是众人皆知的秘密。路易对此深以为是天赐良机。毕竟此

时法国国王面前的对手，已经只剩下女子和老人。

坏了路易心想的好事的，并非埃及军队，而是静静流淌的尼罗河。流经队伍前进路线的河水汇聚成一个湖泊，阻挡了队伍前进的道路。

路易集结士兵，命令他们修筑堤坝，以阻止河水汇聚。然而修筑作业受到埃及士兵投掷的燃烧弹“希腊火”的妨碍，最终不得不作罢。

随着纪元悄然进入 1250 年，十字军和埃及的穆斯林军队隔湖对峙了 6 个星期。

1250 年 1 月中旬，有一位埃及人来到了湖畔的十字军大营之中。这位科普特基督徒男子直接请求觐见法国国王，在侍从的引导下进入了路易的营帐。埃及人禀报说，这座湖一边水势较深，另外一边则是浅滩。从浅的那一面通行，即可到达对岸。

科普特教会，与罗马公教会、希腊正教会和东方的聂斯托利派教会一样，是一个独立的基督教派，流行于埃及。他们是伊斯兰世界中的基督教会之一，与其他教会的信条略有差别。

与和穆斯林生活习俗迥然不同的希腊正教和聂斯托利派教会信徒相比，埃及的科普特基督徒尽管保持自己的信仰，与当地的伊斯兰社区已经深深融合。因此，科普特基督徒的衣着打扮和一般埃及穆斯林区别不大，皮肤和发色也与普通埃及人没有任何不同。

而他毕竟是基督徒。为路易提供重要情报一事，说明他在自己生活的社会面前，选择了自己的信仰。这位情报提供者除了少许报酬之外，并没有要求什么。

曼苏拉惨剧

路易随即派出兵士，前往侦察情报的真假。当获悉情报可靠之后，他立即将十字军的首脑集合起来，召开作战会议。会议很快取得了共识，决定派一支先遣队到湖对岸，奇袭埃及军队的大营；如果得手，再出动大军，直捣曼苏拉。

国王的兄弟，阿尔图瓦伯爵志愿担任先遣队的队长。先遣队由他率领的法国骑士，和索尔兹伯里伯爵所率的英国骑士，以及本地的军事力量圣殿骑士团组成。

这里所说的“骑士”和一般所说的“骑兵”有所不同。

所谓“骑士”都需要经过一个叙任仪式，以上帝的名义起誓，才能成为“骑士”。

而所谓“骑兵”是对骑马作战的士兵的泛指，与徒步作战的“步兵”相对。

“骑士”还含有出身阶级的意味。他们生来就以战斗为职业。相反，“骑兵”平时可能从事各种不同的职业，但因为善于骑马，在战时可以充任骑兵。而像圣殿骑士团这样的宗教骑士团，其团员在入团仪

式上就正式成为了一名骑士。

1250 年 2 月组成的这支敢死队般的先遣队，完全由骑士组成。其战斗力可谓极为强悍。

2 月 8 日，先遣队誓师出发。然而就在此时，作为总指挥官的路易犯下了一个巨大的错误。他不等先遣队战斗的结果，就率领全军的半数向浅滩的方向移动，而把大营的守卫工作留给率领另一半军队构筑防御工事的勃艮第公爵于格。这样一来，当先遣队离开以后，路易的大军被一分为二。

而之后战果渐趋明朗化时，路易也没有注意到自己这一步所犯下的错误。

当先遣队出发时，路易郑重地对自己兄弟说："埃及军队的大营，就看你的了！之后我们合力进攻曼苏拉城！"

埃及军队完全没有料到先遣队的奇袭，于是，奇袭取得了完美的成功。那与其说是一场激战，不如说是完全的屠戮。处在最前线的埃米尔法拉丁，就在当天战死沙场。

酣畅淋漓的大胜，令先遣队队长阿尔图瓦伯爵自以为无敌于天下。与他一样年轻气盛的索尔兹伯里伯爵也自信满满。队伍里的圣殿骑士们一直以对穆斯林作战为自己的唯一使命，因此在战斗中勇猛异常。

于是，先遣队内当即一致决定，乘胜进攻曼苏拉。然而，不幸悄然向他们袭来——防守曼苏拉的不是别人，正是剽悍的马木路克骑兵。

用拉丁字母写作"Mamluk"的这支骑兵，与一般的雇佣兵并不相

同。这一名字的意义，指他们是从奴隶市场上买回，专门培养成兵士的男子。这些出身于各个不同部族的“奴隶”（“马木路克”的本意）从小接触各种武器，终身以作战为职业。

对马木路克来说，战斗即生活，一生如此。

而对基督教世界的骑士来说，为了上帝，为了主君，为了人人爱怜的美女而死，都是无上纯洁的。

出身马木路克的埃及的骑兵司令鲁克纳尔丁·拜巴尔斯，像任何一位马木路克一样，会为了战斗的胜利，而不惜一切代价。

阿尔图瓦伯爵率领的精锐部队来到曼苏拉城下时，望见城门洞开的场景，不由得吃了一惊。然而，整支部队中并没有人猜测到敌人的诡计。在他们看来，一定是城内守军得知附近营地尽失以后，便和当时达米埃塔的守军一样望风而逃了。现在，放眼望去，曼苏拉城头上连一个士兵的影子也没有。

阿尔图瓦伯爵和索尔兹伯里伯爵走在最前面，整个队伍昂首阔步进入了曼苏拉城。

队伍沿着城内的巷道前进。由于道路狭窄，骑在马上的骑士队列逐渐变成了一字长蛇阵。

当他们正在狭长的街巷中行进之时，忽然从两边的屋顶上射来了乱箭，投来了石块。骑士们全体都在马上，却被街巷的地形限制住，动弹不得，活生生成了两边敌人的靶子。这支精锐的先遣队，连使用刀剑的机会都没有，就横遭屠戮。

将这一惨剧转告路易九世的，是在身受重伤的情况下，成功单骑脱逃的布列塔尼伯爵皮埃尔。而他也并不知道阿尔图瓦伯爵和索尔兹伯里伯爵的命运如何。

直到两位医院骑士团的骑士，化装成马木路克潜入曼苏拉，亲眼看到穆斯林士兵将西欧骑士的遗体投入尼罗河，路易才确认了先遣队全军覆没的消息。

同为宗教骑士团，与拒绝学习阿拉伯语的圣殿骑士团骑士截然相反，医院骑士团常常化装成穆斯林，潜入敌方阵营刺探情报。

路易由此得知了先遣队失败的消息。至于阿尔图瓦伯爵罗贝尔和索尔兹伯里伯爵威廉的死讯，则是医院骑士团骑士看到尼罗河上漂浮的华丽贵族盔甲之后得以确认的。

路易在给臣下的书信中，告知了自己泣不成声的悲痛心情。亲兄弟的丧生，给 35 岁的兄长以巨大的打击。然而，医院骑士团骑士的报告，给路易的打击更大，简直令他泣不成声。

两位乔装成马木路克的医院骑士团骑士，很可能参与了将十字军将士遗体从城内运往河边的工作，并亲手将遗体投入尼罗河中。为了刺探工作不被埃及人识破，两位骑士必须亲自参与以上的工作。

尽管未被识破，两人还是没能见到阿尔图瓦伯爵和索尔兹伯里伯爵的遗体。据他们统计，参战的 290 名圣殿骑士团骑士中，投入尼罗河的只有 285 人。

圣殿骑士团的制服是众所周知的白底大红十字。虽然马木路克把

阿尔图瓦伯爵和索尔兹伯里伯爵所率骑士的精钢制成的甲胄尽数剥下，印有红十字的白袍却对他们毫无价值。于是，白袍被一件一件丢弃在尼罗河上，顺水向下游漂去。这样一来，两位乔装打扮的医院骑士就能把圣殿骑士团牺牲的人数数个清楚了。

至于没有被扔进尼罗河的5位圣殿骑士，此时一定是身负重伤，奄奄一息。不难想象，这5位重伤者，和其他参战的士兵，最终都不免逃脱葬身河底的命运。

马木路克对俘虏敌人并无兴趣——如果他们俘获敌人，十字军为俘虏所交付的赎金，最终会落入他们的阿拉伯或突厥主人手里，他们自己什么也得不到。

在这场全军覆没的曼苏拉惨剧之中，只有圣殿骑士团的牺牲人数为历史所记载。至于阿尔图瓦伯爵所率的法国骑士和索尔兹伯里伯爵所率的英国骑士人数，就没有资料可以查考了。

根据圣殿骑士团的其他战例，参考两位伯爵的地位，现代学者估计参战人数约为1000人以上。

这次1000人规模的覆没，对于整支大军2.5万人来说，并非毁灭性的打击。然而，由于先遣队全部由骑士组成，第七次十字军的精锐几乎完全丧失。曼苏拉的损失，并不在于量而在于质。经此打击，路易九世已经欲哭无泪了。

曼苏拉惨剧在历史上留下了浓重的一笔——一直以最下层兵士身份作战的马木路克，以下克上地战胜了不可一世的西欧骑士们。

撤退

曼苏拉惨剧之后不到三天，1250 年 2 月 11 日，马木路克骑兵集中起来，开始进攻路易九世的大营。路易连忙放下悲伤，仓促应战。

奴隶出身的马木路克，发起了猛烈的攻势，危在旦夕的十字军在各个方向慌忙招架。在这场战略与战术全无的白刃战中，路易的幼弟，普瓦提埃伯爵阿尔丰斯为周围侍从簇拥着杀出重围，从而幸免于难。最终，路易得以将敌军击退，马木路克骑兵踏着扬沙回到了曼苏拉城内。

在为水道所包围的危险地势上，大营中的路易和诸侯夜不能寐，度日如年地防备着马木路克随时可能发动的第二次进攻。然而，敌人并没有前来挑战。原来，这段时间内，新任苏丹终于从叙利亚回到了埃及，并来到曼苏拉视察。

新任苏丹甫一到来，便用计让十字军陷入了比之前更加窘迫的状况中。

苏丹一边命令来自各地的骆驼集结，一边组织大量建造小船。

骆驼驮着小船，一只一只运送到被后来欧洲人称为“达米埃塔尼

罗河”的水道上。小船上乘坐的除了划桨手之外，都是全副武装的兵士。苏丹的战术是用这些成群的小船阻止十字军用来提供补给的小型船只。

由于路易九世并未将达米埃塔到前线的补给作为战役的重要部分来考虑，补给船只上没有安排战斗人员。于是埃及的战略大获成功，路易的大本营陷入断粮断水的境地。接下来，新苏丹图兰沙便命令马木路克和贝都因骑兵袭扰十字军的大营。此时的十字军陷入饥饿和疾病之中，内外交困。

1250 年 4 月初，路易最终不得不决定拔营撤退。同时，他向苏丹提出了停战的请求。停战条件与之前苏丹提出的一样——用达米埃塔交换耶路撒冷。

先前苏丹在形势危急的情况下提出同样的条件，遭到路易的断然拒绝。到这次路易陷入绝境，却提出相同的条件，苏丹自然不会有任何讨论的余地。

伴随着苏丹的严词拒绝，路易九世率领的第七次十字军的撤退，即将史无前例地惨淡收场。

史无前例的败北

抵挡着敌军的袭击，十字军且战且退。从底层士兵到路易九世，整个军队都陷入了连续的苦战。路易让负伤者乘船先行撤退，自己指挥后卫部队，以确保安全撤退。

然而，后卫部队的作战牺牲巨大，路易却没有做成功的部署。36 岁的路易在敌人的不断追击之下，于撤退途中过于劳累，最终病倒了。躺在担架上的法国国王，最终被移动到相对安全的前卫部队中。

路易决定再次向马木路克骑兵司令提出休战。他派出蒙佛尔伯爵率领一队人马，前往敌营求和。

从以往十字军和阿拉伯人、突厥人交往的先例来看，和谈成功的可能性是存在的。然而，对这次和谈的对象马木路克来说，成功实现和议却是不可能的。

目睹和谈进展的重重困难，蒙佛尔伯爵手下的兵士纷纷认为，与其面临被马木路克集体残杀的命运，伯爵不如放弃和谈，投降对方。由此可见，此时的第七次十字军早已人心涣散，陷入统帅无法领导下级兵士的境地。

负责守卫伤员所在的船只的兵士，同样自私地认为不如投降了事。他们在敌军船只的围攻下，赤手空拳地连同伤员一起被俘。就这样，下级士兵一个个成了埃及人的阶下囚。

路易的大军由此一点点垮掉，而国王对此完全无能为力。照这样下去，整个十字军要一步步成为穆斯林军队的俘虏了。

第七次十字军的窘境在之前的六次东征中从未出现。上至国王，下至兵卒，滚雪球一般地投降敌军——俘虏的盔甲被剥下，武器全数遭到缴获。

避免这一惨状的，除了早早逃离战场的侍从、马弁和厨子，就只有顺尼罗河而下返回达米埃塔的热那亚水手了。

自法国国王以下的全体贵族，被曼苏拉的埃米尔羁押于自己的官邸之中。

至于被俘的作战人员总数，并没有确切的记载，不过几乎可以确定超过了一万人。曼苏拉这座小城已经不够收容十字军士兵，他们当中许多人被押解前往开罗。

见到被俘的十字军战士，对开罗市民来说不啻是值得狂欢的事情。然而即使是大都市开罗也无法收容一万名战俘，俘虏们被收押露宿于城外的古埃及神殿遗迹附近，一路上重伤员和病员往往被随行的马木路克残杀。

在 1250 年 4 月中旬，胜负双方最终缔结了和议。

失败者路易答应胜利者苏丹的第一个条件，是全部返还中近东基

督徒占领的所有城市，以换取自己的人身自由。

为此，路易通信告知叙利亚和巴勒斯坦地区基督教国家名义上的统治者，即耶路撒冷王国的正统继承者，皇帝腓特烈二世之子康拉德，决定这一地区未来命运的权力在自己而不在这位德意志人。

值得一提的是，腓特烈二世于当年 12 月驾崩。因此此时他作为皇帝还在位，而当年与他订立和约的阿尔·卡米尔，是在位的埃及苏丹图兰沙的祖父。图兰沙之所以敢于撕毁祖父订立的和约，只是因为失败者路易向自己要求的是人身自由——多少赔款都无法换回的权利。

此外，苏丹还要求路易提供100 万拜占庭金币的赎金。

赎金是为了释放国王以下的全体贵族、骑士乃至士兵而提供的。由于第七次十字军全体成为了苏丹的阶下囚，这 100 万金币即成为释放国王以下全体十字军成员的赎金。

根据和议，当支付一半赎金之后，埃及一方首先释放国王和贵族。基督教世界眼前的紧急任务，便是筹集这一半的赎金。

苏丹的另一个要求则是放弃达米埃塔。基督教世界放弃达米埃塔之日，路易九世即重获自由。

在因国王被俘而陷入动乱之际的达米埃塔，王后玛格丽特临盆了。她的新生儿名叫让·特里斯坦。

此时的王后连产后进补的费用都没有——因为所有的赎金都要靠她一个人筹集。

王后不得不将全部财产加以变卖：除了各种珠宝饰品，名贵服装，

再加上手中留存的部分出征军费，合计凑够了差不多40万拜占庭金币。

虽然离半数赎金需要的50万还差10万，但经过艰苦的外交努力，阿尤布王朝的末代苏丹图兰沙最后允诺当即释放路易和各位贵族。

1250年5月6日，法国国王路易九世重获自由。他经历了不到一个月的囚徒生活，然后与自己的两名兄弟和列位贵族一起获释。

全体贵族成员首先启程前往达米埃塔，甫一到达，国王便连同王后一起离开达米埃塔，前往阿克。至于在开罗收容的一万多俘虏，则只能等待回到阿克的路易为他们筹集赎金了。

留下关于路易九世和第七次十字军记载的那位来自香槟的骑士茹安维尔，也是被俘十字军将士中的一员。由于他身份低微，未能随国王释放，不得不继续忍受艰难的囚徒生涯。

我们可以从茹安维尔的记载中得知，他曾以自己作为法国国王远房兄弟的资格而要求获释。然而他的呼吁石沉大海，毫无效果可言。于是，茹安维尔转而以神圣罗马帝国皇帝腓特烈二世的远亲资格要求获释，这一次反而取得了成功。

虽然与腓特烈面谈的法拉丁惨死于曼苏拉附近的战斗之中，这位外交家在埃及宫廷中为皇帝制造的美好形象，一直都没有消散。

最终，若望·德·茹安维尔在未支付赎金的情况下得以释放，平安回到了法国。

返回阿克的路易九世首先命令自己的兄弟安茹伯爵和普瓦提埃伯爵启程回国。与此同时，从国内传来了摄政的母后布兰卡卧病在床的讯息。

从达米埃塔到阿克

但路易自己还无法回国，他必须筹集剩余部分的 60 万赎金。

这边厢筹集资金毫无进展，俘虏继续扣押的情形之下，埃及人那边却发生了内乱。

新登基的苏丹图兰沙，大好形势之下犯下了无可挽回的错误。

图兰沙忽视了协助他取得苏丹位置的一位父亲的遗孀，导致这位名叫沙加尔·杜尔的女子怒火中烧，暗中勾结马木路克。在她的策划下，最终，马木路克统帅拜巴尔斯决定对图兰沙实施谋杀。成事以后，沙加尔·杜尔与一位年长的马木路克结婚，最终成为一位女苏丹。

从此以后，萨拉丁所创立的阿尤布王朝寿终正寝。埃及进入了马木路克统治的时代。由于这次内部权力更迭，留在阿克的路易获得了来之不易的喘息之机。

这段时期内，路易继续忙于筹集资金。这位虔诚的国王虽然拒绝与异教徒交涉，却愿意遵守与异教徒的约定。无论如何，他必须设法使部下重获自由。

然而中近东的基督徒家族中，并没有多少财富可以提供给路易。于是，他把目光转向圣殿骑士团，向这支队伍强制索取。

与圣殿骑士团不同，医院骑士团的成员来自欧洲各地，而条顿骑士团的成员都是德意志人。圣殿骑士团的成员全部来自法国，因此，他们无法断然拒绝法国国王的强制要求。虽然历史没有记载圣殿骑士团提供的赎金总额，但路易索取的这笔款项绝无偿还的可能。

对中世纪的历代法国国王来说，向别人借钱，最后欠债不还，是常有的事。从事相当于今天金融业的高利贷，因为向国王借钱而最终破产的银行不在少数。路易九世强行索取圣殿骑士团的经费之后，这家在第七次十字军中折损了300名精锐团员的组织，元气大伤。

最终，由于赎金总是分批募集，且最终募集的资金仍然不够释放全部俘虏所要求的总数，只能依照每次募集赎金的比例赎回相应比例的俘虏。

据研究者统计，与路易九世同获自由的贵族有400人，其后首次释放的俘虏为1400人，两年后获释者为3000人，以上总共4800人。然而，被俘的十字军总数为1万至1.2万人之间。之所以没有准确的人数记载，想必是因为惨败之后无人愿意提及吧。不过，在漫长的中世纪，西欧各国除了威尼斯之外，都没有关心本国战争中牺牲者的传统。

但当对手是穆斯林的时候，情况则有所不同。对被俘的基督徒来说，如果他们决定在囚徒生涯中改宗伊斯兰教，则可以恢复自由。在伊斯兰世界，信仰伊斯兰教的穆斯林是不能被卖为奴隶的，因此改宗后的十字军俘虏不必担心被卖为奴隶。而且一旦改宗，俘虏们也不用担心会被悄无声息地杀害。

因此，对十字军俘虏来说，没有比改宗伊斯兰教更好的选择了。当然，在伊斯兰世界，对改宗伊斯兰者的宽容是单方面的，如果伊斯兰教徒想要改宗异教，等待他的将是死刑的裁决。而在天主教的西欧，改宗异教则会被火刑夺去性命。一神教信仰的世界，都是“单向通行”的。

在这“单向通行”的规则之下，无论是从农民当中征集的步兵，还是出身于封建领主部下的弓兵和普通骑兵，大都在严酷的囚徒生活和被贩为奴隶的可怖前景之下，选择了改宗伊斯兰教。这样一来，即

使路易支付了相应数额的赎金，也没有那么多俘虏最终回到基督教世界去。大概只有原本就拥有较高社会地位和财富的骑士们，才会最终选择被赎回的命运。

医院骑士团的团长就是这一时期重获自由的一人。他早在穆斯林占领耶路撒冷的1244年就被俘，由于一直拒绝改宗，度过了7年牢狱时光，终获释放。

如果考虑到这一情况，剩余的5200人中，最终回国的肯定相当少——这样说来，虽然我无法为路易九世在战场上的无能辩护，却可以为他没能赎回全部俘虏找到客观原因了。

第七次十字军的“成果”

1254 年 4 月 25 日，法国国王路易九世携王后一同启程，向西欧出发了。从 1248 年 8 月离开法国，路易在中近东停留将近 6 年，直到 1254 年 7 月 10 日回到法国。

这支在埃及仅仅停留两年的第七次十字军，取得了以下一些“成果”。

第一，由于这支由西欧基督教世界强国法国国王所率领的十字军，在埃及遭受了完败，伊斯兰世界开始认为，西欧的王侯没有能力再次发动十字军东征了。

路易亲率的 2.5 万大军，除了 5000—7000 人平安回国，近 8000 人改宗伊斯兰教，1 万人以上在埃及命丧黄泉。

第二项“成果”则是，中近东基督教势力的常备军事力量——宗教骑士团，经过这次十字军东征，受到了决定性的削弱。

除了一战损失 300 精锐的圣殿骑士团以外，医院骑士团和条顿骑士团也在埃及之战中丧失了巨大的人力和资金。

第三，同在中近东居住的基督教势力的核心即十字军国家的封建

诸侯，也被大大削弱了。

第七次十字军的失败，使以仗剑守卫为天职的骑士阶层人数锐减——骑士在阿拉伯奴隶兵马木路克的面前屈服了。

叙利亚和巴勒斯坦地区的海港城市则受到以此处为基地的热那亚、比萨和威尼斯商人的力保，维持了繁荣的景况。

从第一次到第七次十字军的历史中，唯有路易所率的这第七次十字军，对中近东的基督教势力起了巨大的破坏作用。第七次十字军归国时，西欧人的圣地叙利亚、巴勒斯坦地区已经处于军事空白状态了。

成为“圣人”的路易九世

然而获释回到西欧的路易，却似乎毫不在意自己经历的奇耻大辱。路易重获自由回到阿克以后，距离其他俘虏获释前两年的1250年8月，他向臣属发表了以如下词句开始的演说：

“为了荣耀上帝的美名，朕愿全身心继续十字军的伟大事业。”

在冗长的演说中，路易

宣称，自己已经“准备再度发起十字军东征”。

当4 年后路易九世归国时，受到了法国教士和修士的夹道欢迎。此时的路易并未因失败而受到责备，相反，他大谈特谈自己建设人间乐园的使命。对 40 岁的路易来说，这个使命大概是最光明的事业吧。

下

第六章

最后半个世纪

（1258—1291 年）

蒙古人的威胁

底格里斯河和幼发拉底河之间的两河流域，历史上常常受到来自东方的威胁。而介于两河流域和地中海东岸之间的中近东，则常常受到来自西方的威胁——古代是罗马帝国，中世纪则是十字军。

这一传统，随着蒙古人的崛起而悄然变化。进入 13 世纪，迅速扩张的蒙古势力，在其初代领导人成吉思汗去世之后继续发展，不到半个世纪间便发展为世界上独一无二的大帝国，东起朝鲜半岛，西到黑海和匈牙利。

以底格里斯河畔巴格达为中心的伊斯兰世界东半部，在波涛一般的蒙古人攻势面前风雨飘摇。

巴格达是阿拔斯王朝哈里发的统治中心。哈里发起先试图支付重金给蒙古军队，使其绕道离开。但蒙古军队的强悍之处，不仅在于其骁勇善战的骑兵，更在于要求对手在投降和死亡之中二选一的强迫。当蒙古军队兵临城下，在距离巴格达 5 公里的地方实施包围，和谈的努力失败后，末代哈里发穆斯台绥姆被迫投降——这一天是 1258 年 2 月 10 日。

自762年阿拉伯人建成巴格达城以来，这座城市一直作为整个伊斯兰世界的首都而存在。从阿拉伯半岛发轫的伊斯兰势力，起先以叙利亚大马士革作为首都，之后则在底格里斯河畔兴建巴格达作为新的都城。

整个伊斯兰世界的文化中心巴格达，经历496年的繁荣之后，终于陷落。蒙古人对城市进行了彻底的破坏，残杀了哈里发，掠夺了城内全部资财，屠杀了8万居民。逊尼派穆斯林的信仰中心阿拔斯王朝寿终正寝了。

蒙古军队杀人之后，从来不处理尸体。他们任凭堆积如山的尸体曝晒于露天，导致疫病蔓延，使蒙古士兵也成为瘟疫的牺牲品。于是，率领大军的蒙古司令官不得不放弃刚刚攻陷的巴格达城。整个伊斯兰世界的中心巴格达，从此在暴行的破坏下沦为一片废墟，就连孩子的哭喊声也听不到。巴格达的再度复兴，是很久以后的事情了。

1258年巴格达的陷落，震惊了整个伊斯兰世界。这一中东的大事件，穿越横亘中近东之间的大沙漠，传到了近东。

选择屈服或死亡，是摆在蒙古大军对手面前不变的课题。而蒙古军队本身，也以屈服者的不断加入而膨胀起来。当在草原上纵横驰骋的蒙古军队来到沙漠地带时，他们的行动便不如在草原上那般便利了。于是，这支大军小心翼翼地在沙漠的边缘地带行进，以避开纯粹的沙漠。

征服中东之后，将视线投向近东的蒙古大军，并未径直西行，而

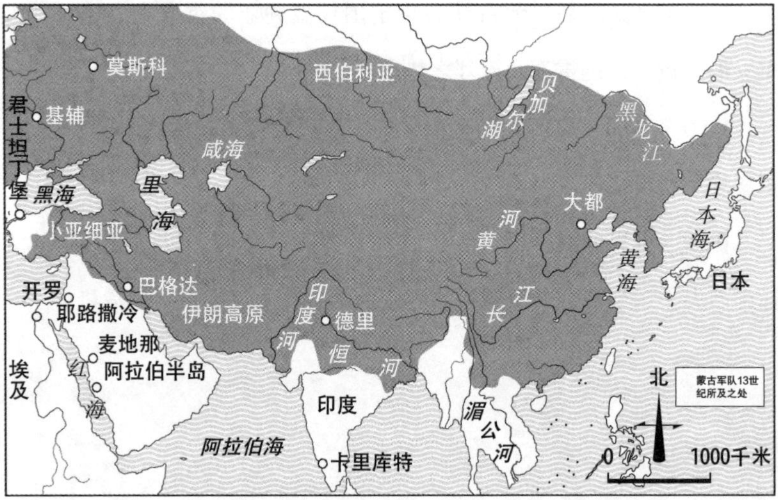

蒙古军队13世纪所及之处

是转向了北方。底格里斯河上游的摩苏尔城得知巴格达被攻陷的惨状，当即开城投降。

此后，蒙古军队折向西行，自然来到了第一次十字军征服的埃德萨伯爵领地。这里是中东与近东之间的十字路口，历史上交通干线的必经之地。

经过这一干线，到达的第一座大城市便是控制在穆斯林手中的阿勒颇。阿勒颇的领主对接近的蒙古大军感到极为恐惧，未作任何抵抗就携家眷逃亡埃及。

留守的将士只抵抗了三天，全盛时期的十字军也未曾攻下的阿勒颇城便被蒙古大军攻破了。此时正值 1260 年早春，巴格达陷落两年之后。蒙古军队在阿勒颇所实施的屠杀，与巴格达的并无二致。

攻陷阿勒颇之后，蒙古铁骑决定围攻叙利亚的首府大马士革。大军立即开拔，以迅雷不及掩耳之势南扑。

1260 年 3 月 1 日，大马士革终告陷落。蒙古大军的威胁席卷近东，距离埃及咫尺之遥。

伊斯兰世界的西半部分，也将面对蒙古的威胁。以巴格达陷落为标志而失去东半部分的伊斯兰世界，面临着有史以来最大的危机。

蒙古与马木路克的对决

拜巴尔斯是一位从奴隶市场上被贩卖为兵士的职业马木路克，大约出生于1223年前后。出身奴隶的马木路克大都是改宗伊斯兰教的，拜巴尔斯也不例外。

击溃法国国王路易九世率领的第七次十字军，使马木路克一战成名。刺杀阿尤布王朝的最后一位苏丹图兰沙，将埃及的主权置于马木路克的统治之下，拜巴尔斯居功至伟。面对蒙古铁蹄的威胁，众人都寄希望于这位马木路克的领袖。

无论是巴格达、摩苏尔还是阿勒颇、大马士革，一座座城市被蒙古人轻易攻陷，这不能不说是负责防御的领主哈里发和埃米尔的问题。究其原因，阿拉伯和突厥领主们都是伊斯兰世界的既得利益者。出于诸多利益的考虑，使他们患得患失，无法做出果断的决定，最终陷入失败的命运。

与这些既得利益者相比，出身奴隶的拜巴尔斯完完全全是从社会底层打拼到今天的地位。

这位37岁的马木路克，决定与蒙古人决一死战。为此，他做了慎

重的准备。

拜巴尔斯精心挑选了最忠于自己的亲兵上战场。出战的3.5万名埃及步兵，全部出身于马木路克。

当部队集结完毕之后，拜巴尔斯并不打算集中全军于埃及进行守土防御。巴格达和大马士革的惨剧历历在目，他并不想将士们在战战兢兢的埃及民众的议论中丧失士气。

马木路克选择了远离家乡的巴勒斯坦北部加利利地区作为决战的战场。拜巴尔斯的计划，是待蒙古军队离开大马士革，在其南方的巴尔贝斯城休整后开拔南进时，对其进行截击。之所以选择巴勒斯坦北部，是因为这一地区距离留在叙利亚的蒙古军队的友军尚远，他们无法及时驰援。

马木路克大军从开罗出发，沿地中海海岸到达加沙，由此北上到达阿克。由于埃及军队决定的战场加利利地方恰好是十字军控制的地盘，马木路克一边行进，一边密切关注着十字军的行动。

距离第七次十字军的大败和路易九世的惨淡归国，还不到6年的光景。以阿克为首都的近东十字军势力，正屏住呼吸期待着伊斯兰世界和蒙古的对决。十字军除了答应拜巴尔斯借道的要求之外，别无选择。而拜巴尔斯也得以在毫无后顾之忧的情况下，组织对蒙古大军的反攻。

如怒涛般西进的蒙古铁蹄，到达地中海沿岸之后，并未放慢脚步。他们不待与友军会合，便径直西行渡过了约旦河。1260年9月23日，这支蒙古大军抵达了阿音扎鲁特（Ain-Jalut）的原野，与埃及马木路克

大军短兵相接。

最令拜巴尔斯恐惧的对手，便是妇孺皆知的蒙古骑兵军团。相形之下，马木路克骑兵的实力要弱很多。

37 岁的马木路克司令在军中的角色，犹如今日的足球队主教练。在球场上，遭遇有强力前锋的对手，教练必然会命令己方后卫对强力前锋进行时刻紧逼盯防。受到严密盯防的前锋与队友隔离，任凭他具有再天才的球技，也得不到传球。

拜巴尔斯便实施了类似的战术。他的少量骑兵部队将勇猛的蒙古骑兵军团引入不适合骑兵行动的森林中，而步兵则与敌方的步兵进行缠斗——马木路克一方的步兵拥有极大的数量优势。

于是，阿音扎鲁特之战的天平，逐渐向马木路克一方倾斜。

从规模上看，这场会战并不大。然而就此一战，整个伊斯兰世界的西半部分便得以幸免于蒙古军队的蹂躏。

阿音扎鲁特战役打破了蒙古大军不败的神话。由于担心战线太长，蒙古军队在阿音扎鲁特失败之后，便径直退回了幼发拉底河东岸。这样一来，大马士革和阿勒颇不费吹灰之力地回到了穆斯林的控制之下。

一位奴隶出身的将领，从此成为整个伊斯兰世界的英雄。如果说此前苏丹之位除了实力之外还要求出身高贵，阿音扎鲁特一战之后，出身低微者也可以竞逐苏丹的大位了。对其治下的穆斯林来说，能够保卫自己的领导人就是最受拥护的领袖，至于其出身则是不那么重要的问题。

0
100千米
北
哈马
叙利亚
托尔托萨
霍姆斯
特里波利
地
中
海
贝鲁特
巴尔贝克
大马士革
推罗
阿克
加利利湖
海法
阿音扎鲁特
凯撒利亚
约
旦
河
雅法
耶路撒冷
死
海
加沙
蒙古军队
拜巴尔斯军队

阿音扎鲁特之战示意图

这位出身奴隶的英雄，在政治上也棋高一着。他找到巴格达陷落时死难的哈里发的继承人，将其迎入开罗，成为新的哈里发。

拜巴尔斯承认哈里发宗教权威的同时，独揽政治和军事大权。哈里发在宗教领域为这位出身卑微的苏丹大唱颂歌。哈里发从此不再是苏丹权力的障碍。

日本常译为“奴隶王朝”的马木路克王朝，巩固了统治。

由萨拉丁创立，经阿拉迪尔、阿尔·卡米尔以至于全盛的阿尤布王朝苏丹，并不需要哈里发作为自身的宗教权威。然而，对出身奴隶的马木路克王朝苏丹来说，这样的宗教权威就是十分必要的了。然而正是因为这一点，马木路克王朝对伊斯兰世界未来的发展施加了深远的影响。

拜巴尔斯于 17 年后的 1277 年在大马士革去世。这位以幼狮为旗号，出身钦察人的马木路克苏丹，死后在开罗的大清真寺中获得了华丽的墓所。

此后的马木路克苏丹，很快与叙利亚、巴勒斯坦沿海的基督教残余势力展开了斗争。

圣路易与第八次十字军

内政和外交固然都是政治活动，二者的性质却全然不同。

只要怀着一颗赤诚的心，内政活动往往能够取得好的结果。不顾既得利益者的反对，推行以大多数国民福祉为目标的政策，最终会造福于国家的利益。

然而对外交来说，政治利害和对象国家的利益往往不一致。在这种情况下，真心往往得不到好结果，反而会促使事情向相反的方向发展。

因此，负责外交的领导人，就要有着比从事内政的领导人更高的智慧，还要有内政领导人所不具备的辛辣手腕。

法国国王路易九世，在内政方面做出了一定的成绩，而在外交方面，他的成就堪称耐人寻味……

路易九世是一位并不为自己考虑太多的君主。他从未致力于祖父腓力二世那般扩大领土的事业。路易把自己完完全全献给神，献给他所信仰的基督教。他是一位与利己主义、自我中心无缘的领导人。从基督教会的角度看，路易九世是再理想不过的世俗君王。

1270 年，56 岁的路易九世决定再次发动十字军东征。

在他 20 年前发动的第七次十字军中，路易的将士们或战死，或被俘，许多部下改宗伊斯兰教，成为了埃及社会的一分子。

此时距离路易自己获释回到法国，已经过去了 16 年。

在开罗，以大破蒙古铁骑而扬名的拜巴尔斯，苏丹大位坚如磐石。

整个西欧天主教世界，并没有任何人支持路易对十字军的狂热号召。

第七次十字军的惨败，令罗马教廷怅然若失。雪上加霜的是，穆斯林军队 1268 年攻下了十字军控制的安条克公国。罗马教廷此时对向欧洲各地宣传十字军东征失去了信心。

此时此刻，面临拜巴尔斯威胁，又新近失去安条克的中近东基督教势力，完全没有对十字军东征的新期待。

因此，1270 年出征的第八次十字军，除了出自路易九世本人的愿望以外，并没有任何人的推动。这位并未因第七次十字军东征的失败而气馁的国王，依旧身怀对上帝的虔诚信仰和对整个基督教世界的信心。

他所选择的出征目的地，不是以前的任何地点，而是北非的突尼斯。

路易之所以选择突尼斯，大概是因为风头正盛的拜巴尔斯的兵力集中于北侧，难以顾及西面的北非腹地。自狮心王理查以来基督徒占领的凯撒利亚、雅法等城市，都已尽数为拜巴尔斯夺去。

路易的计划一旦成功，则不得不称之为天才级的战略。如果他击

败了突尼斯的埃米尔，并使北非基督教化，则可以从西面率领北非军队长驱直入，攻取埃及。然而要让整个北非基督教化，唯一的办法就是武力推翻当地的穆斯林政权。

法国国王亲自率领的第八次十字军阵容，比第七次十字军更加华丽。

路易和法国的两位王子、英格兰王子、纳瓦拉国王都带着后妃出征。随行骑士们的甲胄和战枪在阳光下闪闪发光，后妃的女官们艳丽的礼服花枝招展。倘若没有海上的惊涛骇浪，这阵势真宛若上流社会的观光旅行。

1270 年 7 月 1 日，从艾格莫尔特港出发的第八次十字军，在撒丁岛南端稍作停留，便向突尼斯进军。

7 月 17 日，大军在距离古港口迦太基不远的地方登陆。

古典时代北非物产的集散地迦太基，随着中古时代以来当地经济文化中心向突尼斯转移，逐渐被遗弃为一座沙漠中的废都。十字军在此处的沙漠地带登陆之后便就地扎营，等待从西西里前来会合的安茹伯爵查理。路易计划在与这位王弟会合之后，率军前往突尼斯。

由于缺少第七次十字军时代茹安维尔式的记录者，我们并不十分清楚第八次十字军的总兵力情况。但无论如何，逾万人在沙漠地带持续露营，都是十分危险的。

深知自己身处危险境地的路易，在决定实施军事行动之前，首先试探外交途径的解决。他给突尼斯的埃米尔送去了亲笔书信，信中写道：

> 若阁下考虑改宗基督教，鄙人愿为实施洗礼。若阁下拒绝，鄙人将亲率万余部众，与阁下兵戎相见。

突尼斯埃米尔即刻发来了回信：

> 收回您关于洗礼的话吧，我愿与您战场上见。您若胆敢进攻突尼斯，我就会杀掉城内“浴场”的所有基督徒奴隶。

所谓“浴场”，即此时期北非穆斯林海盗收容所掠夺来的南欧基督徒奴隶，并役使其进行廉价劳动的场所。我已经在《罗马灭亡后的地中海世界》一书中对其进行了详细的描述。

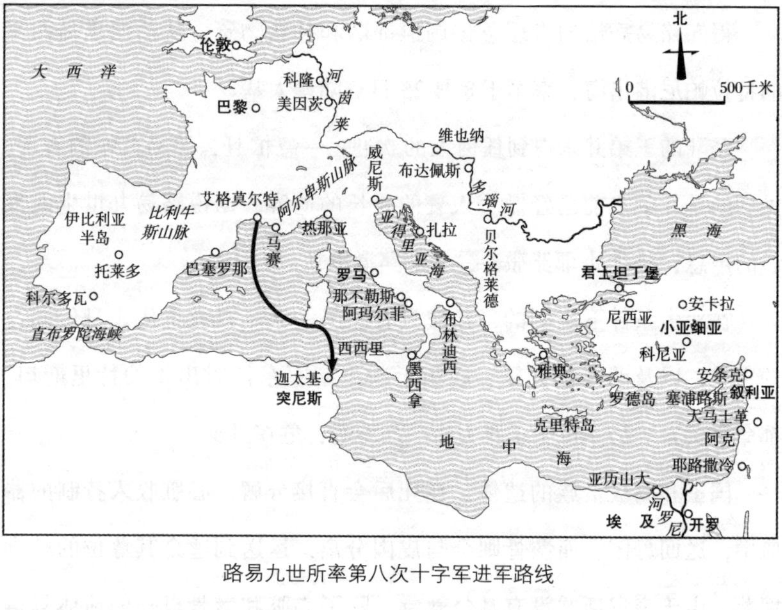

路易九世所率第八次十字军进军路线

即使是单纯如路易九世，也对突尼斯埃米尔的强硬回复感到意外。于是他决定停止外交活动，尽快开始军事行动。他派遣船只火速前往西西里，催促兄弟查理尽快出兵，并提供更多的水和军粮。

然而，查理四年前刚刚杀死了神圣罗马帝国皇帝腓特烈二世的儿子曼弗雷迪，夺取了西西里的王位。西西里人对这位来自法国的新国王并无好感，于是他无论是征募兵士，还是筹集钱粮，都进展缓慢。

突尼斯盛夏的太阳毒辣辣地照耀着十字军的将士，他们逐渐陷入缺粮缺水的境地。由于没有选择好登陆地点，一直处在野营状态下的部队状态日趋恶化。敌人还没有来袭，瘟疫却悄然来到了。

进入 8 月，迟迟等不到查理的路易病倒了。

得知路易病情的查理急忙调遣部队和补给物资，从西西里岛西岸的特拉帕尼港出海，率军于 8 月 25 日登陆迦太基。

登陆的王弟并未得到任何人的欢迎——急忙赶去路易营帐的查理，见到的是片刻之前已经撒手人寰的兄长的遗容。据说路易九世生前最后的声息，是“去耶路撒冷，去耶路撒冷！”

在恶劣条件下病倒的，并非只有路易一人。以教皇代表身份同行的主教，以及路易的儿子，在第七次十字军东征时出生的特里斯坦，都命丧黄泉。另一位王子腓力也一病不起，危在旦夕。

国王和高级贵族的遗体，在死后会直接分解，心脏收入特制的器皿中，送回母国，而骸骨则会与皮肉分离，运送到适合其尊位的教堂埋葬。由于突尼斯并没有基督教堂，除了心脏和骸骨以外的遗体只得

就地火化。这种特殊的遗体处理方法，是一般采取土葬的基督教社会在处理远征中牺牲的基督徒的常用惯例。此时查理也只好采用此法，将兄长的遗体火化。

正在这时，传来了敌军从突尼斯方向袭来的消息。查理急忙命令兵士们拿起武器迎击敌人。

尽管处于种种不利条件下，十字军还是赢得了与突尼斯军队战斗的胜利。不得不说，比路易年轻 12 岁的安茹伯爵、西西里国王查理，拥有比兄长更强的军事指挥才能。

眼看手下军队败北，突尼斯的埃米尔早早地提议求和。他提出的议和条件只有一个——十字军退出突尼斯，而自己向查理支付用于撤军的赔款。

查理和十字军的全体领导人简单磋商之后，便同意了突尼斯提出的请求。最终，十字军在 11 月 20 日撤出了突尼斯，埃米尔也在三个月后应约支付了赔款。然而，无论是突尼斯城，还是城内“浴场”里的基督徒奴隶，都没能等到十字军兵临城下的一天。大张旗鼓出征的第八次十字军，仅仅从异教徒手里拿到赎金便扬长而去，恐怕是上帝和耶稣基督都无法容忍的吧。

然而此次十字军冬季的撤军出海，却导致了撤退途中的大混乱。按照常识，地中海的商船和渔船都尽力避免冬季出海，来自西欧的贵族和骑士们却完全不知道这个道理。

就在大军即将抵达西西里岛附近的特拉帕尼港时，冬季的暴风雪

向舰队袭来。就在港口迎接的部众眼前，18 艘舰船被呼啸的海浪吞噬。船上的4000 名兵士和马匹、武器一起葬身海底。

特拉帕尼全城的居民立即动员起来，渔船倾巢出动，争分夺秒地营救还未沉没的舰船，并搭救从沉没的船只落水的官兵。救援作业日以继夜地进行着。

所幸的是，查理本人，路易死后继承法国王位的腓力，纳瓦拉的国王和英国的王子，以及路易和腓力的王后，路易的女儿纳瓦拉王后，都最终得救。

十字军回到西西里岛以后，从突尼斯感染疫病的死亡者继续增加。到 12 月 4 日，从海上救回来的纳瓦拉国王夫妇双双病故。

查理和即将登上法国王位的腓力为纳瓦拉国王夫妇和路易、特里斯坦的遗骨一起举行了葬礼。葬礼安排在西西里岛首府巴勒莫附近的蒙雷亚尔大教堂。四位王侯的心脏则由专人携带回本国国内。

葬礼举行之后，各国的贵族纷纷出发，踏上前往本国的旅程。由于寒冬海路不畅，全体成员都选择从陆路返国。启程之前，全体贵族来到巴勒莫的大教堂聚会，在上帝面前庄严宣誓，相约以四年后的1274 年 7 月 22 日为期，参加新的十字军东征，以夺回圣城耶路撒冷的圣墓教堂为目标。

以法国国王路易九世的强烈愿望促成的第八次十字军东征，从1270 年 7 月 1 日于法国出兵，到 7 月 25 日路易病逝，只经历了不到一个月的短暂时光。

至于这次十字军有多少人参加，其中又有多少人回到了故土，并没有任何数字可以参考。

相比第七次十字军时代法国国王路易被俘的特大新闻，第八次十字军东征并没有留下任何有意义的“新闻”。以至于在伊斯兰史料中，完全没有此次东征的记载。

然而，在基督教信徒中间，不仅胜利者受到传颂，失败而殉教者更受到人们的尊敬。罗马教廷于路易死后 27 年的 1297 年将其封为全基督教会榜样的“圣人”。在 200 多年的十字军东征史上，获封为圣人的世俗统治者，只有路易九世一人而已。这位教会眼中的虔诚信徒，两度发动十字军东征，两度以失败而告终，却在历史上遗留下了“圣路易”的美名。

在罗马为数众多的教堂中间，有一座比其他的更受游人青睐。除了因为这座教堂藏有三幅卡拉瓦乔的画作，还因为它对圣路易的崇拜。

在教堂入口的左侧，耸立着身着十字军甲胄的路易的全身像。往来于此的游客毫不关心这里是否崇拜上帝的场所，常常只是专心欣赏卡拉瓦乔惟妙惟肖的作品。不知道他们是否注意到了路易潇洒的雕像。

以上帝的期望为名而出征的历次十字军中，圣路易所率的第八次是最后的一次。而这最后一次十字军唯一的遗产，就是这位获封圣人的法兰西国王了。

当最后一次十字军的时代渐行渐远，巴勒斯坦地区基督徒最后的日子就越来越近了。

海港城市阿克

如今位于以色列境内的海港城市阿克，在200年的十字军历史后半部分的100年间，都作为巴勒斯坦地区十字军事实上的首都而繁荣着。1187年萨拉丁曾夺取了阿克城，1191年狮心王理查所率的第三次十字军将其夺回。此后直到重新被穆斯林夺占，还有大约100年的光景。

虽然在1229—1244年的15年间，基督教世界夺回了耶路撒冷，阿克仍然发挥着整个中近东十字军国家首都的功能。

历代罗马教皇都不承认皇帝腓特烈二世与阿尔·卡米尔之间缔结的和约——这次和议为基督教世界兵不血刃取得了耶路撒冷，却得不到教会的许可。即便腓特烈率领的第六次十字军为基督徒夺回了圣城，耶路撒冷国王和牧首也不会回到城内。

统率全体近东基督徒的耶路撒冷国王和宗教领袖耶路撒冷牧首，都一直滞留于阿克。虽然此间来往耶路撒冷的朝圣者络绎不绝，国王和牧首都从未踏入圣城半步。

由此，阿克逐渐发展为一大海港城市。这里不只有王宫和牧首的宅邸，还有比萨、热那亚和威尼斯商人建立的居留区。

这些居留区，成为来自西欧商品的集散地和阿拉伯人频繁出入的贸易中心。来自比萨、热那亚和威尼斯的船只，在阿克往来穿梭，使这座港口成为一大自由港。

无论是执行首都的职能，还是商品的流通和经济的繁荣，安全保障都是十分必要的。足够的安全保障，也使阿克处于比巴勒斯坦其他地区更为优越的位置。

中近东基督教势力的常备军事力量即三大宗教骑士团：圣殿骑士团、医院骑士团和条顿骑士团，都将总部置于阿克。其中的圣殿骑士团，还由于腓特烈和阿尔·卡米尔的和约而失去了其在耶路撒冷的总部，不得不将在阿克建立的临时总部变为其永久的总部。

医院骑士团，顾名思义，是以为治疗前往圣地的朝圣者为目的而创立的。因此，这一骑士团的总部常以医院为主体。条顿骑士团则是一群德意志出身的骑士集团，为保证朝圣者安全而建立的。此两大宗教骑士团的总部，并非由高大的城堡改建而成。

阿克的圣殿骑士团总部，位于包围着阿克全城的城墙一角。在阿克城内，只有圣殿骑士团的总部，是完全为了抵抗伊斯兰势力进攻而修建的中世纪西欧式城堡。

圣殿骑士团之所以存在，与其他宗教骑士团一样，都是为朝圣者安全提供军事力量的支持。位于阿克的圣殿骑士团总部，是一座威严的城堡，建筑在两面靠海的高崖之上。

由于阿克城集中了中近东各大基督教势力的总部，其指挥并未实

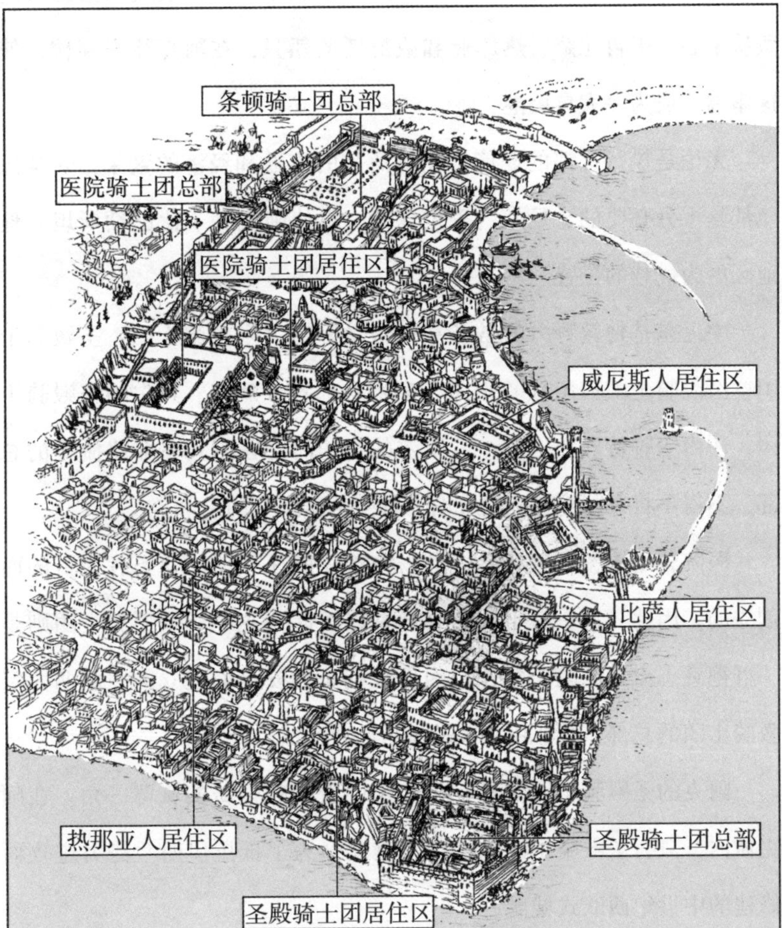
条顿骑士团总部
医院骑士团总部
医院骑士团居住区
威尼斯人居住区
比萨人居住区
热那亚人居住区
圣殿骑士团总部
圣殿骑士团居住区

阿克的市中心

现一体化。而且，由于耶路撒冷国王兼任塞浦路斯岛的国王，很多时候都在岛上居住，不在阿克城内。

而耶路撒冷牧首也由于其实质上的流亡身份，没有多少控制阿克的实权。

往来交易的意大利各个滨海城邦，由于相互之间强烈的敌对意识，也形成了不利于城市一体化的紧张关系。比萨、热那亚和威尼斯的居留区各自独立，各国公民在其中享有治外法权。

此外，各个宗教骑士团在其居住的区域内也享有治外法权。

条顿骑士团是神圣罗马帝国皇帝的属下，而圣殿骑士团和医院骑士团则直属于罗马教皇。无论是耶路撒冷国王还是牧首，都没有对骑士团下命令的权力。至于骑士团所唯一仰仗的罗马教皇，则因为罗马与中近东遥远的路途而鞭长莫及。发给罗马的请示，要经过半年才能以教皇敕令的形式返回阿克。长此以往，骑士团往往倾向于独自行动了。

出于以上原因，整个十字军历史后半段的首都阿克，成为了诸多势力相互摩擦，混合存在的首都。在这里，虽然无从谈起任何的权力规则，却有着非同寻常的繁荣。

阿克的内城由两重墙壁所包围，建筑物大都为石料砌成，与西欧式的都市别无二致。此外，由于中近东地区气候炎热，阿克的建筑大量使用拱门等开放式结构。

阿克城内也有很多阿拉伯式的建筑物，屋顶并非常见的三角形，

而以平顶为主。这是因为，在少雨无雪的中东地区，并没有建筑三角形屋顶的必要。同样，城市内处处可见的市场类建筑，屋顶大都是由毛毡覆盖而成。这种屋顶也不是为了防雨，而是为交易商品的人群遮蔽强烈的阳光。

在城内的市场中，各种肤色、不同衣着的人们接踵摩肩，川流不息。

身着白底红十字披风的圣殿骑士，和戴着白头巾的阿拉伯穆斯林，在市场上各自忙碌着。

胸前绣着白十字的医院骑士团骑士和出售绒毯的波斯商人忙着用阿拉伯语讨价还价。

身着白底黑十字披风的条顿骑士们，操着带有德意志口音的法语，跟讲带着本地口音法语的犹太商人进行交易。

各国封建诸侯的夫人，也在侍女的陪同之下来往于街市之中。从第一次十字军时代起，十字军诸侯多与中近东当地的基督徒亚美尼亚女子通婚，侍女们也多为基督徒，很少有穆斯林。

踏入意大利各城市国家的居民区，身着长装，头戴贝雷帽的意大利商人，跟戴着头巾，穿长袍的穆斯林商人三五成群地交流着。这些商人常常会探讨的议题，是在伊斯兰世界内部开设意大利商人的商馆，互通有无。

靠港的船只登陆后，下船的朝圣者兴高采烈地列队入城。码头的突厥人搬运工将货物运输到仓库之中。炎热天气之下，搬运工的列队

面无表情，与朝圣者形成了鲜明的对比。

以上几段的描述，构成了 13 世纪后半期阿克城的自然风景。

皮肤也好，发色也好，宗教信仰也罢，身着的服装也罢，各人的语言也罢，展现的种种色色的区分，浑然一体而共存的场面，令阿克城的日常别开生面。

此时的阿克城，无论谁都在互利的状态下生活着，没有人的利益受到损害。倘若不久后阿克能免于受到侵略，恐怕就没有人会受到损失了。

然而，就像 200 年后文艺复兴时代的马基雅维利和圭恰尔迪尼所说的那样：

> 现实主义者所犯的错误，就是把对手当作跟自己一样，基于现实考虑而愚蠢地诉诸行动的人。

阿克城的命运，并非系于阿尤布王朝苏丹，而是系于马木路克王朝苏丹之手。

“为了地中海，基督徒将战斗到最后一人”

阿尤布王朝创始人萨拉丁所宣扬的“武力吉哈德”，在他任上取得了极大的成功。将以十字军圣战思想袭来的西欧天主教军队击败，不仅发扬了伊斯兰教的武力吉哈德精神，还将此前一直陷于分裂的伊斯兰世界成功团结起来，夺回了圣城耶路撒冷。

对这位常与宗教权威保持距离的穆斯林英雄来说，武力吉哈德的目的是夺回耶路撒冷，至于叙利亚、巴勒斯坦地区沿海十字军控制下的海港城市，则不是武力吉哈德的对象。

萨拉丁和狮心王理查之间的和议，确认了十字军国家对这些海港城市的主权。此外，两人还协议保证了从欧洲来的朝圣者和商人在这一地区的活动自由。

萨拉丁的侄子阿尔·卡米尔和皇帝腓特烈之间的和平协议，再次确认了朝圣者和商人的自由与安全。

以上的协议表明了萨拉丁、阿拉迪尔和阿尔·卡米尔这两代三任阿尤布王朝苏丹对中近东基督徒的态度。阿克城的繁荣，正得自阿尤布王朝对整个十字军控制的近东沿海城市的共生态度——阿克显然是

受益最大的城市。

时过境迁，同是宣扬“武力吉哈德”的苏丹，马木路克王朝领导人心目中的“武力吉哈德”则完全不同。最终，他们以“扫除中近东全部基督教势力”诠释了“武力吉哈德”。无论是朝圣者还是商人，全部清除——尽管事实上朝圣者和商人会给伊斯兰世界带来商业利益。

造成这一情况的原因又是什么呢？

阿尤布王朝的历代苏丹，从萨拉丁到阿尔·卡米尔，不仅具有优秀政治家的素养，也是接受了极好教育的最有教养的阶层。优良的教养，使阿尤布王朝的苏丹个个温文尔雅，风度翩翩。

相反的是，马木路克王朝的历任苏丹，无论是初代的拜巴尔斯还是第二代的卡拉温，都是奴隶出身，被贩卖为军人，经过军事训练而成长起来的。虽然他们都十分擅长作战，却由于自己的奴隶出身，得不到充分的教育。许多马木路克苏丹甚至无法使用伊斯兰世界的官方语言阿拉伯语进行书写。毕竟，马木路克这一词汇的本义，就是“出身奴隶的兵士”。

出身奴隶的苏丹，迫切需要现存的宗教权威作为自身统治的后盾。拜巴尔斯从被蒙古人毁弃的巴格达请来了阿拔斯王朝的继承人，让哈里发制度在开罗复活。这一举措与法蒂玛王朝哈里发死后，阿尤布王朝的政教分离举措截然不同。

十字军东征时代伊斯兰世界的哈里发，有类于天主教世界的罗马教皇。哈里发制度，即哈里发与周围为数众多的伊玛目——伊斯兰教

学者和神职人员所组成的制度安排。当哈里发常驻开罗之后，开罗也就成为了伊斯兰世界的罗马。

马基雅维利曾经在著作中希望教皇离开罗马，搬到瑞士去，而圭恰尔迪尼也在死前的三项政治主张中提出，把教皇和神职人员彻底排除于政治之外。

马木路克王朝的创始人拜巴尔斯，虽然在自己的首都开罗复活了哈里发制度，却也同时要求哈里发不得参与苏丹的行政和军事管理事务。但是，作为宗教领袖，哈里发不可能不对政治、军事施加影响。与阿尤布王朝不同，马木路克王朝“武力吉哈德”思想的极端化，很大程度上是这些领导人的奴隶出身导致的结果，但也包括居住在苏丹近邻的哈里发和诸位伊玛目导师学者们的影响。他们的言论很大程度上决定了苏丹政令的走向。

以宗教为追求的人，往往无视世俗利益，只为了纯粹的宗教信仰而生活。对虔诚的穆斯林宗教人士来说，无论是基督教朝圣者带来的金钱，还是与意大利商人贸易获得的收益，都有害于伊斯兰教的纯粹。

就这样，当马木路克王朝苏丹的权力稳固之后，他们的目标就是“扫除中近东全部基督教势力”。这是伊斯兰世界第二次“武力吉哈德”的目的。而对基督教世界来说，唯一要做的就是尽一切努力阻止马木路克苏丹的目的实现。

1250 年，法国国王路易九世所率领的第七次十字军，在埃及全军覆没。在两年内分期支付巨额赎金之后，路易本人和部分十字军将士

获释回国。此次十字军与前六次十字军相比，对基督教世界和伊斯兰世界都起到了完全不同的重要作用。

作为欧洲一大强国的法国，其国王率领的第七次十字军遭到了惨败，这令尚处于内部纷争中的伊斯兰世界领主们个个高奏凯歌，而整个基督教世界的士气也达到了十字军东征以来的最低谷。

从此以后，西欧十字军再也无法向中近东地区发动大规模的远征了。

此外，路易九世率领的十字军，还为伊斯兰世界送去了一项赠品。那就是加速了衰落的阿尤布王朝向奴隶出身的强有力的马木路克苏丹的权力交接。马木路克军队击溃第七次十字军的功绩，为其通往权力顶峰铺平了道路。

在 1260 年前后走上政治舞台的拜巴尔斯，并未在其苏丹任内集中力量扫除中近东的基督教势力。这显然是迫于来自东方的蒙古军队的压力。

1258 年，整个伊斯兰世界东半部分的首都巴格达陷落了。

1260 年，阿勒颇、大马士革这两座历史名城为蒙古铁蹄所攻破。此时，伊斯兰世界西半部分的大门，已向蒙古军队敞开。

就在当年，拜巴尔斯率领的马木路克军队，在阿音扎鲁特一战成名，击退了蒙古大军，保住了整个伊斯兰世界的西半部分，为自己成为苏丹的正当性奠定了基础。

这场战役的胜利不仅让拜巴尔斯长出了一口气，也使战斗着的每

一名穆斯林斗志昂扬。毕竟，在阿音扎鲁特平原的后方，就只剩下埃及这一块必须保住的土地了。

然而，蒙古军队虽已撤退到幼发拉底河以东地区，他们的威胁却并未消失。此后20多年间，马木路克王朝的苏丹常忙于防御来自东方的袭击。

回想萨拉丁1187年夺回耶路撒冷之后，也曾经悉数破坏其周边十字军建立的城堡。由于穆斯林并不使用这些城堡作为防御设施，萨拉丁将其攻占之后，悉数拆毁。

而拜巴尔斯的战术则是攻占十字军城堡后特意修复之。例如他下令收复了以“城堡之王”而著称的“骑士之城”，并对其加以部分改造。

十字军的城堡大都坐东向西而建。在阿尤布王朝时代，东方还没有蒙古人的踪影，而马木路克王朝时期特意保留十字军城堡，就是为了应对来自东方蒙古人的威胁。此前一直不善利用城堡的穆斯林军队，从此也逐渐学会了以此为据点作战。

自从马木路克军队需要利用城堡之后，他们便开始不惜代价地强行攻占十字军修建的城堡了。马木路克向驻守城堡的宗教骑士团骑士们提出“光荣撤退”的请求，即在包围城堡之后，要求城内骑士解除武装，并以优厚的条件礼送而去。城堡内的骑士在断粮断水、孤立无援的情况下，大都选择了放弃城堡，“光荣撤退”。

当这一现象一而再、再而三地重复发生之后，中近东基督教势力

最外层的防守链被大大缩短。

正当巴勒斯坦方面基督教势力的生存空间逐渐式微之时，法国国王路易九世于 1270 年发动了第八次十字军东征。

虽然这次十字军的登陆地点远在北非中部的突尼斯，虽然大军登陆之后不久路易就在军中病亡，这次十字军东征对中近东的基督徒和穆斯林来说，都是实实在在的又一次冲突。在此之前，双方都天真地确信，西欧国家再不会派兵来到这个冲突地区了。

拜巴尔斯于 1277 年逝世。在此以后，其儿子和继承人能力明显不足，执政不到两年便被卡拉温取而代之。这位马木路克王朝的第二代苏丹，是拜巴尔斯手下的得力干将。作为一位马木路克，卡拉温继承了拜巴尔斯的全部政策路线。

从 1270 年到 1290 年的 20 年间，拜巴尔斯和卡拉温全力以赴，使整个中近东世界的主导权完全控制在以开罗为统治中心的马木路克手中。虽说二人只是奴隶出身，他们对当地基督教势力的蚕食颇为巧妙。

中近东的十字军国家中，除了以阿克为首都的耶路撒冷王国之外，还有安条克公国和特里波利伯爵领地。马木路克王朝的苏丹，分别与三方签署了单独的停战协议。

这些停战协议，都是基督教国家主动签署的——他们的领导人对取代阿尤布王朝的马木路克心存恐惧。

这些领导人希望地中海东岸在保持现状的前提下获得一时的和平。然而，在停战协议签署之后，自己领地边界上的城堡，还是一个个为

马木路克所蚕食。

最终，这些停战协议都没能够在议定期之内得到遵守。而在能够得到遵守的日子，基督教国家得以喘息，也只不过是因为马木路克王朝需要处理其南方邻国努比亚发生的动乱。

在此状况之下，安条克公国和特里波利伯爵领地相继消失了。随着休战期间的领土丧失，越来越多的“法兰克人”从第一次十字军东征时代占领的土地退出，到塞浦路斯定居。

塞浦路斯是海上的岛屿。由于马木路克王朝的海军战斗力较弱，移居的基督徒基本上免受威胁。

人之所以为人，信义是一条不变的准则。换句话说，做人必须遵守约定和承诺。遇到公然撕毁协议的对手，只能在不得已的情况下设法应对了。

在中近东沿海城市居住200年的西欧人，选择离开这片土地，只是因为马木路克王朝并不遵守任何相关协定。作为一国之君，做出这样的决定，只会让民众陷入绝望。

即位之前作为太子的英格兰国王爱德华一世，曾经想要发动十字军东征。历史研究者常称其为第九次十字军，但对此并没有合适的官方称呼。爱德华在东方与马木路克达成了10年的停战协议，得意洋洋地归国——不如法国强大的英格兰，却赢得了强大对手马木路克的尊重。

从不严格遵守停战协议的马木路克苏丹，对同时以塞浦路斯国王

为名的耶路撒冷国王也实施了骗局。这位国王对马木路克遵守 10 年停战协议的承诺信以为真，安心回到塞浦路斯休养。

没过多久，马木路克王朝就开始筹划对阿克的进攻。

1290 年，十字军国家与伊斯兰世界的停战还未结束，苏丹卡拉温便着手进行“吉哈德”的准备工作。当一切准备停当之后，马木路克王朝需要的只是破坏停战协议的借口。

锁定目标

当年 11 月，卡拉温去世了。自以为从此安然无恙的十字军国家，突然遭遇不测。

苏丹在临死之前，召唤儿子卡利勒，令其在全体马木路克部下面前发誓“武力吉哈德”之后，才断气而去。这样一来，卡利勒必须实施扫除基督徒为目标的战争，才能巩固自己作为新苏丹的地位。

而发兵的导火索，早在当年 8 月便出现了。

由于阿克是朝圣基督徒安全登陆的唯一地点，欧洲朝圣者一直在阿克集中。这些朝圣者并不携带武器，心中所想的只有和平的朝圣。

看到国际化的阿克城内基督徒和穆斯林、犹太人从事贸易的场景，西欧来的朝圣者感到义愤填膺。他们无法想象，这里的基督徒怎能与生来不共戴天的阿拉伯人、突厥人和犹太人进行贸易，于是纷纷指责当地人是基督教世界的叛徒，堕落到要下地狱的程度。

这种宗教狂热的发展，使部分朝圣者对市场内的穆斯林拳脚相加。阿拉伯人和突厥人可以通过着装轻易地辨认，于是他们就成为朝圣者袭击的对象。

随着更多朝圣者的加入，这场恶斗的规模不断扩大。阿克当地的基督徒也卷入了双方的斗争，最终导致朝圣活动的中止。大批新的朝圣者在阿克登陆后遭到扣押，当地基督徒和朝圣者的矛盾迅速激化。

这场暴乱的结果，是相当数量的阿拉伯商人和来自周边贩卖农产品的突厥农民的伤亡。

到了 8 月底，伤亡穆斯林家属组成的队伍来到开罗，向苏丹出示家人血染的服装，要求向基督徒复仇。

此事不能不说是一起偶发事件。但一场简单的偶发事件，却给准备着政治军事干预的人以诉诸行动的理由。

十字军国家一方，注意到此威胁的人，是圣殿骑士团的团长纪尧姆·德·博热。

这位团长，在弥漫着以与伊斯兰世界战斗到底，拒绝和穆斯林共存，完全不愿学习阿拉伯语气氛的圣殿骑士团中，是个与众不同的另类人物。

博热出身法国的大贵族，其家族与路易九世有亲戚关系。他曾随路易九世参加 1270 年的第八次十字军，进攻突尼斯。

在这次命运多舛惨淡经营的十字军中，20 岁的博热经受了严峻的考验。第二年他便舍弃了法国优渥而安定的贵族生活，加入了圣殿骑士团。

1273 年，23 岁的博热获选为圣殿骑士团的团长。他之所以能够以新人的身份就任，恐怕跟教皇看中他法国王室的亲属身份有关。

此后两年内，博热一直作为教皇召集的公会议的助手在罗马工作，直到1275年才前往中近东的“圣地”。这位25岁的年轻人，从此以圣殿骑士团团长的身份，跻身“圣地”基督教社会的最高层领导之列。

这位新的首脑一反圣殿骑士团的传统，与叙利亚的穆斯林领主建立了良好的私人关系，并时常与埃及马木路克苏丹的近臣来往。他早早地学习了阿拉伯语，在骑士团内部赢得了一批团员的效仿和支持。

早在1288年，这位年轻的团长便已提醒中近东的其他基督教领导人，卡拉温已经决意要进行“吉哈德”，十字军一方有必要做好准备迎战。然而此时其他领导人认为既然已经跟马木路克缔结了休战协定，就可以高枕无忧。

1290年8月的事件发生以后，圣殿骑士团团长最初的建议得到了广泛认同。在与苏丹紧急通信之后，阿克派遣外交使团前往开罗斡旋。卡拉温的态度十分强硬，他要求交出杀害阿拉伯商人和突厥农民的凶手，并支付高额赔偿款。

尽管阿克政权的领导人确知暴乱的朝圣者袭击穆斯林一事，想在事后找出凶手，却是十分困难的。没有人自首，更没有人告发。至于支付赎金的事情，则受到了上至耶路撒冷牧首，下至地方实力派的抵制。

只有纪尧姆·德·博热本人一直坚持，不仅要支付赔偿款，还应当找出凶手，引渡给苏丹。他想出了一个办法，即将阿克的大牢内因杀人或伤害罪关押的罪犯引渡到开罗。

然而阿克的军政首脑并未同意博热的请求。在高层为此争论不休之际，收拾事态的时机悄然过去。1290年年底出使开罗的阿克使节，连见到新任苏丹卡利勒的机会都没有，就被丢进了开罗的监狱。跟一直保障使节安全的阿尤布王朝相去甚远，马木路克王朝的苏丹不仅不遵守和平协议，还根本不愿保证外交使节的人身安全。

虽说如此，新取得苏丹大位的28岁年轻人卡利勒，跟彼此相识的圣殿骑士团团长之间，有着相互敬重的态度。卡利勒致信博热，开篇如此写道：

> 苏丹中的苏丹，君主中的君主，马利克·阿什拉夫，威严的信仰者，鞭笞无信仰之徒的权威，法兰克人、鞑靼人和亚美尼亚人的征服者，中近东所有城堡的主人，地中海与红海的支配者，两大圣地（可能指麦加和耶路撒冷）的守护者，卡利勒·萨利赫，
>
> 致阁下圣洁的圣殿骑士团的团长。对寡人而言，阁下一言九鼎，故寡人亦将真意悉数吐露。
>
> 近日，在寡人和阁下共同守护的土地上所发生之错误，望阁下努力纠正。
>
> 望阁下悉知，此前所派遣的来自阿克之使节，无论其所携之书信，或所备之礼品，皆无益于事态之解决。以后任何使节斡旋此事，寡人恒将拒绝。

卡利勒的来信，目的只有一个，那就是为了夺取阿克而寻找借口。

这位苏丹的理由，自然是为惨死于阿克的穆斯林商人和农民复仇。然而若要说到“错误”，卡利勒所期待的，恐怕是对第一次十字军以来200年间十字军在中近东“错误”的总清算。

1290年与1291年之间的冬季，卡利勒命令哈马城的埃米尔大量砍伐叙利亚的森林，以提供制造100台投石机所需的木材。完成后的投石机首先集中运到巴尔贝克，然后沿贝卡高原而下，运送到大马士革。哈马的埃米尔最终负责将投石机运到阿克城下——这位从阿尤布王朝时代一直管理哈马的埃米尔，在马木路克苏丹的治下继续听命于开罗。

从贝卡高原到大马士革，再从大马士革到阿克的路线，需要经过沙漠，渡过河流，还要翻山越岭。运输100台投石机，是必须依靠大量人力才能完成的。哈马埃米尔身先士卒，做了有效的动员，才最终解决了人员不足的问题。

与此同时，卡利勒命令各地的埃米尔和地方领主，以“武力吉哈德”的名义大量征兵。苏丹亲自以针对基督徒的“武力吉哈德”来号召出兵，使附近各地的穆斯林感到责无旁贷。对于一场“武力吉哈德”来说，战死就意味着成为光荣的殉教者。

在十字军历史上的最后一年，1291年3月3日，穆斯林军队的先锋到达了阿克城下。这支先遣队，由刚刚在努比亚执行了军事任务的阿夫拉姆负责指挥。

20天后，由哈马埃米尔负责押运的100台投石机到达了阿克城下。又过了19天，以扫除整个中近东基督教势力为己任的大军也到达了。

哈马埃米尔本人所率领的来自叙利亚北部的军队，在投石机到达后三天的 3 月 26 日抵达阿克城下。

次日，马木路克将领、大马士革的总督所率的叙利亚南部军队抵达了阿克。而苏丹本人所率的大军则已在 3 月 6 日启程。

苏丹大军出发前一周，以哈里发为首的高级神职人员，与苏丹和大军一起在开罗大清真寺举行了盛大的誓师仪式。伴随着《古兰经》的吟诵，人们为阿克之战的胜利而祈愿。卡利勒也在仪式后的游行中，为开罗的贫民布施钱财——在伊斯兰世界中，“吉哈德”常常伴随着对贫民的救济活动。

苏丹本人于出发一个月后的 4 月 5 日抵达阿克城下。此时，参加“吉哈德”的整支大军已经全部抵达，军队部署也毫无障碍地展开。苏丹接受先期抵达的阿夫拉姆的建议，将主阵地设在阿克城的东面南侧。在主阵地的北侧，配置着来自大马士革和哈马的军阵。卡利勒安排停当，认为事不宜迟，决定于 4 月 6 日清晨发起总攻。

阿克攻城战

据史料记载，在“吉哈德”旗下集结的穆斯林军队总战斗力为16万步兵和6万骑兵。如果这一记载为真实情况，则实际上大多数步兵都是征集到前线的农民，并不懂得如何使用武器。他们使用的战术，主要是在城墙外面挖掘地道。苏丹征发大量民夫的目的，是通过全面包围和修筑地道，给城内居民制造巨大的心理压力。

至于骑兵的人数，也达不到记载的6万之多。在以巴格达为中心的伊斯兰世界东半部分苦于蒙古人入侵的时期，善于骑马射箭的波斯轻骑兵怎么可能来到阿克城下呢？

因此，步兵骑兵合计22万的总数，包括了大量的民夫和随从。这样一支大军，是为了进攻阿克一座城市而组织起来的。

虽说拥有一支大军，苏丹卡利勒却并没有派出任何的舰船辅助进攻。这是由于意大利各滨海城市国家完全控制了制海权。埃及人非常清楚，自己无论出动再多海军也无济于事。

抵御苏丹大军的，是阿克城内的4万居民。全城居民当中，包括1.4万名步兵、700名骑兵和1300名跟随骑士作战的侍从。作战人员总

共加起来不到 1.6 万人。

更为复杂的是，这 1.6 万守军，根本无法做到一人令下，全军进入战斗状态。

首先，在阿克城内的 1.4 万名步兵当中，除了基督徒之外，还有突厥人雇佣军和意大利人。此外，手持武器参战的朝圣者也不在少数。

步兵当中的意大利人，主要是来自当地比萨和威尼斯人居住区的居民。他们都积极参加阿克的防御。对这些意大利人来说，无论是作为商人、水手还是居民，在战斗开始时无一例外地都成为了剽悍的海军战士。

唯有热那亚人不参加此次阿克之战的防御，因为热那亚早已与马木路克之间缔结了和平协议。但也有个别热那亚人选择留在阿克，决心与苏丹的大军战斗到底。

接下来是守城的主要战斗力，中世纪欧洲最重要的战斗力量——骑兵。

在 700 名骑兵当中，首先是第七次十字军时代完败的法国国王路易九世派来的 100 名骑兵。为了赎罪，他在生前决定每年向圣地派出 100 名骑兵。

需要注意的是，路易九世派出的这 100 人，并非“骑士”而只是普通的骑兵。所谓骑兵指的是在马上发挥战斗力的战斗单位，而骑士则是一种以战斗为职业的身份象征，骑士即使不乘马也以战斗为天职。由于骑兵兵种自身特点的限制，法国来的 100 名骑兵在守城方面并未发

挥太大的作用。

其余的600人则是在守城战中发挥最主要作用的战斗力量。这600人无一例外是宗教骑士团的团员。在圣地成长起来的三大宗教骑士团，自然要与圣地共存亡。

圣殿骑士团由40岁的团长纪尧姆·德·博热率领。他的副手是同来自法国的皮埃尔·德·斯瓦雷。两人职业生涯的黄金年代都在中近东度过。

对于参加阿克之战的圣殿骑士人数，没有记载留存。研究者将各地城堡内撤退回阿克的圣殿骑士人数加总之后，估计当时圣殿骑士组成了约300人的“特种部队”。

同为“特种部队”的医院骑士团骑士们，则由其团长，与博热同年的若望·德·维利埃领导。虽然关于医院骑士团骑士的数量也没有任何记载，但一般认为应少于圣殿骑士的数量，不到300人。一直分别独自行动的两大宗教骑士团，在这最后一城一地的守卫中同仇敌忾，协同作战。

至于以德意志骑士为主的条顿骑士团，则面临其团长不在现场的局面。条顿骑士们因此接受圣殿骑士团和医院骑士团团长的指挥。他们以阿克城内皇帝腓特烈时期建造的总部为指挥所，以德意志民族的精神为号召，宣誓作战到底。条顿骑士团的人数远远不及前面两大骑士团。

除了上述三大骑士团之外，研究者还发现，有两个规模较小的骑

士团，也在阿克之战中发挥了作用。

其中之一是圣多玛骑士团，团员大都来自英格兰。

另一个则是圣拉撒路骑士团，团员由麻风病患者组成。西欧人一直把麻风病当作上帝的惩罚，因此麻风病患者常常无家可归，露宿街头。而在中近东，情况则不尽然。这种疾病被视为一种疑难病症，患者并非为上帝所遗弃的存在，都拥有行动的自由。读者请不要忘记，耶路撒冷国王，著名的鲍德温四世，就是一位麻风病患者。

圣拉撒路骑士团的团员，都是曾患有麻风病而后告痊愈的男子。这一骑士团的人数并无人知晓，只知道经过阿克一战，他们被尽数歼灭。

加上全部“特种部队”的1.4万名兵士，在苏丹的22万大军面前，可谓是不堪一击。

然而，阿克城并未陷入完全的包围之中。海港一侧还完全控制在十字军一方。从塞浦路斯方向来的源源不断的补给，为长期固守提供了必要的条件。

而且，苏丹的大军在城外野营，非常容易陷入缺粮缺水、卫生条件恶化的局面。军中已经开始流行疫病，不断有人病倒，照此事态发展下去，“吉哈德”的成功可能就无从谈起了。

卡利勒充分认识到了这一问题。他立即命令投石机做好发射准备。投石机的主要作用并非杀死防守的兵士，而是以毁坏城墙为主要目的。如果能够破坏阿克的双层城墙，穆斯林民兵便可长驱直入。

关键的问题就在于，阿克城一方是否认为可以长期守城。

对这一点，防御的一方并没有信心。根本的问题在于，这些西欧来的天主教徒，穆斯林眼里的“法兰克人”，再也无法期待来自母国的援军了。

如果阿克城能够坚守一年以上，等到整个西欧动员起来，派出义勇军一般的援军，还多少有点儿希望。但是，以现在的局面，试图守城一年几乎是不可能的。

既然如此，守城的基督徒军队对自己显然不会有什么信心。

而如果失去阿克，十字军东征200年间取得的全部成果就会尽数丧失。这给守城者带来的危机感和绝望可想而知。

对每一位负责守城的青年骑士和贵族来说，心中的荣誉感驱使他们作战到底。

虽然整个阿克城的守军没有一位总司令，他们名义上还是臣属于耶路撒冷国王。兼任塞浦路斯国王的亨利二世应为阿克城的防务负总责，但他本人还驻跸在塞浦路斯。亨利一面自称不久后前往阿克，一面派遣自己的弟弟阿毛里来到前线。这一年亨利20岁，而阿毛里只有19岁。

阿毛里信心满满地来到阿克，请缨负责南侧阵地的防御，这一面正对着苏丹卡利勒大军的主体。由于这位贵族年纪资历尚浅，整个防御的总负责还是由40岁的圣殿骑士团和医院骑士团团长来担纲。

两大宗教骑士团的骑士不仅要负责其自身战线的防御，还要顾及

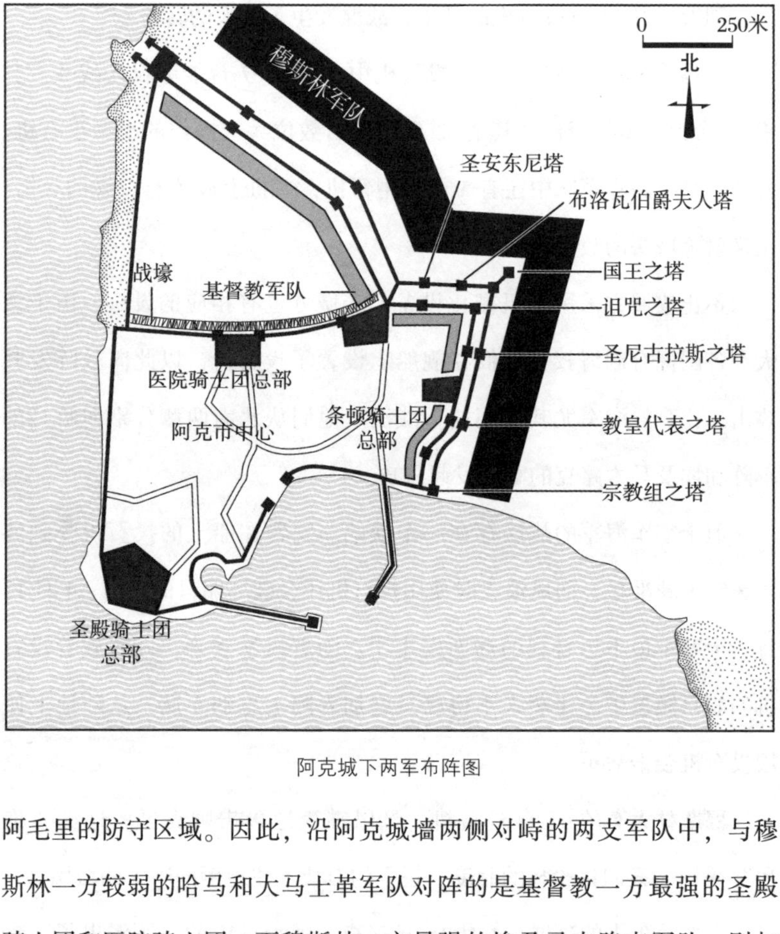

阿克城下两军布阵图

阿毛里的防守区域。因此，沿阿克城墙两侧对峙的两支军队中，与穆斯林一方较弱的哈马和大马士革军队对阵的是基督教一方最强的圣殿骑士团和医院骑士团，而穆斯林一方最强的埃及马木路克军队，则与基督教一方较弱的阿毛里的军队对阵。阿毛里所率的步兵人数虽多，却以其混成的特点而缺乏战斗力。

1291 年 4 月 6 日，阿克攻城战开始了。最初的 5 日中，穆斯林一方的喊杀声混合着鼓声和喇叭声，却不见攻城取得任何进展。

随着4月11日投石机的到来，战况发生了巨大的转折。

哈马埃米尔监造的100台投石机中，只有67台能够投入战斗。其中15台为大型投石机，其余52台则是由数位兵士操作的小型投石机。此外，马木路克军队中还有5台大型弩机，弩机上放置有点燃的火箭，用来射杀城头的敌兵。

不止攻城方采用了机械化设备，守城方也有相应的设施。由于意大利各国握有制海权，他们在舰船上设置了投石机，以此向敌阵发起攻击。比萨的海军尤其善用这一战法。他们从北南两侧分别向哈马的军阵和埃及马木路克的军阵发起进攻。

但十字军海军的战法存在一个缺陷。安置在船上的投石机受到波涛影响欠缺准星，而风浪大时使用投石机还会破坏船只的平衡。4月13日，十字军最不想看到的局面发生了。随着风暴袭来，许多载着投石机的船只倾覆了。比萨人不得已只好加入阿毛里的军队，从陆地上使用投石机袭击敌军。

穆斯林大军的67台投石机，日以继夜地轰击阿克城。这支“炮兵”采用一天四班轮替的制度，投下的石块不住地砸向阿克的城墙。

眼看着轰击的进展，4月15日深夜，阿克城内的守军派出了一支敢死队。这支队伍出城的目的，就是破坏敌军的投石机。

敢死队出城袭击的对象是哈马军队所在的战线，圣殿骑士团团长纪尧姆·德·博热亲自负责指挥。这支由300名骑士和50名侍从组成的敢死队，除了圣殿骑士外，还有由英格兰国王爱德华一世的近臣奥

托·格朗逊率领的圣多玛骑士团骑士和一部分圣拉撒路骑士团的骑士。

博热的策略，并非拆除敌军的投石机，而是投掷“希腊火”燃烧弹烧毁投石机上的传动绳，使其陷于瘫痪。这一工作主要由步兵负责，而乘马的骑士则负责保护步兵免遭敌军的袭击。

博热把最重要的投掷任务托付给了一位长期负责城防的来自法国南部的贵族。

这位贵族虽然拥有丰富的守城战经历，却没有足够的野战经验。他率领的步兵还未来得及接近敌军的投石机，便不慎将“希腊火”掉落在附近的草地上。

说时迟那时快，掉落草地的“希腊火”迅速燃烧起来，火势无法控制，照亮了整个夜空。

正在黑暗中突进的敢死队就这样完全暴露在敌人面前。虽然博热当即命令全军撤回，慌乱中撤退的骑士们却遭到了敌阵外绊马索的阻拦。身着重装的骑士纷纷落马，此时敌军的士兵正呼喊着杀声赶来。

一边掩杀一边撤退的十字军敢死队，经此一战损失了 18 名骑士。第二天早上，哈马埃米尔向苏丹献上了这些骑士的头颅和所乘的战马。

两天后的 18 日深夜，敢死队再度出城作战。此次敢死队由医院骑士团团长若望·德·维利埃率领，是医院骑士团和圣殿骑士团的混合部队。这次的出击目的仍然是破坏投石机，但进攻方向改为南侧的埃及军队。

这次深夜出兵，是秘密决定的。参战的大多数骑士直到上马集合，

才知道出击的目的和方向。

然而，十字军出其不意的进攻还是以破产而告终。当敢死队轻声打开阿克城的圣安东尼门时，眼前面对的是严阵以待的马木路克大军。

骑士们连忙指挥关上城门。敌军射出的箭矢终究还是伤到了几匹战马。所幸的是没有造成人员伤亡。

4 月 20 日深夜，圣多玛骑士团团长格朗逊第三次组织了敢死队，队中还有圣殿骑士团和医院骑士团的骑士。

敢死队出城再次遭遇了阵容齐整的敌军。原来，阿克城内有人向城下射出带着密信的箭，使马木路克提前知道了骑士们的行动。

4 月 15 日到 20 日之间，除了以上三次规模达到 300 人的大规模出击之外，十字军还数次组织了大约 100 人规模的出击。这一系列出击都是由宗教骑士团的骑士组织的。除此以外，守军一直龟缩在城内。

三个星期的攻势过去，阿克城依然在十字军的控制下。

此时阿克的外城墙已经逐渐破坏不堪。而当马木路克军队试图从城墙的缺口攻入城内时，守军就会即刻杀到，将进城的敌兵赶出城外。

此时城内的守军是不分彼此的——哪里有缺口，哪里就有守军上去填补——无论是阿毛里的步兵，还是各个骑士团的骑士。

此时的骑士们也把自己的爱马贡献出来，共同使用。哪里有危险，哪里就有乘马的骑士和侍从赶来厮杀。平时负责养马和后勤的侍从，也拿起刀剑和钢枪，与主人并肩作战。在守城之战中，随从和主人的身份变成了共同对敌的战友——两人同心同德，带着相同的信念与进

入城内的敌兵作战到底。无论是骑士还是侍从，都团结在宗教骑士团的旗帜下。

攻城战开始一个月后的5月4日，耶路撒冷国王亨利二世终于率领着40艘舰船，载着100名骑兵和2000名步兵，从塞浦路斯登陆阿克。守军见到兵力补充自然大喜，20岁的国王亨利却眼望着阿克城难以支撑，即刻遣使苏丹，请求停战。

5月7日，国王的两位使臣来到了苏丹的营帐。卡利勒见到使节便问，是否带来了阿克城门的钥匙。使节回答并未带来城门钥匙之后，怒不可遏的苏丹当即命令将二人斩首，最后在众人劝谏之下作罢。苏丹最终驱逐了使节，并对他们大吼，“寡人要将你们这些异教徒全部赶下地中海去！”

两位使节就这样灰溜溜地回到了阿克，他们传来的消息令整个城市陷入绝望。

阿克城中的3000居民，借此机会要求逃离。这些难民乘上运载军队的船只，直接前往塞浦路斯。

从这第一批难民开始，阿克的基督徒贵族陆陆续续离开了塞浦路斯。其实早在前一年秋天，十字军国家的贵族就把自己的妻子儿女陆续送往塞浦路斯了。到穆斯林军队开始围困阿克的时候，城内已经没有了贵族妇女和儿童。因此这次离开的3000居民全都是男性。

然而，阿克的平民连同妇孺还都滞留在城内。如果说他们在战役开始前还能乘船离开的话，随着战况日趋激烈，就只能待在家里听天

由命了。此时的阿克城中，除了战斗人员之外，只剩下既没有资财，又无处可逃，被俘之后也无法支付赎金获得自由的平民了。虽说耶路撒冷国王亨利也决定留下来参与防守，留给他的时间也只有短短的11天。

苏丹发出最后通牒的第二天，十字军首脑们经过军事会议协商，决定放弃阵地中向敌营突出的两座防御塔“国王之塔”。其中的守备力量，将疏散到其他各个防御塔。

这只是全面放弃城外工事的第一步。苏丹的军队看准时机，从此对十字军的防御各个击破。

5月9日至16日的一周内，阿克城墙外的全部防御塔，都落入了攻城方之手。

从北向南，“布鲁瓦伯爵夫人之塔”“国王之塔”“圣尼古拉之塔”“教皇代表之塔”“牧首之塔”，这些不仅在当地人心目中十分重要，也令来往的朝圣者印象深刻的防御塔，一座接着一座陷落了。而敌军全力猛攻的外城墙，也在投石机的轰击和掘进的地道内埋设的火药爆破之下成为了残垣断壁。

从这一带向内的“圣安东尼之塔”和“圣尼古拉之塔”间的区域，是整个城防的关键地带。各大宗教骑士团都以这一带为重点防御区域。此处是否会陷落，将决定阿克城的命运。

这一区域中，又以“诅咒之塔”为要冲。负责死守这一防御塔的，是医院骑士团的副团长马修·德·克莱尔蒙。他率领着来自各个骑士

团的骑士英勇奋战，将敌军的攻势一次次击退。

然而，穆斯林军队拥有数量上的绝对优势。苏丹也丝毫没有延缓攻击的打算。毕竟，“吉哈德”的号召是一道猛药，时间拖久了就会失效。关于这一点，从萨拉丁到阿尔·卡米尔的阿尤布王朝苏丹，都深深明白。于是，穆斯林军队对这座久攻不克的防御塔，不厌其烦地持续攻击。不知不觉间，战役已经进行了 42 天。

5 月 17 日深夜，苏丹卡利勒将属下全体埃米尔和总督集中在自己的营帐当中，命令次日发起全员总攻。苏丹命令，无论是否攻破城墙，全军都在当天内持续保持进攻。一旦攻破城墙，便从缺口处突入城内。5 月 18 日是星期五，这一天，对穆斯林来说是适合决定大事的日子。

最后的一天

1291 年 5 月 18 日，是历史上“阿克最后的一天”。在以“推罗的圣殿骑士”代称的无名骑士的记载中，详细叙述了这一天发生的故事。根据这位骑士的记载，后世的作家曾经写过一部名为“十字军国家的喋血黄昏”（*Bloody Sunset of the Crusader States*）的著作。

> 黎明前，伴随着一阵响彻云霄的战鼓声，撒拉森人的大举进攻开始了。
>
> 走在最前面的敌兵，手持着巨大的盾牌。投掷“希腊火”的士兵跟在他们后面。再往后，群集着放箭的弓兵和投枪兵。“诅咒之塔”的守军，在怒涛般的敌军攻势面前，不得不退回城内。这样一来，敌军就将从塔一侧的城门内鱼贯而入，侵入阿克城。

然而如果内城洞开，阿克全城就将失陷。因此，守城的全体骑士不得不集中兵力防守“诅咒之塔”。

驱马冲在最前面的，是手持钢枪的医院骑士团副团长马修·德·克莱尔蒙。紧跟在他后面冲锋的，就是手拿砍刀的医院骑士团团长若

望·德·维利埃。战斗的最前线，当然也少不了身先士卒的圣殿骑士团团长纪尧姆·德·博热。“推罗的圣殿骑士”接下来写道：

> 敌人不断投掷着大量的“希腊火”燃烧弹，使这一带陷入烟雾缭绕之中。骑士们完全看不清身边的战友。随着敌军弓箭手密集的箭镞射来，只见我方的战士一个个，战马一匹匹倒下去。
>
> 我仍然心有余悸地记得，一位从英格兰来的年轻侍从，被“希腊火”击中，瞬间全身的衣服燃烧起来。在敌军的猛烈攻势下，谁也没法腾出手来搭救这位侍从。发出撕心裂肺惨叫的年轻人，被燃烧的松脂覆盖全身，活脱脱烧得不成人形。
>
> 看到这样的光景，就连进攻的撒拉森人也倒吸一口凉气，刹那间放下了武器。然而，暂停不过是一瞬间的事情。再次大声叫喊着攻上来的敌军兵士，最终突破了“诅咒之塔”，杀入城内。

“诅咒之塔”处的激战过后，医院骑士团团长若望·德·维利埃身负重伤。许多骑士和侍从要么战死，要么重伤难治，瘫倒在地上一动不动。

几位尚能撤退的医院骑士团骑士，将团长运出了战场。他们并不听从奄奄一息的团长的意见，直接把他送到了收容避难者的威尼斯船只上。此时的阿克码头，已经充斥着逃亡的人群。他们争先恐后逃上船去，整个港口混乱到极点。

最终，穆斯林军队避开了圣殿骑士团和医院骑士团主力所驻守的

区域，从“圣安东尼之塔”经“诅咒之塔”到“牧首之塔”的东侧城墙内大举侵入城内。

位于敌军入侵路线上的条顿骑士团总部，迎来了潮水一般涌来的敌军。在过去的40多天内，以皇帝腓特烈二世赠送的建筑物为总部的条顿骑士团骑士们，一直以必死的信念成功抵御了敌人一波又一波的攻势。

然而在此之前，负责这一带城防的塞浦路斯国王和其王弟，早已乘着港口内停泊的塞浦路斯船只逃离了阿克。国王属下的将领和十字军国家的多名政要，也跟随着一同离开。

得知内城墙已被攻破的消息，名义上的耶路撒冷牧首也逃离了阿克。牧首早已为安全前往塞浦路斯准备了自己专用的船只，并让许多逃到港口的平民及其全家老小乘上这艘船。可是天有不测风云，这艘严重超载的船只出港之后不久便意外沉没。牧首也因此葬身海底。

圣殿骑士团团长纪尧姆·德·博热，也因身负重伤而无法移动。“推罗的圣殿骑士”记载道：

> 敌军掷来的一柄长枪，刺穿了团长的身体。正当团长扬起左臂的一瞬间，长枪刺了过来，而当天团长又没有带盾牌。由于敌兵如潮水一般涌来，团长左手中的剑一刻也没有放下，他的右手还拿着指挥杖。敌兵的投枪从胸甲下方穿进团长的身体，枪尖在他的背后突出，足有一只手的长度。

团长平时身穿的铠甲，不是一般的投枪或箭镞能够穿透的。但当今天他突然得知“诅咒之塔”失陷的消息时，就随手拿起身边的一副轻甲胄，连忙赶到了战场。

团长所受的伤如此之重，涌出的鲜血刹那间就将他的甲胄染红。他已经完全不能出声，只有喘气的工夫。

在博热身旁作战的医院骑士团副团长马修·德·克莱尔蒙召集周围的圣殿骑士，将奄奄一息的团长运到内城的建筑中。

但博热的身体状况已经令人绝望了。最终，这位圣殿骑士团的团长，在医院骑士团副团长的注视之下，停止了呼吸，年仅40岁。

静默凝视着战友遗体的克莱尔蒙，当即要求医院骑士团全体骑士撤回总部。骑士们向着总部的方向，在敌军当中杀出一条血路。

以穆斯林为敌，自1118年起建立的两大宗教骑士团，在过去的173年间，直到阿克之战以前，还没有并肩作战过。

这两大骑士团一直在守卫圣地的大旗下作战，是十字军的常设军事力量。骑士的数量虽然不多，单位战斗能力却十分强悍，对抗意识也很强。

但以不属于西欧任何贵族体系的“浪人”组成的圣殿骑士团，与西欧各国国王和封建领主家系出身的医院骑士团两者相比，无论是骑士的日常生活方面，团队活动方面，还是战斗组织方面，都很不同。

此外，与全体来自法国的圣殿骑士不同，医院骑士团的团员来自

阿克攻城战

欧洲各地。

在这场阿克之战中，十字军历史上的主角——两大宗教骑士团，各自进入了对方负责的防区，自始至终保持着共同作战。

圣殿骑士团的团长和医院骑士团的副团长，并肩战斗到最后一刻。

后者将重伤倒下奄奄一息的圣殿骑士团团长，运送到了敌军尚未接近的圣殿骑士团总部。

在医院骑士团副团长的怀中，圣殿骑士团的团长停止了呼吸。

也许是出于对战友之死的伤感，医院骑士团副团长放弃了守城，决定率部撤退。而他也担负着率领失去团长的圣殿骑士们逃出阿克，前往塞浦路斯的重任。于是，两大骑士团的成员当即撤回自己的总部，突破敌阵，斩杀而行。

正因为如此，骑士们的英姿，才得以在年轻的圣殿骑士的笔下传诸后世。

这样的经历，过去 173 年中未曾有过，只有阿克之战一次。

苏丹卡利勒所命令的总攻，在 5 月 18 日天黑之前取得了成果。

黄昏时的阿克城内，到处是手持战利品的马木路克兵士。在他们中间，雄赳赳往来穿梭着维持秩序的穆斯林骑兵队。

阿克城内圣殿骑士团、医院骑士团和条顿骑士团的总部，都为取胜的穆斯林军队所控制。由于骑士们早已逃之夭夭，马木路克军队不费吹灰之力就占领了这些建筑物。

事实上，除了两面临海，建于悬崖之上的圣殿骑士团总部以外，无论是以医院为基础的医院骑士团总部，还是宏伟雄壮的条顿骑士团总部，都不是能够用来长期守卫的堡垒。

但骑士们奋战到最后，得知城池不保以后，都不得不进入自己骑士团的总部。

无论圣多玛骑士团的英国人、条顿骑士团的德意志人，还是医院骑士团的从法国以至全欧洲各地的人们，都是如此。

此外，来自比萨和热那亚的水手们，和几名圣殿骑士一起驻守在自己的总部。只有身患麻风病的圣拉撒路骑士团团员们，已经被穆斯林悉数歼灭。

身在穆斯林军队控制下的阿克，这些骑士们已经无法决定自己的命运。

当天深夜，一位穆斯林到访了医院骑士团的总部。

他是哈马埃米尔手下的一位将领，在拜巴尔斯手下进攻医院骑士团所属的“骑士之城”时，身负重伤而被俘。在医院骑士团骑士们的悉心照料下，他得以痊愈，后来通过交换俘虏而获释。这位与阿尤布王朝有关系的穆斯林，前来医院骑士团总部，正是希望能报答当年的恩情。

从这位不速之客口中得知未曾预期的消息，医院骑士团的骑士们连忙召集各路骑士商量。最终，他们接受了穆斯林将军的建议，向苏丹寻求恩赦。

所谓恩赦，就是特赦的意思。骑士们将不会被解除武装，而可以自主撤离，正所谓“光荣撤退”。

医院骑士团寻求恩赦的决议，传达到了条顿骑士团的总部，后者亦对此表示同意。然而，骑士们无法将信息传达到远离阿克城中心的圣殿骑士团总部。

苏丹卡利勒当即同意了属下提出的骑士“光荣撤退”建议。携阿克陷落之势，基督教残余势力控制的推罗和西顿皆收入年轻苏丹的囊

中。他发动的“吉哈德”，完成了“将全体基督徒赶回地中海”的目标。

阿克陷落后两天，5 月 20 日，得以“光荣撤退”的骑士们向苏丹投降。他们离开各自的总部，乘上港口内停泊的比萨和热那亚的船只，离开阿克，前往塞浦路斯。此时地中海的制海权，还完全控制在意大利人手里。出海以后，便不再有穆斯林军队跟踪追击了。

穆斯林控制的阿克城内，唯一掌握在十字军手中的要塞，只剩下圣殿骑士团的总部了。在这座坚固的城堡中，还有大约 100 名圣殿骑士，以及大批在内避难的平民。

圣殿骑士团总部就这样坚持了 8 天时间。8 天时间内，双方并未进行你死我活的战斗，苏丹还是希望圣殿骑士们“光荣撤退”，并将恩赦的条件告知了圣殿骑士们。

然而，历史上一直以无与伦比的勇猛作战而著称的圣殿骑士们，并不善于进行这样的外交活动。与马木路克保持良好关系的前任团长博热，可以说是例外中的例外了。

最终，代替战死的团长发号施令的副团长，断然拒绝了苏丹提出的改旗易帜，“光荣撤退”的建议。被激怒的卡利勒当即要求马木路克兵士，对城内副团长以下的全体骑士格杀勿论。

于是当总攻命令一下，冲入城堡的马木路克兵士便与圣殿骑士们厮杀开来，直到骑士们一个接一个地倒下去。

最终，圣殿骑士团的骑士们，留下了守卫圣地至最后一人的英名。

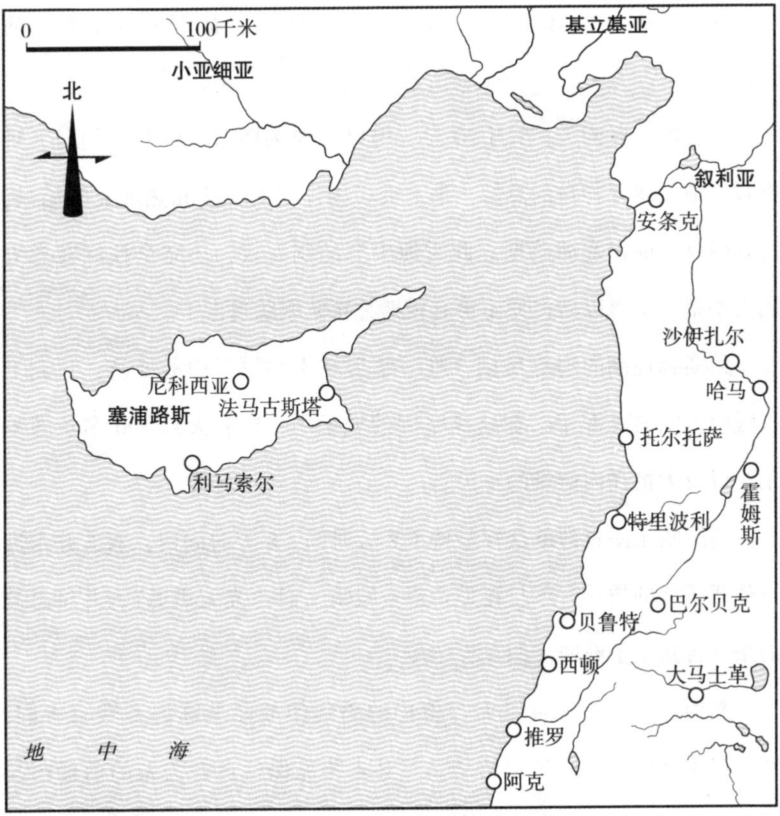

阿克及其周边

卡利勒征服阿克之后，便命令部下将整座城市彻底破坏。这座基督徒聚居的城市，从此不再有人居住，从城内的建筑到海港都毁坏殆尽。苏丹的目的，用他自己的话说就是，“再不让基督徒登陆”。

除了破坏阿克城，苏丹还派兵前往推罗和西顿。两座城市不费吹灰之力便攻克了，城内居民都逃往塞浦路斯。

第一次十字军开始“解放”圣地的十字军运动，以阿克之战的结束而告终。

从 1099 年的圣城耶路撒冷“解放”，到 1291 年阿克城的陷落，经过 192 年的斗争，穆斯林终于将基督教政权从叙利亚和巴勒斯坦地区全部扫除干净。

耶路撒冷的“解放”，是以基督徒和穆斯林双方流血的形式实现的，而阿克之战也经过了这样的流血牺牲。

虽然在这 200 年间，双方一度在这一地区共存，但到了最后的时刻，双方的共存被彻底破坏了。

一段漫长的战争史，如果没有连续的战役做基础，就没法组成连续的故事。无论是一次次共存的尝试，还是时而发生的破坏，都是组成这一故事的人们之间鲜活的经历。

下

第七章

十字军后遗症

（1258—1291 年）

从罗得岛骑士团到马耳他骑士团

阿克之战幸存者所逃亡的塞浦路斯岛，由于基督徒在制海权方面的优势而十分安全，其地域也远较海港城市阿克更为广阔。来到此处的基督徒难民，自可以在此安宁地生活下去。

但与阿克不同，塞浦路斯国王是明确的统治者。塞浦路斯国王很难与不属于任何国家的骑士团共存，也很难真心接纳难民。

圣多玛骑士团首先启程返回英格兰去。

条顿骑士团也有了新的任务。他们回到德意志，从那里向北出发，为完成北方民族的基督教化而进发。

这两个骑士团由于历史短、规模小，在中近东十字军国家被完全扫除之后，自然要寻找新的存在理由。然而，圣殿骑士团和医院骑士团这两大机构，其存在的理由只有一个，那就是基督徒的“圣地”。

医院骑士团此时以冷静的洞察力，审时度势，表现出了适应环境的能力。他们并没有固执于收复圣地，而是选择了基督教国王治理的塞浦路斯岛和威尼斯共和国控制的克里特岛之间的海中的一座小岛——罗得岛，作为未来的基地。

由于医院骑士团的骑士们同时也是医生，以建设医疗机构为目的的迁移，并未受到罗得岛主权所有者——拜占庭皇帝的反对。到1310年，医院骑士团把这座岛屿完全变成了自己的领地。从此，这一组织改名为“罗得岛骑士团”。

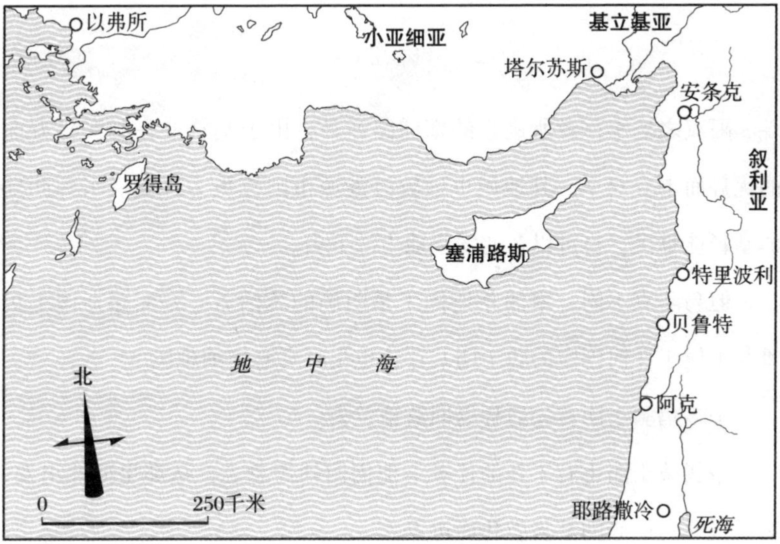

塞浦路斯岛及罗得岛

医院骑士团离开阿克以后20年，终于确保了新的居住地。他们的必要资金，则主要依靠从圣地撤出的威尼斯共和国势力的援助。

对于宗教骑士团来说，只保有居住地，而没有存在的理由，其组织也就不必存在了。在这个不再有朝圣者的时期，从事医疗活动便成为了罗得岛骑士团存在的理由。

站稳脚跟之后，罗得岛骑士团的骑士们不断袭击穆斯林的船只，

变成了地中海东部的海盗，令来往航行的穆斯林商人感到如鲠在喉。这支以“圣约翰医院骑士团”为正式全名的组织，曾经数次击退取代马木路克王朝而成为伊斯兰世界盟主的奥斯曼土耳其帝国的大军，最终在苏莱曼大帝所率的奥斯曼帝国海军猛烈的攻势面前，撤离罗得岛，前往马耳他岛——这是 200 年后的事了。

十字军时代的产物“医院骑士团”，先后以“罗得岛骑士团”和“马耳他骑士团”的名称存在，一直站在与伊斯兰世界作战的最前线，从而保持着其自身存在的理由。

而与此同时，医院骑士团还在建设新的城堡。

他们在罗得岛上建立了新的“骑士之城”，在附近的科斯岛上和小亚细亚陆地最西端的博德鲁姆都建立了城堡。由于陆地上城堡的存在，骑士团控制了周边一带的地区。他们把岛屿变成了海上的要塞。

通过对制海权的控制，医院骑士团完成了转型，适应了从陆上迁移到海上活动。

相形之下，没有医疗的招牌，作为纯粹战斗集团而存在 200 年的圣殿骑士团，想适应时势的变化，就十分艰难了。

圣殿骑士团的结局

阿克城失陷之后，圣殿骑士团比任何人都执着于收复巴勒斯坦。他们以今天黎巴嫩托尔托萨附近的小岛为前哨基地，从塞浦路斯出发登陆，试图收复失地。结果，登陆的圣殿骑士被马木路克军队屠杀殆

尽，攻势惨淡收场。

此事过后，圣殿骑士团与塞浦路斯国王之间的关系开始恶化。塞浦路斯国王最惧怕的，是马木路克大军夺取塞浦路斯。圣殿骑士团的尝试，为苏丹的进攻提供了最好的理由。

于是，圣殿骑士团虽然还在塞浦路斯居住，却已经没有了恢复的基础。阿克战后15年的1306年，骑士团决定全体返回法国。由于团员全部是法国人，从塞浦路斯撤离是最合理的选择。

能够回到法国的，是以团长雅克·德·莫莱为首的老一代圣殿骑士。而属下的年轻人大都在此前的战斗中牺牲。

等待圣殿骑士的，是老谋深算的法国国王腓力四世。他罗织了圣殿骑士团的若干罪名，搜集证据宣判骑士们有罪。

一位罪犯的出现，使圣殿骑士的罪名浮出水面。

这位罪犯坐牢期间，结识了一位自称曾经是圣殿骑士的狱友，跟他说了下面的话：

> 圣殿骑士团的入团仪式，常秘密进行。参加入团仪式的骑士，必须在包括团长在内的骑士团主要成员面前亵渎神，对十字架吐唾沫，发誓绝对效忠领导人，乃至同意被迫接受男男性行为，才能被接纳入团。

法国国王收集了这段并非出自本人之口，而是完完全全来自他人述说的证言，并从三位圣殿骑士团开除的前任团员口中收集了相同的

证据，并基于此证言秘密定下了骑士团的罪状。

雅克・德・莫莱

1307 年，法国国王下令将国内各地散居的圣殿骑士团全体成员，包括圣殿骑士、随从和骑士团内的神职人员共计一万余人全部逮捕。稍后，除了圣殿骑士以外的成员获得了释放。

骑士团团长雅克・德・莫莱在 1307 年 10 月 13 日被捕，同时在巴黎被捕的还有 138 名骑士。

从地方到巴黎的大规模逮捕行动持续了三周。而之所以圣殿骑士们没有逃跑，主要是因为他们一向自恃强大，把什么威胁都不放在眼里。

然而从这一天起，面对他们的就是种种恐怖的酷刑拷问。

腓力四世的狡猾之处，是把整个的逮捕、拷问和审判过程都交给宗教裁判所。也就是说，整个的审判过程不是来自世俗君主的裁决，而是由同属宗教界的修士来完成。

1231 年创立的宗教裁判所，并非为审判异教徒而设，而是为审判异端设立的。所谓异端，指的是对基督教信仰有错误认识的个人或组织。宗教裁判所设立的目的就是对他们是否有错误，以及如何处置进

行裁决。为后世所诟病的“女巫审判”，以及对改宗基督教的犹太人的审判，也都在宗教裁判所进行。

作为天主教会内的一个机构，宗教裁判所只负责拷问、审讯和裁决。执行最终的刑罚，则要由世俗权力来完成。一旦宗教裁判所对异端判决了火刑，王侯的兵士们就会架起火刑架。

在十字军国家当中奋战200年，牺牲了2万名团员的圣殿骑士团，由于被告发其信仰“有误”，最终被裁决为异端组织。这一裁决，使狱中的骑士们绝望至极。

法国的卡佩王朝时期，国王的名字往往是在路易和腓力之间往返变化，每位国王都有一个诨名。此时的国王腓力四世39岁，诨名为“美男子”（le Bel）。正是这位国王，使出阴险的招数消灭了圣殿骑士团。

但为何这位美男子国王如此敌视圣殿骑士团呢？

第一，阿克陷落的消息传到欧洲以后，发动新十字军东征的呼声高涨起来。人们普遍认为，只有法国国王才是新十字军最合适的领导者。

忙于巩固卡佩王朝权力的美男子腓力，毫无发动十字军的兴趣。相反，圣殿骑士团回到法国之后，试图积极说服当地诸侯发动十字军。因此，对腓力来说，圣殿骑士团的存在无疑是对自己战略的威胁。

第二，此时的法国国王已经陷入极度的财政危机之中。在此之前，法国的货币大幅度贬值。而圣殿骑士团却以拥有大量资产而著称。

法国国王腓力四世

法国的历代国王，已经欠下了圣殿骑士团巨额债务，难以偿还，其中就包括了半个世纪前路易九世失败后借贷的赎金。

第三，对法国国王来说，摧毁圣殿骑士团，还可以转嫁之前数次十字军东征失败的责任。

法国国王是第二次、第七次和第八次十字军东征的领导者。这三次东征都以惨败而告终。

而除了腓特烈二世率领的第六次十字军以外，其他几次十字军东征的主力都是法国人。十字军的通用语言，除了拉丁语，就是法语了。

历代法国国王如果想推卸十字军东征失败的责任，最重要的莫过于找到一个替罪羊。虽然罗马教皇对十字军东征失败也负有责任，但他们毕竟是上帝在世间的代理人，将责任转嫁给教皇几乎是不可能的。

在 127 条对圣殿骑士团的指控当中，里通穆斯林异教徒，背叛中近东十字军国家，就是其中之一。这支 200 年间 2 万人葬身圣地的骑士团，亡灵尚不得以安息，法国国王却把十字军的失败归咎于他们。

10 年前的 1297 年，腓力四世的祖父路易九世被天主教会封为圣

人。尽管如此，第七次和第八次十字军的失败，显然应由路易来负责。但东征失败的圣王路易毕竟是法国王家的一员。在腓力看来，随着路易的封圣，法国王家的责任就可以一笔勾销了。因此，找到一只转嫁责任的替罪羊，对腓力来说是最有利的策略。圣殿骑士团就是这只替罪羊。

遭到逮捕的骑士大都已经进入老年。他们年轻时在圣地作战，年老以后则都归国，经营位于法国各地圣殿骑士团拥有的地产。这是当时圣殿骑士团的实际情况。

骑士们受到了极端残忍的严刑拷问。皮开肉绽的鞭笞只不过是轻的，更为残忍的是强行剥开皮肤，用火炙烤筋肉，或者在一周内强迫犯人连续饮下大量的水，以实现逼供的目的——这就是黑暗的中世纪里的刑讯逼供。

到1308年1月，经过三个月的持续拷问，在巴黎逮捕的138名骑士中的134人，被迫在自己的罪状上署名。

团长雅克·德·莫莱被捕时，已经64岁。这位22岁时加入骑士团，27岁起前往圣地的骑士，在圣地的20年间，一直与马木路克军队勇猛作战。阿克之战失败后，莫莱前往塞浦路斯，几次在作战的过程中出生入死。

与团长一起被捕，受到拷问的骑士们，也从年轻时就多次身受重伤，有很多人曾长期被关押于穆斯林的监牢中，严词拒绝改宗的要求，日复一日熬到获救。

谁能想到，这些身经百战的勇者，就这样轻易地成为了阶下囚。倘若初读这一时期的审判记录，人们很难理解为什么圣殿骑士们很快就会认罪。就算是极端变态的酷刑所致，骑士们也毕竟是身经百战，早已适应了严酷的生活。

当我仔仔细细读罢审判记录，终于明白了这一切为什么会发生。

对这些失去存在理由的骑士来说，他们心中充满的是无处藏身的丧失感。

举例来说，对所列举的 127 条罪状当中，骑士们很少对恶魔崇拜、向十字架吐口水、把圣地出卖给穆斯林、背叛基督教会等等重罪表示认罪。他们大多数死于牢内。

至于同性恋行为，在纯男性组成的团体当中，完全有可能发生。但是，圣地的基督徒们都知道，圣殿骑士大都纳当地的阿拉伯、突厥女子为女眷。

然而在民众中间，圣殿骑士团的声望很高。当年避免被法国国王获知动向，秘密归国的狮心王理查，也是化装成圣殿骑士，返回西欧登陆的。此时的腓力四世也不能不考虑民众对清洗骑士团的反应。

于是，国王开动了宣传机器。目不识丁的法国群众们，从国王的宣传中得知了被描绘得污秽不堪的圣殿骑士形象。

与此同时，腓力四世向巴黎大学的教授们致信，要求他们无论如何要制定法律，确保对圣殿骑士团的毁灭的正当性。教授们只好根据国王的要求，妥善制定相关的法律，这一点毫无商量的余地。

罗马教皇克雷芒五世

同样只能遵照法国国王旨意抹黑圣殿骑士团的，还有出身法国的教皇克雷芒五世。

与其他许许多多天主教修道会、修道院一样，宗教骑士团隶属于罗马教皇直接管辖下。圣殿骑士团也是直属于教皇，既不是国王或君侯的部下，也不是任何大主教、主教能够管辖的。他们的最终屈服，还要罗马教皇来下令。

唯一能够拯救圣殿骑士团这一法国国王眼中钉的，就只有罗马教皇了。但戏剧性的是，就连这位教皇自己都只能在法国国王控制下行动。

1306 年，罗马教皇移居法国，这一事件后来以“阿维农之囚”著称于世。而圣殿骑士团则是在 1307 年被全部逮捕的。

逮捕 5 年之后的 1312 年，教皇克力门五世公开发表了宣告圣殿骑士团的取缔与解散的谕令。

对全体天主教徒来说，任何人希望加入圣殿骑士团便构成了犯罪，穿着白衣红十字的圣殿骑士团制服也是犯罪。从此以后，任何人连提都不能提圣殿骑士团这个名字。

圣殿骑士团的全部资财，都被法国国王没收国库。其中 1/8 的金

额，作为异端审判的费用，支付给了宗教裁判所。

根据判决，圣殿骑士团的所有不动产，都被让渡予医院骑士团。但由于转战罗得岛的医院骑士团回避了领有圣殿骑士团的财产，法国国王就将法国国内的圣殿骑士团不动产悉数出售，换得现金，再从医院骑士团手里买来法国境外的圣殿骑士团不动产，并把它们折现出售。

美男子腓力还企图将圣殿骑士团在地中海世界各地的财产搜刮一空，但很多财产在他探求的过程当中都不翼而飞，为后世留下了“圣殿骑士团遗宝”的传说。

两年之后，1314 年 3 月 18 日，是对圣殿骑士行刑仪式的日子。

行刑地点是巴黎西岱岛上的巴黎圣母院的后院。圣殿骑士团末任团长雅克·德·莫莱和一位老骑士一起被处以火刑，活活烧死。两位老人一直不肯供认所指控的罪名，最终被以莫须有的罪名处以极刑。

雅克·德·莫莱被处以火刑

此两人之外，法国各地都有圣殿骑士被处以火刑。在此之前，没有被处以火刑的圣殿骑士，已经都在牢内被活活折磨而死。

公元1118年创立的圣殿骑士团，在罗马教皇的宣布之下，于1312年解散。两年之后两位老骑士在巴黎遭受的火刑，是法国当局一次残忍的演示。

一个月之后的4月20日，不到50岁的教皇克雷芒五世一命呜呼。同年11月29日，不到46岁的美男子腓力，在一次狩猎中突发心脏病，撒手人寰。我心里觉得，这恐怕是上苍的恻隐使然吧？

对圣殿骑士团的宗教审判，是世俗君主和天主教会合谋的“构陷审判”，可以与一个世纪后对圣女贞德的审判相提并论。

圣女贞德的名誉，早已被罗马天主教会恢复了；圣殿骑士团的名誉，至今还没有恢复的可能。但今天的因特网之上，已经有了“圣殿骑士团粉丝俱乐部”这样的群体。

阿维农之囚

像牺牲的羔羊一样完全丧失声威的，是罗马教皇和天主教会。陷入失去圣地绝望中的教会，将阿克陷落 9 年后的 1300 年定为“圣年”，提出基督徒到罗马朝圣可以享受与到耶路撒冷朝圣相同的“免罪”待遇。

在日本大学使用的世界史教科书中，讲述中世纪基督教世界时，以下三项事件的介绍是不可或缺的：

卡诺萨之辱

十字军东征

阿维农之囚

所谓卡诺萨之辱，是公元 1077 年，神圣罗马帝国皇帝亨利二世为了请求罗马教皇解除开除出教的绝罚，身着粗布服装，站在教皇驻跸的卡诺萨城堡外的雪地里三天三夜悔过的事件。此时，教皇的宗教权威对皇帝世俗权力的主宰达到顶点，对整个天主教世界起到了宣示性的作用。

十字军东征，则是从 1095 年教皇乌尔班二世在法国的克莱尔蒙号

召发动夺回圣地的远征开始，到1291年阿克陷落告终的，一共8次大规模运动的总称。

至于阿维农之囚，则是从法国国王美男子腓力四世开始的70年间，法国国王一直将教皇软禁在法国城市阿维农的事件。

阿维农之囚并不是完全意义上的囚禁，教皇并没有被扔进监狱。整座法国南部小城都处在国王的监视之下，教皇从选上到身故一直生活于其中。选举下任教皇的枢机主教会议也在阿维农召开，在连续7次会议上，出生于法国的新教皇获得加冕。这段时间内，罗马梵蒂冈的拉特兰宫并无主人，圣彼得大教堂也没有人主持弥撒。

要是教皇回忆卡诺萨之辱，恐怕会有恍若隔世之感——教皇的权威业已荡然无存。而这两大事件之间，横跨的是十字军东征的岁月。

那么，教皇权威的丧失，与十字军东征失败的责任是否直接相关呢？

在教会的理论中，罗马教皇是上帝在人间的代理人，也是将上帝的旨意传达给人间的中介。上帝自然是不会犯错的，那么传达上帝旨意的中介人，也理应不犯错误了。直到16世纪宗教改革家马丁·路德对其提出质疑之前，人们大概都相信这一点。

以失败而告终的十字军东征，自然不是希望其成为现实的上帝，或煽动其成为现实的教皇的责任。失败的责任，完完全全在于对上帝的信仰不够充分，或在实行远征的过程中犯了错误的人们。圣殿骑士团的下场，就是一个鲜活的例子。

既然教皇对十字军东征失败完全没有任何责任，教皇权威的丧失又是为何呢？

如果先给出答案再解释的话，那就是实力强弱的变化。

罗马教皇并没有自己能够动员的军事力量。他们只能依靠世俗君侯来实现发动十字军所需要的军事和社会动员。愿意参加十字军东征的个人和组织，自然是全心全意相信教皇的煽动，但由于领导十字军的君侯往往是多种社会力量共同组成的，并不容易在远征中形成某一势力独大的局面。

中世纪西欧最大的两个国家是神圣罗马帝国和法兰西王国。但由于神圣罗马帝国的腓特烈二世与教廷和诸侯复杂的权力斗争，帝国的权力被大大削弱。腓特烈二世固然能征善战，却并不长命。随着他的儿子被教皇的阴谋推翻，霍亨斯陶芬家族对神圣罗马帝国的统治宣告结束。然而教皇的所作所为，却为法国国王在欧洲大陆的横行无阻扫清了障碍。

此时的英国，也处在较弱的状态。西班牙则无时无刻不处在与穆斯林对手拉锯战的“再征服运动”（Reconquista）中。意大利则分裂为多个城邦国家，没有统一。与它们相比，法国国王得以在参加十字军的诸侯死后兼并他们的封地，变其为王室直辖领地，充分加强了法国的王权。从十字军东征结束开始，法国的中央集权化便开始了。

1303 年，当时的罗马教皇被法国国王的军队俘获。不到三年，教皇就被掳至法国。从此，象征罗马教皇权威丧失的“阿维农之囚”便开始了。

意大利的生意人

阿克陷落之后的一段时间内，叙利亚和巴勒斯坦地区一时间没有了基督徒的踪影。但这一状态很快发生了变化。基督徒重新出现，并不是因为西欧天主教会希望他们回去，而是胜利者——穆斯林们的要求。

阿克之战后10年，1302年，马木路克王朝苏丹和威尼斯共和国之间签订了友好通商协定。

虽然发动“吉哈德”时苏丹号召过，要把“不信仰者”一扫而光，他却无法忽视本国生意人希望与“不信仰者”通商的愿望。

以阿拉伯人为中心的穆斯林商人，在十字军东征的200年间，已经离不开与西欧的贸易了。

地中海东岸盛产各种高级的奢侈品，普遍价格很高，就连穆斯林也只有上层才买得起。而此时的西欧雨后春笋般崛起了许多城邦国家。西欧国家内以自己的才智和技能从事生产的手工业者阶层逐渐发展起来。伊斯兰世界生产的著名的大马士革毛纺品，只有埃米尔级别的高级官员才能穿着。然而这类纺织品已经成为意大利各邦国上流社会的

主要服饰。

阿拉伯商人自然不愿失去潜力无限的意大利市场。同样，在双方贸易中获得巨大利润的意大利商人，也并未因为阿克失陷而放弃贸易的企图。

此时回到地中海东岸的意大利商人，在自己的居留区内不再有十字军东征时代享有的治外法权。但随着商馆的建造，当地埃米尔承认其以此为贸易据点的贸易自由。于是，意大利商人陆续回到了中近东各地。

但无论是威尼斯人还是热那亚人，与中东当地人的关系发生了微妙的变化。这一点在积极进取的威尼斯人那里尤为明显。

意大利人不再以一城一地集中的方式进行贸易，而是完全分散开来，跟穆斯林进行贸易活动。

虽然威尼斯人跟马木路克王朝的苏丹签订了双边通商协定，威尼斯商人实际活动的地区却并不仅仅在埃及的开罗和亚历山大。无论是君士坦丁堡、叙利亚还是巴勒斯坦，到处都有威尼斯商船活动的据点。对于彼此不能建立完全信用的贸易对象，最好的贸易方式，大概就是完全分散活动吧。

况且对商人来说，如果要分散风险，同时又获取较高的利润，最好的方式就是将资本尽可能多地分散投资。

此时的威尼斯人，进一步加强了原有的“有限责任股份”（Colleganza）制度。这一词汇的直译是“连带”，是将与贸易和运输无关的

威尼斯共和国公民变为个人投资者的股份制。

于是，当威尼斯商人的资本汇集起来之后，他们的购买力就大大超过了以血缘为资本组织方式的阿拉伯人和犹太商人。热那亚人也采取了和威尼斯人相同的制度（称为 Commenda）——这些意大利的商人将“信用”从血缘者之间扩大到了其他人，为追求利润迈出了第一步。商业的目的是将劳动所得作为私有资本而积累起来，而不是建立信赖关系。

积累资本的威尼斯共和国，在出口利润丰厚的高级产品的同时，也为了遵守合约期限而进行投资。威尼斯商船队的主力，是拥有为数众多划桨手的桨帆船，其人力成本远高于一般的帆船。桨帆船的划桨手，就是船只的发动机，船队受风向变化的影响很小，航海的变数不大。因此，威尼斯人商业的成功与否，主要取决于与贸易对象的关系。

无论是分散风险，还是严守合约期限，准确的商业情报收集都是不可或缺的。这一时期的威尼斯共和国以情报立国，令后世大英帝国的谍报人员由衷赞叹。

而基于商业情报做出迅速决断的必要性，则通过高效的政策决定过程而实现。这一决策过程是在阿克陷落之后6年成为现实的。在这个充满不确定性的时代，除了提高统治能力之外，没有更好的办法。

此外，威尼斯共和国还不断提升本国的海军力量。这样一来，它就能安然度过十字军东征失败所带来的危机。

威尼斯共和国由此跻身经济大国的行列。威尼斯的金币“杜卡

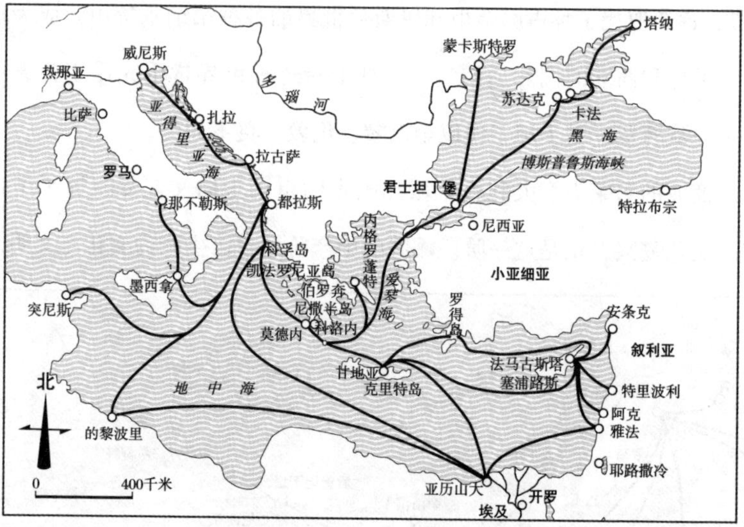

十字军东征以后威尼斯在东地中海的贸易网络

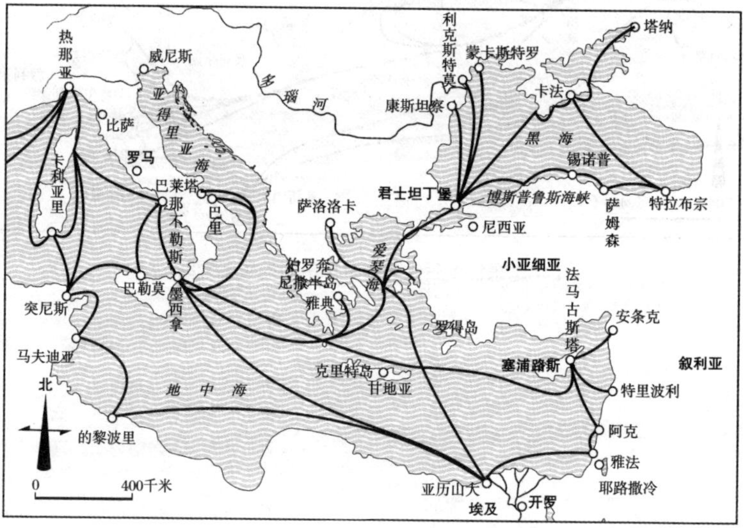

十字军东征以后热那亚在东地中海的贸易网络

特”，逐渐取代了拜占庭金币和伊斯兰世界的各种第纳尔货币，成为地中海世界和西欧的国际通用货币。杜卡特这种世界货币充斥于各大城市——从开罗、君士坦丁堡以至巴黎、伦敦，莫不如此。

商业的繁荣为意大利各个城邦国家的市民走向文艺复兴铺平了道路。文艺复兴，正是这一阶段崛起的中产阶层自己生产的文化与文明。

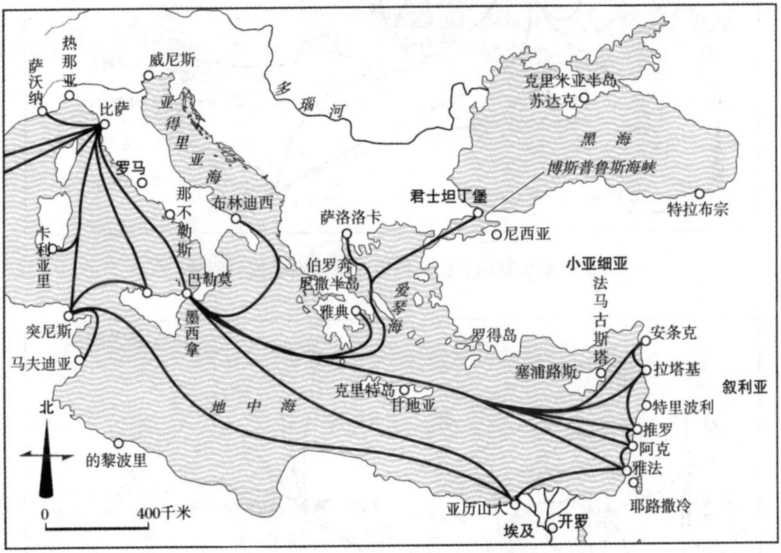

十字军东征以后比萨在东地中海的贸易网络

朝圣

与意大利商人一起回到中近东的，是朝圣的基督徒。

由于基督教世界和伊斯兰世界利益的内在一致性，朝圣活动再次繁荣起来。作为三大宗教圣地的耶路撒冷，所吸引的朝圣者以基督徒为压倒多数。而对穆斯林来说，第一圣城是麦加，耶路撒冷的穆斯林往往将蜂拥而至的朝圣者当作旅行者来对待。

对威尼斯人来说，朝圣旅行也是巨大的商机。关于这一点，我已经在《海都物语》里面详细叙述。读者们可以由之管窥中世纪威尼斯人作为彻底“经济动物”的一面。在威尼斯人组织团体朝圣之前，朝圣的基督徒常因向穆斯林支付一定数额的“圣地参拜费”而心生抗拒，这部分费用一直包含在旅行费用当中。

威尼斯人开发了团体旅行朝圣的方式，包下了与异教徒打交道的过程和开支。这样一来，朝圣者们就再也不会感到为难了。

尾声

十字军时代结束以后，基督徒和穆斯林之间爆发了多次战争。其中在历史上值得大书特书的，有以下的几次：

1453年——君士坦丁堡陷落。

拜占庭帝国灭亡，首都君士坦丁堡更名为伊斯坦布尔，成为奥斯曼帝国的首都。

1492年——格拉纳达陷落。

西班牙境内的伊斯兰政权被完全清除，基督教一方的“再征服运动”完成。

1522年——罗得岛之战。

令伊斯兰世界“如鲠在喉”的医院骑士团，终于在奥斯曼帝国海军的攻击之下败北了。虽然这支骑士团再次“光荣撤退”，却失去了“罗得岛骑士团”的名号。

1529年——维也纳之战。

奥斯曼帝国的强势扩张，终于在维也纳城下受阻。由此，奥斯曼帝国的势力范围确定下来。

1565 年——马耳他之战。

从罗得岛败退下来的医院骑士团，与奥斯曼帝国的大军在马耳他进行了一场殊死的大战，最终击退了奥斯曼帝国的进攻。从此以后，这一骑士团就以“马耳他骑士团”之名，一直担负着基督教世界最前线的斗争任务。

1571 年——勒班陀之战。

威尼斯、教廷和西班牙联合舰队，与奥斯曼帝国海军，在希腊的勒班陀展开了一场激烈的大海战，战役以基督教一方的胜利而告终。奥斯曼帝国在海上的西进，由此战而告终。

1645 年——克里特岛之战。

历时 25 年的克里特岛之战拉开了帷幕。最终，威尼斯共和国丧失了这艘“地中海的航空母舰”。

1683 年——第二次维也纳之战。

此战之败北，使奥斯曼帝国最终放弃了西进的计划。

回首历史，倘若基督教军队在勒班陀和两次维也纳之战中败北，欧洲的伊斯兰化一定在所难免。

但必须指出，以上的战争都不能称为宗教战争。这些争端都是领土和利益的纠纷，只是披上了宗教的外衣，实际上只是普通的战争罢了。仅有的身着印有大十字军装的是罗得岛和马耳他的医院骑士团——十字军时代的遗产。

最后一次聚集在宗教大旗之下，以宗教信徒为主要作战人员的战

役，就是1291年的阿克之战了。无论是对基督教世界来说，还是对伊斯兰世界来说，它都是最后一次宗教战争。

因领土和利益纠纷而起的战争，是无法带来人类内心的平安的。

著有多部有关十字军东征历史著作的伦敦大学教授乔纳森·里利-史密斯（Jonathan Rilly - Smith），以这样的一段话，作为其《十字军简史》（*The Crusades - A Short History*）的结尾：

> 欧洲人逐渐从对十字军的狂热中苏醒过来。到14世纪末，宗教再也没有打动民众的魅力了。……没过多久，"圣战"就为"正战"所取代。

当人心中唯一的正义只有上帝的期望时，发动一场战争便成为正义的了。而当上帝的意志退居其后，便只有"正义战争"留存下来。如果人心里只希望留下"正义"，那么最后留存下来的，也就只有"正义"。

而这最后一点，大概就是20世纪以来风起云涌，到如今的21世纪依然横行于世的战争中，不论发起的一方也好，被动应战的一方也好，正义一方也好，非正义一方也好，战争都是给人类带来痛苦的根源吧。

——《十字军的故事》（下）完——

下

附 录

公历纪年	中近东·小亚细亚·埃及	欧 洲	世界其他地区
1077		神圣罗马帝国皇帝亨利四世前往卡诺萨城堡，恳求教皇格列高利七世解除绝罚（卡诺萨之辱）	
1095		教皇乌尔班二世召开克勒芒公会议，号召发动十字军东征	
1096		隐士皮埃尔组织的“贫民十字军”向中近东出发，洗劫匈牙利之后，到达君士坦丁堡 图卢兹伯爵圣吉尔、洛林公爵戈德弗鲁瓦、普利亚公爵波埃蒙多、波埃蒙多之侄丹克雷迪向中近东出发，于冬季到达君士坦丁堡	
1097	诸侯的十字军进入小亚细亚后，相继取得尼西亚、多利留姆。 鲍德温离开大部队，进占埃德萨。 鲍德温作为养子继承埃德萨伯爵之位，建立了最初的十字军国家	拜占庭帝国皇帝阿莱西奥斯一世强行要求诸侯行臣下之礼。诸侯在形式上接受，然后向塞尔柱突厥人控制的小亚细亚进军	

续表

公历纪年	中近东·小亚细亚·埃及	欧　洲	世界其他地区
1098	经过7个月的战斗，十字军占领了叙利亚的大城市安条克。波埃蒙多据有头功，因此成为城市的领主——安条克公爵		
1099	十字军进军巴勒斯坦 7月，长期处在伊斯兰世界控制下的耶路撒冷陷落。洛林公爵戈德弗鲁瓦以“耶稣基督守墓人”的身份成为耶路撒冷实质上的国王		
1100	巴勒斯坦地中海沿岸城市阿尔苏夫、凯撒利亚、阿克等与戈德弗鲁瓦达成协议，成为十字军国家的附庸 7月，戈德弗鲁瓦去世。其弟鲍德温从埃德萨赶到耶路撒冷，即位耶路撒冷国王。鲍德温的堂弟，同名的鲍德温派遣为埃德萨领主		
1105		波埃蒙多回到西欧，恳请各国首脑继续派遣新的十字军	

续表

公历纪年	中近东·小亚细亚·埃及	欧 洲	世界其他地区
1118	鲍德温在进攻埃及途中去世。其堂弟，埃德萨伯爵鲍德温继位耶路撒冷国王，是为鲍德温二世 此时，圣殿骑士团成立，担负鲍德温二世治下耶路撒冷的防御任务 同时，最初以医疗组织成立的修士组织圣约翰修会正式成为圣约翰医院骑士团，与圣殿骑士团一起成为圣地的主要战斗力		（中国）金灭北宋（1127）
1131	经过13年统治，鲍德温二世去世。其女婿安茹伯爵福尔克即位为耶路撒冷国王，专注于建设对十字军国家防御极为重要的城堡体系		
1143	福尔克去世。其13岁的儿子鲍德温三世与母亲梅丽森达共坐王位		
1144	控制摩苏尔和大马士革的穆斯林埃米尔曾吉攻占并破坏埃德萨。第一个十字军国家宣告灭亡		

续表

公历纪年	中近东·小亚细亚·埃及	欧　洲	世界其他地区
1146		西多会修士贝尔纳在法国小城镇韦泽莱的广场上发表演说，号召发动新的十字军东征。法国国王路易七世响应了他的号召。此后，贝尔纳又成功说服了神圣罗马帝国皇帝康拉德三世。第二次十字军东征由此开始	
1147		康拉德和路易进军中近东	
1148	康拉德和路易抵达耶路撒冷，并决定与耶路撒冷国王一起进攻大马士革 曾吉的次子、继承了阿勒颇的努拉丁接受了大马士革领主发出的支援请求，率军接近大马士革。十字军决定翌日撤退 康拉德随即离开巴勒斯坦，并经由君士坦丁堡回国		
1149	路易经西西里归国 努拉丁因其兄之死而取得对摩苏尔的统治权		

续表

公历纪年	中近东·小亚细亚·埃及	欧 洲	世界其他地区
1150		路易与阿奎丹的埃莉诺尔的婚姻被宣布无效	
1152		埃莉诺尔与诺曼底公爵亨利，即后来的英格兰国王亨利二世结婚	
1154	努拉丁占领大马士革，成为伊斯兰世界最有权势的世俗统治者		
1156	叙利亚大地震。努拉丁为所控制地区的震后重建而努力		（日本）保元之乱
1158	鲍德温三世与拜占庭公主结婚，安条克公国成为拜占庭帝国领地的一部分		（日本）平治之乱（1159）
1162	鲍德温三世去世，其弟阿莫里成为耶路撒冷国王		
1169	努拉丁属下的将军西尔库及其侄子萨拉丁进攻埃及法蒂玛王朝，并将其控制 西尔库去世后，萨拉丁成为埃及的维齐尔		

续表

公历纪年	中近东·小亚细亚·埃及	欧洲	世界其他地区
1170	埃及法蒂玛王朝灭亡。萨拉丁建立阿尤布王朝		
1174	阿莫里去世，其有麻风病的儿子鲍德温四世即位为耶路撒冷国王 努拉丁去世，由其子继承，萨拉丁表面上效忠，实质上占据大马士革		
1182	萨拉丁占据阿勒颇		
1185	鲍德温四世去世。前一年成为共同统治者的年仅8岁的侄子鲍德温五世即位		（日本）坛浦之战；源赖朝在各国设置守护、地头，镰仓时代开始
1186	萨拉丁占据伊拉克重镇摩苏尔，完成了伊斯兰世界实质上的统一 鲍德温五世去世。其母后西比拉和她的丈夫居伊·德·路西尼安成为耶路撒冷实质上的统治者		

续表

公历纪年	中近东·小亚细亚·埃及	欧 洲	世界其他地区
1187	萨拉丁率领大军侵入十字军国家 路西尼安率领的基督教军队在哈丁平原之战中完败于萨拉丁的军队。耶路撒冷国王路西尼安成为穆斯林的俘虏 萨拉丁控制了提比利亚斯附近，以阿克为中心的海港都市 萨拉丁攻占耶路撒冷。88年后，耶路撒冷重新为穆斯林所控制		
1188	萨拉丁进攻推罗，但终告失败	神圣罗马帝国皇帝腓特烈一世率军向中近东出发	
1189	萨拉丁释放路西尼安 路西尼安与伊柏兰等开始进攻阿克	理查一世即位为英格兰国王	（日本）源赖朝惩罚奥州
1190	腓特烈一世到达小亚细亚后，在科尼亚附近的戈克苏河畔溺死。德意志军队除一少部分继续行军外，大部回国	理查一世和法国国王腓力二世在韦泽莱会合，组成第三次十字军，进军中近东	

续表

公历纪年	中近东·小亚细亚·埃及	欧　洲	世界其他地区
1191	腓力二世抵达阿克，参加阿克守城战 理查抵达塞浦路斯，经过5天时间征服拜占庭控制下的塞浦路斯岛，将其变为十字军的补给地 之后，理查抵达阿克，参加守城战 阿克向萨拉丁提出全面和议 腓力回国，不久后率领德意志军队的奥地利大公也离开了战场，其属下留在圣地的组织为条顿骑士团 理查率军前往阿尔苏夫，行军路上击败萨拉丁所部，最终进占阿尔苏夫 十字军收复雅法和亚实基伦，为围攻耶路撒冷做准备		（日本）荣西和尚自中国宋朝归国，临济宗弘法开始

续表

公历纪年	中近东·小亚细亚·埃及	欧 洲	世界其他地区
1192	蒙费拉特侯爵康拉德取代路西尼安成为耶路撒冷国王，旋即被暗杀，王位由香槟伯爵亨利继承 理查和萨拉丁之间的和谈达成协议：耶路撒冷仍归穆斯林占领，但萨拉丁承诺保证基督徒朝圣的安全，并将巴勒斯坦海港都市交由基督徒一方 理查从圣地出发回国	腓力侵入理查的领地	（日本）源赖朝成为征夷大将军
1193	萨拉丁去世。其广大的支配地域由三位子嗣及其弟阿拉迪尔所分割。三位子嗣之间争夺不断，阿拉迪尔最终继承阿尤布王朝苏丹之位		
1194		理查回到英格兰，与腓力的斗争激化	
1198		教皇英诺森三世即位	
1199		狮心王理查去世 香槟伯爵、布洛瓦伯爵、弗兰德斯伯爵结成第四次十字军	

续表

公历纪年	中近东·小亚细亚·埃及	欧洲	世界其他地区
1201		第四次十字军使节前往威尼斯，请求其协助。威尼斯共和国元首丹多洛和埃及的阿拉迪尔缔结互不侵犯密约，同时答应了十字军的请求	
1202		第四次十字军和威尼斯海军共同出兵。由于未支付海上运输费用，十字军对本次出兵并没有主导权。他们首先应威尼斯的要求，攻占了亚得里亚海岸城市扎拉 拜占庭帝国皇子访问扎拉的十字军军营，请求帮助推翻杀害其父皇的叔父。十字军接受了皇子的邀请，行军目标变更为君士坦丁堡	
1203		十字军和威尼斯海军抵达君士坦丁堡	
1204	经过10个月的攻城战，君士坦丁堡陷落。拜占庭帝国皇位落空，新的“拉丁帝国”建立起来		（蒙古）成吉思汗侵入华北（1211）

续表

公历纪年	中近东·小亚细亚·埃及	欧 洲	世界其他地区
1212		“少年十字军”成立	（日本）鸭长明著《方丈记》
1218	在罗马教廷促成下，耶路撒冷国王让·德·布里安努组织了第五次十字军，进攻埃及的达米埃塔 阿拉迪尔去世，长子阿尔·卡米尔继承其在埃及的领地		（蒙古）成吉思汗发动西征（1219） （日本）源氏灭亡，北条氏开始掌权（1219）
1220	第五次十字军占领达米埃塔	腓特烈二世加冕为神圣罗马帝国皇帝	
1221	第五次十字军因尼罗河泛滥而撤退		（日本）承久之乱
1225		腓特烈二世与布里安努之女结婚，成为新的耶路撒冷国王	
1227		在教皇格列高利九世再三催促下，腓特烈二世仍拒绝发动十字军东征，终于被开除出教	（日本）道元和尚从宋朝归国，曹洞宗弘法开始
1228		教皇重申对腓特烈二世的绝罚 腓特烈二世率领第六次十字军向圣地进发	

续表

公历纪年	中近东·小亚细亚·埃及	欧洲	世界其他地区
1229	经过三个月谈判，腓特烈二世和阿尔·卡米尔达成和议。十字军不战而取得耶路撒冷，腓特烈回国		（中国）窝阔台汗灭金(1234)
1244	叙利亚一部落占领耶路撒冷，此前15年的和平局面宣告破灭		
1248		在教皇英诺森四世要求下，法国国王路易九世组织第七次十字军	
1249	第七次十字军在达米埃塔登陆，向曼苏拉进军		
1250	第七次十字军在以奴隶出身的马木路克军队面前大败，精锐骑士遭到歼灭。包括路易九世在内的主要十字军成员被俘。支付大量赎金之后，路易获释		
1254	路易九世从阿克返回法国		
1258	蒙古帝国西征，攻陷巴格达，旋即直下阿勒颇和大马士革		

续表

公历纪年	中近东·小亚细亚·埃及	欧 洲	世界其他地区
1260	埃及的实际统治者，马木路克出身的拜巴尔斯击败蒙古西征军队		
1270	第八次十字军在突尼斯登陆，由于疫病蔓延，一个月之后撤退。路易本人丧命于该地	路易决意再度组织十字军，第八次十字军随即进军突尼斯	（中国）忽必烈汗建立元朝（1271） （日本）文永之役（元朝入侵，1274） （日本）弘安之役（元朝入侵，1281）
1291	马木路克朝苏丹卡利勒率军对十字军国家的最后据点阿克发起总攻 5月18日，阿克陷落。中近东十字军国家历史告终，残余势力退往塞浦路斯		
1306		圣殿骑士团总部转移回法国 法国国王腓力四世强行将教皇克雷芒五世移驻法国阿维农，阿维农之囚开始	
1307		圣殿骑士团开始受到镇压	

续表

公历纪年	中近东·小亚细亚·埃及	欧　洲	世界其他地区
1309	医院骑士团总部迁到罗得岛，更名为罗得岛骑士团		
1312		教皇宣布圣殿骑士团解散	

图版来源

第 017 页　　制图：畠山潜

第 081 页　　制图：畠山潜

第 114 页　　制图：畠山潜

第 187 页　　Paul Bonugli

第 193 页　　作者不详，意大利卡西诺山圣本笃修道院藏，Bridgeman Art Library

第 211 页　　同第 017 页

第 223 页　　个人藏品（François Michaud，*History of the Crusades*，vol. I & II，Barrie Philadelphia，1880）

第 236 页　　同第 017 页

第 284 页　　奇马布埃画，意大利阿西西圣方济各堂藏，Alinari Archives

第 317 页　　Giovanni Villani，*Nuovo Cronica* 中插图的复制，原书藏于梵蒂冈图书馆，制图：畠山潜

第 342 页　　同上

第 344 页　同上

第 371 页　Antonio Scimone

第 376 页　埃尔·格列柯画，法国巴黎卢浮宫藏，Alinari Archives

第 410 页　摄影：青木登（新潮社写真部）

第 434 页　同 22 页

第 468 页　多米尼克·帕夫提油画的版画复制品，西班牙巴塞罗那加泰罗尼亚图书馆藏，Alinari Archives

第 481 页　作者不详，法国巴黎法国国立图书馆藏，Bridgeman Art Library

第 483 页　作者不详，Bridgeman Art Library

第 486 页　作者不详，Alinari Archives

第 487 页　作者不详，AKG-images/PPS

地图制作：综合精图研究所

参考文献

Abel F.M., *Lettre d'un Templier trouvée récemment à Jérusalem,* 《Revue biblique》 35 (1926), pp.288-295.

Abu'l-Fida (tr. P.M. Holt), *The Memoires of a Syrian Prince; Abu'l-Fida, Sultan of Hamah (672-737/1273-1331),* Wiesbaden 1983.

Abulafia D.S.H. (edit.), *Commerce and Conquest in the Mediterranean, 1100-1500,* London 1933.

Addison C.G., *The Knights Templar History,* AMS Press, New York 1912 and 1978.

Airaldi G. - Kedar B.Z. (a cura di), *I Comuni Italiani nel Regno Crociato di Gerusalemme,* Genova 1986.

Alphandery P., *Les Croisades d'Enfants,* in 《Revue de l'Histoire des Religions》, vol. LXXIII, Paris 1916.

Alphandéry P., Dupront A., *La cristianità e l'idea di Crociata,* il Mulino, Bologna 1983.

Ambroise, *Estoire de la Guerre Sainte,* ed. G. Paris, Imprimerie Nationale, Paris 1897.

Ambroise, *The Crusade of Richard Lionheart,* trans. Hubert M.J. and La Monte J., New York 1941.

Andressohn J.C., *The Ancestry and Life of Godefroy of Bouillon,* 1947.

Angold M., *The Byzantine Empire 1025-1204. A political History,* London 1984.

Anna Comnene, Alessiade, in B. Leib (ed.), *Collection Byzantine de l'Association Guillaume Budé,* 3 vol., Paris 1937-45.

Annales de Terre Sainte, edited by Röhricth, in *Archives de l'Orient Latin,* vol.II, Paris 1884.

Anon. (ed. R.C. Johnston), *The Crusade and the Death of Richard I: Anglo-Norman Texts XVII,* Oxford 1961.

Anon (ed.), *Acri 1291 - la fine della presenza degli ordini militari in Terra Santa... a cura di Francesco Tommasi,* Biblioteca di Militia Sacra 1, Perugia 1996.

Anon. (ed. H.J. Nicholson), *The Chronicle of the Third Crusade: The Itinerarium Peregrinorum et Gesta Regis Ricardi,* Aldershot 2001.

Archer T.A., *The Crusade of Richard I,* G.P. Putnam's Sons; AMS Prints, New York 1897, 1978.

Ardouin E., *Essai sur l'Armée Royale au Temps de Philippe Auguste,* Paris 1913.

Auvray L. (ed.), *Les Registres du Grégoire IXe,* Paris 1896-1955, 4 vol.

Avissar M. – Stern E., 'Akko, the Citadel', *Excavations and Surveys in Israel,* XIV, 1994, pp.22-25.

Ayalon D., *The Mamluk Military Society,* London 1979.

Bahā al-Dīn ibn Shaddād, *The Life of Saladin,* trans. C.W. Wilson and C.R. Conder, Palestinian Pilgrims Text Society, London 1897.

Baldwin M., *Raymond III of Tripolis and the Fall of Jerusalem,* Princeton, 1936.

Baldwin W., *The Government of Philip Augustus. Foundations of French Royal Power in the Middle Ages,* Berkeley-London 1986.

Baluze S., *Vitae Paparum Avenionensium,* 2 vol., Paris 1643.

Barber M., *The Trial of the Templars,* Cambridge University Press, Cambridge 1978.

Barber M., *The New Knighthood: A History of the Order of the Temple,* Cambridge University Press, Cambridge 1993.

Bartolf de Nangis, *Gesta Francorum Iherusalemn Expugnantium, in Recueil des Historiens des Croisades: Historiens Occidentaux,* vol.III.

Beck A., *Der Untergang der Templer,* Verlag Herder, Freiburg 1992.

Becker A., *Papst Urban II (1088-1099),* I, 1964.

Ben-Ami A., *Social Change in a Hostile Environment: The Crusaders' Kingdom of Jerusalem,* Princeton 1969.

Bennet M., 'La Règle du Temple as a military manual, or how to deliver a cavalry charge', in C. Harper-Bill, et al., edits (edits.), *Studies in Medieval History Presented to R. Allen Brown,* Woodbridge 1989, pp.7-19.

Bernard St., 'Liber and milites Templi de laude novae militiae', in *Sancti Bernardi Opera,* a cura di J. Leclerq, III, Roma 1963.

Billings M., *The Cross and the Crescent,* London 1987.

Blake E.O – Morris C., 'A Hermit goes to War: Peter and the Origins of the First Crusade', in *Studies in Church History,* 21, 1984.

Boase T.S.R., *Boniface VIII,* London 1933.

Boase T.S.R., 'Military Architecture in the Crusader States in Palestine and Syria', in K.M. Setton (ed.), *A History of the Crusades,* vol.IV, Madison 1977.

Boaz A., 'Bet Shean, Crusader Fortress – Area Z', *Excavations and Surveys in Israel,* IX, 1989-90, 129.

Bohn H. (ed.), *Chronicles of the Crusades: contemporary narratives of the Crusade of Richard Coeur de Lion by Richard of Devizes and Geoffrey de Vinsauf and of the crusade of Saint Louis by the Lord John de Joinville,* H.G. Bohn, George Bell and Sons, London 1848, 1900.

Boissonade P., *Cluny, la Papauté et la première grande Croisade internationale contre les*

Sarrasins d'Espagne, in《Revue des Question Historiques》, vol.CXVII, Paris 1932.

Bombaci A., 'The Army of the Saljuqs of Rum', *Istituto Orientale di Napoli, Annali,* 38, 1978, pp.343-69.

Bordonove G., *Les Templiers: histoire et tragédie,* Fayard, Paris 1977.

Bordonove G., *La vie quotidienne des Templiers au 13° siècle,* Éditions Famot, Genf 1978.

Bradbury J., *Philip Augustus: King of France, 1180-1223,* London 1997.

Bradford E., *The Shield and the Sword,* London 1972.

Brand C. M., *Byzantium Confronts the West, 1180-1204,* Harvard University Press, Cambridge, Mass. 1968.

Bredero A.H., *Bernard de Clairvaux: Between Cult and History,* Edinburgh 1996.

Breysig T., *Gottfried von Bouillon vor dem Kreuzzüge,* in《Westdeutche Zeitschrift für Geschichte》, XVII, Trier 1898.

Brice M., *Forts and Fortresses,* Oxford 1990.

Brosset M.F., *Collection d'Historiens Arméniens,* 2 vol., Sankt-Peterburg 1874-76.

Browne E.J., *La médecine arabe,* Paris 1933.

Brundage J., *The Crusades: a documentary survey,* Marquette University Press, Milwaukee, Wisconsin 1962.

Bruno S.-J., *The Letters of Saint Bernard of Clairvaux,* London 1953.

Bull M., 'The Capetian Monarchy and the Early Crusader Movement: Hugh of Vermandois and Louis VII', *Nottingham Medieval Studies,* 40, 1996, pp.25-46.

Bull M.G. - Leglu C.（eds.）, *The World of Eleanor of Aquitaine: Literature and Society in Southern France between the Eleventh and Thirteenth Centuries,* Woodbridge 2005.

Burwan E., *The Templars: Knights of God,* Destiny Books, Rochester 1986.

Cahen C., *Indigènes et Croisés,* in《Syria》, vol.XV, Paris 1934.

Cahen C., *La Syrie du Nord à l'époque des croisades et la principauté franque d'Antioche,* Geuthner, Paris 1940.

Cambridge Medieval History, directed by J.B. Bury, 6 vols., Cambridge 1911-36.

Cappelletti L., *Storia degli ordini cavallereschi,* Livorno 1904, pp.358-361.

Cardini F., *Il Movimento Crociato,* Sansoni, Firenze 1972.

Chaffanjon A., *Les Grands Ordres de Chevalerie,* Paris 1970.

Chalandon F., *Histoire de la Domination normande en Italie et en Sicilie,* 2 vol., Paris 1907.

Champdor A., *Saladin, le plus pur Héros de l'islam,* Éditions Albin Michel, 1953.

Charpentier J., *L'Ordre des Templiers,* La Colombe 1962.

Charpentier L., *I misteri dei Templari,* Roma 1981.

Chaumeil J., *Lue du premier au dernier Templier,* Paris 1985.

Chaytor H.J., *The Troubadours,* Cambridge 1912.

Chehab M.H., 'Tyr à l'epoque des Croisades', *Bullettin du Musée de Beyrouth,* XXXI, 1979.

Cheney O.R., 'The Downfall of the Templars and a letter in their defence', in *Medieval Miscellany presented to Eugéne Vinaver,* Manchester 1965.

Chevedden P.E., ,The Hybrid Trebuchet: the Halfway Step to the Counterweight Trebuchet', in D.J. Kagay - T.M. Vann (eds.), *On the Social Origins of Medieval Institutions: Essays in Honor of Joseph F. O'Callaghan,* Leiden 1998, pp.179-222.

Chevedden P.E., 'Fortification and the Development of Defensive Planning in the Latin East', in D. Kagay and L.J.A. Villalon (eds.), *The Circle of War in the Middle Ages,* Woodbridge 1999, pp.33-43.

Clifford E.R., *A Knight of Great Renown, The Life and Times of Othon de Grandson,* Chicago 1961.

Constable G., 'The Financing of the Crusades in the Twelfth century', in B.Z. Kedar (ed.), *Outremer: Studies in the History of the Crusading Kingdom of Jerusalem,* Jerusalem 1982, pp.64-88.

Crawford P. (tr.), *The Templar of Tyre: Part III of the Deeds of the Cypriots,* Aldershot 2003.

Crozet R., *Le Voyage d'Urbain II et ses arrangements avec le Clergé de France,* in 《Revue Historique》, vol.CLXXIX, Paris 1937.

Curtis Van Cleve T., *The Emperor Frederick II of Hohenstaufen, Immutator Mundi,* Oxford 1972.

Da Mosto A., *I Dogi di Venezia,* Aldo Martello-Giunti Editore, 1977.

Dailliez *L., Histoire de l'Ordre du Temple,* Alpes-Mediterranées Éditions /Impres du Sud, Nice 1980.

Daimberto, arcivescovo di Pisa e patriarca di Gerusalemme, lettera XVIII e XXI, in Hagermeyer, *Die Kreuzzugsbriefe.*

Dajani - Shakeel H., 'Diplomatic Relations between Muslim and Frankish Rulers 1097-1153 AD', in M. Shatzmiller (ed.), *Crusaders and Muslims in Twelfth-Century Syria,* Leiden 1993, pp.190-215.

Dal Borgo F., *Diplomata Pisana,* Pisa 1765.

R. Davico, *Cultura araba ed ebraica nella scuola medica salernitana del Medioevo, in Salerno e la sua scuola medica,* a cura di I. Gallo, Salerno 1994, pp.53-87.

De Expugnatione Terrae Sanctae per Saladinum Libellus, excerpts trans. Brundage J.A. in the *Crusades: A Documentary Survey,* Milwaukee 1962, pp.153-63.

Dean B., 'A Crusader Fortress in Palestine (Montfort)', *Bulletin of the Metropolitan Museum of Art,* 22/2, 1927, pp.91-97.

Delacroix P., *Vrai Visage de Saint Bernard, Abbé de Clairvaux,* Angers 1991.

Delaville-Leroulx E., *De Prima Origine Hospitaliorum Hierosolymitanorum,* Cartolaire général des Hospitaliers de Saint-Jean, 4 vol., Paris 1894.

Delaville-Leroulx E. (ed.), *Cartulaire Général de l'ordre de S. Jean de Jérusalem, 1100-1310,* 4 vol., E. Leroux, Paris 1894-1906.

Delaville-Leroulx E., *Les Hospitaliers en Palestine et à Cypre, 1100-1310,* Paris 1904.

Delaville-Leroulx E., *Les Hospitaliers à Rhodes,* Paris 1913.

Delisle L., *Mémoire sur les opérations financiéres des Templiers,* in 《Mémoires de l' Institut de France. Académie des Inscriptions et Belles-Lettres》, XXXIII, 1888, part II.

Demurger A., *Vita e morte dell'ordine dei Templari,* Garzanti, Milano 1987.

Der Nersessian S., *Armenia and the Byzantine Empire,* Cambridge, Mass. 1945.

Deschamps P., 'Deux Positions Stratégiques des croisés à l'Est du Jourdain: Ahamant et el Habis', *Revues Historiques,* CLXXII, 1933, 42-57.

Deschamps P., *Les Châteaux des Croisés en Terre Sainte: le Crac des Chevaliers,* Paris 1934.

Deschamps P., *La Défense du Royaume de Jérusalem,* 2 vol., Paris 1939.

Deschamps P., *La Toponomastique en Terre sainte au temps des Croisades, in Recueil de travauz...,* Geuthner, Paris 1955.

Deschamps P., *Les Châteaux des Croisés en Terre Sainte, III, La Defence du comte de Tripoli et de la principaute d'Antioche,* 2 vol., Paris 1973.

Desmond S., *The Monks of War,* London 1972.

Desquesnes R. - Faille R. - Faucherre N. - Prost P., *Les Fortifications du Littoral: La Charente-Maritime,* Chauray 1993.

Donovan J.P., *Pelagius and the Fifth Crusade,* Philadelphia 1950.

Du Chesne A., *Historiae Francorum Scriptores,* 5 vol., Paris 1636-49.

Ducange C. du F., *Les Familles d'Outremer,* edited by E.G. Rey, Paris 1869.

Duez J., *Rituels secrets des Templiers: initations, écuyer-novice, écuyer du Temple, chevalier-novice, rituels de reception,* J. Bersez, Villeneuve-sur-Bellot 1985.

Duffy E., *Saints and Sinners: A History of the Popes,* New Haven, CONN, 1997.

Duncalf F., *The Pope's Plan for the First Crusade, in The Crusades and other Historical Essays presented to D.C. Munro,* New York 1928.

Edde A.M., 'Kurdes et Turcs dans l'Armée ayyoubide de Syrie du Nord' in Y. Lev (ed.), *War and Society in the Eastern Mediterranean, 7th-15th Centuries,* Leiden 1996, pp.225-236.

Edbury P.W. - Gordon Rowe J., *William of Tyre,* Cambridge 1988.

Edbury P.W., 'Castles, towns and rural settlements in the Crusader kingdom',

Medieval Archaelogy, XLII, 1988, pp.191-193.

Edbury P.W., *The Kingdom of Cyprus and the Crusades, 1191-1374*, Cambridge 1991.

Edbury P.W, *Propaganda and Faction in the Kingdom of Jerusalem: the Background to Hattin*, in Shatzmiller M. (ed), *Crusaders and Muslims in Twelfth Century Syria*, Leiden 1993, pp.173-89.

Edbury P.W., 'The Templars in Cyprus', in M. Barber (ed.), *The Military Orders: Fighting for the Faith and Caring for the Sick*, Variorum, Aldershot 1994.

Edbury P. W, *The Conquest of Jerusalem and the Third Crusade* (Sources in Translation), Ashgate, Hampshire 1998.

Edwards R. W., *The Fortifications of Armenian Cilicia*, Washington 1987.

E. Egidi, *La colonia saracena di Lucera e la sua distruzione*, in 《Archivio storico per le province napoletane》.

Ehrenkreutz A.S., 'The Place of Saladin in the Naval History of the Meditterranean Sea in the Middle Ages', in *Journal of American Oriental Studies*, LXXV, 1995, pp. 100-116.

Eidelberg S. (ed. and tr.), *Jews and Crusaders: the Hebrew Chronicles of the First and Second Crusades*, Madison 1977.

Elbeheiry S., *Les Institutions de l'Egypte au Temps des Ayyubides*, Lille 1972.

Elisseeff N., *La description de Damas d'Ibn 'Asakir*, Damas 1959.

Elisseeff N., *Nur-ad-Din, un grand prince musulman de Syrie au temps des croisades*, Institut français de Damas, 1967.

Ellenblum R., 'Frankish and Muslim Siege Warfare and the construction of the Frankish concentric castles', in M. Balard (ed.), *Die Gesta per Francos*, Aldershot 2001, pp.187-198.

Ellenblum R., 'Three generations of Frankish castle-building in the Latin Kingdom of Jerusalem', in M. Balard (ed.), *Autour de la Première Croisade*, Paris 1996, pp.517-551.

Epistola de Morte Friderici Imperatoris, in Chroust A. (1928).

Eydoux H-P., 'L'architecture militaire des Francs en Orient', in J. P. Babelon (edit.), *Le Château en France*, Paris 1986, pp.61-77.

Favier J., *Philippe le Bel*, Paris 1978.

Favreau - Lilie M.-L., 'The Military Orders and the Escape of the Christian Population from the Holy Land in 1291', *Journal of Medieval History XIX*, 1933, pp. 201-227.

Favreau - Lilie M.-L., 'The Teutonic Knights in Acre after the fall of Montfort (1271): Some Reflections', in B.Z. Kedar (ed.), *Outremer: Studies in the History of the*

Crusading Kingdom of Jerusalem, Jerusalem 1982, pp.272-84.

Fedden R. - Thomson J., *Crusader Castles,* London 1977.

Fiene E., *St. Hilarion, Buffavento, Kantara: Bergburgen in Nordzypern,* Hannover 1992.

Filippo da Novara, *Mémoires, in Gestes des Chiprois,* trans. of La Monte and Hubert (ed.), *The Wars of Frederick II against the Ibelins in Syria and Cyprus,* New York 1936.

Filippo da Novara, *Guerra di Federico II in Oriente (1233-1242),* intr., testo critico, trad. e note a cura di S. Melani, Napoli 1994.

Flori J., *Richard Cœur de Lion, le roi-chevalier,* Collection 'Biographie', Paris 1999.

Forey A.J., 'The Failure of the siege of Damascus in 1148', *Journal of Medieval History,* 10, 1984, pp.13-23.

Forey A.J., *Novitiate and instruction in the military orders during the 12th and 13th centuries,* 《Speculum: a journal of medieval studies》, vol.61, n.1 (1986), pp.1-17.

Forey A., *The Military Orders: From the Twelfth to the Early Fourteenth Centuries,* Macmillan, London 1992.

France J., 'Crusading warfare and its adaption to Eastern conditions in the twelfth century' in *Mediterranean Historical Review,* 15, 2000, pp.49-66.

Frolow A., *Reserches sur la déviation de la quatrième crusade vers Constantinople,* 1955.

Gabrieli F., *Storici arabi delle Crociate,* Einaudi, Torino 1957.

Gabrieli F., *Friedrich II. und die Kultur des Islam, in Stupor mundi. Zur Geschichte Friedrichs II. von Hohenstaufen,* G. Wolf (ed.), Darmstadt 1982, pp.76-94.

Galterius Cancellarius (franç. Gautier), Bella Antiochena, in *Recueil des Historiens des Croisades: Historiens Occidentaux,* vol.V.

Gerish D., 'The True Cross and the Kings of Jerusalem', *Journal of the Haskins Society,* 8, 1996, pp.137-55.

Gertwagen R., The Crusader Port of Acre: Layout and Problems of Maintenance', in M. Balard (ed.), *Autour de la Première Croisade,* Paris 1996, pp.553-582.

Gertwagen R., 'Venetian Modon and its Port (1358-1500)', in Cowan A. (ed.), *Meditteranean Urban Culture 1400-1700,* Exeter 2000, 128-48.

Gertwagen R., 'The Venetian Colonies in the Ionian Sea and the Aegean in Venetian Defence Policy in the Fifteenth Century', *Journal of Meditterranean Studies,* 12, 2002, pp.351-84.

Gesta Innocenti III, in MIGNE, *Patrologia Latina,* vol.CCXIV.

Gesta Obsidionis Damiete, in Röhricht, *Quinti Belli Sacri Scriptores Minores.*

Giardina A., Sabbatucci G., Vidotto V., *Manuale di Storia: il Medioevo vol.1,* Editori Laterza, Bari 1989.

Gibb H.A.R., 'The Arabic sources for the life of Saladin', *Speculum,* 25, 1950.

Gibb H.A.R., *The Aiyūbids,* in *A History of the Crusades,* K.M. Setton (ed.), Madison-London 1969, II, pp.693-714.

Gibb H.A.R., *The Life of Saladin,* Oxford 1973.

Gilles R., *Les Templiers sont-is coupables? Leur histoire, Leur règle, leur procès,* Guichaoua 1957.

Gillingham J., 'Roger of Howden on Crusade', in Morgan D.O. (ed.), *Medieval Historical Writing in the Christian and Islamic Words,* School of Oriental and African Studies, London 1982.

Gillingham J., 'Richard I and the Science of War in the Middle Ages', in Gillingham J. and Holt J.C. (eds.), *War and Government in the Middle Ages: Essays in honour of J-O. Prestwich,* D.S. Brewer, Cambridge 1984.

Gillingham J., *Richard the Lionheart,* II edn., London 1989.

Gindler P., *Graf Balduin von Edessa,* Halle 1901.

Giovanni dal Pian del Carpine, *Historia Mongolorum,* in Pulle (ed.), Firenze 1913.

Glubb J., *Soldiers of Fortune: The Story of the Mamluks,* Dorchester 1988.

Gore T.L., *The Campaigns of Saladin: Hattin and Arsuf 1187 and 1193 AD,* New York 1991.

Gottschalk H.L., *al-Malik al-Kamil von Egypten und seine Zeit,* 1958.

Gravett C. - Hook R., *Medieval Siege Warfare,* London 1991.

Gregoire H., *The Question of the Diversion of the Fourth Crusade,* in《Byzantion》, vol. XV, Boston 1941.

Grifone E., *La vita dei Templari,*《Osservatore Romano》n. 93 (1952), p.3.

Grousset R., *Histoire des croisades e du royaume franc de Jérusalem,* 3 vol., Paris 1936.

Guardini A., *Origine e fondatione di tutte le religioni e militie di cavallieri, con le croci e segni usati da quelle, erette da principi diversi in varii tempi...Ristampati per opera del Sig. Giacomo Cataneo,* Appresso Valentino Mortali, Venezia 1666, pp.22sgg..

Guillaume le Breton (ed. F. Delaborde), 'Gesta Philippi Augusti', in *Œuvres de Rigord et de Guillaume le Breton,* tome 1, Paris 1882.

Guillelmus Tyrensis (engl. William of Tyre),, 'Guillelmus Tyrensis archiepiscopus, Historia rerum in transmarinis partibus gestarum', in *Recueil des historiens des croisades: Historiens occidentaux,* 5 vol., Paris 1844-95.

Guillelmus Tyrensis (franç. Guillaume de Tyr), *Die latieinische Fortsetzung,* Salloch (ed.), Leipzig 1934.

Guillelmus Tyrensis (franç. Guillaume de Tyr), *Tractatus de Statu Saracenorum,* in Prutz, Kulturgeshichte der Kreuzzüge, p.118.

Hallam E. (edit.), *Chronicles of the Crusades - Eyewitness Accounts of the War between*

Christianity and Islam, Weidenfeld and Nicolson, London 1989.

Hamilton B., 'The Elephant of Christ: Reynald of Chatillon', in Baker D. (ed.), *Religious Motivation: Biographical and Sociological Problems for the Church Historian, Studies in Church History*, 15, 1978.

Hamma Z., *Syria: The Castles and Archaeological Sites in Tartous (Governorate)*, Damascus 1994.

Hammer J. Von, *Histoire de l'Ordre des Assassins*, Paris 1833.

Harper R.P., 'Belmont Castle (Suba) – 1987', *Excavations and Surveys in Israel*, CII-VIII, 1988-89, pp.13-14.

Harris J., *Byzantium and the Crusades*, London 2003.

Hefele C.J., *Histoire des Conciles*, trans. H. Leclerq, Paris 1907.

Henry of Huntingdon, *De Captione Antiochiae, in Recueil des Historiens des Croisades:* Historiens Occidentaux, vol.V, part II.

Heyd W., *Histoire du Commerce du Levant*, trans. Furcy Raynaud, 2 vol., Leipzig 1936.

Hillenbrand C., *A Muslim Principality in Crusader Times: Tarikh Mayyafariqin* (partial trans. of Ibn al-Azraq), Leiden 1990.

Historia et Gesta Ducis Gotfridi, in *Recueil des Historiens des Croisades: Historiens Occidentaux*, vol.V, part II.

Historia Diplomatica Friderici Secundi, J.L.A. Huillard – in Bréholles (ed.), 6 vol., Paris 1852-61.

L'Histoire de Guillaume le Maréchal, ed. P. Meyer, 3 vol., Librarie Renouard, SHF, Paris 1891-1901.

Historia Peregrinorum, in Chroust A. (1928).

Hitti P.H. (trans.), *Memoires of an Arab-Syrian Gentleman (Usam ibn Munqidh)*, Beirut 1064 (reprint).

Hodgson M., *The order of Assassins*, Mouton, l'Aia, 1955.

Hoch M., 'The Choice of Damascus as the Objective of the Second Crusade; a Re-evaluation', in M. Balard (ed.), *Autour de la Première Croisade*, Paris 1996, pp.359-69.

Holt P.M., *The Age of the Crusades: The Near East from the Eleventh Century to 1517*, London 1986.

Holt P.M., *Early Mamluk Diplomacy (1260-1290): Treaties of Baybars and Qalaun and the Crusaders*, Leiden 1995.

Holtzmann R., *Wilhelm von Nogaret*, Freiburg im Breisgau 1898.

Holtzmann W., *Die Unionsverhandlungen zwischen Kaiser Alexios I und Papst Urban II im Jahre 1089*, in《Byzantion》, vol.XXVIII, Leipzig 1928.

Housley N.J., *The Italian Crusades,* 3 vols., 1970-86.

Housley N., *The Later Crusades, 1274-1580; From Lyons to Alcazar,* Oxford 1992.

Howarth S., *The Knights Templar,* Collins 1982.

Hume E. E., *Medical Work of the Knights Hospitallers of Saint John of Jerusalem,* Baltimore 1940.

Huygens R.B.C., *De constructione castri Saphet,* 1981.

Ibn al-Athīr, *El-Kamel Altevarykh, in Recueil des Historiens des Croisades: Historiens Orientaux* 1-2, 1872.

Ibn al-Qalanisi (tr. R. Le Tourneau), *Damas de 1075 á 1154: traduction annotée d'un fragment de l'histoire de Damas d'Ibn al-Qalanisi,* Damas 1952.

Ibn Bibi, *Histoire des Seldjouqides,* in Houstman (ed.), *Textes relatifs à l'histoire des Seldjouqides,* vol.III-IV, Paris 1902.

Ibn Wasil, *Histoire des Ayyubides,* in Reynaud, *Extraits,* in *Bibliothèque* de Michaud.

'Imād al-Dīn al-Isfahānī, *Conquête de la Syrie et de la Palestine par Saladin* (tr. Henri Massé), Paris 1972.

Iorga N., *Les Narrateurs de la Première Croisade,* Paris 1928.

Irwin R., 'The Mamluk Conquest of the County of Tripoli', in P.W. Edbury (ed.), *Crusade and Settlement,* Cardiff 1985, pp.246-50.

Itinerarium Peregrinorum et Gesta Regis Ricardi, in Stubbs (ed.), 《Rolls Series》, London 1864.

Jacoby D., *Recherches sur la Mediterranée Orientale du XIIe au XVe Siècle,* London 1979.

Jacoby D., 'Crusader Acre in the Thirteenth Century: urban layout and topography', *Studi Medievali,* 3 ser. XX, 1979, pp.1-45.

Jacoby D., 'Mortmussard, Suburb of Crusader Acre: The First Stages of its Development', in *Outremer: Studies in the History of the Crusading Kingdom of Jerusalem presented to Joshua Prawer,* Jerusalem 1982, 205-217.

Jacoby D., 'Les communes italiennes et les ordres militaires à Acre', in M. Balard (ed.), *Etat et colonisations au Moyen Age et à la Renaissance,* Rheims 1988, pp.193-214.

Jacoby D., *Conrad, Marquis of Montferrat, and the Kingdom of Jerusalem (1187-1192),* in Balletto L. (ed), *Dai feudi monferrini e dal Piemonte ai nuovi mondi oltre gli Oceani,* Biblioteca della Società di Arte e Archeologia per le Province di Alessandria e Asti, 27, Alessandria 1993, pp.187-238.

Jacoby D., *Trade, Commodities and Shipping in the Medieval Mediterranean,* London 1997.

Jardin P. – Guyard P., *Les Chevaliers de Malte,* Perrin, 1974.

Al-Jazari, *Chronique de Damas,* trans. de Sauvaget, Paris 1949.

Jean de Ibelin, Le Livre de Jean d'Ibelin, in *Recueil des Historiens des Croisades Lois*, vol.I.

John of Salisbury, *Historiae Pontificalis quae Supersunt*, in Lane-Poole (ed.), Oxford 1927.

Johns C.N., 'Excavations of Pilgrim's Castle, 'Atlit (1932-3): Stables at the south west of the suburbs', *Quaterly of the Department of Antiquities of Palestine*, V, 1935, pp. 31-60.

Joinville J. sieur de, *Histoire de Saint Louis*, Wailly (ed.), Paris 1874.

Jones Ph., *The Italian City-State. From "Comune" to "Signoria"*, Oxford 1997.

Jordan E., *Les Origines de la Domination Angevine en Italie*, Paris 1909.

Jordan W.C., *Louis IX and the Challenge of the Crusade*, 1979.

Kantorowicz E., *Frederick the Second*, London 1931.

Kedar B.Z., 'A Western Survey of Saladin's Forces in the Siege of Acre', in B.Z. Kedar (et al eds.), *Montjoie: Studies in the Crusade History in Honour of Hans Eberhard Mayer*, Aldershot 1977, pp.113-122.

Kedar B.Z. et al.(edits.), *Outremer: Studies in the Crusading Kingdom of Jerusalem Presented to Joshua Prawer*, Jerusalem 1982.

Kedar B.Z., *Crusade and Mission*, 1984.

Kedar B.Z. (ed.), *The Horns of Hattin: Proceedings of the Second Conference of the Society for the Study of the Crusades and the Latin East*, Jerusalem – London 1992.

Kedar B.Z., *The Franks in the Levant, 11th to 14th Centuries*, London 1993.

Kedar B.Z., 'The Outer Walls of Frankish Acre', *'Atiqot*, XXXI, 1997, 157-180.

Kennedy H., *Crusader Castles*, Cambridge 1994.

King E.J., *The Rule, Statutes and Customs of the Hospitallers (1099-1310)*, London 1924.

Kloner A. – Chen D., 'Bet Govrin: Crusader Church and Fortifications', *Excavations and Surveys in Israel*, II, 12-3, 1983.

Kluger H., *Hochmeister Hermann von Salza und Kaiser Friedrich II. Ein Beitrag zur Frühgeschichte des deutschen Ordens*, Marburg 1987.

Knappen M.M., *Robert II of Flanders in the First Crusade*, in *The Crusades and other Historical Essays presented to D.C. Munro*, New York 1928.

Knowles D., *Christian Monasticism*, London 1969.

Kügler B., *Bohemund und Tankred*, Tübingen 1862.

La continuation de Guillaume de Tyr (1184-97), ed. M.R. Morgan, Paul Geuthner, Paris 1982.

La Monte J.L., 'Taki ed Din, Prince of Hama', in *The Moslem World*, XXXI, 1941, pp. 149-160.

La Monte J.L., *The Lords of Sidon,* in 《Byzantion》, vol.XVII, New York 1944.
La Monte J.L., *The Lords of Caesarea in the period of the Crusades,* in 《Speculum》, vol. XXII, Cambridge, Mass. 1947.
Lamy M., *Les Templiers. Ces Grand Seigneurs aux Blancs Manteaux,* Bordeaux 1997.
Lane C. Frederic, *Venice. A Maritime Republic,* The Johns Hopkins University Press, 1973.
Lane-Poole S., *Saladin and the fall of Jerusalem,* Greenhill Books, London 2002.
Lawrence T.E., *Crusader Castles,* edited by D. Pringle, Oxford 1988.
Leclerq J., 'L' attitude spirituelle de S. Bernard devant la guerre', *Collectanea Cisterciensis,* 36, 1974, pp.195-225.
Le Goff J., *Marchands et banquiers du Moyen Age,* P.U.F., Paris 1956 (tr. it., *Mercanti e banchieri nel Medioevo,* D'Anna, Firenze-Messina 1976).
Le Goff J., *La civilisation de l'Occident médiéval,* Arthaud, Paris 1964 (tr. it. *La civiltá dell'Occidente medievale,* Einaudi, Torino 1981).
Le Goff J., *Pour un autre Moyen Age. Temps, travail et culture en Occident,* Gallimard, Paris 1977 (tr. it. *Tempo della chiesa e tempo del mercante: è altri saggi sul lavoro e la cultura nel Medioevo,* Einaudi, Torino 1977).
Le Goff J., *Saint Louis,* Éditions Gallimard, Paris 1996.
Le Goff J., *Saint François d'Assise,* Éditions Gallimard, Paris 1999.
Lehmann J., *I Crociati,* Garzanti, Milano 1978.
Levis - Mirepoix Duc De, *Philippe le Bel,* Paris 1936.
Lewis B., 'Saladin and the Assassins' in *Bulletin of the School of Oriental and African Studies,* 15, 1952, pp.239-245.
Lewis B., *The Assassins: A Radical Sect in Islam,* London 1967.
Ligato G., 'Saladino e i prigionieri di guerra', in G. Cipollone (ed.), *La liberazione dei 'captivi' tra Cristianità ed Islam,* Vaticano 2000, pp.649-654.
Lillie R-J. (tr. J.C. Morris - J.E. Riding), *Byzantium and the Crusader States 1096-1204,* Oxford 1993.
Little D. P., 'The Fall of 'Akka in 690/1291' (Muslim accounts including eye-witnesses and participants), in *Studies in Islamic History and Civilization in Honour of Professor David Ayalon,* edited by M. Sharon, Jerusalem - Leiden 1986.
Lizerand G., *Les dépositions du grand-maître Jacques de Molay au procès des Templiers (1307-1314),* Champion, Paris 1913.
Loewe H.M.J., *The Seljuks,* in *Cambridge Medieval History,* vol.IV, cap.X,B, Cambridge 1923.
Longnon J., *L'Empire Latin de Constantinople,* Paris 1949.

Lotharii Cardinalis (Innocentii III), *De miseria humanae conditionis,* a cura di M. Maccarone, Lucca 1955.

Louis IX, Lettre, in Baluzius, *Collectio,* vol.IV.

Lundgreen F., *Wilhelm von Tyrus und der Templerorden,* Berlin 1911.

Lyons U. – Lyons C. (tr.), *Ayyubids, Mamluks and Crusaders: Selections from the Tarikh al-Duwal wa'l-Muluk of Ibn al-Furat,* Cambridge 1971.

Lyons M.C., Jackson D.E.P., *Saladin: The Politics of the Holy War,* CUP, Cambridge 1982.

Maalouf A., *Les Croisades vues par les Arabes,* Jean Claude Lattès (ed.), 1983.

Maissoneuve H., *Études sur les origines de l'inquisition,* Paris 1960.

Manselli R., *Normanni d'Italia alla Prima Crociata: Boemondo d'Altavilla,* in 《Iapigia》, vol.IX, Napoli 1940.

Markowski M., 'Richard Lionheart: bad king, bad crusader?', in *Journal of Medieval History,* 23, 1997, pp.351-365.

Marshall C.J., 'The Use of Charge in Battles in the East, 1192-1291', *Historical Research,* LXIII, 1900, pp.221-6.

Martin E.J., *The trial of the Templars,* AMS Press, New York 1978.

Marulli da Barletta G., *I natali delle religiose milizie dei Cavalieri Spedalieri e Templari e della religione del tempio l'ultima roina,* Malta 1643.

Mayer H.E., 'The Wheel of Fortune: Seigneurial Vicissitudes under King Fulk and Baldwin III of Jerusalem', *Speculum,* 65, 1990, pp.157-67.

Mayer H.E., *Kings and Lords in the Latin Kingdom of Jerusalem,* London 1994.

Melville M., *La Vie des Templiers,* Paris 1978.

Menache S., *Clement V,* Cambridge 1998.

Ménard P., 'Les combattants en Terre Sainte au temps de Saladin et de Richard Cœur de Lion', in J. Paviot – J. Verger (eds.), *Guerre, pouvoir et noblesse au Moyen Age: Mélanges en l'honneur de Philippe Contamine,* Paris 2000, pp.503-511.

Mesqui J., *Châteaux d'Orient, Lyban, Syrie,* Paris 2001.

Michaud J., *L'Histoire des croisades,* 1817-1822.

Michel A., *Amalfi und Jerusalem im griechischen Kirchenstreit, Orientalia Christiana Analecta,* n.121, Roma 1939.

Moeller C., *Godefroy de Bouillon et l'Avouerie du Saint-Sépulchre, in Mélanges Godfried Kurth,* vol.I, Liège 1908.

Mollat G., *The Popes at Avignon,* 1305-1378, London 1963 (tr.).

Morgan D.O., 'The Mongols in Syria, 1260-1300', in P.W. Edbury (ed.), *Crusade and Settlement,* Cardiff 1985.

Muhi ad-Din Ibn Abdazzahir, *Vies des Baybars et Qalawun*, in Reynaud, *Extracti*, in *Bibliothèque* de Michaud.

Muldoon J., *Popes, Lawyers and Infidels*, 1979.

Munro D. C., *The Speech of Pope Urban II at Clermont*, in 《American Historical Review》, vol.XI, New York 1906.

Munro D.C., *The Children's Crusade*, in 《American Historical Review》, vol.XIX, New York 1914.

Narratio Itineris Navalis ad Terram Sanctam, in Chroust A. (ed.), 1928.

Nerses Shnorhali, catholicus, Elegia sulla caduta di Edessa, in *Recueil des Historiens des Croisades: Documents Arméniens*, vol.I.

Nicolau – Konnari A., 'The Conquest of Cyprus by Richard the Lionheart and its aftermath', in *Epitirida tou Kentrou Epistimonikon Evrenon*, 26, Nicosia 2000, pp.25-123.

Nicholson R.H., *Tancred*, Chicago 1940.

Nicholson R.L., *Joscelyn III and the Fall of the Crusader States*, 1134-99, Leiden 1973.

Nicholson H., *Templars, Hospitallers and Teutonic Knights: Images of the Military Orders 1128-1291*, Leicester 1993.

Nicholson H., 'Women on the Third Crusade', *Journal of Medieval History*, 1997.

Nicholson J.H., *The Chronicle of the Third Crusade: The Itinerarium Peregrinorum et Gesta Regis Ricardi*, Ashgate, Hampshire 1997.

Nicholson H. – Nicolle D., *God's Warriors: Knights Templar, Saracens and the Battle for Jerusalem*, Osprey Publishing Ltd., Oxford 2005.

Nicolle D., *Saladin and the Saracens*, Osprey Publishing Ltd., Oxford 1986.

Nicolle D., 'Ain al Habis. The Cave de Sueth', *Archéologie Médiévale*, XVIII, 1988, pp. 113-128.

Nicolle D., *Hattin 1187: Saladin's greatest victory*, Osprey Publishing Ltd., Oxford 1993.

Nicolle D., *The Mamluks 1250-1517*, Osprey Publishing Ltd., London 1993.

Nicolle D., *Knight of Outremer 1187-1344 AD: weapons, armour, tactics*, Osprey Publishing Ltd., Oxford 1996.

Nicolle D., *Arms and Armour of the Crusading Era, 1050-1350 (Islam, Eastern Europe and Asia)*, Greenhills Books, London 1999.

Nicolle D., *Knight Hospitaller (1): 1100-1306*, Osprey Publishing Ltd., Oxford 2001.

Nicolle D., *Knight Hospitaller (2): 1306-1565*, Osprey Publishing Ltd., Oxford 2001.

Nicolle D., *The First Crusade 1096-99*, Osprey Publishing Ltd., Oxford 2003.

Nicolle D., *Crusader Castles in the Holy Land 1097-1192*, Osprey Publishing Ltd., Oxford 2004.

Nicolle D., *Crusader Castles in the Holy Land 1192-1302,* Osprey Publishing Ltd., Oxford 2005.

Nicolle D., *Acre 1291: Bloody sunset of the Crusader states,* Osprey Publishing Ltd., Oxford 2005.

Nicolle D., *The Third Crusade 1191: Richard the Lionheart, Saladin and the struggle for Jerusalem,* Osprey Publishing Ltd., Oxford 2005.

Nicolle D., *Crusader Castles in Cyprus, Greece and the Aegean 1191-1571,* Osprey Publishing Ltd., Oxford 2007.

Nicolle D., *Teutonic Knight 1190-1561,* Osprey Publishing Ltd., Oxford 2007.

Nicolle D., *The Second Crusade 1148: Disaster outside Damascus,* Osprey Publishing Ltd., Oxford 2009.

Norwich J.J., *Byzantium: The Apogee,* London 1991.

Norwich J.J., *Byzantium: The Decline and Fall,* London 1995.

Oldenbourg Z., *Les Croisades,* Gallimard, Paris 1965.

Ollivier A., Les Templiers, Éditions du Seuil, Paris 1958.

Otto of Friesing (tr. C.C. Mierow), *The Deeds of Frederick Barbarossa,* New York 1953.

Papa Gregorius VIII's bolla, *Audita tremendi* (October-November 1187), trans. in Riley-Smith J., *The Crusades: Idea and Reality,* 1095-1274, London 1981.

Papa Gregorius IX, Epistolae, in *Monumenta Germaniae Historica, Epistolae Saeculi XIII,* vol.I.

Papa Innocentius III, Epistolae, in *MIGNE, Patrologia Latina,* voll.CCXIV-CCXVII.

Papa Paschalis II, Epistolae XIX and XXII, in Hagenmeyer, *Die Kreuzzugsbriefe.*

Papa Paschalis II, Epistolae, in *MIGNE Patrologia Latina,* vol.CLXIII.

Papa Urbanus II, Epistolae II e III, in Hagenmeyer, *Die Kreuzzugsbriefe.*

Parodi E., *Storia dei Cavalieri di San Giovanni di Gerusalemme,* Bari 1907.

Parry V.J. & Yapp M.E. (edits), *War, Technology and Society in the Middle East,* London 1975.

Partner P., *The Murdered Magicians: The Templars and their Myth,* Oxford University Press, Oxford 1982.

Patto dei Genovesi con Boemondo, XIV, in Hagenmeyer, *Die Kreuzzugsbriefe.*

Pelliot P., *Les Mongols et la Papauté,* in《Revue de l'Orient Chrétien》, vol.XXIII-XXIV et XXVIII, Paris 1922-32.

Pernoud R., *Les Templiers,* Presses Universitaires de France, Paris 1974.

Phillips J. P. – Hoch M. (eds.), *The Second Crusade: Scope and Consequences,* Manchester 2001.

Piers Paul Read, *The Templars,* Weidenfeld & Nicolson, Great Britain 1999.

Piquet J., *Les Banquiers du Moyen Age: Les Templiers,* Paris 1939.

Potthast A., *Regesta Pontificum Romanorum,* 2 Bde., Berlin 1874-75.

Powell J. M., 'Frederick II, the Hohenstaufen, and the Teutonic Order in the Kingdom of Sicily', in M. Barber (ed.), *The Military Orders: Fighting for the Faith and Caring for the Sick,* Aldershot 1994, pp.236-44.

Prawer J., 'The Battle of Hattin', in *Crusader Institutions,* Oxford 1980 (previously published as 'La Bataille de Hattin', in *Israel Exploration Journal,* XIV, 1964).

Prawer J., *Histoire du royaume franc de Jérusalem,* C.N.R.S., Paris 1975.

Prawer J., 'Crusader Cities', in H.A. Miskimin et al. (edits.), *The Medieval City,* New Haven 1977, pp.179-99.

Prestwich J.O., 'Richard Cœur de Lion: Rex Bellicosus', in J.L. Nelson (ed.), *Richard Cœur de Lion in History and Myth,* London 1992.

Pringle D., 'King Richard I and the Walls of Ascalon', *Palestinian Exploration Quaterly,* 116, 1984.

Pringle D., 'Reconstructing the Castle of Safad', *Palestine Exploration Quaterly,* CXVII, 1985, pp.139-149.

Pringle D., 'A Thirteenth Century Hall at Montfort Castle in Western Galilee', *The Antiquaries Journal,* LXVI, 1986, pp.52-81.

Pringle D., 'Towers in Crusader Palestine', *Château Gaillard 1992,* XVI, Caen 1992, pp.335-370.

Pringle D., 'Town Defences in the Crusader Kingdom of Jerusalem', in Corfis, I.A. and Wolfe M. (ed.), *The Medieval City under Siege,* Woodbridge 1995, pp.69-121.

Pringle D., 'The Castle and Lordship of Mirabel', in Kedar B.Z. (ed.), *Montjoie - Studies in Crusader history in Honour of Hans Eberhard Mayer,* Aldershot 1997, pp.91-112.

Pringle D., 'Templar castles between Jaffa and Jerusalem', in Nicholson H. (ed.), *The Military Orders: Welfare and Warfare,* Ashgate, Aldershot 1998.

Pringle D., *Fortification and Settlement in Crusader Palestine,* Aldershot 2000 (reprint).

Pringle D. - De Meulemeester J., *The Castle of al-Karak, Jordan,* Namur 2000.

Pringle D. - Harper R., *Belmont Castle, the Excavation of a Crusader Stronghold in the Kingdom of Jerusalem,* British Academy monographs in Archaeology 10, Oxford 2000.

Pryor J.H., 'Transportation of horses by sea during the era of the Crusades: Eighth century to 1285 A.D.', *The Mariner's Mirror,* vol. LXVIII, 1982, pp.9-27 and 103-125.

Pryor J.H., 'The Naval Architecture of Crusader Transport Ships', in *The Mariner's Mirror,* 70, 1984.

Pryor J. H., *Geography, Technology and War: Studies in the Maritime History of the Mediterranean 649-1571*, CUP, Cambridge 1988.

Pryor J.H., *The Crusade of Emperor Frederick II; 1220-29: The Implications of the Maritime Evidence*, in 《The American Neptune》, 52, 1992, pp.113-32.

Pulle L., *Dalle Crociate ad oggi. Rassegna deli ordini militari ospitalieri religiosi e di cavalleria di tutto il mondo 1048-1904*, Menotti Bassani & Co., Milano 1905.

Purcell M., *Papal Crusading Policy 1244-91*, 1975.

Recueil des Historiens des Croisades, L'Academie des Inscriptions de Belles-Lettres, 16 vol., Imprimerie Nationale, Paris 1841-1906:

Documents Arméniens, 2 vol., 1869-1906.

Historiens Grecs, 2 vol., 1875-81.

Historiens Occidentaux, 5 vol., 1844-95.

Historiens Orientaux, 5 vol., 1872-1906.

Regan G., *Saladin and the Fall of Jerusalem*, London 1987.

Regan G., *Lionhearts, Saladin and Richard I*, London 1998.

Rey E. G., *Les Seigneurs de Barut et Les Seigneurs de Montréal et de la Terre d' Oultrejourdain*, in 《Revue de l'Orient Latin》, vol.IV, Paris 1896.

Riant P., *Expéditions et Pèlerinages des Scandinaves en Terre Sainte*, Paris 1863.

Richard of Devizes, *The Chronicle of Richard of Devizes of the Time of King Richard the First*, ed. and trans. J. Appleby, Nelson, London and Edinburgh 1963.

Richards D., "Imād al-Dīn al-Isfahānī: Administrator, Littérateur and Historian', in Shatzmiller M. (ed.), *Crusaders and Muslims in twelfth century Syria*, E. Brill, Leiden 1993.

Richards D.S., *The Rare and Excellent History of Saladin* (or *al-Nawādir al-Sulṭāniyya, wa'l-Mahāsin al-Yūsufiyya* by Bahā' al-Dīn Ibn Shaddād), Ashgate, Hampshire 2002.

Richard J., *Chypre sous les Lusignans: Documents chypriotes es archives du Vatican (XIVe et Xve siècles)*, 1962.

Richard J., *Philippe Auguste, la croisade et le royaume*, in Bautier H. (ed), *La France de Philippe Auguste: Le temps des mutations*, Paris 1982, pp.411-424.

Richard J., *Croisés, missionaires et voyageurs*, London 1983.

Richard J., *Saint Louis*, 1983.

Rihaoui A., *The Krak of the Knights*, Damascus 1996.

Riley-Smith J., *The Knights of St. John in Latin Syria*, Cambridge 1964.

Riley-Smith J., *The Knights of Saint John in Jerusalem and Cyprus c.1050-1310*, London 1967.

Riley-Smith J., 'The Templars and the castle of Tortosa in Syria; an unknown

document concerning the acquisition of the fortress', *English Historical Review,* LXXXIV, 1969, pp.278-288.

Riley-Smith J., 'A Note on the Confraternities in the Latin Kingdom of Jerusalem', *Bulletin of the Institute of Historical Research* 44, 1971, pp.301-08.

Riley-Smith J.S.C., 'Government in Latin Syria and the Commercial Privileges of Foreign Merchants', in D. Baker (ed.), *Relations between East and West in the Middle Ages,* 1973.

Riley-Smith J., *The Feudal Nobility of the Kingdom of Jerusalem,* Macmillan, London 1973.

Riley-Smith J.S.C., 'The Council of Clermont and the First Crusade', in *Studia gratiana,* 20, 1976.

Riley-Smith J.S.C., *What were the Crusades?,* 1977.

Riley-Smith J., 'The Survival in Latin Palestine of Muslim Administration', in *The Eastern Mediterranean Lands in the Period of the Crusades,* P.M. Holt (ed.), 9-23, Warminster, England 1977.

Riley-Smith J.S.C., 'The Templars and the Teutonic Knights in Cilician Armenia', in T.S.R. Boase (ed.), *The Cilician Kigdom of Armenia,* London 1978, pp.92-117.

Riley-Smith, Louise and Jonathan Riley-Smith, *Crusades: Idea and Reality 1095-1274. Documents of Medieval History,* 4, Edward Arnold, London 1981.

Riley-Smith J.S.C., *The First Crusade and the idea of crusading,* 1986.

Riley-Smith J.S.C., *The Crusades - A Short History,* Yale University Press, 1987.

Riley-Smith J.S.C., 'The Venetian Crusade of 1122-24', in *I comuni italiani nel regno latino di Gerusalemme,* edited by B.Z. Kedar and G. Airaldi, 1987.

Riley-Smith J., 'Family Tradition and Participation in the Second Crusade', in M. Gervers (ed.), *The Second Crusade and the Cistercians,* St. Martin's Press, New York 1991.

Riley-Smith J., *The Atlas of the Crusades,* New York 1991.

Riley-Smith J., 'History, the Crusades and the Latin East, 1095-1204: A Personal View', in M. Shatzmiller (ed.), *Crusaders and Muslims,* Brill, Leiden 1993.

Riley-Smith J. (ed.), *The Oxford Illustrated History of the Crusades,* Oxford University Press, New York 1995.

Riley-Smith J., 'The Crusading Movement and Historians', in J. Riley-Smith (ed.), *The Oxford Illustrated History of the Crusades,* 2-12, Oxford University Press, New York 1995.

Riley-Smith J., 'The Minds of Crusaders to the East, 1095-1300', in J. Riley-Smith (ed.), *The Oxford Illustrated History of the Crusades,* 2-12, Oxford University Press,

New York 1995.

Riley-Smith J., 'Revival and Survival', in J. Riley-Smith (ed.), *The Oxford Illustrated History of the Crusades*, 2-12, Oxford University Press, New York 1995.

Riley-Smith J., *The First Crusaders, 1095-1131*, Cambridge University Press, Cambridge 1997.

Riley-Smith J., *Hospitallers: The History of the Order of St. John*, Hambledon Press, 1999.

Roche J.T., 'Conrad III and the Second Crusade; Retreat from Dorylaion', *Crusades*, 5, 2006, pp.85-98.

Roger of Howden, *Gesta Regis Henrici Secundi*, ed. W. Stubbs, 2 vols., RS 49, Longman, London 1867.

Roger of Howden, *Chronica*, ed. W. Stubbs, 4 vols., RS 51, Longman, London 1868-71 (translated by H.T. Riley (1853), as *The Annals of Roger of Hoveden*).

Rogers R., *Latin Siege Warface in the Twelfth Century*, Oxford 1992, pp.212-236.

Röhricht R. (ed.), *Regesta Regni Hierosolymitani*, 2 vols., Libraria Academica Wagneriana, Innsbruck 1893, 1904.

Röhricht R., *Etudes sur les Derniers Temps du Royaume de Jérusalem, in Archives de l'Orient Latin*, vol.II, Paris 1884.

Röhricth R., Lettres de Ricoldo de Monte-Croce sur la prise d'Acre (1291)', in *Archives de l'Orient Latin II*, Paris 1981 (reprint 1964), pp.258-296.

Roll I., 'Medieval Apollonia-Arsuf; A Fortified Coastal Town in the Levant of the Early Muslim and Crusader Periods', in M. Balard (ed.), *Autour de la Première Croisade*, Paris 1996, pp.595-606.

Roscher H., *Papst Innocenz III und die Kreuzzüge*, 1969.

Round J.H., 'Some English Crusaders of Richard I', in *English Historical Review*, XVIII, 1903.

Runciman S., *The Holy Lance found at Antioch*, in 《Analecta Bollandiana》, vol. LXVIII, Bruxelles 1950.

Runciman S., *A History of the Crusades*, Cambridge University Press, 3 vols., London 1951-54.

Russell F.H., *The Just war in the Middle Ages*, 1975.

Sadeque S.F., *Baybars I of Egypt*, Oxford 1956.

Salvemini G., *L' abolizione dell' Ordine dei Templari (a proposito di una recente pubblicazione)*, 《Archivio storico italiano》, Quinta Serie, Tomo XV (1895), pp.225-264.

Sanudo Marino, *Chronique de Romanie*, in Mas Latrie (ed.), *Nouvelles Preuves*.

Sauvaget J., *Historiens arabes*, Adien-Maisonneuve, Paris 1946.

New York 1995.

Riley-Smith J., 'Revival and Survival', in J. Riley-Smith (ed.), *The Oxford Illustrated History of the Crusades*, 2-12, Oxford University Press, New York 1995.

Riley-Smith J., *The First Crusaders, 1095-1131*, Cambridge University Press, Cambridge 1997.

Riley-Smith J., *Hospitallers: The History of the Order of St. John*, Hambledon Press, 1999.

Roche J.T., 'Conrad III and the Second Crusade; Retreat from Dorylaion', *Crusades*, 5, 2006, pp.85-98.

Roger of Howden, *Gesta Regis Henrici Secundi*, ed. W. Stubbs, 2 vols., RS 49, Longman, London 1867.

Roger of Howden, *Chronica*, ed. W. Stubbs, 4 vols., RS 51, Longman, London 1868-71 (translated by H.T. Riley (1853), as *The Annals of Roger of Hoveden*).

Rogers R., *Latin Siege Warface in the Twelfth Century*, Oxford 1992, pp.212-236.

Röhricht R. (ed.), *Regesta Regni Hierosolymitani*, 2 vols., Libraria Academica Wagneriana, Innsbruck 1893, 1904.

Röhricht R., *Etudes sur les Derniers Temps du Royaume de Jérusalem, in Archives de l'Orient Latin*, vol.II, Paris 1884.

Röhricth R., Lettres de Ricoldo de Monte-Croce sur la prise d'Acre (1291)', in *Archives de l'Orient Latin II*, Paris 1981 (reprint 1964), pp.258-296.

Roll I., 'Medieval Apollonia-Arsuf; A Fortified Coastal Town in the Levant of the Early Muslim and Crusader Periods', in M. Balard (ed.), *Autour de la Première Croisade*, Paris 1996, pp.595-606.

Roscher H., *Papst Innocenz III und die Kreuzzüge*, 1969.

Round J.H., 'Some English Crusaders of Richard I', in *English Historical Review*, XVIII, 1903.

Runciman S., *The Holy Lance found at Antioch*, in 《Analecta Bollandiana》, vol. LXVIII, Bruxelles 1950.

Runciman S., *A History of the Crusades*, Cambridge University Press, 3 vols., London 1951-54.

Russell F.H., *The Just war in the Middle Ages*, 1975.

Sadeque S.F., *Baybars I of Egypt*, Oxford 1956.

Salvemini G., *L' abolizione dell' Ordine dei Templari (a proposito di una recente pubblicazione)*, 《Archivio storico italiano》, Quinta Serie, Tomo XV (1895), pp.225-264.

Sanudo Marino, *Chronique de Romanie*, in Mas Latrie (ed.), *Nouvelles Preuves*.

Sauvaget J., *Historiens arabes*, Adien-Maisonneuve, Paris 1946.

Trimingham J.S., *The Sufi Orders in Islam,* Oxford 1971.

Tritton A.S. - Gibb H.A.R., 'The First and Second Crusades from an Anonymous Syriac Chronicle (Part Two)', *Journal of the Royal Asiatic Society,* 1993, pp.273-305.

Tronci P. (ed.), Annales Pisani, 4 voll., Pisa 1828-29.

Turner R.V. - Heiser R.R., *The Reign of Richard Lionheart: Ruler of the Angevin Empire 1189-1199,* London 2000.

Vacandard E., *Vie de Saint Bernard, Abbé de Clairvaux,* 2 vol., Paris 1895.

Van Cleve T.C., 'The Fifth Crusade', in K.M. Setton (ed.), *A History of the Crusades,* Madison-London 1969, II, pp.429-62..

Van Cleve Th.C., *The Emperor Frederich II of Hohenstaufen. Immutator Mundi,* Oxford 1972.

Van Otroy F., *Saint François et son Voyage en Orient,* in 《Analecta Bollandiana》, vol. XXXI, Bruxelles 1912.

Villehardouin G. de, *La Conquête de Constantinople,* Faral (ed.), 2 vol., Paris 1938-39.

Vita Urbani II, in Liber Pontificalis, vol. II.

Walker A., *The Knights Templar,* Aberdeen 1887.

Ward J.M.U., *The Rule of the Templars: The French Text of the Rule of the Order of the Knights Templar,* Woodbridge 1992.

Winkelmann E., *Kaiser Friedrich II.,* Leipzig 1889-97, 2 Bde..

Wise T., *The Knights of Christ,* London 1984.

Wolf G. (ed.), *Friedrich Barbarossa,* Darmastadt 1975.

Wolff R.L., *The Latin Empire of Constantinople 1204-1261,* in K.M. Setton (ed.), *A History of the Crusades,* Madison-London 1969, II, pp.187-233.

Yewdale R.B., *Bohemund the First,* New York 1917.

Yunini, Qutb al-Din al- (ed. and tr. A. Melokonian), *Die Jahre 1287-1291 in der Chronik al-Yuninis* (Dhayl mir'at al-Zaman), Frieburg 1975.

Zacharuadou E., *Trade and Crusade: Venetian Crete & the Emirates of Menteshe and Aydin, 1300-1415,* Venezia 1983.

Ziadeh N.A., *Urban Life in Syria under the Early Mamluks,* Westport 1953.

Ziegler G., *Les Templiers. Culture, art, loisirs,* Paris 1973.

Zinsmaier P., *Zur Diplomatik der Reichsgesetze Friedrich II. (1216, 1220, 1231/32, 1235),* in 《ZRG. Germ. Abt.》, 80, 1963, pp.82-117.

[illegible] *[illegible] Knights in [illegible]* [illegible]
Tritton A.S. – Gibb H.A.R., 'The First and Second Crusades from an Anonymous Syriac Chronicle', Part I and II, *Journal of the Royal Asiatic Society*, 1933, pp. 69-101, 273-305.
Trudon des Ormes A., *Liste des Maisons et de quelques dignitaires de l'Ordre du Temple*, Paris 1900.
Tyerman C. (ed.), *[illegible]*, 4 vols, [illegible] 1832.
Tyerman C.J. – Hunter R.N., *The Rebirth of the Crusades: [illegible] of the [illegible]*, [illegible] 1998, London 2000.
Vacandard E., *Vie de Saint Bernard, Abbé de Clairvaux*, 2 vols, Paris 1895.
Van Cleve T.C., 'The Fifth Crusade', in K.M. Setton (ed.), *A History of the Crusades*, Madison-London 1969, II, pp. 377-428.
Van Cleve Th.C., *The Emperor Frederick II of Hohenstaufen: Immutator Mundi*, Oxford 1972.
Van Ortroy F., '[illegible]', in *Analecta Bollandiana*, vol. XXXI, Bruxelles 1912.
Villehardouin G. de, *La Conquête de Constantinople*, Faral (ed.), 2 vols, Paris 1938-39.
[illegible], in *Liber Pontificalis*, vol. II.
Walker J., *The Knights Templar*, Aberdeen 1897.
Ward J. (?), *The Rule of the Templars: The French Text of the Rule of the Order of the Knights Templar*, Woodbridge 1992.
Winkelmann E., *Kaiser Friedrich II*, Leipzig 1889-97, 2 vols.
Wise T., *The Knights of Christ*, London 1984.
[illegible], *Friedrich [illegible]*, Darmstadt 1970.
Wolff R.L., 'The Latin Empire of Constantinople, 1204-1261', in K.M. Setton (ed.), *A History of the Crusades*, Madison-London 1969, II, pp. 187-233.
Yeomans R.B., *Behind the [illegible]*, New York 1917.
Yunini, Qutb al-Din al- (ed. and tr. A. Melkonian), *Die Jahre 1287-1291 in der Chronik al-Yuninis (Dhail mir'at al-Zaman)*, Freiburg 1975.
Zachariadou E., *Trade and Crusade: Venetian Crete and the Emirates of Menteshe and Aydin, 1300-1415*, Venezia 1983.
Ziadeh N.A., *Urban Life in Syria under the Early Mamluks*, Westport 1953.
Ziegler G., *Les Templiers*, [illegible], Paris 1973.
Zimmermann F., 'Zur Datierung der [illegible] Friedrich II. (1216, 1220, 1231-32, 1245), in *QFIAB* [illegible], 40, 1960, pp. 82-117.

目 录

图书在版编目（CIP）数据

十字军的故事：全四册 /（日）盐野七生著；万翔，杨思敏译 . -- 北京：中信出版社，2017.10（2024.9重印）

ISBN 978-7-5086-7805-4

Ⅰ . ①十…　Ⅱ . ①盐… ②万… ③杨…　Ⅲ . ①十字军东侵 – 历史　Ⅳ . ① K56

中国版本图书馆 CIP 数据核字（2017）第 151857 号

十字军的故事（全四册）

著　　者：[日] 盐野七生
译　　者：万 翔　杨思敏
出版发行：中信出版集团股份有限公司
（北京市朝阳区东三环北路27号嘉铭中心　邮编　100020）
承 印 者：河北鹏润印刷有限公司

开　　本：880mm × 1230mm　1/32　　印　　张：42.25　　字　　数：686 千字
版　　次：2017 年 10 月第 1 版　　印　　次：2024 年 9 月第 8 次印刷
京权图字：01-2015-4241　　书　　号：ISBN 978-7-5086-7805-4
审 图 号：GS（2024）2336号（本书插图系原文插附地图）
定　　价：148.00 元（全四册）

十字军的故事

下

[日] 盐野七生 著

万翔 译

中信出版集团 · 北京

更新知识地图　拓展认知边界

III\ 见识城邦

见识城邦

更新知识地图　拓展认知边界

十字军的故事

多雷插图册

[日] 盐野七生 著
[法] 古斯塔夫 · 多雷 绘
万翔 杨思敏 译

中信出版集团 · 北京

图书在版编目（CIP）数据

十字军的故事：全四册 /（日）盐野七生著；万翔，杨思敏译 . -- 北京：中信出版社，2017.10（2024.9重印）

ISBN 978-7-5086-7805-4

Ⅰ . ①十… Ⅱ . ①盐… ②万… ③杨… Ⅲ . ①十字军东侵—历史 Ⅳ . ① K56

中国版本图书馆 CIP 数据核字（2017）第 151857 号

十字军的故事（全四册）

著　　者：[日] 盐野七生
译　　者：万 翔　杨思敏

出版发行：中信出版集团股份有限公司
（北京市朝阳区东三环北路27号嘉铭中心　邮编　100020）
承 印 者：河北鹏润印刷有限公司

开　　本：880mm×1230mm　1/32　　印　　张：42.25　　字　　数：686 千字
版　　次：2017 年 10 月第 1 版　　印　　次：2024 年 9 月第 8 次印刷
京权图字：01-2015-4244　　书　　号：ISBN 978-7-5086-7805-4
审 图 号：GS（2024）2333号（本书插图系原文插附地图）
定　　价：148.00 元（全四册）

如有印刷、装订问题，本公司负责调换。
服务热线：400-600-8099
投稿邮箱：author@citicpub.com

目 录

盐野七生致读者

当我最初计划写关于十字军东征的四卷历史故事时，我想的是把其中第一卷用古斯塔夫·多雷（Gustave Doré，1832—1883，法国版画家——译者注）的版画做插图，但最终我没有那样做。30 年前的我，还没有开始写关于十字军的故事，我所关心的也不是中世纪的十字军，而是文艺复兴时代的威尼斯。也就是在那时候，我遇到了多雷的版画。

在我造访威尼斯的旧书店时，读到了 19 世纪上半叶法国作家弗朗索瓦·米肖的《十字军的历史》，该书的配图，就是生活于该世纪后半叶的古斯塔夫·多雷的版画。我所读的意大利语译本于 1941 年在米兰出版，书中有百余幅插图。虽然那时的我并不关心十字军东征的故事，却也为这些精美的插图而倾心。

此后 30 年间，我都不能忘怀这部著作。写完文艺复兴的故事，我的注意力转到了古罗马。完成《罗马人的故事》，我把兴趣转到中世纪：首先以《罗马灭亡后的地中海世界》二卷本，书写了中世纪 1000 年间南欧基督教世界与北非伊斯兰世界之间的对立；再用本书叙述整个西欧基督教世界与中近东整个伊斯兰世界之间的对决，便是顺理成章的了。

而当我开始挑战十字军东征这一内容的时候，自然回忆起多雷的版画，总希望能以他的作品来装帧我的一册书。

多雷的版画，完全是为了米肖作品的插图所作。这种在日本称为“木口木版”的木版画方法，是先用自来水笔描摹出原画，再在上面勾勒出浓淡不同的细墨线，阴影部分由雕版师加以精巧的补缀再现，最终印刷出来。多雷的版画几乎都是这样完成的——他绘制的《圣经》《神曲》《堂吉诃德》等版画插图，奠定了其作为19世纪世界著名美术家的地位。

然而，在原书中，多雷的版画都是搭配米肖原文的。现在我要在不采用米肖原文的情况下出版绘图本，又该怎么做呢？对这个问题进行了全面的思考之后，我决定这样做：

首先，在左右对开的绘图本的左面页，全部是多雷的原画，而右面页则分成上下两部分。上半页以一幅地图介绍事件所发生的地点在全局的位置，下半页则对插图进行简要的解说。历史和地理知识就这样融为一体，通过对开页面的小小空间，达到了我的目的。

于是，通过插图本，我把十字军东征的故事图像化了。应该说，这种图像化也是简略化的处理。我无法保证读者仅通过阅读插图本，就能达到将十字军东征历史尽收眼底的程度。毕竟，十字军东征是世界两大宗教之间的冲突。拙作也不是提供教科书般的视角。如果要理解十字军东征对后世所造成的善恶两方面影响，就必须详细考察这一事件是如何开始，如何进行，以及如何结束的。

那么，这插图本与之后《十字军的故事》（上、中、下册）的关系，就像意大利歌剧的序曲、第一幕、第二幕、第三幕一样了。

随着帷幕缓缓落下，幕前演奏的序曲便告一段落。再随着帷幕渐渐升起，第一幕适时开始。

如果读者以为我只重视多雷的插图，而忽略米肖的文字，那恐怕就是对我的误解了。出于学术原因，当代学者早已对米肖的作品不屑一顾。但在这位200年前生活在法国的基督徒笔下，对十字军的态度是非常连贯的。米肖在启蒙运动和法国大革命的时代成长，那个思想和社会都十分激荡的时代里，对宗教和民族之类概念的把握跟我们这个时代完全不同。在我看来，米肖有相当多的客观描述，这点跟200年后今天，因为顾忌宗教因素影响而笔法迂回的很多作者截然不同，可以说是如实直书。

多雷的插图则是完全基于米肖的作品而绘制的。如果说米肖的历史是紧扣十字军的英勇气概而作，多雷的版画就刻画了十字军最强的对手萨拉丁，和十字军中最大的英雄狮心王理查，这两个完美的形象。

因此，在我的想象中，如果有读者翻看了这本绘图本的《十字军故事》，只要他不是过于极端，大概也不会有什么不快的感觉。

那就让我们愉快地欣赏这部序曲吧！

穆斯林向朝圣路上遇到困难的基督徒伸出援手

《古兰经》是穆斯林心中的圣典，其中有这样的描述：每位穆斯林一生至少要有一次去麦加朝圣的经历，这是他们的重要义务。因此，从根源上来看，穆斯林应当理解基督徒前往耶路撒冷的朝圣行为。

然而，无论是基督徒还是穆斯林都不承认其他偶像真实性，从这一点来看两者都是坚定的。倘若要过分强调这一点的话……

所谓的十字军东征其实就是由一神论拥护者打着宗教的旗号掀起的一场战争。

夜夜受冤魂惊扰的富尔克

安茹伯爵富尔克是一位真实存在的历史人物，他将自己的妻子们一个个杀死，对领地的民众也是百般苛待。在11世纪中叶的法国，他的罪恶行径可谓无人不知无人不晓。

讽刺的是，这样的恶棍竟然也会过上夜夜被冤魂惊扰、苦不堪言的日子。为此，他不辞劳苦从法国西北部出发前往中近东的巴勒斯坦，开始了漫长的朝圣之路。

抵达耶路撒冷后，安茹伯爵富尔克和其他朝圣者一样穿着简陋的朝圣服跪地朝拜，归途中他还一路向贫穷的朝圣者施以馈赠，直至回国。

不久之后，安茹伯爵富尔克又开始了他的第二次朝圣之旅。这一次他购买了很多基督徒的信物，还有穆斯林眼中微不足道的圣遗物。回国途中经过罗马，又将这些物品全部送给了教皇。鉴于安茹伯爵富尔克的种种善行，教皇赦免了他之前所犯的罪恶。安茹伯爵富尔克感激涕零，于是又开启了第三次朝圣之路。

在当时的西欧，安茹伯爵富尔克的故事被当作“浪子回头”的经典佳话广为流传，即使是恶贯满盈的人只要去朝圣就能得到救赎。

十字军的第一次东征开始于这个故事之后的半世纪。

隐士皮埃尔，在法国各地呼吁圣战

“Hermit”一词被翻译成隐士，这里的隐士和修士有所不同。修士（frate）往往通过在修道院的集体生活加深对上帝的信仰，而同样以接近上帝为终极目标的隐士选择生活在沙漠中的洞穴或者人迹罕至的深山里。因此，对于正常社会中的那些司空见惯的事情，隐士往往会产生过激的反应。

在耶路撒冷停留了9个多月的皮埃尔想必也目睹了穆斯林对基督教朝圣者的某些蛮横行为。倘若将其视为一神教的集体魔怔过不了多久便会释怀，然而作为隐士的皮埃尔却对其产生了一种近乎执念的愤慨，而这股愤慨在返回欧洲之后进一步发酵。皮埃尔四处呼吁：要想解除基督徒在圣地所遭受的迫害，就必须征服圣地。

热衷于扩大基督教影响力的罗马教会忠心耿耿地信奉着皮埃尔的箴言。高举“神的期望”这一旗帜的十字军就此诞生。

G. Doré

“神的期望”

这句话的威力超乎常人所想。在中世纪的欧洲，基督徒深信日复一日的小罪恶必将让肉体在死后堕入地狱。

然而，罗马教皇向信徒们承诺，只要加入皮埃尔组织的以夺回圣地为目的的十字军，之前所犯的罪行可以全部免除。为确保死后能在天堂有一席之地，很多人不惜抛家舍业，跟随十字军跋山涉水前往遥远的东方。

很快，十字军的气势就到达了法国，之后又跨过莱茵河蔓延至德意志，甚至越过多佛尔海峡直逼英国。没有被这股狂热的气势波及到的也只有伊比利亚半岛的穆斯林和身处战火中的西班牙人，还有和中近东世界一直有贸易往来的诸意大利海洋城市国家。

愤怒的匈牙利人挥剑阻挡十字军的去路

隐士皮埃尔煽动起来的十字军队伍囊括了各个阶层的人，农民、没有主人的骑士，甚至还有女人和孩子，规模达10万人之多。然而，这支队伍既没有军备也没有充足的粮草，说到底不过是一群乌合之众。不过，但凡追随十字军的人都被看成是基督教的勇士。也有人认为其他基督徒理应对十字军的正义之举施以援手。

可是突然之间涌来10万多人的队伍，他们衣衫褴褛、饥肠辘辘又毫无纪律可言。沿途的百姓连正常通行都成问题，这种影响早已超出了打扰的界限，甚至可以说是威胁。这就是为什么同为基督徒，匈牙利人却用武力抵制十字军队伍的原因。

攻占布拉迪斯拉发的十字军

皮埃尔率领的贫民十字军原以为能得到援助，当期望落空时他们的愤怒被点燃了。

于是在和穆斯林的战斗打响之前，愤怒的战士抛开十字军的名号先和自己人发生了争执。

倘若军队要远征，事先了解兵站的补给情况是不可或缺的重要环节。可是纵观十字军历史，对兵站的关照极其欠缺，这一点实在难以置信。既无法从当地调配，又不想花钱购买，那么依靠武力夺取也就成了他们的惯用手段。

因而，最先厌恶十字军的就是远征途中遇到的中欧和东欧的基督徒。

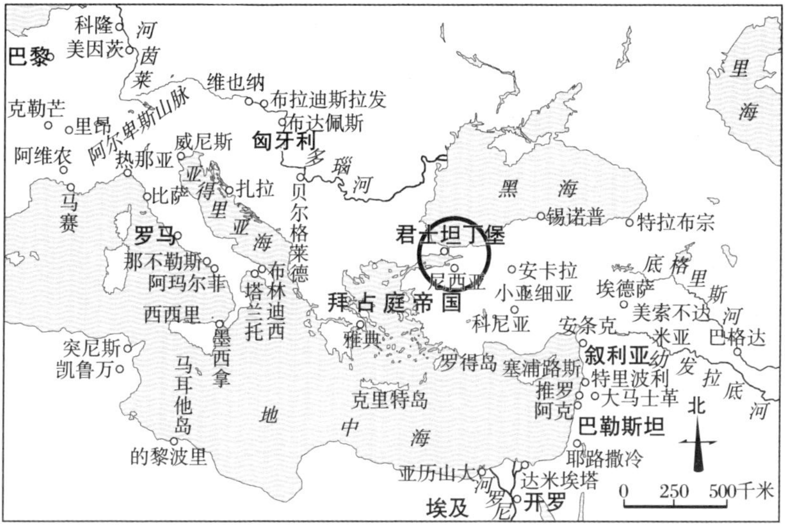

被东方的奢华震撼到的十字军战士

在皮埃尔率领的贫民十字军开拔数月之后，由封建诸侯率领的骑士十字军也从欧洲出发了。在法国，诸侯的地位仅次于国王，他们率领的是一支正规军队，训练有素并且军备充足。

这支正规军队完全具备强行调配粮草的实力，但是在经过中欧和东欧时却没有发生任何冲突。拜占庭帝国的皇帝不允许皮埃尔以及他所率领的贫民十字军进入首都，却对诸侯率领的十字军敞开了城门。

话虽如此，骑士十字军的普通士兵只能在城外野营，只有诸侯以及地位较高的骑士才能进入拜占庭帝国的首都君士坦丁堡。

于是，进入城内的诸侯以及骑士们得以目睹东方的奢华场面。相比当时（11 世纪末）的东方，欧洲完全就是乡野山村。

戈德弗鲁瓦穷追皮埃尔所率领的贫民十字军

在封建诸侯率领的十字军中，正值壮年的主帅洛林公爵戈德弗鲁瓦·德·布永拥有法国东北部广阔的领土地，杀敌勇猛，行事慎重，在士兵当中拥有很高的声望，同时还有坚定的信仰，是率领十字军的最佳人选。

皮埃尔率领的贫民十字军的目标仅仅是圣地，虽然到达了小亚细亚，但最终被诸侯率领的正规十字军收编。

从此以后，第一次十字军指的就是欧洲诸侯和骑士们组成的十字军。

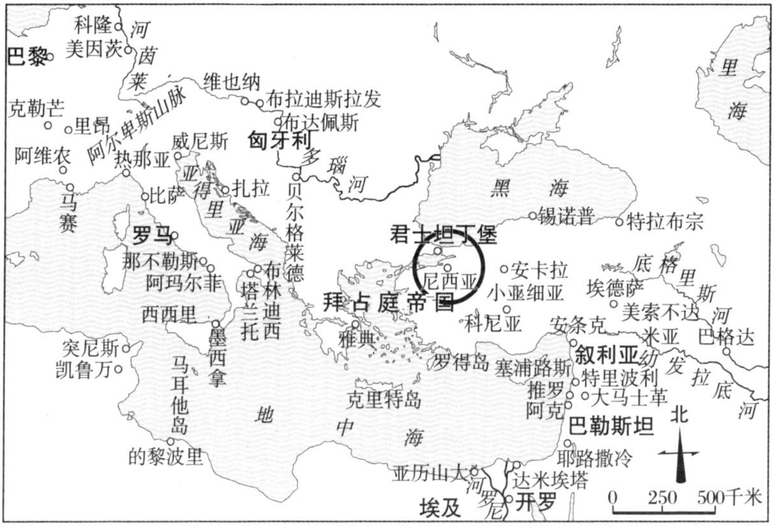

尼西亚攻防战

进入小亚细亚其实也就来到了伊斯兰世界。如果将巴格达视作伊斯兰世界中心的话，那么从拜占庭帝国抢占来的小亚细亚就是其边境地带。因此，小亚细亚的防卫就交给了伊斯兰世界的新兴民众——塞尔柱人。

作为新兴民众的塞尔柱士兵的勇猛之名广为人知。因此，十字军刚一踏入小亚细亚就遭到了迎头痛击。

位于小亚细亚西北部的尼西亚是最早承认基督教合法性的罗马皇帝君士坦丁一世召集各地主教，召开第一次公会议的城市。因此，这里的防守十分坚固，加之有勇猛的塞尔柱士兵守护，不可能轻易被攻破。再者说，十字军也不可能莽撞攻入尼西亚，很容易腹背受敌。

G. Doré
H. PISAN

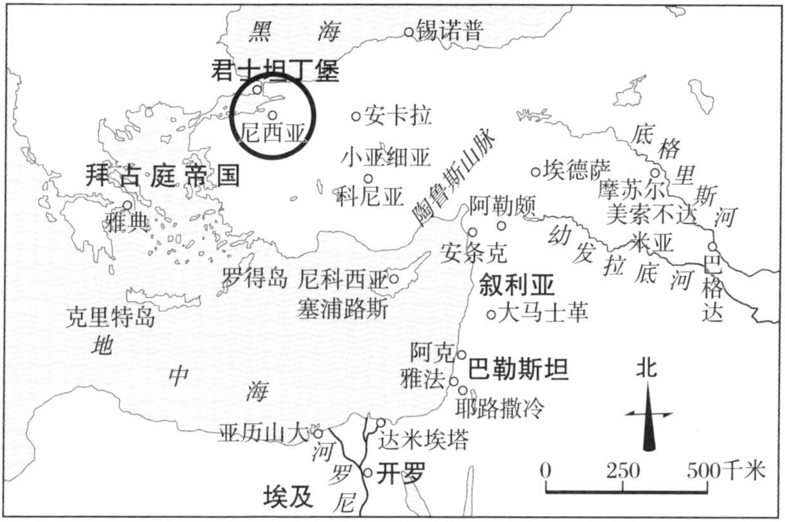

将一千名穆斯林士兵的首级扔进尼西亚

尼西亚有坚固的城墙做掩护，基督教士兵和穆斯林士兵在城墙周围展开激战。持续的激战让两方的耐心逐渐消磨殆尽。十字军一方割下战败士兵的首级，一半扔进尼西亚市内，另一半装进口袋送到拜占庭帝国皇帝手中。

经过此事，拜占庭帝国皇帝深信只有穷乡僻壤的野蛮人才能做出如此恶劣的行径，继而提高了对中世纪北欧人野蛮之力的戒备。

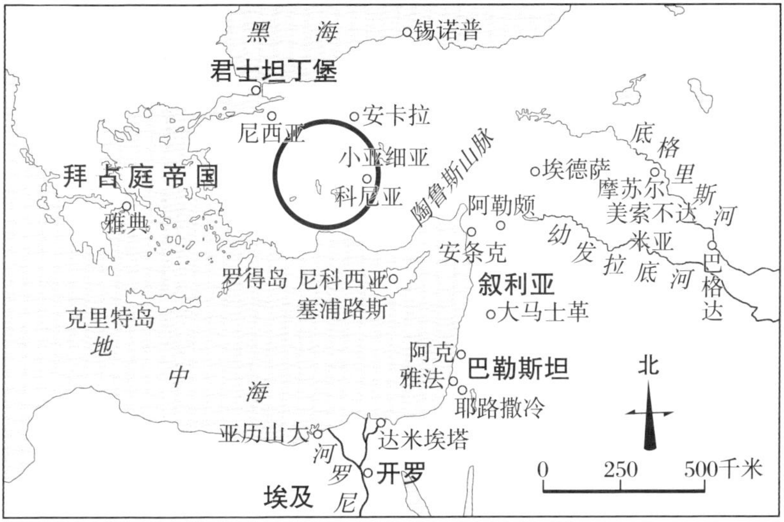

先行者的末路

皮埃尔率领的十字军虽为乌合之众，但在数量上占有一定的优势。其中大部分人不知总结反思只是一味地向前冲，中途倒下的不在少数。

有些人遭到当地穆斯林的袭击命丧黄泉，还有一些人在饮水和食物无法得到保障的异国他乡迷失了方向，最终迎来死神的召唤。有说法称，当初从欧洲带领出来的 10 万人在从东欧前往小亚细亚的途中就已经锐减到 2 万人。

由此可以说，封建诸侯率领的十字军是踏着基督徒同伴的尸骸一步步走向圣地的。

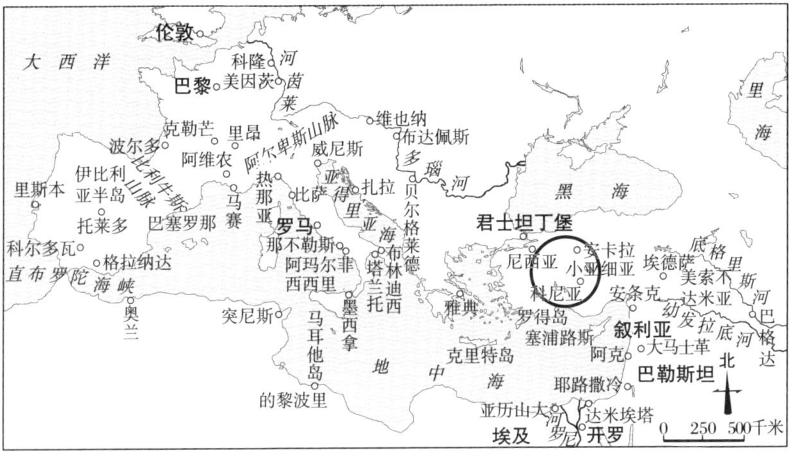

鼓舞士气的神职人员

基督徒在十字架面前宣誓加入十字军，对于他们来说只要对手是穆斯林，那么所有的战斗都是“圣战”。

假如是普通的战斗，开战之前在战士面前鼓舞士气是司令官的职责。在十字军中，这一职责是由司祭或者修士来履行，而赋予这些神职人员权威的正是身着华丽教袍的主教或者大主教。

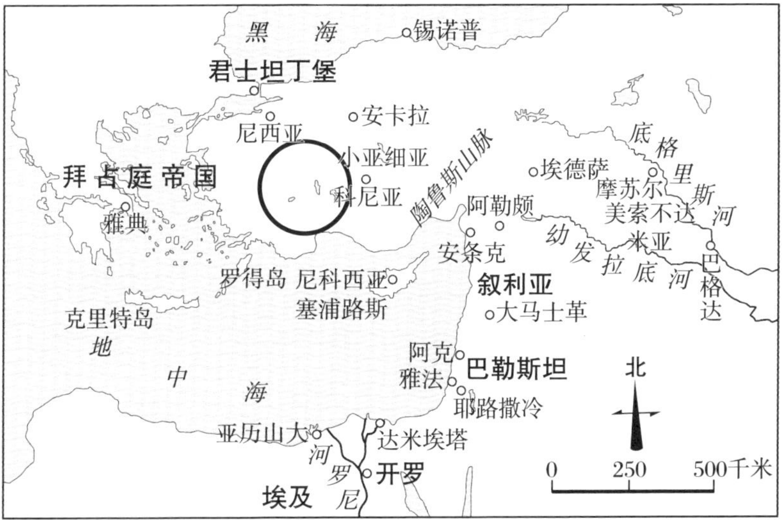

洛林公爵戈德弗鲁瓦率领的勇猛无畏的十字军

从小亚细亚的西北部穿越到东南部对于十字军来说是一次强制性的艰难的行军。

战士们早已习惯了和平时期的马上枪术比试，这一次的战斗虽然和平日里并无不同，但却被视作神所期望的战斗。面对以勇猛著称的拜占庭帝国的穆斯林士兵，洛林公爵戈德弗鲁瓦率领的十字军也表现出同样勇猛无畏的气概。

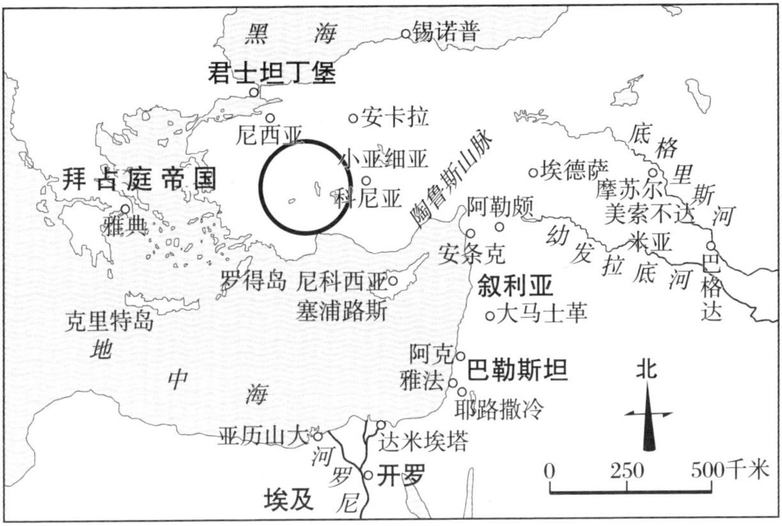

战斗结束后为阵亡将士做法事的神职人员

与十字军同行的大量神职人员中除了普通的修士，还包括不少地位颇高的主教，他们的职责就是在开战前鼓舞士气，此外还会在战斗结束后为阵亡的将士做法事，安抚亡灵。

另一方面，十字军是为神和基督教而战斗的。所以在战场上阵亡的将士被誉为“殉教者”，而非“战死者”。

第一次十字军就是在“鼓舞士气、战斗、做法事吊唁”这一流程的循环往复中向东方进军的。

无论是在攻方基督教还是守方穆斯林的记载中，对于阵亡将士的称呼都是“殉教者”。

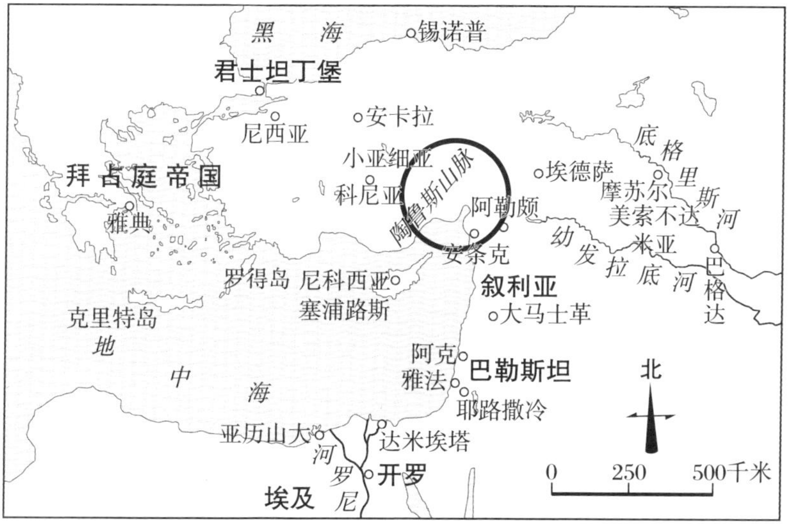

翻越陶鲁斯山脉的十字军

想要从小亚细亚前往叙利亚，就必须翻越横亘在小亚细亚东南部和地中海之间的陶鲁斯山脉。

虽说是山脉，但比起欧洲的阿尔卑斯山脉也算不上什么难关。但是先前穿越小亚细亚时历经数战，再加上身处敌占区军队补给无法得到保障等实际问题，不少士兵和战马实在无法继续前行。

但是，试想前方就是叙利亚，穿过叙利亚就是耶路撒冷，这样或许会给士兵们带来继续前行的力量吧。

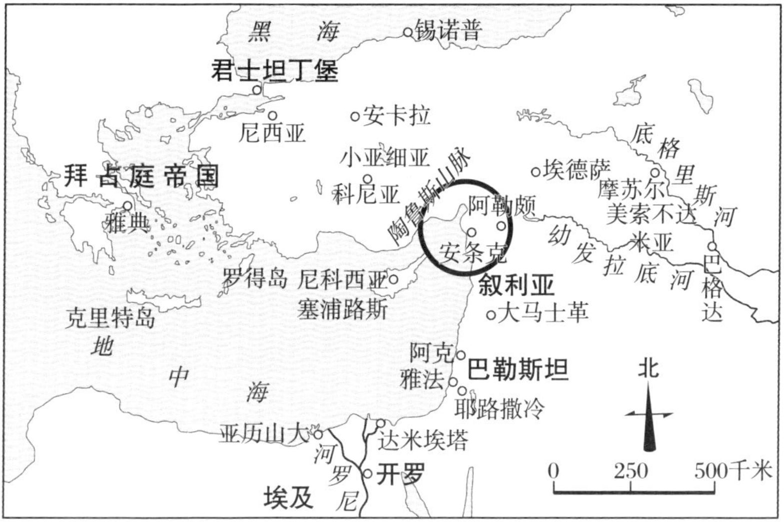

打响安条克攻防战

当地中海还是内海的罗马帝国时代，罗马、埃及的亚历山大以及叙利亚的安条克并称罗马帝国三大城市。进入以君士坦丁堡为首都的拜占庭帝国时代，安条克又和亚历山大、君士坦丁堡并称三大城市。

无论是在中世纪还是十字军时代中叶，安条克均由穆斯林控制。历经数百年，这座国际城市的传统与实力逐渐累积，其防卫体系也日渐完备。

但是，安条克是前往耶路撒冷的必经之地。因此，对于十字军来说，能否攻下安条克决定着远征的成败。

H. PISAN.

波埃蒙多半夜爬上绳梯

普利亚公爵波埃蒙多是参加第一次十字军的众多诸侯之一，他和之后到达的骑士占领了巩固城墙要地的一座塔，由此改变了防守坚固的安条克的命运。他们打开了城门，蓄势待发的战士如洪水一般涌入城内，之后的事情就简单多了。

经过8个月的激战，安条克城终于被攻破。正因为是历史较为久远的城市，所以防御工事相对完备，城墙非常坚固。安条克城的总督是塞尔柱人，攻防战刚一打响他就将城内的基督教居民赶了出来，只留下清一色的穆斯林全力应战。

在这8个月中处于攻方的十字军也经历了各种考验，粮草不足、诸侯擅自行动、谣言四起、穆斯林方面的假意讲和等等。

安条克的成功攻陷对于十字军来说是克服多方阻力取得的首次胜利战果。

攻陷后的杀戮

经过8个月的鏖战最终取得胜利。安条克城被攻陷后，普遍认为留在城里的都是穆斯林，十字军入城后对战败的穆斯林展开了一场惨绝人寰的血腥杀戮。

十字军的战士，连同在十字军之后到来的朝圣者对安条克城内的居民挥起了屠刀。罗马教皇对外宣称用沾染穆斯林鲜血的双手夺回圣地是神所期望的事情。于是十字军的战士以及朝圣者更加心安理得地杀害穆斯林。

通往圣地耶路撒冷的道路由此打开。

巴托罗缪，挑战“火的试炼”

为了向神证明自己所言的真伪，赤脚从燃烧的火焰中走过这一仪式在基督教中被称为“火的试炼”。

安条克攻防战持续了 8 个月之久。作为攻方的十字军也历经了焦灼迷茫的 8 个月。倘若此刻出现奇迹，惶惶不安的人们一定会视为救命稻草紧抓不放。传言称有人发现了刺进耶稣基督腹部两侧的“神圣之枪”的尖端部分。

此人正是跟随十字军前来朝圣的巴托罗缪。“神圣之枪”的出现的确起到了鼓舞士气的作用。

然而，没过多久人们就对“圣枪”的真伪提出质疑。为了向神证明自己所言非虚，巴托罗缪赤脚从燃烧的火焰中走过，结果被严重烧伤，9 天后痛苦死去。

历史的车轮进入 21 世纪，现如今“神圣之枪”仍被恭恭敬敬地保存在亚美尼亚和瑞典的教会之中。众所周知连希特勒本人也想要拥有这把决定胜利的“圣物”——“神圣之枪”。

一路同行的基督

攻克了安条克城这个最大的难关，十字军的队伍逐渐向远征的最终目的地耶路撒冷进发，至此诸侯之间的争执逐渐消失，士兵的凝聚力以及朝圣的决心更加坚不可摧。

相信耶稣与他们同行的信念也许就是支撑十字军以耶路撒冷为最终目的地一路南下的坚定力量吧。

这个身影就是他们在故乡欧洲的教堂里所见到的十字架上的耶稣，会和天使一同出现。对于中世纪的基督徒来说有这样的想法是理所当然的。

H. PISAN

遥望耶路撒冷，十字军战士感动不已

从北欧不远万里而来，途中历经种种磨难，遥望圣城耶路撒冷的刹那间流露出的感动之情也是理所当然。如果从离开欧洲那天算起，至此已经经历了三年的岁月。

可是，这一时期居住在耶路撒冷的居民大多是穆斯林。对于他们来说，耶路撒冷是先知穆罕默德登天的地方，是圣城。基督徒来犯，穆斯林当然会做好防卫。

然而，令准备对抗到底的穆斯林大为震惊的是，十字军并没有立刻攻城，而是排着整齐的队伍高举十字架一边唱着赞美诗一边向城墙靠近。

第二天，十字军发起了猛烈的攻城之战。

忍受干渴之苦的十字军

以诸侯率领的骑士为主力的第一次十字军，在军队组织方面并不成熟。没有统一的指挥系统，诸侯各自为政，擅自行动，甚至没有兵站的概念，与地势气候相关的知识储备存在不足。坦率地说，他们甚至还未意识到这些因素的重要性。

等待他们的是水资源的严重匮乏。欧洲人见惯了终年水量充足的大小河流，而中近东内陆地区的气候、地势对于他们来说无疑是一种残酷的考验。纵使守卫耶路撒冷的埃及人长官没有在水井中投毒，水资源匮乏的问题仍旧是十字军的心头大患。据说在十字军的众多殉教者之中，相比在和穆斯林的战斗中遇难的战士人数，远征途中因为饥渴而丧命的人数更多。

第二次总攻，以失败告终

十字军攻占耶路撒冷采用了在欧洲战场上偶尔使用的攻城方法。这是一种古代罗马军队经常运用的一种作战方式，即建造一座和城墙等高的木塔，用相等的高度消除在城墙外由下而上进行攻击的不利因素。在古代，欧洲和中近东都归属于罗马帝国，只是控制中世纪中近东的穆斯林大概早已遗忘了这一古老的作战方法。

然而在中世纪，人们还没有完全灵活掌握这种作战方法。另一方面，作为防守的一方也无法尽早看破敌方的漏洞。因此，耶路撒冷的围城战就演变为持续的激战。

出现在橄榄山上鼓舞士气的圣乔治

在无休止的战争中人会越来越期待奇迹的到来，更何况这不是普通的战争，是“圣战”。尤其是参加第一次十字军的战士，都会有产生与神、基督、天使并肩作战的遐想。原因就在于他们相信自己所做的这一切都是神所期望的事情。

圣乔治之后虽然成为了大英帝国的守护圣人，但他原本就来自中近东，因为杀了欺凌百姓的恶龙而被看作是战斗的守护圣人。因此，圣乔治是鼓舞耶路撒冷攻城战中的十字军战士的最佳圣人。

带头攻占耶路撒冷的戈德弗鲁瓦

第一次十字军的大将军戈德弗鲁瓦·德·布永和其他有着敌对意识的诸侯不同，即便是最普通的士兵也对他敬重有加。作为一方的总司令，一般会在后方主持战局，而他却经常在前线冲锋陷阵。

在耶路撒冷围城战进入白热化阶段时，通过攻城塔的吊桥最先站在敌方城墙上的就是他。守城有穆斯林士兵看到这一瞬间产生了胆怯退缩之意，丝毫动弹不得。趁着这个空隙，基督教士兵高喊不能让总司令孤身奋战，顺势涌入城内。经此一战，耶路撒冷的命运发生了转变。

提起洛林公爵戈德弗鲁瓦，人们大概会联想到画卷中描绘的中世纪骑士。

在意外发现的十字架面前感动落泪的十字军战士

耶路撒冷被攻陷之后，战士们发现了隐藏在居民家的十字架。虽说任何十字架都是“神圣的十字架”，但这个十字架的地位非同寻常。因为这个十字架乃是耶稣基督受难的十字架，人们称其为“真十字架”。因此对于教徒们来说，这个十字架比用黄金或者白银做的十字架更有价值。通过汲取众人的虔诚信仰，完好保存历经千年的木制十字架等等事件的可信度无须深究。

然而，就是这些在十字架面前感动得泣不成声的十字军战士，却在攻陷安条克后惨无人道地杀害了住在耶路撒冷的穆斯林。所谓的“解放圣地”，其实就是在攻守两方战士血流成河的大前提下一步步完成的。

拜访胜者戈德弗鲁瓦的穆斯林城市领主

当基督教军队强势来袭时，穆斯林一方并没有意识到第一次十字军正在进行的是一场宗教战争。他们认为这是一场由北欧诸侯发起的抢夺财富攻占领地的侵略战争。

所以，周围的穆斯林城市领主纷纷去登门拜访戈德弗鲁瓦，他们一边把盛满金币的银盆当作礼物进献给戈德弗鲁瓦，一边承诺之后每年都会缴纳供奉以此请求不要攻打自己的城市。

想必戈德弗鲁瓦听后一定难以置信，如果应允了领主们的请求何来十字军东征一说。虽然被断然拒绝，但众人都对戈德弗鲁瓦的彬彬有礼以及坦率的品格印象深刻。

总之，洛林公爵戈德弗鲁瓦此刻就是耶路撒冷的国王。

A BELLENGER

在阿尔苏夫攻坚战中，穆斯林一方企图利用达布奈斯胁迫十字军

在攻陷了耶路撒冷之后，十字军的气势并没有衰减。鲍德温在兄长之后向南向北攻占了叙利亚、巴勒斯坦的沿海城市。十字军所到之处都有“真十字架”的影子，通常在战场后方鼓舞士气。

或许是得益于“真十字架”的庇佑，十字军一路所向披靡，穆斯林一方使出各种手段仍不能阻止进攻。其中一个手段就是将俘虏的十字军骑士吊在城墙上，胁迫十字军撤退。

但是，被俘虏的骑士达布奈斯却高声呼喊：“不要管我，继续进攻。”穆斯林一方被达布奈斯的精神感动便主动释放了他。而此时，十字军还没有攻陷阿尔苏夫。

在清真寺避难依然被杀害的穆斯林

从古代繁荣至今的海港城市凯撒利亚也在十字军的猛烈攻势下沦陷了。安条克、耶路撒冷沦陷后的屠城事件在凯撒利亚再次上演。

中近东地区的穆斯林将十字军视为不留活口的杀人狂魔。

然而，绝望最能激发人的斗志。穆斯林一方受到意外攻击，不断被逼往绝境，反攻的斗志逐渐高涨起来。

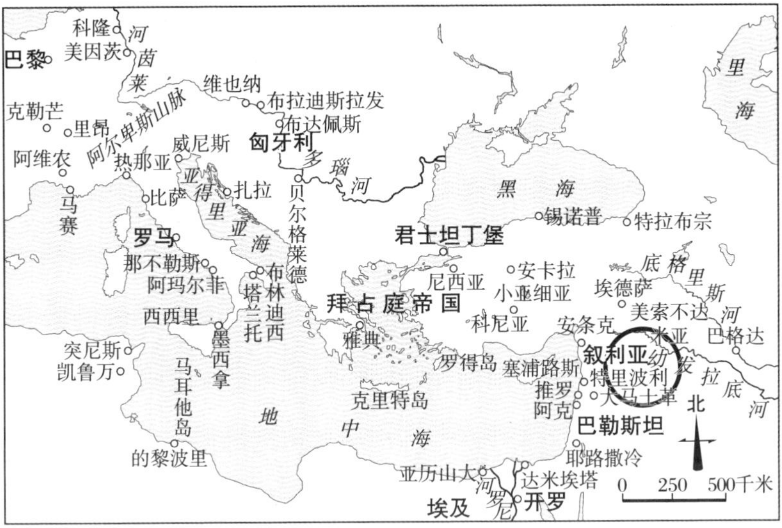

200 名英勇战士对抗 2 万敌军

公元 1100 年之后，基督教徒一方与穆斯林一方的武力冲突再次升级。十字军的行动范围不断扩大，南至西奈半岛，东至幼发拉底河。

于是，中近东的穆斯林不再以部族纷争为借口继续容忍十字军对领地的侵略。

随着战线的不断延长，十字军一方的阵亡战士越来越多。他们被称为“殉教者”而非“战死者”，也就是死后一定能升入天堂的人。

挽救幸存骑士生命的阿勒颇领主

无论在哪个时期，相比看到穆斯林就杀的基督徒，穆斯林的宿命似乎更加人性化。

虽然是伊斯兰教的习惯，但想要活命恢复自由身就必须上缴赎金。悲哀的是，那些被视为无力上缴赎金的兵卒和普通朝圣者只能落个被俘虏的命运。而他们最终都会当作奴隶卖掉，无需任何理由。

G. Doré
A. Doms

耶路撒冷国王鲍德温之死

戈德弗鲁瓦·德·布永是攻陷耶路撒冷之后被选出来的第一代耶路撒冷国王。由于此前奋力拼杀耗尽元气，即位一年后便去世了。随后，他的弟弟鲍德温继承王位，以鲍德温一世之名在位18年。

这一时期，征服了叙利亚、巴勒斯坦的十字军由北至南统一了分散的埃德萨伯爵领地、安条克公国、特里波利伯爵领地以及耶路撒冷王国，进一步确立了势力范围。其中，将贝鲁特到加沙的海港城市群的支配权收入囊中，标志着耶路撒王国的权威走向巅峰。

鲍德温是一位难得的拥有雄才大略的君王，遗憾的是在征服西奈半岛途中不幸去世。鲍德温死后的那段时间正是所向披靡的十字军的低迷期。

法国国王路易七世在圣贝尔纳面前宣誓率领十字军东征

穆斯林一方夺取了埃德萨伯爵领地，开始威胁到中近东地区的十字军势力。

在以巴格达为中心的穆斯林世界，埃德萨伯爵领地是守卫十字军国家的要塞。如果埃德萨失守，位于西侧的安条克将会最先暴露在敌军眼前。这一事件给东方的十字军迎头一击，西欧的基督教世界对此无法坐视不管。

为了对此次打击做出回应，第二次十字军在西欧集结完毕。这一次军队的领导者不再是诸侯阶级，而是由法国国王和神圣罗马帝国皇帝亲自率领。

在第二次十字军中代理罗马教皇行使权力的是修士贝尔纳，不久之后因其不朽的功绩被纳入圣人之列。

为十字军发起的筹款运动

相比第一次十字军，第二次十字军的发起者不再是一介隐士，而是在法国最大修道院修行的贝尔纳。响应此事的也不再是封建诸侯，而是位居诸侯之上的法国国王路易和德国皇帝康拉德。为十字军发起的筹款运动遍及全欧洲。

由此看来，第二次十字军是基督教世界自上而下推出的一支比第一次规模更为庞大的十字军队伍。其目标不仅是夺回埃德萨，还要在此之上巩固十字军在叙利亚、巴勒斯坦的势力。

临海一侧由新兴的海洋城市国家意大利为十字军国家提供补给，因此完成这次出征的目标绝不是痴人说梦。

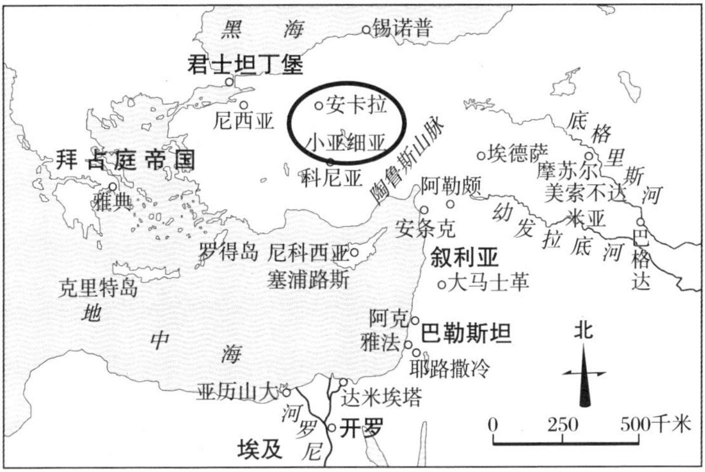

康拉德率领的德意志军暴尸小亚细亚山野

在伊斯兰世界存在着类似于旧族和新族的民族等级差别。阿拉伯人是正统的穆斯林，伊斯兰世界在先知穆罕默德布教之后已经过去了500多年，其势力迅速扩大。受教条主义影响，刻板强硬的阿拉伯民族被新兴的塞尔柱穆斯林取代。

小亚细亚是从欧洲前往东方的的必经之地，这片土地归塞尔柱人所有。第一次十字军经过小亚细亚时历经磨难，由神圣罗马帝国皇帝率领的第二次十字军在途经小亚细亚时也被塞尔柱战士的游击战戏弄了一番。

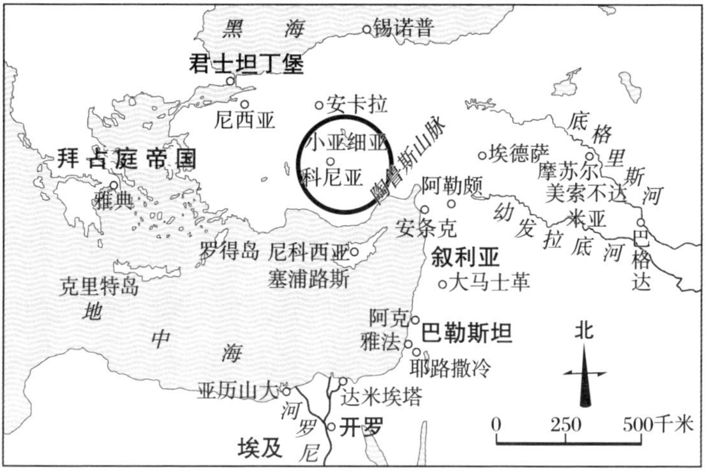

南德的卡林兹亚伯爵贝尔纳德和他的部队在乱石中遇难

皇帝和国王率领的十字军都是精锐部队，却出乎意料地被塞尔柱士兵戏弄一番。其原因之一就在于拜占庭帝国皇帝的懈怠，这在第二次十字军中尽人皆知。

拜占庭帝国自身并不具备强悍的军事实力，因此希望借十字军之手收复被伊斯兰一方夺走的领土，而第一次十字军将精力用在了建设了自己的国家上，所以这一想法最终未能如愿。

为此感到焦虑的皇帝在第二次十字军经过小亚细亚时，未能及时提供合适的引路人。即使是精锐的部队倘若迷了路自然无法发挥实力，于是便被敌方的游击战戏弄了一番。

在抵达圣地之前，第二次十字军付出了沉重的代价，军队的士气也陷入低迷阶段。

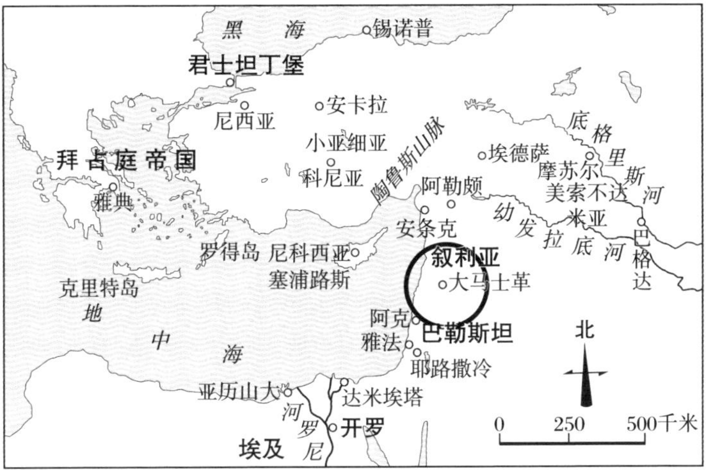

在战场上孤立无援的法国国王路易

神圣罗马帝国皇帝康拉德在途经小亚细亚时损失惨重，跟随其后的法国国王路易在小亚细亚代价并不比神圣罗马帝军少。唯一不同的是，康拉德负了伤，路易被敌军袭击一时间孤立无援，却不顾伤势继续战斗。

总而言之，神圣罗马帝国皇帝、法国国王是西欧基督教世界佼佼者中的佼佼者，在他们的带领下第二次十字军最终抵达圣地。

然而这两位最终决定的不是夺回埃德萨，而是攻占大马士革这个更大的目标。因为是皇帝和国王，相比埃德萨这样的小城市，大马士革作为一个大都市可能更能满足两位的野心。

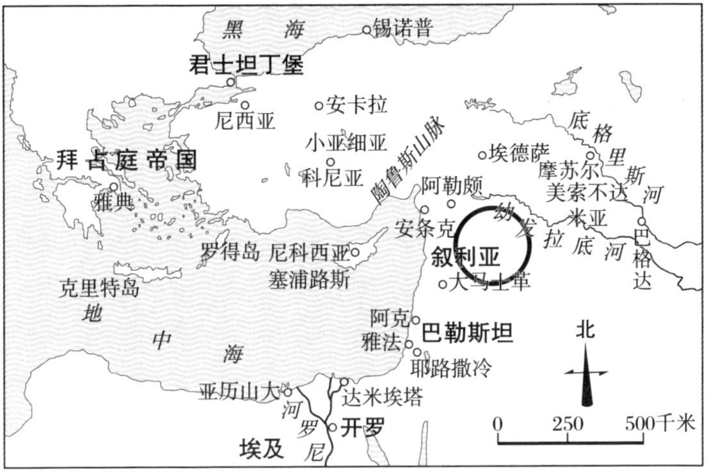

被风沙吹散的叙利亚军队

如果对中近东的历史略有了解就会明白攻陷大马士革是难上加难。

首先，大马士革从古至今都是大都市。在伊斯兰教的势力范围从阿拉伯半岛不断向北扩展的时代，首都就设在大马士革。之后伊斯兰教的势力又扩展到美索不达米亚地区，在将巴格达建为首都之前，大马士革一直都是伊斯兰世界的中心城市。想要攻陷这样一座固若金汤的城市绝非易事。

首战顺利拉开帷幕，迎击的叙利亚军队在沙漠中遭到狂风侵袭，被吹得七零八散。风沙和宗教无关，纯粹是自然而来。

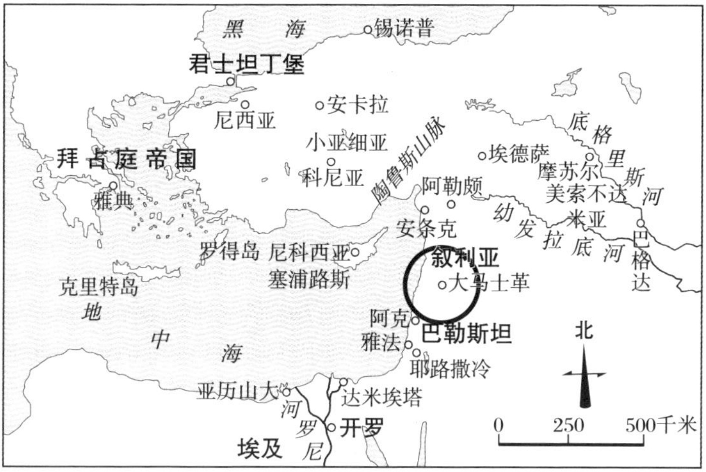

身负重伤等待死亡的战士们

由第二次十字军掀起的大马士革之战最终以惨败收场。不计其数的神圣罗马帝国战士和法国战士将生命交付在了远离国土的东方山野之中。

神圣罗马帝皇帝康德拉和法国国王路易均以身为一国之主不宜在国外长期逗留为由，率领残余部队匆匆返回欧洲。

作为十字军后盾的罗马教皇没有承担战败责任的意愿。他认为：胜利是上帝的亲善者的争斗，失败是上帝的忤逆者的争斗。

十字军要直接面对伊斯兰一方不断加深的仇恨本就不易，而此次的失败更加削弱了东方十字军的势力，这一点是不争的事实。

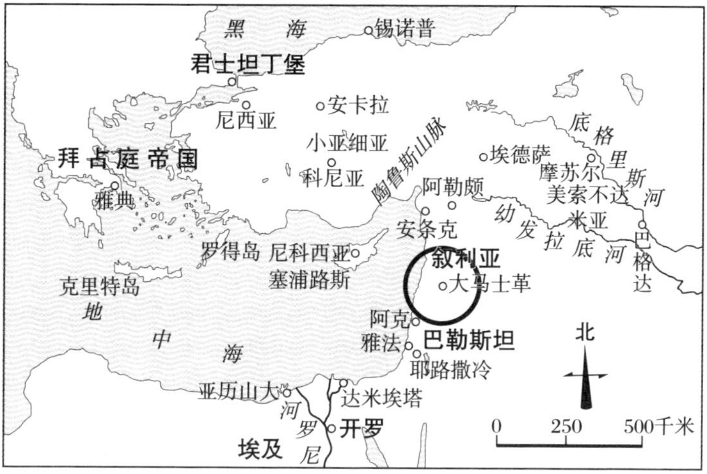

被俘虏的西欧女性

第一次十字军中出现了女性的身影，她们大多是朝圣者和妓女。而第二次十字军中的女性大多身份尊贵。

在第二次十字军的东征队伍中，法国国王路易将王后阿奎丹的埃莉诺尔带在身边。既然王后来都来了，自然少不了陪同侍女们。每每遇到十字军战败，这些女性就会沦为伊斯兰一方的俘虏。

穆斯林男性俘虏到欧洲女性，而且还是宫廷女性自然没有不高兴的理由，但是伊斯兰世界有用金钱换得自由的习惯。于是，身份尊贵的女性因此获得自由，而那些无法支付赎金，也没有人出钱为她们赎身的女性的命运则由此被改变。《古兰经》禁止穆斯林与异教徒发生性关系，所以这些女性被强迫信奉伊斯兰教，最终沦为某领主或者将军的泄欲工具。

萨拉丁的出场

中近东穆斯林被十字军驱逐出长期安居乐业的城市，说到故土被侵之恨他们心中的愤怒是一致的。此外，第二次十字军的失败也证明了基督徒并非无人能敌。然而，各部族之间相互对抗的利己主义阻碍了穆斯林的群起反击。

但是，挽救陷入困境的东方十字军国家的并非只是敌方的利己主义。为保护基督徒而创立的圣殿骑士团和圣约翰骑士团这两大宗教骑士团，也为挽救危难中的十字军国家做出了贡献。倘若伊斯兰一方一直维持着分散不统一的状态，那么十字军国家的命运也许会因此改变。

然而，伊斯兰一方迎来了萨拉丁的出场。萨拉丁高举“武力吉哈德”的大旗成功地统一了伊斯兰各方势力，他本人也仿佛站在伊斯兰阵营的最前面。

在“真十字架”面前祈愿胜利，奔赴战场的战士们

确立在根据地埃及的地位和势力之后，萨拉丁以夺回耶路撒冷为目标一路北上，并将大马士革作为前线基地。

另一方面，耶路撒冷国王也动员了以宗教骑士团为主要战斗力的东方基督教势力发起反击，将阿克作为大后方。从大马士革前往耶路撒冷的萨拉丁军队在途中计划防范敌方来袭。与十字军同行的“真十字架”在这场决战中仍然没有缺席。

萨拉丁以“武力吉哈德”之名成功地将穆斯林势力凝聚在一起，此外他还巧妙地运用了战略和战术。利用将敌人逼入困境直至灭亡的作战方法，在赫赫有名的哈丁战役中大获全胜。“真十字架”、耶路撒冷国王以及大主教都落入萨拉丁之手。

圣殿骑士团团长雅克·德·莫莱壮烈牺牲

叙利亚、巴勒斯坦一带的十字军国家将所有兵力投入到哈丁之丘的战场，最终惨败而归。决定战争输赢的并非每一个士兵的战斗力，如果从士兵的个人实力来看，以打倒长期驻扎在东方的穆斯林为唯一目标的圣殿骑士团和圣约翰骑士团一方明显占据绝对优势。说到底决定哈丁战役胜败的是总司令的战略眼光。

萨拉丁最终没有杀害被俘的耶路撒冷国王路西尼安。耶路撒冷国王的存在并不会带来任何危害。

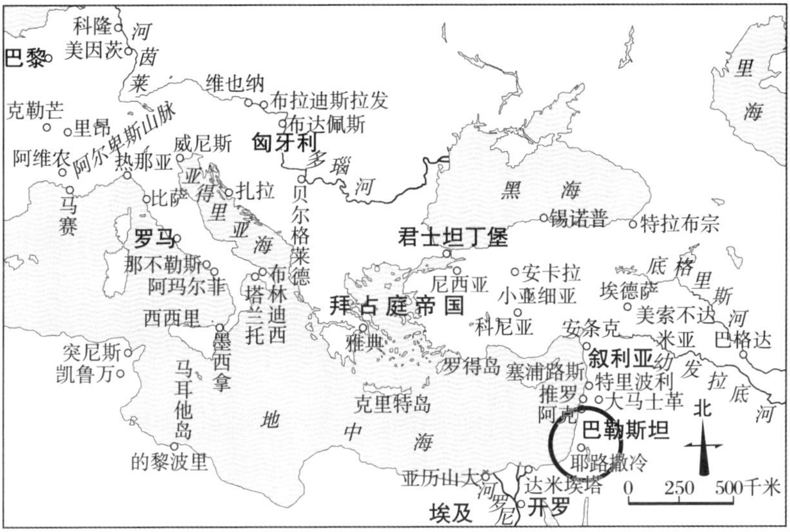

倾撒在殉教战士尸体上三夜的奇迹之光

哈丁战役胜利后，萨拉丁将被俘的基督徒中的圣殿骑士团的骑士全部处死，无一幸免。就连想要通过上交赎金躲过一劫的圣殿骑士，萨拉丁也没有手软，收了赎金后将他们尽数杀尽。

通过高举“武力吉哈德”大旗统一伊斯兰各方势力的萨拉丁由此深知宗教的力量。虽然同为宗教骑士团，萨拉丁对圣约翰骑士团并没有如此大的敌意，圣约翰骑士团以“医疗骑士团”这一别称广为人知，兼具医疗和战斗两大功能。而圣殿骑士团仅仅以打倒伊斯兰势力为唯一目标。

圣殿骑士团的骑士们在哈丁战役失败之后，纵使耶路撒冷已经沦陷几乎没有任何防御的时候，仍然坚持战斗到最后一刻。

感恩真主和穆罕默德的伊斯兰教导师

阔别 8 年之久的耶路撒冷，又重新回到了伊斯兰一方。其间无人管理的清真寺以及伊斯兰教的教职人员导师也都重新回归。

耶路撒冷的遗失绝非一座城市那么简单。基督教一方仍然占据着叙利亚、巴勒斯坦的安条克、特里波利及推罗三座城市。圣城耶路撒冷的重新回归将东方的基督教势力置于生死存亡的危急时刻，这一重大事件在西欧全境引起强烈社会震动。

为了尽快夺回耶路撒冷，新一代十字军顺势而生。参与其中的有以“红胡子”为人熟知的神圣罗马帝国皇帝腓特烈一世、法国国王腓力·奥古斯都，还有在东方地区以狮子般勇猛迅速的行动而闻名的“狮心王”理查一世。

被誉为十字军史上的一朵“奇葩”的第三次十字军，由此开始了迈向东方的征程。

Doré
Jonnard

阿克攻防战

被撒拉丁逼退到安条克、特里波利、推罗一带的中近东基督徒利用最后的力量拼死一搏，再次进犯阿克城。阿克是一座海港城市，最适合接受来自西欧的补给。

在第三次十字军中，选择陆路的神圣罗马帝国皇帝“红胡子”在小亚细亚渡河时不幸溺亡。法国国王和英国国王最终到达了阿克城。东方的基督教士兵在阿克城即将攻陷的时候迎来了两位国王，在猛烈的攻势下阿克城最终攻陷。

看到阿克城最终攻陷，参与十字军的目的已然达到，腓力・奥古斯都很快踏上归途。所以，只有斗志昂扬的理查一世最终留在战场上。

萨拉丁和理查一世两人的单独对决即将开始。

PISAN

理查违背留命诺言，杀害投降的伊斯兰士兵

从第一次十字军开始，基督徒每每征服一座城市就将城内的穆斯林全部杀害，在他们看来此举并无不妥。也没有事先承诺保留穆斯林的生命，然后在武装解除后将其杀害的先例。

萨拉丁虽然将宗教骑士团，特别是圣殿骑士团的骑士全部杀害，但是却遵守诺言，没有杀害通过交付赎金保命投降的耶路撒冷居民。

英国国王理查一世最初答应守卫阿克城的穆斯林，只要投降就留下他们的性命，最终却违背诺言趁着穆斯林解除武装时将他们全部杀害。

在此之后，伊斯兰一方也学会了基督徒的这一手段。

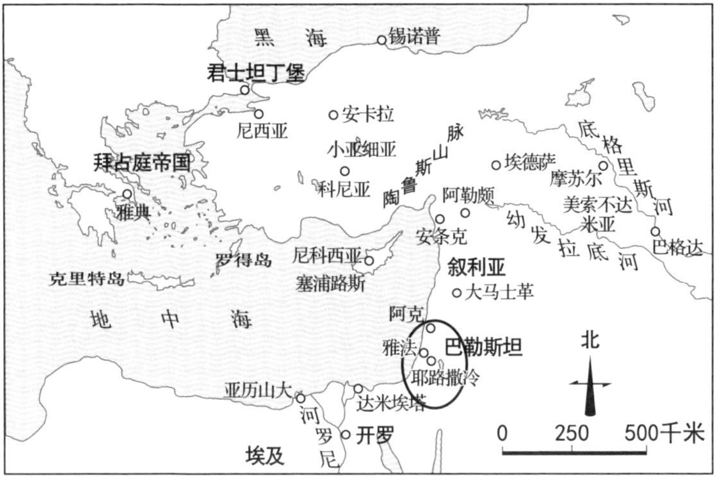

被伊斯兰大军围困坚决不退让的理查和他的士兵们

战场上的形势瞬息万变。无论是基督教的士兵还是伊斯兰的士兵，都在身为战士的自豪感的驱使下英勇战斗。

萨拉丁和想要重夺失地的理查两人之间的战斗，在一进一退中持续着。

这一时期，萨拉丁 54 岁，早已身经百战。

而另一方的理查 35 岁，战无不胜。

基督教骑士和伊斯兰教骑士之间的马上枪术比赛

纵观十字军历史，战斗并非唯一主题。基督徒与穆斯林之间的交流也时有发生。不可思议的是昨天还在战场上厮杀的战士，转脸之间竟然可以相互交流。

由十字军一方提出的“马上枪术比赛”就是其中的一个事例。“马上枪术比赛”发祥于欧洲，起初由欧洲来的十字军一方指导伊斯兰骑士。一番汗流浃背的比试之后，双方还会一起进餐，聊天，尽管穆斯林禁止喝酒但他们有的还是会推杯换盏。在伊斯兰一方有这样的记录：这些欧洲男人是我们的奴隶。言语之间似乎没有嫌恶之意。

他们用什么语言交流？十字军一方有学习阿拉伯语的人，伊斯兰一方也有通晓拉丁语或者法语的人。

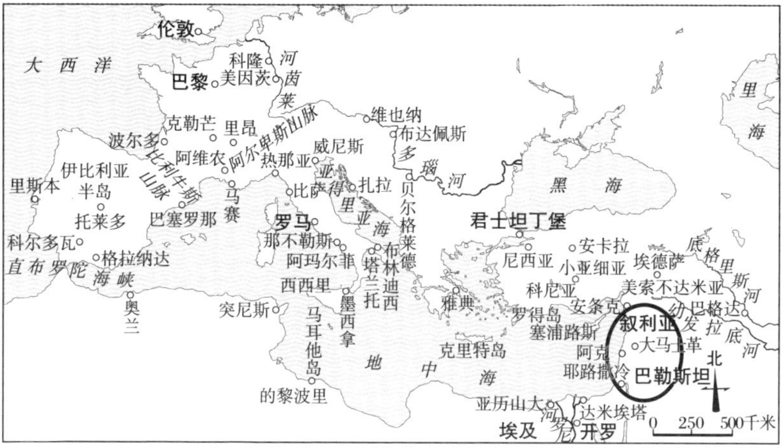

坚强的女性

伊斯兰教一方的记录中出现了有关全副武装参加战斗的基督教女性的描述。她们从头武装到脚，灵活驾驭战马，战斗气势丝毫不输男子。记录中还有这样充满钦佩之意的描述：等到下了马摘下头盔，才发现原来她们是女性。

攻打中近东的十字军国家也会受到伊斯兰势力的威胁。倘若出生在这样的环境中，即使是女性大概也要持剑自卫。那个时代正是骑士们大受追捧的中世纪。性格刚强的女性即使身披铠甲持枪舞剑，但终究没有抵抗之力。为什么这么说？她们要么被杀害，要么侥幸活着充当男性的泄欲工具。

阿尔苏夫围城战，十字军和伊斯兰军队之间的交锋

阿尔苏夫是一座海港城市，地理位置极其重要，顺着河流沿岸的内陆就能到达耶路撒冷。

对于理查来说，重新夺回落入萨拉丁手中的耶路撒冷是他最大的目标。而攻陷阿尔苏夫则是必须首先解决的问题。

萨拉丁率领的伊斯兰军队和理查率领的十字军在阿尔苏夫周围展开了正面交锋。在双方的连续激战中，任何一方都没有做出让步。

冲在最前方如狮子般行动迅速的理查

据说“狮心王”这个别称来源于敌方穆斯林士兵之口，并非基督徒所起。在中世纪，东方一带对狮子的尊崇尤为热烈。

事实上狮心王理查违背总司令应该在后方指挥战斗的常识，自始至终站在最前线奋勇杀敌。敌方士兵被理查的气势折服，不知不觉间让出一条道路。伊斯兰一方的史家如此记载。

相比在中世纪欧洲人心目中的名望，狮心王理查似乎在同时代穆斯林心中的名望更高。

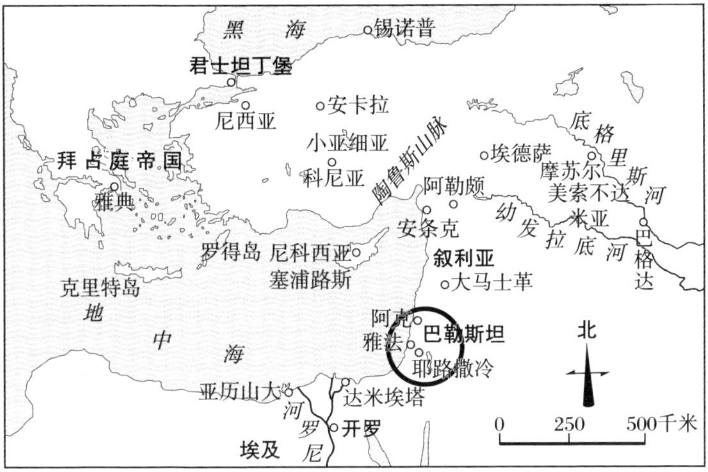

狮心王理查夺回雅法

不管怎么说，这是一个“拥有狮子心的男人”，即使从马背上下来依旧势不可挡。无论是作为骑兵还是步兵，似乎并无不同。

作为总司令，理查勇猛有余谋略不足，然而就是凭借着一腔勇猛果敢成功征服敌方士兵，继阿尔苏夫之后又攻陷了雅法。如此，距离耶路撒冷只有一步之遥。

Doré
Jonnard

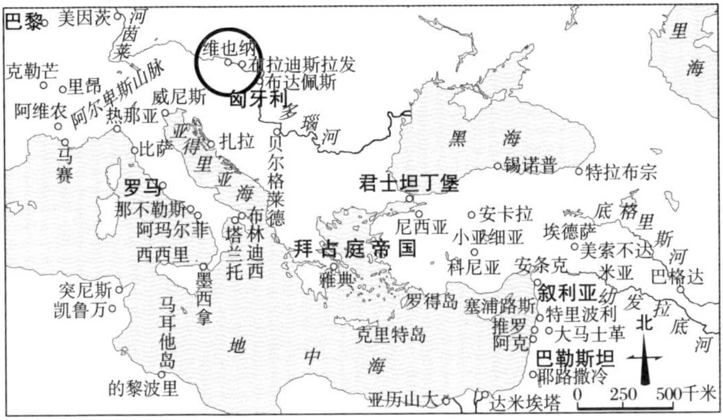

布隆德尔听到理查的声音

理查贵为一国之王。当巴勒斯坦一带的战争正值白热化阶段时，从英国传来了理查之弟约翰与其派别势力骚动的消息，不断有使者前来请求理查尽早回国。

无奈之下只能选择回国的理查向萨拉丁提出讲和。令人意外的是，两人之间的讲和顺利达成。萨拉丁虽然断然拒绝了理查提出的归还耶路撒冷以及“真十字架”的要求，但却承诺不再侵略海港城市群。

终于踏上归途的理查却经历了一件令人啼笑皆非的事，没有被穆斯林俘虏却稀里糊涂地被基督徒俘虏。一时间陷入居无定所的窘境。

了解到这一状况的是偶然路过的吟游诗人布隆德尔，当他听到从城堡塔上的屋子里传来的歌声后，确定唱歌的人就是理查。

这位吟游诗人在巴勒斯坦逗留期间与理查相识，还曾在理查面前唱歌。从塔上的屋子里传来的歌曲是布隆德尔创作并赠予理查，也是理查爱唱的歌曲。

母亲埃莉诺尔了解到理查的被困之地后四处奔波，最终促使理查被平安释放踏上归途。踏上英国国土的狮心王理查的脸庞在所有以罗宾汉为主人公的电影末尾都会出现。

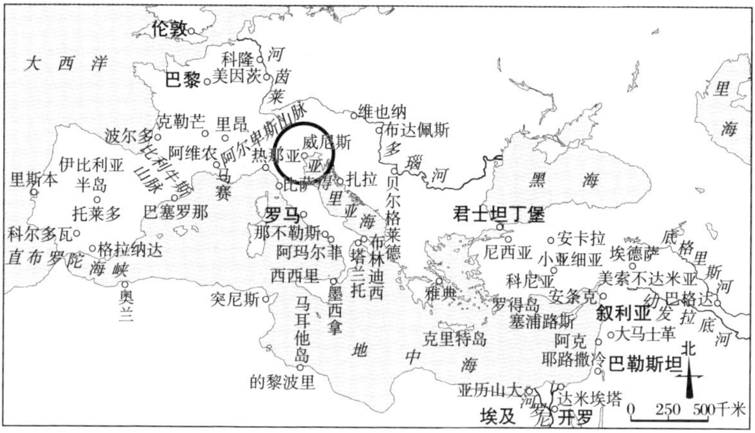

元首丹多洛向聚集在圣马可教堂的市民宣传十字军的必要性

理查回国之后第三次十字军退出历史舞台，叙利亚、巴勒斯坦一带的十字军势力因此度过了十余年和平岁月。

然而这一期间的太平并非得益于萨拉丁遵守与理查之间的约定。这位伊斯兰英雄在理查出发不久之后便与世长辞，倘若狮心王的归期稍微延后一段时间，也许就能重新夺回耶路撒冷。

一代英雄与世长辞后必然会引发的继位之争使得伊斯兰一方无暇主动出击，东方的基督教势力因此度过了一段和平岁月。

受这方面因素影响，第四次十字军将目标设定为拜占庭帝国，而不是巴勒斯坦。

另外，为了扼制迄今为止在海上运输和补给方面较为领先的十字军的对手比萨和热那亚，第四次十字军将逆转的机会给了威尼斯。

法国、神圣罗马帝国以及英国并非海运国家，想要横穿地中海除了依赖意大利海洋城市国家之外别无他法。

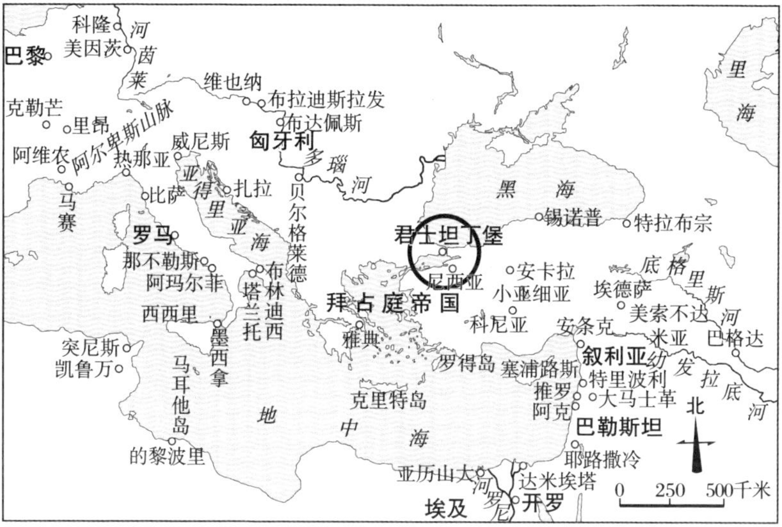

十字军灵活运用的诸多攻城设施

当威尼斯真正加入这场战争时，攻陷大都市必须具备的大型攻城设备也由当地制造改为本国制造完成后运往当地。这些工程是在掌握一定造船技术的前提之下才能完成的。

威尼斯共和国是城市国家，人口稀少，相当于法国和英国这样的领土型国家十分之一的人口。因此对合理化和机械化的要求较高。

建城900年以来，无论当时的拜占庭帝国如何脆弱，至少在此之前伊斯兰势力都没能攻陷君士坦丁堡。要想攻陷君士坦丁堡，必须从海陆两方面发起合理有效的攻击。

皇帝阿莱克西斯被一位亲属缢杀

国家体制日渐虚弱，内因所占的比例远远高于外因。换而言之，国内的纷乱正是导致国家体制虚弱的罪魁祸首。拜占庭帝国统治阶级的权力之争早已成为一种传统，如今已然上升到一定的高度。随着第四次十字军的强势来袭，统治阶级的权力之争全面爆发。

皇帝阿莱克西斯和父亲深陷囹圄，还被驱逐出国，于是他们向威尼斯求救。虽然最终得以回国，但却即刻被亲属杀害。又称东罗马帝国的拜占庭帝国一时陷入风雨飘摇的状态。

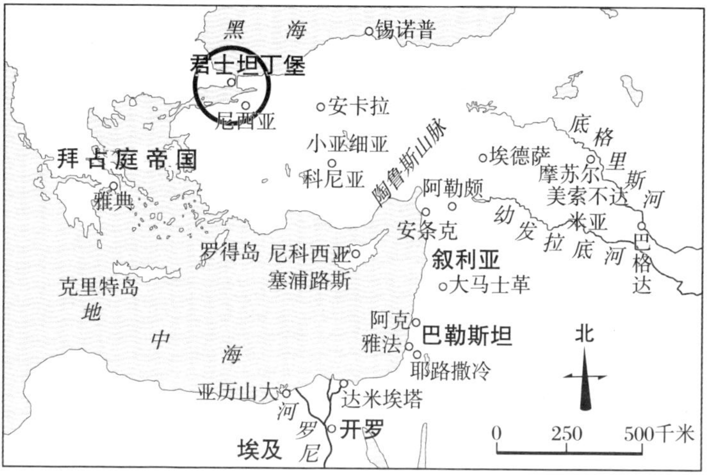

穆尔祖弗洛斯向丹多洛提出讲和

杀害阿莱克西斯夺得皇位的穆尔祖弗洛斯最初坚持抗战到底。第四次十字军连日以来的攻击，让这个男人的强硬坚持逐渐土崩瓦解。

登上皇位的穆尔祖弗洛斯向第四次十字军的总司令丹多洛提出会谈请求。此次会谈一方站在海边，另一方站在船头，威尼斯的元首丹多洛断然拒绝讲和。表面上是拒绝与利用不正当手段夺取皇位的人进行交涉，实际上想借机消灭拜占庭帝国。逐渐失去君士坦丁堡普通民众支持的穆尔祖弗洛斯最终被赶下了皇位。

皇位篡夺者穆尔祖弗洛斯连夜携家眷逃往小亚细亚。拜占庭帝国的皇位由此悬空。

第四次十字军入驻君士坦丁堡

1204 年第四次十字军进入拜占庭帝国的首都并不是从敞开的城门中友好入城，而是作为战争的胜利者占领了君士坦丁堡。虽然希腊正教和天主教的教义有所不同，但说到底不都是基督教吗？如此严厉批评十字军的历史研究者不在少数。当时的情况十分混乱，丹多洛虽然被开除教籍，但不久之后便被恢复。参与战争的法国诸侯也没有受到任何责难。

拜占庭帝国是希腊人的国家，希腊人视又称欧洲人的拉丁人为野蛮人，嫌恶至极，因此拒绝和拉丁人的天主教产生任何瓜葛。

另一方的拉丁人也对希腊人嗤之以鼻。当被伊斯兰势力逼至窘境，自己一方没有反抗，难道只能求助于西欧？

此外，拜占庭帝国的皇帝秘密向伊斯兰一方传送迄今为止的十字军的信息，这件事西欧方面早已知晓。

这一时期正值 13 世纪初期，西欧的天主教教徒对拜占庭的希腊正教教徒的印象要比现在复杂得多。

少年十字军

拜占庭帝国倒台，“拉丁帝国”登场，耶路撒冷依然归属于伊斯兰一方。

在各地争先大规模兴建主教大堂的欧洲，圣城耶路撒冷的不幸并不能凝聚信徒们的信心，反而让他们陷入愁苦之中。

在当时的欧洲，一场类似第一次十字军的民众规模的圣城解放运动以法国和神圣罗马帝国为中心向周围漫延。其中，由少男少女自发组成的少年十字军就诞生于这场运动之中。

然而这些挣脱父母的怀抱从法国南部港口乘船前往巴勒斯坦的少年，要么在中途倒下要么被拐卖，少年十字军最终走向瓦解。

有些历史学家认为这是狂热信仰造成的恶果，诸侯对坐以待毙的现状的不满呈现出井喷状态。

聆听吟游诗人吟唱的十字军主题的法国大众歌曲

这一时期，法国大众歌曲在西欧全境广为流传。歌曲中饱含在伊斯兰教桎梏下的圣城耶路撒冷的悲痛与哀叹，以及对近处的东方基督教骑士不懈努力的赞美。

我有一张收录这些歌曲的唱片，歌词和曲调还不错。13 世纪之后出生的多数欧洲人聆听了这些歌曲，思绪大概会飘往遥远的东方。

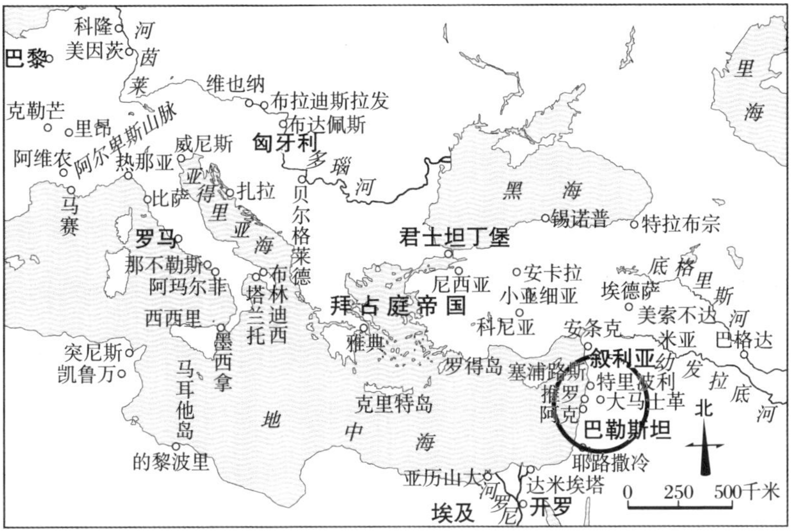

出现在山那边的十字架

对耶路撒冷不闻不问是上帝绝不允许的，这种信念在东方基督徒之中日益扩散。

这一时期，山那边出现巨大光芒十字架的传闻在人群中四处流传。听到传闻的人认为解放圣城是上帝所期望的事情，为此终日惶惶不安。所谓奇迹其实就是人们内心愿望的外在表现。

与其等待西欧派兵支援倒不如自己解决问题，于是以叙利亚、巴勒斯坦一带的基督徒为主体的十字军应运而生，这一次是第五次十字军。

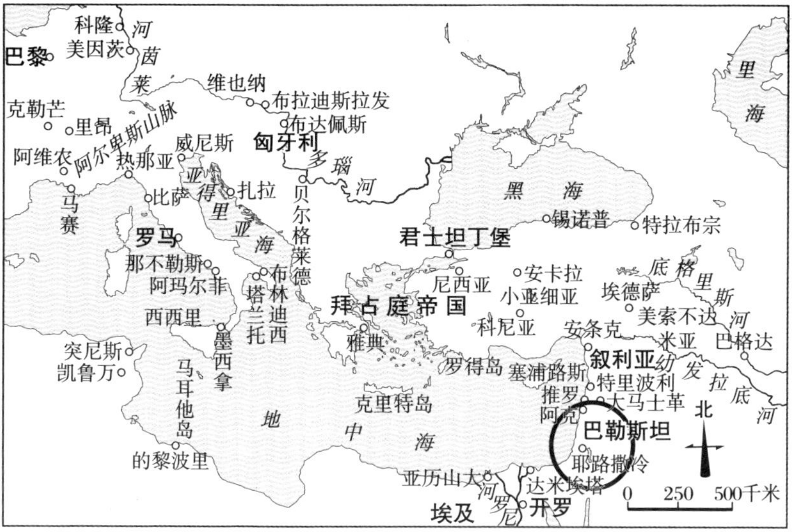

向犹太山野进发的第五次十字军

第五次十字军没有牵扯法国、神圣罗马帝国以及英国这些西欧强国，也没有国王和诸侯的参与。这次的十字军是由居住在东方的基督徒组成的一支十字军。

匈牙利、波兰、挪威的骑士们听到十字军建立的消息纷纷从欧洲赶来参加。因此，第五次十字军中既有金发碧眼体格高大的欧洲白种人，也有上百年来一直居住在中近东的基督徒。

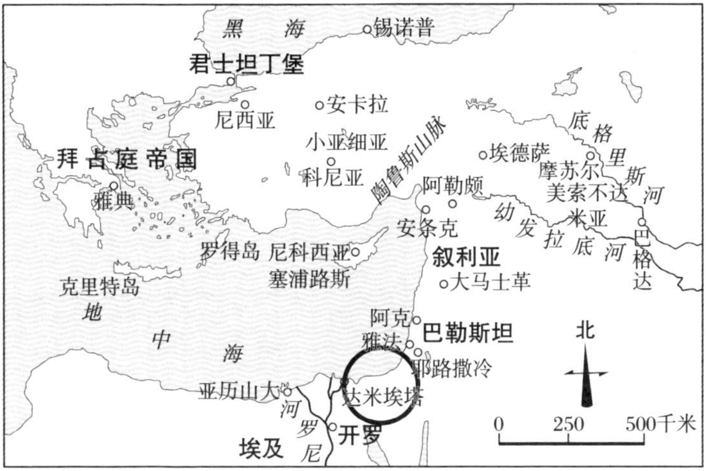

通往耶路撒冷的道路

将圣城耶路撒冷从伊斯兰教手中解救出来是第五次十字军每一位战士的终极目标。如果要解放圣城，上帝一定会全力支持。

然而，这一时期正是13世纪前半期，中近东内陆地区已经扩展到面向地中海一侧的十字军国家东侧，其中阿勒颇和大马士革仍然被埃及开罗的苏丹所控制。

想要夺回耶路撒冷就必须攻打埃及苏丹，因此第五次十字军的队伍便开往埃及。

战略是正确的，但是想要前往埃及就不能绕过尼罗河。

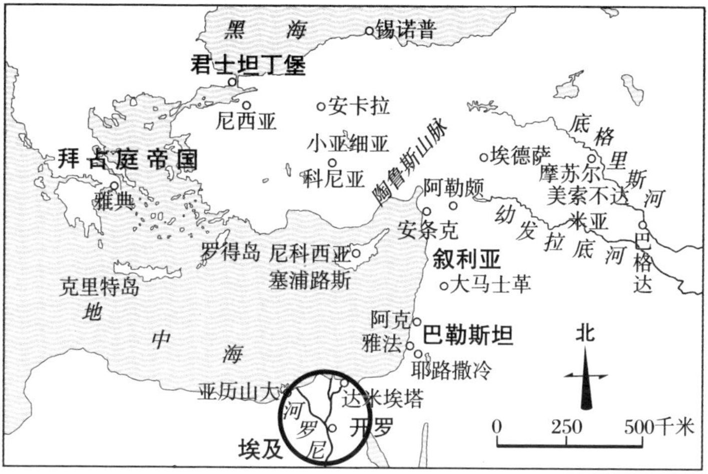

走向死亡的战士

与其说和第五次十字军对决的是埃及军队，倒不如说是尼罗河。

第五次十字军成功攻陷了面向地中海的达米埃塔，但却在从达米埃塔前往开罗的途中被尼罗河的凶险深深震撼。

尼罗河下游一带由广阔的三角洲构成，古希腊人为这片三角洲取名“δελτα”。一旦踏入这片区域，纵横交错的运河、支流以及沼泽地随处可见，稍有不慎就会寸步难行。另一方面还要应对埃及苏丹派遣的伊斯兰军队对国内的侵略。

不断有人倒下，对于经常出现在战场上的神职人员来说，他们能做的就是告慰亡魂，传达上帝的宽恕。

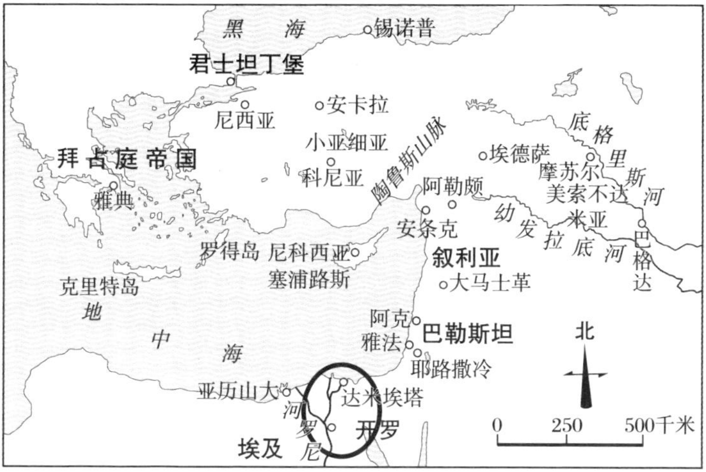

签订停战协议

最终，第五次十字军在尼罗河遇到重重困难，甚至无法靠近开罗只能撤退。

在和苏丹签订的停战协议中，十字军战士平安撤退，不过要放弃已经占领的达米埃塔。

因夺回圣城这一目标而发起的第五次十字军，却在与耶路撒冷相距甚远的埃及以失败告终。歌颂十字军故事的法国大众歌曲还是一如既往地扣人心弦。

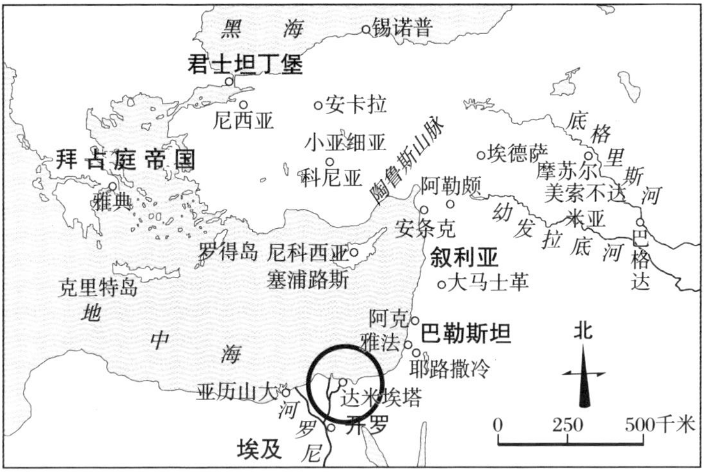

阿西西的圣方济各前去拜访苏丹

第五次十字军虽然成功攻下达米埃塔，但在那之后尽是艰苦卓绝的战斗，虽然对于其中的具体经过我们不得而知，但这一时期曾确实出现了一位意大利修士。单靠为迈向死亡的战士传递神的宽恕这一方式无法让人满意，于是这位修士独自一人去拜访对方司令官的营帐。

这位修士告诉苏丹，想要获得内心的安稳就要甘为上帝的使者，想必苏丹也觉得不可思议。修士还表示，要想结束战争拥抱和平，就应该放弃现在的信仰加入基督教，面对这样一位年轻修士，穆斯林将士们的情绪有些激昂。然而，苏丹微笑着命令手下人将这位修士平安护送至基督教的军营。

死后被纳入圣人之列的方济各意识到此次的规劝是失败的，于是不再做类似的尝试。然而，直到21世纪的今天，全世界的宗教代表每年都会聚集在阿西西举办一次祈愿和平的集会。

没有杀害一人的十字军

古斯塔夫·多雷为米肖的著作《十字军的历史》画了100多幅插图，但在神圣罗马帝国皇帝腓特烈二世领导的第六次十字军这一部分的描述中，却不曾有一幅插图。无论米肖是否给予高度评价，书中关于这部分历史的插图确实一张也没有，或许相比启蒙主义时代的米肖，古斯塔夫·多雷是一位无比虔诚的基督徒。

腓特烈率领的第六次十字军是唯一一次没有以流血为代价就达到目标的十字军。通过和埃及苏丹的直接交涉，也就是所谓的外交手段，成功取得了穆斯林占据的三座圣城，耶路撒冷、拿撒勒和伯利恒。此外，伊斯兰一方与基督教一方还达成了10年之内互不侵犯的条约。在朝圣路上，人人都是自由的，基督徒可以朝圣，穆斯林也可以朝圣。

由被开除教籍的皇帝腓特烈所率领的第六次十字军在东征的途中没有杀害一位穆斯林，为此罗马教皇并不承认此次行动，视罗马教皇为指导者的诸多西欧基督徒也不承认此次十字军。600年之后的多雷也没有为这段历史画出一幅插图。

关于腓特烈相貌的描述，流传下来的也只有这里介绍的这尊雕像，而这尊雕像也遭到了某位狂热的基督徒无情的摧毁。

在先祖墓前宣誓加入十字军的战士们

虽然苏丹履行了和腓特烈之间缔结的条约，但是10年之后东方基督教的势力又恢复到缔结条约之前的状态。在西欧基督教世界，希望通过军事实力压制伊斯兰势力的声音占绝大多数。于是，第七次十字军就此诞生。

第七次十字军由法国国王路易九世亲率，由于此次十字军发起于十字军的主流国家法国，因此这支军队集结了欧洲全境的王室、诸侯和骑士们，军队战斗力可想而知。

从第一次十字军到当时的第七次十字军，大约已有150年的历史。据说当时的西欧骑士大多无家可归，祖上也没有人参加过十字军。如果有的话骑士们也没有必要特意跑到主教面前宣誓参加十字军，直接在自己先祖的墓前宣誓就可以。

告别家人

对于参加十字军的战士们来说，出发之前和家人告别是必要的仪式之一。

而这种告别并不只是单纯和家人告别，还要去怀抱着死去的耶稣的圣母马利亚像前进行告别。通过这种方式向圣母马利亚传达势必要从异教徒手中解放圣城的决心。中世纪，圣母信仰兴起且不断扩大。

祝福

向宣誓参加十字军，之后前往东方的战士传达神的祝福是主教和司祭的重要工作。

十字军的参加者都是“神的战士”，要完成“神所希望的事情”。对于他们参加的“神圣的远征”来说，经由罗马教会的神职人员传达神的祝福是不可或缺的仪式。

皇帝腓特烈率领的十字军正因为缺少这一仪式，即使取得了战果也无法得到承认，同时也和“神圣的远征”没有关系。

换而言之，只要是十字军就必须取得罗马教皇的认可。法国国王路易率领的第七次十字军在这方面做得无可挑剔。

在歌声中远离故乡的战士

欧洲全境参加第七次十字军的人以法国南部的艾格莫尔特为集合点开始集结。

虽说是“神圣的远征”，但对于前来送行的人说哀伤之情远远大于喜悦。表面上在尽量克制，然而内心早已翻江倒海。

这一时期广为传唱的讲述十字军故事的法国大众民谣大多都是哀伤的基调。

奔赴战场

妻儿、姐妹只能把对出征的丈夫或者兄弟的牵挂之情寄托在上帝身上，西欧的很多地方都在不断上演插图所描绘的场景。无论是法国人、德意志人又或者英国人对于这种牵挂之情都深有体会。

能够做到欢欢喜喜送走出征者的大概只有将一生都奉献给上帝的神职人员，又或者是和出征者没有血缘关系的路人吧。

第七次十字军出征

多雷为第七次十字军创作了很多插画。也许是因为第七次十字军是在第一次十字军之后最为悲壮的远征，其中凝聚了西欧基督徒太多的泪水。

法语是描述十字军历史的官方语言，由此不难推断出十字军的主力基本都是法国人，此次东征也是由法国国王路易亲自率领。西欧以及东方的基督徒们对此次十字军东征寄予厚望也在情理之中。

然而当时的法国并没有海洋运输的传统，因此海港船只这些理应自己完善的基础设施相对匮乏。于是便对法国南部的艾格莫尔特进行大规模改造后将其变为一座海港，船只问题依靠具备所有大型船只的海洋城市国家热那亚得以解决。

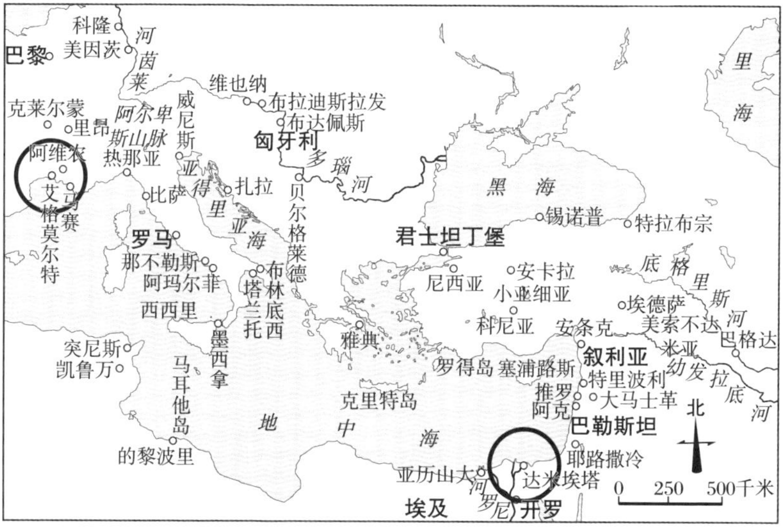

法国国王路易踏上埃及的国土

如同30年前的第五次十字军一样，第七次十字军的目的也是通过打击埃及苏丹，从而削弱埃及在叙利亚、巴勒斯坦一带的影响力。

从战略角度来看，两次十字军东征并无不妥，只是30年后站在埃及土地上的路易大概已经意识到了尼罗河的威力。

法国国王率领的第七次十字军是经罗马教皇认可的“神圣的远征”，这一点和腓特烈率领的第六次东征有着根本上的区别。此次东征有着上帝全方位的庇佑，而路易本人也是一位热情而又虔诚的基督徒，这一点众人皆知。

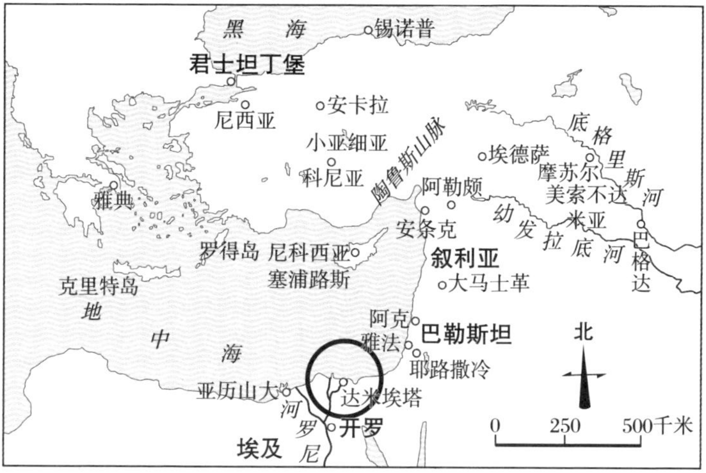

胜利之后十字军战士来到教会向上帝表达感谢之情

登陆地点达米埃塔之前的攻坚任务简单告一段落。从东方的十字军诸国聚集来的第五次十字军在这一阶段取得了胜利，因而从欧洲出发的声势浩大的第七次十字军东征没有不成功的道理。究其原因，达米埃塔面朝地中海，极易方便海上补给。

然而，达米埃塔是埃及的领地，也是穆斯林居住的城市。想要敌方开门投诚显然不可能，因此只能通过屠杀守城的埃及战士达到战略目的。成功攻陷达米埃塔的十字军战士最先做的事情就是来到城内残存的教堂里，集体合唱《感恩曲》（*Te deum*），借此表达对上帝的感恩。

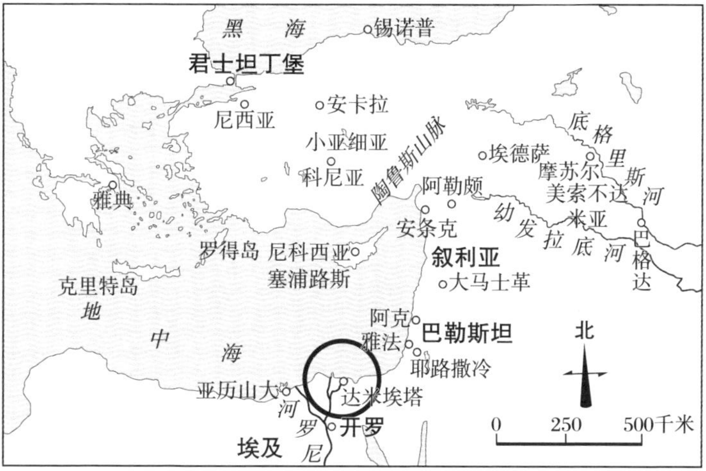

最高司令官被斩首示众，落入敌方的女性们悲愤至极

达米埃塔的成功攻陷是以穆斯林血流成河为代价实现的。十字军东征是以杀戮异教徒穆斯林而展开的一场“战争”，中世纪的虔诚的基督徒对此深信不疑。

像这一时期的皇帝腓特烈二世那样的基督徒直至现在也是少数派。

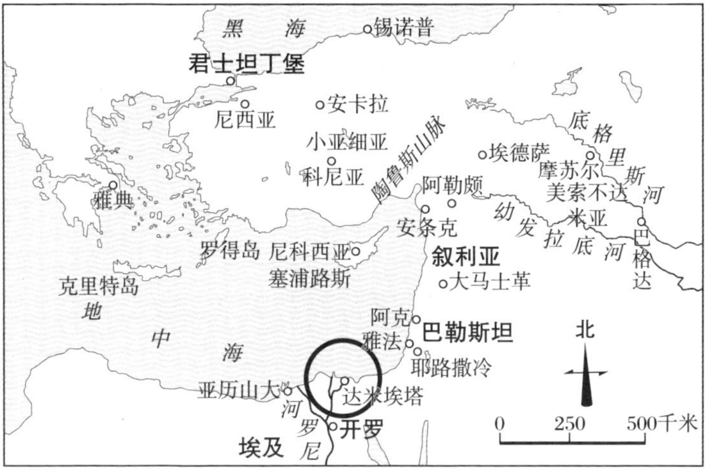

接受洗礼的穆斯林

和信奉选民思想的犹太教不同，基督教比较重视对异教徒的传教，因此也格外看重穆斯林改信基督教。无论是想要从绝望中脱身还是被迫信仰新的宗教，只要是放弃原来的信仰接受正确的信仰就会受到欢迎。在攻陷的达米埃塔，和十字军同行的神职人员异常忙碌地为希望加入基督教的穆斯林进行洗礼。

然而，很多研究者表示，纵观十字军 200 多年的历史，从穆斯林转变为基督徒的人数远不及由基督徒转变为穆斯林的人数多。原因是，基督教一方成为俘虏的人数比伊斯兰一方成为俘虏的人多。

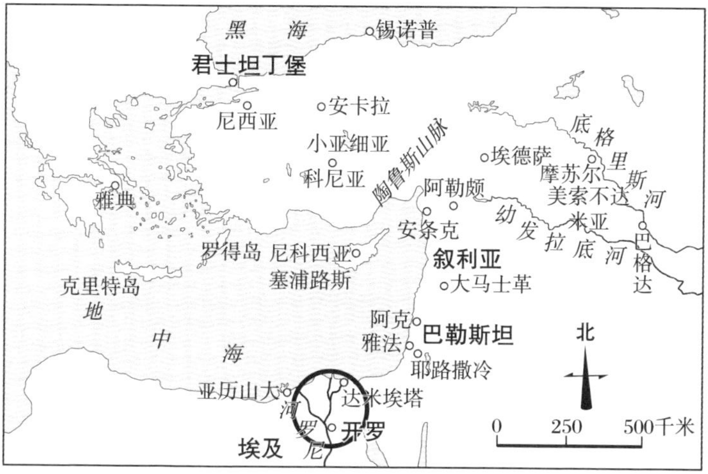

看到前面来救援的船队，十字军战士欣喜若狂

顺利攻陷达米埃塔的第七次十字军朝着开罗方向继续前进，不料麻烦接踵而至。

尼罗河并不是一条直接汇入大海的河流，下游地区是一片广阔的三角洲，纵横交错的运河和支流影响着每天的水流变化。昨天还是陆地的区域到了早晨就会变成一片沼泽，这种情况时有发生。

御敌迎击的埃及军队对这一带的地势早已了然于胸，而对于从来不曾见过如此广阔的三角洲的北欧士兵来说，因深陷困境补给中断而命丧于此也是理所当然。

热那亚的船员对尼罗河的情况同样不甚了解，但驾船技术却很高超。如果没有他们提供补给，第七次十字军的远征也许很早就会落下帷幕。

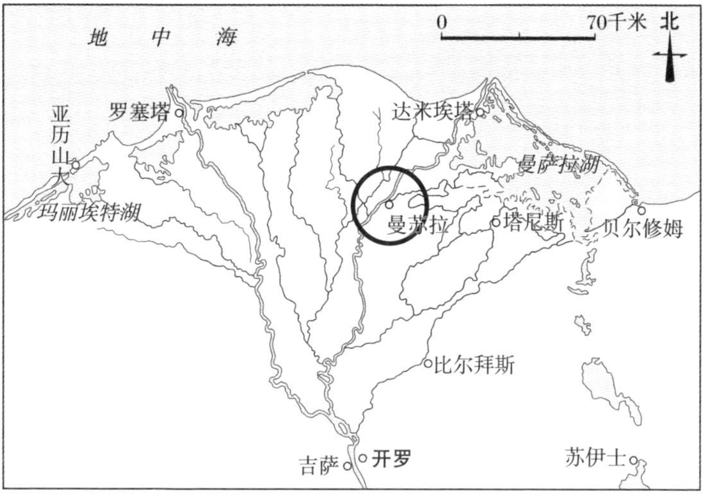

十字军在河边打捞阿尔图瓦伯爵和索尔兹伯里伯爵士兵的遗体

阿尔图瓦伯爵是法国国王路易的弟弟。在参加此次十字军的英国人当中，索尔兹伯里伯爵也是一位地位颇高的贵族。相比法国国王率领的大部队，两位伯爵率领的先行部队在位于达米埃塔和开罗之间的曼苏拉的攻城战中一败涂地，在不得已而为之的巷战中被埃及军队和当地居民围追堵截直至全军覆没。

曼苏拉是尼罗河沿岸的城市。获得胜利的穆斯林将阵亡的十字军战士的尸骸全部投入尼罗河之中。

尸骸漂流到下游就被打捞上来，最终以“殉教者”的名义安葬。

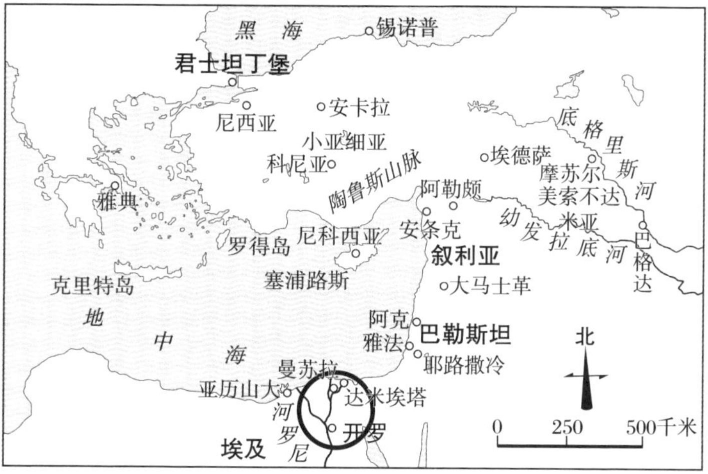

法国国王路易被俘

在曼苏拉吃了败仗的第七次十字军放弃进攻开罗，打算原路返回。然而却在撤退的过程中受到敌方攻击，法国国王路易被捕。另外国王的一位弟弟也被敌方俘虏，就连当初以一种无尚荣耀的自豪感加入十字军的众多贵族也落入敌手，十字军一时陷入无人指挥作战的窘境。

在西方基督教世界，法国国王是位一人之下万人之上的权威。而伊斯兰世界不仅俘虏了法国国王，还俘虏了王室全部成员，如此战绩怎能不让人欣喜若狂。

埃及苏丹将这些位高权重的战俘视为宾客一般安置在总司令的宅邸，并由伊斯兰世界管理女性战俘的宦官（阉人）负责监视。

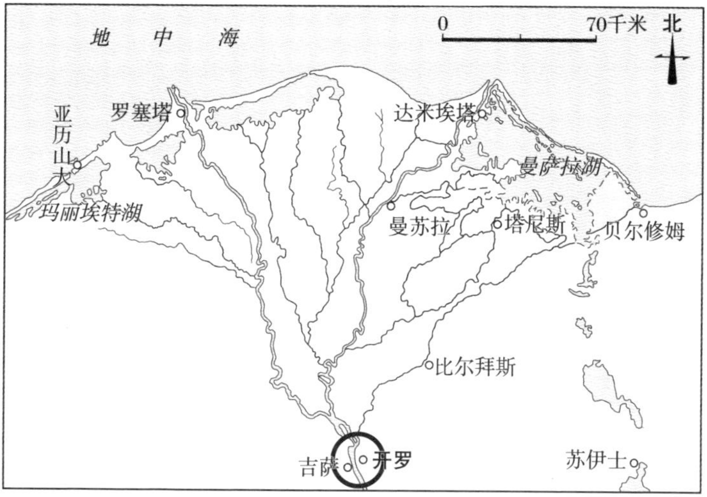

被押送至埃及的十字军战士

从军事角度来看，在敌人眼皮底下撤退本就不是一件易事。而第七次十字军中负责指挥作战的人都已经沦为敌方的俘虏，其部下的骑士们几乎尽数被俘。由于战俘人数众多，在激战中遭到毁坏的曼苏拉无法收容如此庞大的战俘群，只能将他们押送到开罗。

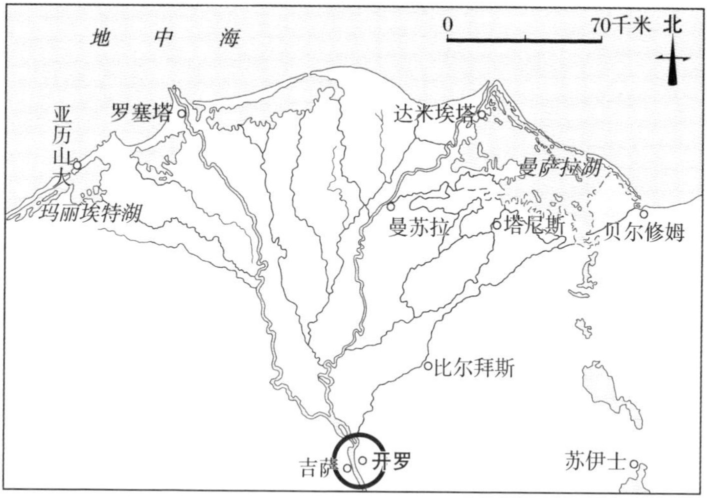

在埃及过着牢狱生活的骑士们

国王、国王的弟弟以及宫廷高官虽然沦为阶下囚，但还是被关押在与其身份相配的地方。其他俘虏则被关押在能够容纳他们的地方，毕竟人数达两万之多。

与十字军同行的神职人员在被俘之前的主要工作就是在战斗之前鼓舞士气，向阵亡的战士传达上帝的宽恕。如今沦为敌方俘虏，他们所做的就是抚慰战士内心的焦灼与不安。

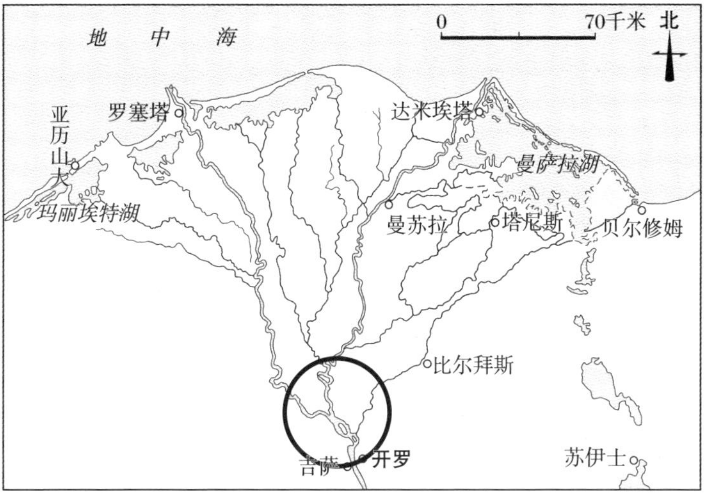

苏丹摩尔达姆之死

在和宗教毫无瓜葛的社会，失败可以引发内部关系决裂，而成功之后内部关系决裂的例子也不在少数。这一时期的埃及正处于后者所引发的危机之中。

此时的形势变动对于第七次十字军来说却是一件幸事。倘若可以支付巨额赎金，国王、国王弟弟还有诸侯就可以被释放。此外，国王还在此基础上额外附加了一个条件，就是要为其他俘虏调集并交付赎金。

俘虏们乘坐前来迎接的热那亚船只即将离开时，杀害了敌方负责交涉的苏丹。为了避免招惹麻烦，热那亚的船员自然迅速地扬帆起航。虽然取得了胜利但却无法把握胜利，在这一点上穆斯林和基督徒有着相似之处。

噩耗

关于第七次十字军惨败的消息最初是由几个随从传回法国的。身为骑士的主人被俘后，几位随从便失去立身之所，当他们乘坐热那亚船只返回法国后，立即向主人的家人传达了第七次十字军惨败的噩耗。

他们郑重而又准确地告诉人们，第七次十字军的战士全员被俘。

就这样，第七次十字军的远征情况自下而上在欧洲境内传播开来。

归来的十字军

不久之后逃过逮捕的骑士们纷纷回国，随后安茹伯爵和其他诸侯陆续回国。

随着他们的陆续回国，第七次十字军以惨败告终的真相很快传遍了整个西欧。

由于赎金还未全部交付，虽然已经恢复了自由但此时国王并没有返回法国。路易九世对战争策略不甚了解却有着高尚的品格，他表示如果不能看着部下恢复自由他是绝不会离开巴勒斯坦的。

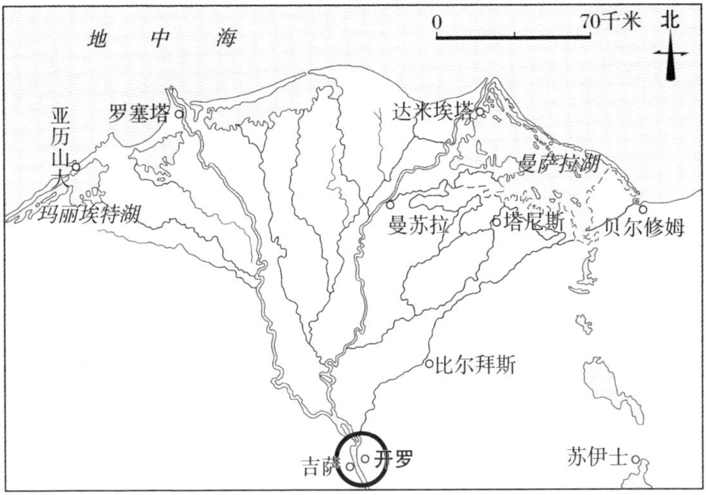

女苏丹

第七次十字军的惨败让西欧大为震惊，这一事件也对巴勒斯坦民众造成了深刻的影响，从护城墙上看到敌人就会战栗不止。

好在埃及境内的继承者之争可以让基督徒们暂且放松一阵。在伊斯兰世界女性地位较低，但这一时期的埃及极为混乱，女性俘虏竟然成为了国家的最高统治者苏丹。

虽然这一时期的混乱是日渐衰弱的国家的致命伤，但是作为战胜国这也是一个孕育新生力量的机会。中近东最强大的国家埃及的支配权由萨拉丁创立的阿尤布王朝移交给马木路克王朝。马木路克王朝是由奴隶出身的军人创立的，所以又称“奴隶王朝”。

马木路克王朝苏丹的暴虐

阿尤布王朝的苏丹遵守着只要投降就可活命的约定，然而马木路克王朝的苏丹并没有遵守这一约定。说起来，狮心王理查才是创造先例的人。

马木路克王朝的苏丹之所以会对地中海沿岸的十字军城市采用如此强硬的态度，是因为在他看来由于第七次十字军的惨败，西欧援军无法在短时间内到达。

在这种形势下，基督徒们历经200多年建立起来的城市、要塞、农田都划归到伊斯兰势力之下。但是，在伊斯兰一方看来这只不过是把失去的土地收复而已。

“圣路易”之死

从东方传来的关于巴勒斯坦圣城困境的消息让信心满满的法国国王路易九世决定再一次率领十字军东征。于是就出现了第八次十字军。

登陆地点定在突尼斯。在击败了这一地区的伊斯兰势力后，十字军确立了通过陆路前往埃及的目标。第八次十字军依然由法国国王率领，西欧各地的贵族纷纷响应，此次的军队阵容丝毫不输第七次。出发地和上次相同，仍然是法国南部的艾格莫尔特。当然，第八次十字军的远征获得了罗马教皇的许可。

但是，由于登陆后不久国王就与世长辞，路易九世的弟弟便和突尼斯最高指挥官缔结条约，十字军一方主动撤退，第八次十字军就这样草草收场。这也是西欧势力最后一次以十字军形式进攻伊斯兰世界。

随后，路易九世被纳入圣人之列，称作“圣路易”。

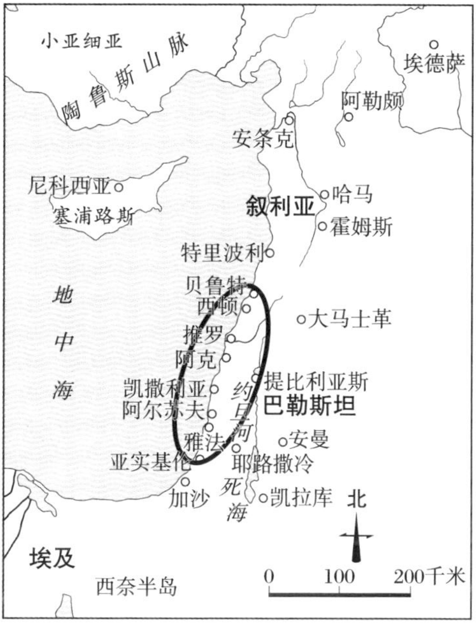

绝地反击的人们

第八次十字军以失败告终，西欧的援军短时间内无法到达，而巴勒斯坦一带的十字军势力却没有放弃战斗。或许应该说他们处于一种想放弃却又无法放弃的状态。

这些人或者跟随十字军或者以朝圣之名来到这里并且定居下来，经过200多年这里的土地早已成为他们自己的土地，如果离开这里他们不仅会失去土地同时也将无国可归。

此外，为了从穆斯林手中夺回圣城而创建的圣殿骑士团、圣约翰骑士团以及条顿骑士团这三大宗教骑士团的团员如果返回西欧，就失去了存在的理由。

面对马木路克王朝伊斯兰军队的猛烈攻击，这些基督徒们发起了绝地反击。

留在战场上的神职人员

虽然西欧的王侯们选择放弃，但是正因为是十字军发起者，所以基督教会依然留在巴勒斯坦的基督徒身边。

说起来，耶路撒冷已经不在伊斯兰的控制之下。耶路撒冷的牧者也长期驻扎在唯一留有基督教教会的阿克，所谓的牧者也只剩下虚名而已。但凡和伊斯兰一方进行战斗修士必定同行，但仍以失败告终。穆斯林宣称“要把基督徒一个不剩地全部扔进地中海里”，这样的豪言壮语逐渐变为现实。

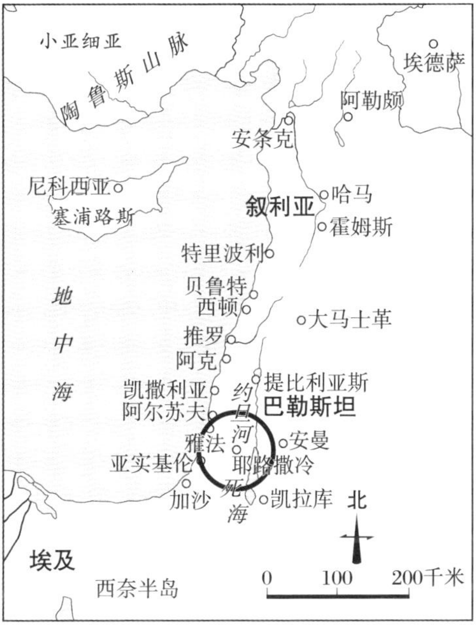

被遗弃在异教地区的圣墓教堂

公元1291年，十字军东征终于落下帷幕。东方的基督徒最后的安身之所阿克也在猛烈的攻势下落入敌方之手。此时距离第一次十字军已经过去了200年。

古斯塔夫·多雷没有描绘阿克城沦陷时的凄惨情景。对于基督徒来说，这种深刻的哀痛是无法忘却的。

另一方面，在基督徒离去后保留下来的圣墓教堂建立在基督墓之上，在基督徒心中是至高无上的圣地。关于这一段历史，多雷只描绘了圣墓教堂的情景。毫无疑问，他的这种想法一定会引起大多数基督徒的共鸣。

追念亡者

此时距离第一次十字军的成功已经过去了200年，在曲折中求生存的十字军国家最终难逃灭亡的命运，欧洲人必定会因此感到悲痛。

站在信心满满的基督徒的立场来看，倘若追逐耶稣足迹的朝圣之旅难以成行，那么就无法获得朝圣所带来的免罪。由此产生的悲痛和恐惧让他们不得自由。

罗马教廷迫切需要对策来解决眼下的恐慌。于是决定，无论是去罗马朝圣还是去耶路撒冷朝圣都会获得上帝的宽恕。

这就是延续至现代的“圣年”的开端，所谓“圣年”是指前往罗马朝圣的人数激增的年份。

十字军国家在1291年灭亡，最初的“圣年”是1300年。

聆听归乡老兵讲述故事的孩子们

东方的十字军国家灭亡之后，向西欧人讲述往日荣光和悲惨的就只有苍老的十字军士兵了，那些故事里饱含着他们对过往的追忆。

遗憾的是聆听这些故事的除了女人就是孩子，其他人对这段历史的关注逐渐淡漠。

旅行家萨努德将东方地图赠予教皇

这位若望二十二世是14世纪前半叶的一位教皇。十字军国家灭亡后不久，基督徒始终无法放弃返回东方的梦想。

令人惋惜的是罗马教皇的势力日渐衰弱。另一方面，西欧各国开始在欧洲内部积蓄实力，掌权者对十字军并不关心。

然而，西方和东方之间的交流在这一时期并没有中断。虽然宗教、军事失去了应有的作用，但经济层面的往来却因此成为这一时期的主导因素。

其中威尼斯人的经济头脑最为出众，就连朝圣行为也被商业化，我曾在《海都物语》称其为“朝圣旅行套餐”。

此时的西方正在迈向文艺复兴时代。

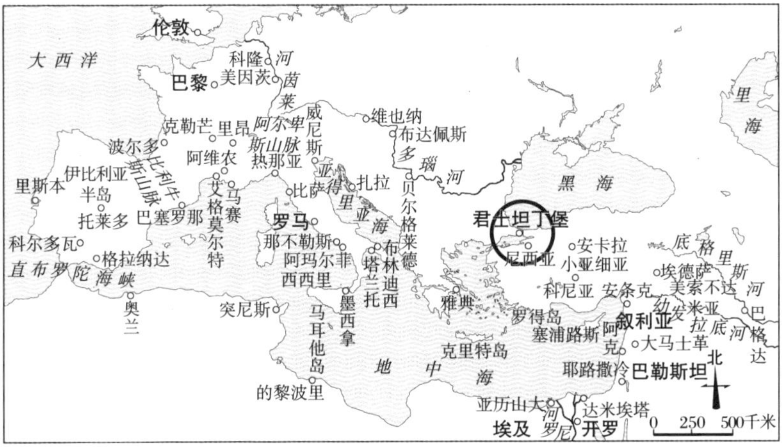

面对塞尔柱军队的侵犯，皇帝帕里奥洛格斯主张抗战到底

公元1453年，或许奥斯曼土耳其帝国感觉时机已到，于是下令向拜占庭帝国发起进攻，企图将其毁灭。历史上有名的君士坦丁堡攻防战拉开了序幕。

当时的君士坦丁堡是一座可以自由进行交易的城市，任何国家的人都可以在此居住。前来攻陷这座城市的是已经成为伊斯兰世界盟主的塞尔柱苏丹。阿拉伯人和塞尔柱人选择离开，留下来战斗的就只有基督徒。

拜占庭帝国的首都君士坦丁堡由号称当时最坚固的三层城墙牢牢守护。

穆罕默德二世在君士坦丁堡城前鼓舞士气

说起同基督教世界相对抗的伊斯兰英雄，萨拉丁首屈一指，接下来要数穆罕默德二世。

这位 20 岁的苏丹决定攻陷拜占庭帝国的君士坦丁堡，于是便在君士坦丁堡攻防战中投入了 16 万兵力。

相比强悍的军队阵容，在攻陷拜占庭帝国首都的战斗中发挥关键作用的竟是前所未闻的大炮。发明者是来自匈牙利的基督徒，但却一直为拜占庭帝国所用，这件事让穆罕默德二世极为震怒。从巨大的炮口射出的硕大石弹击破了坚固的三重城墙。

拜占庭帝国的最后一位皇帝被闯进城内的敌兵斩首，壮烈牺牲。

摩尔人最后的国王撤离格拉纳达

进入中世纪后之前很快就被伊斯兰一方收入囊中的伊比利亚半岛在漫长的岁月中逐渐转移到基督教势力之下。1492 年，随着以摩尔人为主导的王国的最后一座城市格拉纳达的沦陷，伊比利亚半岛彻底归属于基督教一方。

在叙利亚和巴勒斯坦基督徒被驱逐，而在伊比利亚半岛穆斯林也无立锥之地。对于当时的欧洲人来说，眼下的形势和 40 年前君士坦丁堡沦陷时如出一辙，仍旧是基督教和伊斯兰教之间的争斗。

此时已进入文艺复兴时代。格拉纳达沦陷当年，热那亚的哥伦布迈出了发现新世界的第一步，大航海时代由此开启。

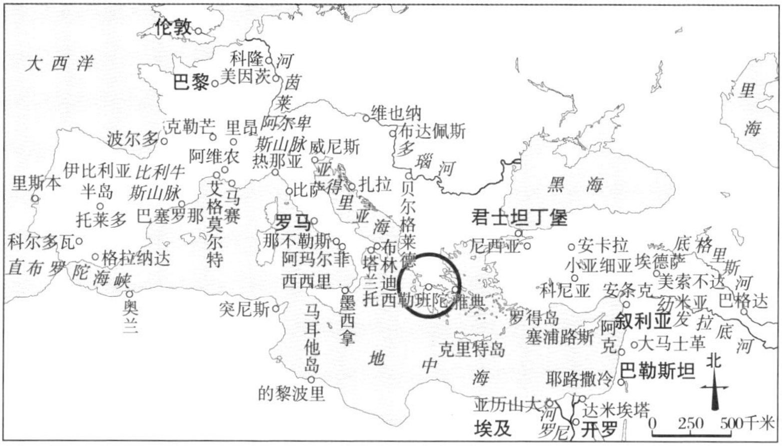

勒班陀海战

从源头上说，君士坦丁堡归属于欧洲。奥斯曼帝国攻陷了君士坦丁堡，灭亡了拜占庭帝国，之后转而进攻西方。

此前进攻东方，御敌迎击的是穆斯林，到了这一时期即 15 世纪后半叶，御敌迎击的则换作基督徒。

基督教一方和伊斯兰一方之间有过多次战斗，说起决定历史的战斗任何一场战斗都无法和勒班陀海战相提并论。基督教的联合舰队在这场海战中大获全胜，并且阻止了伊斯兰势力向西转移。

在勒班陀海战中，一方是十字架，另一方是印染着《古兰经》经文的军旗，双方均以宗教之名集结于此。

此时是公元 1571 年，距离第一次十字军东征已经过去了将近 500 年。

见识城邦

更新知识地图　拓展认知边界

十字军的故事

上

[日] 盐野七生 著
万翔 译

中信出版集团 · 北京

图书在版编目（CIP）数据

十字军的故事：全四册 /（日）盐野七生著；万翔，
杨思敏译 . -- 北京：中信出版社，2017.10（2024.9重印）
ISBN 978-7-5086-7805-4

Ⅰ . ①十… Ⅱ . ①盐… ②万… ③杨… Ⅲ . ①十字军
东侵—历史 Ⅳ . ① K56

中国版本图书馆 CIP 数据核字（2017）第 151857 号

YUUJIGUN MONOGATARI 1.2.3. by NANAMI SHIONO

Original Japanese edition published by SHINCHOSHA Publishing Co., Ltd in 2010, 2011.
Chinese translation rights arranged with SHINCHOSHA Publishing Co., Ltd

十字军的故事（全四册）

著　　者：[日] 盐野七生
译　　者：万 翔　杨思敏
出版发行：中信出版集团股份有限公司
（北京市朝阳区东三环北路27号嘉铭中心　邮编　100020）
承 印 者：河北鹏润印刷有限公司

开　　本：880mm×1230mm　1/32　　印　　张：42.25　　字　　数：686 千字
版　　次：2017 年 10 月第 1 版　　印　　次：2024 年 9 月第 8 次印刷
京权图字：01-2015-4243　　书　　号：ISBN 978-7-5086-7805-4
审 图 号：GS（2024）2335号（本书插图系原文插附地图）
定　　价：148.00 元（全四册）

服务热线：400-600-8099
投稿邮箱：author@citicpub.com

目　录

上

第一章

“这是神所期望的”

当人们试图一举解决各种难题时，脑海里首先浮现的念头就是发动战争。在接见手持拜占庭帝国皇帝求援信来访西欧的特使之后，罗马教皇乌尔班二世大概也是这样想的吧。

史称东罗马帝国的拜占庭帝国，是以基督教为国教，统治罗马帝国东半部的大国。然而，由于7世纪上半叶发源于阿拉伯半岛的伊斯兰教势力侵入，帝国丢失了包括叙利亚、巴勒斯坦、埃及和北非在内的广大地区。此后到11世纪末，穆斯林军队已经逼近了首都君士坦丁堡，驻扎在从首都乘小船即可到达的小亚细亚地区。

虽然同属基督教信仰的希腊正教会①与罗马天主教会之间摩擦不断，当穆斯林到达君士坦丁堡只有三天距离之处时，就容不得任何教理争论的空闲了。作为东方希腊正教会首领的拜占庭帝国皇帝，不得不低三下四地乞求西方罗马天主教会的首领教皇，尽快派遣抵御穆斯林的援军。

事实上，这不是拜占庭帝国第一次向罗马教皇求援。此前拜占庭帝国已经几次向西欧求助，但都没有得到回应。而到11世纪末，坐在梵蒂冈宝座上的教皇，是来自著名的克吕尼修道院、代表天主教会改革派的乌尔班二世。

乌尔班二世出身于法国香槟地区贵族之家，在法国的克吕尼修道院接受教育。作为很早就受到修道院上层瞩目的青年才俊，他获得了

---

① 希腊正教会，325年尼西亚会议以后，以君士坦丁堡为中心的东部教会和以罗马为中心的西部教会之间，因政治、经济、文化上的差异，矛盾逐渐尖锐，1054年终于酿成东西教会大分裂。

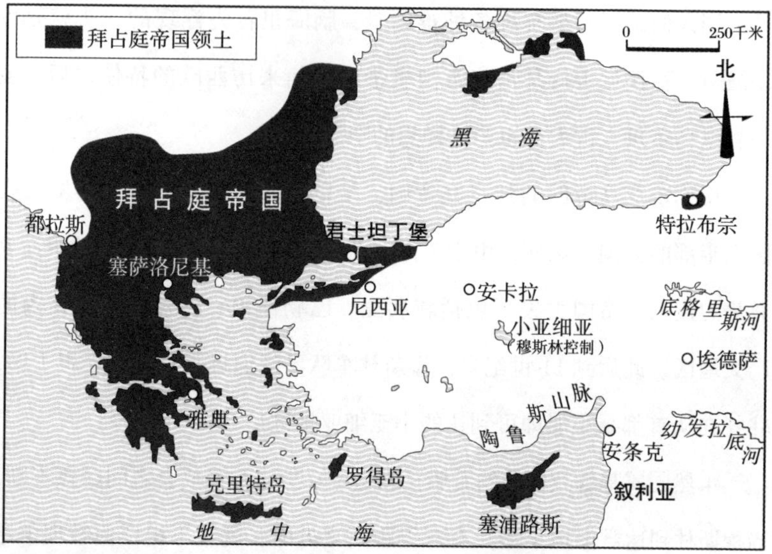

第一次十字军东征前的拜占庭帝国

随院长一同前往罗马觐见的殊荣。此时的罗马教皇是格列高利七世。教皇也非常欣赏这位聪慧的年轻僧侣，加上格列高利本人也出自克吕尼修道院，于是将乌尔班从法国调到意大利工作。

乌尔班二世36岁时被任命为罗马附近奥斯提亚的枢机主教，之后他逐渐作为教皇的代表，出入于神圣罗马帝国皇帝、各国国王和各大诸侯的宫廷。到公元1088年，46岁的他被选为教皇。7年之后，正是这位乌尔班二世教皇首先提出了十字军东征的动议。

然而，作为改革派的教皇，与发动战争有什么关系呢？

在克吕尼修道院学习的经历，可能是乌尔班二世得到前任教皇格列高利七世重用的原因。由于自己属于改革派，乌尔班自然会推行本派别的观点，格列高利也不会隐瞒对他的支持。

那么，当时的改革派教士，究竟做了哪些改革呢？

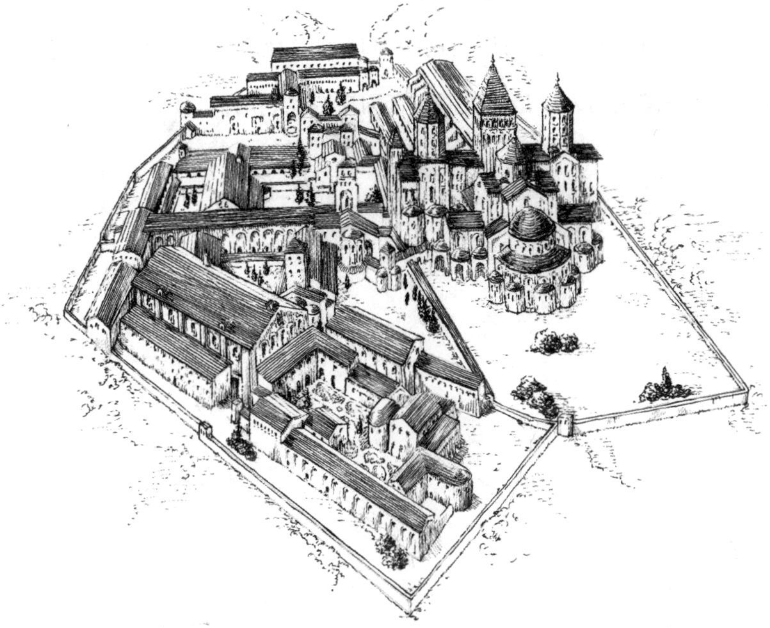

克吕尼修道院（11—12 世纪）

如果考察对在贫困中挣扎的基督徒的扶持，就要等到一个世纪之后的圣方济各了。

在此之前百年的天主教会上层所做的改革，是建立在神职人员的领导下，将上帝所托付的人间各种恶行逐一解决的信念。若秉持这一立场，则在罗马教皇之前开辟道路的神圣罗马帝国皇帝和西欧各国国王，有以上帝在人间的代理人罗马教皇的名义，驱逐和惩罚基督教世界的敌人的权力和责任。平心而论，不仅宗教一个方面，在整个基督教世界的全部事务中，居于顶点的罗马教皇都指导着整个天主教会，而世俗君主们只要忠实地执行其命令即可。

借用后世历史学家的话，这时出现了“社会修道院化”的现象，而反抗这一潮流的人，是神圣罗马帝国皇帝亨利四世。

“卡诺萨之辱”

公元1077年东西方历史教科书上以“卡诺萨之辱”而著名，此事令西欧的善男信女为之惊愕。由教皇格列高利七世反对皇帝亨利四世的人事任命而发端，教皇最终对无视教皇反对意见的皇帝处以开除出教会的绝罚。

绝罚的威力在于，受绝罚者所有的社会关系必须从此将其视为基督徒的敌人。由于中世纪西欧人信仰的深刻，家臣和兵士自然就离开了受到绝罚的主人。因此，绝罚就意味着被整个社会全面地流放。

即使是年轻气盛的亨利四世，也在绝罚的重压之下最终屈服了。

从德意志秘密进入意大利的亨利四世，一个人来到教皇驻跸的卡诺萨城堡门前。身穿粗布服装、赤裸双脚的亨利四世，伫立在连续下了一个月的大雪中，只为了乞求教皇原谅自己的罪过。

卡诺萨城堡是在意大利中部拥有广大领地的玛蒂尔达伯爵夫人居住的城堡，夫人以同情改革派而广为人知。城堡中的广场上遍布着熊熊燃烧的火炉，把城堡炙烤得温暖怡人。城中寓居着洋洋得意的57岁的教皇格列高利七世。与此同时，城堡内每个人都可以看到窗外雪地中一个人站立着的27岁的年轻皇帝。

这次“卡诺萨之辱”是将教皇的权威与权力展现在西欧全体基督徒面前的一次大事。事件最终以教皇同意解除绝罚而告终，成为教皇在世俗权力面前的一次大胜利。

然而，之后的事件在历史教科书中就没有记载了。此后的8年是亨利四世不断清除格列高利七世权势的8年。对于一名年轻气盛的男子来说，虽然在众人面前受辱不能说是聪明的做法，却也表现了他在格列高利七世面前坚强的意志和政治手腕。

虽然后来格列高利七世被罗马教会列为圣人，他却在匆忙逃离梵蒂冈宝座之后孤独地客死在意大利南部的萨勒诺。

至死之时，这位教皇留下了“我热爱正义，憎恨非正义，因此遭到流放而死”的话。然而，格列高利口中的“正义”，不过是凌驾于整个天主教会之上的罗马教皇宝座而已。

继格列高利之后成为罗马教皇的维克多三世尽管性格温厚，仍不能与神圣罗马帝国皇帝改善关系，上任两年之后郁郁而终。此后选出的教皇就是乌尔班二世。公元1088年春天，这位当选教皇的修士年仅46岁。

身为整个天主教会领导人的罗马教皇，在中世纪时并没有现在的教皇每星期日到聚集着信徒的梵蒂冈圣彼得广场，宣讲如何和平而正直生活的那种安逸。

所谓中世纪，说好一点儿是群雄割据，而实际上则是完全凭实力说话的没有秩序的时代。作为上帝在人间代理人的罗马教皇，并无法保证自己过上安逸的日子。

格列高利七世死在南意大利的萨勒诺，而乌尔班二世被选举为教皇的地点，也在萨勒诺附近的小城特拉齐那。在那个特殊时期，教皇的死也好，通过选举成为教皇也好，都只能在罗马之外了。当时亨利四世只有38岁。这位不能忘记卡诺萨之辱的神圣马罗帝国皇帝，在依靠军事力量驱逐格列高利七世的同时，为了造成教会内部的分裂而选出了与之对立的教皇，并自此制定了瓦解罗马教皇权威的策略。

然而，经过考虑之后，乌尔班二世公然自称为格列高利七世的继承者，他采取的对策可谓巧妙。与亨利四世以在雪中伫立而取胜相比，乌尔班让对手很容易就陷入无法出手的状态，最终战胜了对方。而他的策略就是去拥有对手拥有而自己没有的东西——军队。

罗马教皇是不允许拥有军队的，因此他们只有利用他人的军事力量。而乌尔班二世利用的这个“他人”，就是一直试图驱逐亨利四世、救援格列高利七世的南意大利的诺曼王朝。附带说一句，格列高利七世去世之地萨勒诺和乌尔班二世被选为教皇的特拉齐那，都位于统治南意大利和西西里岛的诺曼人统治下的地区。

即位教皇的乌尔班二世与200年前从穆斯林手中夺回西西里地区的诺曼王朝关系非常紧密。而枢机主教群集的公会议也并没有在亨利四世支持的对立教皇克力门三世所在的罗马召开，却选择了诺曼人控制下的特拉齐那。

此外，乌尔班二世在上任之后 8 个月才得以在诺曼兵士的簇拥下进入罗马。而这时他还只能在罗马城外的台伯河中的小岛上短期居住，不能接近圣彼得大教堂和教皇的宫殿拉特兰宫。因为当时这些天主教会最重要的设施还处在亨利四世和对立教皇克力门三世的控制下。

罗马教皇从四世纪开始，就一直居住在率先承认基督教的君士坦丁大帝所赠送的拉特兰宫中。而乌尔班二世成为了第一位无法踏足拉特兰宫的教皇。这就是天主教会最高领袖在法国号召十字军东征之前的实际处境。因此，教皇所面临的第一道难题，是如何在神圣罗马帝国皇帝的强大实力面前维持自己的权威。

然而若论起在此时的政治迷局中生存，无论是皇帝、国王还是诸侯，都比不上教皇的消息灵通。毕竟在整个基督教世界教士遍布，而主教则在各个教区有效统率着他们。在君主近前必然活跃着他们的忏悔神父。因此，教皇可以通过联络各个地区枢机主教，直接控制修道院。而各地的修道院又是当地经济生产的枢纽。

如果枢机主教不驻在罗马，而在各个教区往复移驻，从这些地区产生的各种信息就可以通过他们逐渐汇集到教皇身边。为主教收集信息的人包括商人和僧侣，而在中世纪，这两种人的信息是最为可靠的。而商人和僧侣之间又有着非常紧密的联系，因为两者往往是同一商业

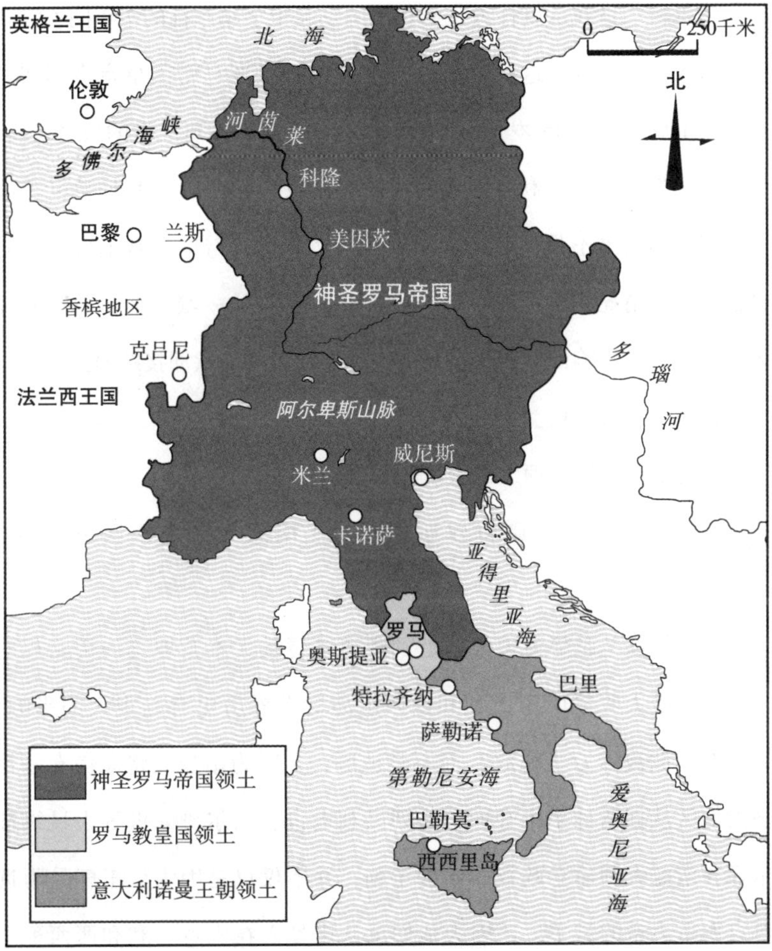

神圣罗马帝国、罗马教皇国和意大利诺曼王朝的领土（11 世纪末）

行为的买方和卖方。由于存在这种情况，从大范围的策略运用来看，谁也不如教皇的位置有利。而且与世俗君主相比，教皇身边拥有更多博学之士。

乌尔班二世在从就任教皇到在法国发起十字军东征的7年间，完全不曾踏入罗马一步。这段时间内，38岁的神圣罗马帝国皇帝亨利四世进入了不惑之年的45岁，但他丝毫没有改变对乌尔班二世的敌对策略。尽管此间教皇在意大利各地辗转往来，这位头脑明晰的基督教世界改革者却因为情报不足，始终未回到罗马。毕竟，与世俗君主仅仅关心自己领土的情况相反，教皇的心中并非只有罗马一城一池，而是心怀天下。因此，影响此后整个世界的大事件在当时的欧洲接踵而至。

诺曼人征服英格兰——1066年。

由此引起了欧洲西北部全境的大变动。

另一部分诺曼人则将穆斯林赶出了南意大利和西西里岛——1072年。

由于伊斯兰教势力曾经迫近到距离基督教大本营罗马一周路程的地区，诺曼人收复南意大利和西西里岛对世界历史有着很大的影响。此事在欧洲被称为“解放”而不是征服，是因为诺曼人将原信奉基督教的地区从穆斯林手中夺回。格列高利七世、乌尔班二世等人最终都依靠在南意大利建立政权的诺曼王朝，并不仅仅是因为该王朝是附近具有军事力量的君主，还因为他们承认诺曼人在南意大利和西西里等地击败穆斯林的功绩。

“卡诺萨之辱”——1077年。

对教皇和皇帝权限范围的争议，并未随着这一事件的结束而解决。而乌尔班二世在此后陷入了在法国与皇帝亨利四世斗争的居无定所的

15 年流亡岁月。改革派教皇在卡诺萨所采取的强硬政策，使自身吞下了恶果。根据学者的研究，乌尔班比格列高利更善使政治手腕。他不仅通过借助诺曼人的军队，使用了其对手亨利四世所拥有的力量——军事力量，还通过施展仅为教皇自己拥有而皇帝不具备的力量来削弱皇帝。毕竟，无论拥有再强的军事力量，当时的神圣罗马帝国皇帝无法自称拥有上帝授予的君权。

收复托莱多——1085 年。

当亚平宁半岛南部受到 8 世纪伊斯兰教势力急剧扩张影响的同时，伊比利亚半岛绝大部分也被穆斯林占领。随着此后 200 多年间伊比利亚半岛上基督教国家的“再征服”（Reconquista）过程，到 11 世纪末，基督教势力重新占据了西班牙中部地区。对中世纪基督徒来说，这条西班牙战线是抵御伊斯兰的“圣战”。毕竟，西班牙的基督徒在进行着为守卫朝圣者数量不亚于耶路撒冷与罗马的圣地亚哥 - 德 - 孔波斯特拉圣城的斗争。在 200 年历史的十字军东征中，没有一个西班牙人前往东方。毕竟，先在自己家门口完成“圣战”，才有到此外的地区参加“圣战”的空闲。

基督徒在意大利成功驱逐穆斯林，无疑令罗马教皇喜出望外。而西班牙并未派出一兵一卒响应教皇提出的十字军东征。伊比利亚半岛“再征服”运动带来的热忱，在西班牙人和比利牛斯山以北的一部分法国人心中涌动。而欧洲全体基督徒心中的热情，也就由此可见一斑了。

呼吁“圣战”

1094 年秋天，乌尔班二世驻在意大利中部的比萨。教皇一行从此地出发，经佛罗伦萨前往意大利北部的皮亚琴察。到达皮亚琴察之后，格列高利七世派的主教，也就是赞同基督教世界改革的派别，召开了公会议。

所谓公会议（Synodus）与近代国家的国会相似。作为天主教会的重要决策机构，公会议根据格列高利七世的宣言，宣布教会不仅对信仰方面的问题，也对天主教信徒的生活负有全面的责任。教皇在皮亚琴察分别接见了前来诉求其夫婚外恋情的王妃，以及在伊斯兰教威胁下乞援的拜占庭皇帝特使。

乌尔班二世在当年整个冬天都驻在皮亚琴察。春天到来以后，教皇一行翻越阿尔卑斯山，前往法国，沿着罗讷河向北，最终到达克吕尼修道院。乌尔班生长在香槟地区的田园，少年时期在古都兰斯度过，青年时在克吕尼修道院学习。相比为了避开皇帝军队而不得不过着居无定所生活的意大利，法国自然是非常适合他的居住地。因此他在法国广袤的土地上自由旅行。而乌尔班的周游法国，其实是为当年 11 月在克勒芒召开的公会议做准备。

公历1095年11月于法国克勒芒召开的公会议的主要舞台，并不在室内，而在室外。因为教皇乌尔班二世要在大教堂前对着广场上密密麻麻的民众直接开讲。

此次演讲的真实内容没有保存下来。但参照编年史家遗留下来的记载，教皇的“呼吁”可以分为上下两部分。这位出自克吕尼修道院的53岁僧侣，在决定其毕生成就的克勒芒，向全体听众发出了强有力的声音。

首先，教皇在前半部分的开篇抨击了当时基督教世界道德沦丧的状况。在批评违反上帝教导的利己行为横行于世之后，他斥责道：如果对此放任下去，上帝的愤怒最终会临到人间。因此，为了避免社会继续堕落下去，他提出了“上帝的休战”，即基督教信徒之间永久休战，不再为领土的保全或扩张而彼此争斗。

在演讲前半段非难基督徒的乌尔班二世，到后半段就将话锋对准了异教徒。他指出，在实现基督徒之间休战的同时，对基督教世界来说最重要的，就是向不断求助的东方的基督徒“兄弟”施以援手。此言既出，教皇接着说了如下的话：

> 穆斯林在地中海扩大其势力，攻击、杀戮你们的兄弟，贩卖基督徒为奴。他们破坏教堂，并把教堂变为清真寺。我们再也无法容忍他们的暴行。现在就是对他们展开斗争的时候了。因此，我们要继续伸张正义。

这一号召并不是来自我个人的命令，而是主耶稣的命令。向那里前进吧！与异教徒斗争吧！如果你们命丧沙场，就可以使先前的罪孽得到完全的赦免。我在此以上帝所授予的权力，向你们明确这一点。

昔日的盗贼，要变成基督的战士；过去兄弟和亲属间争斗所产生的怨恨，要在与异教徒斗争的时刻化为乌有。只有少许薪水，靠无聊的工作打发时日的人，现在也可以依靠参加上帝所祝福的事业，得到永久的报酬了。

这次出征是绝不能推迟的。请各位暂时回到家中，当冬去春来之后，在主的引导下开始向东方进军。这是为了上帝的期待，成就神圣的责任。

台下的听众无不深受感动，他们自然为“这是上帝的期望”（Deus lo vult）这句话人声鼎沸。在巨大的欢声中，有一位志愿参加“圣战”的人，在演说刚一结束就冲到教皇面前。他跪伏在教皇身前，大声发誓要参加远征。

此人是勒布伊的主教阿德马尔，在演讲前的克勒芒公会议中受到过教皇的召见。此外，图卢兹伯爵圣吉尔未能出席克勒芒公会议，但他来信告知教皇自己将参加远征。这位伯爵曾经在西班牙与穆斯林作战，并在公会议前准备时与教皇会晤。

虽然公元1095年的克勒芒公会议上教会正式决定了向东方的远征，

西欧基督教世界与穆斯林世界（11 世纪）

但这一阶段所决定的议题只有以下三点：

一、在基督徒之间，全面实现“上帝的休战”；

二、参加十字军的全体成员，在胸前和背后都戴上红布做的十字印记；

三、向东方出征的时间是次年（1096 年）的圣母马利亚升天节（8 月 15 日）。

至于十字军全体成员要在胸前和背后都戴上红布做的十字印记这

一点，乃是因为十字架代表基督徒，而选择红色则是表示为了基督流血牺牲的觉悟。“十字军”的名称，就是由此开始的。

在此之前去圣地巡礼的人，大都拿着一个顶端带有十字型的手杖，而这一次，前往圣地的基督徒手中拿着的则是各种武器。

一神教的“朝圣”是一种赎罪，也就是说，通过朝圣，可以将日常生活中所犯下的各种罪过一笔勾销。对于信徒来说，要尽到这个毕生的责任，基督徒应当去耶路撒冷，穆斯林应当去麦加朝圣。

因而对中世纪欧洲的基督徒来说，十字军东征也是一次朝圣。但这是伴随着武力而进行的。

在克勒芒公会议的阶段，没有留下教皇关于“解放耶路撒冷”说法的记载。乌尔班二世的考虑，恐怕首先是结束欧洲各个世俗君主之间的战争，实现“上帝的休战”。

但是纵观人类历史，事实往往是战争一波未平一波又起。所谓世俗君主间的休战，只在当今西方国家之间的权力与能力之下得以实现，其他时候从未有过。十字军向东方进军，同时在本国休战，在“上帝的”旨意之下是有可能实现的。因此“解放耶路撒冷”对当时的基督徒来说不是别的，而是“大义”与“名分”使然。

如果将身居高位的神职人员所特有的委婉说法完全除去，我们可以这样理解教皇乌尔班二世在克勒芒的演说的精华部分：

将此前西欧基督徒之间的争斗，带到东方去，引起基督徒战士对穆斯林敌人的斗争。这样做的本意，无疑是把解放耶路撒冷之类的话，以并不直白的方式说出来。神职人员和信众之间相互理解的关系，是我们现代人所不能想象的。

尽管如此，“夺回圣地”“解放圣地”之类的口号，也不能仅仅作为口号来理解。

无论如何当时整个西欧的基督徒都热情高涨，即便是有并不热心的人，也难以反对十字军的东征。此外，一旦东征成功的话，作为发起人的罗马教皇的权威将急遽增长。

乌尔班二世布置了一个大棋局。前任教皇格列高利七世为了夸示自身的权威，让皇帝亨利四世在雪中伫立了三天三夜，自身也饱尝强硬政策带来的恶果。而乌尔班二世则通过将数以十万计的军士派往东方，以武力夺回耶路撒冷的方式显示了凌驾于全体世俗君主之上的领导能力和教皇的权威。

十字军的诞生

其实，无论是乌尔班二世也好还是别的谁也好，在11世纪将穆斯林的所谓暴行当作十字军出征的理由，都是非常勉强的。

伊斯兰教把去麦加朝圣当作最重要的事件，这大致上与基督徒去耶路撒冷朝圣是类似的。

有时穆斯林的确做出了一些针对基督徒的暴行。例如1008年起的9年间，埃及的哈里发阿尔－哈基姆破坏了耶路撒冷的基督教圣墓教堂。但这一事件距离克勒芒公会议已有90年之久。

在此之后，包括耶路撒冷在内的巴勒斯坦一带处于塞尔柱突厥人的控制之下。近些年开始，信奉伊斯兰教的勇猛的突厥人偶尔会袭击从欧洲前往耶路撒冷朝圣的基督徒团体，并且越过拜占庭帝国的边境线，强夺领土。但总的来说，在伊斯兰教统治下的中近东地区，并没有发生导致西欧基督教世界一片悲愤之声的针对朝圣者的大屠杀。

当然，在毫无法律与秩序的中世纪，到圣地巡礼意味着从欧洲到中近东的漫长旅行。不用说常有遭遇强盗袭击的危险，在长途旅行中跌落悬崖、溺毙河中，或是病倒在途中的情形也是时有发生。由意大利商人资助修建的耶路撒冷朝圣者专用的医疗设施，须得到穆斯林的认可，并在伊斯兰教的统治下得以经营。

而在乌尔班二世的克勒芒演说中提到了居住在东方不断求助的基督徒兄弟。关于这一点，教皇所说的“东方”指的是还未被穆斯林征服的拜占庭帝国的领土，即希腊正教徒所居住的地区。东方的基督徒在伊斯兰教统治下多有改变宗教的人，但并非全体变为穆斯林。虽然有一些基督徒作为异教徒被杀，还是有相当数量的基督徒和犹太人居住在 11 世纪的中近东地区。

毕竟东方的统治者，穆斯林的领导人，并未威胁这些异教徒的生存。但是他们受到种种制约的限制，成为当时社会中的二等公民。一种称为“吉兹亚”的“异教徒税”也是基督徒和犹太人需要履行的社会义务。

关于伊斯兰世界对异教徒的种种制约和“吉兹亚”的详细情况，在《罗马灭亡后的地中海世界》上卷（中文译本已由中信出版社出版。——编者注）中有详细的描述。请参照该卷相关内容。在此不再赘述，以免偏离本文的主题。

虽然征收“吉兹亚”税代表了对伊斯兰教以外宗教信仰的承认，并成为穆斯林所称颂的“伊斯兰的宽容”的写照，在中近东居住的基督徒与穆斯林之间，还是无法形成相互对等的共生关系。

在伊斯兰统治的区域，禁止基督教堂的钟鸣响，也禁止基督徒乘马出行，而在同一条道路上，基督徒必须在一端等待穆斯林通过之后再经过。这就是在两者共生的情况之下，殊为不平等的局面。

称为“吉兹亚”的人头税，从伊斯兰教的角度来说，是穆斯林统治者保护异教徒的代偿，而实际上则是宽容异教存在而征收的税金。

相形之下，在西方天主教世界，却是连异教徒的存在都无法容忍的。因此在那个时代，东方的希腊正教基督徒甘愿缴纳着代表二等公民身份的“吉兹亚”税金。300 多年的岁月中一直生活在伊斯兰世界的基督徒，大都对此习以为常了。

因此这些人一直没有接受西方的罗马教皇援助、“解放”自己的要求。而邀请教皇派遣援军的，是希望收复曾经占有的中近东失地的拜占庭帝国皇帝。

教皇乌尔班二世不仅善于煽动群众的情绪，也具有超凡的组织才能。他在克勒芒演说时的激动与兴奋，立即烟消云散。之后经过 10 天的讨论，做出了以下诸项决定：

一、凡参加十字军者，其罪行可获得完全赦免。

天主教的教义，是人有着与生俱来的原罪。这原罪和生活中犯下的小罪过相加，就算是没有特别的恶行，也会在信徒死后通往天堂的道路上带来不安。在中世纪，大多数善男信女都这样认为。而如果参加十字军就可以保证升天堂，对这些自认犯罪的人来说，无疑带来了救赎的喜悦。

而且这种完全的免罪，对于杀人犯和各种凶恶的罪犯来说都是成立的。只要参加十字军，就可以将此前的恶行一笔勾销，这就使不法之徒们个个摩拳擦掌，积极要求加入。

二、如果因疾病或类似原因无法参加十字军者，要为其他人提供参加十字军所需服装、武器等费用的资金。

这一决定为贫民参加十字军提供了物质支持。

三、参加十字军者出发以后，其在国内的资产，包括动产、不动产等全部在内，以及其归国以后的保全，由罗马教皇为保证人，在参加者所属教区主教的实际监督下得以保障。

这一点是指，十字军成员不必为归国后的事务担忧，可以安心出征。

四、若为参加十字军筹集经费而必须售卖自身资产，或通过资产担保获得贷款，其资产的合理价值由教皇个人做担保，实际的监督由所属教区的枢机主教和主教负责。

五、参加十字军者必须首先向所属教区主教提出申请，在得到许可之后，在十字架前发誓，之后才可以出发。

这是将乌合之众排除在十字军之外的条件，但实际上远未达到效果，下述的“贫民十字军”就是例证。

六、在十字架前发誓后不出征，或在出发以后提前归国者，一律处以绝罚。

从以上诸项可以看出，乌尔班二世曾经打算将得到相当程度组织的军队派往东方。就算打败异教徒的愿望再强烈，如果军队没有足够的战斗力，出征就起不了多大作用。

然而，尽管乌尔班二世的筹划非常周密，他算计不到的事情还是发生了。

隐士皮埃尔

这位法国修士身着粗布僧衣，独自乘着驴子在村庄之间巡回讲道，使很多人被他的真诚所感染。皮埃尔对圣地受到穆斯林横暴的慨叹，号召立即前往圣地，将耶稣基督坟墓所在的圣城从异教徒手中夺回的呼吁，为没有任何资产，也不必为出征做太多准备的贫苦人心中注入了一针兴奋剂。没有得到主教许可的夫妻带着子女，跟随隐士皮埃尔出发了。对中世纪下层民众来说，日常生活已经非常严酷了。参加十字军使得他们从这种苦日子中解脱出来。于是，所谓的“贫民十字军”形成了。

但如果问教皇乌尔班二世眼中的十字军和隐士皮埃尔组织的贫民队伍是否完全不同，答案却是否定的。

毕竟，两者都是要依靠自身的力量，夺回主耶稣的圣城耶路撒冷。在这一点上，教皇和皮埃尔的想法是一样的。

虽然穆斯林既没有禁止也没有妨害基督徒去圣地朝圣，但基督徒在从圣墓教堂开始的圣迹参拜路线上，要给当地穆斯林缴纳少数礼金，这一点对于没有信仰的人来说没有什么问题，但在有信仰的人看来，是站不住脚的。

可以做个类似的比方。罗马的圣彼得大教堂是没有门票收费的。尽管其内有像米开朗琪罗所作的《圣殇》等代表人类最高艺术水平的画作，作为宗教场所的教堂是与上帝交流的场所，自然不能受到金钱的污染。

相反，教堂近旁的梵蒂冈美术馆就需要入场费。尽管其中充满了宗教意味浓厚的作品，美术馆自然不是教堂。

这一习俗在其他教堂也十分常见。为了欣赏卡拉瓦乔的作品而进入位于罗马的法国国家教堂圣路易吉教堂，穿行于画廊之间仍然不必缴纳入场费。

这自然是由于宗教场所和艺术鉴赏场所的不同。有一点有趣的是——在教堂门口往往有乞丐来往，而美术馆门前却没有。教堂门口自然有乞丐存在的理由。毕竟，在向上帝祈祷之后，人们总会带着几分实践布施之类善行的想法。而在美术馆参观之后，人们却往往为气氛所感染，心中所想的不是行善与信仰，而是对其中的画作进行评论吧。

此外，进入美术馆是不需要注意着装的。女性身着无袖或者胸口大开的服装，都没有人介意。但在教堂内，由于教士随时会路过，女性都要以头巾遮蔽。由于女性在教堂内以面纱遮脸已是长期的习俗，也当然要将裸露的肩膀或胸部遮蔽起来。以上是对宗教场所和艺术鉴赏场所区别的简单介绍。

这些习惯在21世纪的今天依然沿袭，对1000年前的中世纪人来说，更是自然不过的事情了。基督徒踏着信仰者的足迹，为了接近耶稣的遗迹而前往圣地，凭什么要向异教徒交纳入场费呢？

这样的想法，对教皇、君主和普通大众来说都是不会变的。“夺回圣地”“解放耶路撒冷”之类的口号，在他们从欧洲前往东方的遥远路途中，都是强烈的兴奋剂。他们带着坚定的信念，相信自己的所作所为，符合主耶稣的期待。

“贫民十字军”

最先向东方进发的，就是隐士皮埃尔所率领的由贫民组成的十字军。这些人不必考虑如何处置自己留在故土的资产，也不必做特别的军事准备，因此成为了十字军的先锋部队。他们未等到乌尔班二世指定的 8 月 15 日，而在 1096 年的春天就开始动身。

不计其数的民众从法国北部和莱茵河附近德意志西部汇聚起来。他们的领导人隐士皮埃尔也不知道而且大概也不想知道确切有多少人。现代研究者有从 5 万到 10 万之众的估计。参加者大多数是农民和城市的下层民众，其中不乏盗贼与罪犯。里面也不全是男性，还有成群的妇女和儿童。他们基本上没有武器，身穿军装者也是少数所谓的放浪骑士，就像日本的“浪人”一样。

这些乌合之众自然没有组织纪律，行军时也是跟随在骑驴的隐士皮埃尔之后，有的乘着大车，大多数人则是徒步前进。在既没有后勤部队，也没有医疗单位的情况下，这些人在欧洲之内的行军补给完全依靠沿途居民的善心。

而在得不到补给的情况下，贫民十字军就开始毫不迟疑地劫掠路上所遇到的居民。他们把犹太人视为异教徒，在神圣罗马帝国境内疯狂掠夺犹太人社区，受到了皇帝亨利四世的强烈抗议。十字军所到之处，犹太人只好闻风而逃，造成了将近1000犹太人的死难。而当十字军离开德意志，进入匈牙利境内以后，杀害了几乎相同数目的基督徒“兄弟”。

然而，这支“贫民十字军”有一处绝对的优势，那就是毫不关心人生命的牺牲这一点。在行军洗劫过程中被当地人民杀死，或者由于缺乏食物而不断出现的行军中途死亡的现象，在隐士皮埃尔那里和与他一起前进的十字军中完全得不到关注。

贫民十字军开始时虽然维持着军队的规模，但行军中减员的情况越来越突出。从欧洲出发时拥有10万之众的队伍，到进入亚洲时仅剩余5万，但仍然没有人注意这个问题。

这支“大军”最终以如此的状态抵达了拜占庭帝国的首都君士坦丁堡。

1096年8月1日，在教皇乌尔班二世所确定的十字军出发日之前两周，贫民十字军就已经走过了旅途的半程。

诸　侯

乌尔班二世在克勒芒的呼吁，实际上是针对拥有武力的欧洲君主们提出的。因此究竟谁能对这次呼吁做出回应，对十字军的成败至关重要。最终回应乌尔班二世呼吁的并不是神圣罗马帝国皇帝或者各大国的国王，而是位列他们之下的诸侯，其原因如下所述。

对于西欧基督教世界来说，第一个出来响应教皇关于十字军东征呼吁的人，是对基督教世界存亡负有责任的神圣罗马帝国皇帝。而在十字军出征的1096年，坐在皇帝宝座上的亨利四世年方46岁，正值能够充分履行司令官职位的年纪。

但亨利四世与罗马教会之间因“卡诺萨之辱”关系相当紧张。此外，乌尔班二世发动十字军的本意就是借此强化自身的权威，而相应地，皇帝的权力会被弱化。

因此亨利四世对教皇的呼吁完全置之不理。

除了皇帝之外，西欧权力最大的人是法国国王。法国国王腓力一世时年44岁，从地位和年龄上看都适合担任十字军的总司令。但他面临的是私生活方面的问题。

腓力一世不仅发展了婚外恋情，还把婚外恋的对象立为王后，并和结发妻子离婚，这触怒了教皇，使腓力受到绝罚。毕竟，从克吕尼修道院发起的改革，不仅在于教会内部的整肃，还包括改善基督教世俗道德的目的。属于这一派别的乌尔班二世，绝不能放任不管出现道德问题的腓力一世，而必须对其处以绝罚。

但是腓力却忤逆教皇的权威，并未受到绝罚。他不顾教皇的反对，执意离婚。而对于绝罚的命令，他也采取了不冷不热的处理态度，由于家臣不二的忠诚，腓力没有像亨利四世那样伫立雪中乞求解除绝罚。应该说，把十字军这样上帝期待的神圣事业委托给腓力一世，是完全不能想象的。不过这位国王并未因受到绝罚而和教皇关系紧张，相反他安排自己的兄弟代为出征。

因此，1096 年时 39 岁的弗蒙杜瓦伯爵于格代表法国参加了十字军东征。第一次十字军因为法德两国的君主都未能参加，而被称为“诸侯的十字军”。

一般说来，诸侯属于地位较低的领主，但当时的情况完全不是这样。中央集权制是在十字军之后的时代才确立的，而在 11 世纪，诸侯与皇帝和国王相比，虽然名义上地位较低，势力却毫不逊色。

公爵或伯爵等诸侯所持有的领地，并非来自皇帝或国王的赐予。这些诸侯世袭拥有领地，唯一可能令他们感到有些不便的是，他们多少要向皇帝或国王宣誓效忠。

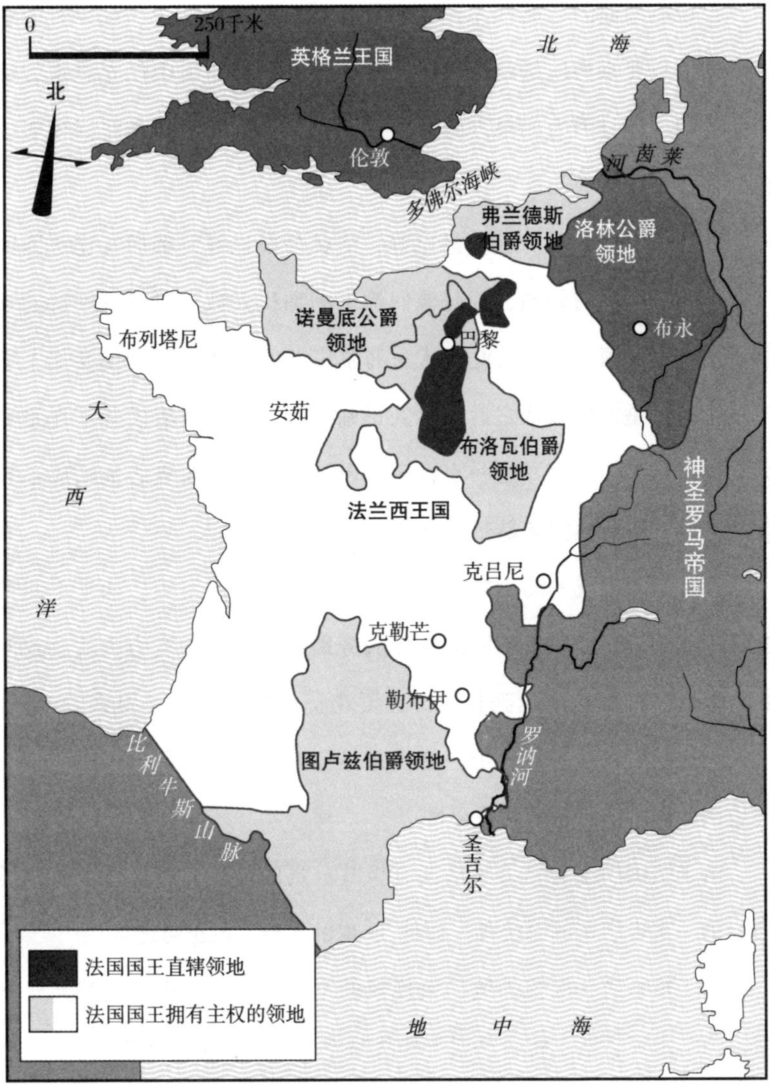

法国国王拥有主权的领地

虽说有前面的“有些不便”和“多少”的表态效忠，如果真的感到不便，只要举兵反叛就可以了。亨利四世皇帝在雪中伫立恳求教皇解除绝罚，就是因为如果真的被处以绝罚，他就会面临各路诸侯叛变的局面。

在那个时代，图卢兹伯爵也好，洛林公爵也好，都拥有比法国国王直辖领土更大的领地，因此他们治下的纳税人数，以及所维持的常备军，都不比国王差。因此我认为乌尔班二世呼吁这些诸侯参加十字军的策略，是把握现状之后做出的正确判断。而各路诸侯并不在乎皇帝与国王不参加十字军这一点，完全出于自愿，堂而皇之地响应了教皇的呼吁。毕竟他们都是充满威严的一城一国的主人。

军队是需要统一的指挥系统才能发挥其效力的组织。如果不能在指挥上达到统一，而是不同的领导人分别运用各自的实力，就会致使精力浪费，就算是能达到目的，也要花费比统一军令长得多的时间。因此当决定发动战争时，统一指挥是最重要的，而教皇乌尔班二世当然也能够理解统一指挥的重要性。

由于法国国王的兄弟于格拥有极其尊贵的地位，他自然被教皇任命为第一次十字军的总统帅。而他 39 岁的年龄，也正合适。

但于格是第一次统帅这样大规模的军队。由于于格是代替其兄长法国国王出征，法王将自己属下部队的一半交给了这位伯爵统帅。

从史载的于格的性格来看，他是个容易妄自尊大的人，虽然勇气可嘉，却欠缺冷静。知人善任的人不难看出，让这样一个人担任统帅，十字军将难免失败的命运。只不过还好这位伯爵没有太大的野心。

在参加十字军的各位诸侯中，拥有能与于格伯爵的军队相匹敌实力的，是以下三位：

诺曼底公爵罗贝尔、布洛瓦伯爵埃蒂安和弗兰德斯伯爵罗贝尔。

诺曼底公爵罗贝尔是以征服英格兰著称的诺曼底公爵征服者威廉的长子。他在父亲生前就起兵反叛，并在威廉死后试图争夺英格兰的王位。但英格兰王位最终被远比他狡猾的兄弟威廉二世夺得，而在罗贝尔出征之前，他只领有诺曼人在法国本土西北部的诺曼底小块土地。

罗贝尔在政治和经济两方面都没有处理能力，自身的资金也不足。因此他只好以自己的领地诺曼底为抵押向威廉二世借款，以筹集东征的费用。

此事与后来罗贝尔的情况恶化有关，而他本人则是真心赞同乌尔班二世呼吁的。他也是毫不怀疑十字军能解放耶路撒冷的诸侯中的一员。而他出发时正值42岁的中年，对于不知何时才能返回的东征来说，这个年龄还是合适的。

而对布洛瓦伯爵埃蒂安来说，情况就迥然不同了。在出征的诸侯中，埃蒂安可以称得上是最富裕的，因此他不必担心费用问题。但此人却是中世纪贵族里罕见的那种对当时家常便饭般的领土兼并战争完全不感兴趣，只喜欢学问和安稳生活的人。

诺曼底公爵家族纹章
（红底上黄色狮子）

弗蒙杜瓦伯爵家族纹章
（蓝色和黄色格子）

弗兰德斯伯爵家族纹章
（黄底上黑色狮子）

布洛瓦伯爵家族纹章
（蓝底上有银色和黄色斜向绶带）

这位富裕的领主迎娶的妻子是征服者威廉的女儿。可能是因为有一位伟大父亲的缘故，公主比自己的丈夫强势。因此，当乌尔班二世倡议发动东征时，这位伯爵夫人坚持说，既然自己的兄长诺曼底公爵罗贝尔参加了十字军，那么自己的丈夫也应当参加。而当还未到达耶路撒冷时，埃蒂安就离开前线回国了，此时伯爵夫人果然按照十字军的誓约，督促自己的丈夫重回东方战场，可谓是中世纪格外出众的女强人。

关于这位拥有广大土地的富裕领主布洛瓦伯爵所率领的兵力，并没有准确的说法，大约有数百到一千人随他出征。

还有一位弗兰德斯伯爵罗贝尔，此人从小就和周围的领主保持很好的关系，尚在世的父亲也颇为富裕，所以他能够筹集出征所需的经费和军队，虽说军力不算太强大，但所挑选的兵士精锐。他可谓是将教皇本意的变基督徒内部斗争为反对穆斯林斗争的典型人物。据说他亲率骑兵500，而31岁的年龄则是三位主要诸侯当中最年轻的。

除了布洛瓦伯爵埃蒂安，两位罗贝尔之间有以下的三处共同点。

第一，他们对十字军收复耶路撒冷的目标充满信心。

第二，由于上一点，他们在战场上都表现得非常勇敢。

而第三点则是，收复耶路撒冷之后，他们就都回到了欧洲。两位都没有在东方获取领土的野心。特别是弗兰德斯人进军时英勇善战，而退兵时也保持纪律严明。至于三位诸侯在出征和行军时，为什么会一起行动，恐怕是由于三人中任何一人的兵力也无法独自确保在前往东方的遥远路途中坚持下来。

图卢兹伯爵雷蒙·德·圣吉尔

在克勒芒公会议上，乌尔班二世很可能考虑过让图卢兹伯爵雷蒙·德·圣吉尔出任十字军的统帅。

年过五旬的老伯爵是出战诸侯中唯一一位有同穆斯林作战的经验的。在法国南部拥有大片领地的圣吉尔，很自觉地投入了西班牙的“再征服”运动。

在克勒芒号召十字军东征之前，乌尔班二世已经会晤了图卢兹伯爵。尽管后者没有参加公会议，他却是最先宣布参加十字军的人。

图卢兹伯爵家族纹章
（蓝底上黄色百合）

当时图卢兹伯爵圣吉尔心中的感觉，恰似教皇在十字军中的代表勒布伊主教阿德马尔。圣吉尔与阿德马尔关系紧密，又是众多诸侯中最年长的，自认为肯定会被委任为十字军的统帅。因此他毫不犹豫地支持十字军东征，并带上妻子和次子一同出发。他还召集了周边的小领主，军力达到近5

万人。

但圣吉尔并不是个受人欢迎的人。因为过分倔强而乏味的个性，他在同僚和诸侯之间都缺少声望。就连随同出征的兵士也不喜欢这位领主，因此尽管他在热情的驱使下全力投入战斗，最终战果却乏善可陈。出征之初相当庞大的军事力量，在战斗中大都失去了。其实当初有那么多军队跟随他出征，只是因为这位富豪向他们支付了军饷而已。

盲目自信的图卢兹伯爵以为自己笃定成为十字军的统帅，但专擅国际政治的乌尔班二世却深知战争的真实需要。一直垂涎统帅地位的圣吉尔，最终意识到了自己的错误。大概是因为对此耿耿于怀，他在到达巴勒斯坦之后脱离了十字军的大部队。这位伯爵总归是深信十字军的意义，在战场上也十分卖力的，因此他的退出，在十字军整体看来非常遗憾。

洛林公爵戈德弗鲁瓦·德·布永

当乌尔班二世还未决定统帅任命时，他将目光投向了洛林公爵戈德弗鲁瓦·德·布永。这位拥有相当于现代比利时的下洛林地区的领主，比图卢兹伯爵圣吉尔年轻18岁，正值36岁的壮年。洛林地区在14世纪以后逐渐被纳入法国王室领地，此人的名字也被法语化，但在11世纪时，洛林还是神圣罗马帝国的一部分，而戈德弗鲁瓦也是一名封建诸侯。他与其说是法国人，不如说是德国人来得准确。

很有可能，或者说几乎一定的是，乌尔班二世并没有想到洛林公爵会参加十字军东征。

这是因为，洛林公爵作为神圣罗马帝国境内一个属国的领主，名义上是帝国皇帝的臣下。他应该站在皇帝亨利四世一边，而与乌尔班二世敌对。特别是在亨利四世追捕格列高利七世教皇时，戈德弗鲁瓦还参加了帝国军队。那为什么他会决定参加以格列高利七世继承人自居的乌尔班二世所发动的十字军呢？

现代研究者中不少人并不知道为什么帝国诸侯中只有洛林公爵一人参加十字军。而我是如此看待这个问题的。

戈德弗鲁瓦时年36岁，可算是过了人生的一半，已经到了一个对于人生何去何从认真考虑的时候。

这位公爵的前半生，一直追随向格列高利七世寻仇的亨利四世，协助皇帝将格列高利七世囚禁在圣安吉洛城堡，还阻止乌尔班二世回到罗马。

经历过这些事件的戈德弗鲁瓦，为什么会走上完全不同的人生道路？难道是因为乌尔班二世在克勒芒演讲的煽动吗？

如果我们细看留诸后世的画像，洛林公爵看上去要比实际年龄老成很多。因此，有学者认为他拥有一般的诸侯所不具备的一些性格特点。在我看来，他是能够冷静看待人生，清楚地把握自己目标的那种人。

实际上，不仅我们无从知晓洛林公爵为什么从亨利四世旗下转投乌尔班二世的怀抱，现代学者甚至完全找不到公爵留下的片言只语。但他既然决定了参加十字军，所作的准备自然是万无一失的。因此，当教皇检视其部众之时，洛林公爵所率军队规模不小，军备齐整。在我看来，从他身上确实体现了德意志人追求完美的特点。

由于克勒芒公会议决定了参加十字军的封建领主完全自筹经费的方针，诸侯必须在出发前把各个方面都打点好。即便是拥有广阔领地的洛林公爵戈德弗鲁瓦，也不可能一下子拿出这么多经费。毕竟这是数万名兵士几年的粮饷。

而他此前首先要解决的，是安排好自己出征时的国内事务。戈德弗鲁瓦将自己治下的下洛林地区，委托给上洛林地区的统治者，也就是自己的兄长来代管。他还没有子息，于是就带着两位兄弟尤斯塔斯和鲍德温出征了。

至于位列其次的费用问题，公爵不得不出售了自己的土地。此外他还出售了一部分价值较高的私人物品。在资金仍然不足的情况下，他向领地内属民筹集经费。大概是由于其在当时罕见的仁政，资金募集进行得非常顺利。

戈德弗鲁瓦是家中的次子，而随同出征的两位贵族则是老三和老四。尤斯塔斯是一块小领地的领主，而老四鲍德温则是完全没有自己领地的“居家骑士”。

在家中多为男性继承人，领地无法全部分割的情况下，中世纪贵族往往会将其中一人送到修道院。本来鲍德温就是应该担任神职人员的，但他早早退出了这一职业。我们并不知道是年轻人自己讨厌这份工作，还是遇到了什么问题被逐出修道院。总之他的修士生涯早早就遇到了挫折，使这位刚刚年过30的骑士不得不以居家骑士的身份结婚。

洛林公爵家族纹章
（黄底上有斜向红色绶带，上有秃鹫图案）

戈德弗鲁瓦还带了另外一位名叫鲍德温的人参加十字军。这位鲍德温是他的堂兄弟，而且可能也是一位“居家骑士”。总之包括戈德弗鲁瓦和两位鲍德温在内的洛林公爵家族，在第一次十字军东征中发挥了至关重要的作用。

至此我们可以看出，第一次十字军就是几个大家族组织的远征。

无论是诺曼底公爵、布洛瓦伯爵、图卢兹伯爵还是洛林公爵，自然是优雅华贵的贵族阶层的代表。但若与中世纪晚期中央集权时代出现的宫廷贵族相比，中世纪早期的十字军时代贵族则是截然不同的。

这一时代的公爵、侯爵、伯爵和男爵，都是依靠自身力量夺取和维持领地的主人。他们都拥有不可缺少的强大军事力量，也是以血缘为基础的大家族的领袖。

史称贵族的中世纪领主阶层，实际上可以称为“豪族”或“部族”，也就是苏格兰人所谓的“氏族”（Clan）。之所以这样说，是因为他们每个人都佩戴着家族纹章，行军时也以家族旗帜先行，于沙场上则在战旗之下奋战。

虽然教皇乌尔班二世命令全体十字军在胸前和背后都以红色十字为标志，但把当时各式各样的家族纹章全部废止的做法，无疑是不可能实现的。在那个群雄割据的时代，教皇提出这一命令的目的，无非在于强调他作为西欧基督徒最高领袖的权威。

只要这些公爵或伯爵，即“氏族首领”们一声令下，整个家族就浩浩荡荡出征了。对当时的贵族男性来说，这就是理所当然的生活方式。

从各方面资料反映的情况看，参加第一次十字军的典型代表洛林公爵家族所率的部队规模，包括1万名骑兵和3万名步兵。这一数目看上去相当可观，但研究者认为实际参战的只有其中一半兵力。即便如此，这样的军力也可以与众多诸侯的领主法国国王的军队数目等量齐观了。

此外，参战的全体步兵和骑兵，都身着小铁环编织而成的“铁锁网”，再在其上覆盖一层光亮的钢铁甲胄。在作战时，2 万人同时接近敌军，形成排山倒海之势。只听得洛林公爵一声令下，严守纪律的军队就以集团的方式发起全体突击。

普利亚公爵波埃蒙多·迪·阿尔塔维拉

在第一次十字军东征中，除了洛林公爵以外，还有一位被称为带着亲王意味的“王子”的人，在意大利语中，他则被称为“老板”（Capo）。这个人就是普利亚公爵波埃蒙多。

中世纪早期是诺曼人活跃的时代。他们当中一部分在英格兰建立了诺曼王朝，另一部分则进入地中海。在穆斯林取代拜占庭帝国势力占领南意大利之后，以阿尔塔维拉家族为代表的这支诺曼人在地中海中部建立了自己的王朝，并最终将穆斯林赶出南意大利和西西里岛。地中海的诺曼人控制了从南意大利横跨亚得里亚海直到希腊的地区，其势力直逼拜占庭帝国的心脏地带。普利亚公爵波埃蒙多在十字军东征前的数年内，一直在与拜占庭帝国军队交战。

那么，为什么47岁的波埃蒙多会接受自己的对手拜占庭帝国的邀请，参加十字军呢？

答案其实很简单。那就是他非常想借助十字军东征，扩大自己的领土。

此时西西里诺曼王朝的王位，已经由其父吉斯卡尔多传给了弟弟鲁杰罗。而波埃蒙多自己全力投入的希腊战事，也因为拜占庭帝国获得威尼斯海军支援而宣告失败。毕竟，在陆地上强悍的诺曼人，没有特别强大的海军。当乌尔班二世在克勒芒号召十字军出征时，波埃蒙多正为了获得海军而攻打意大利境内的临海小国阿玛尔菲。

刚一提出参加就到十字架前宣誓的波埃蒙多，与其他诸侯相比，并没有相信收复耶路撒冷口号的那份热忱。

这位 47 岁的公爵，早已久经沙场，当然知道在这场远征中，什么是对自己真正重要的。

公爵在南意大利军事动员的结果，是集合了 1 万骑兵和 2 万步兵。但根据晚近的研究统计，这 3 万军队中实际出战的也只有一半，大约 1.5 万。

这支军队的前线指挥官，都是从南意大利和西西里岛的诺曼人家族中选拔的，而且特别选拔了其中年富力强的人士。这些所谓的“贵族”或小领主，其实是极为擅长战斗的。即使是在作战空闲之时，他们也整天在马上练习对战。

这样的“贵族”在波埃蒙多的军队里比在圣吉尔或戈德弗鲁瓦的军队中数量多多了。

不难看出，无论与圣吉尔军队的数量相比，还是与戈德弗鲁瓦军队的装备相比，波埃蒙多的军队都要精锐得多。

而在波埃蒙多的精锐部队中最出众的一位，是他的外甥，当时年仅 20 岁的丹克雷迪。

阿尔塔维拉家族纹章
(蓝底上有红白格子的斜向绶带)

关于十字军东征时期的各位诸侯的容貌，历史上一直缺少记载。但这位波埃蒙多却有记载为证。由于这是女性留下的记载，我会好奇为什么波埃蒙多受到当时女性的欢迎。据说他不仅受到女基督徒的欢迎，就连作为敌人的女性穆斯林也十分追捧这位公爵。

在拜占庭帝国首都君士坦丁堡偶然遭遇的公主安娜笔下，47 岁的波埃蒙多是这样的男子：

> 伫立在其他从西欧来的诸侯之中，普利亚公爵的个子要高过众人一头。他满头金发，身材略显瘦却非常强健。蓝色双眼中的目光，体现了他的高贵和尊严。热切的内心之外，他也拥有冷静与机敏。因此，我对他洋溢着无法言表的喜爱。

虽然这位公主为了安定而无法与波埃蒙多谈婚论嫁，她却深为这位不受社会成见束缚，也无法令人信任的枭雄而倾倒。明知危险就在眼前却还要冒险的男人，总是充满魅力的。他们仅仅作为“男人”而存在，在女性眼中超越年龄和宗教的界限。至于公爵心中有没有对所谓收复耶路撒冷口号的热情，在女性看来是无所谓的。

到波埃蒙多为止，第一次十字军的主人公都相继出场了。而我在其中所选择的主要人物，是以下的三组，一共六位：

图卢兹伯爵圣吉尔和教皇的代表阿德马尔；

洛林公爵戈德弗鲁瓦及其弟鲍德温；

以及普利亚公爵波埃蒙多和他的外甥丹克雷迪。

以上几位十字军领袖都率领了强大的军队。而战场是军力多强，就有多大发言权的地方。因此，我将他们作为主要的叙述对象。

根据当时的编年史家的作品，这些诸侯所率领的军队可达 10 万之众。若果然如此，第一次十字军的数量可与罗马帝国极盛期皇帝图拉真所率的东征大军相匹敌。但现代研究者普遍认为实际参战的十字军人数大约为 5 万。而 5 万人也是很大规模的部队了。

但是，在这支十字军中始终没有一位能发号施令的最高司令官，也没有一个人能够对重大事务做最终决定。由于没有统一的指挥系统，这 5 万军队完全谈不上整体配合作战。

来自不同地区的十字军，是经由不同的路线前往东方的。出发的日期也由主要的贵族各自决定。但至少他们有一个总的集结地，那就是拜占庭帝国的首都君士坦丁堡。

上

第二章

向君士坦丁堡进军

“贫民十字军”的命运

虽然教皇规定的出征日期是1096年的8月15日，早已提前出发的隐士皮埃尔所率领的“贫民十字军”在当年7月底就到达了君士坦丁堡。这支军队令拜占庭皇帝阿莱西奥斯一世愕然不已。他倒不是因得知这些西欧人提前抵达的消息而吃惊，而是对他们的实际状态感到错愕。

拜占庭皇帝在写给教皇的求援信中，希望派遣的是职业士兵。在没有与古代罗马帝国相同的常备军的拜占庭帝国，采取的是雇佣兵制度。这一时期守卫君士坦丁堡的将士中，有许多从诺曼人征服的英格兰逃出的撒克逊人。但由于这些人完全是出钱雇佣来的，没有什么战斗力。于是，当阿莱西奥斯一世收到响应教皇号召的诸侯誓师的消息之后，就期待着富有战斗力的军队到来。

然而出现在皇帝面前的，却是手无寸铁、衣衫褴褛的一群人。这些贫民经过从西欧直插匈牙利，而后南下巴尔干的半年消耗，已经完全变成了一支乞丐大军。尽管在欧洲境内损失了一半以上，他们依然数以万计。几万男人、女人和孩子，需要食物和服装，也需要在夏天住宿休息的场所。

在拜占庭皇帝看来，隐士皮埃尔所率的这支十字军，不仅毫无用处，还带来了很实际的问题。一股脑涌来的贫苦群众，使首都近郊的居民颇为不满。皇帝只好首先禁止贫民十字军中的任何人进入首都，只在皇宫中单独召见了隐士皮埃尔一个人。一个能煽动如此多贫民远行的人，实在令皇帝感到好奇。

阿莱西奥斯一世时年 49 岁。这位皇帝自然是想召见生活在法国北部，也是 40 来岁的身着粗布衫的隐士。皮埃尔请求皇帝早日实现自己前往耶路撒冷的愿望。而皇帝也将衣食供给了皮埃尔所率领的十字军。他还为这些贫民提供了渡过博斯普鲁斯海峡、登陆小亚细亚所必需的船只。

当皮埃尔的十字军刚渡过博斯普鲁斯海峡，踏上小亚细亚的领土，他们就算是被拜占庭皇帝打发走了，人数还是数万之众。海峡固然很窄，但却风大浪高，越是接近冬天，就越难渡过。皇帝很可能确实从夏天就开始打发这些贫民，但直到秋天结束，还没有完全赶走。于是，这些贫民十字军没能在君士坦丁堡遇到后来陆续到达的诸侯的部队。

就这样，拜占庭皇帝把这些和希腊正教信仰有别的天主教徒送到了小亚细亚穆斯林军队的面前。毕竟他们在拜占庭所属的巴尔干地区，做出过无可辩驳的劫掠暴行。而如果贫民长期滞留在首都君士坦丁堡周围，自然会带来社会问题。将他们“礼送”到小亚细亚，是可想而知的结局。当时拜占庭帝国的希腊人居民，也普遍支持皇帝赶紧把这些不速之客打发走。

这一时期的希腊人把西欧人称为拉丁人，将其视为落后的民族。而这些东征的拉丁人与希腊人有所接触之后，也十分厌恶对方。从隐士皮埃尔率领的十字军开始，双方就私底下相互蔑视。当地的正教徒至少表面上还对贫民十字军表示亲切，尽管他们在巴尔干地区做过很多伤天害理的事情。而进入小亚细亚以后，迎接这些西欧人的，就是在伊斯兰世界中以勇猛著称的塞尔柱突厥人了。

隐士皮埃尔率领的十字军在小亚细亚宣告解散。根据穆斯林史料的统计，由于受到突厥军队的迎头痛击，这支十字军有 2 万人被杀。其他人则因为缺乏食物和水而死于非命，或由于疲惫不堪，而被当地居民杀死。夏天渡过博斯普鲁斯海峡的 5 万人，到秋天已经有一半成为了“殉教者”。按照乌尔班二世的说法，在十字军东征途中死去的“殉教者”都保证进入天堂。

我们不知道在这场灾难的最后，有多少人幸存下来。那些与突厥军队作战后随隐士皮埃尔向君士坦丁堡撤退的人，最后为 1097 年进入小亚细亚的诸侯十字军所吸收。当他们挥师东进时，见到路旁散乱着为突厥人所杀的贫民十字军的遗体。为皮埃尔的狂热所煽动，深信东方是上帝预备着水和食物的贫民，完全来不及接近圣地，而是刚一踏上小亚细亚就被消灭了。

诸侯接踵而至

在贫民十字军渡过海峡到达小亚细亚当年的秋冬季节，诸侯的十字军来到了君士坦丁堡。

首先到达拜占庭帝国首都的是法国国王的兄弟于格。他的军队规模不大，因此拜占庭皇帝不难处理。

完全按照乌尔班二世要求，1096 年 8 月 15 日从法国西北部出发的弗蒙杜瓦伯爵于格，首先南下克勒芒，之后折向东南，翻越阿尔卑斯山。进入意大利之后沿着经热那亚、比萨、罗马的奥勒留大道南行，经过罗马之后，再沿着阿皮亚大道到达巴里，在此地乘船前往亚得里亚海对岸的海港都拉斯，此时已是深秋季节。

拜占庭的警备部队在都拉斯港接待了于格一行。之后，在警备部队的陪同下，于格率领的十字军沿着古代的埃尼亚提亚大道一路东行，最终到达君士坦丁堡。

拜占庭皇帝之所以派警备部队为于格的十字军开路，其隐含的本意是避免在其境内出现劫掠等暴力行为。此前的贫民十字军，就给巴尔干半岛和希腊的居民留下了极坏的印象。

于格到达君士坦丁堡以后，虽然受到了皇帝贵客般的礼遇，其实被当作人质。其所率领的兵士，被迫与之分开居住。

在于格之后进入君士坦丁堡的，是洛林公爵戈德弗鲁瓦所率领的十字军。他们于8月底从西欧北部的洛林地区出发，经过美因茨、斯特拉斯堡沿莱茵河南下，之后转向东，沿多瑙河经累根斯堡、维也纳到达匈牙利王国境内。

匈牙利国王和人民没有忘记半年前经过本国，数次实施暴行的贫民十字军。而这次进入匈牙利的，是身着重装备的两万大军。深知武力对抗的结局必然是失败，匈牙利国王只好依照洛林公爵的要求，为其部众提供粮饷。

获得粮饷的洛林军队强大的实力使匈牙利国王深感担忧，他向戈德弗鲁瓦提出，在十字军过境匈牙利期间，扣留一位人质以保证王国境内的安全。

为了避免不必要的麻烦，洛林公爵命令其幼弟鲍德温前往匈牙利宫中为质。鲍德温并未前往，而戈德弗鲁瓦也对此置若罔闻。但在其兄的命令下，鲍德温还是等到洛林军队完全离开匈牙利境内进入巴尔干半岛，才最后一个离开匈牙利。

拜占庭帝国巴尔干半岛的各个地区，均由皇帝任命的总督统治。当皇帝的命令到达之后，这些总督才允许来自西欧的十字军通过其所管辖的地区。巴尔干的官吏和居民都忘不了隐士皮埃尔的贫民十字军经过时所带来的动乱与祸害。一听说又有从西欧过来的军队，他们往往是闻风而逃。何况这次来的军队是全副武装气势汹汹的样子。由于当地没有接到皇帝的命令，戈德弗鲁瓦也就无法求得粮饷。大军所到之处，并未引起劫掠之类的暴行。因此当1096年12月23日这支队伍到达君士坦丁堡时，基本维持了出发时的规模。

在1096年内到达君士坦丁堡的十字军，除了于格率领的小股部队以外，只有洛林公爵的军队了。

其他的诸侯要么推迟出发，要么在路上耽搁了时间，还有的与拜占庭的警备部队发生冲突浪费了时间，总之进入到海陆两路都不宜旅行的冬季以后，就只有等待翌年春天再抵达君士坦丁堡了。

诺曼底公爵、其内弟布洛瓦伯爵，以及弗兰德斯伯爵三人组成的部队，于1096年秋天从西欧北部出发，经法国国内南下，到达意大利。他们在行军过程中，一路视察修道院，并欣赏着美好的风光，旅途看似非常愉快。一行到达意大利南部海港巴里时已经入冬，由于此时渡海有危险，诺曼底公爵决定在气候温暖的南意大利过冬。这令一心向往耶路撒冷的弗兰德斯伯爵深感郁闷。他决定自己先期动身，便征调了500艘船，将兵士运往希腊半岛。其余两人直到1097年5月才进入君士坦丁堡。

1096年10月才从自己位于法国南部领地出发的图卢兹伯爵圣吉尔和教皇代表阿德马尔，沿着法国南部一路向东，进入意大利时已经是严冬季节。他们并未选择从意大利南下，经巴里渡过亚得里亚海的路线，而是沿着意大利北部向东行，到达亚得里亚海东岸，然后沿着海岸南下到达都拉斯。虽然这样走有些绕路，却因为完全是陆路，不必征调船只。

图卢兹伯爵率领的兵士甚众。对于需要大量给养的军队来说，即使是完全走陆路，想做到安全行军也并不容易。何况此时正值冬季。

55 岁的图卢兹伯爵圣吉尔，是一位不善于控制自己情感的人。在其军队接近都拉斯时，就发生了事故。圣吉尔的部下与拜占庭帝国的警备部队发生了冲突，还导致阿德马尔主教受伤。

此后直到 1097 年 4 月他们进入君士坦丁堡为止，圣吉尔的军队与拜占庭警备部队的关系非常紧张。原本三万之众的军队，到此时损失不小。

从意大利南部出发，比其他任何诸侯路途都短的普利亚公爵波埃蒙多和他的外甥丹克雷迪所率领的南意大利诺曼军队，也于 1097 年 4 月抵达君士坦丁堡。

由于距离较近的缘故，波埃蒙多一行动身最迟。然而，此前曾经与拜占庭帝国作战的普利亚公爵，非常熟悉希腊的情况。他避开了拜占庭警备部队把守的都拉斯，而是选择在其南面的希腊半岛西岸登陆，然后横穿希腊，到达君士坦丁堡，一路上对居民有所掠夺。但好在波埃蒙多的部队没有杀人。他把自己的行军称为“一次军事演习”。

当波埃蒙多获悉圣吉尔的军队已经接近君士坦丁堡时，他将军事指挥委任给丹克雷迪，自己带上一小部分骑兵迅速赶往拜占庭首都。很可能是因为波埃蒙多讨厌图卢兹伯爵，因此要赶在法国人之前进城。

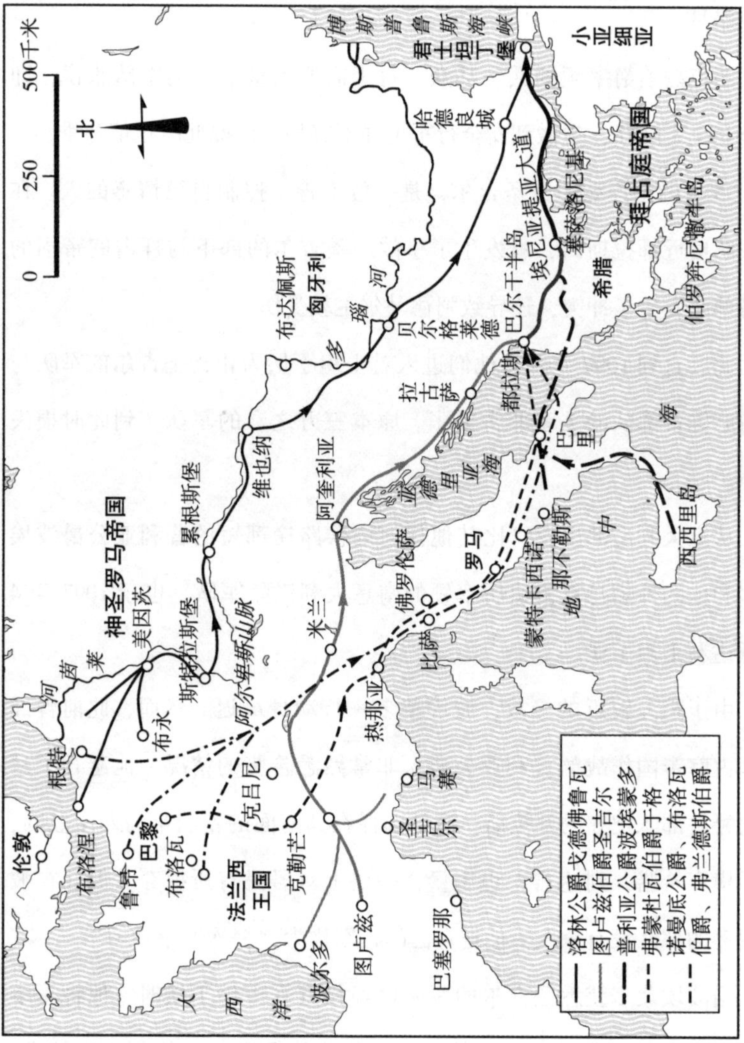

诸侯们前往君士坦丁堡的路线

尽管如此，曾经在拜占庭帝国领土内制造各种野蛮暴行的波埃蒙多，如今竟堂而皇之地出现在皇帝面前，真可谓厚颜无耻了。而也只有普利亚公爵这样的人，能做出这种不知羞耻的事情来。这自然也令图卢兹伯爵非常不快。从此以后，只要一有新的事项，波埃蒙多和圣吉尔就会因意见不同而发生冲突。

教皇乌尔班二世于 1095 年 11 月在克勒芒提出的十字军东征的计划，到 1097 年春季完成了君士坦丁堡的全军大集结。西欧的十字军终于踏上了以夺回耶路撒冷、收复圣地为目标的道路。但此时发生了各路诸侯都未曾料想到的情况。首先到达君士坦丁堡的洛林公爵戈德弗鲁瓦在此间三个月内无法同意的问题，又出现在春季到来的各路诸侯面前。

皇帝阿莱西奥斯一世的企图

此时的拜占庭皇帝是49岁的阿莱西奥斯·科穆宁。正是他恳求罗马教皇派遣援军的。这位皇帝在即位前曾经长期担任帝国的高官，但他并非出身于世代达官显贵的家族。他所属的科穆宁家族，在不到半个世纪前通过宫廷政变取得了拜占庭帝国的皇位。而科穆宁自己已经在位15年。皇帝在位的这段岁月里，一直与博斯普鲁斯海峡对岸的穆斯林势力对抗着。

阿莱西奥斯一世通过审阅巴尔干半岛和希腊各地总督递交的报告，已经了解到接近君士坦丁堡的诸侯所率领的都是职业军队，与之前隐士皮埃尔的十字军完全不同。而最先抵达皇帝宫殿的客人于格，也自然将十字军的行军目的——夺回巴勒斯坦、收复耶路撒冷——告诉了阿莱西奥斯一世。

不难想象，于格一定还告诉了皇帝，这些诸侯都是一城一国之主，没有必要自己大老远的跑到东方来，而只会派遣一些雇佣兵。因此，阿莱西奥斯一世在会见1096年内唯一一位到达君士坦丁堡的诸侯洛林公爵戈德弗鲁瓦之前，一直以为从西欧派来的只是一些容易役使的雇佣兵。他哪里知道这些诸侯的部下与被诺曼人征服而从英格兰逃亡来的撒克逊人完全不同。

阿莱西奥斯没有改变自己预先制定的作战计划。他仍然把这些到达的诸侯全部按撒克逊雇佣兵对待，要求他们全体向自己宣誓效忠。

诸侯为了对东方的军事行动，同意效忠拜占庭皇帝。毕竟，这次效忠会换来东方基督徒全心全意的支持，而这些基督徒所在的地区构成了拜占庭帝国与伊斯兰世界的缓冲地带。

至于换取拜占庭和希腊正教徒支持的代价，则是各位诸侯必须宣誓对拜占庭皇帝保持绝对的忠诚。

如此一来，诸侯的身份就成为了拜占庭皇帝的臣下。而由此可知，诸侯未来军事征服的地盘，最高的所有权都归于皇帝。

对拜占庭皇帝来说，直到十字军东征之前不久，小亚细亚、叙利亚和巴勒斯坦还是自己国家的领土。但那已经是“过去时”了，如果小亚细亚还是刚刚被塞尔柱突厥人占领的话，那么叙利亚和巴勒斯坦早在400年前就丢失了。

总之，阿莱西奥斯一世的企图是想依靠从西欧来的军队，夺回被穆斯林占领的旧土。这就好比日本人所说的“穿着别人的腰布摔跤”。

此时皇帝手中最有效的一张王牌就是船只了。如果十字军想渡过博斯普鲁斯海峡，自然需要许多船只。而此时此地唯一可以提供船只的就只有拜占庭帝国。因此，向皇帝宣誓效忠，就成为大军渡过博斯普鲁斯海峡之前，也即留宿君士坦丁堡之时，各位诸侯必须做的事。

皇帝按照各路诸侯到达首都的顺序，向他们要求宣誓效忠。他并没有让这些诸侯到自己面前一起宣誓，而是各个分别通知。

法国王弟于格很快就完成了宣誓效忠。善良而不考虑内情的于格，不仅自己在皇帝所颁发的宣誓书上签了字，还自愿充当了第二个到达君士坦丁堡的洛林公爵的说客。

洛林公爵的军队按照皇帝指示在君士坦丁堡城外向着金角湾一侧的培拉安营扎寨。于格乘着皇帝御用的小舟，给洛林公爵出示宣誓书，并建议他署上自己的名字。

戈德弗鲁瓦不愿在宣誓书上签字。他告诉于格，自己已经对西方的神圣罗马帝国皇帝亨利四世宣誓效忠，不能同时对东方的拜占庭皇帝效忠。

得知洛林公爵的回复，阿莱西奥斯一世遂停止向宿营中的洛林军队提供粮饷。不满的洛林公爵立即命令其弟鲍德温袭击君士坦丁堡附近的村庄，致使皇帝不得不下令重新供粮。

此后，由于阿莱西奥斯不清楚洛林公爵的动向，再次切断了军粮供给。戈德弗鲁瓦一怒之下，率领全军从金角湾附近迂回，直抵君士坦丁堡城下布阵。

由于拜占庭皇宫距离城墙不远，皇帝紧急派遣雇佣军组成的弓弩手守备队，在城墙上严阵以待，表示誓死守城的决心。但实际上皇帝和洛林公爵都没有发生冲突的打算。戈德弗鲁瓦主动退兵之后，皇帝重新恢复了军粮的供应。

尽管如此，充当说客的于格带回的消息仍然没有变化，令皇帝对这位法国王弟大为恼火。

然而，随着春天的临近，洛林公爵戈德弗鲁瓦的心情发生了变化。他得知了图卢兹伯爵圣吉尔和普利亚公爵波埃蒙多的军队接近的消息。由于春天到来，博斯普鲁斯海峡恢复通航，自己的军队必须尽快一次渡过海峡。而这就需要征用许多船只。随着其他诸侯部队的到来，眼看着就要为了谁先渡过海峡起争执。

这样一来，洛林公爵除非主动申请在阿莱西奥斯一世的宣誓书上签字，属下的将士才能得到船只，渡过博斯普鲁斯海峡。皇帝已经对戈德弗鲁瓦的执拗感到厌倦。因此，满心想着到了春天能够向圣地行军的公爵，心情起了很大变化。大概他的德意志人本性，也在此间三个月内和阿莱西奥斯一世打交道的过程中，向东方化的拜占庭人转化了。他也明白所谓忠诚的誓约，与其说是宣誓效忠，不如说是为达到目的而做的权宜之计。

洛林公爵的军队于 1096 年 12 月 23 日到达君士坦丁堡。而他直到第二年 4 月 2 日才递交效忠拜占庭皇帝的宣誓书。经过其间不适宜海上行船的冬季，他直到三个月后才最终签字。此后洛林的军队终究还是顺利渡过了博斯普鲁斯海峡。

渡海的时间定在 4 月 4 日，是戈德弗鲁瓦签字两天以后。大部队很顺利就从君士坦丁堡以东 50 公里处的拜占庭帝国最前线渡海到达了小亚细亚，前后只花了一夜工夫。

下一位面对皇帝阿莱西奥斯一世的诸侯，是普利亚公爵波埃蒙多。

波埃蒙多进宫觐见时，目光始终不离皇帝一寸，沉默着将阿莱西奥斯的要求前前后后听了个仔细。听罢皇帝的话，他当即拒绝了宣誓效忠的要求。在拒绝的同时，他依然死死盯着皇帝，说出了这样的话：

“如果陛下同意任命敝人为拜占庭帝国军队东方战线的最高指挥官，敝人就当即宣誓效忠。”

波埃蒙多的话令皇帝沉默不语。对于这位公爵的军事指挥才能，阿莱西奥斯一世已经通过最近拜占庭帝国与诺曼人的战争有了充分的了解。皇帝不禁怀疑，此人是否想通过获得帝国的军事力量，达到将自己赶下宝座的真实目的。

正当皇帝陷入沉默中时，口角浮现微笑的波埃蒙多拿起桌上的宣誓书，毫不犹豫地签下了自己的名字。在这位完全不相信誓约的冒险家看来，企求诸侯效忠的阿莱西奥斯实在愚蠢不堪。

然而，作为波埃蒙多左右手而声名日隆的丹克雷迪，以其与生俱来的高傲气质，断然拒绝在宣誓书上签字。这位 22 岁的年轻人在全军渡过博斯普鲁斯海峡之后，才应舅父波埃蒙多的要求，极不情愿地签下了自己的名字。

此后，于 4 月 26 日渡过海峡的波埃蒙多的军队，与先行宿营的洛林军队会师了。

之后抵达君士坦丁堡觐见皇帝的，是图卢兹伯爵圣吉尔和与他同行的主教阿德马尔。虽然主教是神职人员不必向皇帝宣誓效忠，由于他和圣吉尔一起率领大军，对皇帝来说二人都是必须接见的大人物。

虽然阿莱西奥斯一世为了本国的安全保障借助了西欧的军事力量，作为拜占庭人的他，内心深处还是对圣吉尔这样务农的拉丁人充满鄙视。而被召入皇宫签署宣誓书的图卢兹伯爵，面对比自己年轻5岁，身着华贵皇袍的拜占庭皇帝，说了一句不能忍住不说的话。

“我是为了在东方成就上帝的期望而来的。因此，我所肩负的义务是上帝赋予的，而我只对上帝在地上的代理人罗马教皇效忠。”

他接着说：“因此，如果陛下能以拜占庭帝国皇帝的身份，同意将拜占庭军队交由我等组成基督教联军，而我自然也受陛下的指挥，我便非常乐意在陛下所要求的宣誓书上署名。”

这段话的意图相当凶险。完全依靠雇佣兵的拜占庭帝国，实际上没有自身的军队。而如果拜占庭帝国有常备军的话，就没有必要向西欧求援了。此外，自身没有军队的拜占庭皇帝，又怎么可能担任西欧援军的总指挥呢？

阿莱西奥斯一世当然不会同意圣吉尔的这些话。他对此未作答复，只是坚持要求图卢兹伯爵在宣誓书上签字。

圣吉尔其实也是处于弱势地位的。首先，与其他已经渡过博斯普鲁斯海峡的军队相比，他的人马姗姗来迟。因此，他也明白必须尽早渡海前往东方。

其次，出于与戈德弗鲁瓦和波埃蒙多相对抗的心理，圣吉尔认为，如果跟阿莱西奥斯一世保持良好的关系，必然对自己较为有利。因此圣吉尔最终也在效忠的问题上妥协了。在加入补充条款后，伯爵在宣誓书上签下了自己的名字。

加入的补充条款是这样说的：

“敝人努力维持对拜占庭帝国皇帝生命与名誉的尊重，并对企图侵犯皇帝生命与名誉的事件进行监督。”

单看这句话，我们不知道，十字军初占领所征服的地区之后，是如何尊重皇帝的名誉，抑或是如何对拜占庭皇帝有所侵犯的。至于圣吉尔为何对这句话没有留下片言只语的解释，大概是疲于皇帝的催促所致。总之，圣吉尔是唯一在宣誓书内加入补充条款的诸侯。

君士坦丁堡及其周边地区

恐怕这位图卢兹伯爵是感到再没时间耽搁了。当时他已得知，洛林公爵的军队已经从小亚细亚向前线出发了。于是圣吉尔就加上了这条莫名其妙的补充条款，在宣誓书上署上自己的名字。他的部队在波埃蒙多的诺曼军队之后两天渡过了博斯普鲁斯海峡。

至此，戈德弗鲁瓦和弗兰德斯伯爵罗贝尔率领的西欧北部十字军，波埃蒙多率领的意大利南部十字军和圣吉尔率领的法国南部十字军，全都进入了伊斯兰世界。

在圣吉尔离开君士坦丁堡之后，诺曼底公爵和布洛瓦伯爵的军队才到达君士坦丁堡。两人所带领的部下共计数百人，与此前各位诸侯的大军相比规模小多了。当得知此前诸侯都已向拜占庭皇帝效忠后，两人当即提交了宣誓书。

由于所带兵力太少，此二人在战场和外交场合都处于弱势。皇帝也没有花时间催促他们，只是赠送了一些私人物品。在布洛瓦伯爵给留在国内的妻子的信中，写下了下面的话：

“亲爱的阿黛尔，你的父王（即征服者威廉）曾经赠给我不少东西，但如果跟拜占庭皇帝赠送我们两人的奢侈品相比，父王赠送的真的算不上什么了。”

为后世版画家居斯塔夫·多雷所尽情描绘的君士坦丁堡的豪华气派，令西欧来的骑士惊叹不已。最后这两位贵族自然是其中的典型代表。他们在宣誓效忠皇帝之后，依然逗留在君士坦丁堡，直到听说前面的诸侯开始攻打尼西亚的消息，才动身渡过博斯普鲁斯海峡。

阿莱西奥斯一世皇帝每天都过着开心的日子。

隐士皮埃尔的十字军都是一无所有的贫民，非常难打交道。还好，皇帝将他们早早送到了海峡的对岸。

此后抵达的诸侯的十字军也不好对付。他们完全具备推翻拜占庭帝国的军事实力。因此，皇帝坚持要十字军的领导人在效忠自己的宣誓书上签字。

此时阿莱西奥斯一世深信不疑的是，那些来自西方的农民们，根本没有主见，早已习惯了他人的支配。

上

第三章

踏上通往安条克的长路

“法兰克人”

公元1097年春天，诸侯十字军进入的小亚细亚，正处于塞尔柱突厥人的统治之下。当时的突厥人中，并没有共同的统治者。相反，其中两个部族为了争夺地盘，正互相争斗着。

以尼西亚为首都的苏丹刻勒支·阿尔斯兰统治着小亚细亚的西部，而达尼斯蒙德则以科尼亚为首都控制小亚细亚的东部。此二人在数年之前就开始了争夺地盘的战争。

以勇敢著称的阿尔斯兰只有16岁。但一年前隐士皮埃尔所率的十字军甫一进入小亚细亚就遭遇惨败，使他极为轻视西欧人的力量。尽管得知了诸侯十字军渡海的消息，他还是不为所动，继续与达尼斯蒙德交战。因此，当诸侯在城墙下布阵准备攻城时，尼西亚处于无城主的状态。

收到首都告急情报的阿尔斯兰急忙与达尼斯蒙德停战，然后带着先头部队火速赶回。这位突厥武将回到尼西亚时，看到的是包围自己首都的法兰克人大军。

值得一提的是，中世纪的穆斯林，无论是突厥人、阿拉伯人还是埃及人，都将西欧人称为“法兰克人”，而将拜占庭帝国统治下的希腊人称为“罗马人”，因为拜占庭帝国官方自称为罗马帝国。

至于“法兰克人”这一称呼，总的来说是准确的统称。西欧人习惯自称为“欧洲人”。但实际上当时并没有作为整体的“欧洲”的概念，因此“欧洲人”也是个不存在的概念。

在欧洲中世纪，近代以来的法国、英国、德国、意大利、西班牙等没有明确的区分。因此，法国人、英国人、德国人、意大利人和西班牙人，也就无从区分了。

例如洛林公爵就同时有法国和德国的血缘。

而图卢兹伯爵是法国南部的封建领主，可以算作是法国人。但他的妻子则是来自西班牙的阿拉贡。同在法国东北部的法国人，则包含有许多北欧人的血缘。

此外，对这一时期极为活跃的诺曼人来说，血缘的区分就更为模糊了。他们很善于适应不同的地域，除了受到“诺曼人征服”的英格兰之外，诺曼底地区的法国人、意大利南部的意大利人，都以诺曼人为主体。因此不到200年以后，作为整体的诺曼民族消失了，这大概可以称之为他们自身“积极的消灭”。

在本书中提到的意大利诺曼人，普利亚公爵波埃蒙多和他的外甥丹克雷迪，统治着意大利，也使用着意大利语，因此可以说是被意大利化了。德国人也使用德语。另如使用英语的英格兰狮心王理查一世的父亲是法国人，而他在法国境内也领有广大的土地。

这就是当时西欧的实际情况。因此，穆斯林也只有将这些人统称为“法兰克人”了。总之，在不存在作为整体的“欧洲人”的时代，这些欧洲人就被叫作“法兰克人”。

但对于穆斯林称为“罗马人”的拜占庭帝国的希腊人，情况又略有不同。同为伊斯兰教徒的北非柏柏尔人，以及南欧荒岛上出没的一些海盗，将地中海对面的南欧人也称为“罗马人”，正如《罗马灭亡后的地中海世界》中介绍的。这些南欧“罗马人”并非希腊人。穆斯林之所以这样称呼他们，是因为南意大利和西西里岛长期处于拜占庭帝国的统治之下。

中世纪的拜占庭帝国官方一直认为自己是古代罗马帝国的正统继承者。然而伊斯兰世界是在古罗马帝国完全灭亡以后，于公元7世纪兴起的。穆斯林并没有见过罗马帝国时代的罗马人。他们所见到的罗马人，都是基督教化的拜占庭帝国的臣民。因此，穆斯林对拜占庭帝国本土的希腊正教徒和南欧的天主教徒，统称为“罗马人”。由于他们并不知道古代罗马人的情况，这样称呼就自然而然地成为了一种习惯。

但我们当今的人，对1000年前的穆斯林不知道的“罗马帝国时代的罗马人”，即基督教化之前的罗马人有所了解。因此，穆斯林将拜占庭帝国的臣民称为“罗马人”，可能会造成我们认识上的混乱。而穆斯林所称的“法兰克人”即西欧人，把穆斯林所谓的“罗马人”叫作“希腊人”。因为拜占庭帝国的臣民事实上是属于希腊民族的。

此外，西欧的“法兰克人”把当时的穆斯林也统称为“阿拉伯人”。而其实穆斯林当中有突厥人、库尔德人等不同民族的成分，但西欧的基督徒将他们统称为“阿拉伯人”。这大概是因为《古兰经》以阿拉伯语写成，而宗教人士也以阿拉伯语解释经典，就给西欧人留下了穆斯林都是阿拉伯人的印象。

这个东西方都以偏概全地认识对方的中世纪，就是十字军的时代。

攻占尼西亚

尼西亚是君士坦丁大帝最初召开基督教公会议的地方，在古罗马时代就是著名的古城。此城有完备的防御体系，6 公里长的城墙将城市完全包围。

拜占庭帝国统治下的尼西亚居民多为希腊人，但在伊斯兰化 300 年之后，和中东地区一样，基督徒已经沦为二等公民。他们不能坐车或骑马，也被完全禁止携带武器。尽管如此，基督徒数量仍然很多。

这一时期的小亚细亚的统治阶层是塞尔柱突厥人，而城市的主要居民则是希腊人。尼西亚的情况便是如此。

尼西亚的领主阿尔斯兰得知诸侯接近的消息后，第一反应是拜占庭皇帝又像往常一样派遣法兰克人雇佣兵，试图夺回旧土。在他看来，这是不可能实现的。阿尔斯兰没有料到的是，法兰克人带着宗教狂热扑向自己的首都。

而此时的十字军并不关心是否能占领这座首都，他们只是朝着尼西亚的方向进军。在沿着从小亚细亚西北部向东南部延伸的未知道路进发的过程中，他们需要保证的是一路上没有后顾之忧。而尼西亚就是这条道路的出发点。

4 月 26 日，两支十字军部队首先开始向尼西亚进军。第一支是戈德弗鲁瓦率领的洛林军队，沿马尔马拉海海岸，从尼科米迪亚附近经过，到达尼西亚。这支部队在行军途中遇到了隐士皮埃尔所率领的贫民十字军的幸存者。

稍后出发的是波埃蒙多率领的南意大利军队。由于波埃蒙多计划与拜占庭海军共同作战，他事先返回了君士坦丁堡。这支军队实际上由丹克雷迪率领。

两支部队在 5 月 6 日到达尼西亚城下，准备围攻这座城市。

两军在城下分别列阵。其中戈德弗鲁瓦的军队在北侧城墙下，丹克雷迪的军队在东侧城墙下。5 月 13 日，波埃蒙多返回了自己的部队。

三天以后的 5 月 16 日，圣吉尔率领法国南部军队也来到了尼西亚。他的军队在城南布下战阵，其中包括弗兰德斯伯爵率领的 500 骑兵。

至于 6 月 3 日到达尼西亚的诺曼底公爵和布洛瓦伯爵是否参加了攻城战，从目前的资料来看无从知晓。他们可能还沉溺在对君士坦丁堡的赞叹之中。

在唯一没有被包围的城西一侧，城墙正面对着一片湖泊，防御薄弱。湖泊通往不远处的马尔马拉海，因此这一侧的进攻由拜占庭海军负责。拜占庭军队主要是海军，并担负着军粮供应的任务。皇帝自己也渡过了博斯普鲁斯海峡，驻跸在诸侯后方的前线基地帕加马。

虽然诸侯的十字军都是西欧军队的精锐，但是他们并未携带任何攻城武器。如果直接攻击面前坚固的城防，会给自己的部众造成巨大的损失。在前两路诸侯等待圣吉尔的4天之内，突厥人在尼西亚的守备部队在城主不在的情况下，意志坚定地在城墙上防守，密切注视着城下十字军的一举一动。

5月21日，与达尼斯蒙德休战的阿尔斯兰亲率一万突厥骑兵回师尼西亚。由于城中尚有他怀孕的妻子，这位年轻的突厥骑士抱着必死之心投入战场。

突厥军队从南边赶来，首先面对的是城南圣吉尔的部队。

圣吉尔没有料到背后突然出现敌人，因此其中弗兰德斯伯爵的军队刚一遭遇突厥骑兵就陷入了苦战。但随着戈德弗鲁瓦和鲍德温，以及波埃蒙多和丹克雷迪的赶来，西欧诸侯与塞尔柱突厥人的第一次战斗以“法兰克人”的胜利而告终。

从两军的牺牲者数目就可以看出这场战斗的激烈。突厥军队中战死者达到4000之众，其余部众逃离了战场，而战胜的诸侯一方，死者也达到2000人。年轻的苏丹阿尔斯兰最终败退。

此后，胜利的西欧诸侯军队将战死的突厥士兵中2000人的头砍下来，其中1000投入尼西亚城中，另1000呈给皇帝阿莱西奥斯一世。由此，十字军的事迹在西欧广为称颂。

关于这段悲惨而残酷的事迹，在近现代西欧研究者笔下，投入城内的人头数量是实际情况的几倍，但他们却没有提及其中另一半送给拜占庭皇帝的人头。

而在伊斯兰史料中，则完全没有此事的记载。

在我看来，关于此事的记载完全有失夸张。在这场惨剧之中，胜者自然记下各种夸大的数字。而对于败者来说，自然不会因强调自身的悲惨而留下任何记载了。

以此事件为例，当历史研究者阅读这类史料时，必须直面的是，为了尽可能接近事实，要做到以下两点：

第一，要有与战争双方没有利害关系的第三方留下的记载。

但在十字军的历史中，没有这样的第三方记载。

第二，要参考有着如实记录的史学传统的民族所留下的记载。

根据我自己的经验，秉承这样传统的国家有两个。其一是文艺复兴时代的威尼斯共和国，其二是古代的罗马帝国。

前者作为商业民族，从其商业贸易开始之初就保持数字记录的真实性；后者则是不同宗教与文化民族结合而成的命运共同体，因此有必要尽可能正确地把握事实情况。在十字军的时代，罗马帝国早已灭亡，而十字军东征与威尼斯共和国并没有多少关系。

而不论有多少突厥士兵的人头被扔进尼西亚城，对城内守军的士气都是巨大的打击。当苏丹阿尔斯兰在战斗结束后败走，死亡的士兵首级又被扔进城内以后，守军士气跌落到极点。拜占庭皇帝阿莱西奥斯一世得知战斗胜利的消息以后，更是抢在各路诸侯之前利用了这一大好时机。

到 6 月 17 日，诸侯已经将战死者悉数埋葬，负伤者也都得到了初步的治疗。向尼西亚发起总攻的准备在这一天宣告完成。第二天，十字军准备在北、东、南三个方向同时攻城，计划到日没时分攻陷尼西亚。

在6月18日一早，各路军队整齐列于城下，等待指挥官的攻城命令。

然而就在此时，尼西亚城墙上突然响起呼喊声。众人顺声望去，只见城墙最高处的塔顶缓缓升起了一面拜占庭帝国的国旗。

尼西亚城就这样对拜占庭帝国不战而降了。诸侯对此表示异常愤慨，年轻的丹克雷迪更是狂怒不已。

皇帝阿莱西奥斯一世本来就没有打算靠武力夺回尼西亚。毕竟它是小亚细亚距离君士坦丁堡最近的防卫坚固的都市。其居民大多数是希腊人，信仰拜占庭帝国的国教希腊正教。皇帝相信，和平取得尼西亚之后，这座城市就可以作为从塞尔柱突厥人手中收复小亚细亚的前沿阵地。

因此皇帝从拜占庭军队所围困的城西一侧派遣密使入城。密使提出，在保障包括突厥人和希腊人在内全体居民的安全的前提下，整座城市向帝国投降。

城内守军首领见友军败于法兰克人之手，苏丹本人也仓皇逃走，最终决定为了城内居民的安全，接受皇帝的投降建议。苏丹怀孕中的妻子和新出生不久的孩子，也因此得以在拜占庭军队的护送下，前往君士坦丁堡，作为人质在那里得到安全保证。

诸侯尽管对这一做法愤慨不已，却无法应对早已将尼西亚收入囊中的拜占庭皇帝。他们众人中也无人想在这座城市称王称霸，而是准备继续向东进军。而皇帝则从突厥军队回师的5月21日到总攻尼西亚城的6月18日至28日之间，神不知鬼不觉地占领了尼西亚和周边的地区。当局势明朗之后，他无视诸侯的抗议，也没有做任何解释，只是向诸侯展示了他们在君士坦丁堡所签署的宣誓书。他要求诸侯按照宣誓书中的要求，效忠自己。因此，在皇帝的命令下，原来守城的突厥人被赶走，取而代之的是拜占庭的警备部队。

从这次尼西亚之战开始，不仅是怒不可遏的丹克雷迪，全体诸侯心中都对阿莱西奥斯一世充满了不信任。

但对诸侯来说，皇帝的存在仍然十分必要。从军粮的补给，到对陌生的小亚细亚道路的向导，都需要仰仗皇帝。虽然军粮可以靠在穆斯林地区的掠夺来补给，在小亚细亚的行军路线则必须依赖熟悉本地地形的希腊人开路。而十字军行军的向导都是由皇帝派遣的。

6月26日，诸侯的十字军在希腊人向导的带领下离开了尼西亚。沿着古罗马的大道，他们逐渐深入了小亚细亚内地。

塞尔柱突厥人的大军正等待着这些法兰克人。在尼西亚之战中败退的苏丹阿尔斯兰，成功说服了自己的仇敌达尼斯蒙德派出军队，共同对抗法兰克人的威胁。

多利留姆之战

诸侯的十字军从尼西亚向东南方向前进30公里以后安营扎寨，并在当夜决定兵分两路向小亚细亚腹地行军。

先出发的第一部分军队，由普利亚公爵波埃蒙多率领，除南意大利诺曼军队外，还包括法国北部的布洛瓦伯爵和弗兰德斯伯爵的部队。

在此之后稍晚出发的第二部分，则是不愿屈于波埃蒙多之下的图卢兹伯爵圣吉尔所率领的来自法国南部的军队。这部分人马还包括率领着更强大部队，与穆斯林敌对意识强烈的洛林军队。此外，法国王弟于格也在此中间出发。

此外还有相当于前两部分部队1/10的主教阿德马尔所率的小部分兵力。这支部队的向导并非拜占庭皇帝所派，而是主教自己寻找的希腊天主教徒。根据阿德马尔的命令，他们从古罗马的大道折向山间小道行军。由于部队人数较少，阿德马尔的部下得以在山中前进。

勒布伊主教阿德马尔是功勋卓著的神职人员，是代表教皇乌尔班二世的立场参与十字军的。他的首要任务是负责拯救士兵灵魂的工作，而在行军过程中则逐渐展露了军事指挥方面的才能，因而也能在肉体上救助士兵。

波埃蒙多所率的第一部分军队，于6月30日到达了多利留姆（今土耳其的埃斯基谢希尔）。他准备在此处过夜，遂即命令部下设置营帐。从当天中午开始，部队就设下帐幕。

就在此地，阿尔斯兰率领的塞尔柱突厥先头部队袭击了波埃蒙多的十字军。由于多利留姆位于山与山之间开阔的谷地，是非常适合开展伏击战的区域。虽然达尼斯蒙德没有参战，同属塞尔柱突厥人的卡帕多西亚埃米尔哈桑也和阿尔斯兰并肩作战。至少在名义上，小亚细亚塞尔柱突厥人的大军倾巢出动，展开决定性的攻击。

未雨绸缪的波埃蒙多立即命令全军迎击。无法作战的神职人员和伤病员藏在装载物资的马车围成的保护圈中间，躲避冲入谷中的突厥人。全军分成三部分，从马车轮之外冲出去，积极抵抗敌人的冲锋。三部分军队分别由丹克雷迪、弗兰德斯伯爵和波埃蒙多本人率领。

塞尔柱突厥人在作战时，一般首先按照东方传统的战法，以大量弓弩射击的方式发起战斗。当看到敌兵纷纷倒下，四处发出痛苦叫喊之时，再投入骑兵冲锋。在多利留姆，突厥人也是以这种方式出战的。

纷纷中箭的轻步兵一个个倒了下去。以盔甲蔽体的重装骑兵，在如骤雨般落下的箭矢中也陷入了进退两难的状态。从山上冲下的突厥军队居高临下发起冲锋，而处于山脚下的十字军相当不利。前面的突厥兵士倒下了，后面的便立即迎上来。小亚细亚全体塞尔柱突厥军队

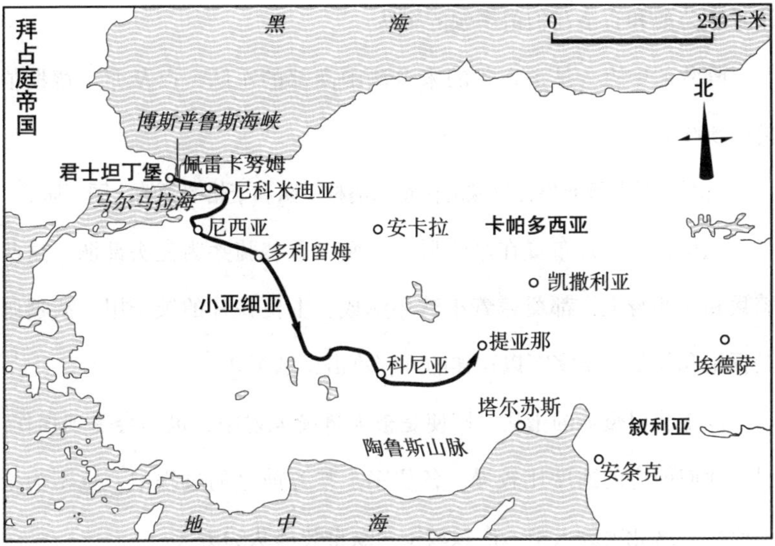

十字军在小亚细亚的行军

集中在多利留姆，其数量相当之多。

在陷入苦战的波埃蒙多的部队中，同行的神父不断为死去的兵士祈祷着，恳求上帝让这些亡人在天堂得到解脱。另一边得知友军告急的洛林公爵戈德弗鲁瓦则只派出了50名骑兵支援。还好圣吉尔率领的部队很快就到达了战场。

率领突厥军队的阿尔斯兰以为敌人只有波埃蒙多率领的第一部分那么多，完全没料到第二部分十字军前来投入战斗。圣吉尔军队的到来，使战事完全朝着十字军有利的方向逆转。他当下决定了阵容的安排。

十字军的左翼，是波埃蒙多和丹克雷迪率领的南意大利军，加上诺曼底公爵和布洛瓦伯爵率领的军队。

阵营的中央，是圣吉尔的来自法国南部的军队，以及弗兰德斯伯爵的500骑兵。

右翼则是戈德弗鲁瓦率领的德意志洛林军队和于格率领的法国军队。

他将轻装步兵布置在军阵后方，而以重装骑兵为先头部队。这些骑兵和马匹身上，都覆盖着小铁环编成、上覆铁片的锁子甲，武器则是标枪和长剑。十字军以这样的阵容攻击突厥军队。

以重装甲覆盖的士兵，即使是被大量箭矢射中，也不会受到损伤。只是他们前进的速度比较慢。各位军士整齐前进的过程中，竟不为枪箭所伤。这让突厥人第一次领教了西欧重装部队的厉害。

当发现以强弓硬弩都无法伤到十字军时，突厥人慌了阵脚。他们不顾年轻的阿尔斯兰高喊的激励声，开始逐渐逃出了战场。

这些逃兵刚离开山谷，就在蜿蜒的山道间遭遇了主教阿德马尔率领的部队。虽然他的人马不多，但也足够堵住逃出多利留姆的山间道路。

现在轮到突厥人被包围了。以英勇善战著称的突厥军队，也知道自己无法抵御十字军的进攻。

到落日时分，战场上留下了3000突厥骑兵和2万多突厥步兵的尸体。

而待突厥人逃走之后占据其大本营的西欧诸侯，十分惊诧于其领主在营帐内留下的大量贵金属和奢侈品。营地内还留下了不少阿拉伯产的骏马和上等的马具。东方的统治者们习惯于在出征时带上自己全部的财产，因此十字军缴获颇丰。

多利留姆的战斗以十字军的大胜而告终。小亚细亚所有的塞尔柱突厥军队，在这次战役后宣告败北，从此在整个小亚细亚范围内不再有阻挡十字军前进的障碍了。两次败于基督徒对手的苏丹阿尔斯兰的再度崛起，是很久以后的事情了。

然而获胜的一位法国士兵却这样描述突厥人：

“他们真可称为是无比勇敢的战士。如果他们也是基督徒的话，我想一定可以成为我们亲密无间的战友。”

并未放弃小亚细亚的塞尔柱突厥人从多利留姆战役之后改变了战略战术。他们不再使用大部队集结的方式作战，而是以小股兵力展开游击战。

小亚细亚内陆地区的地形非常复杂，而突厥人熟知各地的地势。他们采取不断游击袭扰的策略，冀望使行军中的十字军感到不安。在见不到敌人的情况下屡屡受袭击，自然会滋长兵士的不安情绪。此外，如果采取大规模战役的方法作战，即使取胜也会大大消耗有生力量，而游击战的结局则是即使失败也能取得相当的战果。毕竟，对于穆斯林来说自己是在家乡作战的“主军”，而深入小亚细亚的十字军则是“客军”了。

在勇猛的突厥军队面前，十字军也蒙受了巨大的损失。与多利留姆之战中突厥军队 2.3 万人的损失相对照，十字军方面折损了 4000 兵力。其中有四位有名的贵族战死。诸侯从此决定一同行军，以最大限度减少损失。在这一阶段，无论是阿尔斯兰、卡帕多西亚的埃米尔哈桑，还是未参战的达尼斯蒙德，都处在居所不定的游击状态中，但十字军并不知道他们的动向。在多利留姆战败的塞尔柱突厥军队，正是这样依靠着游击战术且战且退。

从一开始就负有防御责任的阿尔斯兰，带领着全体突厥人撤退。他们不仅实施游击战术，整个民族甚至到了坚壁清野的状态。

十字军所到之处看见的都是已经被烧毁的农田，地里完全不见家畜的影子。所有的水井都填死了，蓄水池内则投下了毒药。村子里空荡荡的没有人烟。而拜占庭皇帝也没有遵守提供军粮补给的约定。行军过程中还不时发生满载军粮的马车被突厥人劫掠的情况。

出现这样的窘境，其实是由于中世纪的部队没有后勤补给的概念。因得不到粮食供给而逐渐陷于饥饿的十字军骑士们，最终不得不杀掉自己的马匹，而转为徒步行军。因体力不支而逐渐掉队的士兵，则往往遭到山谷中或山顶埋伏着的突厥弓箭手的射杀。

就这样直到当年 8 月中旬，十字军终于抵达科尼亚城。在忍受突厥人的坚壁清野和游击战一个半月以后，他们总算可以在这座城市稍作休整了。

位于小亚细亚中心地带的科尼亚，在 13 年前还是拜占庭帝国的领土。当十字军进城时，城内的居民都是希腊人。曾经统治科尼亚的突厥人得知十字军逼近城市，就都携家带口地逃走了。

如今从飞机上眺望小亚细亚，只能看到荒凉的山野。但如果在地上旅行，这里的物产其实很丰富。各式各样的农产品琳琅满目，畜牧业的发展也非常可观。小亚细亚拥有广大的平原地区所没有的许多河流带来的丰沛水资源。自古以来，其沿海地区就以适宜通商而闻名，而以农牧业为主的内陆地区，也是一派繁荣的景象。古典时期的多个民族都以获取小亚细亚作为战略目标，而拜占庭皇帝阿莱西奥斯一世自然也执着于收复这片失地。

古都科尼亚是集中了小亚细亚风格的一座中等规模的城市。由于居民的友好相待，进入城市并不用耗费武力。因此十字军在科尼亚得以休整。

然而，在这座令人安心的城市休整期间，十字军出现了意想不到的事故。也许是由于太过安定，图卢兹伯爵圣吉尔病倒了，洛林公爵戈德弗鲁瓦则受了伤。

圣吉尔病得相当严重。他接受了主教阿德马尔的临终告解和涂油仪式。如果这位曾为十字军东征而无比狂热的大贵族就此撒手人寰，他也只能在病床上静静地接受55岁升天的事实。

而37岁的戈德弗鲁瓦之所以受伤，则是因为在城郊狩猎时的一次意外。他听说郊外有熊出没，就试图独自将其捕获，结果反而被熊袭击。虽然戈德弗鲁瓦最终得以将熊杀死，但他的大腿被熊咬出了一道深深的伤痕。由于公爵独自一人与熊搏斗，当随从发现他时他已经大量失血，奄奄一息。

尽管如此，中世纪的骑士身体都是非常强壮的。圣吉尔并没有如期前往天堂，而戈德弗鲁瓦虽然不能骑马，却也在逐渐恢复之中。

诸侯的十字军从科尼亚出发，向东行进。病重的圣吉尔躺在马车内，身体衰弱的戈德弗鲁瓦则被抬上担架行军。这两位身经百战的将领，仍然有着面对任何困难绝不低头的青年一般的勇气。47 岁的波埃蒙多一直与伤病无缘，而他却是与其他诸侯不同的利己主义者。所谓利己主义者，在对自己没有影响的情况下，不会做出干涉别人行动的事来。

陶鲁斯山脉

在诸侯到达小亚细亚东南部的提亚那城以后，就必须转向南去往叙利亚的安条克了。

提亚那以南横亘着将小亚细亚和叙利亚分开的陶鲁斯山脉。虽然翻越此山脉的道路距离最短，当地的向导却建议十字军沿另一条道路行军。这位希腊向导相信，陶鲁斯山中一定埋伏着突厥人的军队，而如果向北经过凯撒利亚（今土耳其凯赛里），并从此处绕道进入亚美尼亚人居住的地区行军，然后向南接近安条克，一路上会安全得多。

向导的建议遭到了刚刚年过 30 岁的鲍德温和 22 岁的丹克雷迪的反对。这两人对在山中遭遇突厥军队毫无恐惧。于是戈德弗鲁瓦同意划拨一部分军队交给鲍德温指挥。而丹克雷迪虽然在其舅父波埃蒙多看来有些独断专行，却也得到了率领一部分人马的权力。于是此二将的先锋部队在 9 月 10 日出发了。他们并未一同行军，而是分别进山。

而十字军的主力部分则选择了向导建议的距离较长却相对安全的路线。他们行进到凯撒利亚的路上一直都没有出什么问题。但当十字军离开凯撒利亚向南迂回，往叙利亚的方向前进时，遭到了路上埋伏的突厥军队的袭击。

这支突厥军队是由卡帕多西亚埃米尔哈桑率领的。在稍作交战后，他们再次被十字军击退了。这次遇袭使从病中恢复的圣吉尔、伤愈的戈德弗鲁瓦和机智的波埃蒙多都相信，拜占庭皇帝派来的向导是靠不住的。

诸侯都知道，阿莱西奥斯一世往十字军经过后的小亚细亚各城市派遣军队，使这些城市一个个成为拜占庭帝国的领土。对诸侯来说，小亚细亚不过是通往圣地的必经之路而已。因此他们当中任何人都不关心拜占庭皇帝会怎样收复这些城市。但是，在十字军向安条克逼近的过程中，诸侯不希望遇到任何阻碍。

然而也没有证据显示，希腊向导是故意引导十字军前往有突厥军队埋伏的道路上的。但诸侯还是不能相信这位向导。除了容易轻信他人的圣吉尔以外，诸侯大多不信任拜占庭皇帝。

关于十字军向导具体的所作所为，没有留下任何记载。但为十字军在小亚细亚开路的总向导，却的确是颇具名望与地位的人士。他的名字叫塔蒂基奥斯，曾经担任拜占庭军队的司令官，是阿莱西奥斯一世的家臣。因此不难想象，塔蒂基奥斯是按照皇帝的旨意行动的。

在击败伏击的突厥人之后，十字军的担忧大大减少了，因为他们进入了居住在小亚细亚和叙利亚的亚美尼亚人的地区。虽然和西欧天主教徒分属不同的宗派，亚美尼亚人也是基督教徒。而他们一直孤立于穆斯林中间，因此对将自己从伊斯兰势力压迫下解救出来的十字军怀着特别的好感。

诸侯的十字军经过亚美尼亚人地区以后，就来到了通往圣地巴勒斯坦的第一道关卡安条克城。在 1097 年秋天，十字军到达了这一地区。

另一方面，鲍德温和丹克雷迪的军队没有遇到突厥人的偷袭，顺利地翻越了陶鲁斯山脉，进入了沿海的基利基亚地区。

鲍德温从其兄长戈德弗鲁瓦那里要来了 500 骑兵和 2000 步兵，而跟随丹克雷迪的骑兵和步兵都不到鲍德温部下的一半。

虽然只有这一点儿兵力，丹克雷迪也成功占领了基利基亚最大的城市塔尔苏斯。一听说十字军要来，突厥守军早就没了踪影。因此从不放过好机会的丹克雷迪不费一兵一卒就进了城。当然，此时正是大好的机会。在城墙和塔楼上高高飘扬着的，都是丹克雷迪和波埃蒙多所属的阿尔塔维拉家的蓝底红白格绶带军旗。

几天以后，鲍德温的军队也到达了塔尔苏斯。他自然对比自己年轻 10 岁的丹克雷迪的行为感到不满。鲍德温入城会见丹克雷迪以后，当即表示，十字军征服的城市，应按照全体诸侯签字的宣誓书中的约定，归拜占庭帝国皇帝所有。但丹克雷迪对此只是一笑置之。鲍德温敢于干涉丹克雷迪的做法，仅仅是因为他拥有后者两倍的兵力而已。

丹克雷迪也意识到了这个现实。于是，他将塔尔苏斯城主的位置让给了鲍德温。在城墙的高塔上，阿尔塔维拉家的旗帜缓缓降下，取而代之的则是洛林家族的旗帜。这是两人相互妥协后的结果。

塔尔苏斯城主之争，不过是两个无赖之间争议的一幕而已。而下面的事件说明，这两位无赖都具备发现偶然事件重要性的能力。

正当鲍德温和丹克雷迪驻在塔尔苏斯时，一艘海盗船沿河上溯到达了这座城市的港口。船长是法国人，而水手多为丹麦人和弗兰德斯人，全体都是基督徒。他们自称前来参加十字军，但实际上是利用十字军东征谋取自己的利益。这些亡命之徒从北海出发，经过大西洋，通过直布罗陀海峡后一直航行到地中海东岸。

刚刚成为塔尔苏斯城主的鲍德温得知了这只海盗船停泊在港口的消息。他随即在城中召见了海盗的首领。在交谈过程中偶然发现，船长正是鲍德温所在的洛林地区的属民。

未曾料想在遥远东方遇到故乡人的海盗首领对鲍德温非常感激。鲍德温倒是没有觉得感动，他只是想借这个机会利用海盗的力量。

鲍德温于是就把海盗首领任命为自己的副将，而将自己2500人中的300交给这位新将领统率，并以十字军的名义任命其为塔尔苏斯的警备司令。这令海盗们愈发感激，因为这些亡命之徒竟然也可以参与上帝所期望的事业了。鲍德温在向安条克南下的过程中，回到了十字军的大队伍中间。这是因为他得知了自己离开神职之后所娶的妻子因重病倒下的消息。

丹克雷迪也意识到了回到十字军大部队的必要。他不是狡猾的鲍德温的对手，却是富有责任感的青年。因此，丹克雷迪动身向大部队的行军方向靠近。

丹克雷迪所率的1000多人的军队，足够在基利基亚的各个城市之间穿行了。这一地区位于小亚细亚和叙利亚接壤的地带，因此也是皇帝阿莱西奥斯一世想占有的土地。但由于十字军的占领已经是既成事实，皇帝最终放弃了进占基利基亚的打算。鲍德温和丹克雷迪并不知道皇帝的不快。对于一直拒绝在效忠皇帝的宣誓书上签字的丹克雷迪来说，在基利基亚的行军伴随着霸道的快感。

这两位年轻领主从塔尔苏斯开始在基利基亚境内的行军，为以夺回圣地为目的的十字军向叙利亚和巴勒斯坦自由行动扫清了障碍。而与此同时，这些从西欧来的天主教徒，与拜占庭帝国的希腊正教徒之间的矛盾越来越突出。

尽管鲍德温丢下在基利基亚海岸独自行军的丹克雷迪，火速与大部队会合，他还是没能在妻子去世前赶到诸侯的军营。回到大本营之后，鲍德温将海盗加入的事告知了各位领主。

这一事件引起了诸侯的兴趣。既然远在北欧的海盗能一直航行到小亚细亚加入十字军，十字军为什么不能利用在地中海区域内一直通商的基督徒海上力量呢？

如果使用西欧的海上力量进行补给，就不必依赖拜占庭帝国的船只了。从此以后，第一次十字军逐渐开始依靠比萨、热那亚和威尼斯等意大利的滨海城邦进行斗争。

夺取埃德萨

鲍德温在诸侯面前一定还提及了另一件事。那就是与其成为朋友的亚美尼亚领主的兄弟，埃德萨的领主托罗斯请求十字军支援，以抵抗来自摩苏尔的穆斯林军队的进攻。

由于这一请求是鲍德温在基利基亚时就接受的，他决定独自前往埃德萨协助亚美尼亚人。当然，这还要仰仗其兄长戈德弗鲁瓦的兵力。

在此处我们必须对以下的事项有所认识。

在第一次十字军时代的伊斯兰世界，并没有人认识到十字军是打着宗教旗号的远征军。一开始，穆斯林普遍认为十字军是拜占庭帝国雇来打仗的佣兵。跟十字军作战的塞尔柱突厥领主也以为他们是想收复旧土的拜占庭皇帝雇来的，因此其所展开的防御作战的目的也是为了保住自己在小亚细亚的地盘。这些突厥人之所以拼死战斗，并非因为对方是基督徒，而是将十字军看作夺取自己领地的侵略者。

但当穆斯林得知十字军从小亚细亚西北部一路行军到东南部，却并没有在中近东占领土地，他们心中不禁怀疑起这些法兰克人的动机来。

这一时代，东方的穆斯林领主们正为领地相互斗争着。而当新的侵略者闯入以后，他们就逐渐团结起来。

作为亚美尼亚派基督徒的埃德萨领主，正为了领地同穆斯林的摩苏尔领主交战。埃德萨领主和亚美尼亚领主之间的良好关系，并非因为二人都是基督徒，只是因为亚美尼亚没有侵略埃德萨的意图而已。而埃德萨领主通过亚美尼亚人请求天主教徒鲍德温来抵御摩苏尔领主的目的，只不过是为了保住自己的地盘。他的打算不过是此时中近东实际情况的反映罢了。

因此，当时东方的一切纠纷都不是宗教问题，而只是领土问题。直到80年后萨拉丁的时代，伊斯兰世界才知道这些西欧来的基督徒远征军的目的是在上帝的旗帜下，击败穆斯林并收复圣地，建立十字军的国家。

穆斯林很自然地认为十字军是以占领地盘为目的的军队，只不过是从遥远地方来的新侵略者而已。当然，在十字军中，也有不少以获取东方领地为目的的领导人，因此也不能说伊斯兰世界的判断是完全错误的。

基督徒也好，穆斯林也好，在11世纪末，一城的领主无论向谁求助，双方都必须是同一宗教内的教友。这在充满领地扩张念头的中近东领主的头脑中是根深蒂固的。然而，接受支援请求的鲍德温和得知埃德萨城主要求的诸侯，首先要考虑的是支援这座城市的战略意义。

为了夺回耶路撒冷并将其一直置于基督徒的控制之下，必不可少的是夺回这座圣城的北大门安条克。而如果想防御穆斯林对安条克的进攻，将其东北的埃德萨控制在十字军手中就是万全之策了。因此，援助并控制埃德萨对十字军东征有重要的战略价值。拥有了埃德萨，会使攻击安条克的十字军没有后顾之忧。

回顾古代战争的历史，从美索不达米亚向西进攻的路线中，如果向西方直行，虽然距离较短，却因为叙利亚沙漠的阻挡而无法通行。商队纵然可以穿越沙漠，但远征的大军无法从其中通过。

因此，每当军队从中东向近东攻击的情况下，都是沿着幼发拉底河北上，再从其上游的城市转向西行军。而古罗马帝国自西向东的攻势，则是沿着同一路线反方向行军的。今天土耳其东南部的埃德萨，依然拥有绝佳的战略位置。

我们自然无法知道30多岁的鲍德温是否了解到埃德萨城的重要性，也无从得知接受了埃德萨请求的各位诸侯中，是否有人认识到这座城市对于十字军的战略价值。而留下关于第一次十字军记载的神职人员，往往是最缺乏军事眼光的。毕竟人们有着只记载自己所关心事务的倾向。

然而，深入阅读关于这一事件的记载之后，我可以大致得知诸侯的看法。事实上，当鲍德温决定离开十字军大部队，率兵前往埃德萨时，没有一位诸侯站出来反对。也就是说，没有人对他不参加即将开始的安条克之战提出异议。

我们并不知道独自前往埃德萨的鲍德温所率军队的准确数量。估计他此时的兵力应该比不上翻越陶鲁斯山时从兄长戈德弗鲁瓦处借来的那些人马。但这支不到500骑兵和2000步兵的部队已足以令埃德萨的城主托罗斯大喜过望了。

然而一开始托罗斯只想把鲍德温任命为雇佣兵队长，于是拿出钱来准备交给十字军。洛林人这时回答说自己并不在乎钱。对此心存感激的托罗斯当即决定将鲍德温收为养子。由于托罗斯年龄已经很大而没有儿子，他便提出举行正式的仪式，认洛林人为养子，并由其负责守卫埃德萨。鲍德温欣然同意了。

收认养子的仪式在埃德萨城中心的广场上隆重举行。

仪式刚结束不久，托罗斯就被暗杀了。在伊斯兰史料中，他是被鲍德温手下所杀，而实际上这位老领主是为自己的仇人所杀，鲍德温虽然有所疏忽，却并未帮助暗杀者。

老领主死后，新认的养子鲍德温自然成为了埃德萨城的新领主。这位西欧的“居家骑士”，离开故乡一年后就拥有了近东重镇埃德萨城。

鲍德温这一路行军可谓非常顺利。而他也很快就满足了这座出征时并不知道的东方城市里居民的期待。

十字军时代东西方平民的愿望，都是受到能保证自身安全，而又只征收较低赋税的贵族的统治。只要能满足以上两点，他们对于统治者是谁并不在意。虽然埃德萨的居民将十字军看作一群侵略者，但他们也并不介意受到天主教徒的统治。

鲍德温在稍微享受了埃德萨城中东方式的奢华之后，便专心率兵征服附近的城市去了。他的部队极为善战，到1098年年底就占领了原来托罗斯控制下的全部领地。他因此在埃德萨城的居民中颇受欢迎，最终正式成为得到属民支持的领主。

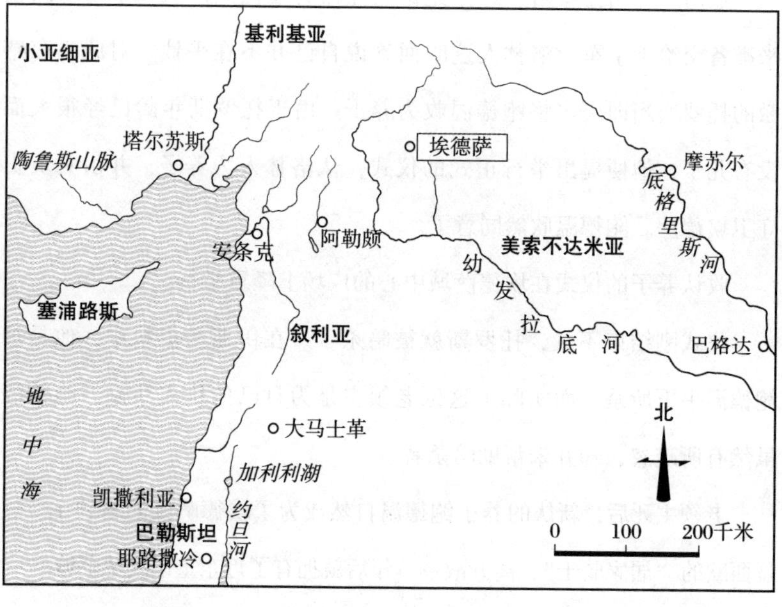

基利基亚与埃德萨周边地区

此后，鲍德温将其统治下的埃德萨及其周边地区变成“埃德萨伯爵领地”，是在叙利亚、巴勒斯坦建立的十字军国家中的一个。

鲍德温在埃德萨建立的统治，最大程度地保证了进攻安条克的诸侯十字军背侧的安全，也在其后很长一段时期内有效防御了从美索不达米亚前来攻击的穆斯林军队。如果说他在埃德萨的成功完全出于偶然，这必然是幸运的眷顾。

纵观十字军所建立的国家200年命运延续的成就，基利基亚和埃德萨一带十字军霸权的确立，完全得自诸侯组成的第一次十字军中最为无赖的两个人。

这两人的共同之处在于，他们都是二三十岁的年轻人，都有无人能敌的胆量，都是天生善战的骑士。

他们还都是在西欧没有自己领地的“居家骑士”。鲍德温以取得自己的领地为最高目标，而丹克雷迪则不同。前者没有参加安条克和耶路撒冷的攻城战，后者不仅完整参与了这两场最重要的战斗，还一直奋战在最前线。

公元1097年10月中旬，十字军的大部队开始逐渐接近能够远远望见安条克城的地区。此时距离他们渡过博斯普鲁斯海峡已有半年之久。通常情况下，通过小亚细亚需要三个月时间，但这支大军的远征花费了六个月。由于突厥人所采用的回避正面决战，转而在后方游击袭扰的战略战术，十字军受到了很大损失。在躲避突厥军队不断的攻击之后，十字军还必须越过难以行军的陶鲁斯山脉。鲍德温和丹克雷迪的军队从西侧翻越陶鲁斯山，而十字军的大部队则绕道北侧。无论从哪里经过，翻过陶鲁斯山脉之后到达的都是叙利亚境内。

经过六个月的艰难行军，十字军已经疲惫不堪，无法组织像样的进攻。然而，从北面逐渐接近安条克的十字军战士们，都注意到了这座阳光之下巍然挺立的大都市的威容。在欧洲难得一见的东方大城市，已经近在眼前。

教皇乌尔班二世雪耻

当诸侯所率领的十字军到达能够远远望见安条克城的地方的同时，具有划时代意义的一件事正在远方的罗马静悄悄地发生着。

教皇乌尔班二世终于回到了罗马教皇的正式官邸拉特兰宫。

乌尔班二世在教会内的工作，从 1078 年被任命为奥斯提亚的枢机主教开始。1078 年正是著名的“卡诺萨之辱”发生后的第二年。教皇格列高利七世让皇帝亨利四世在卡诺萨城堡外站立三天三夜的事件，向全西欧表明了教皇的权威高于神圣罗马帝国皇帝之上。但从次年开始，亨利四世就展开了反击，使得受到追缉的格列高利七世不得不逃离拉特兰宫，最终客死他乡。

此后的 7 年之中，年轻的乌尔班一直与四处奔逃的格列高利七世在一起。而在他获选成为教皇的前 9 年内，也未曾踏入拉特兰宫一步。

他一度进入了罗马的地界，但只是在台伯河中的小岛（提贝里那岛）上逗留了几天。从这座岛屿到拉特兰宫的直线距离有 2000 米。

为早期基督教会所尊崇的君士坦丁大帝所建立并赠予罗马教皇的拉特兰宫，从竣工之日起就是作为天主教会首领的教皇本人的官邸。

教皇所召集的公会议也时常在拉特兰宫内召开。

罗马教皇在“卡诺萨之辱”以后的20年来无法进入拉特兰宫的原因，是亨利四世皇帝拥立了与之相对立的教皇，并命令支持自己的高级神职人员统治罗马。

这一状态在20年后发生了变化。由于在罗马无法召开公会议，教皇选在法国的克勒芒召开了鼓动十字军东征的公会议，而响应乌尔班二世号召的诸侯也已经到达了东方。虽然十字军还未收复圣城耶路撒冷，天主教军队已经抵达叙利亚和巴勒斯坦地区这一事实给整个西欧基督教世界很大的冲击。而这次东征完全是由乌尔班二世的呼吁开始的。

而另一方面，仍然高居神圣罗马帝国宝座上的皇帝亨利四世的权威，已经日薄西山了。随着越来越多的人对乌尔班二世权威的承认，这位一生努力反对罗马教皇的君主逐渐感受到自己昔日的权势不再。例如曾经宣誓效忠皇帝的洛林公爵戈德弗鲁瓦，已经参加了十字军东征。于是，失去皇帝强有力后盾的对立教皇，不得不狼狈地离开罗马，逃亡意大利北部。

乌尔班二世不必以让世俗君主伫立雪中的方式来炫耀自己的权威。他只不过是依靠发动基督徒前往东方反对穆斯林的战争，就成功地显示了自己作为罗马教皇的权威。在与亨利四世的20年权力斗争中，教皇最终取得了胜利。

亨利四世人生最后的9年在寂寞中度过。除了洛林公爵以外，帝国境内其他的诸侯和骑士也大多参加了十字军。更糟糕的是，他的长子和次子相继起来反叛。到他死的时候，整个德意志和意大利北部都陷入了混乱状态。由于再次受到教会的绝罚，他的遗体不能按照基督徒的方式埋葬，在葬礼之后遗体还被挖出。直到5年之后，教皇最终解除了对这位皇帝的绝罚，在大教堂举行盛大的葬礼之后，他的遗体总算得以安葬。

人死后5年，对他的绝罚就没有时效性了。由于绝罚处置是教皇按照上帝意志进行的处罚，上帝的愤慨也是有时效性的。

教皇之所以在亨利四世死后5年解除对他的绝罚，也是由于之前收复了耶路撒冷，西欧人之中弥漫着宗教狂热的气氛，教皇本人也心情舒畅的缘故。

在日本高校中所学习的西洋史教科书中，罗马教皇权力的顶点是英诺森三世在位的时期。如果说12世纪到13世纪之间是罗马教皇权力的最高峰，那么也可以说，正是在其百年之前乌尔班二世在位的时期，教皇的权力开始进入上升期。而乌尔班二世之后的三位教皇，都与他一样出自克吕尼修道院。这足以证明，在天主教会内部，赞同发动十字军东征的乌尔班二世的人有所增加。

十字军的战火从法国著名的克吕尼修道院开始点燃，发展成为以宗教为主导的社会改革运动。随着这一运动如火如荼地开展，克吕尼修道院的相关思想被尊为正统，而罗马教皇的宝座也自然由这里走出来的僧侣把持。由此不仅使罗马教皇的权威和权力得到加强，也确立了天主教会和十字军之间命运共同体的关系。

上

第四章

安条克攻防战

安条克城在21世纪称为安塔基亚，后者是一个土耳其语的名字，位于土耳其东南部临近叙利亚边境的地区，是一座无比孤寂的城市。然而在古代，安条克是与埃及的亚历山大城并称的近东两大都市之一。

亚历山大大帝去世后，其属下大将塞琉古所占的叙利亚首都就是安条克。在塞琉古王朝的统治下，安条克逐渐成为繁荣的都市。

在这段希腊化时代结束以后，新兴起的罗马统治者也常以安条克作为帝国东方最高军事长官的驻地。在这一时期，安条克从一个区域性经济中心发展为罗马帝国东半部军事、外交和经济的中心。

当罗马帝国基督教化，建设君士坦丁堡作为新首都之后，安条克的重要性有所下降。它虽不再是外交和军事的中心，却以其在中东和地中海整个区域的贸易枢纽地位，以及以丝织业为代表的手工业而著称。由此以降，安条克一直是充满魅力的大都市。在这一时期制作的地图上，包围地中海的整个罗马世界中，安条克与罗马、君士坦丁堡、亚历山大等代表性都市一样，用特殊的记号标注着。

而且，相对于在耶路撒冷遇到传教困难的早期基督教会，安条克是早期基督教社团活跃发展的城市。早期基督教使徒们，特别是圣彼得本人就曾经在安条克传教。不难想象，在集中了来来往往的各个阶层民众的安条克，充满了各种各样的机会。

而在伊斯兰教势力发展壮大的时期，安条克城却逐渐走下坡路。穆斯林武力扩张的主要路线并不是位于近东西部的地中海东岸，而是东面的美索不达米亚地区。因此安条克不再是地中海世界的中心城市，却成为了伊斯兰世界边境上的都市。这座边城不断衰落下去，从罗马帝国时代的30万人口，下降到中世纪十字军东侵时期的5万人左右。

直线贯穿安条克城中央的两公里长的大道两旁，并立着象征古代安条克繁荣景象的回廊。回廊的大理石圆柱有不少因为地震而倒塌了。安条克所在的叙利亚，是地震的多发区域。

通往海港的奥龙特斯河，昔日曾使安条克成为中东通往地中海最适宜的港口。然而由于砂石在河中不断沉积，到十字军的时期已经无法通航。在这座边境上的都市，原来忙碌的港口失去了作用。

即便如此，经过漫长的岁月，安条克的繁华景象还是保持了下来。

高耸着包围安条克的城墙全长12公里。在罗马帝国时代，城墙更是长达20公里。但经过拜占庭帝国最盛时期皇帝查士丁尼的修葺，安条克的城墙比罗马帝国时期更为坚固。

在城墙的重要部位起加固作用的塔楼，数量接近400座。一般的平面城墙只能抵御正前方的进攻，而塔楼则对正面和左右两侧的来犯之敌都能起到防御作用。因此，塔楼越多，城墙的防御力就越强。在重要部位设置的塔楼的数量，是体现整座城墙防御能力的重要因素。

这样一来，安条克的城墙守卫可谓完美了。疲惫的十字军兵士抵达此地之后，大概会绝望地认为自己不可能攻陷这座都市。

然而十字军的士气却依然很高。他们相信，只要首先攻陷安条克，接下来就能够收复耶路撒冷了。

各位诸侯普遍如此认为。而这些领主们都拥有变任何不可能为可能的气概与实力。

攻打坚固的城墙所环绕的大都市，是极为困难的任务。与在自家守卫的对手相比，攻城者要一直在城外实施攻击。即使兵力和军粮都足够，他们也会直接受到酷暑严寒之下的雨雪风霜的打击。此外，攻城一方还要时刻提防后方出现的敌人的援军。

此外，在恶劣的野外，很容易暴发各种疫病。除了战死的人员，由于食物匮乏，或卫生状态恶化等原因死亡的大量兵士，常常给攻城者造成很大的麻烦。因此攻城一方需要常常在进攻的过程中集结部队，以努力保持士气高涨。

因此，即使是历史上的著名将领，也大多不喜欢开展攻城作战。他们往往用计将敌人从城墙内诱出，通过城外的会战来取得战果。

在伊苏斯和高加米拉之战中，亚历山大大帝大胜 5 倍、10 倍于自己的敌军。但他在攻打推罗城的战役中遇到了很大麻烦。而在攻取奥尔良城时陷入苦战的凯撒大帝，则在数日之内击败了 7 倍于己的敌军，取得了阿莱西亚之战的胜利。至于布匿战争中最后的迦太基攻城之战，则让罗马共和国最强大的军队耗费了 3 年之久。

有了上述的历史教训，谁都明白安条克这座历史悠久的东方最大城市之一，决非轻易可以攻陷的。但没有任何人提出绕过这座城市，直接进军耶路撒冷。原因很简单：十字军里没人允许这样的愚蠢想法成为现实。

那么，问题就在于，有没有方法能诱使安条克城内的军士们出城迎战。

叙利亚的穆斯林领主们

安条克城内，总督雅基·西延早在秋初就已得知基督徒军队接近的消息。这位突厥长者作为安条克城防的总负责人，决定做顽强的抵抗。尽管如此，他并未打算出城作战。毕竟他并不了解来犯之敌的兵力，因此对自己手下人马是否充足没有把握。

雅基·西延派其子求助于当时大马士革的统治者杜卡克，以及摩苏尔的埃米尔克尔伯加，希望他们派遣援军。此二人和西延一样，都是塞尔柱突厥人。但西延并未向距离安条克最近的阿勒颇领主里德万求援。这一考虑是他基于当时叙利亚的现实情况而做出的。

11 世纪末的叙利亚和小亚细亚一样，都处于新兴的民族塞尔柱突厥人的统治之下。他们的军事力量非常强大。因此，安条克、大马士革和阿勒颇的统治者都是突厥人。

至于这三位统治者的关系，阿勒颇的城主里德万和大马士革的城主杜卡克是亲兄弟，而安条克总督西延则把自己的女儿嫁给了里德万。

在穆斯林史家看来，三人之间这样看似圆满的关系，本不应让十字军成功侵入叙利亚的。但事实是这些西欧人进入叙利亚以后，就直接在安条克城前安营扎寨了。

之所以十字军能够大摇大摆地进入叙利亚，是因为这三位穆斯林领主之间的关系并不和谐。

阿勒颇的领主里德万为了当上城主，计划杀掉自己的两个弟弟。他杀掉了其中一人，但被幼弟杜卡克逃掉了，后者跑到大马士革，并最终在那里做了城主。虽然兄弟二人都非常年轻，相互之间势不两立的关系却因此一直持续下去。

考虑到和距离最近的阿勒颇保持良好关系，以使安条克城的安全得到保障，西延把自己的女儿嫁给了里德万。但这位阿勒颇的领主完全无视自己妻子家族的实力，反而多次向西延的领地发起攻击。因此，当十字军逼近时，西延没有向自己的女婿里德万求援，而选择了附近的另一座城市大马士革。

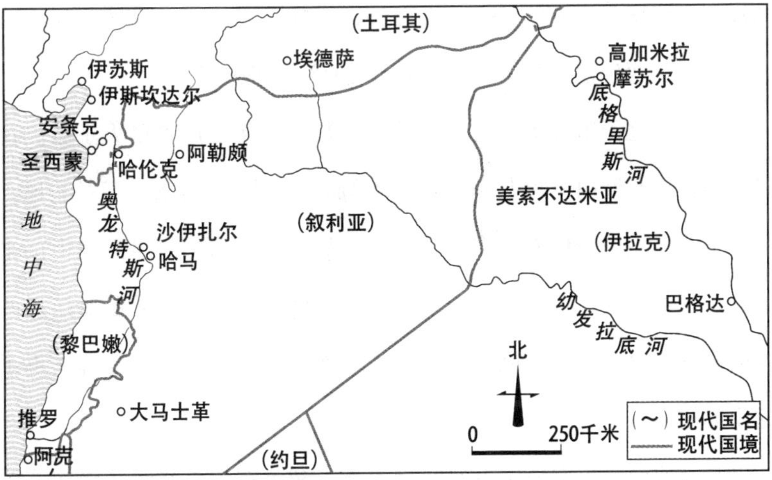

叙利亚周边地区

至于西延向克尔伯加乞求援军，则是考虑到位于底格里斯河上游的摩苏尔的强大实力，以及其与安条克的遥远距离使摩苏尔无法染指叙利亚。如今阿勒颇与大马士革都位于叙利亚境内，而摩苏尔则是伊拉克境内的城市。

中世纪时的摩苏尔已经和今天一样，是著名的高级棉织品产地，它还出产一种可以点燃的黑色粘稠液体，这就是今天我们所说的石油。

大马士革的杜卡克当即答应了总督西延的请求，而摩苏尔埃米尔却迟迟没有回应。

11 世纪末、12 世纪初叙利亚的伊斯兰势力，就处于这样的群雄割据的状态。

当时西欧基督教世界的情况也与之类似。唯一的不同点在于，在西欧的王侯之间形成了“上帝的和平”状态，而同时期的中近东一带，却没有人倡导“真主的和平”，因此穆斯林相互之间时有战事发生。安条克的总督西延也只有向这些不愿和解的领主求助了。

当西延之子出城求援之际，总督囚禁了安条克的希腊人主教。这是因为他担心城内得知十字军接近的希腊正教徒拥立主教，反抗自己。

安条克城内居住着很多基督教徒。据现代的研究，居民当中一半以上是基督教徒。总督一定充分考虑到，城内有人会暗通逐渐接近的胸前画着红色十字的西欧军队。只把主教投入监狱，恐怕是解决不了这个问题的。

总督西延为了增强城市的防御力量，命令在城外修筑又深又宽的壕沟。他动员了城内的穆斯林和基督徒隔日交替工作。由于基督徒习惯了在这里当二等公民的地位，没有人觉得这样的动员有什么特别。穆斯林修筑壕沟之后的某一天，轮到基督徒男子劳动。

意料不到的是，在黄昏时一天的工作结束后，城门突然对这些基督徒关闭了。城上传来总督的命令，要他们离开城市到别的地方去。基督徒的妻子儿女还留在城中，因此他们向总督大声抗议。对此，总督表示会保证这些基督徒妻子儿女和所有财产的安全。

就这样，安条克居民中的基督徒男子被流放了。总督西延认为，这样做不仅消除了城内居民暗通十字军的危险，还减少了粮食消耗。对处于包围中的城市来说，最重要的就是粮食供给的保证。

不可思议的是，被流放的基督徒男子，没有一个人加入逐渐逼近的十字军。在他们看来，与其求助于来自遥远西欧的未知的基督徒，不如到附近穆斯林控制的城市里讨生活。

但总督西延所害怕的危险，并不是毫无根据的。

在安条克附近的一座卫星城镇，得知十字军接近的基督徒就起来反抗了。他们不仅袭击了突厥人的警备部队，还向十字军提出引导进城的请求。弗兰德斯伯爵随即率领自己的500骑兵离开大队，直扑这座市镇。他们将当地的突厥兵士全部杀死，并告知附近其他的村庄和城镇，十字军将保证自己行军路线西侧的安全。而安条克城外的大河，恰恰就在十字军行军路线的西侧。

十字军抵达安条克并布阵

公元1097年10月20日，十字军的先头部队在距安条克不远的山丘上出现了。紧跟在后面的是三位十字军的领导人，普利亚公爵波埃蒙多、洛林公爵戈德弗鲁瓦和图卢兹伯爵圣吉尔。在他们的马匹后面跟随的是其他诸侯。他们都是第一次见到安条克城。

在翻越陶鲁斯山脉之后，十字军一直沿着奥龙特斯河行军。他们必须渡过这条向西流向地中海的河流，才能到达安条克。通往安条克的第一个关口，一座坚固的铁桥，横跨在奥龙特斯河上。修建这座桥的目的不止是为了居民的通行。在两岸桥头都立着防御用的塔楼，有士兵在其内把守。十字军派出主教阿德马尔率领一队兵士，前来夺取这座铁桥。

阿德马尔自然是主动接受命令的。在多利留姆之战中，他所率领的部队切断了突厥军队的退路，对最终的胜利起到了决定作用。从此以后，这位神职人员在军事指挥方面表现积极。他的骑兵与步兵合成一队，很快就占领了守卫铁桥的两座塔楼。从此直到安条克城下，再没有阻挡十字军的障碍了。

总数约5万的十字军，经过长途行军以后的实际战力略少于5万。但这支军队仍然具备很强的实力。

10月20日晚上，大军在广袤原野上的夜幕下通过铁桥。士兵们争先恐后地向安条克城内望去。看到城市之后，他们先是叹息，然后普遍感到绝望。在这深秋季节，月光皎洁，路上也没有沙尘的困扰，是中近东一年中最美的时候。

21日，普利亚公爵波埃蒙多自己带一队骑兵前往视察敌情。视察的目的主要是为了探明是否有敌兵埋伏。他在这一天之内详细查看了安条克周围弓箭射程之外的部分，没有发现任何伏兵。而安条克的每座城门都紧紧关闭。

安条克是在奥龙特斯河流过的山间平地上建成的都市，城市的中心位于城的西北角，整座城市离山不远，又有河水流过。安条克的城墙坚固异常，而在依山的最高处，建有坚固的城堡。这座城堡类似于日本城中的天守阁，即便是城市被敌人占领，守军也可以退入城堡内进行防御。安条克城内只有一座城堡，其城防主要依赖城墙上的400座塔楼。

城门对于攻守双方来说都是极为重要的区域。波埃蒙多仔细观察了5个主要城门的情况。下面是当时基督徒关于这些城门的描述，按照逆时针的顺序进行：

城堡北面的城门叫作“铁门”。这座城门向东开，出城不远就到达了奥龙特斯河。由于它开在山上，不利于大军的通行。

戈德弗鲁瓦及左右两边的波埃蒙多和圣吉尔，二人头戴王冠的形象不符合当时的实际情况，因此是后世的作品

从铁门往北去，下一座城门是“圣保罗门”。这座城门正对着铁桥，因此是5个城门中最重要的两个之一。这个城门连接着安条克通往中东的道路。

连接主要道路的城门除了圣保罗门之外，还有其附近的一个“犬门”。

向西方开着的城门是“公爵门”，其意思是“司令之门”。这个城门和圣保罗门一样，连接着主要道路。它所通往的方向是地中海。这个公爵门和城西南的“圣乔治门”一起，保障了安条克与地中海联系的畅通。

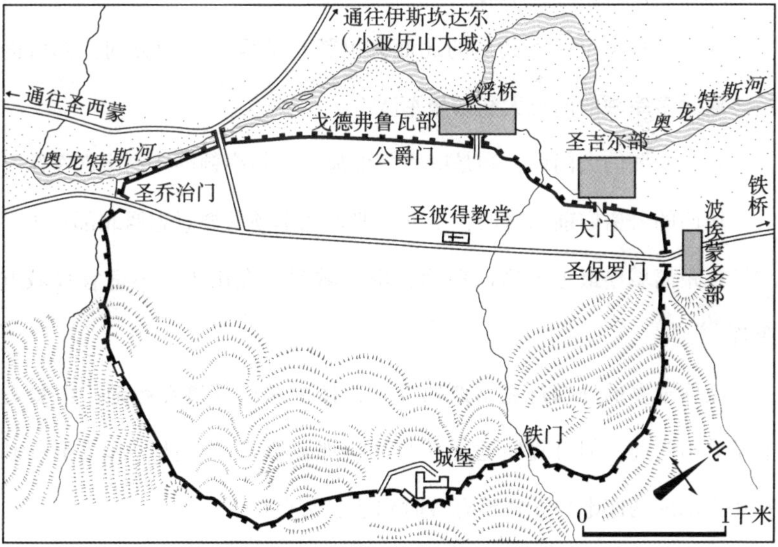

安条克城市图与各位十字军将领的阵形，根据史蒂文·朗西曼《十字军史》，第1卷（Steven Runciman, *A History of the Crusades*, Vol. 1）

视察结束后回到营地的波埃蒙多，把以上的见闻一五一十地告诉了其他诸侯。由于城墙非常长，无法进行包围作战，诸侯决定在主要城门前列阵，并布置了各自阵列的地点。

由于第一次十字军没有明确的总司令，其指挥系统是多元的。在作战会议上或情报与传达方面，各人对其他人的布阵情况，以及从何处发起进攻，都没有统一的认识。这就使得诸侯都在自己认为合适的地方布阵。而我们能够从各人的布阵地点，来推测出此人的战略战术运用能力。这一现象在安条克之战表现得还不是特别突出，而在其后的耶路撒冷攻城战中更为明显。而在安条克之战中，各位十字军领导人是这样选择自己的阵地的：

在穆斯林援军可能到达的北面，也就是圣保罗门的方向，部署的是波埃蒙多率领的南意大利诺曼军队。

在其右侧的犬门前，则是图卢兹伯爵圣吉尔率领的法国南部军队。

城西的公爵门前部署的，是戈德弗鲁瓦率领的德意志西北部兵士。

在距离城堡最近的铁门前面，由于城门开在山上，不适宜攻城方布阵。

波埃蒙多的外甥丹克雷迪的部队，按要求应部署在距地中海最近的圣乔治门前。但丹克雷迪正在与从热那亚赶来的舰队一起攻击基利基亚南部的两座港口，还没有按时到达安条克城下。

其他的各位诸侯，包括一直积极作战的弗兰德斯伯爵、法国王弟于格、诺曼底公爵与其内弟布洛瓦伯爵，以及主教阿德马尔，指挥着各自的部队，在必要时对围城的主要阵列给予支援。

洛林公爵戈德弗鲁瓦在公爵门前布阵的同时，还在西侧流过的奥龙特斯河上架设浮桥。其目的在于与丹克雷迪控制下的港口取得联系，确保其能从地中海赶到安条克城。

丹克雷迪在基利基亚控制的两座港口，一座叫作小亚历山大港，另一座则叫作圣西蒙港。由于圣西蒙港位于奥龙特斯河口，这座港口从希腊化时代以来一直是安条克城繁荣的保证。

小亚历山大港现称为伊斯坎达尔港。在这座港口北面，就是亚历山大大帝战胜波斯帝国大流士三世的著名战场伊苏斯。亚历山大大帝战胜之后，建造了这座海港，为了与埃及著名的亚历山大港相区别，就起名为“伊苏斯的亚历山大”。而这座港口现在的名称伊斯坎达尔，就是亚历山大的土耳其语译音，这就像伊斯坦布尔是君士坦丁堡的土耳其语名称一样。

由于没有受到城内的威胁，十字军得以在到达安条克城外的一周时间内，做出总攻前的阵营设置。

波埃蒙多不仅在圣保罗门前布置了军阵，还往铁桥的方向派驻了部队。这一方向是穆斯林援军最可能到达的位置。

戈德弗鲁瓦也在河上浮桥的方向派驻了部队，以应对可能从这个方向到来的援军。在十字军的三位主要领导人中，只有圣吉尔在布阵之后什么也没做。

此时已经接近10月底，圣吉尔的营地内突然忙碌起来。原来是他决定向安条克发起进攻，命令全体将士武装起来。

得知此事以后，波埃蒙多连忙只身骑马赶来，劝说图卢兹伯爵收回成命。不愿停止进攻的55岁的圣吉尔，一直将面前这位47岁的诺曼人公爵视为对手，而波埃蒙多也不信任图卢兹伯爵。37岁的戈德弗鲁瓦虽然不愿介入两人的争执，但在此千钧一发之际，他还是站到了波埃蒙多一边。安条克的攻城战在此时陷入了僵局。

而在丹克雷迪一边，为取得海港而进行的作战于1097年11月中旬大获成功。此次战斗中有13艘来自热那亚的军舰参战，标志着意大利临海城邦国家正式介入十字军东征。

对于比萨、热那亚、威尼斯这些以贸易立国的临海城邦国家来说，他们对十字军的帮助不仅仅是提供补给所需的物品。由于长期面对穆斯林海盗的威胁，这些国家的商船早已武装成军舰，船上的水手都持有武器。因此当热那亚的13艘船只进入小亚细亚的港口后，登陆的水兵至少有千人之众。

到10月底，总督雅基·西延的儿子返回了安条克城。他得知大马士革城主杜卡克将赶来驰援的消息以后，也开始采取积极出击的战斗策略。

在安条克东边不远处，有一座名叫哈伦克的城市，其中驻扎着突厥军队。总督西延密令这支部队从背后袭击在铁桥附近的波埃蒙多的军营。

波埃蒙多不仅击退了前来偷袭的突厥军队，还一路追到哈伦克城内，将这些突厥兵士全部杀死。于是，安条克的周边，又少了一座卫星城市的保护。

食物的匮乏

从 1097 年 11 月的下半月开始，十字军的食物匮乏表现得相当明显了。虽然有进出圣西蒙港的 13 艘热那亚船只提供武器和军粮补给，对十字军的食物需求来说还是远远不够的。

在安条克之前列阵的十字军，主要是按照以下的次序组成的：

诸侯；

重装骑兵；

重装步兵；

轻装步兵；

隐士皮埃尔率领的毫无战斗力的朝圣者。

这些人所食用的粮食的质量和数量，反映了中世纪的阶级差别。在十字军东征的过程中，连各位诸侯都要忍受粗茶淡饭的生活，较低的阶层能有东西吃就不错了。

那些无法忍饥挨饿的人，自然会掠夺周围村庄里的民众。其中不少人能抢到些食物，但他们也常常遭到所掠夺的村民追赶，不得不狼狈地逃回大营。主教阿德马尔将这些逃回的人安排到圣保罗门附近，让他们常驻于此，建设一座名为马尔雷加尔的塔楼。十字军也因为给养不足，无法庆祝基督教的传统节日圣诞节。

这一现状使波埃蒙多认识到，必须设法从外地获得军粮。他从安条克城外的军营内抽调了两万军队，并特别请弗兰德斯伯爵与自己同行。他看中的是这位伯爵从东征出发以来积极作战的能力。波埃蒙多离开圣保罗门之后，这一区域的阵营交由原来负责犬门前作战的圣吉尔管理。

波埃蒙多之所以要率两万大军，第一个原因在于其选择的征粮地点在安条克以南150公里的哈马一带，地域广阔而路途遥远。从哈马再往南150公里的距离就是大马士革。波埃蒙多此行是深入穆斯林地区抢夺粮食，因此很可能遭遇敌军的阻击。

而第二个方面的原因则是这样强大的兵力会给沿途的城镇和村庄带来巨大的压力。这样一来，他不必真的动用武力，就能够获得必要的物资。事实上这就是以压迫的手段征调军粮。

然而在波埃蒙多和弗兰德斯伯爵出发以后的第二天，负责守卫他们防区的圣吉尔就将自己的军营从犬门移动到戈德弗鲁瓦所搭建的浮桥附近了。他移动防区的理由是天降大雨，导致原有阵地被水淹没。

波埃蒙多的行动和圣吉尔移动阵地的做法，都被安条克城内的侦察兵看得一清二楚。

当天夜晚，安条克总督西延就集中全部兵力，从没有十字军防备的犬门前杀出，袭击了圣吉尔的营地。费尽力气移动大营之后刚刚熟睡的法国南部的兵士们，不得不立即起来迎击，并陷入了苦战。由于戈德弗鲁瓦派兵前来支援，最终击退了突厥人，但还是有许多十字军被杀。圣吉尔军队的战斗力因此下降不少。

而另一方面，南下的波埃蒙多一路顺利地征集粮食。但当他行进到哈马附近的沙伊扎尔时，遇到了大马士革方面的穆斯林军队。

大马士革城主杜卡克同意安条克总督的派兵请求后，得到了前线部队的报告，声称在沙伊扎尔出现了攻击安条克的一部分法兰克人军队。

虽然杜卡克还没有把自己承诺的派遣援军一事提上日程，当他发现十字军接近以后就立即动员起来。他集合属下，亲自率兵北上迎击。而这支大马士革军队在从沙伊扎尔向哈马行军的途中遭遇了弗兰德斯伯爵率领的骑兵。看到全体身披甲胄的十字军骑士，首次与法兰克人交战的大马士革领主命令全军投入战斗。因为和他的大军相比，这些敌人的数量实在少得多。

正当突厥军队围攻弗兰德斯伯爵的骑兵时，波埃蒙多的部队从他们的背后出现了。战况由此迅速发生了变化。突厥士兵纷纷溃逃，而杜卡克自己也不得不全速逃到哈马。

此后波埃蒙多和弗兰德斯伯爵进入了附近的城市沙伊扎尔，这里离预定到达的哈马不远。由于已经战胜了大马士革的军队，进城之后这些十字军没有受到任何袭扰。

未曾想到当天夜晚发生了地震。由于这场地震相当强烈，人们可以感受到黑暗中大地不停的摇晃，在轰隆的巨响中，房屋纷纷崩塌。当地的叙利亚人早已习惯了地震，但西欧人对此完全没有心理准备。他们怀着恐惧认为，地震是上帝的惩罚。

次日早晨，波埃蒙多决定停止征粮行动，回师安条克。令十字军恐惧的不是穆斯林军队，而是刚刚发生的地震。即使是波埃蒙多这样的人物，也深感不安。在未能达到征粮目标的情况下，这支部队沿着来时的路线，于 1097 年的最后一天回到了安条克。

到 1098 年 1 月底，安条克城外的十字军陷入了粮食极端不足的窘境。尽管诸侯放任自己的属下在周围掠夺食物，这些兵士的所得仍然远远不能满足大军果腹的需要。

如果这时拜占庭皇帝能够派遣船只送来军粮，十字军与皇帝之间的关系一定会得到很大的改善。十字军是从小亚细亚一路远征而来的，而无论是从小亚细亚南岸的诸多港口，还是从属于拜占庭帝国的塞浦路斯岛派出船只，对于皇帝来说都是很简单的。在小亚细亚担任十字军向导的塔蒂基奥斯也曾经寄望于塞浦路斯的船只前来支援。

但阿莱西奥斯一世对十字军在小亚细亚东南部基利基亚的活动感到十分不快。这位皇帝虽然精于算计，却并不是深谋远虑的政治家，于是白白放过了这个向十字军施以恩惠的绝好机会。

在 1098 年初，十字军已经无力继续包围封锁安条克城。在城南的圣乔治门，有从城内出来的希腊人，与城外的十字军接触。但这些希腊正教徒与西欧来的天主教徒接触的目的，只是为了高价贩卖自己的粮食。粮食的价格日日攀升，逐渐到了连诸侯也买不起的程度。十字军兵士对希腊正教徒的厌恶也因此与日剧增。

主教阿德马尔看到十字军因饥饿而逐渐失去人性，想出了一条计策。他以上帝的愤怒为由，命令全体将士为赎罪而封斋三日。这就给由于食物不足所导致的饥饿，加上了一个自发赎罪的好理由。众人都表示同意，于是全体严格执行了禁食三日的计划。

但三天过去以后，上帝不再禁止十字军进食，他们的饥饿状态并未好转。这场赎罪的斋戒就转变成了仅仅因为食物不足而导致的饥饿。

从此开始，十字军中渐渐有人脱离了部队。这些逃走的人沿着奥龙特斯河下溯，抵达圣西蒙港，并在此处等待前往欧洲的船只。任何人都可以向这个方向逃。

可是丹克雷迪的一支部队正守在此处。这些试图逃走的人被一个不剩地逮住，送回了安条克城外的军营。

在逃走的人当中，居然有隐士皮埃尔在内。当初他曾狂热地煽动平民结成十字军，而最终这些人大都死在东征路上。丹克雷迪押送着这位僧侣到达波埃蒙多的营帐，公爵向这位十字军中最狂热的说教者投以轻蔑的目光。

但对于现状感到绝望的不只是隐士皮埃尔。在被十字军围困的水泄不通的城内，总督西延一样无法抵御断粮的威胁。保证派遣援军的大马士革城主杜卡克迟迟没有出现。由于被征粮的波埃蒙多和弗兰德斯伯爵击败，杜卡克的军队士气低落。但西延对此一无所知。

绝望的西延最终向阿勒颇城主里德万求援。他开出条件，如果里德万前来，就把安条克城献给这位年轻的突厥领主。

这样的条件对于塞尔柱突厥的强人来说，很有吸引力。虽说里德万和西延都是突厥人，但他们为了领土扩张，一直在相互争斗。而听说只要派遣援军就可以取得安条克城的统治权，还未与法兰克人交手的里德万能不对此摩拳擦掌吗？

里德万立即动员了自己的部队，还命令哈马的埃米尔一起出兵支援安条克。虽然我们不知道这支部队的规模，但阿勒颇也是古代和中世纪近东的主要城市之一，而且里德万毕竟拥有相当大的领地，因此其部众从质到量来说都应该是颇具规模的。而当这支阿勒颇的军队于2月初出发时，十字军的断粮状况有了些许的改善。

此时十字军在波埃蒙多的领导下，迎击前来援救安条克的穆斯林部队。

他首先率领一队骑兵，从阿勒颇军队的左侧迂回。这支骑兵在交锋中从后方驱赶敌人，将其逼迫到奥龙特斯河与安条克湖之间的平原上。在这一位置守候的，是戈德弗鲁瓦的重装步兵。

战况按着波埃蒙多的设计进行下去。在受到重装步兵和骑兵前后夹击，左右两边分别是湖泊和山丘的情形下，来自阿勒颇的穆斯林军队被完全击溃。里德万和响应其号召而参战的叙利亚小领主们，都互不相顾地纷纷逃散。里德万一路奔逃，最终狼狈地回到阿勒颇。

与此同时，获悉阿勒颇军前来以后出城迎击的总督西延的军队，也被圣吉尔统率的十字军击败，逃回城去。里德万和西延的部队未能合兵一处，造成了决定性的失败。

十字军已经取得了对附近支援安条克的大马士革和阿勒颇两支军队的胜利，因此总督西延愈发苦恼了。

直到当年的2月中旬，十字军的补给一直没有跟上。虽然粮食不足的状况没有改善，他们的士气却有所好转。战胜穆斯林的援军，使得他们精神抖擞。无论是骑士、普通士兵还是前来朝圣的普通人，都怀有一种冬去春来的希望。而事实上，不仅季节转换了，战况的春天也即将到来。

3月4日，丹克雷迪给波埃蒙多送来了一条消息，后者将其转告了全体诸侯。

有一艘从英格兰来的船，过多佛尔海峡一直航行到安条克附近的圣西蒙港，船长是一位骑士。这艘船不仅带来了志愿参加十字军的英格兰骑士和大量军粮，还运来许多木材。

在拜占庭帝国境内，无论是小亚细亚南岸还是塞浦路斯，都有出产木材的山区。而利用船只将当地出产的木材运送过来，并就地组装，就可以制作攻城所需的塔楼。这对于十字军在安条克的攻城战来说是必不可少的。因此，波埃蒙多就向各位诸侯公布了丹克雷迪送来的消息。

此后的4个月内，在安条克城前布阵的十字军逐渐拥有了建筑攻城塔楼所不可缺少的大量建筑材料。

然而在此之前，十字军并未大量伐木以获取木材。其实叙利亚并不只有沙漠，在安条克周围就生长着许多树木。他们一直守在自己的军营里，因此完全没有开展伐木取材的工作。

一直拥有安条克攻城战主导权的波埃蒙多，此时想到了一条妙计。

波埃蒙多的想法是否得到了其他诸侯的赞同，我们尚不得而知。但到达安条克以后试图贸然出击的圣吉尔，在波埃蒙多干预下没有单独开展攻势。各位诸侯大概是出于慎重考虑避免战力消耗，达成了一致。十字军的兵士们也没有进攻城市，而是在周边征粮。

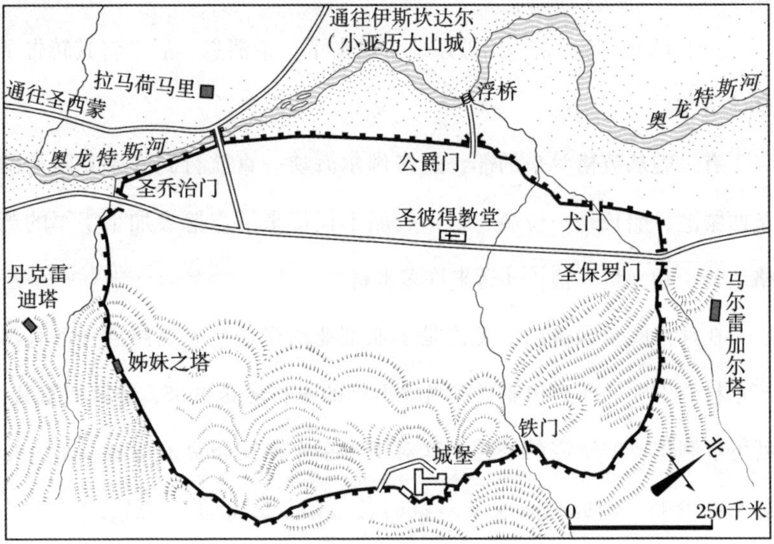

安条克城市图与监视塔（根据史蒂文·朗西曼《十字军史》，第1卷）

丹克雷迪传来消息以后，十字军就开始对不断运送来的木材开始进行组装。很快，他们建起了两座塔楼。

其中一座塔楼的名字叫拉马荷马里，位置就在城墙下奥龙特斯河的对岸。在这里，河面上有一座桥，桥的左右分开两条道路。向北的道路通往小亚历山大港，向西南的道路则通向圣西蒙港。因而此处塔楼的建立，对十字军与地中海之间联络路线的畅通起了至关重要的保障作用。这座塔楼的守卫由圣吉尔负责。

另一座塔楼则得名于其实际建造者丹克雷迪。没有任何记载说明为何要在该处建立塔楼。我推测很可能是由于要加强圣乔治门附近的进攻力量。

在此处建立塔楼，也与波埃蒙多准备秘密实施的计策有关。因此，他特意将这一塔楼的建设交由自己信赖的外甥丹克雷迪来完成。

此外，建设这两座塔楼，不仅对于进攻安条克城十分必要，攻陷以后守卫城市时，它们也能发挥作用。可以说，波埃蒙多出于自身的考虑，妥善利用了英格兰船只带来的木材。

至于其他的诸侯是如何看待波埃蒙多的做法，首先戈德弗鲁瓦对此保持沉默。这位洛林公爵是不大在乎别人野心的。而图卢兹伯爵圣吉尔肯定关注此事，但他并不是一位老谋深算的领主。

圣吉尔负责的拉马荷马里塔楼于 3 月 19 日完工。由于英格兰船只频繁往来运送木材，这座塔楼得以在两周内建成。丹克雷迪塔楼也在 4 月初完工，这就使十字军得以严密监视出入圣乔治门的人员。由此，安条克的包围圈收紧了，而西欧人也能更加密切地接触城内的希腊人。

安条克的攻城战已经开始6个月了，但这期间城外的十字军与城内的守军没有发生大规模的冲突，更多的时候双方只是相互对视。这一持久战带来的影响，从叙利亚波及到了遥远的地方。

公元1098年4月下旬的一天，从埃及派来的使节在圣西蒙港下船。这位使节要求觐见攻击安条克的十字军领导人。

听说前来拜见的使节是埃及哈里发的维齐尔阿尔·阿布达尔，十字军阵营内爆发了一阵骚动。

埃及来的使节

伊斯兰教国家的“维齐尔”这一官职，是与宗教领袖“哈里发”相对应的实际统治的执行者，就如同今天立宪君主国中的首相一般。他的到来所引发的十字军中的大骚动，并非为一触即发的军事斗争做准备，却仿佛是迎接贵客之前的大扫除。

完成军营内大扫除的军士们接到的命令，是将自己手中的兵器和军装调整到最佳状态。于是他们将自己的甲胄、佩剑和标枪都磨得锃亮，等候使节的到来。

各位诸侯也急忙命令随从取出自己的衣柜中的礼服，并为自己穿上。他们上次穿着这些华丽的衣服，还是在君士坦丁堡谒见拜占庭皇帝时。

参加仪式时所用的甲胄和武器，都与战斗时所用的不同。作为礼仪服装的胸甲上面都饰有家族纹章，其制作之精良可称为艺术品了。由于它们并不频繁使用，其保存状态一般非常完好，得以在现代的博物馆和艺术馆中展示。而如今连复原图都很少留下的战斗用甲胄，则为了作战的方便，少有无用的装饰。听说哈里发的特使到来，诸侯赶紧脱下作战用的甲胄，换上礼服。

从头到脚都披挂用一个个小铁环制作而成的盔甲，在日本称为“锁子甲”，而西欧人则统称其为编织物。

在这编织物之上，骑士们罩着光亮的钢制胸甲，而普通士兵穿着的是皮质的胸甲。

而十字军全体都在胸甲上面覆盖着印有白底红十字的上衣。

安条克城下布阵的十字军，就这样从上到下，阵容齐整地迎接埃及的特使。

无论是对军营的大扫除，还是整理自己的着装，都不完全是为了迎接贵客这一目的。十字军是想让埃及人看到，尽管攻城战已经进行了6个月，以自身部众良好的精神状态，迟早能够攻陷安条克。这样的做法，不单是十字军，只要是了解战争的任何人都会实施的。

一切准备就绪以后，身穿极具东方奢华感的长装，头缠头巾的高大维齐尔及其随从，在骑士和士兵的列队中通过，会见了身着礼服前来迎接的各位诸侯。

会谈一开始，诸侯还未开口就大吃一惊。埃及宰相阿尔·阿布达尔开门见山地提出，穆斯林的埃及要与基督徒的十字军结成同盟。

十字军东征时期的中东和近东，也就是作为穆斯林世界主要部分的东方（Orient）地区，是处于如下的状态的：

首先，作为宗教领袖的哈里发，在这一时期有两位。一位驻在埃及开罗，另一位则驻在伊拉克的巴格达。

开罗的哈里发国家是由法蒂玛王朝主宰，属于什叶派穆斯林。

而巴格达的哈里发国家则是由阿拔斯王朝主宰，属于逊尼派穆斯林。

与选举出的罗马教皇不同，哈里发是世袭更替的，但二者在宗教领袖这一地位上基本一样。

而在世俗意义上的最高统治者，在穆斯林世界就是苏丹了。这与基督教世界的神圣罗马帝国皇帝以及各国的国王类似。

由于此时的哈里发只是宗教领袖，而不是军事指挥职务，如果其权威没有军事力量做保障，其统治就自然无法存续。

巴格达的哈里发在军事方面主要依赖的是塞尔柱突厥人。

而开罗的哈里发则主要依赖以阿拉伯人为中心的穆斯林部族军事力量。

由于中近东的这种分裂状态，叙利亚处在突厥人的控制之下，而巴勒斯坦则为阿拉伯人所统治。

伊斯兰世界常常发生的争议，是谁才是继承先知穆罕默德的正统。当时埃及的哈里发是视巴格达哈里发为敌的。而十字军至此的远征，攻击的对象限于塞尔柱突厥人控制下的小亚细亚和叙利亚，特别是此时正在围攻叙利亚的首都安条克。

这就是典型的“敌人的敌人是朋友”的逻辑。在埃及的阿拉伯人看来，与跟突厥人斗争的法兰克人结盟，在真主面前是不必感到羞耻的。

于是，埃及宰相在诸侯的面前这样说道：

“如果各位想得到叙利亚，那么请便，但请勿染指巴勒斯坦。

“然而，巴勒斯坦的耶路撒冷、伯利恒、拿撒勒等地是基督徒的圣地。对于基督徒前往巴勒斯坦朝圣的自由与安全，由驻扎在巴勒斯坦的埃及军队负责保证。”

虽然留下了十字军的应答，但我们并不知道当时十字军当中是谁负责回应了维齐尔的建议。但我想当时站出来的应该是主教阿德马尔。原因在于阿德马尔是罗马教皇在十字军中的代表，也确实代表了罗马教会的主流，并且拥有代表诸侯的资格。这位勒布伊的主教对埃及宰相的回应，在史书中这样记载：

我等怀着对所信奉之宗教，恢复在其初生之地荣光之确信而来。为实现此愿望，我等毋需现有之国家与军队。只需信徒与信仰，便可使之实现。

因此，我等在此亚细亚之地所为，并非为受贵教之慈悲，亦非为遵从贵教之律法。

反之，我等基督教徒，无法释怀于哈里发哈基姆所为之暴行（这是90年前的事了）。彼时耶路撒冷圣墓教堂遭受破坏，教堂中之巡礼者亦惨遭杀戮。经此事以来，我等深受教训。基督教徒不仅理当守护圣地，亦理应拥有对圣地之领有权。

请阁下转告贵国决定战争与和平之立场者（哈里发）：我等于安条克城前布阵之基督教徒，既不畏惧巴格达哈里发，亦不畏惧埃及哈里发。亦请转告，我等无法与不遵耶稣基督律法与正义之势力结为同盟。

此言既出，双方交涉即宣告决裂，埃及宰相只好负气离席而去。实际上当时的会谈气氛，还是相当友好的。与其说是双方完全决裂，不如说是由于无法达成协议而告结束。

可能与我们料想的相反，中世纪的骑士对于远方而来的客人，都颇具气质地以礼相待。说出一番严辞拒绝话语的阿德马尔就出身于骑士家庭，而他的弟弟也参加了十字军。其他的诸侯不论人品善恶，都很注重礼节。

无论在欢迎宴会上，还是送行的时刻，埃及宰相都收到了许多来自西欧的赠品。会谈自始至终都在外交礼仪下进行。

至于十字军赠送的物品是什么，我们不得而知，但可以参考当时与穆斯林贸易的意大利沿海城邦船只中常载的物品。当时从西欧出口到近东的主要是手工业制品。关于这个问题，现在看来是颇为有趣的。

与比萨、热那亚、威尼斯等意大利的沿海城邦相比，最早和穆斯林进行贸易的阿玛尔菲地区有一种特殊的产品出口到近东。这就是经改良以后可以随身携带的指南针。最早的指南针，也就是罗盘，是中国人发明的，而被阿拉伯商人用来航海。最终，意大利人将其做成方便携带的小型指南针。这种指南针也被阿拉伯人卖到伊斯兰世界各地。无论是在海上行船，还是在沙漠中进行贸易，指南针的应用助长了中世纪的企业家精神。

虽然我们不知道十字军赠送埃及宰相的物品是什么，在这一时刻双方还是保持了相互友好的关系。埃及的法蒂玛王朝拥有海军，而叙利亚和巴勒斯坦都位于地中海东岸。如果十字军平白无故地做出刺激海上对手的行为，那就只能说是体现自身的愚蠢了。虽然他们决不能向宰相阿尔·阿布达尔承诺不进攻巴勒斯坦，但也要尽量照顾这位重臣的心情。

但到了5月，诸侯面临的状况起了很大的变化。

塞尔柱突厥人来了

早在十字军抵达安条克之前就收到总督西延援助请求的摩苏尔埃米尔克尔伯加，在6个月之后终于决定派遣援军。在得到巴格达哈里发允许后，克尔伯加的援军不仅包括从摩苏尔出发的美索不达米亚军队，还有从阿勒颇、大马士革等塞尔柱突厥人统治全境出发的兵士。在巴格达哈里发的要求下，逊尼派穆斯林全体动员，来自波斯的兵士也渡过底格里斯河加入摩苏尔的军队，前来救援正为基督徒所围攻的安条克城。

关于克尔伯加所率领的西征大军总人数，没有确切的统计。据说其骑兵的总数大约有2万，而加上步兵总计有20万之众。但由于当时统计人数常常是真实情况的两倍，这支大军的实际人数约为10万左右，也就是十字军总人数的两到三倍。诸侯得知他们的到来，自然感到恐慌了。

克尔伯加大军的进军路线，与帕提亚进攻罗马帝国安条克城时其军队所走的路线是一样的。在经过叙利亚沙漠之后，他们没有渡过幼发拉底河，而是折向西北，然后再向西进发。至此他们面对的就是鲍德温控制的埃德萨伯爵领地了。

克尔伯加不愿绕过埃德萨直扑安条克，于是他命令全体进攻埃德萨城。

我们不知道埃德萨伯爵鲍德温有多少兵力。但既然此处已经是自己的个人领地，年轻的伯爵必然尽全力防守城市。令人吃惊的是，在这位西欧人的指挥下，埃德萨城的全体居民都勇敢地为守城而奋战。

在克尔伯加看来可以轻易攻取的埃德萨城，与从美索不达米亚前来的穆斯林大军陷入了拉锯战。这一局面一直持续了三个星期。三个星期的时间，着实救了安条克城下的十字军。

此时的波埃蒙多，策划了一个其他任何诸侯都不知道的计谋，就连他的外甥丹克雷迪也浑然不知。

他在安条克城内，安排了一位内应。

波埃蒙多的计谋

围绕安条克城的12公里长的城墙，一半是沿着低矮的山丘修建的。从城墙西南角开始逆时针行进，就会一直上升到山顶耸立的城堡，再沿着山下到平地。如果沿着这段城墙行走，必然要在山脉中上上下下，往复周折，而在城墙的重要部位则有塔楼把守。

安条克城的防御依赖于坚固的城墙，而在依山而建的城墙这一边，受到攻击的危险并不大。在连绵起伏的地表之上，城墙边还高耸着塔楼。

安条克城的防御总指挥西延，在平地一侧派遣突厥兵士守卫，而在靠山的一侧，则安排了改宗伊斯兰教的基督徒来防守。

其中有一名改宗的队长名叫菲鲁兹，其所负责的区域是安条克西南城墙内的以“姊妹塔”为中心的地带。

在此一个月前，丹克雷迪塔在距离此姊妹塔300米的地方建成。如果丹克雷迪塔只是为了监视从圣乔治门出入的人员，它完全应该建在离城门更近的地方。而丹克雷迪塔之所以要建在靠近姊妹塔的位置，其隐含的原因是波埃蒙多可以趁着夜深人静的时候与菲鲁兹进行秘密交涉。

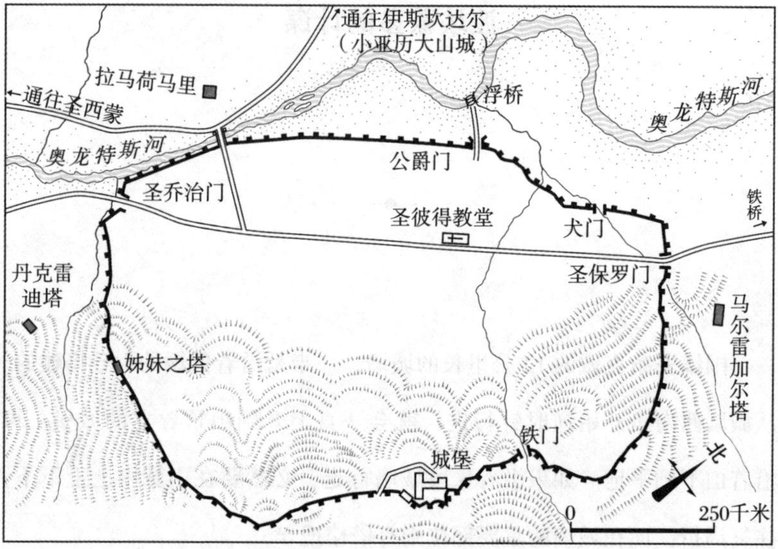

安条克城市图（根据史蒂文·朗西曼《十字军史》，第1卷）

经过与菲鲁兹的讨价还价，到5月底，双方最终达成协议。而此时克尔伯加围攻埃德萨已达三周之久。

当各位诸侯于6月2日得知克尔伯加所率的大军已经向安条克开来时，无人不感到十分紧张。其中的布洛瓦伯爵更是陷入恐慌之中。

因此，这位伯爵就往小亚历山大港的方向逃走了。他和随从们在众目睽睽之下不辞而别，但既没有人恳求这位伯爵回心转意，也没有任何人上前阻拦。这位善良的伯爵没有多少兵力，他是否在场，对攻城并没有多大影响。

而在布洛瓦伯爵离开当天，也就是6月2日的下午，波埃蒙多将全体诸侯召集到他的营帐内。此时他才将与菲鲁兹密谋的事情告诉了各位诸侯，并制定了潜入城内的策略。

波埃蒙多说：

“今天半夜，绳子会从姊妹塔上降下。我们可以派50人从此处攀上这座塔楼。塔楼上面全是菲鲁兹的心腹。

“上塔以后，我们的人就立即下来，全体集合以后，分头按指示到达各个城门内侧，依次打开圣乔治门、公爵门、犬门和圣保罗门。然后，在各个门前的诸侯军队，一起向城内进攻，就可以攻陷安条克。”

十字军时代安条克靠山一侧的城墙（想象图）

姊妹塔上的十字军士兵并未引起城内突厥兵的注意。而城外的十字军却从半夜就开始武装起来，也为了防备克尔伯加的军队而进行了阵列调整，因此耽误了时间。直到凌晨天明的时候，诸侯的大部队才在混乱中进入了安条克城。

感到十分意外的总督西延，陷入了巨大的恐怖之中，只好向没有敌人涌入的方向，也就是铁门的位置出逃。还未逃远，他就被身边的一名亚美尼亚人杀死了。

曾在此前几度出城求援的总督之子沙姆斯·阿德·达乌拉逃到了山上的城堡中。这位突厥人眼中所见的，是到处浓烟滚滚，火光一片。此时正值6月3日的清晨。

攻陷安条克

1098 年 6 月 3 日这天，留在安条克城内的突厥人被屠杀殆尽。为了不让城内任何穆斯林留下活口，骑士、士兵和朝圣者都展开了搜索和杀戮。此次攻城中死亡的人数，在基督教和伊斯兰教的史料中都没有记载。至于总督西延留在城中的信奉希腊正教的妻子最终结局如何，我们也无从知晓。

第二天，从屠杀和破坏之中清醒过来的十字军，才发现城内的粮库已经和许多房屋一起被大火烧毁了。虽然经历了 7 个月的围困，安条克城的粮食储备依然足够。但这场大火使十字军再次像在城外布阵时一样陷入了饥饿之中。只有石制的房屋和无法食用的一些物品从火灾的浩劫中幸免。

此时十字军得知了克尔伯加率领的大军接近安条克的消息。摩苏尔的埃米尔久攻三周后依然无法破城，只好集合军队，离开埃德萨，匆匆驰援安条克。这支大军的先锋部队早就接近了奥龙特斯河上的铁桥，而到 6 月 5 日，克尔伯加本人来到了能够远远望见安条克城的山丘上。

突厥军队到来并围困安条克

6月6日，从安条克陷落的混乱中得以成功逃脱的突厥人都到了山上的城堡中，其中领头的自然是总督的儿子沙姆斯·阿德·达乌拉，还包括一支突厥军队。这一安条克最重要的战略据点，目前还在穆斯林的手中。

为了夺得城堡，波埃蒙多命令在粮库大火后士气低落的部下建造将其围困的城墙。这座城墙把城堡的出入口完全堵住。最终，在6月6日当天，十字军依靠从地震中受到破坏的房屋中取来的石材，建成了将城堡团团围住的高墙。这样，城堡依山而建的有利地势就宣告无效了。

6月7日，看到防御墙完工的总督之子沙姆斯，明白了自己身处的险境。而他同时也得知了克尔伯加所率领的援军接近安条克的消息。克尔伯加已经兵临城下，而城堡附近的铁门还未落入十字军的控制下。沙姆斯随即召来兵士，令其送信给前来支援的摩苏尔埃米尔。

当天信就送达了克尔伯加手中。埃米尔阅毕来信后，立即让秘书起草了回信。

埃米尔回信承诺派自己的心腹阿赫迈德·伊本·麦尔万营救，但条件是城堡也要交归麦尔万。

读罢回信，年轻的沙姆斯感到绝望。援军到达固然可喜，但把城堡交给摩苏尔人，就等于放弃了城市。之前其父西延向克尔伯加求援时，曾认为遥远的摩苏尔领主不会对安条克城提出领土要求，而其实克尔伯加却急于扩张。他想在击退十字军之后，夺取其他穆斯林的领地。

对总督年轻的儿子来说，现在已经没有选择余地。沙姆斯再次送信给克尔伯加，最终同意了让出城堡的条件。

6月8日，麦尔万的人马向安条克城进发。他所率领的部队规模很大，从北向东移动。十字军从城墙上向外望去，可以清清楚楚地看出这些穆斯林行动的方向。

各位诸侯立即做好迎击的准备。从摩苏尔军队的行军方向看，他们是朝着铁门的位置攻城的。

在沿着山脉走向修筑的城墙开口处建造的铁门，两边的城门都是铁质的，而且非常狭小，并不利于大量部队通过。

经过诸侯合议，弗兰德斯伯爵、诺曼底公爵和法国王弟于格三人一同负责迎击麦尔万率领的塞尔柱突厥人。这几位诸侯所率领的兵力都不多，主要通过游击战来袭扰敌人，其中弗兰德斯伯爵的部队以英勇善战而著称。三人的决死队于当天夜晚向铁门出发。

9日天刚亮，麦尔万就率部向铁门发起总攻。突然之间，门向内侧打开，三位诸侯的士兵在城内静候突厥军队入城。

大批突厥兵士涌入了狭窄的城门内。出于当地气候考虑，这些兵士大都轻装上阵，因此很快就被城内十字军的重装武士们枪挑刀砍，瞬间成为了肉块。

后续的突厥士兵听到城内悲惨的叫喊声，争先恐后地四散而逃。他们逃到没有敌兵的位置，又重新转回来。后方前来的军士和逃兵发生了冲突，结果不少士兵倒下，引发了攻城方的大混乱。

麦尔万最后只得带着败军回到大本营。克尔伯加见损失不小，决定对攻城一事慎重对待。十字军顺利抵挡了摩苏尔军队的首次攻势。

第二天，6 月 10 日，克尔伯加决定利用自己兵力的优势，对安条克进行包围，这是十字军没能实现的。他毫不隐瞒自己的决定。随着一声令下，塞尔柱突厥军队就从圣保罗门附近的大本营出发，将 12 公里长的安条克城墙完全包围。

到了晚上，突厥人的营帐前都燃起火把。从安条克的城墙上向下望去，仿佛一片火海包围了这座城市。

十字军被完全围困在毫无存粮的城内。此时离他们攻陷这座近东数一数二的大城市已有一周之久。

有个别绝望的人们，在突厥人熟睡的夜晚悄悄逃出城外。此时逃走的人，并非跟随诸侯军队前来朝圣的普通人，而是一部分骑士。但这些人当中，没有一个是随诸侯而来的亲兵。毕竟他们拥有很强的主仆意识。

如乌云压顶般敌军的包围，给试图夺回圣地的十字军造成了极大的心理压力。而朝圣者则由于食物不足，受到了极大的影响。他们连逃走的体力都没有了。而如果逃走者想成功离开，就必须到圣西蒙港附近。

这些逃走的人，最终得以在圣西蒙港乘上热那亚的船只，前往塔尔苏斯的外港。

先期逃离的布洛瓦伯爵此时就正驻在塔尔苏斯。听说克尔伯加逼近以后便出逃的布洛瓦伯爵，对留在城内的同僚深感羞愧，正考虑着是否要回到安条克城中。然而绝望叫喊的骑士们就在此刻逃到了塔尔苏斯，使布洛瓦伯爵打消了回安条克的决心。于是这座基利基亚的城市逐渐成为逃脱者的避难所。

6月中旬，拜占庭皇帝阿莱西奥斯一世率领的大军抵达了塔尔苏斯附近的小亚细亚南岸。他得知安条克已经为十字军夺取，就根据宣誓书的要求，前来收取这座城市。

等他到了塔尔苏斯附近，才得到安条克正被突厥大军围困的情报。这消息是从安条克逃来的十字军士兵那里传来的。

不管逃跑的人是谁，逃跑已经是正当的行为了。听罢布洛瓦伯爵埃蒂安的叙述，皇帝明确认为，被突厥大军围困的安条克城已经绝无收复的可能。

于是阿莱西奥斯一世决定班师回朝。这支拜占庭军队在帝国最高军事长官杜卡斯的率领下，向君士坦丁堡进发。几天以后，安条克城内的十字军得知了拜占庭皇帝的行动。他们完全可以想象到皇帝自然会做出这样的决定。

神圣之枪

与此同时，一位名叫巴托罗缪的人拜会了圣吉尔，将其前一天晚上所做的一个梦转告了这位伯爵。在巴托罗缪的梦中，圣安德烈显现出来，并告诉他如下的话。

圣安德烈说，在城中心所建的圣彼得教堂地下，埋藏着曾经刺中十字架上的耶稣肋部的神圣之枪，十字军要将这支圣枪挖出来。梦中的圣安德烈还保证，如果在圣枪之下与突厥人战斗，就一定能击退突厥军队。

圣吉尔连忙把这件事告诉了其他诸侯。但是没有一个人相信。毕竟巴托罗缪只是一名地位很低的朝圣者。诸侯的意见是，下等人所说的话完全不可信。不仅作为世俗贵族的诸侯这样认为，主教阿德马尔也觉得巴托罗缪的梦不值一提。

两天以后，克尔伯加突然从城西南角发起总攻。此处正好有热那亚的船只经过，他们英勇抵抗了突厥人的进攻，并在波埃蒙多的驰援之下，得以成功击退克尔伯加的军队。这一区域的城墙和居民的住宅非常接近，因此波埃蒙多命令这些居民撤离。由于没有平民，十字军得以专心防御。

有记载表明，两天后的6月14日夜晚，流星从天上落下，使克尔伯加军队的营地内突发火灾。我估计这应该不会是流星，而是当地夏天时常发生的雷电击中突厥军队的大营，烧死了一些兵士。城墙上的十字军见到此事，以为是上帝相助，一个个感激涕零。

在这一夜感动落泪的圣吉尔，第二天俨然一副考古学者的模样。他带着一队士兵，前往突厥人改造成马厩的圣彼得教堂，并按巴托罗缪的启示开始挖掘。

果然，士兵挖到了一柄圣枪。尽管经历了很长的时代，圣枪依然锋利如故。圣吉尔毕恭毕敬地将其迎入营帐，稍作磨洗之后，安放在金丝织成的布料上。此时相信这一奇迹的诸侯，只有圣吉尔一人。

随着发现圣枪的故事在十字军中传开，巴托罗缪受到了兵士们普遍的感激，而部队的士气也为之大振。这支圣枪只保留了枪头和之后很短的一段枪柄，但作为“耶稣的遗物”，令人感到颇为神秘。

无论是在铁门击退突厥军队，还是天降流星烧死围城的士兵，都成了这支神圣之枪带来的祝福。当十字军相信自己受到上帝的护佑之后，就忘记了饥饿带来的痛苦。

在另一边，两次攻城都被击败的塞尔柱突厥军队的士气开始受到了影响。

这一情况被波埃蒙多看在眼里。这位48岁的诺曼公爵派出使节，向克尔伯加求和。而他所派遣的使节正是隐士皮埃尔。这位隐士曾经试图逃走，却被丹克雷迪抓回了波埃蒙多的大营，于是就一直在普利亚公爵的“保护”下生活。

接到前往突厥军营命令的皮埃尔，因为害怕而再次想要逃跑，苦苦哀求波埃蒙多改选他人。嘲笑之余，波埃蒙多告诉皮埃尔，自己安排了一队人马与他同行，不必为此感到惊慌。无奈的隐士只好硬着头皮走向克尔伯加的大营。

波埃蒙多派遣的使节中，包括自己非常信赖的西西里岛的骑士，他们之中只有一位会讲阿拉伯语，而隐士皮埃尔会讲流利的阿拉伯语。自然，公爵还没有把握能否讲和，他只是想借皮埃尔了解塞尔柱突厥人内部的情况。

进入克尔伯加营帐的隐士皮埃尔受到了客气的招待。跟随而来骑士们也聆听了他和埃米尔的对话。关于求和的内容，大致是如此的：

“我等到达安条克之基督教徒，仅为伸张正义而来。在此沾满耶稣基督与诸殉教者之处，土地即留诸我等之遗产，领有此地即我等之权利。因此，主张正当权利之我等，与非正义据有此地之汝等间，何为主所护佑者，昭然若揭。”

片刻之后，克尔伯加回答道：

“诸位请即刻回城，并向派遣诸位者传达：安条克城早已是我等囊中之物。至于战败一方，绝无陈述个中理由之资格。

“然则我等亦愿以宽容而待败者。《古兰经》中言：服从伊斯兰之法者可获赦免。若汝等拒绝服从，刀剑之下，安条克将告征服，彼时汝等自然觉悟。”

双方的会谈就此破裂。其间不懂阿拉伯语和突厥语的骑士们，只好闷着头听克尔伯加营帐内皮埃尔和埃米尔的谈话。

回到城内后，波埃蒙多主要向隐士皮埃尔和那位能听懂阿拉伯语的骑士问话。并不知道波埃蒙多刺探军情本意的皮埃尔，向人们得意洋洋地描绘着自己与克尔伯加的对话。

而波埃蒙多却得知了自己一直有所预感的一件事实。

从克尔伯加率领摩苏尔大军来到安条克城前那天算起，已经过去20天，这中间突厥军队两次攻城，但两次都被击退了。

到了这个时候，城内官兵的耐力都已经到达了极限。克尔伯加也一直关注着城内兵士逃走的情况。波埃蒙多则从这次佯装的讲和交涉过程中，得到了敌情方面的重要信息。

以克尔伯加为总指挥的各位领主之间，存在着不和谐的声音。例如其中的阿勒颇城主里德万和大马士革城主杜卡克两兄弟之间，就势同水火，相互间的矛盾一触即发。

穆斯林势力中涌动的地盘欲望，在一直未能奏效的围城战中逐渐暴露出来。当克尔伯加的军队扎营将近一月时，其自身逐渐开始解体了。

考虑到敌我双方的情况，波埃蒙多决定出城迎战，一决胜负。

十字军出战突厥人

6 月 27 日，波埃蒙多召集诸侯，制定出城作战的计划。在会议上，全军被分为六个分队。

第一队由法国和弗兰德斯人组成，其指挥是法国王弟于格和弗兰德斯伯爵罗贝尔。由于弗兰德斯伯爵众所周知的战绩，他是这支部队的实际领导。

第二队由来自洛林的骑兵组成，其领导人自然是洛林公爵戈德弗鲁瓦。

第三队由来自法国北部诺曼底的兵士组成，其指挥为诺曼底公爵罗贝尔。

第四队则由法国南部图卢兹和普罗旺斯地区的兵士组成，指挥是图卢兹伯爵圣吉尔。但由于圣吉尔突然染病，实际指挥这支部队的是主教阿德马尔。

圣吉尔也并非完全不参加战斗。他属下的 200 人，负责围困山顶城堡内的突厥兵士，其任务是阻止这些沙姆斯所率的兵士趁机逃脱。

波埃蒙多决定让城内的全体十字军都参加与克尔伯加的决战。此时整座城市内将无兵把守，城堡中的突厥兵士一旦出来，安条克就会重新落入穆斯林之手。而安排200名士兵守卫先前建筑的石墙，自然能够封锁山上的城堡。

六个分队中的第五队由意大利南部和西西里岛的兵士组成，波埃蒙多亲自指挥。

来自相同地区的第六队士兵的指挥，是他的外甥丹克雷迪。

至于为什么波埃蒙多没有像正常作战那样，把士兵分成左中右三路，而派遣了六支分队，如果从他的角度出发，我们大概能想到三方面原因。

其一，克尔伯加所率的突厥军队，人数达到十字军的三倍。如果十字军以一个整体出战，几乎肯定会招致失败。

其二则是因为突厥军队内的各个领主之间存在隔阂。由于他们不能各自无条件接受克尔伯加的命令，分成几队的十字军就可以利用阵型的机动，在不同的突厥军之间获得战机。

第三个原因是在十字军内部，无论行军还是作战，都是按自己本来的地域和民族分开进行的。各地的诸侯都是率领自己本地的兵士作战。比如戈德弗鲁瓦率领洛林军队，诺曼底公爵率领诺曼底来的军队，而弗兰德斯人则听候弗兰德斯伯爵的调遣。将领知道兵士的底细，而兵士也习惯于本地领主的指挥，官兵之间生死与共。占领埃德萨的鲍德温和盘踞基利基亚的丹克雷迪，都是因此依靠少量士兵就取得成功的。将领和士兵之间具有同族意识，相互团结。因此，波埃蒙多把十字军全体分为六队。

在各路诸侯面前安排妥当之后，波埃蒙多想必做了如下的动员。

“我们明天就去挑战克尔伯加。害怕属下叛乱的克尔伯加也一定会尽快跟我们决战。预定的战场就在奥龙特斯河西岸的平原上，这里离安条克城不远，非常适宜大军展开。”

眼光犀利的波埃蒙多对于形势的预测极为精准。

6 月 28 日拂晓，克尔伯加率领塞尔柱突厥军队，在奥龙特斯河西岸列阵。十字军一方自然也做好了迎击的准备。他们士气高涨地出城而去。

集结美索不达米亚和叙利亚突厥大军的总司令克尔伯加，第一次看到了十字军的全体部队。

各位诸侯全体身穿朝阳下闪闪发光的钢制甲胄，在各式各样绣着家族纹章的旗帜下，乘着战马前进。诸侯身后的骑兵也以钢制甲胄武装，右手持长枪骑在马上。由于粮食短缺，很多骑士杀掉了自己的马匹，他们也披着钢甲，手持长剑，组成重装步兵阵。即使是普通的十字军士兵，也身披皮制的胸甲，而全体将士的胸前都统一挂着白底红十字。在突厥军队看来，这样的对手比实际军力要强大得多。

克尔伯加按照东方军队一般的作战方式，将弓兵配置在阵列最前面的山上待机，自己则站在后面的山上指挥。这样，弓兵可以从山上压迫敌军，同时以河边的左翼防守十字军进攻，并从此方向派出别动队。为了阻止十字军的攻势，克尔伯加还命令在平原上放火。然而尽管当时是夏天，火攻并未收到预想的效果。

克尔伯加的战术在接受统一指挥的部队中很可能奏效，各军可以依据战况，灵活运用战术安排。

但在这支缺乏统一指挥的突厥军队里，无法实现总司令的战术意图。混乱的大军没有统一的指挥，很快就被诸侯的六支分队抓住破绽。

波埃蒙多见状将自己所率的第五分队分出一只别动队，由一位部将统领，绕到敌军弓兵的背后。这样，十字军就将敌军待机的弓兵和后面的部队完全分隔开。到接近正午的时候，克尔伯加军队的形势迅速恶化。

为了保存自己的有生力量，不满摩苏尔埃米尔指挥的各地领主率领自己的部队扬长而去。第一个离开战场的是大马士革的城主杜卡克，其他的领主见状纷纷离去，其中包括阿勒颇的城主里德万。

最后还在与十字军交战的除了克尔伯加本人，只有附近哈马的城主了。

这时胜负的天平已经倾倒。克尔伯加只好丢下还在激战的士兵，仓皇逃走。由于在其逃遁的途中无处可依，这位埃米尔只好渡过幼发拉底河，越过沙漠，一口气逃到摩苏尔。

公元1098年6月28日，十字军在安条克之战中取得大胜。最后战场上留下的突厥兵士的尸体，达到2万之多。其中大多是在山上待命的弓兵。

而十字军方面的损失也达到4000人。虽然交锋持续的时间很短，但我们从伤亡情况可以看到当时战斗的激烈。

这次大战是十字军在塞尔柱突厥人面前取得的一次大胜。山上的城堡得知援军已经尽数败走，只好宣布投降。安条克城内最重要的战略建筑终于落到了十字军手中。这就意味着在叙利亚一带已经没有能与十字军对抗的穆斯林军队了。

安条克究竟落入谁手?

交战过后不到两天，到6月底，安条克城内外的穆斯林军队都已扫清。接下来，十字军领导人面临的问题是将安条克交给何人管理，从而能够布置向耶路撒冷的进军。

普利亚公爵波埃蒙多并未掩饰自己的野心。他自然认为，若论攻占并守卫安条克的功绩，自己无疑是最大的，因此宣称自己拥有对这座城市的领主权。

图卢兹伯爵圣吉尔对此公开表示反对。圣吉尔反对的原因，出自对波埃蒙多的反抗意识，但由于普利亚公爵的功绩为众人所承认，他的异议无疑是非常愚蠢的。

但圣吉尔出示了诸侯在君士坦丁堡对皇帝阿莱西奥斯一世签署的宣誓书。根据宣誓书上的要求，诸侯都是拜占庭皇帝的属下，因此应当将取得的土地交给皇帝。

圣吉尔认为，十字军有将安条克献给皇帝的义务。而波埃蒙多也是宣誓书的签字者之一。这极大打击了波埃蒙多想领有安条克的野心。

此时作为教皇代表的主教阿德马尔提出了一个建议。他建议十字军向君士坦丁堡派出特使，如果皇帝自己愿意前来安条克，十字军就对安条克归属拜占庭帝国不持异议。这一建议获得了十字军全体的同意，而诸侯决定派往君士坦丁堡的特使是法国王弟于格。

于格带着给皇帝的提案，从圣西蒙港出发，乘坐热那亚的船只前往君士坦丁堡。皇帝很快给出了答复。

阿莱西奥斯一世以夏季大军难以行动为由，定于第二年春亲自率领拜占庭军队前往安条克。具体时间要到 8 个月以后。

这位皇帝错过了好机会。安条克在 13 年前还是拜占庭的领土，居民也大都是信仰东正教的希腊人。如果他愿意在当年夏天就率军前来，就可以很快收复安条克。大概此时的拜占庭人都缺乏趁热打铁的积极性吧。

主教阿德马尔之死

在安条克，圣吉尔和波埃蒙多的敌对已经激化。后者将自己的部队送到山上的城堡和城墙上的塔楼，以占据有利地形；前者则派遣自己的士兵抢夺了克尔伯加大军所留下的财宝。

正当诸侯忙于扩大自己势力时，瘟疫开始在安条克城蔓延起来。

瘟疫首先在城墙外，然后在城内蔓延。在安条克围城的 8 个月间，深受粮食不足之苦的居民和十字军，体力已近乎衰竭，卫生状况极差，非常有限的居住场所内又住着许多人。不生病反倒是很意外的事情。

虽然击败了突厥人，十字军和跟随而来的朝圣者却在已经征服的安条克城内，遭遇了酷暑之下的饥饿与疫病的威胁。

7 月份，十字军的领导人中有一位因疾病而丧生。大概是由于神职人员需要大量接触病人和死者，而阿德马尔又是其中最重要的人物，在瘟疫面前，这位主教终于倒下了。

阿德马尔的死令全体十字军都陷入悲痛之中。即使是冷酷的波埃蒙多也为之流下泪水。与其说诸侯是为失去教皇的代理人而悲伤，不如说是对经过艰苦远征的战友之死感到难过。

在进行毫无必要对抗的波埃蒙多和圣吉尔之间，也终于达成了谅解。他们看着同行者就这样死去，默默地目送主教前往另一个世界。这位勒布伊的主教，就这样在第一次十字军东征中撒手人寰了。

虽然阿德马尔的遗言是将自己埋葬在安条克城内被穆斯林改为马厩的圣彼得大教堂，但是各位诸侯决定，务必要在耶路撒冷的圣墓教堂埋葬这位主教。

受主教阿德马尔之死影响最大的人，是图卢兹伯爵圣吉尔。两人从出发以来都是一起行动，而圣吉尔在行军当中一直受到主教的鼓舞。

此外，在诸侯当中最年长并拥有最大的领地的圣吉尔，性格极为火爆，而阿德马尔总能在恰当的时候给他中肯的建议，对伯爵的冲动有所约束。

总之，如果不是阿德马尔的话，此时圣吉尔所取得的战绩，完全赶不上波埃蒙多和戈德弗鲁瓦，甚至跟晚辈弗兰德斯伯爵、鲍德温以及丹克雷迪相比，都有着差距。

因此为主教之死感到最悲哀的人，无疑是56岁的圣吉尔了。

主教阿德马尔死后，发生了一件损害圣吉尔权威的事。曾经梦见神圣之枪的朝圣者巴托罗缪，来到同为法国南部人的图卢兹伯爵的营帐，描述了自己的另一个梦。

圣安德烈带着阿德马尔的亡魂，在巴托罗缪的梦中显现。据巴托罗缪的描述，身在地狱中的阿德马尔，深为自己怀疑神圣之枪的真实性而忏悔，并希望诸侯为他祈祷。而梦中的圣安德烈，则委托防御安条克城的正义之师，及早向耶路撒冷进军。

这些话自然令傲慢自大的圣吉尔颇为怀疑。巴托罗缪见圣吉尔没有应答，只好一脸悲戚地离开了。虽然巴托罗缪所说的话不足为信，他上次梦见的神圣之枪却是圣吉尔所发现的。而首先宣布这支枪为圣物的，正是圣吉尔自己。

8 月里，由于瘟疫而丧生的人已经布满全城。各位诸侯不得不带领自己的兵士，前往附近的城镇和村庄避难。

波埃蒙多和丹克雷迪前往了基利基亚的海港。

戈德弗鲁瓦的部下则向北撤离，接应从埃德萨出发的携带必要物资的鲍德温。

我们不知道圣吉尔的人马去了哪里，但弗兰德斯伯爵和诺曼底公爵分别前往了附近的一些村庄。

空荡荡的安条克城内不再有十字军，也没有任何敌人，居民也因为瘟疫的流行前往乡下避难。

到了 9 月，安条克的疫情逐渐好转，诸侯可以带兵回城了。波埃蒙多和圣吉尔之间的紧张关系，在这个时候不复存在。因为只有波埃蒙多的军队回到了安条克。他们在基利基亚逗留期间，做了一件对十字军影响很大的事。

波埃蒙多代表十字军与前往基利基亚海港进行贸易的热那亚商人签署了军事和经济协议。他以安条克领主的名义，批准了热那亚人在安条克城内单独设立市场的权利，并卖给了热那亚人一座教堂和 30 栋房屋。从此安条克城内出现热那亚人的居住区。

这一协议的军事方面，则是同意为热那亚的商船添置武装，使其全体水手一变而成战斗人员。这样波埃蒙多就为自己夺取安条克城，增添了强有力的军事力量。同时，他也获得了热那亚船只在海运方面的支持。

对于以经济立国的热那亚来说，这一协定具有重要的经济意义。此时热那亚人来到安条克，就是现代人所说的开放市场和引进外资。波埃蒙多在征服安条克之后，并未流放当地的穆斯林，而是让他们留在基督教社会中生活。通过开放市场，利用外来资金和人才，最大限度降低了其领地受外来袭击的可能性。而热那亚人其实早在十字军东征之前，就已经和近东的穆斯林进行了长期的贸易活动。

拥有丰富经验的热那亚人，在得到经济利益的同时，也保持了政治上的冷静。在与波埃蒙多协议的最后，他们加上了一条：一旦公爵和图卢兹伯爵圣吉尔发生冲突，热那亚将保持中立。毕竟，卷入战争会导致本国经济利益的损失。

在协议签订之后，波埃蒙多回到了安条克。这时，他就开始着手准备与圣吉尔的冲突了。

在圣彼得教堂内凭吊阿德马尔的集会上，波埃蒙多和圣吉尔开始了唇枪舌剑的交锋。

波埃蒙多说道：

“拜占庭皇帝的性格实在是优柔寡断，结果怎么样？他根本就不会来安条克。那么，怎样维持好在这里的统治，是进军耶路撒冷之前最重要的问题。我认为，没有谁比我更适合管理这座城市。”

图卢兹伯爵圣吉尔则反击到，既然皇帝的宣誓书上写着全体诸侯的名字，任何人都不应该单独站出来挑战皇帝的权威。

这个时候，一直保持中立的洛林公爵戈德弗鲁瓦站了出来，明确表示对波埃蒙多发言的赞成。接下来，弗兰德斯伯爵罗贝尔也转而支持波埃蒙多。

由于戈德弗鲁瓦手握重兵，他的发言自然至关重要。而亲率500骑兵的弗兰德斯伯爵，则由于其所率部众的英勇善战而广受尊敬。

他们二人决意远征耶路撒冷，因此在身后的安条克城需要安排一位强有力的战友作为后盾。安条克之战中，鲍德温在埃德萨抵挡三周的重要性，对十字军来说是不言而喻的。

由于局势一边倒向波埃蒙多，圣吉尔只得咽下自己的怒火。于是他抛出一个又一个难题，而十字军为了解决这些问题，不得不一再推迟前往耶路撒冷的打算。

首先，圣吉尔跳出来说，一直想独占安条克的波埃蒙多，妨碍了十字军向耶路撒冷的进军。

对此，波埃蒙多声称，自己绝对没有任何妨碍大军前往耶路撒冷的意思。

圣吉尔要波埃蒙多自证清白，要求他跟随全体十字军一起进军耶路撒冷。

波埃蒙多回答说，自己要留下来帮助本地的基督徒重建安条克城，至于前往圣地的行军，请丹克雷迪代为前往即可。

这样的回答当然不能令圣吉尔满意。在下一次合议时，他提出，波埃蒙多可以领有整个安条克城的3/4，但包含总督府在内的另外1/4，则应交由圣吉尔统治。分割统治的想法，令周围诸侯感到不切实际。

出席会议的诸侯无法掩饰自己的讶异。这一个月以来，圣吉尔和波埃蒙多的矛盾一直无法调和。

颇具讽刺意义的是，这一胶着状态最终导致了圣吉尔的一无所获。

人肉事件

一座大都市不仅包括城墙以内的市区部分，提供粮食、手工制品和原材料的附近的城镇和村庄，也承担了大都市的部分功能。因此，越大的城市，就需要越多的城镇、村庄和田地来支撑。

为了抵挡从美索不达米亚来犯的敌军，鲍德温在不及安条克规模的埃德萨，取得了邻近地区的支持。

攻占安条克的十字军，自然要在城四周的城镇和农村尽可能获得支持了。在法国南部拥有大片领地的圣吉尔，自然了解获取周边村镇的重要性。

安条克东南百余公里有一座小城名叫玛拉特·安努曼，城外围绕着一圈坚固的城墙，城内驻扎着许多与十字军交锋失败的塞尔柱突厥人，因此并不容易攻取。这时，三位诸侯和一些其他的部队都来到了城下。

11 月 27 日，圣吉尔的部队开始攻城。第二个到达的弗兰德斯伯爵从城墙的另一位置发起进攻，在久攻不下的情况下，二人都命令自己的兵士退出战场。当天下午，波埃蒙多的人马也到达城下，但在尝试攻城之后，发现无法攻克。

由于三人分别率部前来，根本没有商讨如何攻城，各人完全凭自己喜好调遣部队，自然无法攻下城市。面对波埃蒙多和圣吉尔的对立局面，弗兰德斯伯爵也无法说服他们统一指挥全军。

在这一形势下，圣吉尔和弗兰德斯的部队先对城市附近的村镇发起了进攻。而波埃蒙多则派遣密使潜入城中，试图兵不血刃地占领这座小城。

由于普利亚公爵的人马大多来自意大利南部和西西里岛，其中有部分属下通晓阿拉伯语和突厥语。他从中选择了一人送入城内。这位南意大利人的长相和金发碧眼的北欧人完全不同，肤色接近中近东的居民，此外还懂阿拉伯语，因此颇为适合作为密使潜入城内。波埃蒙多提出的条件是不战而开城，并且保证突厥守备队与全体居民的安全。他认为，这个条件对于玛拉特·安努曼城内的居民来说是很容易接受的。

然而在附近村镇作战三个星期的圣吉尔完全不知道这件事。波埃蒙多也没有告诉他相关的情况。

12 月 11 日，圣吉尔再次攻城。他利用从附近砍伐的大量树木，建造了攻城用的塔楼。这一次，守军未能抵挡住十字军的进攻，圣吉尔的部下翻越城墙，杀入了城内。

无论是守备队的成员，还是城内的居民，都没有在十字军的屠杀下得以幸免。这座城市内所居住的将近一万居民，成年男性全部被杀死，女性和儿童全部被贩卖为奴隶。

这个时候出场充当奴隶贩子的，往往是信奉犹太教的商人。他们从十字军手上买下这些妇孺。由于犹太人在基督徒和穆斯林之间处于中立地位，他们在使异教徒变为奴隶的过程中充当了不光彩的中间人角色。

小亚细亚
基利基亚
埃德萨
塔尔苏斯
伊斯坎达尔
安条克
圣西蒙
奥龙特斯河
哈伦克
阿勒颇
幼发拉底河
马拉特·安努曼
拉塔基
卡法尔达布
叙利亚
贾巴拉
沙伊扎尔
塞浦路斯
哈马
布尔尼亚斯
马沙夫
拉法尼亚
托尔托萨
侯斯尼·阿尔·阿克拉德
霍姆斯
阿尔喀
特里波利
地中海
巴尔贝克
贝鲁特
西顿
大马士革
推罗
提比利亚斯
阿克
海法
加利利湖
拿撒勒
凯撒利亚
加利利
约旦河
纳布卢斯
巴勒斯坦
阿尔苏夫
雅法
拉姆安拉
北
耶路撒冷
杰里科
0
100千米
亚实基伦
伯利恒
希伯仑
加沙
死海

伯利恒

圣吉尔和波埃蒙多又在谁来统治这座城市的问题上陷入了僵局。这一次圣吉尔表现得十分强硬。他认为，既然是自己的部队征服了这座城市，把守这里的兵力就应该出于自己手下。

波埃蒙多很快妥协了。玛拉特·安努曼城内的屠杀还历历在目，如何征服周围的城市和村镇着实是一个问题。波埃蒙多已经从安条克城主的角度来思考自己的行动了。

出于与波埃蒙多一样的考虑，不关心安条克归属的戈德弗鲁瓦和弗兰德斯伯爵，积极前往安条克周边的地区。

12 月 25 日圣诞节之前，各位诸侯回到了安条克。他们前往重新修缮为天主教堂的圣彼得大教堂，参加庄严的弥撒仪式。

在云集的诸侯面前，圣吉尔决定，于次年复活节向耶路撒冷进军。1099 年的复活节是 4 月 10 日。由于近东一带的冬天十分寒冷，无人对此持有异议。

此时心情大好的圣吉尔，以诸侯中最年长者的身份，向在场各位派送圣诞礼物。他的礼物是来自其领地法国南部铸造的小金币“索尔德”，按顺序分别赠给以下四位：

38 岁的洛林公爵戈德弗鲁瓦，1 万索尔德；

44 岁的诺曼底公爵，1 万索尔德；

33 岁的弗兰德斯伯爵，6000 索尔德；

23 岁的丹克雷迪，5000 索尔德。

自然，圣吉尔没有给次年长的 48 岁的波埃蒙多任何礼物。但这位公爵的慷慨究竟收到了多少回报，实在值得怀疑。诸侯并不会为收到这些礼物，而对圣吉尔心怀感恩。

相反，新年过后，出现了一桩不祥的事件，令安条克的诸侯愤慨。

他们得知，玛拉特·安努曼城内圣吉尔的部下，食用了被杀害的当地居民的肉体。

给诸侯赠送礼物的圣吉尔，放任自己部下的兵士。因此，在城内得不到食物补给的情况下，饥饿难耐的兵士把手伸向了尸体。

可以想象，诸侯一齐指责圣吉尔。伯爵只得宣布将做出此行径的士兵处以极刑，以警告其他士兵。同时，他下令放火烧毁了整座城市。

玛拉特·安努曼就这样熊熊燃烧下去，直到变成一座废墟。

此事在穆斯林中间传开以后，基督徒就被当作食人族一样看待。在穆斯林史料中，发生食人事件的日期是城市陷落之前的12月12日，因此为城内的居民普遍所知。根据记载这一事件的伊斯兰史诗，当时玛拉特·安努曼的居民达10万之众，但经现代穆斯林学者的研究，城内只有1万人。这是历史上常有的对惨剧的夸张叙述。

但关于此事的记载并非纯属谎言。为了对自己军中的不祥事件进行答复，圣吉尔率领全军前往现场，亲眼目睹了玛拉特·安努曼城的毁灭。在此之后，他仿佛忘记了一切，率军直接南下耶路撒冷。圣吉尔出发的时间，是在比复活节早三个月的一月中旬。他似乎完全没有考虑冬季行军的困难。

圣吉尔的突然出发，自然使安条克落入了波埃蒙多的手中。

在安条克的大战结束之后，率领十字军的诸侯向着最终的目标——圣城耶路撒冷前进。此时，队伍发生了很大变化。

以下列出的是安条克战前与战后的诸侯。

战前：

洛林公爵戈德弗鲁瓦，及其两位兄弟鲍德温和尤斯塔斯；

图卢兹伯爵圣吉尔，以及教皇的代表主教阿德马尔；

普利亚公爵波埃蒙多，及其外甥丹克雷迪；

法国王弟，弗蒙杜瓦伯爵于格；

征服者威廉之子，诺曼底公爵罗贝尔；

罗贝尔的内弟，布洛瓦伯爵埃蒂安；

弗兰德斯伯爵罗贝尔。

战后：

洛林公爵戈德弗鲁瓦与其弟尤斯塔斯；

图卢兹伯爵圣吉尔；

丹克雷迪；

诺曼底公爵；

弗兰德斯伯爵。

在战后的诸侯名单中没有出现的人物，都有其各自的原因。

鲍德温——一直在埃德萨及其附近坚持作战；

主教阿德马尔——在安条克陷落以后因疫病亡故；

波埃蒙多——在安条克及其周边坚持作战；

法国王弟于格——在代表十字军邀请拜占庭皇帝前往安条克之后，留居君士坦丁堡。其后又从拜占庭首都返回法国。两年后才重新回到东方。

布洛瓦伯爵——出于对克尔伯加所率大军的恐惧，逃出安条克，回到基利基亚后，一直犹豫是否应回到十字军中。最终他还是选择回到了西欧自己的领地。

然而伯爵的妻子，征服者威廉之女阿黛尔对其夫提前回国的行为深感不齿。她不断责备丈夫，要求他再次回到十字军中。两年后的1100年，布洛瓦伯爵重返巴勒斯坦。但到这时候，不仅安条克早已落入十字军之手，收复耶路撒冷的任务也已经完成。

最终向耶路撒冷进发的诸侯，从一开始的11位减少到了6位。

上

第五章

通往耶路撒冷的道路

公元1099年1月13日，因十字军远征来到玛拉特·安努曼的圣吉尔，第一个踏上了前往耶路撒冷的征程。圣吉尔自己在寒冬季节身着粗布长衫，赤裸着双脚，手持带着十字架的手杖，以典型的朝圣者姿态立于众人之前。他率领着胸前印有白底红十字的军队，全体带着朝圣的心情前行。圣吉尔是对此行充满信心的。随着一步一步接近耶路撒冷，他保持着谦虚的朝圣姿态，并从玛拉特·安努曼出发以后没几天，就命令全军准备好向圣地进发。

当安条克城内的诸侯得知圣吉尔南下的消息之后，诺曼底公爵第二个向耶路撒冷进军。

同时，丹克雷迪也出发了。丹克雷迪不跟圣吉尔一起行军，自然是由于波埃蒙多与圣吉尔互不信任。波埃蒙多把自己的部队分给外甥，使丹克雷迪率领了一支大军，积极地前往圣地。

诺曼底公爵和丹克雷迪并未采取朝圣者的方式，而是全副武装地向耶路撒冷进军。

圣吉尔出发后的一个月，2月中旬，洛林公爵戈德弗鲁瓦也从安条克出发，向耶路撒冷而行。与戈德弗鲁瓦同行的，是弗兰德斯伯爵所率的骑兵队伍。他们的部队从骑兵到步兵都是全副重武装，极为善战的军团。值得一提的是，戈德弗鲁瓦选择了一条与圣吉尔不同的道路行军。

与此同时，鲍德温还留在埃德萨，而波埃蒙多留驻安条克。从圣吉尔离开以后，波埃蒙多就开始着手将安条克变为自己的公国，而鲍德温则把埃德萨确立为自己的伯爵领地。

根据后来研究者的统计，分成两股前往耶路撒冷的十字军的规模如下：圣吉尔、诺曼底公爵和丹克雷迪组成的第一部分，包括骑兵1000余人和步兵5000人；一个月后出发的戈德弗鲁瓦和弗兰德斯伯爵的军队，则包括500名骑兵和6000名步兵。两支军队合计，骑兵1500人，步兵1.1万人，总计是1.25万人。相比之下，十字军从西欧出发时，总人数为5万。

在经过小亚细亚的6个月间，十字军就在与突厥人的作战中大量减员。

而在将近一年的安条克攻防战中，又有许多军士因战争或瘟疫而死。

此外，还有许多人马守卫着埃德萨伯爵领地和安条克公国。

因此，在向最终的目的地耶路撒冷进军的过程中，十字军的人数逐渐减少。参加的诸侯数量也减少到原来的一半。此时，离最初从西欧出发已经过去了3年。这3年中，十字军的人数减少到原来的1/3。路上丧命的人，都成为了前往天堂的“殉教者”。在安条克城中因粮食不足而死的人，是其中最大的一部分。

减员并未动摇十字军收复耶路撒冷的决心。虽然在人数上有所减少，十字军却在一次次作战中提高了自身的战斗力，向着耶路撒冷进发。

从叙利亚到巴勒斯坦

1099 年的巴勒斯坦处在埃及开罗哈里发的统治下。

巴勒斯坦被山地分成东西两部分。据有山脉东侧的是大马士革的突厥领主，而山以西的海岸地带，从贝鲁特到加沙之间的狭长地区，则全部在埃及的统治之下。正是因为如此，当十字军进攻安条克时，埃及宰相才会来到十字军的阵前，希望缔结协定，让巴勒斯坦免受十字军的进攻。虽然当时未能达成任何协定，而此时此刻，十字军已经踏上了埃及哈里发统治之下的巴勒斯坦。

但埃及哈里发是最近才刚刚占据此地的。因此，当地的很多领主并不是埃及人。包括耶路撒冷在内的几个城市，都是由承认埃及主权的塞尔柱突厥人埃米尔实际管理。

巴勒斯坦的状况因此就变得很特殊。如果这里完全是埃及人治理的话，十字军自然就是侵略者了，但在突厥人统治的城市中，十字军某种意义上就成了解放者。

十字军的领导人一开始并不理解这一情况。他们在远征的过程之中，逐渐学会了在西欧学不到的变通。无论经历成功与失败，东征都给了他们很多教训。在这一过程当中，他们接近了耶路撒冷。

先期出发的圣吉尔的部队，从一把火烧尽不祥事件的玛拉特・安努曼开始，沿着内陆的大道向南行军。这条道路通往塞尔柱突厥人统治的城市。尽管如此，圣吉尔的部队还是得以在玛拉特・安努曼以南 30 公里处的卡法尔塔布城休整了三天，并得到当地居民的友好接待。

之后，诺曼底公爵和丹克雷迪也到达了这座小城，三人在此地对以后的行军路线进行了安排。

有两支突厥军队可能阻挡这三人的去路。一位是沙伊扎尔的埃米尔，另一位则是特里波利的埃米尔。他们不只是这两座城市的领主，还能够命令附近的小城市加入自己的队伍。

三位诸侯都试图避开两位突厥领主的进攻。毕竟，双方一旦交锋，十字军有限的兵力就会受到很大损失。这对收复圣地来说肯定是非常不利的。他们希望和当地的突厥人保持友好关系，确保领主们保持中立。

恰好在这个时候，沙伊扎尔埃米尔的使节来到了十字军的大营。他们带来了埃米尔的建议。根据建议的内容，沙伊扎尔和哈马保证十字军和平通过，两地的领主会以很便宜的价格将军需用品卖给十字军，并提供向导。

至于所谓“和平通过”，是希望基督教军队不要攻击沙伊扎尔和哈马及其附近的各城镇，和平地经过这两座城市的近郊。

接受沙伊扎尔埃米尔提议的十字军，在经过其城郊时毫无顾忌地夺取了当地牧羊人的羊群，将羊群卖给市民，然后以所得的财富换取马匹。这样，多达1000人的没有马匹的骑兵恢复了原来的战斗序列。

一路南下并未受到威胁的圣吉尔部队，出现了新的问题。他听说热那亚和英格兰的船只沿着叙利亚海岸航行，便想率领军队往海边行进，以便于获得给养。

他的建议受到20岁出头儿的丹克雷迪的坚决反对。后者认为，率领大军在严冬时节翻越山脉是非常危险的，而这一山岳地区还处在两次遭十字军击败的大马士革城主杜卡克的控制下。因此，丹克雷迪主张部队一直南下，到没有山区阻隔的地带，再转向海岸行军。丹克雷迪之所以反对圣吉尔，很可能也是来自与其舅父波埃蒙多一样的立场。而最后圣吉尔接受了丹克雷迪的意见。

当十字军继续开始行军之后，就出了沙伊扎尔的埃米尔统治的地区。此时，对于十字军来说，要尽可能做到和平行军，在做不到的情况下，则要依靠武力了。以和平为优先目标，各位诸侯向着耶路撒冷前进。

1月22日，圣吉尔和丹克雷迪的部队到达了马沙夫城。他们和当地的城主达成了妥协。

1月23日，十字军进入了马沙夫以南的拉法尼亚。由于城主和居民大都纷纷逃走，他们得以和平地进入城市，并在城内休整了三天。从此处起，道路进入了转向西南的山脉地带，前面的山上耸立着一座无法绕过的城堡。

这座城堡名叫侯斯尼·阿尔·阿克拉德。听说十字军要和平通过此地，当地人就关上了城门。当十字军开始攻城时，城门突然打开，一群家畜从城内冲了出来。

十字军的兵士看到此景，在攻城的同时，就开始捕捉这些家畜。圣吉尔周围的将军都忍不住上前捕捉。在丹克雷迪部队的协助下，十字军全力捕捉家畜，结束了当天的进攻。

第二天，准备再次进攻的十字军士兵，发现城内一箭不发，城门洞开而空无一人。原来，守军和居民都在赶出家畜以后逃跑了。

十字军在空荡荡的城中度过了好几天。那些逃跑的居民留下了很多粮食，这给6000多兵士提供了给养。十字军也不必担心敌人的袭击，得以对此城堡进行彻底的改造与扩大。1000年以后的今天，坚固的城堡“骑士之城”（Krakdes Chevaliers）仍然历历在目。与此前的规模相比，新的城堡在山上的部分使之易守难攻。

特里波利的埃米尔派来使节，访问驻在城内的圣吉尔。

特里波利的埃米尔贾拉尔·阿尔·穆利克不愿服从埃及哈里发的统治，因此想利用十字军取得独立的地位。他给圣吉尔的条件是承认十字军对特里波利的领有权。

这引起了圣吉尔的兴趣。他派遣自己的一名部下去特里波利直接与埃米尔交涉。这位部下回来禀报图卢兹伯爵，特里波利城内物产非常丰富。因此，圣吉尔打算向埃米尔索取一笔赎金。

丹克雷迪却提出了相反的意见。他认为卷入特里波利的事务会拖延前往耶路撒冷的时机。因此圣吉尔只得自己率军前往特里波利，并在城外 20 公里处的障碍前停下。

此处小城阿尔喀的居民做出了彻底抗战的充分准备，使圣吉尔的军队无法继续前进。图卢兹伯爵只得将一部分兵力交给属下，让他们进攻附近的托尔托萨城。他相信当阿尔喀的居民得知附近城市失陷的消息以后，自然会动摇抵抗的决心。

托尔托萨很快陷落。这座城市的城主和居民见到十字军大军压境以后，就全部投降了。得知托尔托萨陷落的城市，在十字军接近以后就赶忙大开城门。

然而，阿尔喀的抵抗决心没有受到丝毫影响。虽然圣吉尔完全不愿改变攻占这座城市的打算，诺曼底公爵和丹克雷迪却想撤军了。他们认为圣吉尔的部队战术水平太低。

正在此时，又发生了一件降低圣吉尔权威的事件。

“火的试炼”

以发现神圣之枪而闻名的巴托罗缪，仍在圣吉尔的军中。他在阵营中大声呼喊“阿尔喀要陷落了！阿尔喀要陷落了！”引起大多数士兵们的反感。很多人认为他所发现的“神圣之枪”是伪圣物。于是巴托罗缪决定以“火的试炼”来证明自己所发现圣枪的真实性。4月8日，他开始了这场试炼。

所谓“火的试炼”，就是为了证明自己所言的真伪，以上帝的名义从熊熊燃烧的火焰中一口气赤脚走过。试图在士兵中证明自己的巴托罗缪，在这次试炼中被严重烧伤，于9天后痛苦地死去。

圣吉尔不仅相信“神圣之枪”的奇迹，还将其在军士中传看。主教阿德马尔一开始并不相信此物，但在圣枪发现以后，就将其作为圣物放在身边，而圣吉尔对巴托罗缪更是尽力保护。现在巴托罗缪死了，圣吉尔应该不难感受到人们的嘲讽吧。

但图卢兹伯爵圣吉尔还是一直拿着这柄圣枪。在6年以后，圣吉尔死去时，圣枪的数量增加到四支。这四支圣枪，意味深长地显示了圣物的命运。

其中一支圣枪一直在亚美尼亚教会保存，自称是直接来自巴勒斯坦的遗物。

维也纳霍夫堡宫所藏“圣枪”

第二支圣枪是率领第七次十字军的法国国王路易九世从巴勒斯坦获得的战利品，一支保存在巴黎的教堂，但在法国大革命后失踪。

第三支圣枪于15世纪末由奥斯曼土耳其的苏丹送给教皇，存放在梵蒂冈。但没有人知道这支圣枪保存的具体地点。

最后一支保存在维也纳，是唯一可以在网上看到照片和介绍的一支，作为神圣罗马帝国权威的象征之一，受到了精心保管。

十字军合流

在“火的试炼”这一骚乱之后，从安条克迟出发一个月的戈德弗鲁瓦和弗兰德斯伯爵的军队，到达了圣吉尔正在进攻的阿尔喀城下。

这支军队沿着海岸南下，在接受英格兰和热那亚船只的补给之后，很快就接近了前面的十字军。他们不必像圣吉尔那样与穆斯林领主交涉，只要沿路行军，就轻轻松松地通过了通往巴勒斯坦的道路。沿途的城镇和村庄都因为恐惧这些西欧人，不敢轻举妄动。

当这支军队到达阿尔喀城下以后，圣吉尔就被完全孤立了。反对他的人从两个增加到了四个。

此时，圣吉尔失去了领导地位。他只好放弃进攻阿尔喀，同意和其他诸侯一起行军。于是十字军以得到特里波利城赠送的 1.5 万拜占庭金币为代价，兵不血刃地进入城市。圣吉尔的军队也向地中海沿岸地区进军了。

图卢兹伯爵圣吉尔勇猛有余，但在同时期人中评价不高。

这也是他对拜占庭皇帝过于轻信所致。

在阿莱西奥斯一世收到十字军的来信之后，他于 6 月亲率大军前

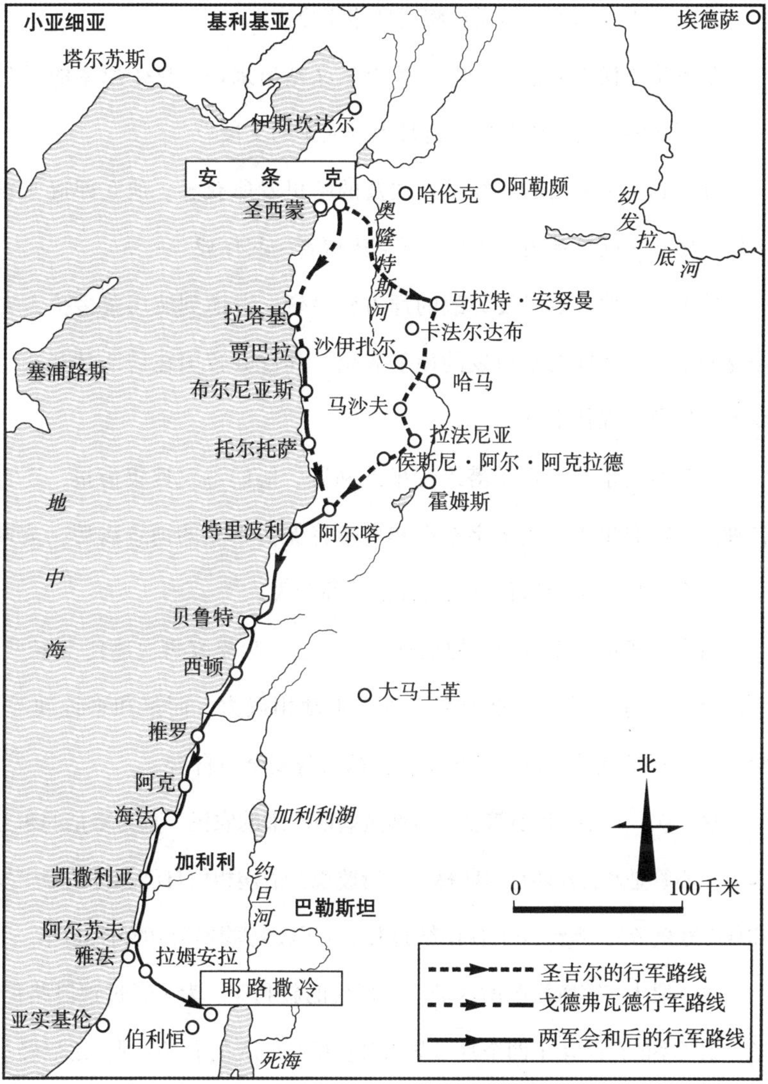

十字军前往耶路撒冷的行军路线

来，并来信告诉诸侯，自己也将向耶路撒冷进军。

令各位诸侯不能接受的是，圣吉尔又站出来说，皇帝所率的部队对十字军非常必要，因此要等待拜占庭大军的支援。

没想到皇帝来信的内容早被埃及的哈里发所获悉。他立即遣使君士坦丁堡，责问皇帝为何要与法兰克入侵者一起作战。

并不想与埃及哈里发为敌的拜占庭皇帝，考虑到波埃蒙多抢占安条克的威胁，当即对哈里发的使节表示，拜占庭帝国在穆斯林和法兰克人的战争中保持中立。

此时有哈里发的探子潜入特里波利城，他们不仅搜集情报，还将各种消息散布出去。当十字军得知皇帝将保持中立的消息以后，圣吉尔再次在不信任皇帝的各位诸侯面前颜面全失。

命令探子散布皇帝中立的消息以后，埃及哈里发再次遣使十字军，提出建立友好关系。如果十字军答应不动用武力，而是和平地朝圣，哈里发将保证其治下巴勒斯坦基督徒的人身安全与自由。

这一次，十字军没有答复。虽然这些西欧来的农民一直为富裕的东方人——不管是基督徒还是穆斯林——所蔑视，诸侯相信自己能打破哈里发和拜占庭皇帝的勾结，并再次团结起来，为了收复耶路撒冷的目标进军。

这一段十字军所征服的区域，是现代的叙利亚。为了通过这段路程，圣吉尔所率的部队花了四个月，戈德弗鲁瓦的部队花了三个月。之后经过的就是今天的黎巴嫩和以色列所在的地区了，从这里到耶路撒冷只需要三个星期的时间。到了这个地方，十字军全体一致，直扑耶路撒冷。

巴勒斯坦的状况

5 月 16 日再次出发的十字军，不再进攻沿途的城市，只是会在周边征粮。

贝鲁特的埃米尔接受了特里波利埃米尔的经验，在十字军接近时提供了金钱与军粮，接下来到达的西顿城也如此效仿。在要塞推罗城下，十字军面临了城门紧闭的局面。但即便如此，城墙外还是摆放着粮食，供经过的十字军补充给养。

1.5 万人的军队浩浩荡荡地一口气经过了阿克、海法和古罗马时代的大型海港城市凯撒利亚，以及阿尔苏夫、雅法等城市。

近东人没有见过西欧的重装骑士团。他们看到的是从头到脚以重装备武装起来的一支大军。由于中世纪西欧骑士的头盔罩住了脸，看到的人们都对这一身机械感到恐惧。

这些人腰上都佩着长剑，左手持盾，右手拿着标枪。

在中东沙漠中，即使是春天也已经酷热难耐。十字军行军时一身盔甲，正如殖民时代的大英帝国精英们，在沙漠中也身着皮夹克，就算是挥汗如雨也并不在乎。

我们不难想象十字军列队前进的样子。中世纪近东的人们体会的是他们带来的一种现代坦克部队接近似的威压感。近现代的坦克部队，就是中世纪和近代重装军团的继承者。

重装骑士团以无言的压力代替使用武力，轻易地成功经过了这段路程。

统治巴勒斯坦的埃及哈里发，也拥有一定数量的海军。十字军经过的城市都是海港，它们无不期待着埃及的支援。然而，城主和居民最终认为，与其靠支援与十字军硬碰硬作战，不如提供军需物品，让他们通过了事。其隐情在于，当地人不愿接受埃及哈里发的命令。让十字军快速通过的城市居民，和快速通过的十字军想到一起去了。

十字军从雅法（今天的特拉维夫）开始，不再沿海岸行军，而是折向内陆。从雅法通往耶路撒冷的通道，是从海上来的欧洲朝圣者的必经之路。在此道路上，有一座名叫拉马拉的城市。由于这里的居民都已逃走，十字军不费吹灰之力就占领了城市。在拉马拉，十字军遇到了意想不到的人。

这些人是在当地穆斯林人海中，与人数占绝大多数的希腊正教徒信仰不同的极少数天主教徒。他们来自耶稣的出生地伯利恒，自告奋勇地为十字军担任向导。

这些人非常希望十字军能从穆斯林手中夺回耶稣的出生地。

丹克雷迪当即表示要前去收复伯利恒。这位青年将领很快付诸行动，率领属下300将士前往这座小镇。

很快，伯利恒就宣告收复，但之后十字军中起了冲突。丹克雷迪宣称伯利恒是自己的领地，但在当地的天主教神父看来，普通人不能占有上帝的都城。对此，丹克雷迪警告说，如果不将伯利恒变成他的领地，十字军就会撤离，让当地天主教徒自己守卫这座小镇。于是当地人转而向十字军的其他领导人寻求帮助。

打破尴尬局面的，是戈德弗鲁瓦的一席话。他希望丹克雷迪先放下争执，与其他诸侯一起前往耶路撒冷。丹克雷迪最终同意搁置争议，与大军一起向耶路撒冷进发。

但这位年轻人还是无法释怀，在行军途中带兵返回了伯利恒。最终，丹克雷迪占领伯利恒成为了既成事实。他既富有战术素养，又能够果敢行动，也具备很强的预见能力。

比其他诸侯晚三天到达耶路撒冷的丹克雷迪，为了耶路撒冷的攻城战特意准备了很多粮食。丹克雷迪的部队带着满载面粉的大车，赶着成群结队的牲畜，来到了耶路撒冷城下的军营。

上

第六章

圣城耶路撒冷

公元1099年6月7日，十字军终于到达可以远远望见耶路撒冷的地方。

各位诸侯纷纷下马，在甲胄发出的叮叮当当的金属声中，恭敬地整理好服装，脱下头盔，仿佛进入教堂一般。

骑士们也都下马整装。

普通的士兵们都不假思索地双膝跪地，有的已经泣不成声。

每个人都在感动中受到震撼，泪如雨下。毕生耳闻的圣城耶路撒冷，如今就在眼前。在夕阳的照耀下，将士们静静地伫立着，胸中怀着终于到达目的地的愉悦心情。

参加第一次十字军的战士们，在这一瞬间，都成为了谦卑的朝圣者。

心怀这样的想法，诸侯和普通士兵的差距顷刻间消失了。由于能够免罪而前来参加十字军的杀人犯和盗贼们，也变得跟志愿一生奉献给上帝的神职人员一样。

耶路撒冷是一座能让任何人感动的神奇城市。而基督教、犹太教和伊斯兰教都将其视为圣城，这也成为了三大一神教之间矛盾的导火索。

耶路撒冷围城战

十字军首先在耶路撒冷城郊野营。虽然没有记载说诸侯是否像波埃蒙多在安条克那样花一天时间绕城一周视察，但我想这是必然要做的准备。与围绕安条克的12公里城墙相比，围绕耶路撒冷的城墙全长只有4公里。因此攻占耶路撒冷并非像安条克那样困难。

古代和中世纪的耶路撒冷，就是现代耶路撒冷的老城。它的结构在历史上没有太大变化。古罗马时代的哈德良皇帝曾加固了城墙，并对城内进行了彻底的改造。之后拜占庭帝国和阿拉伯帝国都在城市内部开展了进一步的建设。总的来说，十字军所见到的耶路撒冷，与900年前变化不大。

在背靠着橄榄山的耶路撒冷东侧，深幽的山谷之中错落着高耸的城墙。这里起伏多变的地势非常不利于攻城，因此城墙非常窄，也完全没有能够增强防御力的塔楼。

而在背靠着锡安山的南侧，则有一大片平地，从而适合排兵布阵。但由于地势差距非常容易受到来自城墙上的进攻。如果一旦遇到大雨，沙漠中的雨水奔流而下，甚至会把营帐冲走。沙漠地区的大雨，往往带来致命的灾害。

在耶路撒冷的四面城墙中，对于攻城一方来说，能够摆开阵势进攻的，只有城的北侧和西侧。因此在这两侧的城墙上，遍布着守城的塔楼，相应地提高了防御力。

但当十字军于 1099 年准备进攻耶路撒冷时，他们还要提防来自西面的援军。耶路撒冷正处在埃及哈里发的统治下，而埃及军队正驻防于雅法以南的亚实基伦。因此，攻击耶路撒冷的十字军所担心的方向，是通往雅法的城西大道。各位诸侯自然明白这一点，于是他们就按照所希望的方式决定了自己阵营的位置。

几乎没有率领什么部队的诺曼底公爵在城北的希律门外列阵。在十字军占领耶路撒冷之后，因为基督徒憎恨曾经迫害耶稣的犹太王希律，这座城门被改名为“花之门”。

在此处右侧西北偏北，面向大马士革方向的大马士革门前，是弗兰德斯伯爵所率的少数精锐之士的阵地。十字军后来把这座城门改名为“圣司提反门”。

为了抵挡西侧来犯之敌的威胁，守军建造了名为“大卫之塔”的塔楼。塔楼正对着通往雅法的雅法门。

在大卫之塔和雅法门之外，遍布着戈德弗鲁瓦所率军队的营帐。洛林军队的布阵同时对着城门和雅法的方向，以便于在任何一方的敌人到来之时有所防备。这些部队也十分精锐，深得洛林公爵的领导之法。

三天之后到达耶路撒冷的丹克雷迪带着满载军粮的大车和成群的牲畜，与戈德弗鲁瓦的部队会合了。

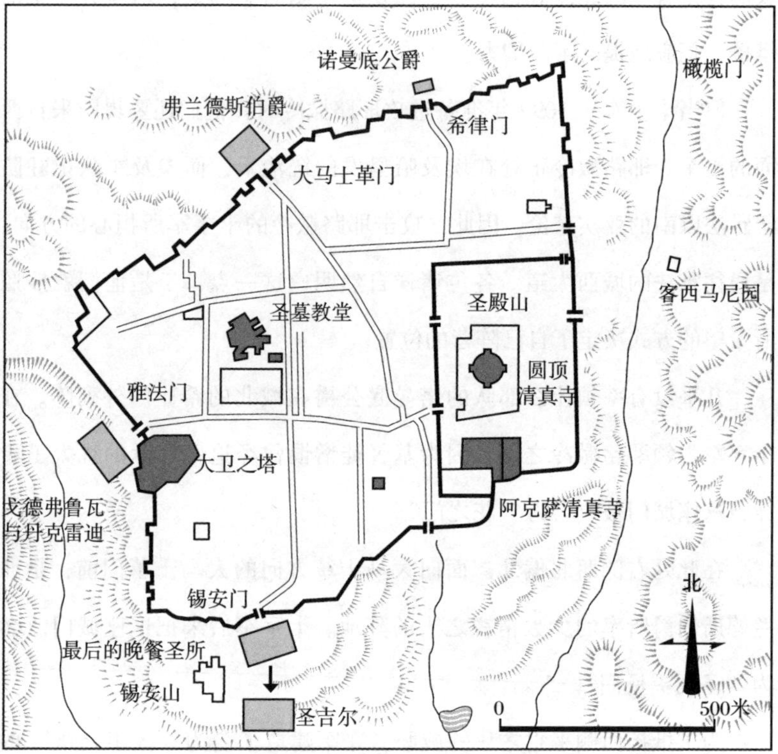

耶路撒冷城市图及周围各将的布阵情况
（根据史帝文·朗西曼《十字军史》，第1卷）

另一方面，图卢兹伯爵圣吉尔则选在锡安山后的城南布阵。在城外这个位置，座落着以耶稣最后的晚餐而著称于世的“餐室”（Cenacolo——意大利语，译者注）。这是来耶路撒冷朝圣的基督徒们无一例外要参拜的圣所。对心中充满虔诚信仰的圣吉尔来说，这里自然是独具魅力的地方。

然而，圣吉尔的营地最终无法坚持下来。城墙上埃及士兵的箭矢如雨点般落下，来自法国南部的士兵们难以招架。于是伯爵只好将阵营移到锡安山上，以远离敌军的攻击。

最终，十字军进攻耶路撒冷的主战场是北边的希律门到西侧的雅法门之间的区域。

十字军将攻占耶路撒冷的战役称为“解放”。相反，他们并未这样称呼安条克之战，因为没有人认为此战是这种性质的。而在耶路撒冷这座“圣城”，攻坚战有着特别的含义。

因为这是一场特殊的战役，本来不能前来参战的诸侯，也会派代表来出战。

在安条克攻城战中因疫病而死的主教阿德马尔，委托圣吉尔营中自己的兄弟代为参战。

还留驻安条克的波埃蒙多，则要求其外甥丹克雷迪代表自己参战。

在埃德萨的鲍德温，则让同名的另一位鲍德温留在埃德萨，自己赶来耶路撒冷。

这样，戈德弗鲁瓦、尤斯塔斯和鲍德温三兄弟全家都参与了“解放耶路撒冷”的战斗。

与以上诸位同来东征的诸侯当中，自己不能前来，也无法找人代表的，包括在安条克之战中作为使节派往君士坦丁堡，辗转回到西欧的法国王弟于格，以及临阵脱逃的布洛瓦伯爵埃蒂安两人。贫民十字军的领导人皮埃尔，倒是与众朝圣者一起跟随诸侯之后，来到了耶路撒冷。对第一次十字军来说，最终目的就是收复这座圣城。

此时守卫耶路撒冷的，是埃及哈里发的将领伊夫蒂哈尔·阿达乌拉。他知道基督徒军队接近耶路撒冷，就想好了应对之策，准备依仗圣城的高墙，一直固守到援军来临。他准备了储存雨水的水槽，使守军不必担心缺乏供水。由于古罗马时代的下水道系统还在发挥作用，城市也不会遭到疫病的威胁。同时，城中的粮食储备也非常充分。他唯一担心的是守备士兵的数量不多，这只有依靠坚固的城墙来弥补。

此外，守城一方尽快实行了三项对策。

第一项对策是恳请埃及军队前来救援。为了慎重起见，耶路撒冷城并未派出递送求援书的信使，而是采用近东常用的信鸽。很多封求援信的复制版被绑在信鸽身上，这样就可以确保亚实基伦的埃及军队必定能收到耶路撒冷的请求。

第二项是将耶路撒冷城内全部基督徒——当然，几乎全部是希腊正教徒，流放到城外。但犹太人准许留在城中。这样，就阻止了城内通敌的情况，也减少了围城时的口粮需求。

至于城内的第三项对策，则是给耶路撒冷城外近郊的所有水井投毒，使其无法饮用。这些水井是为了旅行者和放牧的家畜而设的，因此城内的守军通知了牧人，命令他们将所有牲畜赶入城内避难。这样也部分减缓了城内食物的消耗。

虽然防御耶路撒冷的军士数量很有限，耶路撒冷的守将阿达乌拉还是确信自己能够坚持到援军到来。他认为，如果打持久战的话，自己应该能够取得胜利。

水的匮乏

此时，在耶路撒冷城前列阵的十字军，并未陷入粮食不足的状态。由于丹克雷迪的悉心准备，现有的军粮满足了全体部队攻城的需要。但供水不足成了使十字军无法攻城的问题。

在中近东一带，6 月已经完全进入夏季。虽然十字军习惯穿着沉重的甲胄，但在此酷暑季节这样装扮显然会让人难以忍受。在刺眼的强烈阳光照耀下，汗水浸透了身上的盔甲。如果兵士脱下身上的甲胄，则很容易成为城墙上所射出的冷箭的牺牲品。

而此时所有的水井都无法使用。唯一免遭城防一方下毒的，是城东南的一座水池。但若想去那里汲水，就会成为城墙上弓兵的活靶子。

如果十字军想获得没有被下毒的饮用水，要走上 10 公里远的距离。但是这样的远距离补给，又很可能成为埃及伏兵的猎物。此外还有位于更远地方的约旦河。有几名深受口渴之苦的士兵，来到了约旦河边。正当他们在这条当年耶稣基督接受施洗者约翰洗礼的河中愉快沐浴嬉戏时，被附近村民误以为前来掠夺，结果全数被杀，一个人也没能回去。发生这样的事件，反映了当时营地里有大量士兵因为不耐口渴，到远处寻找水源的情况。

这样下来，十字军就无法发动进攻了。各位诸侯深为军士们由于供水不足而引起的意志消沉感到苦恼。就这样，他们在耶路撒冷城外围困了 5 天。

6 月 12 日，诸侯决定向上帝祈祷，以求从困境中得救。他们专程请来了橄榄山中修行的隐者，向其求助得救的办法。这位并不代表任何机构的隐者彼得，给十字军的建议是带着虔信全体攻城。

第二天，十字军果然信誓旦旦地全体投入了攻城战中。大概是真的得到了上帝的帮助，当天十字军从北侧的城墙攻入了城内。但是他们没有想到，在城墙内侧还有一道城墙。为了攻取第二道城墙，就需要建造大量木材制成的塔楼。而只知道向上帝祈祷的十字军，自然对此毫无准备。

到日落后归营的时刻，十字军才明白，耶路撒冷这座城市的特别之处在于其城墙必须依靠攻城塔才能攻取下来。

建造攻城塔

令十字军感到束手无策的是，在沙漠中建造的耶路撒冷城，周围有一些山石，但光秃秃的地表上没有树木。

再次陷入消沉之中的诸侯，很快又听到了好消息，足以令他们相信，是上帝在眷顾十字军的努力。

6 月 17 日，成群的热那亚和英格兰船只进入了雅法港。这些船只不仅满载着各种援助物资，还载有圣吉尔的部将雷蒙・德・皮雷所率领的人马，意在攻取雅法。最终经过苦战，这支舰队奇迹般地击败了埃及舰队，占领了雅法的港口。而埃及海军再也无法封锁雅法港，不得不退回亚实基伦。

然而，在热那亚的两艘大型桨帆船和英格兰的四艘小型帆船运来的物资当中，并没有木材在内。也许是船长们认为木材可以就地征调，但实际上耶路撒冷周边完全没有树木可供砍伐。因此，要建造攻城塔，仍然是很困难的。

丹克雷迪和弗兰德斯伯爵两位一直活跃在战场上的诸侯担负起了去远方征调木材的任务。他们两人将属下兵士编为一队，前往撒马利亚地区，试图将尽可能多的木材征调到耶路撒冷周边的十字军军营。

很快，军士们开始赶建攻城塔。塔楼必须建得高于城墙的高度，才能发挥效果。戈德弗鲁瓦和圣吉尔麾下的两支部队，分别建造一座塔楼，而这两人所拥有的军队，正是目前在耶路撒冷的十字军当中人数最多的。

但攻城塔不是一朝一夕可以建成的。而且，建造塔楼需要特殊的工兵技术，一般的军士只能在一边搭把手。军队在耶路撒冷虽然没有粮食不足的压力，可依然面临饮用水不足的窘境。在建造塔楼的过程中，士兵总是缺乏防御力，而由于条件恶劣心情低落，相互之间又时常发生口角。这样下来，十字军兵士们的士气越来越差了。

关于此事，主教阿德马尔的兄弟于格·德·蒙塔尤留下了记载：

“昨夜梦见兄长阿德马尔，对如今十字军的状态甚为悲叹。他告诉我，全体将士应绝食三天，赤脚围绕耶路撒冷城墙外行走祈祷，以赎罪的心情示于上帝，求上帝在九天之内助佑十字军攻陷耶路撒冷。”

于格将此事告知诸侯，得到了全体将士的积极响应。他们一时间中断了建造攻城塔的工作，全体绝食三日。在这三天之内，每天全军都赤脚绕着耶路撒冷的城墙走一周。队伍由手捧十字架的神职人员打头，后面跟着脱下甲胄身着短衫的诸侯、骑士、普通士兵以及朝圣的人群。而此时城墙上的穆斯林守军只有默默地看着城下行进的西欧人。

攻城用的塔楼

就这样，十字军的战士们以基督教所谓“赎罪”，用相当于“修禊”的驱邪仪式似的方式，完成了“集体洗脑”的过程。到第三天晚上，整个赎罪过程结束的时候，此前一直陷入对立之中的圣吉尔和丹克雷迪，也相互拥抱着哭泣起来，可见这次“洗脑”的效果。

三日之后，建造攻城塔的工作再次开工。为了使攻城塔能够抵抗城墙上发射的火箭，塔的外侧必须敷上动物的皮革。这次，集体洗脑发挥了作用，建造攻城塔的士兵们干得十分积极，似乎完全看不到工作的麻烦之处。最终建成的攻城塔比预定的两座还多了一座。除了在原先计划的城南侧和西侧以外，在诺曼底公爵和弗兰德斯伯爵所在的城北，也建起了一座攻城的塔楼。

关于 7 月 13 日的总攻，各位诸侯是这样谋划的：以南北两侧的攻城塔接近城墙，同时吸引守军的注意力，而同时以西侧的攻城塔发动决定性的进攻。

这样的策略，使十字军迷惑了对手。守将伊夫蒂哈尔给三个方向配置相同的兵力，结果使戈德弗鲁瓦主攻的西侧面临巨大的压力。在这个方向，攻城一方的地方非常狭窄，因此攻城塔与城墙的距离也远较其他两侧为近。

“希腊火”

守城一方所使用的一种特殊武器，被称为“希腊火焰器”或简称“希腊火”。其制作方法是把石油与硫磺混合放入小的壶状容器中，再以火将其引燃，投向敌人。这种恐怖的武器，最早是以希腊人为主体的拜占庭帝国军队发明的，故得名为“希腊火”。

在第一次十字军时期，这种武器是像今天的手榴弹一样使用的。而后来不久发展为类似火焰喷射器的样式，在石油资源丰富的近东地区，作为一种强力武器而使用。

即使是手榴弹的样式，也足以令西欧来的十字军兵士感到恐惧了。

当守军把这种武器投掷出去，城西的攻城塔瞬间就燃烧起来。情急之下，戈德弗鲁瓦只得命令部下将塔楼向后移，在上部还燃烧着熊熊烈焰之时，将其转移到城的西北角。在这个位置，城下的土地相对开阔一些，带有车轮的移动式攻城塔可以相对比较自由地行动。

这样在城墙的西北方向就同时有两架攻城塔一起进攻了。圣吉尔所率领的南侧部队也受到了“希腊火”的攻击，但依然坚持攻城。

虽然耶路撒冷的埃及守军人数不多，但他们个个骁勇善战。他们的箭矢不能穿透十字军钢铁制成的盔甲，但“希腊火”却让攻城的西欧人难以招架。

围攻耶路撒冷的激战，在当天之内未告结束，于次日继续下去。在这期间，戈德弗鲁瓦部队的攻城塔已经完全为“希腊火”所吞没。

但是并未丧失战斗意志的洛林公爵兄弟，以及同在一军的丹克雷迪，向北侧的攻城塔移动。他们来到了诺曼底公爵和弗兰德斯伯爵所建的这座塔楼之下，而戈德弗鲁瓦成为了此时全军的总指挥。

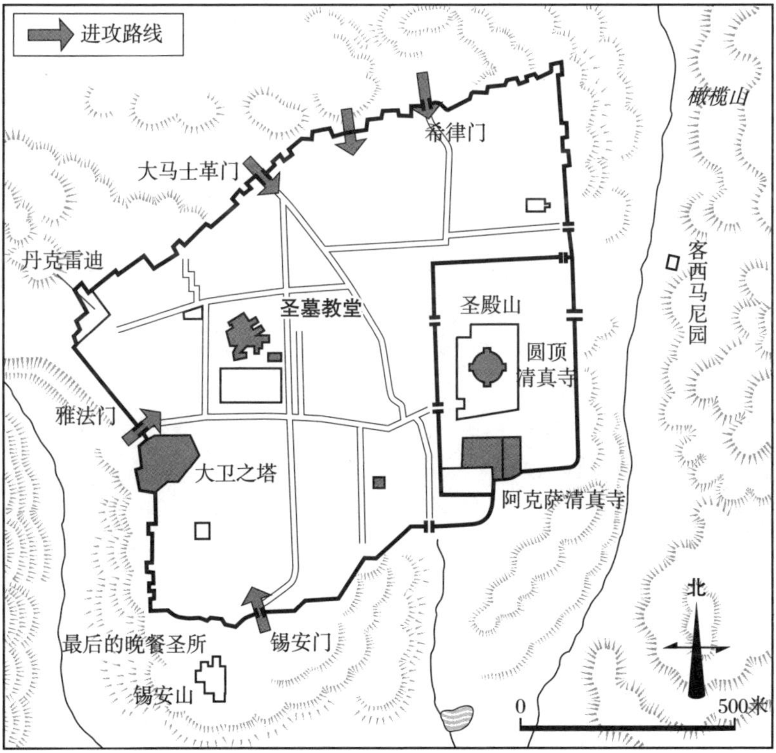

十字军进攻耶路撒冷形势图（根据史帝文·朗西曼《十字军史》，第1卷）

7 月 15 日早晨，十字军将这座攻城塔成功地靠上了希律门附近的城墙。同时，许多架特意制成的云梯也在塔楼的左右两侧靠上了城墙。

随着一声巨响，在四角形塔楼最上层靠近城墙的这边，洛林公爵戈德弗鲁瓦跳上了城墙。在他之后，丹克雷迪、弗兰德斯伯爵和诺曼底公爵也跟着上了城。后面跟着的，是一群冲上来的十字军兵士。

有人打开了希律门。十字军到达以来一直紧闭着的城门，完全打开了，十字军的将士和朝圣者们都从这里涌入了耶路撒冷城内。

收复耶路撒冷

守城的将官伊夫蒂哈尔发现城已经无法守住，就撤退到附近的“大卫之塔”内。这座塔楼其实是坚固的堡垒，完全可以在内做长期的抵抗。但伊夫蒂哈尔却以自身的安全离去为条件，向从附近的雅法门入城的圣吉尔提出投降。圣吉尔要求伊夫蒂哈尔留下贵重物品，接受了他的投降请求。在整座城市陷入混乱之后，守将却自己向亚实基伦逃去。

耶路撒冷城内发生的屠杀惨剧，比安条克陷落时更加严重。

与在安条克城时一样，十字军认为耶路撒冷城内一个穆斯林都不应该留下。此时城里虽然没有基督徒，却还有犹太人在城中。但在西欧来的基督徒看来，犹太人也是异教徒。因此十字军所做的，就是杀死在城内见到的每一个居民。这次占领之后，他们连一个奴隶也没有俘虏。在这座圣城耶路撒冷，一个异教徒也没有活着留下。

在暴乱之中，洛林公爵戈德弗鲁瓦和少量士兵一起，径直来到了圣墓教堂，并在这座耶稣墓上建造的圣所里，虔敬地做了祈祷。但是祈祷并未使他们做出任何努力，来阻止全城内正在发生的暴行。毕竟，戈德弗鲁瓦也只是一名普通的中世纪基督徒。

丹克雷迪则在城门打开之后，独自前往穆斯林的圣所掠夺财富。当他踏入阿克萨清真寺，准备大行劫掠之时，他所见到的是避难于其中的300名穆斯林，其中包括妇女和孩子。

这位25岁的年轻将领命令避难的穆斯林全数离去。之后，他在清真寺的屋顶插上了代表自己和波埃蒙多所属的阿尔塔维拉家的旗帜，并将寺内的宝物全部运走。

但丹克雷迪部下的士兵却在搜索宝物的过程之中，将阿克萨清真寺付之一炬，烧死了其中的300名穆斯林。

第二天，也就是7月16日，耶路撒冷市内的街道到处都被屠杀惨剧留下的鲜血染红了。屠杀居民并不是诸侯的命令。兵士和朝圣者们杀得兴起，直到黄昏时分才告罢休，回到城外的营帐内休息。此时城内已经平静下来，各位诸侯通过成堆的惨遭杀害的穆斯林平民尸体之后，来到了圣墓教堂，进行攻陷城市后的首次会议。

这次会议以在圣墓教堂中对上帝的感谢祈祷而告终。对异教徒见一个杀一个的西欧基督徒，在教堂的祭坛前一个个泣不成声。“解放耶路撒冷”的目标，终于在公元1099年7月15日成功实现了。这时距离十字军从欧洲出发已经有三年之久。

人是很难分善恶的，因为在同一个人心中，同时有善与恶存在。因而宗教、哲学或道德伦理的教导，往往不能取得令人满意的效果。因此古人有言形容现实：“日光之下，并无新事。”（译者按：此出自

《圣经·旧约·传道书：1－9》)

城陷后两天，7 月 17 日，十字军的领导人再次聚集于圣墓教堂。这次聚会是为了决定耶路撒冷城今后的命运。

在从军神职人员的强烈要求下，十字军领导人首先讨论了耶路撒冷大主教的任命问题。对神职人员来说，圣城耶路撒冷理应交由神职人员来统治。然而尽管各位诸侯对此没有异议，在具体的人事任命上，还是产生了分歧。

本来最有资格担任耶路撒冷大主教的两位神职人员，现在都无法出任了。他们是教皇的代表阿德马尔，和穆斯林统治耶路撒冷时的大主教西蒙。阿德马尔已经死在了安条克，而西蒙则被耶路撒冷原来的埃及当局流放，并于城陷之前不久死于塞浦路斯岛上。

在这种情况下，十字军只有遣使罗马，请教皇乌尔班二世来裁决。但当时乌尔班二世已经病入膏肓，最终于当年 7 月 29 日死于罗马。此时正值耶路撒冷陷落之后两周，由于消息传递慢，以“十字军的教皇”闻名于世的乌尔班二世，最终未能得知收复圣地的捷报。而罗马教廷随即选出了新的教皇。

因此耶路撒冷的大主教就必须在当地选出。在各位诸侯所率领的军中，都有神职人员积极参与。

其中声望最高的，是一位属于南意大利诺曼人的波埃蒙多军队里的僧侣。但他并没有推荐自己，而是推荐了自己的朋友担任耶路撒冷大主教。他本人则被选为伯利恒大主教。

最终被推选为耶路撒冷大主教的，是跟随诺曼底公爵军队的德罗，他曾担任征服者威廉之女塞西莉亚的家庭教师。他作为跟统治者关系紧密的人士而得以获选。

但圣吉尔反对由此人担任大主教。对于占据法国南部图卢兹和普罗旺斯的圣吉尔来说，德罗的上任无异于法国北部势力的胜利。

但圣吉尔的反对并未影响耶路撒冷大主教的选举结果。当这一问题解决之后，下面就是谁来担任耶路撒冷国王的问题了。

“基督的守墓人”

正如哈里发身边有苏丹和维齐尔一样，大主教身边也有国王作为掌握实权的人物。因此，在收复了的耶路撒冷选出一位担负防御圣城任务的人，就成为不可或缺的首要问题。

在这一时刻，圣吉尔具有很大的优势。他是手执神圣之枪，列阵于耶稣与使徒最后的晚餐所在地的虔信之人。但这位已在法国南部拥有广大领地的诸侯，并没有特别的领土野心。他只对“圣城耶路撒冷之王”这种带着虚名的称号非常热心。可以说，这位图卢兹伯爵并非野心家，而是虚荣家罢了。

一心想把国王称号据为己有的圣吉尔，却也深知自己不讨其他诸侯的喜欢。情急之中，他想出了一条计策。

圣吉尔在诸侯面前这样说道：“我作为诸侯当中最年长者，不想在圣城自称为王。”他这样一说，想的是其他诸侯也会纷纷谦让，使得圣城之王的称号落空。

没想到，圣吉尔的推辞，使得不愿让他称王的各位诸侯一致推举戈德弗鲁瓦为耶路撒冷的国王。而与圣吉尔所猜想的相反，洛林公爵在一度推辞之后，最终接受了国王的称号。

57 岁的圣吉尔在安条克的竞争中输给了 49 岁的波埃蒙多，而在耶路撒冷，圣吉尔连和 39 岁的戈德弗鲁瓦竞争的机会都没有。

心情低落的圣吉尔带着自己的部队离开了耶路撒冷，向杰里科行进。在这座建造于《圣经 · 旧约》时代的古城，他毫无顾忌地释放着自己的情绪。

由于圣吉尔离开了耶路撒冷，本来为其所占领的“大卫之塔”自然落入了戈德弗鲁瓦的手中。

圣吉尔离开耶路撒冷，也使得他所反对的新选举出的耶路撒冷大主教面前少了一个障碍。诺曼底公爵属下的德罗，最终就职为十字军统治下的首任耶路撒冷大主教。

与诸侯没有异见的大主教德罗，充满了宗教热忱。此时耶路撒冷的基督教主要为天主教派所掌握，对希腊正教和亚美尼亚基督教派都缺少认同。这最终成为十字军与拜占庭帝国之间摩擦的原因之一。

大主教非常热心于在耶路撒冷城内寻找耶稣受难时的十字架。他最终在城内找到了一些零碎的木片，将其拼接起来称为“真十字架”，并在以后十字军的军事行动中作为圣物供奉。

神职人员在耶路撒冷的活动十分频繁。而他们中间出现了一种呼声，那就是在上帝的首都耶路撒冷，世俗人士不应以国王之名进行统治。

洛林公爵戈德弗鲁瓦是一位不会争夺无用功名的领导者。因此，他并未以国王的特权，来压制神职人员对他头衔的置疑。

戈德弗鲁瓦没有自称为国王，而是以“为耶稣基督圣墓献身的守墓人”为自己的封号。

这就是拉丁语的 Advocatus Sancti Sepulchri。耶路撒冷没有“国王”（Rex），只有“守护人”（Advocatus）。这个词在古罗马时代有“辩护人”的意思。戈德弗鲁瓦的做法使神职人员默认了他的统治权。

洛林公爵并不是耶路撒冷王国名义上的第一位国王，但他是实质上的国王。这一实质在不到一个月内就得到了确立。

就任为“耶稣基督守墓人”的戈德弗鲁瓦，面临着以下的难题：

首先，诺曼底公爵和弗兰德斯伯爵计划离开近东回国。两人已经完成了在十字架下所立的收复耶路撒冷的誓言，此后就理应回到西欧自己的领地去。虽然他们所率的兵士数量不多，却都是常常战斗在第一线的勇士。其中弗兰德斯伯爵更是诸侯都仰仗的常胜将军。这两位大将及其所率部众归国，自然是无法避免的事情了。

戈德弗鲁瓦在安条克之战和耶路撒冷之战中损失了不少部下。由于两位诸侯的归国和圣吉尔的离去，他所能依赖的部队，除了自己的以外，只剩下丹克雷迪属下的人马了。

但毕竟诸侯已经完成了十字架下的誓约，再留下也是不可能的。于是，戈德弗鲁瓦的兄弟尤斯塔斯，和诺曼底公爵、弗兰德斯伯爵一起，乘坐热那亚人的船只返回了西欧。

洛林公爵戈德弗鲁瓦和诺曼底公爵、弗兰德斯伯爵一样，都是在西欧拥有可观领地的领主。他其实也可以在收复耶路撒冷之后回到故土。但由于其领地下洛林地方已经交付上洛林地区的长兄代管，这位“基督圣墓的守护人”就不必担心西欧那边的形势，而应当专心守卫耶稣的陵墓了。他让尤斯塔斯回国，也是希望能够代自己管理领地，至于公爵本人，已经决定埋骨于巴勒斯坦了。

埃及军队来犯

—— ◆ ——

但实际上，戈德弗鲁瓦并没有时间考虑自己未来的事情。因为此时埃及的军队已经从开罗出发，大举进攻耶路撒冷。

得知敌军来犯，在雅法等待船只的诺曼底公爵和弗兰德斯伯爵，以及引军杰里科的圣吉尔，都纷纷赶回了耶路撒冷。

戈德弗鲁瓦首先通知城内居民，耶路撒冷王国正式建立，然后派人请回前往附近城市纳布卢斯的丹克雷迪，并开始着手打探埃及军队的情况。在此期间，圣吉尔和准备归国的两位诸侯相继回到圣城，而数天之后丹克雷迪也返回了耶路撒冷。

通过对俘虏的几名埃及士兵的审问，以及进攻亚实基伦的丹克雷迪所提供的报告，进攻巴勒斯坦的埃及军队总兵力为三万人。率领埃及军队的，正是在安条克与诸侯会晤的宰相阿尔·阿布达尔。他们通过陆路抵达亚实基伦，并在那里等待从埃及经海路运来的军粮。

丹克雷迪建议戈德弗鲁瓦趁埃及军队未完成战斗准备之际先发制人。后者采纳了这位24岁将领的计策，决定于到达亚实基伦之日拂晓展开进攻。

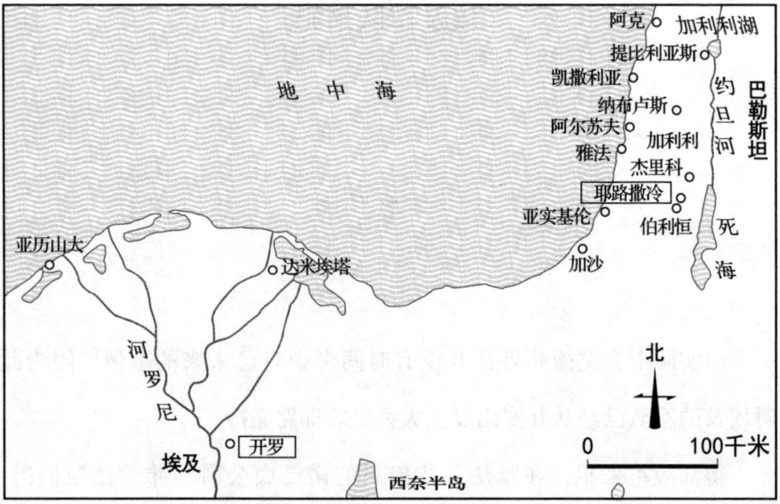

巴勒斯坦与埃及

在7月15日耶路撒冷陷落后25天，十字军再次迎击穆斯林的大军。这次战役的结局，是在一个月内确立了十字军长期占有耶路撒冷的形势。

关于抵抗埃及军队的十字军总兵力，没有确切的史料统计。但在到达耶路撒冷之前，十字军的总兵力是1500骑兵和1.1万步兵。耶路撒冷攻城战和此前的供水匮乏所造成的损失，使得十字军的总人数相比于最初的1.25万人有了一定程度的下降。总的来说，迎战埃及军队的十字军总数大约只是对手的1/3。

距离埃及军队最近的城市亚实基伦位于耶路撒冷西南偏西70公里处。而雅法港则在耶路撒冷西北60公里处。对于实现“解放耶路撒冷之梦”所面临的最大敌人来说，想要接近圣城，只需要花三四天的行程。因此，成功占领耶路撒冷的诸侯，一刻也不敢懈怠地同仇敌忾，紧密团结起来。

在等待军需物资到来期间，埃及宰相所率的三万大军于亚实基伦郊外安营扎寨。他们对十字军的兵力有着准确的掌握，并对可能出现的袭击做了防备。

逐渐接近埃及军队的十字军按照戈德弗鲁瓦的安排组织了阵型。

圣吉尔所率的法国南部军团，组成靠近地中海的右翼部队。他们的任务是阻断埃及军队逃往亚实基伦城内的道路。

弗兰德斯伯爵、诺曼底公爵和丹克雷迪的部队，组成了颇具突击能力的中央阵列。

左翼则由洛林公爵、“基督的守墓人”戈德弗鲁瓦亲自担负。他亲率德意志骑士，从左侧迂回包围敌军。

十字军要想以少胜多，必须出其不意地突袭埃及军队。因此，他们要特别注意不要发出声音。在盛夏季节，十字军脱下了除胸甲以外的护具，摘掉头盔，这样虽然防御力有所下降，却提高了在战场上进攻的灵活性。毕竟，骑兵的标枪、长剑和盾牌，步兵的长剑和盾牌都不离手。在军士们背后，耶路撒冷大主教手拿“真十字架”，对兵士们来说，亲眼看到耶稣基督死难于斯的十字架，心中会油然而生为基督而战斗的热情。此时正值 1099 年 8 月 11 日拂晓时分。

由于埃及士兵没有早起的习惯，十字军在日出之前发起进攻的策略奏效了。但是，进攻的成果要在几个小时之后才趋于明朗。

遭到意外袭击的埃及军队陷入慌乱之中，在连忙开始迎击之后，他们发现自己受到了前后左右各个方向的夹击。众多兵士在枪挑剑刺中倒下，而逃往亚实基伦方向的乱军，也被圣吉尔的部队追到海边，纷纷溺亡于海水之中。

埃及军队的总司令阿尔·阿布达尔宰相，只得在近卫部队的护送之下逃进了亚实基伦。他并未在此地停留，而是径直乘上港内停泊的埃及船只，连忙返回了开罗。

十字军取得了一场决定性的胜利。阿尔·阿布达尔丢下埃及法蒂玛王朝印有白色《古兰经》经文的绿底旗帜，以及自己装饰华丽的宝剑，仓皇逃离了战场。

他所丢下的东西还包括大量豪华的绒毯、金光闪闪的大马士革产的丝质服装、整箱的各式各样的宝石，以及波斯产的珍珠首饰。此外，大量的金块和阿拉伯产的血统纯正的宝马，都成为了十字军的囊中之物。

游牧的阿拉伯人和突厥人都有在战时携带大量财富的习惯，还会将女眷带到战场上。因此，十字军每次战胜穆斯林军队，都会收获不少财产。8月13日，十字军满载着战利品返回了耶路撒冷。

但在胜利的陶醉之后，十字军发现了新的问题。

在阿尔·阿布达尔所率的埃及大军败走亚实基伦之后，该城内的穆斯林感到极度恐慌。虽然这座城市内尚有守备部队，但在听闻耶路撒冷屠城的惨剧之后，亚实基伦的居民决定和附近阿尔苏夫城一起，向十字军开城投降。

他们的使者来到了圣吉尔的营帐。在巴勒斯坦的穆斯林看来，圣吉尔是侵略者中最有实力的人物。

不知是谁走漏了风声，这件事为戈德弗鲁瓦所知。结果这位圣墓的守护者认为应当拒绝两座城市的投降请求。

这一次，诸侯站到了戈德弗鲁瓦的对立面。不知道是由于圣吉尔收到两座城市提供的好处而暗中操作，抑或是其他人对戈德弗鲁瓦借机占据地盘感到眼红，一直与洛林公爵保持一致的诺曼底公爵和弗兰德斯伯爵都反对他的意见，并指出他是出于嫉妒圣吉尔而损害了十字军整体的利益。而圣吉尔则在接受两座城市投降请求之后，径直率兵北去，离开了耶路撒冷。

此时洛林公爵的意见，并非是因为嫉妒圣吉尔，而是出自统一指挥的考虑。

在这两座城市递交降书之前，圣吉尔往往是一言不发。但在亚实基伦与阿尔苏夫归顺十字军以后，圣吉尔的发言权肯定大为增长。这样，耶路撒冷的领导权之争又将开始。

正如拿破仑所说的，与其选两名非凡的将领一起作战，还不如让一位普通将领带兵。只有统一指挥，才能最大限度地发挥部队的效率。

在与埃及大军交战之后，十字军的兵力约为一万人。此时如果出现两位主将并立的局面，亚实基伦和阿尔苏夫还是唾手可得，尽管这次埃及军队战败退出了巴勒斯坦，但法蒂玛王朝对耶路撒冷的虎视眈眈始终没有消除，未来诸侯之间的纠纷很可能导致卷土重来的穆斯林有机可乘。

这一点，圣吉尔并不明白。弗兰德斯伯爵和诺曼底公爵也不清楚。只有丹克雷迪理解其中的问题所在。

而为何巴勒斯坦的穆斯林要选择向圣吉尔而不是戈德弗鲁瓦提出开城投降，则是由于古往今来东西方不变的“新闻界”的特点。

这一时代基督教和伊斯兰教关于十字军的记载中，对戈德弗鲁瓦都没有多少细节描述。

无论是基督徒还是穆斯林作家，记述中最频繁出现的人物都是波埃蒙多和圣吉尔。

在安条克之战中波埃蒙多的活跃表现，是众所周知的事实。至于圣吉尔，则由于此人的言行常常带来麻烦，而为当时的“记者”所关注。

无论是一般的记载者，还是编年史家，共同的倾向是关注有话题的人物，这对现代的记者和专栏作家来说也完全一样。

而洛林公爵戈德弗鲁瓦除了在十字军东征的战斗中不可或缺以外，从逸事和个性方面都乏善可陈。这样一来，他就自然无法为新闻界的闲言碎语提供素材了。

圣吉尔则因为其在基督徒一方闻名遐迩而为穆斯林所知。此外，由于伊斯兰世界中尊重长者的风气，年纪最大的圣吉尔自然成为了两座城市的谈判对象。

最终，戈德弗鲁瓦还是坚持拒绝接受两座城市的降书。于是，心情不佳的圣吉尔和弗兰德斯伯爵、诺曼底公爵在9月初整理好装备，离开耶路撒冷向北行军。

实现收复耶路撒冷的诺言之后一个月，弗兰德斯伯爵和诺曼底公爵终于动身返回西欧。他们一路回到叙利亚，在那里的海港乘坐拜占庭和意大利的船只，回到了故土。

他们两人与戈德弗鲁瓦的二弟尤斯塔斯同行，留在巴勒斯坦的公爵委托其弟治理自己在西欧的领地。

洛林公爵的幼弟鲍德温，本来也要参加耶路撒冷的攻城战。但在得知圣城已告收复之后，他没有继续前行，而是回到了自己在埃德萨的伯爵领地，继续坚持在自己领地内的战斗。

此时留在耶路撒冷的，只有39岁的戈德弗鲁瓦本人，和24岁的丹克雷迪了。他们两人的兵力总和，只有300骑兵和2000步兵。其中丹克雷迪所率领的，不过区区24名骑士而已。

后世的基督教史家往往称赞收复耶路撒冷后立即返回西欧的几位诸侯毫无领土欲望，专心于信仰的虔诚。但我却以为，他们多少缺乏一些责任感。毕竟，信仰不仅仅是保守脑海里的意志，也在于现实世界中的奋斗。

留在耶路撒冷的戈德弗鲁瓦，常因一直英勇作战、正值34岁盛年的弗兰德斯伯爵的离去而感到痛心。在即将迈入不惑之年的戈德弗鲁瓦身边，只剩下不到25岁的丹克雷迪一员勇将了。

新任教皇代表上任

当弗兰德斯伯爵和诺曼底公爵一行离开耶路撒冷北上时，留在近东的圣吉尔于9月中旬来到了叙利亚的一座港口城市贾巴拉。此时他得知，在这座城市以北20公里的拉塔基城，有一支来自比萨的舰队入港了。这支舰队中载有阿德马尔之后乌尔班二世委任的新的教皇代表。

新任教皇代表名叫戴姆伯特，之前在意大利的比萨担任大主教。由于曾任西班牙卡斯蒂利亚王国教皇代表，具有与摩尔人斗争的经验，这位主教被再次任命为与穆斯林斗争的巴勒斯坦的教皇代表。由于他居住在比萨，就乘坐比萨的船只来到了叙利亚。

由于圣吉尔在阿德马尔生前一直对其言听计从，他非常喜欢高级神职人员。得知新的教皇代表到来，圣吉尔希望能够与其成为朋友，从而对戈德弗鲁瓦施加影响。

戴姆伯特眼中盯住的是耶路撒冷大主教的位置，但目前这一职位正被他人所占有。于是圣吉尔的策略就是同时接近戴姆伯特和拜占庭皇帝阿莱西奥斯一世，想将自己占领的地区辟为伯爵领地。

新任的教皇代表戴姆伯特因长期生活在比萨而被称为比萨人。在当时的意大利，不同地方的人被称为佛罗伦萨人、威尼斯人、热那亚人等等。

比萨是与阿玛尔菲、比萨、热那亚、威尼斯等同为滨海城邦中的一个，以经商为一贯的立国方针。它们既与穆斯林相互贸易，又拥有针对穆斯林海盗船而设的强大海军，也因而成为了最早向欧洲引入阿拉伯数字的国家。这些国家的人都绝顶聪明。如果没有聪明的头脑，很难想象意大利水手们如何在充满威胁的地中海上纵横航行通商。

戴姆伯特就是这样聪明的比萨人。与对城市生活完全不了解的跟随西欧贵族领主的教士德罗相比，他的能力无论善恶都要高出一筹。

在拉塔基（今拉塔基亚）下船的戴姆伯特，对圣吉尔的邀请不置可否，径直前往叙利亚第一大城市安条克。

相比圣吉尔的虔诚信仰，安条克的城主波埃蒙多没有那么多宗教上的考虑。但作为安条克公国首脑的他，还是隆重而热烈地欢迎了新任的教皇代表。

这位在两年前深深魅惑了拜占庭公主的49岁男子，向教皇代表提出，自己也随行前往耶路撒冷。一方面他能提供护卫，另一方面也是出发时誓言的要求。他联络了也想实现誓约的埃德萨伯爵鲍德温，两人一同护送戴姆伯特前往耶路撒冷。

虽然十字军已经收复了耶路撒冷，附近地区的安全还远未得到保障。戈德弗鲁瓦和丹克雷迪一直在其周边一带开展征服行动，但从安条克通往耶路撒冷的道路并不安全。因此，不好推辞的戴姆伯特，就和波埃蒙多、鲍德温两人一起向南进发了。

这样，未能参加耶路撒冷攻城战的波埃蒙多和鲍德温，终于获得了去耶路撒冷朝圣的机会。

同时，由于阿德马尔死于安条克之战，罗马教皇的代表一直未能进入耶路撒冷。但戴姆伯特的到来改变了这一局面。对这位新任教皇代表来说，他在叙利亚和巴勒斯坦的任务才刚刚开始。

波埃蒙多恭敬地告知戴姆伯特，希望能在圣诞节时赶到伯利恒。他和鲍德温立即做好各项准备，没有浪费宝贵的时间。

波埃蒙多和鲍德温的朝圣之旅

波埃蒙多所率领的意大利南部军队，无人不想前往耶路撒冷朝圣。但毕竟有一部分人马要留守安条克。波埃蒙多费了很大工夫选拔前往耶路撒冷朝圣的兵员，但更为费工夫的是接受并非兵士的朝圣者参加队伍。

耶路撒冷“解放”的消息很快传遍了西欧，于是大批天主教徒涌向东方前来朝圣。这些人大都乘船而来，在已为基督徒所控制的叙利亚港口登陆。因此，他们首先到达的就是安条克，把这座城市变成了朝圣者的集散地。这些人趁着波埃蒙多发兵的安全与便利，浩浩荡荡地前往耶路撒冷。

根据编年史家的记载，跟随波埃蒙多前往耶路撒冷的人数达到2.5万之多，但并不清楚其中有多少人是士兵。士兵和普通人的比率，大概是一比一。而朝圣者中也有大量女性在内。

这支朝圣大军于11月初离开安条克，沿着滨海地区南行。

波埃蒙多的部众首先到达了拉塔基。由于这里驻扎着圣吉尔，他希望在此处得到补给。

但对教皇代表和波埃蒙多的行动充满厌恶的圣吉尔并未提供任何方便。于是波埃蒙多只好向比萨的船队寻求补给。

此后，朝圣队伍南行到达布尔尼亚斯（今巴尼亚斯）。他们在这座城市与从埃德萨赶来的鲍德温会合。

鲍德温一行也是经由拉塔基而来，圣吉尔向他提供了补给。在圣吉尔看来，波埃蒙多是自己的宿敌，而鲍德温却是可以利用的朋友。

然而在布尔尼亚斯等待鲍德温的波埃蒙多和戴姆伯特却受到了拜占庭皇帝的憎恶。对十字军在叙利亚和巴勒斯坦的活动感到忧虑的阿莱西奥斯一世，命令其帝国统治下的海港城市不得向十字军及其同盟出售粮食。当时塞浦路斯处在拜占庭帝国的控制之下，而叙利亚沿海的城市就接近塞浦路斯。

来自比萨的船只从塞浦路斯购买粮食，因此与作为拜占庭帝国臣民的希腊人建立了商贸关系。但比萨人是十字军的同盟，因而在拜占庭皇帝的禁售令之列。

会合以后的波埃蒙多、鲍德温和教皇的代表戴姆伯特，率领兵士于11月底到达托尔托萨（今塔尔图斯）。在这里，他们遇到了粮食补给方面的困难。

圣吉尔攻陷这座港口城市后不久，穆斯林重新占领了托尔托萨。城市的居民对基督徒怀着强烈的敌意，在向朝圣者出售粮食的同时，对其发起袭击。这使对冲突毫无准备的朝圣者死伤甚众。可以说，在中世纪的异教徒领地朝圣，没有武器伴身，随时都可能丧命。

从此处一直到南面的特里波利，穆斯林的一致抵抗使朝圣者普遍买不到任何用以充饥的粮食。由于食物价格太高，朝圣者只有采割甘蔗充饥。

特里波利以蔗糖产地而著名，此地原产的砂糖一直出口到十字军时代的西欧。由于十字军东征的影响，古代的甜味剂逐步为十字军时代的砂糖所取代。

地中海式气候影响下的地区，雨季在冬天到来。波埃蒙多等人一行在12月的雨中接连通过了贝鲁特、西顿、推罗、阿克、海法等城市，到中旬时抵达了凯撒利亚。

与在叙利亚时相比，朝圣队伍在巴勒斯坦行进过程中没有遇到多少麻烦，这自然是由于十字军刚刚在巴勒斯坦清除了埃及的军事存在。此处海港城市内居住的穆斯林，对十字军能够和平相待，主要是基于自身实力太弱的考虑。

这样，不必担心食物匮乏的波埃蒙多一行，于12月21日抵达了一直向往的耶路撒冷。这时距圣诞节只有四天。

戈德弗鲁瓦喜出望外地出城迎接。由于破城之后的屠杀，此时的耶路撒冷城内除了十字军之外少有居民。大主教德罗则秉持天主教徒为中心的立场，将希腊正教徒排斥于主流社会之外，使得以前离开耶路撒冷的基督徒无意返回。

随着2.5万人的到来，戈德弗鲁瓦相信这座圣城即将复兴。

因此他试图说服兵士们留下来防御耶路撒冷，并将城市周围的耕地免费提供给朝圣者，建议他们定居于此。他声称，由于自己和丹克雷迪的努力，耶路撒冷附近的安全可以完全得到保障。

波埃蒙多和鲍德温靠自己的力量获取了安条克和埃德萨的领地。而他们到达耶路撒冷之后，发现了戈德弗鲁瓦和丹克雷迪军队的弱小。只靠这300骑兵和2000步兵，是无论如何也无法守卫圣城的。

鲍德温的部下大都愿意留在耶路撒冷。因为这些兵士原来都听从戈德弗鲁瓦的指挥，是在鲍德温前往埃德萨途中借调的部队。

而波埃蒙多的一部分下属也对留在耶路撒冷没有异议。他本人来朝圣，一定程度上也是因为得知戈德弗鲁瓦的兵力不足以防御耶路撒冷。

此时，他的得力部将丹克雷迪已经成为戈德弗鲁瓦麾下的一员勇将。这位青年仅仅率领24名骑士，就敢于征服耶路撒冷附近的村庄加利利。加上骑士们的马弁，整个队伍不过72人，但其战斗力不容小觑。

两年之前，丹克雷迪和鲍德温一起在小亚细亚的基利基亚往返时，就对位于其南侧的安条克的攻防给予了极大的帮助，这自然已为安条克领主波埃蒙多了然于胸。基利基亚之于安条克，就像加利利之于耶路撒冷。因为加利利是耶路撒冷防御来自大马士革城主杜卡克进攻的重要屏障。

至于在波埃蒙多和鲍德温的队伍里，究竟有多少人留在了耶路撒冷，并没有确切的统计。令戈德弗鲁瓦感到安慰的是，波埃蒙多和鲍德温都没有介意将自己的兵力分出来守卫耶路撒冷。

此时，在寂静的耶路撒冷城内，逐渐有人开始定居了。

到圣诞节的日子，庆祝大典自然要在耶稣降生地伯利恒举行。戈德弗鲁瓦、波埃蒙多和鲍德温三位诸侯，以及教皇的代表戴姆伯特，带领众兵士和朝圣者，于12月24日和25日两天，在伯利恒过节。

活跃的丹克雷迪

至于丹克雷迪是否参加了圣诞集会，并没有确切的记载来证明。他正在从耶路撒冷北上，一路征服杰里科、纳布卢斯、拿撒勒、提比利亚斯等地，沿着约旦河上溯，直逼大马士革城主所控制的地区。

24 岁的年轻将领此次的征服行程，可谓是意味深长。因为在巴勒斯坦内陆地区的加利利一带，居住着很多非天主教派的基督徒。

在以穆斯林为主体的城市，当丹克雷迪到达之前，居民大都已经逃走。丹克雷迪向留在城市的人宣布，如果逃走的居民愿意返回，耶路撒冷王国承认其为属民。但是，这些人每年要缴纳人头税。

至于在以基督徒为主的城市，非天主教派的希腊正教徒以及其他教派的信徒，都被天主教会视为异端。这些人在耶路撒冷大主教的命令下遭到流放，但丹克雷迪并不认为如此。他准许各个教派的基督徒在原地居住，并承认其为耶路撒冷王国的臣民。

丹克雷迪征服加利利各个城市的过程，并非一帆风顺，其中也遇到了不少抵抗。不过抵抗者毕竟人数甚微，他凭借 24 骑就实现了对广阔地域的征服。尽管自身的兵力不多，丹克雷迪的战略却非常成功。

加利利因此成为了耶路撒冷看不见的屏障，其屏障作用正是来自该地区居民的协助。

丹克雷迪决定，在耶稣教导众使徒做人的渔民的地方，加利利湖畔提比利亚斯一带，建立城堡，发展城市。如果在这一带稳固下来，不仅可以成为南面耶路撒冷的屏障，也可以向西发展，控制地中海沿岸的阿克、海法等城市。

这一次颇具战略意义的征服行动只依靠24名骑士就完成了，可谓相当精彩。戈德弗鲁瓦对丹克雷迪的依赖，就是自然的事情了。

虽然不知道丹克雷迪是否在伯利恒度过了圣诞节，但到年底时，他已经回到了耶路撒冷。在伯利恒过圣诞的全体诸侯也回师耶路撒冷。

分离一年之后，丹克雷迪再次与舅父波埃蒙多相见。可以说，作为亲属的波埃蒙多和丹克雷迪之间的良好关系，以及相似的戈德弗鲁瓦和鲍德温之间的关系，是第一次十字军成功的关键之一。这四人与其他诸侯相比，在进入近东地带以后，地盘都有了显著的增加。他们成功的秘诀也在于对当地形势的迅速适应。

从伯利恒返回耶路撒冷之后，此前一直未能提出自己主张的教皇代表戴姆伯特，也感觉到自己的机会来了。他首先计划把德罗从耶路撒冷大主教的位置上赶下来。

耶路撒冷大主教和君士坦丁堡大主教、安条克大主教一样，并非以西方的“大主教”（Archbishop）之名称呼，而是以东方教会特有的“牧首”（Patriarch）来称呼。这一名称并非来自拉丁语，而是源自希腊语，其义为大都市的信仰领袖。耶路撒冷虽然不能算是大都市（Metropolis），但却是基督教最重要的圣地，因此也与东方的各大都市并列。

戴姆伯特的主张是把耶路撒冷大主教的名称重新改为“牧首”，而自己作为罗马教皇的代表，无疑是最适合的人选。

德罗此时显然处于不利的位置。他既没有来自教皇的支持，也没有担任主教的经验。以前的经历除了在意大利的生活之外，唯一可圈可点的就是担任诺曼底公爵属下的职务，但此时为之背书的诺曼底公爵早已返回了西欧。这样，在丹克雷迪有波埃蒙多撑腰的时刻，戈德弗鲁瓦也选择了为教皇的代理行方便。

于是，德罗辞去了大主教的职务，从此开始了在耶路撒冷郊外普通教士的生活。

接下来，正式就任为耶路撒冷牧首的戴姆伯特就要以上帝的名义，为耶路撒冷王国的君主授予正当的统治权了。

在基督教世界中，君主的世俗地位，都要通过上帝的授予而获取正当性。因此，向人间传达上帝意志的主教和大主教们，将象征地位的王冠授予国王的加冕礼，就显得尤为重要了。而中世纪神圣罗马帝国的皇帝，则要依靠罗马教皇授予皇冠的加冕礼，来获得统治帝国的权利。

于是戴姆伯特就主持了对波埃蒙多和戈德弗鲁瓦授予统治权的仪式，行使了上帝的权力。通过代表上帝意志的耶路撒冷牧首，正式确立了波埃蒙多作为安条克公爵，和戈德弗鲁瓦作为耶路撒冷“圣墓守护人”的地位。

至于埃德萨伯爵鲍德温是否也参加了这样的授权仪式，历史上没有记载。在东征到达小亚细亚之后，鲍德温的妻子因病去世，这位诸侯像亚历山大大帝一样，在征服后的埃德萨娶了一位亚美尼亚人之女作为妻子。由于新娶的妻子不是天主教徒，这场婚姻可能成为鲍德温取得公认伯爵地位的绊脚石。但鲍德温也没有对地位问题提出抗议。这位曾经的神职人员，恐怕是欠缺对上帝的意志尊重吧。

在举行仪式的同一天，戴姆伯特代表天主教会承认了丹克雷迪对加利利的统治权。24 岁的年轻人正式成为了加利利公爵。这显然是来自对其能力大加赞赏的波埃蒙多和戈德弗鲁瓦的大力举荐。

意气风发的丹克雷迪打算不久以后就重返加利利。这次他不再只有 24 名骑士相随，而是将舅父波埃蒙多麾下的部分兵力借调而来，全数率领前往自己的新领地。与心腹 24 骑一样，丹克雷迪的士兵都来自意大利南部，其兵力达到数千人。

此后的一年之间，丹克雷迪都一直在加利利的各个城市继续征服活动。他在提比利亚斯一带修建的城堡，至今还能看到遗迹，体现了当时西欧的建筑技术。加利利地区是西欧人在东方的最前线，直到 87 年后被萨拉丁攻陷之前，一直处在十字军的掌控之下。

圣诞节之后西欧基督徒最重要的节日，是 1 月 6 日的主显节。这一节日相传是源自东方的三名贤者看到大星升起，得知救世主的降生，于是在星的指引下来到伯利恒。因此这一节日的名称也叫作“三王礼拜”。

波埃蒙多和鲍德温度过主显节之后，就准备回各自的领地安条克和埃德萨了。

与来耶路撒冷时相比，跟随两人北上的人数大大减少。部分兵士留在了耶路撒冷，而一同前来的朝圣者更是悉数留下。两人选取和来时不同的路线回到自己的封地。

波埃蒙多和鲍德温从杰里科沿着约旦河北上，从加利利湖的东侧，经过残存大量古代神殿的巴尔贝克，在阿尔喀附近折向西，经沿海的路线返回安条克。

虽然士兵人数有所减少，但由于丹克雷迪行动的成功，这一路鲍德温和波埃蒙多都没有遇到什么抵抗。十字军平安地通过大马士革领主杜卡克的防区，后者未敢贸然出城挑战。

关于这段时间的战争，穆斯林史料的记载往往将本方的败因归咎于内耗。但事实上，十字军内部的斗争也非常剧烈，但各位诸侯一直没有脱离收复耶路撒冷这个统一的目标。即使一时为了自己的利益而斗争，各位诸侯也会及时回到共同利益上去。

而这一时期的穆斯林阵营内缺乏的就是共同的目标。因此，相对于在家门口作战的埃及人和突厥人，十字军得以在近东的土地上反客为主。直到萨拉丁的时期，穆斯林一方才有了统一的共同目标。

在收复耶路撒冷的第一年，也就是公元 1100 年，来自西欧的诸侯已经在叙利亚和巴勒斯坦确立了自己的十字军国家。“解放圣地”的事

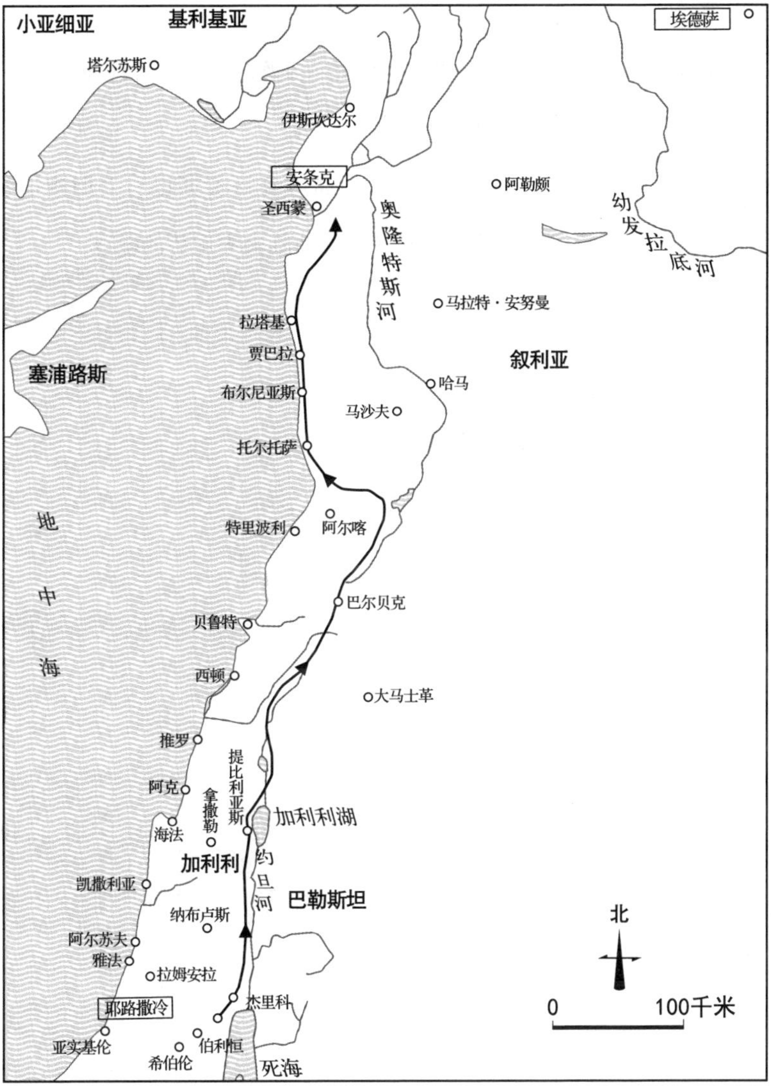

波埃蒙多与鲍德温的归途

业已有了充分的成果。

然而正是在1100年，令伊斯兰势力一方欢呼的事件接踵而至。

过去的一年之中，战事的主导权一直在十字军一方。但战场形势瞬息万变，就像所向披靡的亚历山大大帝在征服波斯以后立即遭遇各种不测一样，十字军由于突发的意外事件面临失去优势的境地。

戈德弗鲁瓦的征服行动

谦卑地自称“基督圣墓守护人”的戈德弗鲁瓦，一直认为为了维持耶路撒冷所在的内陆地区的统治，必须打通海上的交通线。他相信仅仅占领雅法（今特拉维夫）一座海港是远远不够的，必须像波埃蒙多在叙利亚所做的那样，将巴勒斯坦的海港城市尽数征服。于是，他首先以耶路撒冷国王的名义派出使节要求阿尔苏夫城缴纳贡金。这座城市位于雅法以北 16 公里的海边。

阿尔苏夫城希望戈德弗鲁瓦派出人质，以换取及时缴纳贡金的保证。戈德弗鲁瓦随即命令部下达维内斯前往，并谎称其为自己的兄弟。戈德弗鲁瓦身边其实已经没有兄弟了，但他仅把派自己兄弟为人质作为一种外交手段。阿尔苏夫城以为，耶路撒冷国王真的派遣自己的兄弟作为人质。

结果，达维内斯的交涉失败了。此时戈德弗鲁瓦要求取得对阿尔苏夫完全的统治权，便拒绝了城市的投降请求，而是选择武力攻城。城内的穆斯林决定抗战到底，并把达维内斯绑缚在城墙上示众。

达维内斯在城上对着十字军大声叫喊道：“大家攻城吧，不必管我！”戈德弗鲁瓦自然没有任何动摇，并不管人质的安全，命令弓箭手向着达维内斯和身边的守军放箭。

阿尔苏夫的守军为之一惊。他们连忙将受伤的达维内斯从城墙上放下来，并向十字军支付了赎金。

戈德弗鲁瓦从此改变了战略。他决定通过打击周边的农田，来消磨城市的意志。在他的命令之下，十字军在阿尔苏夫周围烧杀抢掠。

烧杀抢掠的做法一旦开始，就难以停止。戈德弗鲁瓦属下的兵士当中，有不少有过在安条克和埃德萨作战的经验。由于长期与异教徒作战，十字军士兵的情绪爆发了，不仅在阿尔苏夫周围施暴，还一路向北劫掠凯撒利亚、海法、阿克等地区。而根据伊斯兰史料的记载，十字军在凯撒利亚将逃入清真寺的平民全体活活烧死。

这些骇人听闻的行为，终于传入了一直拒绝接受西欧人统治的巴勒斯坦海滨城市居民耳中。这些城市不得不结束与埃及海军的合作，倒向了比萨和威尼斯的舰队一方。

3 月，在戈德弗鲁瓦的允许下，阿尔苏夫派来了使者。城市无条件释放了达维内斯，并将城防塔楼的钥匙和贡金尽数上缴。与此同时，戈德弗鲁瓦同意穆斯林享有继续居住于城内的权利。

几天以后，仍在治伤的达维内斯回到了耶路撒冷。戈德弗鲁瓦嘉奖了这位骑士，将希伯仑城授予他作为领地。

4 月内，效仿阿尔苏夫的成例，凯撒利亚、阿克和一直作为埃及海军基地的亚实基伦，都向戈德弗鲁瓦派遣了使节，提出求和的建议。

这三座城市缴纳的贡金数目，达到每月 5000 拜占庭金币，其他条件与阿尔苏夫相同。戈德弗鲁瓦全部接受了这些城市提出的条件。

约旦河东岸的地区也得知了戈德弗鲁瓦软硬兼施的行为。这一地区的阿拉伯长老，会将财货贩运到约旦河西岸的海港城市。由于十字军的入侵，这项贸易中断了。因此他们希望得到戈德弗鲁瓦的允许，重新向海港城市出口自己的产品。

此时戈德弗鲁瓦也认识到，如果滨海地区的经济发展起来，就能够大大丰富位于内陆的耶路撒冷及其附近地区的物产。中世纪的领主自然也有一定的经济意识。这一点与其后意大利滨海城邦经济和军事力量的发展，并成为十字军不可缺少的后盾分不开。戈德弗鲁瓦所做的与此有关的一件事，就是命令比萨人对雅法港进行改造，使其成为完全受十字军控制的港口。

但并非叙利亚和巴勒斯坦的全体穆斯林都选择了与十字军合作的现实策略。大马士革城主杜卡克的领地内有一位穆斯林首脑，被十字军称为“胖农夫”。这位穆斯林领主与征服加利利地区的丹克雷迪之间进行了激烈的斗争。由于局势颇为紧张，“胖农夫”向杜卡克求援。

丹克雷迪则请求戈德弗鲁瓦与之共同战斗。如果能够占领“胖农夫”所拥有的富饶土地，则可以为加利利进一步与大马士革做斗争提供物质保证。戈德弗鲁瓦热心回应了丹克雷迪。

丹克雷迪和戈德弗鲁瓦的共同作战，与其说是战斗，不如说是掠夺。这是一场夺取敌人财富、削弱敌方经济基础的斗争。结果大量的财富被从附近的地区运往耶路撒冷。

但是，此前一直不敢与诸侯打阵地战的杜卡克，却能够在这个时期尾随满载战利品的十字军，成功地进行袭扰。戈德弗鲁瓦的部队走在前面，从而并未遇袭，但押后的丹克雷迪却遭遇了大马士革的军队。十字军为了自己的性命，只得丢下财物，狼狈逃走。

杜卡克的袭击使丹克雷迪又羞又恼。当这位25岁的年轻人发怒时，即使是波埃蒙多的劝说也无济于事。

戈德弗鲁瓦回到耶路撒冷以后，丹克雷迪留在了提比利亚斯，并以此为基地继续横征暴敛。这次他率领军队直扑大马士革，杜卡克见状被迫提出和议的要求。

丹克雷迪依然怒不可遏，对使节提出了极端强硬的条件。

他要求杜卡克在受洗改宗为基督徒和放弃大马士革城二者之中选一。

如果这一要求是丹克雷迪本人想法的真实反映，只能说这位25岁的年轻人完全没有外交头脑。虽然伊斯兰世界的首都早已从大马士革移往巴格达，这座大都市仍然完全不可能成为十字军的囊中之物。倘若丹克雷迪能够直视现实，必然不会提出这样苛刻的要求。

得知丹克雷迪的要求之后，杜卡克表现出了穆斯林的坚韧。他径直要求六位使节在改宗伊斯兰教和死亡之间二选一。其中一人选择了改宗，而另外五人则拒绝了苏丹的要求。于是这五人立即被杀。

使节被杀的消息再度点燃了丹克雷迪心中的怒火。他再次请求戈德弗鲁瓦与其一起作战，这一次两人一起行动了两个星期。

这是充满杀戮与掠夺的两个星期。杜卡克只得关闭大马士革的城门，在恐惧中度过这段时日。“胖农夫”只得向十字军投降，发誓做丹克雷迪忠实的奴仆。

两周之后，丹克雷迪继续在加利利地区与忠于大马士革苏丹的穆斯林作战，而戈德弗鲁瓦则返回了耶路撒冷，有新的问题等待他解决。

教皇的代表戴姆伯特在得到耶路撒冷牧首位置之后，表现出了天主教会的世俗本质。

不要以为神职人员只专心思想领域的事务，不关心世俗的资产。中世纪的天主教会，以为了信徒的需要为理由，非常热心占有土地与各种财产。

此时的叙利亚和巴勒斯坦已经成为收复了的圣地，而耶路撒冷则是基督教的圣城。戴姆伯特和其他神职人员都认为，圣地和圣城理应归教会所有。

戈德弗鲁瓦刚刚回到耶路撒冷，戴姆伯特就向他提出教会应在雅法获得一块土地。戈德弗鲁瓦答应了他的要求。

得寸进尺的耶路撒冷牧首，进一步要求得到雅法全城。他还要求戈德弗鲁瓦将圣城耶路撒冷西侧大卫之塔的所有权交给教会。

这一要求，连虔信的戈德弗鲁瓦也感到难以接受。他回答说，等到自己死后，或者攻下剩余的两座穆斯林城市之后，可以将雅法城和大卫之塔交给戴姆伯特管理。在戈德弗鲁瓦看来，自己死后巴勒斯坦地区的麻烦事，恐怕只有上帝才会知道了。

意大利的经济人

在这时挽救近东十字军的，是威尼斯共和国使节的访问。威尼斯向戈德弗鲁瓦建议，以自己的海军和十字军结成同盟，并提出了以下的要求：

第一、威尼斯商人具有在十字军控制下的全部地区开展经济活动的自由；

第二、在有威尼斯人活动的城市，开辟三分之一的街区作为威尼斯人的居留区；

第三、威尼斯全面协助十字军进攻特里波利。在城陷之后，特里波利全城归威尼斯所有。作为交换，每年特里波利的威尼斯人向耶路撒冷王国缴纳贡金。

同一时期，比萨人和热那亚人也通过积极与海盗作战，以及与穆斯林进行贸易等方式活跃在地中海上。他们都是以个人为主进行活动，但这些个人所雇佣的集团兵力，往往非常强大。热那亚人尤其以个人主义著称，他们的桨帆船和帆船很少编成大的舰队。

而威尼斯人虽然也来自意大利，他们的习惯却截然不同。正如我在《海都物语》中所叙述的，威尼斯人仿佛全体组成了“威尼斯有限公司”一样，常常以集体的方式活动。

起初在近东活跃的比萨人和热那亚人，就这样逐渐为长期活动的威尼斯人所取代。如果拿“经济人”的标准来衡量，威尼斯人可以称为是“经济动物”了。

威尼斯人的国家观念也和比萨、热那亚人不同。后两座城邦的居民信奉个人主义，每个人都仿佛一匹狼一般，即使是祖国遇到威胁，也照常进行自己的商贸活动。而威尼斯人则都以国家利益为先，虽然热衷于个人的经济活动，一旦国家面临危机，威尼斯的商船会不假思索地加入海军。

威尼斯的要求令戈德弗鲁瓦感到为难。此时的他作为耶路撒冷的统治者，同时面临神职人员和商人的领土要求。

神职人员、骑士和商人，构成了中近东十字军国家基本的社会结构。诚然，这三方最终追求的都是自身的利益。但若三者都失去了自己本身的特质，十字军国家的寿命也不可能延续这么长时间。神职人员、骑士和商人互相表达自身主张，从而形成积极的竞合关系，令各自阶层的能力最大限度地得以发挥。

1100 年夏天，十字军与威尼斯达成的协议，使缔约方互相默许了对方在陆地和海上称霸的权利。双方的首次共同行动，是在威尼斯人建议下，十字军于 7 月 13 日从耶路撒冷出发，夺取良港阿克。

参加这次军事行动的只有年轻的丹克雷迪，而戈德弗鲁瓦本人并未出征。他由于身体有小恙，留在耶路撒冷休养。他派遣了自己最信赖的勃艮第骑士，瓦尔纳·德·格雷，代表自己出征，一方面是为了体现自己的责任心，另一方面也是为了牵制丹克雷迪的势力。

在前往阿克之前，十字军首先抵达了雅法。与停泊在雅法港湾的威尼斯舰队会晤之后，两军沿陆路和海路分别北上。

近东地区的海风风向时常变化，使得陆上的耶路撒冷王国军队和受制于风向的威尼斯舰队逐渐拉开了距离。这时，十字军中发生了变故。德·格雷病倒了。实在无法支撑的他，最终决定返回耶路撒冷。

对于德·格雷来说，这一决定是幸运的。当戈德弗鲁瓦临终时，在他身边的不仅仅是教皇的代表戴姆伯特一人，还有自己的亲信陪在身旁。

戈德弗鲁瓦之死

公元1099年7月18日，洛林公爵戈德弗鲁瓦·德·布永去世了，时年仅40岁。

在为戈德弗鲁瓦进行临终涂油仪式时，牧首戴姆伯特询问他是否愿意将耶路撒冷遗赠给罗马教会。但戈德弗鲁瓦至死对此一言未发。在一旁站立着的勃艮第骑士德·格雷，也对牧首表示自己没有听到其领主任何遗赠圣城的话语。

戈德弗鲁瓦的遗体在圣墓教堂的祭坛前停放五日供人吊唁，之后举行了隆重的葬礼。

戈德弗鲁瓦身裹武装礼服，胸前覆盖着印有红色十字的白布，仰卧于打开的棺木之中，接受与之一起奋战的十字军将士的列队瞻仰。

其中自然有停止进攻阿克而率军返回的丹克雷迪，身着武装礼服带领着自己的军士们。而在炎热的7月里，身居埃德萨的鲍德温来不及赶来参加兄长的葬礼。

这位征服了耶路撒冷的骑士，没有自称耶路撒冷王国的国王，而是以“基督圣墓守护人”的身份，获得了埋葬于圣墓教堂的殊荣。

戈德弗鲁瓦之死着实是值得伊斯兰世界庆祝的一件事。耶路撒冷的基督教军事首脑不复存在了，这对穆斯林来说是一个发起反击的好机会。但实际的事态却并未如此发展。

在牧首戴姆伯特采取行动之前，戈德弗鲁瓦的亲信瓦尔纳·德·格雷火速率自己的部下占据了大卫之塔，并立即向埃德萨的鲍德温派出了信使，告知他城防已经完全控制在洛林军队手中，请这位伯爵赶来耶路撒冷主持局面。

这一场景令人感到滑稽。

戴姆伯特本想在戈德弗鲁瓦临死之时，得到将耶路撒冷全城转赠罗马教皇的遗嘱。

就连普通人也知道，在基督教世界特别是天主教国家中，人死后做的任何约定都是没有任何法律效力的。那些神职人员有着在人死之前接受忏悔，将其灵魂送至天堂极乐世界的权力，因此被形象地称呼为“上帝之手”。如果用更冠冕堂皇的话来说，他们是得到“上帝的恩宠”的一批人。

即使是作为普通俗人的戈德弗鲁瓦死后，其遗言也不能随便捏造或更改。在答应戴姆伯特关于大卫之塔所有权的请求后不到一个月，戈德弗鲁瓦就撒手人寰，这对戴姆伯特来说不啻是“上帝的恩宠”。

让我们回到本来的话题。

由于戈德弗鲁瓦之死而中断的阿克之战，在丹克雷迪重返战场之后再度开始。但阿克居民进行了顽强的抵抗，最终令十字军一无所获。

在威尼斯人的再次建议下，丹克雷迪转向南进攻海法。在陆海两军的猛攻之下，海法城很快陷落了。

这样，十字军控制了从北到南依次包括贝鲁特、西顿、海法、凯撒利亚、阿尔苏夫、雅法和亚实基伦在内的7座海港城市。而仅仅是在一年之前，耶路撒冷的十字军还只有雅法一个出海口。这一年的成果可谓丰硕。耶路撒冷的安全，也由对这些海港的控制而得到了保障。

然而，就在同一时期，发生了令伊斯兰世界振奋的一件大事。

波埃蒙多被俘

坐稳了安条克公爵宝座，又刚刚迎来50岁生日的波埃蒙多，遇到了意想不到的状况。对他来说，起初不过是犯了一个小错误。

为了确保安条克公国的安全，波埃蒙多对周边地区的战略要地逐个征服。但他并不满足于拥有附近的属地，而是不断寻找机会扩大自己的领地。这时，来自小亚细亚梅利特内城的居民向安条克求助，波埃蒙多认为扩大领地的好机会来了。

古代的梅利特内（今土耳其的马拉提亚）是一座天然要冲，位于罗马帝国东方防线上。曾经视察帝国整个边境的哈德良皇帝就特意访问了这座城市。而如果波埃蒙多能吞并此处，未来就有可能在小亚细亚全境压制塞尔柱突厥人的势力，也会给一直虎视眈眈的拜占庭皇帝阿莱西奥斯一世以无形的压力。

总的来说，波埃蒙多救援梅利特内的考虑是正确的。但是他将主力留在安条克，只带了小规模的部队深入小亚细亚腹地。

得知敌情的达尼斯蒙德苏丹认为复仇的好机会来了。这位突厥老者没有忘记十字军通过小亚细亚时多利留姆一战的耻辱，而波埃蒙多正是那场战役的主将之一。

老苏丹对即将到来的作战进行了慎重的布置。此时波埃蒙多的大名已经广为伊斯兰世界所知，突厥人相信正面进攻并非易事。因此，穆斯林军队选择了依靠有利地形进行伏击战的策略。

突厥军队的战术果然奏效了。从两侧山上冲下来的穆斯林兵士前后夹击，将波埃蒙多和两位骑士之外的十字军全部杀死。

但波埃蒙多没有选择做殉教者的命运。他把自己的头发截下来一段，交给一名生还的骑士，命令他全速赶往埃德萨，向鲍德温求助，希望埃德萨伯爵能尽全力赎回自己的性命。当骑士逃走之后，波埃蒙多向突厥人投降。

达尼斯蒙德对俘获波埃蒙多感到喜出望外。这位老苏丹希望能将安条克从波埃蒙多的手中夺回。他立即将绑缚了手脚的波埃蒙多和另一位生还者里卡多送到了十字军遥不可及的突厥大本营。

波埃蒙多一直被押送到距离黑海不远的尼克萨尔城囚禁起来。等到十字军得知波埃蒙多被囚时，他已经被突厥人关押了很久。

此时，十字军中再没有像波埃蒙多这样可以信赖的人物。对于十字军来说，失去波埃蒙多的打击是决定性的。在他进军梅利特内之前，一直对其心怀不满的圣吉尔，此时正接受阿莱西奥斯一世的召见，向君士坦丁堡行进。

1100 年，十字军遭受了三大不幸，足以令十字军的对手穆斯林感到欣喜——

戈德弗鲁瓦去世了；

波埃蒙多被捕，囚禁于未知之地；

圣吉尔离开前线，去了君士坦丁堡。

在穆斯林的敌手中最为有名的，就是上面三个人。他们一齐退出了十字军的舞台，自然是令穆斯林欢欣鼓舞的事。

鲍德温见到波埃蒙多截下的一段金发，便立即准备将其救出。他根据求援骑士提供的情报，率领140名骑士前往梅利特内。

老苏丹得知救援军队前来的消息，料想少数骑兵后面还有大部队。因此突厥人暗自退兵，使鲍德温所率的140骑平安进入梅利特内城。前来迎接的梅利特内守军只有50名骑兵，而鲍德温也无心留下，旋即率部返回了埃德萨。回城之后，他多方打探波埃蒙多的下落，但始终无法得知囚禁安条克公爵的地点。

8月底回到埃德萨的鲍德温，得知了兄长戈德弗鲁瓦7月18日的死讯，同时也获悉了德·格雷传来的求援消息。

上

第七章

十字军国家的建立

鲍德温即位耶路撒冷国王

由于出生年代不明，位居其兄40岁去世的戈德弗鲁瓦与返回西欧的尤斯塔斯之下，鲍德温在1100年时大约30多岁。

这位年轻的伯爵虽然行动敏捷，却并非做事冲动欠考虑的鲁莽之徒。

鲍德温决定先前往安条克，处理波埃蒙多被俘的善后事宜。为此他将埃德萨交付同名的堂兄弟管理。

在离开埃德萨之前，他将堂兄弟和领地中的实力派召集于一处，下达了各种命令。毕竟，如果埃德萨能够坚持固守下来，安条克就获得了天然的屏障。

在准备妥当之后的10月2日，鲍德温率领200名骑兵和700名步兵离开了埃德萨。第一次十字军从此全面进入了青年领导人指挥的时代。

亡兄戈德弗鲁瓦的部下还在耶路撒冷等待着鲍德温。从埃德萨到耶路撒冷的遥远旅途，鲍德温不得不独自走完。跟随他的只有骑士和步兵，而没有任何重武器。这样的一支部队，从今天的土耳其境内出发，经过叙利亚和黎巴嫩到达耶路撒冷，旅途充满了危险。

鲍德温的部队首先到达了安条克。在安条克，鲍德温制定了波埃蒙多被捕后的守备策略，然后就出发前往十字军控制的港口拉塔基。他在此处未做逗留，径直沿海岸南下。

但此时鲍德温的军队受到了大马士革城主杜卡克所派遣的游击队的袭扰。由于游击队不断偷袭，鲍德温只得将战死的兵士就地草草埋葬了事。当他的人马到达特里波利时，只剩下160名骑士和500名步兵了。

特里波利的埃米尔热情接待了鲍德温，并为他的部队提供了必要的军需物资。虽然特里波利的埃米尔和杜卡克都是穆斯林，彼此之间的关系却非常紧张。因此，他不仅为鲍德温提供了物资，还将大马士革军队的情报告知了埃德萨伯爵。

根据特里波利埃米尔的情报，杜卡克的军队正埋伏在位于特里波利和贝鲁特之间“猎犬之河”的河岸上。由于不渡过这条河就无法前往耶路撒冷，鲍德温的军队只得从此处南下。

特里波利埃米尔的情报绝非虚假。大马士革的苏丹正与霍姆斯的埃米尔一起，以数倍于鲍德温的兵力，守候在河边。

鲍德温假装没有注意到埋伏在河对岸茂密灌木丛中的敌军，悠然自得地开始了渡河。实际上，他早已为交战做好了准备，计划在渡河的过程中发起突袭。

他把最精锐的骑士布置在队尾，因此习惯于背后偷袭的大马士革军队，遇上了最强劲的对手。

这些训练有素的骑士们一发现敌军偷袭，马上掉转过来向着河岸冲击。在这片狭窄的岸边地带，双方兵力的差距就无从显现了。此时，数量众多的突厥军队反而陷入了慌乱之中。杜卡克见局势不妙，只好逃回了大马士革。

“猎犬之河”构成了当时叙利亚与巴勒斯坦的自然边界。十字军入侵以前，叙利亚处于巴格达的阿拔斯王朝哈里发委任的塞尔柱突厥人统治之下。而南面的巴勒斯坦则为开罗法蒂玛王朝哈里发属下的阿拉伯人所控制。而在12世纪初十字军来到之后，“猎犬之河”以南的巴勒斯坦滨海地区已经被戈德弗鲁瓦征服了。鲍德温过河之后，一路上没有遇到任何抵抗。就连埃及来的埃米尔治理下的推罗城，也开城欢迎鲍德温的军队。

鲍德温于11月9日到达了耶路撒冷。此时距戈德弗鲁瓦之死已过了三个多月，一直为无人守城而担忧的居民，因洛林公爵之弟到来而感到安心。对鲍德温来说，也不能浪费任何时间了。

埃德萨伯爵立即会晤了耶路撒冷牧首戴姆伯特。经过两人的密谈，鲍德温向这位教皇代表表明了自己的态度。那就是尊重戴姆伯特的现有地位，但决不出让自己占有的领地。

在教皇代表看来，鲍德温这样做是对自己使了阴招。但后者威胁说，他将揭露戴姆伯特利用职务之便聚敛钱财的行为。戴姆伯特不得不沉默下去。这位立足未稳的牧首知道，鲍德温是通过戈德弗鲁瓦属下的将领得知自己贪污的消息的。

鲍德温继续马不停蹄地在耶路撒冷确立自己的地位。入城两天后的11月11日，鲍德温召集了城内的居民，在众人的喝彩声中，当选为耶路撒冷的国王。他没有继续采用兄长“基督圣墓守护人”的头衔，而是堂堂正正、名副其实地做了耶路撒冷的国王。

然而，民众的欢呼并不代表一切。在基督教世界中，得到神授予的君权，必须经过教皇或大主教主持的加冕仪式。如果不这样做，鲍德温的王权就得不到正式的承认。在耶路撒冷，加冕仪式自然要由教皇代表来主持。

仿照300年前查理曼大帝的加冕仪式，耶路撒冷的国王也要于圣诞节加冕。于是，鲍德温的加冕仪式就在1100年12月25日举行，加冕的地点自然是在圣墓教堂。

就这样，从神职人员到居家骑士的鲍德温，最终登上了每个基督徒都梦寐以求的耶路撒冷国王的宝座。这离他在下洛林当居家骑士的日子不过仅仅4年。第一次十字军的几位主人公当中，鲍德温是在来到近东以后取得长足进步的一位。甚至可以说，他是所有十字军领袖中最成功的。

此后史称鲍德温一世国王的这位30多岁骑士最大的优点，就是及时放下过去的纠纷。他对牧首戴姆伯特采取了安抚的对策，及时避免陷入与罗马教廷对立的局面。

可以说，这位国王并非忘却了自己的愤怒，而是超越了对立意识。

这得益于他独有的人格魅力。而且，鲍德温绝对不会浪费时间。相反，他对事务有敏锐的判断，也维护了良好的人际关系。

丹克雷迪也出席了鲍德温的加冕仪式。两人相差十二三岁，都属于十字军中的少壮派。在戈德弗鲁瓦死后，丹克雷迪垂涎耶路撒冷的王位，但面对戈德弗鲁瓦人数众多的部下，他不敢尝试争夺这座圣城的统治权。

但是，丹克雷迪此时取得的成绩，完全不在鲍德温之下。但若以丹克雷迪和波埃蒙多的关系与鲍德温和戈德弗鲁瓦的关系做对比，后者是一家人，前者则是分开的舅甥两家。在中世纪西欧，人们除了重视能力之外，更看重的是一个人的门第出身以及亲疏远近。丹克雷迪在出席加冕仪式时，心中必定有各种想法。仪式刚一结束，他就返回了自己的领地加利利。

年轻一代的十字军

新任耶路撒冷国王鲍德温一世在和牧首戴姆伯特达成妥协之后，接下来面临的就是丹克雷迪的问题。

丹克雷迪的领地加利利是耶路撒冷王国的一部分，但丹克雷迪并不是甘于屈居人下的那种人。耶路撒冷王国里，两位领主同时存在。

两人曾经在基利基亚并肩作战，那时鲍德温已经对丹克雷迪出色的战斗力有了深刻的认识。而在回到加利利之前，丹克雷迪拜见了鲍德温。

鲍德温告诉丹克雷迪，当他前往安条克之后，自己一定会代为管理好加利利。而丹克雷迪则告知鲍德温，自己将在救回舅父波埃蒙多之前，代行安条克公爵的职务。

会晤之后，正式成为加利利公国统治者的丹克雷迪，就起身前往安条克公国。鲍德温解决了国内的两件事，丹克雷迪也认为他给自己行了不少方便。

在会晤之时，丹克雷迪提出，如果三年内未能救出波埃蒙多，安条克公国就归自己所有。鲍德温同意了这一要求。

骑士和士兵中有部分人曾经被穆斯林俘虏，但波埃蒙多是诸侯当中的第一个。这次，达尼斯蒙德让十字军吃了苦头。他们不知道波埃蒙多是被俘生还，还是已经做了突厥人的刀下鬼。鲍德温和丹克雷迪都觉得，已经没有救援的希望。

对鲍德温来说，把安条克托付给丹克雷迪是非常有意义的。十字军在安条克的领地如果能坚持下来，耶路撒冷的防御会轻松很多。因此，他不希望看到安条克一直处在权力真空的状态。而丹克雷迪也恰恰能够胜任防御安条克的任务。这位 25 岁的将领不仅擅长作战，也是颇具信义之人。

抓住这一良机的丹克雷迪，仅仅率领着自己从故乡带来的亲兵，就勇敢地向安条克出发了。到了安条克，他完全能够自由地支配舅父属下的部队。

通过鲍德温和丹克雷迪的继任，十字军克服了戈德弗鲁瓦突然去世和波埃蒙多被俘这两大困难。不到半年间，过去的不幸都已经过去。无论是巴格达的阿拔斯王朝，还是开罗的法蒂玛王朝，都没能利用这半年的机会。战争的主导权还在十字军手里。

继任耶路撒冷国王的鲍德温，自然了解把战争主导权握在手中的重要性。这时，他已经盘算着立即开展进一步的军事行动。

鲍德温开始逐步熟悉戈德弗鲁瓦手下的兵士，并继续兄长未竟的事业——征服巴勒斯坦的海港城市。

历史上常用的一个词叫作“政治征服”。

政治征服的方法，就是率领军队，以进攻相威胁，使对手承认自己的霸权，并恭敬地支付贡金。其统治目的在于控制所征服城市的征税权，而城市则以缴纳税金来摆脱被侵略和掠夺的命运，从而使自身的统治者和市政机构得以保全。戈德弗鲁瓦此前的征服，一直采取这一方法。在其控制耶路撒冷的一年内，对其他城市都采取政治征服的手段。

这样下来，十字军征服的巴勒斯坦海港城市，表面上都对耶路撒冷王国表示顺服，私下里却和以前的统治者埃及保持良好的关系。它们采取这样两面的态度，是很自然的。十字军在巴勒斯坦站稳脚跟，还不到两年的时间。谁也不能保证这些西欧人能否一直确立自己的统治，一旦埃及人卷土重来，完全可能将十字军势力清除出巴勒斯坦。各个城市两面的态度并非出于宗教原因，只是自身的利益使然。

但这种状态对十字军就很不利了。很可能说不定什么时候，城市的居民会发动起义，袭击停泊在港口中的基督徒的船只，导致港口关闭。因此，在鲍德温看来，为了使这些海港城市完全为十字军服务，应当对其进行全面的武力征服。

这时的海港城市居民多为穆斯林，鲍德温并未打算将这些人逐出，而把整个城市变成基督徒的天下。此前他在埃德萨伯爵领地也将希腊正教徒、亚美尼亚基督徒和穆斯林都视为自己的属民，而自己所娶的妻子就是亚美尼亚基督徒。

对他来说，重要的是主权握于何人手中。十字军国家的主权，必须掌握在天主教徒手中。在深刻影响耶路撒冷的巴勒斯坦，特别是如此。因此，从鲍德温即位耶路撒冷国王开始，他就一直致力于将附近的城市纳入自己的实际控制之下。

但实现这一任务的过程，却无比艰巨。

首先，耶路撒冷附近非常贫困。城市周边一片荒芜，根本不是西欧人梦想的天堂般的“流着奶与蜜的土地”。这里的土地并不适合农耕，也没有发达的手工业。与周围遍布耕地的埃德萨，或适合农业与手工业发展的安条克相比，耶路撒冷是一座连自给自足都不能实现的城市。

耶路撒冷之所以重要，仅仅是因为它是犹太人、穆斯林和基督徒共同的圣城。此前阿拉伯人统治时期的财政收入，主要来自收取海港和内陆城市物产的关税。

当十字军侵入巴勒斯坦之后，海港到内陆地区的贸易中断了。因此，鲍德温迫切需要通过征服附近的海港城市，来保障自己的财政盈余。

但此时的海港城市大都与埃及保持着密切的关系。此外，对于鲍德温的征服计划来说，还有一个巨大的障碍。

那就是导致戈德弗鲁瓦丧命的疫病。在海港城市及其附近淡水河流汇入地中海的区域，有许多沼泽和湿地，它们是疫病的温床。

继其兄掌握耶路撒冷的鲍德温，已经到了不得不尽力开疆拓土的时刻。但令他极为烦恼的是，由于粮食不足和疫病，本来就不多的兵力未经战斗又减员了不少。

鲍德温还感到了来自远方法蒂玛王朝埃及的压力。与巴勒斯坦相比，埃及的物产极为丰富。

不用说尼罗河谷地的适宜耕种，以开罗和亚历山大为中心的地区手工业极为发达，是玻璃、陶器、棉织物、砂糖和各种奢侈品的产地。而通过其控制的红海贸易，法蒂玛王朝拥有阿拉伯半岛出产的橡胶，埃及内地出产的大理石，以及从亚洲长途运输来的香料。当时的埃及是整个地中海世界最大的商业中心。

由于埃及的富庶，作为统治阶级的阿拉伯人普遍缺乏战斗的欲望，因此他们的军队主要由雇佣兵组成。法蒂玛王朝统治下的埃及可算是雇佣兵的天堂。与巴格达的逊尼派哈里发不同，开罗的什叶派统治者对于任何穆斯林不分民族和出身阶级都加以提拔，形成了重用人才的社会风气。

从埃及出发，经海路三天就到达了巴勒斯坦。此外，埃及和巴勒斯坦还经过西奈半岛相连。

既不缺金钱也不缺食粮，还拥有庞大海军的埃及人，如果说有什么不足的话，就是和所有自由自在的人一样，在实际行动之前不断拖延、浪费时间了。而鲍德温自然在跟当地人打交道中认识到了他们的这一特点。

这时，鲍德温得知了一条喜讯，那就是新的十字军部队从西欧出发了。

西欧陷入了得知耶路撒冷解放后的狂热之中。一时间，人们争先恐后地来到十字架前宣誓，满心欢喜地要求参加十字军。

第一支整装待发的部队来自意大利北部。这次出发的十字军没有被历史学家们算在第一次到第八次东征之中，而以“1100 年出发的十字军”而著称于世。其发起人是米兰大主教，主要由意大利北部和法国南部的兵士和朝圣者组成，首先向君士坦丁堡进发。

不久之后，由法国和德意志的骑士组成的军队也开始向拜占庭首都行军。这支军队中包括在安条克之战时先期逃回西欧的布洛瓦伯爵和法国王弟于格。他们并未完成第一次参战前的誓约，还准备到耶路撒冷的圣墓教堂去做祈祷。其中的布洛瓦伯爵，还是在其夫人的积极动员下才再次出征的。

接见这些十字军的阿莱西奥斯一世，希望新抵达的十字军能够再次击败小亚细亚的突厥人，以使拜占庭帝国能够扩张领土。他点名希望暂时居住在君士坦丁堡的圣吉尔担任这次十字军的总指挥。

虽然圣吉尔、布洛瓦伯爵和于格三人在第一次十字军中都没能发挥多大作用，他们毕竟熟悉地形，因此由他们率军进入小亚细亚是比较合适的。由于过去互相之间的竞争心态，三人选择了独自行军。

如果沿着小亚细亚西北部向东南部之间的道路行进，新的十字军就会到达基督徒控制下的安条克公国。相反，这支十字军选择了先向安卡拉行军，然后折向东北的路线。他们希望在抵达安条克之前，先救出被俘的波埃蒙多。关于这一点，三位诸侯没有分歧。

但这一地区是塞尔柱突厥人统治的区域。上次塞尔柱突厥人对西欧骑士的战法感到不适应，而现在他们已经完全习以为常了。

十字军深入敌军领地的结局，是导致多数将士白白死在小亚细亚的荒山野岭中。圣吉尔、布洛瓦伯爵和于格也差点儿像波埃蒙多一样惨遭俘虏，不过还是侥幸逃脱了。圣吉尔逃回了君士坦丁堡，而布洛瓦伯爵和于格则踉踉跄跄地抵达了安条克。

这次行军的惨痛教训，使西欧人了解了通过小亚细亚的困难。因此，后来的朝圣者大都选择了海路。

十字军的失败也给企图利用他人的阿莱西奥斯一世重重一击。虽然十字军在叙利亚重创了穆斯林的力量，但小亚细亚依然是突厥人的天下。拜占庭帝国已经不可能依靠第一次十字军的力量收复小亚细亚了。经过此战，塞尔柱突厥人又从拜占庭手中夺回了安纳托利亚高原中部的重镇科尼亚。

1100 年十字军在小亚细亚的失败，也使鲍德温对援军的期待化为泡影。虽然终于完成在圣墓教堂前祈祷夙愿的布洛瓦伯爵和于格与他商定今后共同作战，从西欧返回的两位诸侯却没有带来多少能够上战场的士兵。

而除了由疫病导致的大量非战斗减员外，令鲍德温感到失望的是，威尼斯海军放弃了在地中海东岸的斗争。这一局面持续了 20 年之久。

威尼斯共和国一直是把国家利益放在优先地位考虑的。在各国都首先考虑宗教问题的中世纪，威尼斯是一个另类。该国的格言是“首先做威尼斯人，然后才是基督徒”。它一直在与埃及的穆斯林开展贸易，并不会因十字军的到来而中止。虽然罗马教皇是全西欧的精神领袖，威尼斯却可以不顾教皇的禁令而与异教徒通商。

1100 年前后，匈牙利国王正在进攻威尼斯的生命线——亚得里亚海东岸。由于威尼斯位于亚得里亚海的最深处，为了维持本国船只航行的安全与自由，它必须保持对时称“威尼斯湾”的亚得里亚海的控制。

为了防守受匈牙利进攻的亚得里亚海东岸的港口，威尼斯共和国政府召集了本国分散在整个地中海的商船队。由这些船队组成的强大海军，得以将匈牙利军队的陆上攻势完全击退。正是因为此事件，威尼斯舰队从巴勒斯坦的外海完全消失。直到 20 年后与匈牙利解决了领土纠纷，威尼斯的船只才恢复在这一海域的活动。

由于在海法之战中发挥了重要作用的威尼斯舰队不辞而别，鲍德温只得依赖意大利滨海城邦中不太重视国家利益的热那亚海军力量。然而，他与热那亚的合作导致了不愉快的虐杀。

比萨和热那亚船只上的水手，在与鲍德温的部下一同攻陷海港城市之后，以比十字军更残暴的方式，屠杀城内的穆斯林。

我们不难理解这些水手的想法。在此前的《罗马帝国灭亡后的地中海世界》里，我曾述及，比萨人和热那亚人一直战斗在与北非穆斯林海盗船斗争的最前线。

虽然同是意大利人，威尼斯人的贸易对象主要是拜占庭帝国和中近东的穆斯林国家，而意大利北部的其他城邦则很少与异教徒和希腊人开展贸易。相反，他们总是伺机袭击和掠夺穆斯林船只，绑架船上的商人，并勒索赎金。

与威尼斯的另一处不同，则是比萨和热那亚建立海军的目的。他们首先并非为开展贸易而建立海军，而是为了防范从北非来袭的海盗。比萨和热那亚海军的打击对象，基本上都是穆斯林海盗。

对比萨和热那亚人来说，穆斯林的唯一意义就是敌人。既然是仇敌，那么见到手无寸铁的穆斯林，他们就会不假思索地屠杀。但比萨和热那亚毕竟是以贸易立国的，因此他们不会拒绝与异教徒通商。在可以放手经商的地区，例如海港城市内的本国居留区，他们自然会与穆斯林开展贸易。这时，双方的宗教差异就不重要了。

与在贸易当中不考虑宗教问题的意大利人相比，西欧北部来的十字军骑士就显得不那么变通了。但大家都抱持着利己主义的心态，因此常常互相妥协。这一时期，鲍德温最能够依赖的朋友，就是这些意大利商人了。

波埃蒙多的回归

鲍德温就任耶路撒冷国王之后，就自然成为了全体十字军的最高领导人。他不能对被囚的波埃蒙多置之不理。他通过留在埃德萨的堂兄弟打听波埃蒙多的下落，并希望同名的堂兄弟能设法救出普利亚公爵。终于，擒获波埃蒙多的达尼斯蒙德苏丹提出，十字军可以用 26 万拜占庭金币将其赎回。

被捕时身居高位的波埃蒙多，此时正被手铐脚镣所缚，不能离开囚室一步。他与一位来自萨勒诺的骑士里卡多一起，被关在一座高塔之内，过着度日如年的囚徒生活。

据传说，被囚的波埃蒙多曾经设法笼络苏丹的爱妾。虽然这个说法真伪不明，因为他想会见苏丹的内室，还是非常困难的。

对老苏丹来说，关押着这位身价 26 万金币的俘虏，也是一件很头疼的事情。因为倘若别的苏丹知道波埃蒙多的关押地点，必然会试图将其夺走。

不得已之际，苏丹前来劝说这位高贵的俘虏交赎金。波埃蒙多在囚禁之中学会了突厥语，这对他来说是手到擒来的事情。

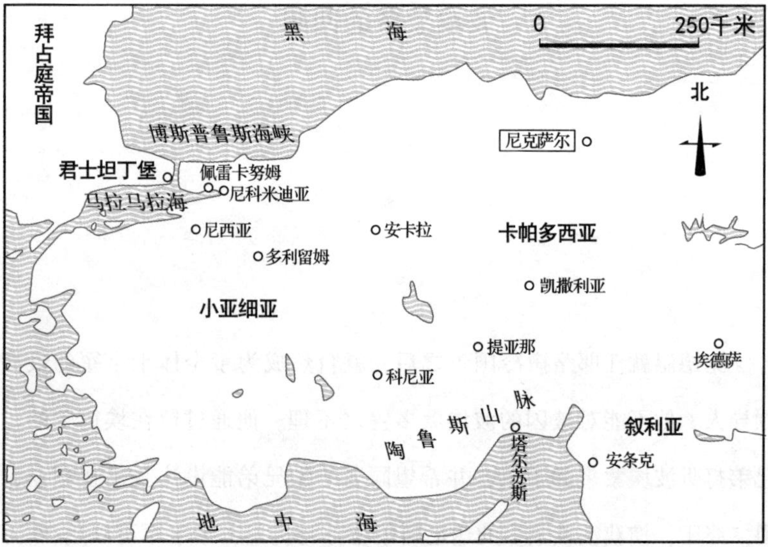

囚禁波埃蒙多的尼克萨尔及其周边地区

波埃蒙多讨价还价到10万拜占庭金币。苏丹抵挡不住现金的攻势，接受了自己俘虏的提议。但他要求里卡多留下作为保证。最终，老苏丹同意波埃蒙多在没交赎金的情况下自由离开。毕竟，对达尼斯蒙德来说，这位俘虏是只烫手的山芋。

在被囚两年后，波埃蒙多只身回到了安条克。丹克雷迪对此感到吃惊，兵士们则欢声雷动。

但安条克城里并没有10万赎金可以支付给达尼斯蒙德苏丹。可是，对基督徒骑士来说，欠异教徒债是极不光彩的。为了解决这一窘迫的事态，波埃蒙多最终向安条克城内的居民征收了特别税。待赎金交付之后，萨勒诺的里卡多也被放了回来。

恢复自由之身的波埃蒙多，自然对前来守城的丹克雷迪表示了深深的谢意。而丹克雷迪也准备好了将安条克城交还给返回的公爵。同时，丹克雷迪表示，希望舅父承认自己最近征服的与安条克公国接壤的地区。但波埃蒙多对此不置可否。

最终，丹克雷迪交出了安条克城主的位置，而且没有得到任何补偿。他回到加利利以后，却发现鲍德温已经完全吞并了这片原属于自己的土地。这位年轻人的困境，体现了作为旁系继承者的悲哀。

然而丹克雷迪还不能和舅父断绝关系。在波埃蒙多看来，至少这位年轻人还大有用武之地。诺曼人亲属间的联系很紧密，舅甥两人之间就像戈德弗鲁瓦和鲍德温亲兄弟的关系一般。

这时候，鲍德温正忙于征服巴勒斯坦的海港城市，而从囚禁中重返安条克的波埃蒙多也再次回到了战场。他的对手是叙利亚的穆斯林守军。虽然叙利亚各个城市的埃米尔之间还在为争夺领土而斗争，在面对波埃蒙多时，他们还是能够团结起来。

基督徒和穆斯林在埃德萨附近展开了激战。在幼发拉底河东岸地区，有许多埃德萨伯爵建立的堡垒。当鲍德温就任耶路撒冷国王以后，这些堡垒的实际控制者是他的同名堂兄弟。

此时的埃德萨城内有一位来自法国西部库尔特尼家、名叫若瑟兰的骑士。他参加了1100年的那次十字军，是其中为数不多的从小亚细亚逃到安条克的幸运者之一。后来，若瑟兰来到了埃德萨协助这里的防御。

留守埃德萨的鲍德温请求波埃蒙多派兵支援自己，以进攻幼发拉底河支流上的战略要地哈兰城。站在这座城市的城墙上，可以将周边的原野尽收眼底。而如果鲍德温能占据哈兰，就在幼发拉底河西岸建立了自己的前沿阵地。

穆斯林在此时全面团结起来。叙利亚当地的领主都积极参加了摩苏尔领主组织的联军，以7000骑兵和3000步兵的总兵力，与南下的十字军展开了一场激战。

十字军的总兵力难以估计，但应不到敌军的一半。而鲍德温和若瑟兰所率的埃德萨军队，与波埃蒙多和丹克雷迪的安条克军队之间缺乏配合，最终在敌人的突击中败下阵来。

据伊斯兰史料，十字军方面战死的人数约有2000。总之，西欧人经历了一场大败。波埃蒙多和丹克雷迪成功逃离了战场，而鲍德温和若瑟兰则被俘虏。从攻陷耶路撒冷以来，十字军首次遭受了如此惨重的打击。

但是穆斯林一方也未能乘胜追击。当俘虏了两位重要人物之后，突厥领主之间继续互相争斗起来。最终，鲍德温和若瑟兰分别被分配给两位领主。而十字军也并未能够利用对手内讧的机会。

返回安条克的波埃蒙多，派遣丹克雷迪前往埃德萨代行统治。

时年29岁的丹克雷迪，率军向埃德萨出发了。对他来说，想坚守住埃德萨伯爵领地，并非易事。毕竟，此前哈兰战役的失败，粉碎了十字军不可战胜的神话。

哈兰战役之后陷入内斗的穆斯林领主们，没有组织起大规模的联军，而是分别单独进攻埃德萨。在一次次的攻城战中，丹克雷迪都成功击退了敌军。他完全依靠自己的力量，而并未获得来自波埃蒙多的任何支援。

倘若叙利亚的塞尔柱突厥领主再次联合起来，丹克雷迪必然无法招架。而穆斯林一旦夺回埃德萨，安条克公国就危在旦夕了。

而使十字军从危机中得救的，是塞尔柱突厥人之间的领地纠纷。对突厥人来说，俘获波埃蒙多获得大量赎金的先例，使他们充满了对生擒十字军中重要人物的兴趣。

捕获埃德萨的鲍德温的领主，向安条克派遣了使者。这位领主自然知道鲍德温的身价比不上波埃蒙多，因此只向波埃蒙多要求 1.5 万拜占庭金币的赎金，并附带了交还波埃蒙多所俘虏的突厥公主的条件。

波埃蒙多自然接受了使者的请求。他当场将 1.5 万金币和突厥公主交给了使者，使者随即离开，回到了幼发拉底河东岸。波埃蒙多不假思索地交付赎金，表现了为释放同为十字军领导人的鲍德温所做的努力。

但他并没有催促穆斯林一方释放鲍德温。而在没有催促的情况下，突厥领主也就一直没有释放俘虏。这样下来，鲍德温就一直以囚犯之身滞留着。

至于波埃蒙多为什么没有催促对方放人，丹克雷迪的一段记载道出了其中隐秘的缘由：

“倘若释放了鲍德温，埃德萨便恢复了从前的状况。公爵之所以这样做，是为了安条克和埃德萨两块领地都归于我们一家所有。”

在埃德萨担负防御任务的鲍德温，作为戈德弗鲁瓦和耶路撒冷国王鲍德温的堂兄弟，是西欧北部洛林家族的一员。而丹克雷迪和波埃蒙多，则是意大利南部诺曼人家族的成员。西欧的家族就像苏格兰的氏族一样，内部十分团结，将别的家族视为潜在的对手。在穆斯林的部族中，即使是本家也常常有对立的关系，而中世纪的基督徒则以家族为斗争的基本单位。

至于库尔特尼的骑士若瑟兰，则与俘虏自己的穆斯林首领交涉起来。他愿意为该首领作战，协助其防御附近穆斯林领主的进攻，并愿以3万第纳尔金币赎身。这位来自法国西部的骑士并未花费多少盘缠，因此还有充足的资金使自己重获自由。最终，领主释放了若瑟兰。

在获得释放之后，若瑟兰得知了鲍德温仍身陷囹圄的消息。他充分发扬了骑士精神，只身前往囚禁鲍德温的领主那里，请求将其释放。

囚禁鲍德温的领主并不满足于波埃蒙多所支付的1.5万拜占庭金币，再次向若瑟兰要求缴付6万第纳尔的赎金。若瑟兰并没有这么多盘缠在身，于是提出先付3万第纳尔，并以自己交换鲍德温入囚。

若瑟兰的行为使领主大为感动。在收取3万第纳尔之后，他立即释放了鲍德温，并让若瑟兰也自由离开。

面对重返埃德萨的鲍德温，丹克雷迪只好让出了城主的位置。在就任耶路撒冷国王的另一位鲍德温未能重返埃德萨的情况下，这位鲍德温成为实际的埃德萨伯爵。而丹克雷迪则分别在埃德萨和安条克担任过摄政。

1099 年收复耶路撒冷的最大功臣戈德弗鲁瓦于 1100 年去世。此后，十字军进入了在近东建立国家的阶段。在这一阶段中，耶路撒冷国王鲍德温和安条克公爵波埃蒙多都常常为了建立实质性的统治而诉诸武力。此时，伊斯兰世界内部的不统一，客观上促成了十字军国家的建立与稳定。如果穆斯林团结一致的话，其勇猛足可与十字军相抗衡。

因此，十字军在大多数情况下都占据优势。但尽管如此，这些西欧人还是丧失了大量的兵力。诚然，任何成功的远征，都是以牺牲为胜利的代价的。无论是鲍德温还是波埃蒙多，都对自己属下的损失感到痛心。

收复耶路撒冷、夺取巴勒斯坦，在西欧掀起了宗教狂热。前往近东的朝圣者增加了不少。从英格兰、丹麦、挪威等地，也有部分兵士前来与异教徒作战。

但是这些新来的人并没有多少战斗力。对于骑士来说，需要有一下命令，就能让全体听从的指挥官，而根本没有人训练那些普通的朝圣者。

究其原因，还是在于组成第一次十字军的，都是诸侯率领的亲兵。这些亲兵在战斗中难免出现减员的状况，而作为补充的普通兵士，并不能达到亲兵所拥有的令行禁止的能力。虽然每天都有新的西欧兵士从巴勒斯坦的海港城市下船，他们无法实际改善兵力减少的情况。而一起组织来到近东的“1100 年的十字军”，也在抵达叙利亚之前就丧失了大半。可以说，哈兰战役的大败，就是这段时期十字军兵力减少、战斗力下降的反映。

1104 年秋天，安条克公爵波埃蒙多召唤了还在埃德萨的丹克雷迪。他正式任命后者为安条克的摄政。而波埃蒙多自己则乘船返回西欧。此行的目的是游说罗马教皇和法国国王，组织新的十字军部队送往东方，以补充有所减少的叙利亚和巴勒斯坦的十字军。

丹克雷迪再度统领了安条克，而同时由于鲍德温还未返回，他还代管埃德萨伯爵领地。三年以后，鲍德温得到释放，重新掌握了埃德萨，而丹克雷迪则一直管理着安条克公国的内政与防御。

丹克雷迪认真履行了自己的职责。他担任摄政长达 8 年之久。

以能征善战而为穆斯林所熟知的丹克雷迪，在管理内政方面也取得了不错的成就。他效仿波埃蒙多为热那亚人提供居留区，从而发展了安条克城经济的策略，进一步为比萨人提供了居留区。由于社会经济的繁荣，以穆斯林居民为主的安条克公国在丹克雷迪治理下，一次动乱也没有发生。可以说，这位来自意大利南部的年轻人既是战场上积极作战的一员猛将，也是深谋远虑的政治家。

圣吉尔的作战

那么，图卢兹伯爵圣吉尔的情况又如何呢？

当圣吉尔所率领的1100年十字军宣告惨败之后，他只好狼狈地逃回了君士坦丁堡，在那里终日无所事事地生活着。后来，圣吉尔接受了阿莱西奥斯一世的秘密任务，返回叙利亚的拉塔基，从那里试探侵入安条克公国的领地，却受到了丹克雷迪的迎头痛击。

丹克雷迪一度俘获了这位老前辈。虽然圣吉尔最终获释，他却深知丹克雷迪的危险。可如果前往耶路撒冷，鲍德温一世早已控制了局势，而这位国王又不愿利用圣吉尔的军队。于是，60岁的老伯爵陷入了无事可做的窘境。

他唯一可以做的，就是征服特里波利。如果能攻陷特里波利，并建立属于自己的伯爵领地，就可以将十字军的领土安条克公国和耶路撒冷王国连接起来。应该说，圣吉尔的这一想法是明智的。

此时的特里波利，正处在名为穆鲁克·阿布·阿里的阿拉伯领主的统治下，而他一直与法兰克人关系良好。这位领主不仅为前往耶路撒冷的鲍德温提供了一夜住宿，还向丹克雷迪的军队及时报告了在

“猎犬之河”有杜卡克军队埋伏的消息。

穆鲁克与许多其他领主一样，并不知道法兰克人的宗教狂热，认为十字军不过是普通的侵略军，是可以与之共存的。附近的沙伊扎尔、哈马、霍姆斯、布凯亚、巴尔布克城的领主也抱持相同的心态。第一次十字军还未染指这些城市。

在圣吉尔看来，如果特里波利陷落了，这些城市就很容易拿下了。因此，他决定首先攻占特里波利，并以此为自己伯爵领地的中心。圣吉尔心中比任何其他人都强烈的宗教狂热，会通过实现这个计划而得到大大的满足。

老迈的伯爵一决定就出发了。他仅仅率领了300骑兵，直扑特里波利城下。

事已至此，特里波利的埃米尔只得下令迎战，并向大马士革的杜卡克和霍姆斯的达乌拉求援。此二位领主很快率领了2000名骑兵赶来支援。

到达特里波利城外的圣吉尔，看到敌方大量援军到来，并没有下达退兵的命令。他可能已经陷入了极度绝望之中。在敌军面前，圣吉尔把自己所率领的300名骑兵分成四队：

100名骑兵抵挡大马士革来的杜卡克；

100名骑兵进攻特里波利的埃米尔穆鲁克；

50名骑兵迎战霍姆斯的达乌拉；

最后是50名骑兵组成自己的近卫队。

首先与圣吉尔交锋的是霍姆斯的2000骑兵。50对2000的作战，看上去是寡不敌众的，但事实并非如此。善于征战的圣吉尔，根据地形布置了战术。他的50名骑士使霍姆斯的2000骑兵在劣势地形中陷入了混乱。同样地，圣吉尔以100名骑士扰乱了大马士革来的2000骑兵的阵形。

圣吉尔很快由守转攻，夺取了战场的主动权。他的300名骑士大声呼喊着冲击敌人的战阵，使穆斯林兵士溃不成军。特里波利的郊外，到处是被砍死的突厥人和阿拉伯人的尸体。根据伊斯兰史料的记载，这次战斗中穆斯林一方损失了7000人。如果此数字属实的话，对于十字军来说当算是一场大捷了。

圣吉尔参加十字军以来，第一次感受到大胜的喜悦。他决定不依靠任何人的帮助，在第二年年初仍以300骑兵进攻特里波利城。

次年春天，战事再开，而圣吉尔改变了战术。他深知，以300名骑兵是不可能攻破特里波利城的，因而采取了孤立这座城市的策略。他决定对所有援助特里波利的城市展开进攻。

可以说，圣吉尔的新战术相当幸运地奏效了。更为幸运的是，支援过特里波利的霍姆斯城主达乌拉，在从清真寺礼拜出门之后，遭人暗杀。

暗杀达乌拉的人，并非与十字军有关的任何基督教徒，而是与其有私仇的穆斯林。这次暗杀也并非由于宗教或政治原因，而仅仅是由于财产纠纷。由于达乌拉是阿勒颇城主里德万之子，这次暗杀也含有家族仇杀的意味。

此时，失去埃米尔的霍姆斯城只好向大马士革的杜卡克求助。而杜卡克正是里德万的兄弟。第一次十字军时期叙利亚领主之间的内斗，令伊斯兰史家感到扼腕。

由于大马士革的军队抵达了霍姆斯，他们就能与特里波利的军队一起对抗圣吉尔。圣吉尔攻取特里波利的困难似乎又增加了不少。

正当此时，热那亚人向圣吉尔提出协同作战——热那亚海军的40艘战舰从海上进攻特里波利，十字军则从陆上攻城。伯爵同意了这一建议。

然而特里波利城拥有雄厚的资金，它雇佣埃及船只击退了热那亚海军的进攻。

圣吉尔只得独自攻城。他的坚持最终得到了回报，1105年春，特里波利城被迫求和。而圣吉尔的条件是城市承认其为领主。

在交涉进行当中，图卢兹伯爵病倒了。他在攻城时受到敌人火箭所伤，伤势恶化形成了感染。最终，圣吉尔以63岁的年龄离开了人世。他占据了相当于今天黎巴嫩领土的一半，而沙伊扎尔、哈马和霍姆斯，当然还包括大马士革在内的广大地区，仍处在穆斯林控制之下。但特里波利伯爵领地还是足以连接起安条克公国和耶路撒冷王国，使十字军在近东的领土成为完整的一块。

波埃蒙多重返西欧

在十字军当中，一直与圣吉尔冲突的，是被穆斯林视为第一勇将的波埃蒙多。

波埃蒙多把安条克托付给丹克雷迪之后，自己乘船回了西欧，首先回到了南意大利。他本是在长靴形的亚平宁半岛南部普利亚地区的领主，于是在自己的领地居住到 1104 年晚秋。在这片自己已离开 9 年的土地上，波埃蒙多有许多事要做。其中的一件事，是组织一支新的军队，以准备再次前往东方。

在欧洲南部，即使是晚秋时节，也不妨碍旅行。波埃蒙多从意大利南部前往罗马，会见新任教皇帕斯卡尔二世，游说其发起新的十字军东征。

帕斯卡尔二世和乌尔班二世一样，都出自克吕尼修道院。他的性格过于温厚，虽然也很关心十字军，却没有乌尔班二世那样的积极性。最终，波埃蒙多得到了他的许可，作为教皇的代表前去游说法国国王。

1105 年春天，波埃蒙多在巴黎受到法国国王腓力一世的热情接见。由于整个西欧正沉浸在第一次十字军东征成功的狂热之中，法国国王的宫廷里也对其中的大功臣波埃蒙多颇为器重。腓力一世是参加十字军的于格的长兄，而此时于格已经回到巴勒斯坦参战。得知波埃蒙多请求募集参加十字军的兵士，国王爽快地应允了。

然而，波埃蒙多得到的最强有力的支持，却来自女性。

如前所述，布洛瓦伯爵夫人阿黛尔是征服英格兰的诺曼底公爵威廉的女儿。她曾两次激励丈夫埃蒂安参加东征，是一位热心支持十字军的女贵族。而波埃蒙多则是深受女性青睐的男子。

于是，布洛瓦伯爵夫人就为波埃蒙多引见了其兄长，新任英格兰国王亨利一世。亨利一世也同意协助波埃蒙多发动新的十字军东征。

当然，阿黛尔的热心，仅仅是为了支持十字军的缘故，而不是出于男女之情。她的帮助，对波埃蒙多所准备的新的远征，也的确起了一定的作用。然而，依然独身的波埃蒙多，还是需要找一位各方面都适合自己的伴侣。

1106 年暮春时节，56 岁的波埃蒙多终于结婚了。他的妻子名叫康斯坦丝，是法国国王腓力一世的女儿，曾以公主的身份嫁给香槟伯爵，但已离婚（一说为分居）。在两人结婚之后，康斯坦丝公主随波埃蒙多一起抵达了意大利南部，并在其夫死后一直留居普利亚的公爵领地。虽然这次婚姻明显是政治联姻，但也有二人之间恋爱的可能。

愉快的波埃蒙多给丹克雷迪也找了一位名叫塞西莉亚的妻子，其中也有布洛瓦伯爵夫人代为穿针引线。此人是与腓力一世有染的一位女子所生的，因此算是一位庶出的王女。在丹克雷迪不在的情况下，波埃蒙多为塞西莉亚举行了成婚仪式。

塞西莉亚也跟随波埃蒙多一起来到了南意大利，之后为了尽对其夫的义务，扬帆远航，只身前往近东。

还未收到波埃蒙多来信，丹克雷迪就见到了远航而来的塞西莉亚。她的出现令这位青年将领大吃一惊。此时的安条克，与其说是优雅的大都市，不如说是兵马交锋的前线基地。在城内，年轻美貌的贵族妇女吸引了众人的注目。要知道，参加第一次十字军的诸侯当中，携带妻子出征的只有鲍德温和圣吉尔两人。而在此时，美丽的塞西莉亚翩翩而来，与美男子丹克雷迪可谓是眷侣天成。

波埃蒙多的西欧之行，在各个方面都取得了相当圆满的成果，只待新的十字军整编完成了。与此同时，身在安条克摄政的丹克雷迪也不负重托，成绩斐然。56 岁的波埃蒙多，在此刻已是高枕无忧了。

然而，人生中的陷阱，往往在这个时候静候着主角。在近东、罗马和法国都大获成功的波埃蒙多，没有料到悄然袭来的危险。此时正值 1106 年秋天。

落入陷阱

一直在意大利南部等待十字军集合，为重新出征做准备的波埃蒙多，处在人生的巅峰。这次的十字军，完全由他一人统领。

但普利亚公爵心中所想的，却是占领亚得里亚海对岸的城市都拉斯。

都拉斯是一座重要的海港城市，是古罗马时代埃尼亚提亚大道的出发点，在中世纪为拜占庭帝国所控制。如果进攻这座城市，拜占庭皇帝必然震怒而派遣军队还击。除了阿莱西奥斯一世之外，波埃蒙多进攻都拉斯，还将面对另一个强大的敌人。

波埃蒙多的领地普利亚位于亚得里亚海西岸，而都拉斯则位于其东岸。倘若两岸都被同一人占领，位于亚得里亚海最深处的威尼斯就好像老鼠被装进了口袋一般。因此，强大的威尼斯海军不会对波埃蒙多的野心坐视不管。

1100 年春，亲率大军渡海进攻都拉斯的波埃蒙多，受到了海陆两面的夹攻。在拜占庭军队的陆上攻势和威尼斯海军的封锁下，他的军队完全陷入了孤立无援的境地。

进入夏季，完全没有补给的兵士们，在暑湿的折磨下纷纷病倒。到了9月，波埃蒙多也身染疫病。他能够耐受两年的囚禁生活，却在传染病面前倒了下来。

被围期间，波埃蒙多答应了阿莱西奥斯一世的使者送来的四项和议条件：

一、波埃蒙多继续统治安条克公国，但作为拜占庭皇帝臣下的身份而统治。

在以希腊语写成的条约全文中，只有“臣下”一词以中世纪拉丁语“vassallus”标明。这当然是为了让全体十字军和西欧的王侯们都明白而特意做的文章，其间体现了阿莱西奥斯一世复仇的快意。

二、安条克的实际统治者丹克雷迪，以及以后统治该公国的任何人，都必须以拜占庭皇帝“臣下”的方式，得到其统治权。

三、在现任安条克大主教的法兰克人去世后，必须任命信奉希腊正教的希腊人为大主教。

四、基利基亚和叙利亚地区的所有城市，都归拜占庭皇帝统治。

双方达成协议之后，率领残兵逃回普利亚的败军之将波埃蒙多，再也不是以前那位叱咤风云的十字军统帅。

波埃蒙多在西欧王侯中的信用一落千丈。由于拜占庭帝国和埃及法蒂玛王朝达成了瓜分叙利亚和巴勒斯坦的密约，与埃及哈里发交往的拜占庭皇帝成了十字军的敌人。波埃蒙多臣服于阿莱西奥斯一世，可谓是奇耻大辱了。

同样，波埃蒙多组织新十字军东征的设想也完全落空了。其他诸侯都失去了支持他的热情。

整个西欧都对波埃蒙多感到无比失望，其中自然包括布洛瓦伯爵夫人。

而困守故土的波埃蒙多，也就无从得知安条克公国的命运了。但我想，他一定很想知道吧，可惜这位公爵的时间不多了。

从都拉斯败退回普利亚的波埃蒙多，没有踏出巴里城一步，在一年后的1111年郁郁而终，时年61岁。他与妻子康斯坦丝育有两个儿子。

然而，已逝的波埃蒙多并不知道，阿莱西奥斯一世所要求的条件，最后都没能实现。

拜占庭皇帝的特使带着波埃蒙多署名的条约文书前往安条克。迎接他的丹克雷迪虽然也在上面签字，却对特使的要求一笑置之。这位曾经对拜占庭皇帝的效忠宣誓书抵抗到最后的年轻人，完全不把阿莱西奥斯的要求当回事。

应该说，丹克雷迪的强硬态度，挽救了十字军国家的命运。此后，无论是安条克公国还是耶路撒冷王国，都一直保持独立，从未成为拜占庭帝国的一部分。

对强迫签订的条约一笑置之的丹克雷迪，表现出了无与伦比的勇气。他从容应对穆斯林和拜占庭帝国的夹击，一方面击败了塞尔柱突厥人的埃米尔们，另一方面则令拜占庭皇帝的试探性袭扰无功而返。

然而，丹克雷迪并不是一位十分成熟的男子。他就像一匹只知道加速前进，却没有人攥住缰绳的骏马。过去，在进攻安条克的时候有波埃蒙多，在耶路撒冷之战与其后的加利利征服战中有戈德弗鲁瓦为他勒紧缰绳。但当戈德弗鲁瓦死后，波埃蒙多返回西欧之后，丹克雷迪就好似脱掉了缰绳一般狂奔而去。结果，发生了伊斯兰史料中称为“奇妙的战争”的一场大战。

“奇妙的战争”

戈德弗鲁瓦死后，鲍德温继承了耶路撒冷的王位。他委托了同名的另一位鲍德温统治自己的埃德萨伯爵领地。但在前述的哈兰战役失败以后，这位鲍德温被囚禁于位于今天伊拉克的摩苏尔，关押他的领主名叫贾瓦里·萨卡瓦。

来自法国西部的骑士若瑟兰·德·库尔特尼愿以骑士精神救出鲍德温，但他的3万第纳尔赎金并不足以赎回埃德萨的统治者。最终，若瑟兰交出了两倍的赎金，并约定协助摩苏尔的领主攻击其对手，才换来了鲍德温的获释。

尽管经历了几次交锋，穆斯林仍然认为第一次十字军仅仅是一般的侵略者而已。他们甚至会利用这些信基督教的异教徒，来与同是穆斯林的对手作战。

已经将埃德萨的鲍德温和若瑟兰视为友军的摩苏尔领主贾瓦里，决定进攻里德万的阿勒颇城。他率领塞尔柱突厥和贝都因骑兵组成的大军，挥师西进，而鲍德温和若瑟兰也如约派出数百名骑士，与贾瓦里合兵一处。

里德万对此感到颇为惊恐。他深知摩苏尔军队的实力，再加上埃德萨的十字军，自己实在无力抗衡，因此需要特别施计。

他没有选择向自己的兄弟，大马士革领主杜卡克求援，因为双方在争夺领土方面互不相让，已经闹到了势同水火的地步。结果，在摩苏尔军队逐渐逼近的形势下，里德万派使节向丹克雷迪求援。

令后世穆斯林编年史家颇为叹息的是，叙利亚的穆斯林首领之间，不能团结一致抵抗法兰克人，却相互敌对起来，为了领地的纠纷，血亲兄弟反目成仇。

在这样的环境中生存，最终也改变了十字军领导人之间的微妙关系。丹克雷迪对埃德萨的鲍德温，也没有多少好意。

事实上，丹克雷迪对鲍德温的回归耿耿于怀。在鲍德温被捕期间，整个埃德萨伯爵领地都由丹克雷迪代管。而他通过向东、南两个方向的征服活动，扩大了伯爵领地的领土。

然而，鲍德温还是被释放回来了。这时，丹克雷迪只好将自己费尽心血扩大的土地，交还这片领地原来的统治者。

丹克雷迪曾向鲍德温提出，自己扩大的领地应划归安条克公国。但这一要求为鲍德温所无视。毕竟，埃德萨的鲍德温是耶路撒冷国王鲍德温的堂兄弟，因此都属于洛林家族。而丹克雷迪和波埃蒙多则属于诺曼人的家族。由于波埃蒙多返回了西欧，在近东形成了洛林家族一家独大的局面。

丹克雷迪很快答应了阿勒颇领主里德万的要求。他不仅答应援助里德万，还亲自率领了相当于阿勒颇守军两倍的兵力。丹克雷迪和鲍德温，即将在战场上兵戎相见了。

于是，穆斯林眼中的“奇妙的战争”，或者说是“超越宗教的差别，以自身利益为目的的战争”，就这样爆发了。此时正值1108年10月初，而战争爆发的地点在阿勒颇与埃德萨之间门比城附近的平原上。

由于摩苏尔领地的首领贾瓦里年事已高，率领500突厥兵和许多贝都因武士的，是他的儿子。而鲍德温和若瑟兰麾下的援军有数百人，这一方的军队总数约为2000。

而阿勒颇一方的军队则包括里德万自己率领的600名突厥兵，以及丹克雷迪所率的1500名十字军，总计2100人。

战事一开始，朝着对摩苏尔和埃德萨一方有利的方向发展。然而令人始料未及的是，摩苏尔军队所雇佣的贝都因士兵从己方的军营中偷盗了几百匹强壮的阿拉伯马，逃离了战场。远远望见贝都因人盗马而逃，摩苏尔和埃德萨的士兵顿时无心恋战。这时丹克雷迪一声令下，阿勒颇和安条克的联军全线出击。摩苏尔和埃德萨的部队纷纷溃逃，而丹克雷迪和里德万则凯旋而归。

有伊斯兰史料记载此战中死亡的十字军士兵达2000人，明显不符合事实。将代表双方参战的十字军加起来，也不足2000的数目。

然而，就算本次战斗丧生的法兰克人仅有史料记载的十分之一，对十字军来说也是巨大的损失了。鲍德温得知此战以后，自然怒不可遏。对这位耶路撒冷国王来说，十字军在与埃及的拉锯战中不断补充的军力，却在自己的内耗中损失了。

鲍德温立即谴责了丹克雷迪和埃德萨的鲍德温。虽然没有留下相关的记载，但可以想象他对双方都进行了警告，声称如果再发生类似的事件，全体基督徒将以他们二人为敌。二人收到来信之后，都表示要相互和解。

但两人是否真心和解，就不得而知了。但从此以后，安条克和埃德萨之间再没有发生战事。耶路撒冷国王鲍德温对此深感欣慰。此时他正着手征服圣吉尔生前一直进攻的特里波利。

在围攻特里波利时死去的圣吉尔，有一名叫贝尔特兰的儿子。但这位贝尔特兰并非圣吉尔的妻子所生，因此只能算是庶出，在中世纪的基督教世界中处于不如嫡子的地位。但由于圣吉尔的嫡子先于其父丧命，贝尔特兰就成了名正言顺的继承人。

贝尔特兰则育有一位名叫庞斯的儿子。在鲍德温和热那亚舰队的协助下，这对父子最终实现了圣吉尔征服特里波利的梦想。

1109 年夏天，特里波利之战宣告结束。经过 10 年的经营，十字军终于将从特里波利到拉马拉之间整个巴勒斯坦海岸全部纳入自己统治之下。剩下的推罗，直到 1124 年才落入基督徒之手。要知道，当年亚历山大大帝也是经过了数月围困，才攻破推罗城的。

而亚实基伦城也还在穆斯林手中。这座海港是埃及向巴勒斯坦进军的基地。因此，只要十字军试图进攻亚实基伦，埃及就会立即出兵抵抗。

到1123年，十字军终于夺取了亚实基伦。进攻海港城市，不可缺少的是海军的配合。当20年后解决了与匈牙利的领土纠纷，威尼斯就可以腾出手来一起进攻亚实基伦。

威尼斯人的方式是彻底的决战，要么就不出兵。1123年，威尼斯共和国的元首亲率由40艘军用桨帆船、28艘运输帆船和4艘大型商用桨帆船组成的庞大舰队，耀武扬威地出现在巴勒斯坦附近的海面。

威尼斯、比萨和热那亚等意大利滨海城邦的海军，在驾船技术上远超埃及水手，而且威尼斯人在此战中投入了相当大规模的舰队。与之交战的埃及船只纷纷沉没，使失去海军保护的亚实基伦很快陷落。第二年，威尼斯再次从海上发起了强大的攻势，最终将号称永不陷落的推罗城完全攻破。

至此，十字军国家已经占据了包括今日土耳其、叙利亚、黎巴嫩和以色列在内的整个地中海东岸。然而，应当最为这一战果而喜悦的耶路撒冷国王鲍德温一世，早在6年之前就已驾崩了。

而丹克雷迪则比鲍德温更早去世。

1112年12月，一直致力于征服安条克周边地区的丹克雷迪，染上了疫病，最终含恨而死。直接的病因是他在过去15年间，马不停蹄的征战，以及当时恶劣的卫生条件。与主教阿德马尔和戈德弗鲁瓦一样，关于丹克雷迪的死因，只有短短的“疫病”（typhus）一个词。

青年之死

当丹克雷迪染病的时候，他自己完全没有觉察，但他所染的疫病一开始就非常严重。得知自己将不久于人世的丹克雷迪，从以前脱缰野马般的性格摇身一变，让臣下准确而详细地记录了自己对嗣后事项的安排，并命令有关人士发誓严格遵从自己的要求。

他首先叫来了骑士鲁杰罗。原籍萨勒诺的鲁杰罗，是随波埃蒙多一起囚禁在达尼斯蒙德苏丹腹地的骑士里卡多的儿子。正如其已故的父亲是波埃蒙多的忠实助手一样，鲁杰罗也是丹克雷迪最信任的心腹。

丹克雷迪委任鲁杰罗为安条克公国的摄政，其职务应一直担任到波埃蒙多之子来到安条克继承领地时。

最终，丹克雷迪没有将自己一直统治的安条克公国遗赠于自己的血脉，而是将其继承权交付了一年前去世的舅父波埃蒙多之子。

与此同时，丹克雷迪命令鲁杰罗与埃德萨伯爵领地的统治者鲍德温的女儿结婚。这是为了使鲁杰罗能够得到强有力的支持，以为将来波埃蒙多之子的继承打下坚实的基础。

此外，他还命令，妻子塞西莉亚在自己过世之后，与新任特里波利伯爵贝尔特兰的儿子庞斯再婚。

丹克雷迪到死都没有得到自己的封国，而塞西莉亚则是法国国王庶出的女儿。自己死后，如何给妻子安排生计，自然是他要考虑周全的。他希望塞西莉亚未来能成为特里波利伯爵夫人。毕竟，在中世纪欧洲，如果一位贵族女子在没有足够遗产的情况下守寡，就只能进入修道院度过余生了。

最后，丹克雷迪还要求成为摄政的鲁杰罗完成一件重要的工作。在他的促成下，鲁杰罗的妹妹玛丽亚与即将赴任加利利总督的若瑟兰·德·库尔特尼结为夫妻。

在丹克雷迪全面细致的善后安排之后，以上各位都在他的病榻前发誓，未来团结一致，建立绝对紧密的关系。

完成以上安排之后，丹克雷迪在安条克公国、埃德萨伯爵领地、特里波利伯爵领地和加利利地区未来的统治者之间结成了一张亲缘关系网，使十字军领地的北半部分在自己去世以后全面安定下来。

一直积极进取、脾气暴躁的丹克雷迪，在临死之时却能够拥有罕见的深谋远虑，可以说他最终是成熟了。

可以说，这些安排是丹克雷迪遗赠给耶路撒冷国王鲍德温最珍贵的遗产。在以后的6年间，鲍德温可以不必考虑北部的敌情，集中精力于与埃及的战事。

丹克雷迪死时，年仅36岁。在那个时代，这并不算早死。然而在史书中记载的丹克雷迪，则以青年的面貌著称。

在16世纪意大利人文主义诗人塔索的长诗《解放的耶路撒冷》中，丹克雷迪的青春形象跃然纸上。而19世纪罗西尼作曲的歌剧《丹克雷迪》，则刻画了这位青年的悲剧人生。

在20世纪维斯孔蒂导演的电影《山猫》里，阿兰·德隆扮演的老公爵的外甥，就以丹克雷迪之名而广为传颂。这部电影的原著作者是西西里作家兰佩杜扎。

直到今天，只要南欧人听到丹克雷迪这个名字，脑海中就会自发地浮现一个充满信义、永远年轻的形象。

如果说丹克雷迪的改变发生在他临终的病榻上，曾经与丹克雷迪并肩作战的鲍德温，则是在成为耶路撒冷国王的宝座上完成转变的。兄长戈德弗鲁瓦死后，从埃德萨前往耶路撒冷的鲍德温，就不再是以前的样子了。

就任耶路撒冷国王的18年间，鲍德温专心于其兄在一年时间内无法完成的事业，加强耶路撒冷王国的统治。在他的不懈努力下，附近的海港城市最终为十字军所控制，而埃及法蒂玛王朝在巴勒斯坦的统治则完全瓦解。

鲍德温是一位不会抱怨他人的领袖，因此也常能化解他人之间的仇恨。

在1110年，鲍德温决定全面进攻埃及控制下的亚实基伦。由于自身军队的数量有限，他要求安条克和埃德萨出兵支援。丹克雷迪和埃德萨的鲍德温都响应了耶路撒冷王国的呼吁。

但实际上，两位前来的诸侯都只想固守在自己的领地。他们在亚实基伦城外视察之后，一致劝说耶路撒冷国王退兵。

两人的理由是，亚实基伦的城堡是行之有效的防御设施，因此陆路进攻非常吃力，而且，十字军缺乏海上力量。比萨和热那亚的船只仅仅能提供零星的火力支援，并不足以依赖。

鲍德温只得同意退兵。相比此前对双方内讧的呵斥，鲍德温此次的决定可谓富有政策弹性。

由此可见，在统治耶路撒冷王国的18年间，鲍德温不仅善用军事力量，也颇具政治手腕。

值得一提的是，鲍德温不顾教皇代表戴姆伯特的强烈反对，改变了耶路撒冷王国内以天主教为尊的局面，开始接纳正教和亚美尼亚教派的基督徒在耶路撒冷定居。

而在其以武力取得的其他城市，鲍德温没有赶走城内的穆斯林和希腊正教徒。在希腊正教徒之外，他也允许穆斯林居住在城内，并在清真寺内做礼拜。清真寺的设施也并未受到破坏。

鲍德温甚至承认了西欧人和当地穆斯林之间的通婚。这一策略是以与异教徒共存的方式，增强了属下兵士的实力。毕竟，纷纷来到耶路撒冷的朝圣者并无法提供多少兵力。

同时，为了增强国力，鲍德温也实施了必要的经济政策。这些政策不仅受到自己属地内穆斯林的欢迎，也吸引了境外的穆斯林。

由于意大利商人在十字军征服的海港城市内建立了居留区，这里成为了他们在近东的贸易基地。他们不仅经营着中近东地区的物产，还从事对来自印度、中国等地货物的贸易。逐渐屈服于十字军宗主权的沙伊扎尔、哈马、霍姆斯等地的穆斯林首领，最终也到十字军控制下的海港城市开展贸易活动。

阿勒颇和大马士革的商人，渐渐成为了法兰克人的贸易伙伴。在基督徒居住的城市里，徜徉着戴着头巾的各民族穆斯林。这一场景，令从西欧前来的虔诚朝圣者感到不快。

鲍德温之死

但是，耶路撒冷国王鲍德温并没有忘记埃及的威胁。

从埃及前往巴勒斯坦，可以选择三条道路。第一条，是经过海路，从亚实基伦登陆。第二条则是通过经西奈半岛的陆路前往巴勒斯坦，并不需要经过半岛上的沙漠地带，而是从开罗沿着地中海沿岸到达加沙。加沙与亚实基伦相距不远，而从亚实基伦到耶路撒冷的路途约为70 公里。

埃及与巴勒斯坦之间的第三条道路，则是控制了红海的埃及所可能取道的路线。埃及船只可以绕过西奈半岛，在位于今天约旦南部的阿喀巴港登陆。从阿喀巴北上，经过死海北进，就到达了耶路撒冷。拥有充足资金雇佣船只和人力的法蒂玛王朝，完全可以三路并进，直抵巴勒斯坦。

十字军方面唯一的希望，在于一再试图进攻巴勒斯坦的埃及宰相阿尔·阿布达尔放弃自己的计划。如果阿布达尔能放弃进攻，鲍德温心中自然不再担忧了。

以鲍德温在位时十字军的战斗力，根本无法攻破亚实基伦。至于入侵埃及境内，更是不可能想象的事情。鲍德温所能做的，就只有率军袭扰西奈半岛，牵制埃及的兵力一件事了。

担心安条克陷落而落入腹背受敌境地的，不仅仅是丹克雷迪一人。耶路撒冷国王鲍德温也在每个夜晚彻夜难眠，担忧敌军明天拂晓就出现在自己的视野之中。

为了保持自己的政治实力，鲍德温与身为亚美尼亚人的第二位妻子离了婚，迎娶了已故西西里国王的寡居王后，作为自己的第三任妻子。对鲍德温来说，这次婚姻完全以妻子所拥有的资产为目的，他并不关心对方是否与自己一起生活。早已死去的第一任妻子未能留下子嗣，而鲍德温也没有跟后两位妻子生育子女。

公元1118年春天，鲍德温向往常一样率兵前往西奈半岛，牵制埃及的军事力量。在半岛上的埃尔·阿里什，耶路撒冷国王病倒了，他被抬在担架上返回耶路撒冷。这次担架之旅并不漫长。4月5日，鲍德温死在回城路上。他的遗体被运回耶路撒冷，埋葬在圣墓教堂戈德弗鲁瓦墓的旁边。

由于鲍德温早年在教会内供职，其生年不得而知。在以神职位阶而论的修道院，通常不会记载进入时的年龄。除了罗马教皇一级的高级神职人员以外，一般的神职人员档案里面只有身故的年份。虽然鲍德温的生年不明，通过史料可以大致得知其出生于1065年前后，因此去世时的年龄约为53岁。

第一代十字军的退场

在本书至此所述的23年间，十字军国家已经在东方确立下来。埃德萨伯爵领地、安条克公国、特里波利伯爵领地以及耶路撒冷王国，以明确的形态，构成了以耶路撒冷为中心的联邦式十字军国家。

通过丹克雷迪临终时所促成的亲缘，埃德萨的鲍德温、安条克的鲁杰罗、特里波利的庞斯三人，成功地结成了互相协助的关系。他们不再像丹克雷迪生前那样抵抗耶路撒冷王国的权威，而是在耶路撒冷国王的统一领导下，共同进退。而耶路撒冷国王，就成为这一联邦实际的领导人。由于联邦的存在，十字军国家的寿命得以在较长的时期内延续。

而耶路撒冷国王鲍德温一世之死，则标志着第一次十字军的领导人全体退出了历史舞台。

作为教皇代表而参加十字军的主教阿德马尔，在1098年的安条克之战中率先离世。

接下来是耶路撒冷陷落后实际的国王，洛林公爵戈德弗鲁瓦，1100

年死于耶路撒冷。

先期逃回西欧，又在其夫人斥责之下回到巴勒斯坦的布洛瓦伯爵埃蒂安，在与穆斯林军队的激战中阵亡。而与其一同回到近东的法国王弟于格，则在同一时期死去。

诺曼底公爵和弗兰德斯伯爵两人，在耶路撒冷陷落之后，由于完成了出征的誓言，便回到了西欧，最终死于自己原来的封地。

然后，各诸侯中最年长的，也是最喜欢与同僚争执的图卢兹伯爵圣吉尔，在1105年进攻穆斯林对手时死去，时年63岁。他所渴望得到的特里波利，最终落入了自己儿孙手中。这大概可以使身在天堂的圣吉尔有所告慰吧。

穆斯林所熟悉的法兰克人波埃蒙多，也就是普利亚公爵，在与之长期竞争的圣吉尔去世后6年，死于普利亚的巴里，结束了61岁的人生。虽然波埃蒙多本人死于失望之中，所委托的丹克雷迪却成功地将安条克公国的统治权交付其子，使公爵一直苦心经营的领地，留在自己家族手中。

而丹克雷迪本人则以36岁的壮年之身，于1112年去世。

6年后的1118年，第一次十字军的最后一位领袖，耶路撒冷国王鲍德温撒手人寰。

巧合的是在同一年，一直与十字军保持微妙关系的拜占庭帝国皇帝阿莱西奥斯一世，也离开了人世。

1118年，十字军历史上的第一代人，全部退出了历史舞台。

耶路撒冷国王鲍德温临死前的遗言，是留给埃德萨的鲍德温的。

接到继承耶路撒冷的遗训，埃德萨的鲍德温迅速赶来。他将埃德萨委托给自己的战友若瑟兰·德·库尔特尼。从此，埃德萨的鲍德温成为耶路撒冷国王鲍德温二世。如果从实质上的首任国王戈德弗鲁瓦开始计算，圣城耶路撒冷的“守护人”一直是洛林家族的成员。

我们也不知道鲍德温二世的年龄。他大概比自己的堂兄鲍德温一世略小，但年长于丹克雷迪。因此，当鲍德温二世就任国王时，已经40多岁，将近50了。

十字军的第一代人，完成了在叙利亚和巴勒斯坦建立国家的重任。他们1096年从西欧出发以后，只用了3年就征服了耶路撒冷，之后花费了18年时间来巩固在东方的统治。

没有皇帝和国王参战的第一次十字军，主要依靠在西欧各地拥有领地的诸侯领导。他们虽然时常为自己的利益而争斗，在共同的目标面前，还是能够团结起来的。相反，穆斯林领主却由于自身利益出发，不能持续结成统一的战线。

此后的故事，将围绕着后人如何防御第一次十字军所建立的国家展开。不难想象，当伊斯兰世界认识到特意从远方而来的十字军的真实目的后，他们将给十字军以坚决的回击。

但是想象的情况与事实，却是千差万别。

在第一代十字军退场的真空中，首先行动起来的，是比西欧人感觉更为直接和强烈的当地人。

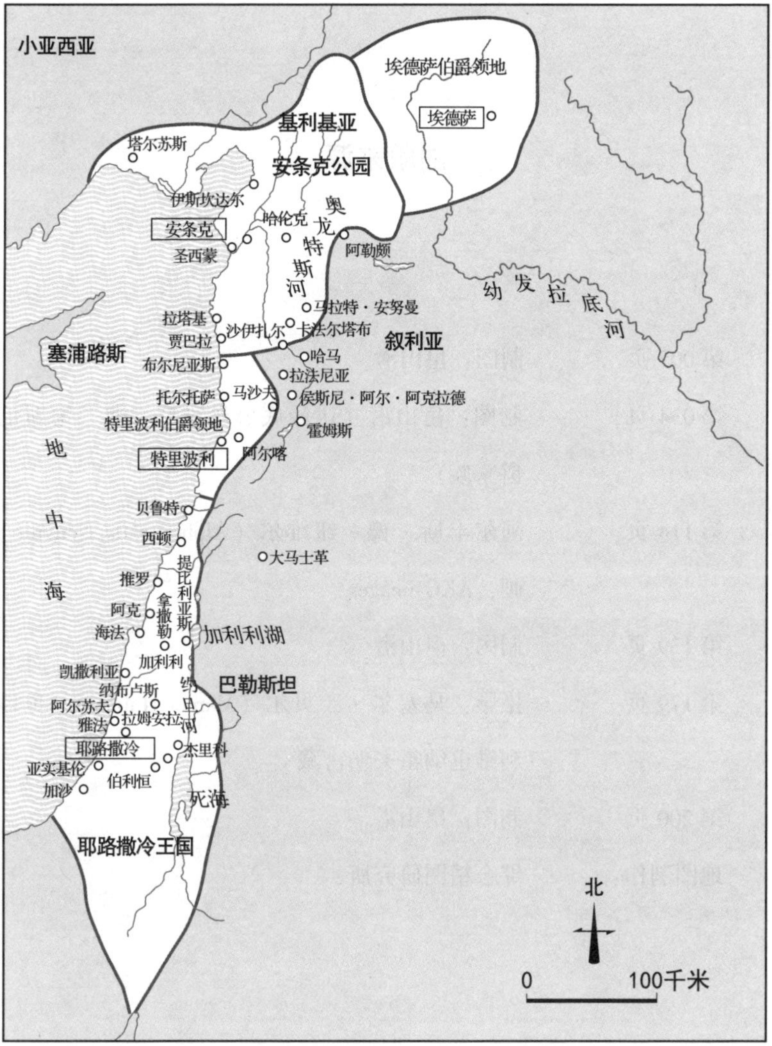

第一次十字军在中近东所建立的十字军国家

——《十字军的故事》（上）完——

图版来源

第 005 页	制图：畠山潜
第 034 页	制图：畠山潜（诺曼底公爵家族、弗兰德斯伯爵家族）
第 114 页	阿尔丰斯·德·纽维尔（Alphonse de Neuville）画，AKG-images
第 139 页	制图：畠山潜
第 179 页	摄影：马塞尔·于贝尔（Marcel Hubers），奥地利维也纳霍夫堡宫藏
第 200 页	制图：畠山潜
地图制作：	综合精图研究所